成都高新技术 2023 产业开发区年鉴

CHENGDU HI-TECH INDUSTRIAL DEVELOPMENT ZONE

YEARBOOK

成都高新技术产业开发区管理委员会　主办

成都高新技术产业开发区管理委员会办公室　编

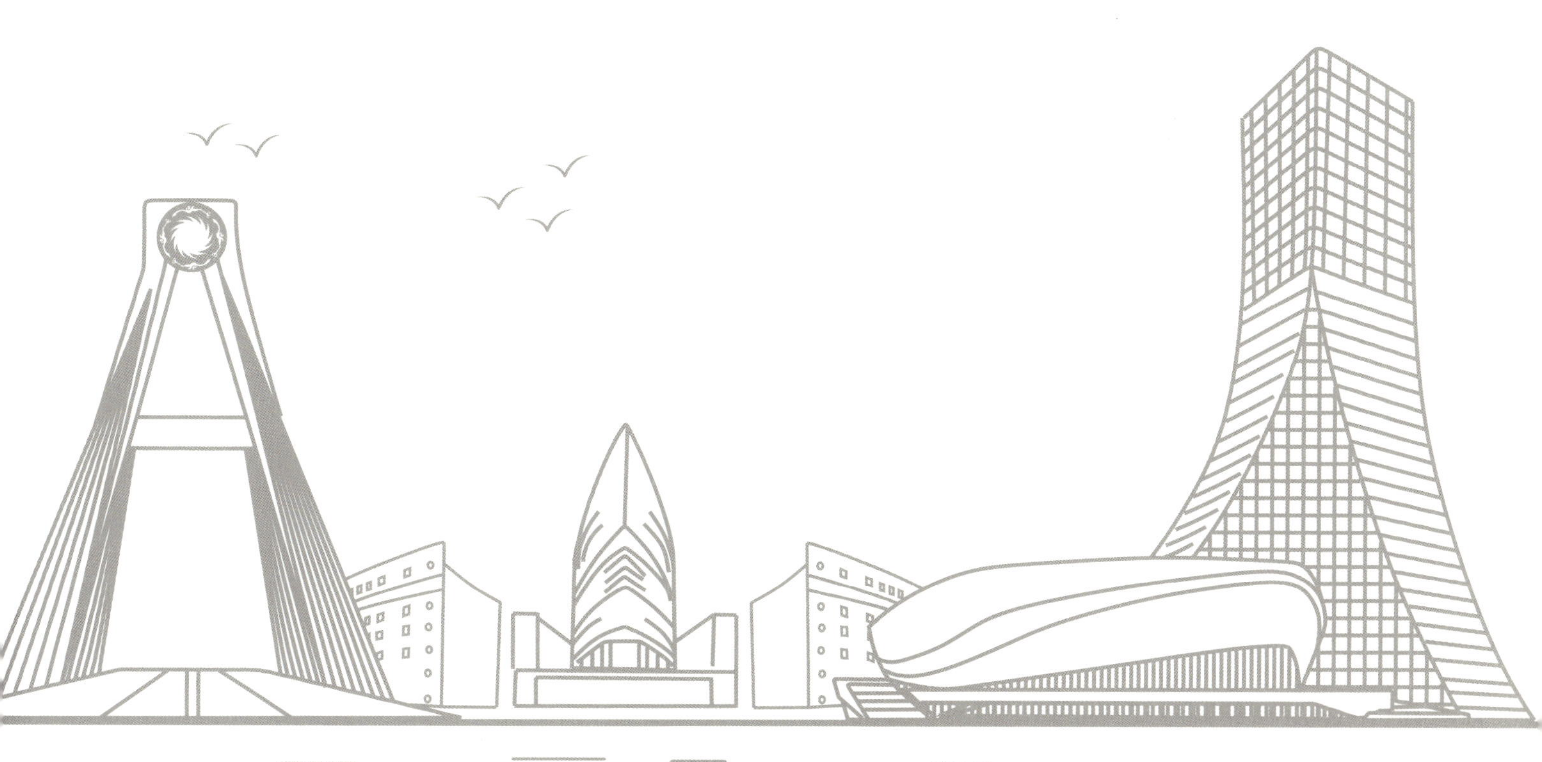

方志出版社

Publishing House of Local Records

图书在版编目（CIP）数据

成都高新技术产业开发区年鉴. 2023 / 成都高新技术产业开发区管理委员会办公室编. —北京 : 方志出版社, 2023.11

ISBN 978-7-5144-5845-9

Ⅰ. ①成… Ⅱ. ①成… Ⅲ. ①高技术产业区－成都－2023－年鉴 Ⅳ. ①F127.711-54

中国国家版本馆CIP数据核字(2023)第244180号

责任编辑：高孟君
责任校对：张玉霞
责任印制：梅中英
出 版 者：方志出版社
地　　址：北京市朝阳区潘家园东里9号（国家方志馆4层）
邮　　编：100021
网　　址：http://www.zgfzcb.cn
发　　行：方志出版社图书营销中心（010-67110500）
印　　刷：四川科德彩色数码科技有限公司
开　　本：889毫米×1194毫米　1/16
印　　张：32.75
字　　数：793千字
版　　次：2023年11月第1版
印　　次：2023年11月第1次印刷
定　　价：280.00元

编辑说明

一、《成都高新技术产业开发区年鉴》是成都高新技术产业开发区（简称“成都高新区”）管理委员会主办的地方性综合性年刊。年鉴以马克思列宁主义、毛泽东思想、邓小平理论、“三个代表”重要思想、科学发展观、习近平新时代中国特色社会主义思想为指导，坚持辩证唯物主义和历史唯物主义的立场、观点和方法。旨在真实、全面、系统记录成都高新区政治、经济、文化、社会等发展情况，反映成都高新区贯彻落实“发展高科技　实现产业化”（邓小平题词）宗旨，进行社会主义现代化建设的历史进程，为党政机关、企事业单位、研究部门、各界人士和中外投资者了解、认识和研究成都高新区提供基础资料。

二、《成都高新技术产业开发区年鉴》是公开出版发行的年刊，以出版年号为卷次名称，自2007年创刊以来，每年出版一卷，《成都高新技术产业开发区年鉴》2023卷是总第十七卷。本卷主要记载2022年度成都高新区的基本情况、发展变化及大事要闻。

三、《成都高新技术产业开发区年鉴》2023卷采取分类编辑法，设类目、分目、条目，为三层次框架结构。全书卷首设特载、大事记、高新区概览，卷中设党务、纪检监察、人大工作、政务、政协工作、人民团体、安全管理与应急救援、法治、军事、资源与环保、规划建设、城市管理、高新技术产业、科技与创新、产业园区、金融业、招商引资与国际合作、商贸服务业、财政　税务　审计、国资管理与市场监管、社会事业、街道二十五个类目，卷尾设人物、附录、索引。为区分层次，全书以不同字体、字号标示各类标题，条目标题加“【 】”表示。

四、全书前面彩页内容有：地图、要事荟萃、工作掠影、文化生活、园区风采、高新数据6个板块。

五、《成都高新技术产业开发区年鉴》2023卷资料由成都高新区党工委、管委会各部门，各街道办事处和各企事业单位提供，并经核实，如有数字与统计数字不一致，则以统计数字为准。

六、《成都高新技术产业开发区年鉴》2023卷具有多重检索功能，前有目录，每页有眉题，后有索引，索引中标题相同的条目由不同页码标明。

七、《成都高新技术产业开发区年鉴》2023卷的组稿、编辑和总纂工作都是集体协作完成的，并得到各级领导的重视和各单位的大力支持。编辑部对所有关心、支持和直接参与年鉴编纂工作的人员表示诚挚的感谢。

八、《成都高新技术产业开发区年鉴》2023卷虽经多次审校，但也难免有错漏，敬请读者批评指正。

《成都高新技术产业开发区年鉴（2023）》编审委员会

《成都高新技术产业开发区年鉴（2023）》编辑部

《成都高新技术产业开发区年鉴（2023）》供稿单位及编写人员

纪工委、监察工委，巡察办

尹学东　严建平　杨　俊　杨绍洪　周　蕾
田元源　岳　毅　陈　力　潘青龙　赵　程

两委办（审计局）

方雪飞　谢　雷　文　毅　陈晗秋　石茂林
秦丹丹　李英子　黄芯语　张雨潇　程文娟
余　哲　潘　奇　汪　蓉　代荣升

党群部（组织部、宣传部、统战部、人资局、民宗局）

李尚键　闫丛霖　吴玉婷　万潇然　罗晋蔚
谢　佳　范益铭　王亦男　翁超伦　刘俊涛
沈真伊　胡映雪　李　翔

政法委、应急局

李　建　谭　柯　欧阳卓　方雅蕊　朱　岩

市人大高新区工作委员会

杨小广　郑家荣　包红军　王　希　张　妍

市政协高新区工作委员会

金　城　冷晓燕　匡济才　刘希佳

法　院

杨　敏　曲　艺

检察院

杜立业　胡　庆　杨　涛　张伊雯

经济发展局（投服局）

张　露　岳家民　代荣云　郑　旭　孙　桐
陈　沫　梁　飞　李芝慧　吴　婧　余柄辰

国际合作局（自贸局）

何雨竹　潘　璐　田笑宇　秦　思　施咏竹
荀皓常

科创局

郝婕妤　徐传斌　李　堃　蒋　孛　张康萍

电子局（电子功能区推进办、高新综保局、西园综保局）

余大凯　王渃楠　黄泓杰　韦　蜀　罗粲之
徐源蔚

生物局（生物城推进办）

荣　佳　陈思惟　李　磊　郭丽娜　王　淼
马　宁　任家民　倪　晨

数字经济局（新经济活力区推进办）

牟冬野　王　红　苏琳杰　潘耕裕　郑　宇
朱　英　贾学婷　冯　博

财政局

周宏伟　周湜杰　邱高长青　徐　颖
杨　圣　何　婷

国资金融局

欧阳莹莹　鄢　银　卢泓良　何万达

公园城市局（规自局、住房交通局）

何　箭　戴敬洲

社治保障局（民政局、退役军人局）

左雨欣　张　玲　杨　翼　唐　颖　张祯尧
李卓然　袁一栓

教育文体局

柏松江　秦一然　陈梦华　宋　熠　马民雄
朱雅雯　张　蒙　李鹏程　徐华珧　银　尧
戴林玲　丁　静　李春燕　刘　柳　邢　枢
钱龙翔　刘　松　刘　佳　李　莹　付　海
万国禹　黄佳蕾　叶　子　屈　豪　李　奇

卫健局（医保局）
吴博生　叶跃杰　范欣怡　刘江涛　钟润昕
刘大勇　向敏曦　郭　晗　金银善　杨　婉
余沛玲

生态环境城管局
罗　玥　孙思凯

市场监管局
戢真颜

智慧城市局（网络理政办）
曲俊宇　王　帆　王学明　路泽瑞　王彬宇
赵凌云　颜如玉　黄晶莹

交子金融商务局
袁　竹　陈画楠　吕银杉　高　奕

未来科技城发展局
黄　雯　陈　刚

高新西区发展建设指挥部
梅　杰　曾　铮　鲜青松　张卫滨

税务局
敬德涛　任芸莹

公安分局
张运宇　穆　欣

消防救援大队
李志明　周　谧

武侯区人武部
潘运中　向　斌　李　雪　何佳祥　王　伟
杨清壹

肖家河街道办事处
吴海涛　唐雅莉　骆彦池

芳草街街道办事处
周　敏　唐　甜　白　靖　李　琳

石羊街道办事处
蒋红兵　李　科　曾　圣　王晓菲　程　园
刘虹杉

桂溪街道办事处
刘大勇　杨　叶　任雅茹

合作街道办事处
李　艳　秦　轲　马小容

中和街道办事处
曹录勋　林　晴

西园街道办事处
赵凯文　杜玉亭　吴海平　王慧玲　李　倩
李　伟

高投集团
彭　隽　祝汉顺　邢　捧

科技城集团
高杨梅　杨　婕

高科集团
管屹星　李思瑶

生物城集团
宋道兵　方子豪

交子公园投资公司
张家骝　陈　昊　黄婧岚　李　波　柏悦洋

产城集团
祝　庆　冯颖佳　许　民

电子信息产业集团
魏　靖　黄珊珊　雷　杰

策源资本
李小波　程　琳　王艺璇

高新发展
胡　鹏　匡丹丹　赵雅杰

社事投资公司
王新瑞　刘　哲　樊曼曼

审图号：川S【2022】01014号

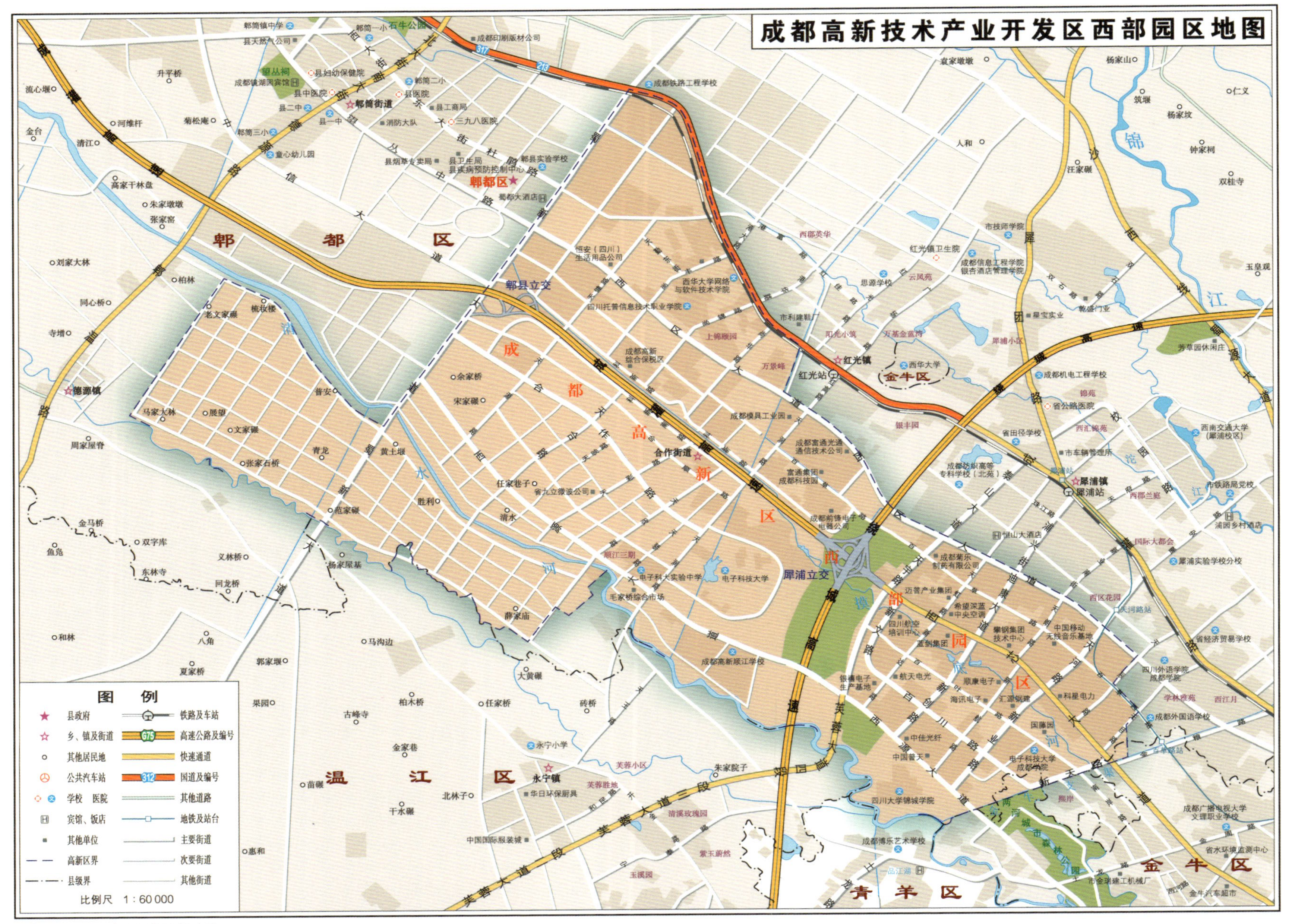

审图号：川S【2022】01014号

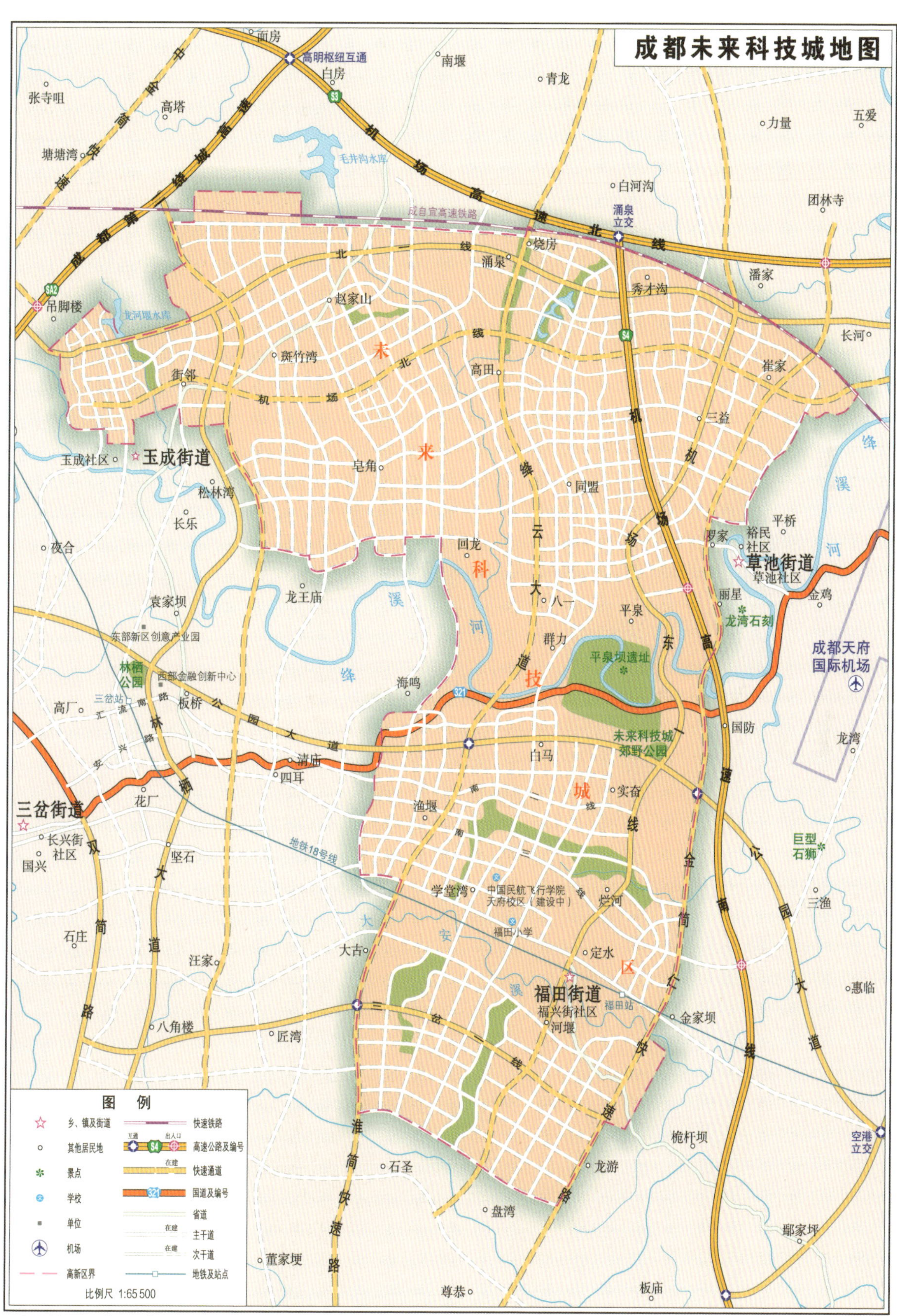

审图号：川S【2022】01014号

审图号：川S【2022】01014号

CDHT 要 / 事 / 荟 / 萃

2022 年 1 月 12 日，第十九届中国国际软件合作洽谈会在成都世纪城国际会议中心举行（郑毅 / 摄）

2022 年 1 月 20 日，民航科技创新示范区一期工程 B-01 地块开工仪式（梁磊 / 摄）

2022 年 2 月 8 日，2022 年成都高新区优化营商环境大会（郑毅 / 摄）

2022 年 3 月 11 日，成都高新区 2022 年工作会议（梁磊 / 摄）

◆ 2022 年 3 月 25 日，成都高新区 CDMO 战略合作伙伴关系暨生物医药产业协同示范企业签约仪式（郑毅 / 摄）

◆ 2022 年 4 月 12 日，海创药业股份有限公司成功登陆上交所科创板，成为成都天府国际生物城第五家上市企业（生物城集团 / 供）

① 2022 年 4 月 21 日，成都高新区 2022 年党风廉政建设和反腐败工作会议（纪工委、监察工委 / 供）

② 2022 年 4 月 22 日，阿斯利康—成都高新区共建中医药创新产业基地签约仪式（梁磊 / 摄）

③ 2022 年 4 月 25 日，成渝地区专利开放许可正式发布（梁磊 / 摄）

④ 2022 年 5 月 10 日，2022 蓉漂人才日“建圈强链　人才赋能”产业人才创新发展大会（郑毅 / 摄）

◆ 2022 年 5 月 20 日，“岷山行动”计划第二批项目揭榜任务书签署仪式（科创局 / 供）

◆ 2022 年 5 月 20 日，成都高新区管委会与成都温江区人民政府战略合作协议签约仪式（梁磊 / 摄）

◆ 2022 年 5 月 27 日，成都高新区全国学前教育宣传月启动仪式暨幼小衔接结对授牌仪式（梁磊 / 摄）

◆ 2022 年 6 月 7 日，成都专精特新成长通・成都天府国际生物城服务基站授牌仪式（生物局 / 供）

◆ 2022 年 6 月 14 日，国家卫生健康委医药卫生科技发展研究中心和成都国际生物城管理委员会共建成都卫生健康科技成果转移转化示范平台云签约仪式（生物城集团 / 供）

◆ 2022 年 6 月 21 日，百事全球商务服务中心落户中国—欧洲中心（国际合作局 / 供）

◆ 2022 年 6 月 28 日，国聘行动全国高新区火炬专场在成都高新区正式启动（梁磊 / 摄）

◆ 2022 年 7 月 28 日，东一线跨绛溪河大桥全线合龙（未来科技城发展局 / 供）

◆ 2022 年 8 月 25 日，第十届中国（西部）电子信息博览会开幕峰会暨首届成渝地区双城经济圈电子信息产业峰会（梁磊 / 摄）

◆ 2022 年 9 月 26 日，成都高新区管委会与成都市新津区人民政府天府智能硬件产业园签约暨奠基仪式（郑毅 / 摄）

◆ 2022 年 9 月 27 日，成都高新区召开新闻发布会，正式发布《成都高新技术产业开发区关于加快创建世界领先科技园区的若干政策》（科创局 / 供）

◆ 2022 年 9 月 29 日，成都高新—郫都合作共建区 2022 年第三季度重大产业化项目集中开工仪式（电子局 / 供）

◆ 2022年10月8日，成都高新区建圈强链重点片区开发现场会暨成都未来科技城2022年第四季度重大项目集中开工（科技城集团 / 供）

◆ 2022年10月10日，成都天府国际生物城举行2022年第四季度建圈强链项目集中签约仪式（生物城集团/供）

◆ 2022年10月20日，成德高端能源装备产业集群创新中心揭牌仪式（郑毅/摄）

◆ 2022 年 10 月 25 日，成都高新区数字经济与元宇宙科创联盟成立仪式（高科集团 / 供）

◆ 2022 年 10 月 26 日，2022 中国 · 成都天使投资峰会暨成都高新区天使母基金签约仪式（科创局 / 供）

2022 年 11 月 8 日，第二十届中国国际软件合作洽谈会现场颁发“成都软件 20 年影响力榜单”证书（梁磊 / 摄）

2022 年 11 月 9 日，“元创未来”2022 西部元宇宙大会战略合作协议（高科集团 / 供）

◆ 2022 年 11 月 22 日，2022 金熊猫全球创新创业大赛总决赛暨双链融合创新发展高峰论坛（科创局 / 供）

◆ 2022 年 11 月 22 日，成都高新区科技创业学院正式揭牌（科创局 / 供）

◆ 2022 年 11 月 23 日，天府绛溪实验室、天府锦城实验室揭牌仪式（郑毅 / 摄）

① 2022 年 11 月 29 日，积分贷产品授信签约仪式（梁磊 / 摄）

② 2022 年 11 月 29 日，盈创动力央行货币政策工具示范基地授牌仪式（梁磊 / 摄）

③ 2022 年 11 月 30 日，2022 年全国颠覆性技术创新大赛领域赛（梁磊 / 摄）

2022 年 12 月 1 日，2022 世界显示产业大会智能投影技术主题论坛（梁磊 / 摄）

2022 年 12 月 2 日，2022 年中国柔性电子产业发展大会暨第四届“金熊猫”全球柔性电子产业创新创业大赛（郑毅 / 摄）

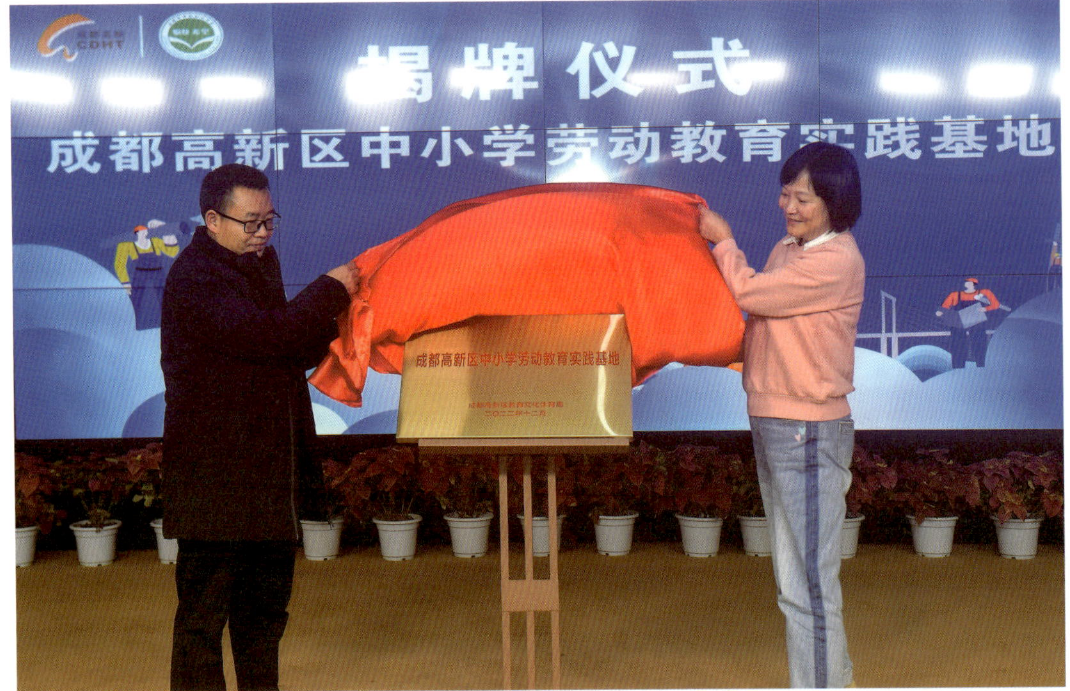

揭牌仪式
成都高新区中小学劳动教育实践基地
成都高新区中小学劳动教育实践基地

第二十届中国西部海外高新科技人才洽谈会
国际化引才基地建设论坛
INTERNATIONAL TALENT INTRODUCTION BASE FORUM
王之川
四川能投

CDHT

① 2022 年 12 月 8 日，成都高新区中小学劳动教育实践基地揭牌仪式（梁磊 / 摄）

② 2022 年 12 月 12 日，第二十届中国西部海外高新科技人才洽谈会国际化引才基地建设论坛（郑毅 / 摄）

③ 2022 年 12 月 27 日，四川省妇幼保健院（四川省儿童医学中心）天府国际生物城院区正式开诊（生物城集团 / 供）

CDHT 工/作/掠/影

◆ 2022 年 1 月 12 日，成都高新区臻选上市公司闭门路演会·生物医药专场活动在菁蓉汇顺利举行（科创局 / 供）

◆ 2022 年 1 月 20 日，由成都高新区管委会主办，成都高新区科技创新局承办的“2022 年成都·韩国国际客厅新年交流会”现场（科创局 / 供）

◆ 2022 年 1 月 21 日，“平行于现实世界的元宇宙”——高科大讲堂之元宇宙系列讲座（梁磊 / 摄）

◆ 2022 年 2 月 15 日，德阳市政务服务和大数据管理局赴成都高新区企业服务中心考察交流（经济发展局/供）

◆ 2022 年 3 月 9 日，成都高新区应急局到合作街道晨风社区开展消防安全隐患排查检查（合作街道办事处/供）

◆ 2022 年 3 月 30 日，成都高新区纪工委、监察工委联合教育党工委组织成都高新区教育系统校（园）级干部参观廉政教育基地（纪工委、监察工委/供）

◆ 2022年4月19日，法国驻成都总领事馆白屿淞总领事莅临天府双塔参观指导（交子公园投资公司/供）

◆ 2022年4月20日，成都高新区人民法院组织开展“5G庭审”进社区（法院/供）

◆ 2022年4月20日，国家税务分局成都高新区税务局开展成都大运会高新区重点企业专题沙龙暨“惠企利民向未来”论坛（税务局/供）

◆ 2022年4月27日，“汇聚创新要素，激发创新动能”之2022年科技企业载体供需对接活动启动暨第一次供需对接会（上市、拟上市企业专场）在菁蓉汇举办（科创局/供）

◆ 2022 年 5 月 10 日，2022 年防汛暨水域救援综合应急演练（梁磊 / 摄）

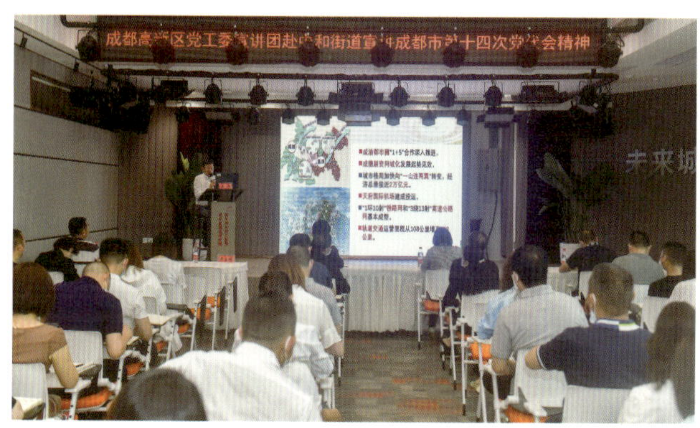

◆ 2022 年 5 月 24 日，成都高新区党工委宣讲团赴中和街道宣讲成都市第十四次党代会精神（梁磊 / 摄）

◆ 2022 年 6 月 7 日，2022 年普通高考成都石室天府中学考点（梁磊 / 摄）

◆ 2022 年 6 月 16 日，社事投资公司与四川旅游学院大健康产业学院共同挂牌“共建共育社会实践基地”（社事投资公司 / 供）

◆ 2022 年 6 月 16 日，“部门联楼、党员联企”党建引领营商环境提质优服暨“高新沙龙”营商环境建设专场活动（智慧城市局 / 供）

◆ 2022 年 6 月 17 日，成都高新区人民检察院“蓝花楹”团队开展禁毒法治宣传（检察院 / 供）

◆ 2022 年 6 月 23 日，成都市 MEMS 产业生态建设研讨会（电子信息产业集团下属芯火公司 / 供）

◆ 2022 年 6 月 28 日，芳草街街道总工会开展百万职工技能大赛学校安全防范技能比赛（芳草街街道办事处 / 供）

◆ 2022 年 6 月 29 日，成都市公安局高新区分局 2022 年度智慧公安实战场景应用竞赛活动的获奖代表合影（公安分局/供）

◆ 2022 年 7 月 1 日，成都高新区党务知识竞赛暨庆“七一”主题活动（梁磊/摄）

◆ 2022 年 7 月 15 日，成都高新区科技创新局主办的 “汇聚创新要素，激发创新动能”之 2022 年第二次科技企业载体空间供需对接会（高成长企业专场）在中日联合创新中心成功举办（科创局 / 供）

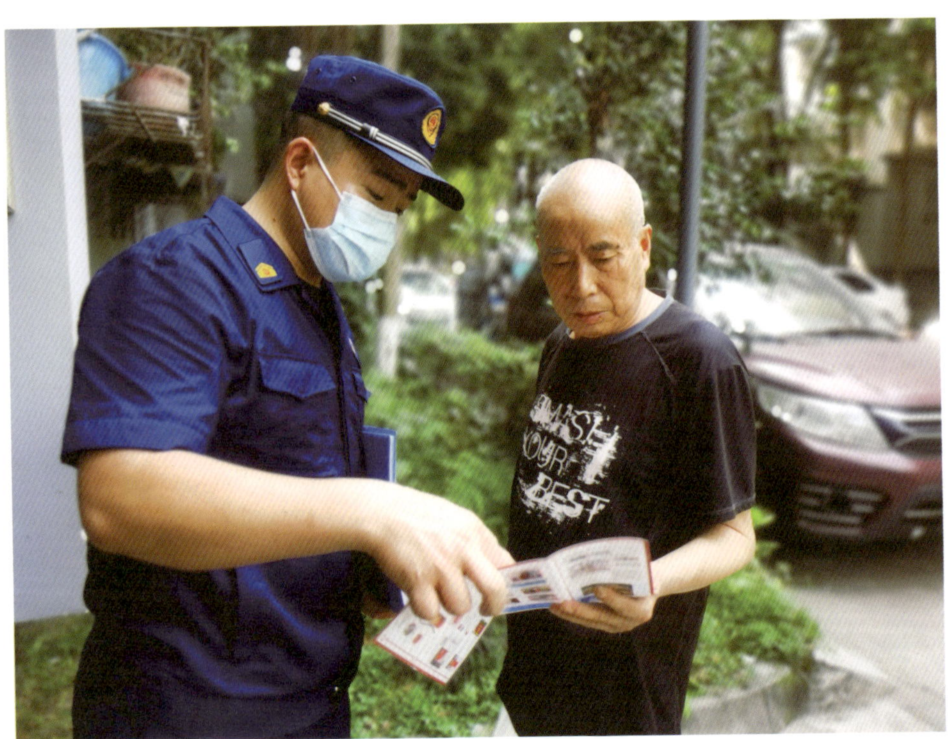

◆ 2022 年 8 月 10 日，成都高新区消防救援大队开展消防宣传活动（消防救援大队 / 供）

◆ 2022年8月16日，成都高新区科技创新局与韩国全罗北道（省）政府中国代表处联合主办"中韩云端对接会—韩国全罗北道专场"活动（科创局/供）

◆ 2022年8月18日，"中韩建交30周年·中韩文化交流嘉年华"活动在成都高新区中韩创新创业园（菁蓉汇）成功举行（科创局/供）

◆ 2022年8月24日，财政部调研成都高新区经济稳增长和积极的财政政策落实情况（财政局/供）

◆ 2022 年 9 月 27 日，由成都市住建局指导，交子金融商务局承办的建筑科技助推城市商务区未来发展系列沙龙（第一期）——低碳美学之官府建筑一体化研讨活动圆满举办（莫青城 / 摄）

◆ 2022 年 10 月 17 日，石羊街道在盛华社区调研重点场所消防安全及常态化疫情防控工作（石羊街道办事处 / 供）

◆ 2022 年 11 月 1 日，成都天府国际生物城档案馆揭牌仪式（生物城集团 / 供）

◆ 2022 年 11 月 8 日，社事投资公司托育园、幼儿园获得吉利学院学前（小学）教育专业大学生校外实践教育基地授牌（社事投资公司 / 供）

◆ 2022 年 11 月 9 日，2023 年度高新技术企业培育及认定启动大会在菁蓉汇成功召开（科创局 / 供）

◆ 2022 年 11 月 24 日，成都警备区检查组来到武侯区人武部及辖区街道进行年终工作检查（李林育 / 摄）

◆ 2022 年 12 月 21 日，成都高新区生态环境城管局对汽车维修行业开展环保专项行动（生态环境城管局 / 供）

CDHT 文 / 化 / 生 / 活

2022 年 2 月 15 日，桂溪街道天华社区开展“巧手绘花灯　欢喜闹元宵”主题活动（梁磊 / 摄）

2022 年 3 月 8 日，“三八”国际劳动妇女节手作体验主题活动（未来科技城发展局 / 供）

◆ 2022 年 3 月 11 日，成都市公安局高新区分局开展植树活动（公安分局 / 供）

◆ 2022 年 4 月 23 日，合作街道在中水湿地公园组织开展“合智慧·乐学堂”社区教育品牌“追寻清水河——自然研学活动”系列课程活动（合作街道办事处 / 供）

◆ 2022 年 5 月 4 日，成都高新区人民法院青年干警五四青年节采茶活动（法院 / 供）

①
②

① 2022年5月8日，社事投资公司今福蓉高新长者之家首届云上联谊活动（社事投资公司/供）

② 2022年5月10日，天府生命科技园举办2022焕新季活动嗨Fun拔河赛文化活动（成都高投生物园公司/供）

① 2022 年 5 月 11 日，成都高新区菁蓉小学防灾减灾疏散演练（梁磊 / 摄）

② 2022 年 5 月 20—22 日，交子大道举办“爱是万物”交子市集（成都高投资产经营管理有限公司 / 供）

③ 2022 年 5 月 27 日，成都高新区人民检察院开展“携手落实‘两法’ 共护祖国未来”——检察开放日活动（检察院 / 供）

◆ 2022 年 5 月 29 日，芳草街街道团工委“‘粽’情端午，童聚六一”欢度双节亲子活动（芳草街街道办事处 / 供）

◆ 2022 年 6 月 5 日，“6 · 5”环境日校园周活动（生态环境城管局 / 供）

成都高新区文化体育指导服务中心
主办单位：成都高新区教育文化和卫生健康局
承办单位：成都高新区文化体育指导服务中心·文化馆
协办单位：成都教科院附属学校（西区）

奋进三十年·健康无毒谱新篇
2022年"全民禁毒宣传月"活动
主办单位：成都高新区肖家河街道办
协办单位：成都高新区检察院
街道老年协会
指导单位：
新区禁毒委员会
全民禁毒

① 2022年6月21日，2022年“畅游高新·体验非遗”戏曲进校园主题活动（梁磊/摄）

② 2022年6月21日，2022年“全民禁毒宣传月”活动（梁磊/摄）

③ 2022年6月28日，2022成都百万职工技能大赛高新区分站赛学校安全防范技能比赛决赛（梁磊/摄）

④ 2022年6月28日，成都高新区财政金融局党支部开展“学习优秀家风，传承红色文化”主题党日活动（财政局/供）

"学习党代会精神 奋进二十大召开"
庆祝中国共产党成立101周年
暨毛主席视察红光纪念址重启仪式
为中心的发
始终坚持以人民
兴的中国梦而努力奋斗
为实现中华民族伟大复

践行新时代文明精神 共建共享老年友好社

成都市第九届全民健身运动会
暨"运动成都·活力高新"2022年成都高新区天府绿道系列赛事
第五届趣味自行车赛
成都高新
CDHT
高新中和
GAO XIN ZHONG HE
"爱成都·迎大运"

CDHT

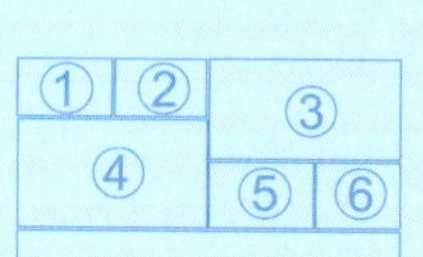

① 2022 年 6 月 28 日，庆祝中国共产党成立 101 周年暨毛主席视察红光纪念址重启仪式（西园街道办事处 / 供）

② 2022 年 7 月 2 日，社事投资公司与锦城社区共同举办“老年友好社区”活动（社事投资公司 / 供）

③ 2022 年 7 月 6 日，交子公园投资公司员工参加高新区国企党工委“奋进新时代　喜迎党的二十大——‘奔跑吧　高新国企’”趣味运动会活动（交子公园投资公司 / 供）

④ 2022 年 7 月 9 日，“爱成都 · 迎大运”成都市第九届全民健身运动会暨“运动成都 · 活力高新”2022 年成都高新区天府绿道系列赛事——第五届趣味自行车赛（社事投资公司 / 供）

⑤ 2022 年 8 月 8 日，锦城小学志愿者服务（梁磊 / 摄）

⑥ 2022 年 8 月 8 日，成都高新西区发展建设指挥部深化“标准地 + 拿地即开工”改革，实现 5 个工作日“四证齐发”，首个项目“芯未”在成都高新西区开工建设（高新西区发展建设指挥部 / 供）

◆ 2022 年 10 月 11 日，生物城集团全员主题拓展培训（生物城集团 / 供）

◆ 2022 年 10 月 13 日，成都高新区中国少年先锋队建队 73 周年主题活动（梁磊 / 摄）

① 2022 年 10 月 26 日，国际理解教育（新加坡）第三次线上交流活动（梁磊 / 摄）

② 2022 年 11 月 6 日，成都高新区首届体能挑战赛（社事投资公司 / 供）

③ 2022 年 11 月 6 日，首场“爱成都 · 迎大运”“探馆日——解密大运场馆 · 感受运动精神”亲子主题研学活动在高新体育中心圆满举行（社事投资公司 / 供）

④ 2022 年 11 月 8 日，成都高新区第二幼儿园联合高新区消防救援大队，开展“携手童行　防患未然”消防安全演习（社事投资公司 / 供）

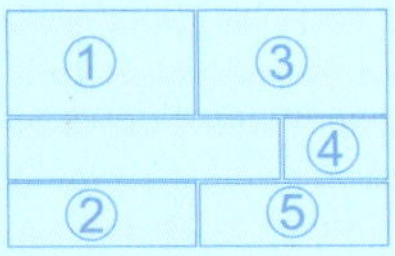

① 2022年11月11日，2022年“音乐教师合唱教学能力提升”专题培训活动闭幕式（梁磊 / 摄）

② 2022年11月12日，“爱成都·迎大运”“运动成都·活力高新”成都高新区“新征程·YOUNG时代”全民健身系列活动——成都高新区第二届躲避球比赛在高新体育中心开赛（社事投资公司 / 供）

③ 2022年11月17日，天府音乐厅举办“对口支援十周年大会”，大会表彰了对口支援感动人物、最美守候者、突出贡献者（高投云端公司 / 供）

④ 2022年11月20日，2022库迪咖啡成都马拉松比赛（梁磊 / 摄）

⑤ 12月16日，成都高新中演大剧院盛大开幕（梁磊 / 摄）

CDHT

中演院线
成都高新区社事投资发展有限公司
成都高新中演大剧院盛大开幕
CDHT-CPAA GRANG THEATRE GRAND OPENING

① 2022年12月26日，天华社区1029最桂溪·关爱圈项目——最体验·小小志愿者服务活动（梁磊/摄）

② 2022年12月30日，合作街道清江社区第三届“律动清江　德廉先行”荧光夜跑活动在河滨广场举行（合作街道办事处/供）

园 / 区 / 风 / 采

① 高新区管委会大楼（高武辉 / 摄）

② 中国—欧洲中心（高武辉 / 摄）

Bio Tianfu
天府生命科技园
Tianfu Life Science Park
管理楼

① 交子双塔（交子公园投资公司 / 供）

② 天府生命科技园（成都高投生物园公司 / 供）

③ IC 产业园园区风貌（高投置业有限公司 / 供）

④ 天府软件园 A 区（成都天府软件园有限公司 / 供）

① 天府软件园 B 区（成都天府软件园有限公司 / 供）

② 天府软件园 C 区鸟瞰图（成都天府软件园有限公司 / 供）

③ 天府软件园 D 区（成都天府软件园有限公司 / 供）

④ 天府软件园 G 区（成都天府软件园有限公司 / 供）

① 生物城北门户（生物城集团 / 供）

② 生物城孵化园 C 区（生物城集团 / 供）

③ 生物城孵化园 F 区大楼（生物城集团 / 供）

CDHT

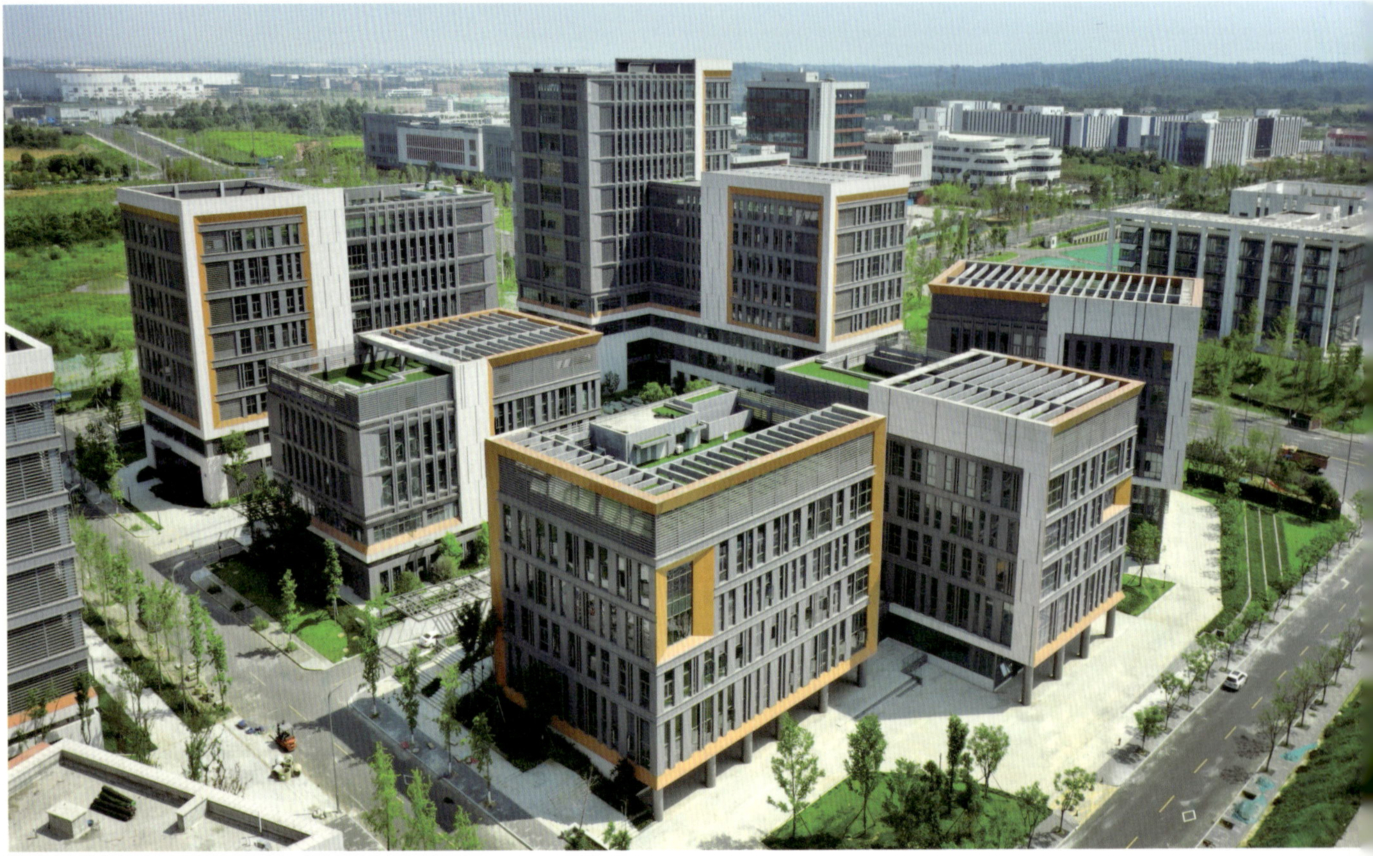

Bio
Tianfu
成都前沿医学中心
Chengdu Advanced Medical Science Center

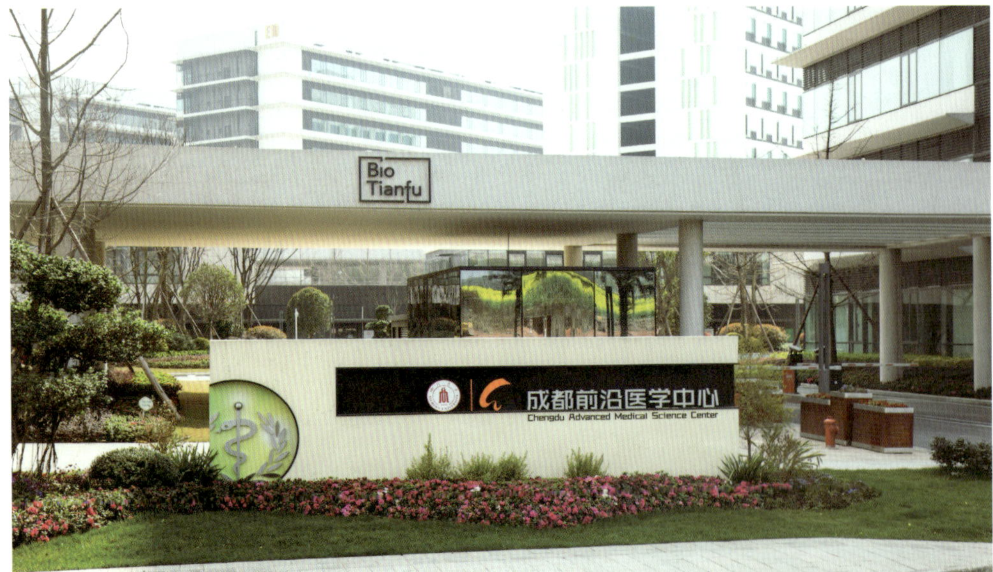

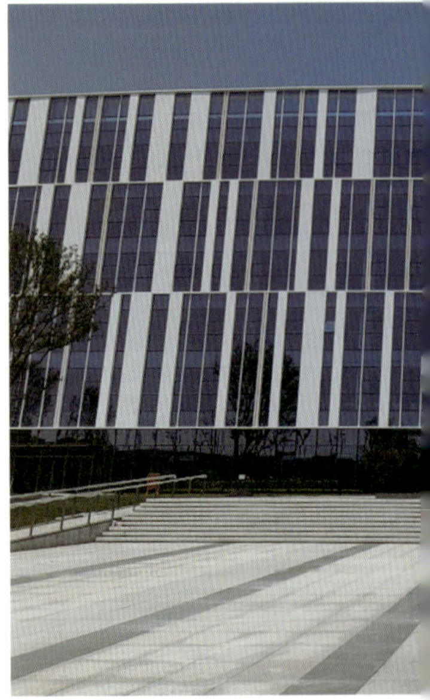

CDHT

① 生物城孵化园 H、K 区（生物城集团 / 供）

② 菁蓉汇（科创局 / 供）

③ 成都前沿医学中心（成都高投生物园公司 / 供）

④ 天府绛溪实验室（科技城集团 / 供）

⑤ AI 创新中心一期园区风貌（高投置业有限公司 / 供）

①	③
②	④
	⑤

① 成都未来科技城东一线跨绛溪河大桥（未来科技城发展局 / 供）

② 成都未来智创产业园（未来科技城发展局 / 供）

③ 交子公园（交子公园投资公司 / 供）

④ 大源中央公园（生态环境城管局 / 供）

⑤ 交子金融博物馆（交子公园投资公司 / 供）

交子金融博物館
JIAOZI FINANCIAL MUSEUM
四川省钱币学会
西南财经
请勿戏水
No splashing

① 铁像寺水街全貌（成都高投资产经营管理有限公司 / 供）

② 永安湖森林公园（生物城集团 / 供）

③ 条条河公园（生物城集团 / 供）

④ 新双黄路街景（生物城集团 / 供）

2022年成都高新区社会经济发展数据

地区生产总值	3015.8 亿元	增长 3.0%
第二产业增加值	865.9 亿元	增长 1.9%
第三产业增加值	2149.9 亿元	增长 3.5%
规模以上工业企业	397 户	增长 4.5%
社会消费品零售总额	937.9 亿元	增长 0.1%
一般公共预算收入	265.2 亿元	增长 15.3%
一般公共预算支出	282.7 亿元	增长 20.6%
城镇居民人均可支配收入	61277 元	增长 4.0%
产业化项目实际到位内资	280.42 亿元	增长 7.7%
外商直接投资	14.5529 亿美元	增长 17.2%
新增专利申请	22893 件	
发明专利申请	12350 件	
获得专利授权	20291 件	
管理面积	237.22 平方千米	
户籍人口	847470 人	
中小学校	63 所　公办（56 所）　民办（7 所）	
医疗机构	1052 家	
医院床位	7306 个	
建成区绿地率	36.24%	
绿化覆盖率	40.58%	
人均公园绿地面积	15 平方米 / 人	
幼儿园	146 所　公办（86 所）　民办（60 所）	

（数据由经济发展局、财政局、国际合作局、教育文体局、卫健局、公园城市局、公安分局、市场监管局提供）

2022年成都高新技术产业开发区机构全称、简称对照表

全　称	简　称
中共成都高新技术产业开发区工作委员会	中共成都高新区工委
成都高新技术产业开发区管理委员会	成都高新区管委会
中国共产党成都高新区纪律检查工作委员会	中共成都高新区纪工委
成都高新区监察工作委员会	成都高新区监察工委
中国共产党成都高新区工委巡察工作领导小组办公室	中共成都高新区巡察办
中共成都高新技术产业开发区工作委员会办公室	中共成都高新区工委办公室
成都高新技术产业开发区管理委员会办公室	成都高新区管委会办公室
成都高新技术产业开发区审计局	成都高新区审计局
成都高新技术产业开发区党群工作部	成都高新区党群工作部
中共成都高新技术产业开发区工委组织部	中共成都高新区工委组织部
中共成都高新技术产业开发区工委宣传部	中共成都高新区工委宣传部
中共成都高新技术产业开发区工委统一战线工作部	中共成都高新区工委统战部
成都高新技术产业开发区人力资源局	成都高新区人资局
成都高新技术产业开发区民族宗教事务局	成都高新区民宗局
中共成都高新技术产业开发区工委政法委员会	中共成都高新区工委政法委
成都高新技术产业开发区应急管理局	成都高新区应急局
成都市人大常委会高新技术产业开发区工作委员会	成都市人大常委会高新工委
政协成都市委员会成都高新技术产业开发区工作委员会	成都市政协高新工委
成都高新技术产业开发区人民法院	成都高新区人民法院
成都高新技术产业开发区人民检察院	成都高新区人民检察院
成都高新技术产业开发区发展改革局	成都高新区经济发展局
成都高新技术产业开发区投资服务局	成都高新区投服局
成都高新技术开发区国际合作商务局	成都高新区国际合作局
成都高新技术产业开发区自贸试验区管理局	成都高新区自贸局
成都高新技术产业开发区科技创新局	成都高新区科创局
成都高新技术产业开发区电子信息产业局	成都高新区电子局
成都高新技术产业开发区电子信息产业功能区发展推进办公室	成都高新区电子功能区推进办
成都高新技术产业开发区综合保税区管理局	成都高新区综保局
成都高新技术产业开发区西园综保局	成都高新区西园综保局
成都高新技术产业开发区生物产业局	成都高新区生物产业局
天府国际生物城建设推进办公室	生物城推进办

续 表

全 称	简 称
成都高新技术产业开发区新经济产业局	成都高新区新经济局
新经济活力区发展推进办公室	新经济活力区推进办
成都高新技术产业开发区财政局	成都高新区财政局
成都高新技术产业开发区国资金融局	成都高新区国资金融局
成都高新技术产业开发区公园城市建设局	成都高新区公园城市局
成都高新技术产业开发区规划和自然资源局	成都高新区规自局
成都高新技术产业开发区住房和交通运输局	成都高新区住房交通局
成都高新技术产业开发区社区治理和社会保障局	成都高新区社治保障局
成都高新技术产业开发区民政局	成都高新区民政局
成都高新技术产业开发区退役军人事务局	成都高新区退役军人局
成都高新技术产业开发区教育文化体育局	成都高新区教育文体局
成都高新技术产业开发区卫生健康局	成都高新区卫健局
成都高新技术产业开发区生态环境和城市管理局	成都高新区生态环境城管局
成都高新技术产业开发区市场监管局	成都高新区市场监管局
成都高新技术产业开发区智慧城市运行局	成都高新区智慧城市局
成都高新技术产业开发区网络理政办	成都高新区网络理政办
成都交子公园金融商务区发展服务局	交子金融商务局
成都未来科技城发展服务局	未来科技城发展局
成都高新西区发展建设指挥部	高新西区发展指挥部
国家税务总局成都高新技术产业开发区税务局	成都高新技术产业开发区税务局
成都市公安局高新技术产业开发区分局	成都市公安局高新分局
成都高新技术产业开发区消防救援大队	成都高新区消防救援大队
中共成都高新技术产业开发区肖家河街道工作委员会	成都高新区肖家河街道党工委
成都高新技术产业开发区肖家河街道办事处	成都高新区肖家河街道办事处
中共成都高新技术产业开发区芳草街街道工作委员会	成都高新区芳草街街道党工委
成都高新技术产业开发区芳草街街道办事处	成都高新区芳草街街道办事处
中共成都高新技术产业开发区石羊街道工作委员会	成都高新区石羊街道党工委
成都高新技术产业开发区石羊街道办事处	成都高新区石羊街道办事处
中共成都高新技术产业开发区桂溪街道工作委员会	成都高新区桂溪街道党工委
成都高新技术产业开发区桂溪街道办事处	成都高新区桂溪街道办事处
中共成都高新技术产业开发区合作街道工作委员会	成都高新区合作街道党工委
成都高新技术产业开发区合作街道办事处	成都高新区合作街道办事处
中共成都高新技术产业开发区中和街道工作委员会	成都高新区中和街道党工委
成都高新技术产业开发区中和街道办事处	成都高新区中和街道办事处
中共成都高新技术产业开发区西园街道工作委员会	成都高新区西园街道党工委
成都高新技术产业开发区西园街道办事处	成都高新区西园街道办事处

（注：加挂牌子的单位退一格排列）

目　录

CONTENTS

特　载

FEATURE

大事记

EVENTS' CHRONICLE IN 2022

高新区概览

OVERVIEW OF CHENGDU HI-TECH INDUSTRIAL DEVELOPMENT ZONE

区　情

Conditions

区域经济

Regional Economy

科技自立创新

Independent Innovation in Science and Technology

改革开放与合作

Cooperation in Reform and Opening Up

生态宜居与民生福祉

Pleasant Living Environment and People's Wellbeing

党　务

PARTY AFFAIRS

党组织建设

Party Building

干部工作

Cadres

宣传工作
Publicity

精神文明建设
Cultural and Ethical Progress

统战工作
United Front Work

民族宗教
Ethnics and Religions

关工委工作
China National Committee for the Wellbeing of the Youth

老干部工作
Veteran Cadres

纪检监察
DISCIPLINE INSPECTION AND SUPERVISION

监督与政治巡察
Supervision and Political Inspection

反腐败与正风肃纪
Anti-corruption, Integrity and Strict Discipline

锻造纪检监察铁军
Building an Invincible Discipline Inspection and Supervision Team

人大工作

NATIONAL PEOPLE'S CONGRESS

视察调研与工作监督

Inspection and Performance Supervision

支持保障代表履职

Supports and Performance of Functions

政　务

GOVERNMENT SERVICES

智慧城市建设

Smart City Construction

营商环境优化

Business Environment Optimization

政务协调保障

Coordination of Government Services

政务服务

Public Services

目标管理督查

Target Management and Inspection

外事及港澳台工作

Foreign Affairs and Work Related to Hong Kong, Macao, and Taiwan

安全管理与应急救援

SAFETY MANAGEMENT AND EMERGENCY RESPONSE

法　治

LAWS AND ADMINISTRATION

资源与环保

RESOURCES AND ENVIRONMENTAL PROTECTION

国土资源管理

Land Resources Management

水资源管理

Water Resources Management

环境保护

Environmental Protection

生态环境执法

Law Enforcement in Ecological Environmental Protection

规划建设

PLANNING AND CONSTRUCTION

规划实施管理

Planning and Implementation Management

建筑市场监管

Construction Industry Administration

征地拆迁安置

Land Acquisition and Resettlement

质量安全文明施工

High-quality, Safe and Civilized Construction

公共服务设施建设项目

Utility Projects

市政建设项目

Municipal Projects

景观建设项目
Landscape Projects

经营性建设项目
Commercial Construction Projects

城市管理

URBAN MANAGEMENT

人口管理

Population Management

城乡环境综合治理

Comprehensive Urban-Rural Environmental Treatment

环境卫生

Sanitation Management

园林绿化

Greening Construction

市政设施管护

Municipal Infrastructure Maintenance

科技与创新

TECHNOLOGY AND INNOVATION

创新平台

Innovation Platform

人才发展

Talent Training and Development

企业培育

Business Incubation

创新创业

Entrepreneurship and Innovation

科技金融服务

Fintech Service

知识产权保护

Intellectual Proporty Management

产业园区

INDUSTRIAL PARKS

未来科技城

Chengdu Future Science and Technology City

生物城

Chengdu Tianfu International Bio-town

招商引资与国际合作

INVESTMENT PROMOTION AND INTERNATIONAL COOPERATION

招商引资

Investment Promotion

招展引会

Exposition and Conference

国际交流合作

International Cooperation

商贸与服务业

BUSINESS TRADE SERVICE

商业贸易

Trade and Business

自贸试验区

Pilot Free Trade Zone

综合保税区
Comprehensive Bonded Zone

通　信
Communications

供　电
Power Supply

交通运输
Transportation

财政　税务　审计
GOVERNMENT FINANCE, TAXATION AND AUDITING

财　政
Government Finance

税　务
Taxation

审　计
Auditing

国资管理与市场监管

STATE-OWNED PROPERTY MANAGEMENT AND MARKET SUPERVISION

国有资产管理
State-owned Property Management

国有企业管理
State-owned Enterprises Management

市场监督管理
Market Supervision and Management

社会事业

SOCIAL UNDERTAKINGS

教 育
Education

文化 旅游 体育
Culture, Tourism and Sports

卫生健康
Sanitation and Health

卫生监督执法
Law Enforcement in Sanitation and Health

民 政
Civil Affairs

劳动 就业
Labor and Employment

社会保险
Social Security

医疗保障
Health Care

退役军人服务
Veterans Affairs

街　道
SUB-DISTRICTS

肖家河街道
Xiaojiahe Sub-district

芳草街街道
Fangcaojie Sub-district

附 录

APPENDIXES

统计资料

Statistics

领导名录

Directories of Leaders

索 引

Index

特　载

FEATURE

挑大梁 走在前 作示范
凝心聚力打造高质量发展增长极动力源主支撑

——在成都高新区2023年工作会议上的讲话（摘要）

市委常委、高新区党工委书记 曹俊杰

（2023年2月19日）

今天我们召开成都高新区2023年工作会议，主要任务是：全面贯彻党的二十大精神，深入落实省委十二届二次全会、市委十四届二次全会暨市委经济工作会议精神，以及市委、市政府主要领导调研成都高新区的指示要求，回顾总结2022年工作，以全面建设践行新发展理念的公园城市示范区为统领，紧紧围绕市委“九个有力有效、三个特别注重”要求，研究部署2023年工作任务，动员全区上下在高质量发展中挑大梁、走在前、作示范，为打造带动全国高质量发展的重要增长极和新的动力源提供坚强支撑。

党的二十大吹响了以中国式现代化全面推进中华民族伟大复兴的号角，并指出高质量发展是全面建设社会主义现代化国家的首要任务。省委全会、市委全会也围绕高质量发展，分别作出了全面建设社会主义现代化四川、打造社会主义现代化国际大都市的战略部署。成都高新区要坚定不移走中国式现代化城市发展道路，在服务“国之大者、省之大计、市之要事”中明职责、强担当、作贡献。

一、在全面总结中增强历史责任感、坚定战略自信力

2022年是成都和成都高新区发展历程中极为特殊、极不平凡的一年。过去一年，全区积极应对“三情大考”：百年大变局的复杂世情、全球大流行的世纪疫情、百年一遇的高温旱情，认真抓好“三件大事”：疫情要防住、经济要稳住、发展要安全，以超常举措应对多重困难挑战，各项工作稳中有突破、稳中有进位、稳中有新高，稳固了国家高新区第6的排位。一年来，各项重点工作取得巨大进展：

一是着力推动经济发展稳中有进。集中全力稳住经济大盘，地区生产总值“突破三千亿”达到3015.8亿元、同比增长3.0%，经济总量占全省5.3%，对全市增长的贡献率达18.2%；完成固定资产投资713.6亿元、同比增长8.5%，其中工业投资“突破两百亿”达到206.4亿元、同比增长18.3%，居全市第一，小琳书记充分肯定“高新区挂图作战是真正的挂图作战”；外贸进出口总额5533.6亿元、同比下降2.1%；一

般公共预算收入实现265.2亿元、同口径增长15.3%、占全市17%；完成税收收入647.62亿元、同比增长5.2%；社会消费品零售总额达937.9亿元、实现正增长。全力以赴推动质效提升，“税收亿元”楼宇达25栋；高新技术企业净增1008家、创历史新高，有效期高新技术企业总数实现三年翻番、累计达4320家、创历史新高；上市及过会企业总数达55家、占全省1/4；“四上”企业2020家、同比增长7.8%。经济发展实现从“规模扩大”到“量质齐升”的转型升级。

二是加快产业建圈强链破局起势。发布15个重点产业链三年攻坚计划，成功落地奕斯伟、京东方、腾讯未来中心等多个百亿级项目（凤朝市长在谈及车载项目时，评价高新区是“全市电子信息产业建圈强链速度质量的典范”）。用好基金杠杆撬动产业发展，确定“5年3000亿”的目标，2022年已注册基金704亿元。产业建圈强链实现从“布局”到“起势”的全面提速。

三是全力促进科技创新蓄势提质。围绕机制创新，开展岷山行动、全球生物医药青年人才策源计划，建立健全“揭榜挂帅”卡脖子技术攻关机制。围绕平台做强，两个实验室正式揭牌，“两个中心”启动运营，累计聚集省级以上创新平台436家。科技创新实现从“扩量”到“提质”的有效提升。

四是推动重点片区建设成型成势。构建高新西区土地资源高质量利用“1+N”政策体系；未来科技城实现“固投倍增”，完成固定资产投资78.5亿元、同比增长100%；天府国际生物城在全国生物医药产业园区综合竞争力排名中进位至第3；交子金融商圈实现亚洲最大下沉式时尚百货——成都SKP投运。重点片区建设实现从“点题”到“破题”的有力突破。

五是推动城市现代治理提质提效。智慧城市实现区、街两级城运平台实战运行（小琳书记指出“高新区智慧蓉城建设试点高质高效，工作成果扎实丰富”）。幸福美好生活十大工程20个关键项目总投资590.1亿元。空气质量综合指数排名全市“5+1”区域第1位。现代化城市治理实现从“补短板”到“锻长板”的长足进步。

六是坚定不移推进全面从严治党。保持“五个走在前列”奋斗姿态，高效开展“三提升两服务”行动。强化正风肃纪反腐，全年立案144件144人，聚焦“十大领域”开展群众身边腐败和作风问题专项治理、查处52件52人。从严治党实现了从“全面覆盖”到“常态长效”的纵深推进。

此外，城市规划建设、社会民生事业、安全发展稳定、国企转型发展等方面同样有声有色、可圈可点。小琳书记在听取高新区工作汇报后，对各项成绩给予充分肯定，（小琳书记表示“很振奋，很有信心”“在去年全市经济发展中，高新区面对的挑战最多，作出的贡献最大”。凤朝市长指出“高新区朝气蓬勃、干劲十足”“已经成长为全市挑大梁、扛重任的主引擎，在全市乃至全省发展大局中地位特殊”）这是市委、市政府对成都高新区工作最大的肯定，也是极大的鼓舞。

特别值得一提的是，面对全年多轮疫情冲击，全区上下“一手撑伞、一手干活”，努力用最小的代价实现最大的防控效果。市委、市政府对全区在疫情防控中爆点管控、世乒赛保障、“微网实格”等工作给予了充分认可。富士康成都园区发生疫情后，全区立即抽调50名青年干部下沉园区与富士康员工同吃同住同劳动，确保园区生产不停、链条不断、产能不减、秩序不乱，小琳书记表示“高新区的做法我们很感动，真的要好好肯定”。正是全区干部上紧“发条”，广大基层工作者、医务人员、社会志愿者和人民群众心往一处想、劲往一处使、拧成一股绳，爆发出空前的凝聚力和战斗力，用拼搏与奉献全力守护万家灯火，找到了高效统筹疫情防控和经济社会发展的最优解。

事非经过不知难。过去一年，是全区上下始终迎难而上、顶压前行、克难攻坚、超常付出，才有了今天逆境中坚定从容的高新，拼搏中不断创造历史的高新，让人拥有更多期许和信心的高新。在此，我谨代表成都高新区党工委管委会，向在座的各位同志，向在各条战线、各个岗位上辛勤工作的广大干部群众和企业家朋友，向所有关心、支持、参与成都高新区建设发展的各界人士，表示衷心的感谢并致以崇高的敬意！

二、把握形势与任务，正视问题与挑战，进一步增强高质量发展使命感紧迫感

察势者明，趋势者智，驭势者决胜未来。当前，百年未有之大变局加速演进，城市竞争风云激荡，成都高新区肩扛国家级牌子，绝不能满足于在成都比、在四川比，一定要放眼全国甚至全球，要发扬历史主动精神，从时代大潮、全球风云中辨识形势、把握机遇，从国家、省、市的战略大局中找目标明方位，以因应之策把矛盾挑战转化为高质量发展的机遇契机，把使命任务转化为建功新时代的强大动力。

（一）客观看待当前挑战，保持清醒、坚定信心

中央经济工作会议指出，我国经济韧性强、潜力大、活力足，经济长期向好的基本面没有变。但是，也要保持高度清醒，认清发展面临的危机与挑战。

一是全球科技变革、产业革命态势前所未有。当前，以数字技术为代表的第四次工业革命正加速推进，全球技术创新空前活跃，特别是元宇宙、量子、脑科学等一些前沿领域技术获得突破式进展，催生出以基础研究、原始创新、颠覆性变革为基础的新产业链（比如，以人工智能为引领的数字技术加速经济社会向数字化、智能化转型，ChatGPT 上线两个月活跃用户已突破 1 亿人）。成都高新区要主动研究、全面融入，抢抓机遇风口，引领时代潮流。二是产业链供应链外部挑战前所未有。当前中美脱钩加剧，连续发布的禁售 GPU、新增“实体清单”等系列制裁，为产业链安全和稳定带来极大挑战。同时，国际产业链开始第五次转移，大量制造业转移至越南、马来西亚和印度等其他新兴国家（戴尔成都工厂今年产值预计下滑 24.5%，原因就在于计划将订单转移到越南）。三是区域竞争态势前所未有。从先进园区看，上海浦东新区 GDP 超过 1.6 万亿元，占上海市的比重达到 36%；深圳南山区 GDP 达到 8000 亿元，3 年内连续跨越两个千亿级台阶，而我们 GDP 刚过 3000 亿，占全市比重仅 14.5%，综合实力差距明显。从最新火炬排名看，中关村、深圳高新区、上海张江为第一梯队，位置基本不可撼动。同一梯队的苏州工业园培育出新一代信息技术、高端装备制造两大千亿级支柱产业，我们虽然连续两年第六名，但是迈入前五、争取进入第一序列的挑战巨大。

（二）精准把脉自身问题，明晰不足、找准差距

一是产业“圈”“链”不强。电子信息产业约 75% 的产值都是由富士康、英特尔、戴尔三家企业支撑，风险高度集中，并且外资龙头企业与本地产业生态圈关联度不高、根植性不强，存在产业引领带动不足、产能外移风险。二是自主创新能力不强。拥有自主知识产权、能够自主迭代升级核心技术的本土企业较少，叫得响、拿得出的本土品牌产品不多，缺乏像深圳华为等标签级高科技企业。三是发展要素趋紧。土地方面，存量土地资源不足，高新西区 90% 建设用地已开发完成，高新南区经营性用地所

剩无几。资金方面，财政资金变资本、资本进入市场流通壮大的机制还未真正建立。人才方面，领军级人才数量偏少，人才结构“有高原无高峰”问题依旧突出。四是城市治理存在短板。优质公共服务供给不足，城市肌体运转韧性不彰显，城市内涝、潮汐式交通拥堵等问题尚未有效根治，社会精细治理协同不深入。

问题不可怕，可怕的是回避问题。大家不要总讲“拿得出手”的成绩，不说“说不出口”的问题。身处百年未有之大变局，尤为需要发扬自我革命精神，绝不能在一片喝彩中迷失自己，务必高度重视，以科学的态度、务实的作风、有力的举措，努力加以解决。

三、锚定方向强力攻坚，以“十大重点突破”推动成都高新区各项工作开新局作示范

小琳书记在本周三调研中强调，成都高新区要“在高质量发展大局中挑大梁、走在前、作示范”，明确提出了“五个引领示范”的重要要求。风朝市长指出，成都高新区要成为引领全市高质量发展的“排头兵”“领头羊”。全区上下务必振奋精神、人心思进，坚决围绕市委、市政府中心工作，特别是“九个有力有效、三个特别注重”系列部署以及“五个引领示范”重要要求，按照对内创建世界领先科技园区、对外打造具有世界影响力的科技园区的标准，稳增长、调结构、惠民生，把高质量发展作为现代化建设的首要任务，力争通过3年努力，转型发展实现重大突破，高质量发展取得重大成效。

具体而言：今年内清科排名前20、与建圈强链密切相关的专业基金全部落户，到明年各类产业基金总规模超3000亿元，打造全国产业资本最密集的高新区之一；未来3年，力争形成两千亿元的高端制造业产业集群；未来5年，攻克5项以上“卡脖子”技术和产品，提高在全球产业链中的发言权和制衡能力。

2023年，全区要在10个方面重点突破，力争地区生产总值比全市高0.5个百分点，固定资产投资、工业投资实现两位数增长，以此带动全局整体提升，在打造重要增长极和新的动力源上破题交卷。

（一）在建圈强链上重点突破，加快提升产业能级

去年全区研究形成了15个重点产业链，但五大要素联动水平不高。今年要全力构建“5+N”产业生态，组建15个产业链专班，力争电子信息规上工业产值突破4100亿元，生物产业规模突破1400亿元，数字服务业实现营收1500亿元。主要围绕“三大重点一个抓手”开展工作。

一是柔性显示产业链要聚焦项目“强圈”，实现关键项目落地。链主企业方面，力争推动全省单体最大的工业项目——B项目第一季度签约、二季度开工，带动美国UDC等上游供应链企业配套项目。领军人才方面，针对应用型、研发型等高层次科技人才及团队实施“一人一策”招引计划，吸引领军人才10名以上。产业基金方面，创新“投补结合”模式参与B项目，与链主企业合作组建新型显示产业链基金。

二是半导体产业链要聚焦战略“建圈”，实现项目实质进展。抢抓国家向西部布局集成电路制造项目的战略机遇，推动“以设计为引领”转向“制造、设计双引领”，打造全国半导体产业第四极。链主企业方面，加快格罗方德厂房整改盘活，推动特重大晶圆制造项目实现突破，引育1～2家全国领先的功率半导体IDM企业。领军人才方面，引入1～2支顶尖团队，支持电子科大等建设集成电路学院。公共平台方面，强化成都国家芯火基地建设，联合电子科大等高校设立功率半导体创新研究院。

三是车载智能系统产业要聚焦生态“扩圈”，

实现五大要素整体突破。去年，我们积极卡位布局车载智能系统产业，成为全国首个鲜明举旗车载系统产业的国家级高新区，向全球发出打造“中国智车谷”的高新声音。今年要聚焦智能座舱域、自动驾驶域等方向，推动整体突破。链主企业方面，重点招引斑马智行、中科创达等企业。领军人才方面，招引王云鹏院士团队等领军人才。产业基金方面，组建总规模100亿元的车载智能系统产业发展基金集群。中介机构方面，成立车载智能系统产业联盟，策划首届世界车载智能系统产业大会。公共平台方面，加快建设国家智能网联汽车车载智能终端基础平台。

四是抓好国企改革转型升级。在高投集团+四大子集团的“1+4”区属国企构架基础上，围绕建圈强链加快国企转型发展，打通资本市场和政府资金两个渠道，变“吸管”为“管道”，解决“只投不产”和资本金不足的问题。高投集团突出资本经营，打造“产业孵化—战略投资—并购赋能—上市运作”全链条产业发展体系。四个子集团突出专业发展，产城集团加速形成“投、建、管、运”一体化开发运营模式；电子集团力争5年内所投资的企业实现上市不少于5家；策源资本深化与头部机构和产业资本的合作，今年再组建基金600亿元以上；高新发展加快构建“半导体+高端装备制造+新型基建+投资并购”四大事业群。

（二）在做优做强新区功能上重点突破，加快四大重点片区成型成势

市委推动“三个做优做强”，目的是打破原有单片区域、单个体系布局的发展模式，构建形成多中心、网络化、组团式功能结构，推动城市能级跃升。全区四大重点片区面积达116.7平方千米、占总管辖（含共建）面积近1/2。花大力气打造重点片区，绝不是为了简单地“再造几个热点区域、重点板块”，而是从城市功能、城市竞争力、城市吸引力和城市品质的角度考量，打造各展其长、竞相发展的园区矩阵，成为公园城市示范区中的示范区。今年要以“项目集群”为重点，推进总投资3327.9亿元的308个项目，推动四大重点片区从破题到破局、从起势到成势。

一是清水河高新技术产业走廊（高新片区）要在“优化调整”上作示范。全年推进实施项目113个、总投资1443亿元，年度计划完成投资105.8亿元、同比增长52%。核心功能方面，依托京东方、西门子等链主企业，形成链主链属协同发展、产业规模加速扩大之势。特色功能方面，抢抓柔性显示产业先发优势，打造以柔性显示为核心的上下游产业项目集群。基本功能方面，谋划项目62个，构建蓝绿交织公园体系、绿色综合交通体系、多元精准配套体系。

二是未来科技城要在“功能转向”上求突破。注重从主抓城市基础设施建设向聚人兴产和城市建设并重，力争完成项目投资120亿元以上、同比增长50%。夯实“国际一流应用性科学中心、国家未来先进制造业基地”核心功能，确保天府绛溪实验室实质运行，推进车载智能终端中试平台加快建设，力争全年引进产业化项目20个以上。凸显“成都国际门户枢纽会客厅、国际创新人才成长中心”特色功能，重点推动电子科大创新人才培养基地、航空航天学院等项目顺利落地，推动民航飞行学院天府校区按期开学。提升“公园城市宜居地、智慧生活幸福城”基本功能，推动“数字城市与物理城市同步建设”，福田TOD配套商业设施等项目主体完工，加速塑造公园城市未来形态。

三是天府国际生物城要在“项目提质”上开新局。着力建设具有全球竞争力和影响力的生物经济创新极，项目投资150亿元以上、同比增长20%。聚焦国家级生物医药科技创新和先进制造业发展承载地的核心功能，招引洽谈总投

资100亿元的绿叶生命科学研发及产业化基地等一批重大项目。聚焦国际同步医疗服务、全方位生物医药双创人才服务的特色功能，加快建设华西国际肿瘤治疗中心等项目，建好人才服务特色楼宇“BIO-菁创园”。聚焦高品质生活性服务、专业化配套服务的基本功能，加快建设昆仑分布式能源等一批配套项目，引进成都七中等教育品牌。

四是交子金融商圈要在“做优特色”上见实效。要以增强“金融、商圈”两大支撑示范为重点，加快成都银行总部、省金控总部等项目建设，力争完成项目投资180亿元以上、同比增长20%。重点在“科技金融、产业金融”等核心功能上实现突破，强化蚂蚁科技等链主企业、高灯科技等链属企业的落地集聚；推进交易所大厦等专业园区楼宇规划建设；广泛积聚金融资本，力争形成“北有金融街、南有深圳湾、东有陆家嘴、西有金融城”的全国金融业发展格局。

（三）在稳增长核心支撑上重点突破，全力确保量的合理增长

后疫情时代，信心比黄金还宝贵，要让发展主体、广大企业树立起信心。去年，成都高新区经济增速仅高于全市0.2个百分点（在三个新区中，低于天府新区2.5个百分点，低于东部新区1.6个百分点）；与前年比较，经济增速落差高达8.1个百分点，为近五年出现的最大幅度波动。今年重点在大企业大集团、本土培育企业等方面开展专项行动，确保增长不过快、不失速，为调结构、实现高质量发展创造回旋空间。力争新增上市企业10家、上榜企业60家、规上企业455家、高新技术企业820家，上云企业、上楼企业实现新突破。

一是开展“稳龙头”行动。紧盯富士康、英特尔、戴尔三家外资龙头，富士康争取引入新产品产线，力争全年实现正增长；帮助英特尔开拓市场，力争全年产能持平；推动戴尔将订单向成都倾斜，争取导入服务器等高附加值产品产线，夯实固本稳增的主支撑。针对腾讯、美团、字节跳动等平台经济企业，一企一策专项服务，推动腾讯成都公司全年营收达470亿元、抖音全年营收超80亿元、快手全年营收达100亿元。

二是开展“固本”行动。系统梳理总部在成都高新区、行业前景好、发展速度快的存量企业，建立“固本强基”总部企业培育库，特别是针对倍特药业、欧林、盛迪等企业，实施“倍增”行动计划，一户一户制定方案，稳定发展信心。同时，抓好建筑业国内头部企业，做好在区企业“稳盘挖潜”行动，力争建筑业增加值增长8%，营收增长15%。

三是开展“四上”培育行动。完善企业全生命周期梯度培育体系，推动企业上规、上榜、上云、上市。上规方面，做好企业上规服务，新增上规入统企业300家以上；上榜方面，发布企业创新创业风云榜，新增国家专精特新“小巨人”企业21户以上；上云方面，实施“上云用数赋智”行动，力争上云企业达到2000户；上市方面，实施“五年倍增计划”，力争新增10家上市企业。

（四）在科技创新上重点突破，争当科技自主创新表率

从国家级高新区评价指标来看，成都高新区创新能力和创业活跃度等4个一级指标都排第7到第10（创新能力和创业活跃度第9名；结构优化和产业价值链第7名；绿色发展和宜居包容性第9名；开放创新和国际竞争力第10名），只有一项排在前3位（综合质效和持续创新力）。接下来，要牢固树立“科技即产业”的理念，贯彻落实科技成果转化“一号工程”，在科技工作体系、创新能力、创新载体建设三个方面集中发力，将中试跨越计划等“十大计划”作为科技

创新的核心抓手，常抓不懈，年年用力，久久为功，让科技创新这一“最大变量”转化为高质量发展的“最大增量”。

一是在科技创新能力上有突破。深入实施科技创新十大计划，建好“两个实验室”，加速推动天府绛溪实验室导入分布式能源、类脑智能、微波与光子集成3个前沿中心；推动天府锦城实验室（前沿医学中心）二期30万平方米建成投运，导入科学家团队和创新平台10个。用好“两个中心”，依托国家精准医学产业创新中心，实施13项关键核心技术攻关项目“揭榜挂帅”；依托国家超高清视频创新中心，建成共性技术研发、验证测试2个关键平台。市上正全力争取国际技术转移转化中心，小琳书记明确提出，成都高新区要积极主动争取。此外，要持续实施“岷山行动”计划，推动5个揭榜项目转化落地；大力实施中试跨越行动计划，力争聚焦主导产业落地5个以上高能级中试平台，规划打造20万平方米中试平台载体，打造全国科技成果中试首选地。

二是在科技创新载体上有突破。全区每年新增市场主体7万家，金融大厦整体签约入驻率为93.71%，软件园入驻率为97.52%，因载体问题，一批高成长的内培企业面临外迁（四川观想科技股份有限公司主要办公点已转移至天府新区兴隆湖）。今年要以专业化为导向加快创新产业园区建设，按照总数超1000万平方米的专业化园区成型成势，重点打造100万平方米的车载智能系统专业园区、100万平方米的人工智能产业园。

三是强化科技创新资本生态。构建“天使基金、产业基金、股权投资”全生命周期产业基金生态，加速前沿科技项目孵化落地，全年新增天使基金40亿元、产业基金600亿元，股权融资企业达130家，清科排名前20、与建圈强链密切相关的专业基金要全部落户。

（五）在数字经济赋能上重点突破，加速推动“三化融合”

数字经济是重组全球要素资源、重塑全球经济结构、改变全球竞争格局的关键力量。全区近三年对数字经济产业投资230亿元，已形成生态圈供给模式。今年要推动数字产业化、产业数字化、城市数智化“三化融合”，促进数字经济和数字城市双提升。

一是加快推动数字经济发展。数字文创领域，重点招引爱奇艺等链主企业，落地四川网络游戏预审服务站，支持可可豆动画等影视动漫企业，加快推出王者荣耀世界、《哪吒之魔童闹海》等代表性精品IP。超高清视频领域，依托国家超高清视频创新中心，打造共性技术研发、测试验证平台，着力招引长光辰芯等龙头企业。高端软件领域，全力招引海尔卡奥斯等工业互联网头部企业，争创首批“中国软件名园”。

二是加快推动数字化转型。发挥好西门子、富士康两座全球“灯塔工厂”示范效应，探索“工业大脑＋智慧工厂”模式，打造以工业互联网公共服务平台为核心、行业云平台为支撑的“1+N”平台体系。此外，虽然成都高新区在空间上没有发展农业的承载，但可以在智慧化等方面找到贯彻落实中央一号文件的着力点，推广智慧＋农业、AI+农业的场景应用。

三是加快推动城市数智化。推动智慧蓉城为数字经济服务，在全市率先建成“云上一座城”。要持续开展智慧蓉城建设三年攻坚行动，推进基层治理、数字经济和重点片区等版块103个项目建设，打造一批智慧交通场景、新消费场景，实现数字化转型达到80%。要优化利企便民数字化服务，推出10项政策“免申即享”、100个事项“秒批秒办、一证一照办、掌上办”、50个事项“零材料办”，高效办成100个“一件事一次办”。

（六）在城市建设上重点突破，加快城市绿色低碳发展

成都高新区是成都打造现代化大都市的主要承载地，要按照“地上一座城、地下一座城”理念，以全面建设践行新发展理念的公园城市示范区为统领，以“四大结构”优化调整推动城市建设和有机更新，实现城市建设“每一平方米都要规划、每一平方米都要管理”，城市发展加快由粗放生长向精明增长转变。这项工作今年我们还要专门开会研究安排。

空间结构方面，高新西区依托清水河生态廊，统筹优化三生空间，激活320万平方米公共空间；通过“收回、更新、合作”方式盘活高新西区53宗、7155亩低效闲置土地，今年集中攻坚闲置土地处置1000余亩、其中高质量提档升级700余亩，平台公司市场化合作500余亩。高新南区全力塑优国际城南形象，重点启动高新南区三元、冯家湾、中和老码头3个片区改造，持续推进玉林等5个老旧居住片区提升。

产业结构方面，围绕电子信息、高端装备制造、生物医药等主导产业，加快高新西区“腾笼换鸟”，通过共建“飞地”园区等方式，全面有序转移非主导产业。

交通结构方面，高新西区聚焦“内环增容、外环分流”，重点提升改造西源大道等4条主干路，打通西区大道等3条跨区重点道路，提升物流运输效率。高新南区重点提升成都SKP等周边道路通行能力，解决好剑南大道拥堵问题，加快“4+6轨道及高密公交”线网建设，打通雅和南五路等“断头路”。

能源结构方面，构建高新西区能源管理“一张网”，推动一批分布式能源站、分布式光伏、储能等项目，重点实施西门子应急能源站等项目，保障区域能源安全。高新南区探索新建区域集中供热、供冷试点，推动新川5G智慧先导区等能源站年内开工；重点推进老旧小区新能源汽车充电桩设施建设，全年完成充电桩6000个以上。

（七）在开放协同上重点突破，全方位提升开放合作水平

成都高新区作为省、市乃至西部地区对外开放的窗口和桥头堡，既要持续扩大国际“朋友圈”，又要加强与国内、省内、市内的合作联动，以此汇聚国内外高端的项目、技术、资金、人才等资源。

一是以平台创新促开放。在创新端鼓励本土企业与全球顶级科研院所建立离岸研究院，打造以菁蓉汇为载体的海智（离岸）创新中心，深化海智“1+3+4”工作体系，给予海外人才全面支持。建立在韩人才工作站，扩建在韩创新创业离岸基地，引进中韩创新创业企业及团队30家以上，新增韩资和中韩合资企业不少于5家。

二是以产业链招商促开放。（去年全区落户36个市级重大项目中外资项目只有6个，且主要是港资台资，新设立的200多家外资企业当中，工业制造只有6家。对比太仓高新区，德资企业已达到450多家，“中国德企之乡”声名鹊起，其背后蕴含的经验做法是需要我们去“解码”和学习的。）要持续推动涉外产业合作，瞄准中国香港、日韩、欧美等地区，招引西门子、MPS等一批与本地主导产业链密切融合的“链主”企业。要稳步扩大制度性开放，进一步提高国际直接投资（FDI）水平，争取将更多高层级、高质量资源导入成都高新区。要积极组织出海抢订单等活动，支持企业尽快恢复对外经贸交流、参与全球经贸合作。

三是以开放引资本。加强与国际资本链接，提高资本密度。继续锚定“5年3000亿元产业基金组建计划”，积极拓展与中投公司等拥有海外优质项目的顶级投资机构合作，推进中德、中意、中英、中法等双边基金组建。加强

与国内外龙头企业合作，瞄准中电科、中电子等大型央企，发力未来赛道前沿领域，大力发展CVC基金合作。

四是以开放强协同。唱好“双城记”，推动构建“成渝总部研发+周边成果转化”产业协同发展格局，在汽车产业领域展开合作，努力形成重庆整车制造、成都高新区核心部件研发制造的分工协作格局。建强“都市圈”。与眉山市、德阳市等周边市州展开深度合作，加快建设若干高新技术产业带和产业同城化发展创新示范区。推动毗邻合作。与郫都区、温江区通过项目共建、产业共兴，推进“经济区与行政区适度分离”走深走实；与双流区共建门户枢纽，与天府新区、东部新区建设一批科技创新策源平台。探索“飞地”经济。深化与攀枝花市等合作，逐步完善“研发创新在成都、生产转化在市州”的互动模式。

五是以生活国际化促开放。讲好高新故事，加快天府国际社区领馆区建设，策划领事官员交流活动，打造国际会客厅，提升国际文化影响力。塑强高新品牌，依托自贸试验区、综保区以及新川、中日、中国—欧洲中心等国别合作园区载体，加大对外交流“走出去”“请进来”力度，做优企业“欧洲行”和“RCEP国家商贸合作行”。

（八）在商贸服务业上重点突破，全力支撑国际消费中心城市建设

成都高新区作为全市国际范最鲜明的区域，要努力成为全市商圈打造的新增长极。(成都高新区在“人、货、场”资源优势上已培植了突破发展的基础。“人”方面，成都高新区聚集常住人口平均年龄35岁，其中15~59岁占比75%，大学以上学历人口占比46%，均位列全市第一，尤其是近两年外来旅居人口、潮汐职业人口和网红打卡人口不断增加，“有收入支撑的消费需求”仍可持续挖掘；“货”方面，全区吸聚各类品牌首店140个，SKP进驻1300余个全球一线品牌，限上市场主体总量达到520家，居全市第一；“场”方面，商圈潮购、街区雅集等各类消费场景不断汇集，交子双塔灯光秀和交子之环等高品质乃至顶流项目不断提升成都高新区国际范儿和吸引力)。下一步，要着力优化完善以成都SKP、仁和新城、宜家家居、红旗超市及街边小店等为代表的多层次消费供给场景，深化“1（地标级泛交子商圈）+3（区域级新南、大源、新川商圈）+N（社区商业）+10（特色商业街区）”梯度商业体系，实现与中心城区商圈错位发展，确保社会消费品零售总额突破千亿大关。

一是强化项目提质，增强地标商圈吸粉能力。对标巴黎香榭丽舍大街、伦敦邦德街、上海淮海路，持续升级交子大道“一街一环双塔”。推动交子商圈“品牌+产业”双落地，营建优质商业体量162万平方米，全年新引进品牌首店50个，力争实现限上社消零总量“翻番”超百亿元。

二是强化项目联动，适配全龄全时消费习惯。以成都SKP为中心，发散联动环球中心、招商·大魔方、桂溪生态公园，精准定位主流中产、高资精英等消费客群，通过商业、公园、剧场、博物馆、特色交通等多元城市元素组合，打造现代公园消费场景新典范。

三是强化项目策划，营建独特气质示范场景。加快提升铁像寺水街二期优质项目承租入驻率，打造群众休闲打卡地、社区商业新亮点。以天府大道为门户流量入口，依托高新段环城生态区和锦江沿岸“十字”地理景观带，在锦江下游统筹策划“中和·芙蓉江湾”项目，加快芙蓉岛运营、中和老码头建设。

（九）在优化营商环境上重点突破，加快构建专业化产业生态

营商环境是成都高新区的金字招牌，今年是党工委确定的“营商环境提质年”。要在全社

会凝聚起尊重企业、尊重人才的共识，向他们充分传递出高新区用心用情的服务温度。

一是政策供给更加精准。去年我们拿出一系列助企惠企“政策大礼包”，拨付及拟拨付产业扶持资金10.69亿元，今年还要针对已发布的12条重点产业链分类出台专项政策。要便利政策享受兑付，继续扩大“免申即享”政策范围，压缩资金兑付时间，让企业获得“及时雨”。

二是人才服务更加专业。要强化人才服务，建立“一对一”配套服务机制，建好“金熊猫人才通”“小高在线”等智能人才服务系统；要加强人才集聚，通过实施金熊猫“人才奖”“成就奖”、人才梯度培育行动等“一揽子”人才政策，力争新引育领军人才100名、国家级人才15名。

三是企业服务更加有力。对标成都市“12345亲清在线助企热线、蓉易办、蓉易享、蓉易见”四大功能，打造“高新通”亲清在线平台、“高馨办”政务服务平台，围绕12345助企热线，构建“1+4+1”企业诉求办理体系（“1”是7×24小时在线的诉求办理专班，“4”是7×24小时响应机制、分级分类处理机制、智慧调度工作机制、回访督办机制，“1”是企业历史遗留问题工作领导小组），深化“企业沙龙”线下政企沟通机制，开展“重点企业专享服务计划”，建立重点企业专班服务制度和重点项目全流程管家服务机制。

四是遗留问题有效解决。建立企业历史遗留问题工作领导小组，聚焦征地拆迁、房地产纠纷等各类企业历史遗留问题，组建11个工作专班，形成“一个问题、一名领导、一个专班、一抓到底”工作格局，力争海峡友谊大厦、润富国际等项目顺利复工。

（十）在社会事业上重点突破，确保城市治理服务优质高效均衡

去年，全区民生财政支出同比增长26.7%，办成了一批民生实事。接下来，要对照全省30件民生实事，以全国文明典范城市创建为抓手，抓实7大方面30件民生实事，抓好民生之“急”、民生之“难”、民生之“愁”、民生之“盼”，让“宜居宜业在高新”的成色更足、底气更足。

一是基层治理要精细高效。成都高新区是全市8个常住人口超过百万的区县之一，人口规模大、治理难度大。要以“微网实格”为重要抓手，以“善治、自治、细治”为攻坚方向，将社区党建、政法综治、民宗、城管、信访、卫生健康、应急管理等各类网格整合进“一般网格”，实现“多网合一、一网统揽”。

二是生活环境要友好宜居。成都高新区具有国际人才多、青年人才多、高层次人才多的特点，18～45岁人口占常住人口比例超过50%，为全市最高（全市平均只有40%）。青年人才是宝贵资源，留住了人才就是留住了产业，要以高标准建设青年发展友好城区为目标，打造人产城融合、职住平衡的高品质城市新区。促进体育功能提升，打造好“家门口”的运动场和健身空间。促进文旅体融合发展，加快呈现高新文化中心图书新馆，推动高新体育中心二期等重点文体设施年内开工。促进多样化住房供给，增加与新市民需求相适应的小户型、低租金房源供应，让年轻人在筑梦奋斗的城市里留得下来。促进城市内涝整治，发挥智慧水务作用，最大程度解决城市内涝问题。此外，要以筹办大运会为契机，以赛营城、以赛惠民，打造一批“金角银边”有机更新示范性项目，让体育事业发展和经济建设成果及时惠及全区群众。

三是民生保障要优质均衡。成都高新区民生工作已从一局统管改为三局共抓，力量逐渐建强、分工趋于合理，工作就得更富成效。今年重点要大力实施医疗强基、公卫提能、智慧健康、向阳花开、夕阳守护、医保惠民“六大工程”，特别要围绕“向阳花开”，重点推进托育一

体化发展，解决创业群体后顾之忧，新开办幼儿园1所、中小学2所。此外，要进一步强化企业健康官制度和平台建设，积极探索“长护险＋养老服务”深度融合发展，新投用三甲医院1家、新开工三甲医院1家。总之，再紧不能紧民生、再难不能难群众，要以更大力度建设更多更好的学校、医院及各类文化体育场所，尽最大努力，早日让年轻的父母不再为学位而焦虑，让生病患者不再为就医而发愁，让市民驾车不再为拥堵而烦心。

以上十个方面的工作，就是今年工作中要牢牢把握的“十个重点突破”。除此之外，有两项单项工作需要特别强调。一是抓紧编制高质量发展指标体系。目前，成都市经济高质量发展指标体系已初步确定，从经济发展、创新驱动、绿色发展、扩大开放、民生福祉、安全保障6个方面提出84个具体指标。经济发展局会同相关部门，对表全市高质量指标体系、结合全区发展实际，突出多作贡献的共性指标、体现特色优势的个性指标，抓紧编制成都高新区高质量发展指标体系。二是全力以赴确保一季度“开门红”。全市一季度开工的重大项目中，全区有22个项目、总投资316.7亿元。要按照市委“拿项目说话、拿实绩交卷”的要求，用好重点项目建设全生命周期管理平台，对重点项目实行挂图作战、分级负责、精准调度，推进项目“日日有进展、月月有开工”，做到开局就是决战、起步就是冲刺，推动一季度固定资产投资同比增长10%，实现“奋战一季度、勇夺开门红”。

四、从严从实，锐意进取，夯实高质量发展坚强保障

习近平总书记强调，时代是出卷人，我们是答卷人，人民是阅卷人。我们始终处于“天天考试、处处考试、人人考试”的艰苦状态，干部考出高分，群众才能高兴。全区各级干部都要始终保持赶考的劲头，以党的建设为统领，以坚定的政治信念、高昂的工作热情、进取的精神状态、创新的工作办法，为成都高新区高质量发展保驾护航。

（一）坚定不移推动全面从严治党向纵深发展

压紧压实管党治党主体责任，以正视问题的勇气毅力和刀刃向内的政治自觉推进自我革命，把严的基调、严的措施、严的氛围长期坚持下去，持续营造风清气正的良好政治生态。一要绝对忠诚，做政治上的明白人。把“旗帜鲜明讲政治”放在首位，深刻领悟“两个确立”的决定性意义，增强“四个意识”、坚定“四个自信”、做到“两个维护”，在思想上、政治上、行动上同以习近平同志为核心的党中央保持高度一致。二要组织过硬，做党建上的责任人。持续推动党建引领高质量发展，围绕区域协同发展探索全域党建联建。聚焦党建引领高效能治理，依托智慧蓉城赋能“微网实格”治理，实施楼宇党建“红立方”工程。三要纪律过硬，做纪律上的清白人。教育引导广大干部严于律己、严负其责、严管所辖，时刻保持对“腐蚀”“围猎”的警觉。强化纪律执行，坚持党性党风党纪一起抓，对违反党纪的问题发现一起查处一起。四要作风过硬，做作风上的带头人。一方面，强化立说立行、雷厉风行的作风。凡是党工委作出的决策部署，不议论、不犹豫、不折腾，不折不扣迅速执行。另一方面，强化盯住不放、“钉钉子精神”的作风。定了就干、说了就办，一锤接着一锤敲，不达目的不罢休，不见成效不松手。

（二）常抓不懈推进干部队伍能力建设

成都高新区干部基础素质整体较高，区管及以上干部中，双一流、985及211等高校毕业

干部占比接近50%，高于全市和其他区（市）县平均水平。但对照市委“舞好全市发展龙头”的要求，抓发展的能力还需进一步强化。要增强抓关键的能力。全区干部要主动聚焦现代科技产业、城市建设发展大势，把上级的新政策、新举措搞清楚，把面临的新形势、发生的新变化看透彻，把工作的切入点、关键点想明白，把实施路径谋划好、落实到。要增强求突破的能力。保持“越是艰险越向前”“狭路相逢勇者胜”的刚勇豪迈，敢于攻坚、善于克难，加强对重大创新领域、重大科学问题、重大前沿热点的学习，在产业结构调整、科技创新攻坚等时代使命中，做到破题破局、打开局面。要增强“划句号”的能力。经常对大家讲“今天再晚也是早，明天再早也是晚”，做任何事情，不论是洽谈项目还是服务民生，都要有一追到底的复命意识、闭环思维，事事有回应、件件有着落。

（三）系统全面增强抓发展的底线思维

必须始终强化风险意识、底线思维，保持清醒头脑，增强忧患意识，做到未雨绸缪，确保城市安全、社会安定、市民安宁。一要突出意识形态领域防风险，成都高新区游戏产业发达、年轻人多，意识形态的审查把关与引导十分重要。要紧盯重要敏感节点和重点人群，加强网络24小时全方位监巡，确保及时发现、及时预警、及时处置。二要突出城市安全领域防风险，把安全生产大检查纳入日常工作内容，确保重大隐患能发现、早处置；加快完善应急管理体制，建立城市安全风险和应急管理电子地图，全面提高重大自然灾害、公共安全事件应对处置能力，坚决防止重大安全生产事故发生。三要突出经济领域防风险，统筹做好大规模减费降税后财力保障工作，加强隐性债务和国企债务管控。四要突出社会治理领域防风险，持续推进“三张清单”化解攻坚，全力做好涉军、涉房地产、涉非法集资等利益诉求群体稳控工作。五要突出公共卫生领域防风险，认真落实“乙类乙管”总体方案，全面提升基层医疗服务、药品供给、重症救治的能力水平，坚决守护好人民群众的生命安全和身体健康。六要突出重大活动领域防风险，紧盯重点领域、重点环节、重点人群，强化保安全护稳定促和谐各项举措，全力做好大运会等重大节庆赛事活动安保工作。

（四）持续完善目标考核的激励约束机制

发挥考核指挥棒、风向标作用，建立健全督导考核机制，加大督导检查力度，将每项工作任务都纳入KPI考核，确保每项工作有专人落实、有考核奖惩、有激励兑现，实现“有安排、有落实、有督查、有成效”的工作闭环，营造“干与不干不一样，干多干少不一样，干好干坏不一样”的良好氛围。

（五）持之以恒营造干事创业良好环境

重点是把严管和厚爱、激励和约束有机统一起来，更好地激发广大干部干事创业、担当作为。要鲜明担当实干的用人导向，坚持新时代好干部标准，突出事业为上、以事择人，让担当有为者有位、消极无为者失位。要坚决破除“老好人”思想，敢于坚持原则，不遮丑、不护短，不搞毫无原则的一团和气。要认真落实“三个区分开来”重要要求，大力纠治妨碍担当作为的突出问题，健全谈话提醒、纠正偏差机制，健全严惩诬告、澄清保护机制，宽容干部在工作中特别是改革创新中的失误错误，旗帜鲜明地为敢于担当的干部担当、为敢于负责的干部负责、为敢抓敢管的干部撑腰。

同志们，唯其艰难，方显勇毅；唯其磨砺，始得玉成。在继往开来的“时空轴”、复兴伟业的“坐标系”中，我们要涵养“旗帜鲜明讲政治”的政治品格，发扬“越是艰险越向前”的斗争精神，坚持“追风赶月自我超越”的工作标准，强化“与企业同患难共发展”的服务意识，坚守“敢干事、干成事、不出事”的清廉底线，不折不扣把中央和省、市决策部署落实到位。全区上下要立争先之志，在新的时空背景下重新审视自我，勇于自我加压、敢于攀高比强，干就干大事、争就争一流，心中想第一，目标定第一，成绩夺第一，书写更多超越过去、超越对手的精彩篇章！要践创新之行，持之以恒地推进改革创新，敢于打破思想上的“误区”、开拓观念上的“盲区”、探索体制上的“难区”、突围机制上的“禁区”，努力争做改革开放的先行者、大胆创新的探索者、率先发展的带头者！要聚万众之力，调动各方因素，把大家的信心鼓舞起来、士气昂扬起来、干劲激发起来，汇聚起干部敢闯、基层敢为、企业敢干、群众敢首创的强大合力，携手创造无愧于伟大时代新的荣光！

未来已来，唯变不变。让我们紧密团结在以习近平同志为核心的党中央周围，在省委、省政府，市委、市政府坚强领导下，开拓进取，锐意争先，不断发挥高质量发展增长极和动力源的强大力量，为成都打造中国西部具有全球影响力和美誉度的社会主义现代化国际大都市做出新的高新贡献！

（两委办）

成都高新区 2023 年工作报告（摘要）

成都高新区党工委副书记、管委会主任　余　辉

（2023 年 2 月 19 日）

一、2022 年工作回顾

2022 年是极不平凡的一年，是充满风险挑战、充满艰难险阻的一年，也是全区上下齐心、砥砺奋进的一年。这一年，我们认真贯彻党的二十大精神，坚定拥护“两个确立”、切实增强“四个意识”、坚定“四个自信”、做到“两个维护”，深入落实中央和省、市决策部署，聚力“疫情要防住、经济要稳住、发展要安全”重大要求，以公园城市示范区建设、“三个做优做强”、产业建圈强链、“四大结构”优化调整、“五个走在前列”等部署为统领，主动服务和融入新发展格局，面对复杂严峻的国际形势，我们全力以赴拼经济；面对高温限电的影响，我们分秒必争搞建设；面对多轮疫情的反复冲击，我们寸步不退促发展，做实做好“高”和“新”两篇文章，全力舞好全市高质量发展龙头，为全省全市开启现代化建设新征程作出了新贡献！

2022 年，全区实现地区生产总值 3015.8 亿元、同比增长 3%，GDP 对全市经济增长贡献率稳居全市第一。完成固定资产投资 713.6 亿元、同比增长 8.5%，其中工业投资 206.4 亿元、居全市第一。一般公共预算收入 265.2 亿元，同口径增长 15.3%；完成税收收入 647.62 亿元，同比增长 5.2%。高新综保区进出口总额连续 5 年全国第一，获评全省开放发展示范平台；成都高新区获评全省优秀开发区，双创工作获评“区域类国家双创示范基地精益创业带动就业专项行动”全国第一，在国家高新区综合排名中继续保持第 6 位。

这一年，我们抓牢发展第一要务，打硬仗破难题，经济发展稳中有进。工业企稳向好。全国率先推出企业首席健康官制度，创立防疫泡泡生产模式，有力保障 397 户规上工业企业实现总产值 6212.5 亿元、同比增长 5.8%；富士康成都园区年产值首次突破 2000 亿元。外资外贸稳定增长。新设外商投资企业 224 家、占全市 40%，外商直接投资（FDI）14.55 亿美元、占全市 56%；外贸进出口总额 5533.6 亿元，占全省 54.9%、全市 66.3%。商贸消费活力复苏。限上商贸业企业总量居全市第一，15 家企业进入全市 100 强；社会消费品零售总额 937.9 亿元、实现正增长。市场主体规模快速增长。市场主体累计存量达 33.14 万户、同比增长 25.8%，其中企业 20.54 万户、同比增长 20.64%；“四上”企业同比增长 7.8%；“税收亿元”楼宇达 25 栋。

招商引智取得新成效。引进落地市级重大项目及高能级项目36个、协议总投资1032亿元，其中链主龙头企业投资百亿级项目4个、占全市比重22.2%；实际到位内资280.4亿元、占全市比重8.4%。

这一年，我们围绕城市功能提升，抓项目优配套，重点片区建设成型成势。全区强化“六个一批”推进，实施项目550个、总投资4904.8亿元。清水河高新技术产业走廊片区总体规划深入推进，实施片区重点项目71个，完成投资72.1亿元，先期启动200万平方米产业载体建设。引进西门子工业自动化产品中国智造基地等链主龙头项目。构建土地资源高质量利用“1+N”政策体系，芯未项目土地成交后5个工作日内实质性开工；稳妥开展低效闲置用地处置。未来科技城起步区形成“一心两轴”规划结构，“五横四纵”骨干路网基本成型，实施片区重点项目86个，完成投资78.5亿元。引进凌空天行、德赛西威等链主龙头项目；民航飞行学院天府校区、国际教育园区、智创产业空间项目基本建成。搭建“1+6+N”的智慧治理体系，形成未来科技城数字孪生城市框架。天府国际生物城功能品质持续提升，实施片区重点项目57个，完成投资超120亿元。全国首个重大新药创制国家科技重大专项试点示范基地一期项目完成验收，省疾控P3实验室建成投运，华西国际肿瘤治疗中心主体建成，生物城供应链服务中心实现服务货值突破10亿元，医药品进口贸易额位列全省第一。永安湖城市森林公园获“2022世界建筑节·中国年度最佳景观设计大奖”。交子金融商圈实施片区重点项目32个，完成投资42亿元。“一带一路”金融合作中心、西部金融总部产业园、金融科技创新生态园“一心两园”空间形态初具。引进藏格新能源、普华永道等链主龙头项目。交子基金大厦入驻基金21家，管理规模超510亿元。

这一年，我们围绕产业建圈强链，引龙头增动力，主导产业提质进位。电子信息产业支撑有力。引进奕斯伟板级封装系统集成电路项目、京东方成都车载显示基地2个百亿级重大项目。获评2022年全国第三代半导体最具竞争力产业园区，高居中国集成电路园区综合实力榜单第三位。医药健康产业进位提速。产业规模突破1200亿元、同比增长20%。GE医疗中国精准医疗产业化基地等4个高能级500强项目落户，全国唯一国家精准医学产业创新中心、国家卫健委科技发展中心全国首个示范平台落地。在科技部全国生物医药产业园区综合竞争力排名进位至第三。数字经济量质齐升。数字服务业实现营收1431.4亿元、同比增长8.9%。引进腾讯未来中心、抖音生活服务全国总部等2个百亿级项目。超高清视频创新中心获批成为全省首个国家制造业创新中心，建成全省首个智能驾驶示范场景。金融业、商贸业集聚发展。以交子金融商圈为核心载体，加快建设金融科技创新生态圈，引进5家国内金融科技领先企业；SKP等重大商业项目建成开业，涵盖首店品牌222个，一线大牌覆盖率达98%。

这一年，我们聚力科技自立自强，汇人才建平台，创新活力持续迸发。创新策源能力不断增强。天府绛溪实验室、天府锦城实验室（前沿医学中心）揭牌运行。实施岷山行动、全球生物医药青年人才策源计划。获批全国首批国家人力资源服务出口基地。累计聚集省级以上创新平台436家，其中国家级61家，约占全省1/4；引育中外院士5名，入选国家级人才14名，累计聚集各类人才超75万人。创新动能加速生成。新增制造业单项冠军企业2家、国家级专精特新“小巨人”企业40家。高新技术企业数量达4320家，净增量首次突破1000家。科技型中小企业数量超3900家、增长约25%，稳居全国高新区第一方阵。“四上”企业研发投入实现

137.78亿元、增长31.2%。累计培育国家级孵化器18家、国家备案众创空间21家，在孵企业达1.7万家。科技金融深度赋能。产业基金确立“5年3000亿”目标，全年注册基金704亿元。设立100亿元天使母基金，获评“2022最佳天使母基金TOP10”第六名。新增上市企业8家，科创板上市企业达到10家、中西部第一。

这一年，我们聚力开放协同发展，促改革强合作，对外开放持续深化。开放合作高水平推进。高新自贸区贡献了全市自贸区60.9%的新增企业和89.8%的外商投资企业；国家服务出口基地扩容至4家，数量位居全国前列；西班牙驻成都总领事馆入驻中国—欧洲中心；中日联合创新中心正式启动运营；成功举办2022世界显示产业大会、第二十届软洽会等国际化展会活动。区域协作走深走实。与重庆高新区开展“一业一证”跨省互认；与德阳市共建成德高端能源装备产业集群创新中心；与东部新区、郫都区、温江区、双流区、锦江区、简阳市等毗邻区在未来科技城、高新西区、国际生物城建设上深化合作，与新津区共建天府智能硬件产业园。营商环境持续提升。实施优化营商环境“十大攻坚”计划，实现国有土地出让“交地即交证”、新建商品房“交房即交证”。全面落实国家和省、市助企纾困政策，接续推出“助企健康发展十条”“纾困解难五条”“惠企十条举措”等政策举措，惠及超55万户次市场主体；优化完善“高新通”功能，出台支持集成电路、医药健康、人才引进等精准扶持政策，优化“政策找企业”主动服务，扩大“免申即享”范围。创新推出“一码办成事”改革，500余项事项实现跨域通办；政务服务办件超1100万件，满意率达99.9%，12345网络理政处理企业和群众诉求解决率、满意率均超94%。

这一年，我们着眼生态宜居品质，调结构促转型，绿色发展走深走实。“四大结构”优化调整深入实施。开展“三区三线”划定，统筹国土空间保护开发、利用、修复。试行项目招引前预评估机制，严控“两高一低”项目。加快推进产业数字化绿色化，现有国家级绿色工厂8家、省级绿色工厂21家，“灯塔工厂”2家。完善能源基础设施，建成投运110千伏康强、金融后台变电站，新增容量超300兆伏安，完成配电网网格化项目37项，完成大运会高新体育中心场馆电力线路迁改等60余个重点能源通信迁改项目，完成11个老旧小区电网升级和节能改造，建成充电桩7400余个。公共交通占机动化出行分担率达61.7%。有效应对解决迎峰度夏电力短缺难题。公园城市建设加快推进。完成瞪羚谷未来公园社区等城市设计。建成锦城大道西段等绿道30千米。打通定安路“断头路”及周边8条道路。完成基本公共服务设施“三年攻坚”项目172个。强力整治耕地“非粮化”“非农化”，完成耕地恢复1569亩。生态环境持续改善。全域增绿49.5万平方米。空气质量综合指数改善幅度位列全市第一、总指数排名“5+1”区域第一。3个市考断面均达到地表水Ⅱ类水质。成功创建1个近零碳社区。垃圾分类工作连续4年全市第一。完成道路“黑化”面积约20万平方米，病害治理4万余平方米。

这一年，我们聚焦增进民生福祉，优服务强保障，幸福指数持续提升。实施“惠民暖心十条举措”。教育优质均衡发展。新开办中小学、幼儿园20所，新增学位15420个。义务教育综合评价连续五年位居全市前列，入选全国首批创建县域义务教育优质均衡先行区。医疗资源供给扩容。新增医疗机构151家、总数达1052家。医院总数达34家，其中三级以上医院8家（三甲医院3家）。“一老一小”服务优化。完成3个社区养老服务综合体建设，养老服务设施社区覆盖率达100%。实施学前教育“向阳花开”行动，提供托位超8000个。始终坚持就业优先。兑现各类就业政策资金3.7亿元。拨付各项社保待遇5.62亿元，落实降低社会保险费率等助企纾困政策资金8.7亿元。文体事业繁荣发展。圆满完成第56届世乒赛、成都马拉松等重大赛事保障。开展文体活动5500余场，服务群众100万余人次。基层公共文化服务设施100%全覆盖。

这一年，我们坚持精准高效服务，保安全提效能，智慧治理深入推进。疫情防控有力有序。完善“微网实格”治理体系，划定一般网格928个、专属网格1290个、微网格7514个。建立区—街道—社区—院落四级应急指挥体系，举全区之力高效打赢五轮本土疫情阻击战。智慧蓉城建设提速。建成区、街两级平台，构建涵盖61项评价指标的城市生命体征体系，初步建成高新区实有人口基础库。社会保持安全稳定。贯彻落实安全生产“十五条”。排查整治安全生产风险隐患1.1万条。实现“一店一码”食品安全风险数字化监管。推进平安高新建设，矛盾纠纷化解率达89.91%，违法犯罪警情同比下降25.6%。

这一年，我们深化廉洁政府建设，讲法治严监管，依法行政水平持续提升。强化法治政府建设。审查规范性文件、重大决策300余件；办理行政复议案件149件。四维基层依法治理体系入选“2022年全国社会治理创新案例”。始终坚持廉洁行政。持之以恒纠“四风”，紧盯“关键少数”、重点领域、关键环节和年轻干部腐败问题，严肃查处职务犯罪案件。坚决查处群众身边腐败和不正之风，查处损害营商环境有关问题8件15人。升级打造“营商云眼”数字化监督平台，推动重点领域政风行风进一步转变。

过去这一年取得的发展成绩，是在省委、省政府和市委、市政府的坚强领导下，在市人大高新工委、市政协高新工委的监督支持下，党工委管委会团结带领全区干部群众战胜多重困难挑战，奋力拼搏出来的。成绩来之不易，历程至为艰辛。在此过程中，社会各界和国内外朋友也给予了大量关心支持。在此，我谨代表成都高新区管委会，向全区干部职工、市民群众和企业家朋友，向市人大高新工委、市政协高新工委、驻区各级人大代表、政协委员，向各民主党派、各人民团体和各界人士，以及在统筹推进疫情防控和经济社会发展中作出重要贡献的工作人员和志愿者们，表示衷心感谢和诚挚敬意！

过去这一年取得的显著成绩令人振奋，进一步坚定了我们奋进跨越的强大信心。但同时也要清醒地认识到，我们还面临不少困难、问题和挑战，对表省委、省政府和市委、市政府的殷切期盼，对标先进地区的成功经验，还存在差距和不足，主要表现在：高质量发展支撑带动能力还需进一步提升，高品质生活服务供给能力还需进一步增强，高效能治理体系还需进一步完善。今后工作中，我们必须进一步准确把握全局大势，进一步凝聚高质量发展的根本共识，进一步强化忧患意识危机观念，在服务国之大者、省之大计、市之要事中明职责、强担当、作贡献，奋力推动区域经济社会发展实现既有量的合理增长、更有质的有效提升。

二、2023年工作安排

2023年是全面贯彻党的二十大精神的开局之年，是成都建设社会主义现代化国际大都市的起步之年，也是高新区打造高质量发展增长极动力源主支撑的关键之年。做好今年工作，意义重大。今年工作的总体思路是：坚定以习近平新时代中国特色社会主义思想为指导，全面贯彻党的二十大精神，深入贯彻习近平总书记对四川及成都工作系列重要指示精神，始终坚持服务大局融入全局，锚定“总牵引、总抓手、总思路”①，坚定落实市委“九个有力有效、三个特别注重”部署、“两新”“三高”和“五个引领示范”要求和党工委“十大重点突破”部署，突出高质量发展主题，把握新趋势、融入新格局、巩固好态势，做实做好“高”和“新”两篇文章，加快打造高质量发展增长极动力源主支撑，为成都打造中国西部具有全球影响力和美誉度的社会主义现代化国际大都市作出新的更大贡献。

今年，全区经济发展的主要预期目标是：力争地区生产总值比全市高0.5个百分点，固定资产投资、工业投资实现两位数增长；力争全年外贸进出口稳中有升；一般公共预算收入预期为295亿元；全年社会消费品零售总额增长10%；力争全区实际到位内资276亿元以上、外商直接投资（FDI）继续保持全市第一，新引进重大项目及高能级项目35个以上。

为全力推动各级重大决策部署落地落实、终端见效，我们将从“五个引领示范、两个走深走实”七个方面狠抓落实，坚持“四个贯穿始终”。

（一）夯实高质量发展的城市功能体系，在“三个做优做强”上引领示范

完善重点片区功能体系，系统支撑城市新区功能和城市整体功能，打造公园城市示范区中的“示范区”。加快功能性项目科学布局、提速落位。力争年度投资同比增长超50%。

加快推动清水河高新技术产业走廊转型升级。全年推进重点项目113个，力争完成投资105.8亿元。做实核心功能，加快推进世界柔谷、中国存储谷、成渝智能终端创新走廊建设，签约晶圆制造项目，实施西门子工业自动化产品中国智造基地等重点项目；做精特色功能，深化综保区改革，积极争取扩大一般纳税人试点范围；做优基本功能，推进中电国际分布式能源站等项目，编制覆盖毗邻区总共350平方千米的综合交通体系规划，完善绿道、公园、公建项目、学校、保障性租赁用房等高品质公服配套保障。盘活约1000亩低效闲置用地。

加快推动成都未来科技城成势见效。全年推进重点项目96个，力争实现投资120亿元。做实核心功能，推动天府绛溪实验室实质性投入运行，全年引进链主链属产业化项目20个以上；做精特色功能，推动电子科大创新人才培养基地、航空航天学院（四川省无人机学院）等办学项目落地、民航飞行学院天府校区按期开学，未来科技城科创基地等项目主体完工；做优基本功能，交付社区工程100万平方米，加快中小学、福田三期社区工程等公共服务配套项目以及福田TOD配套商业设施、50万平方米高品质商业和住宅项目建设。

加快推动天府国际生物城产城融合。全年推进重点项目72个，力争完成投资不低于150亿元。做实核心功能，推动GE医疗中国精准医疗产业化基地等产业化项目开工，汇宇创新药物研发总部及产业化基地、血脂康研发生产基地投运，新增产业载体面积28万平方米；做精特色功能，实施华西国际肿瘤治疗中心（重离子质子）项目、国际医疗中心片区——医美小镇等重点项目；做优基本功能，实现人才公寓二期、五期对外销售，新开工15个公益性项目，促进9个项目完工交付。

加快推动交子金融商圈塑强品牌。全年推进重点项目12个，力争完成投资40亿元。做实核心功能，打造国际知名、全国一流的金融商务区。聚焦科技金融、产业金融，力争新增持牌金融机构和金融科技企业20家以上，打造西部资本密度最高区域；做精特色功能，打造全球新品首发地、原创品牌策源地，力争引进国际知名品牌首店50家，实现限额以上社消零总额“翻番”破百亿；做优基本功能，实施金融城

人才公寓项目等重点项目；持续疏通SKP片区交通“微循环”；基本建成“云上一座城”城市数字底座。

（二）加快构建高质量发展的现代化产业体系，在产业建圈强链上引领示范

坚持以重点产业链提质增效为核心，推动链主企业、公共平台、中介机构、投资基金、领军人才融合共生发展，形成更多实物量和可视化成果，实现电子信息产业“建圈有突破”、生物产业“规模有提升”、数字经济“发展有特色”、未来产业“赛道有后劲”。

电子信息产业要加快建链强链升链。坚持制造强区，抓好柔性显示和半导体两大重点，力争电子信息产业规上工业产值突破4100亿元、工业投资增长20%以上，引进重大项目和高能级项目超10个。一是建圈强链谋突破。柔性显示“扩圈”，力促京东方OLED大尺寸面板生产线一季度签约，联动重庆、绵阳等打造世界级“柔谷”。半导体“建圈”，盘活闲置集成电路标准厂房，打造全国半导体产业第四极。智能终端“聚链”，促成业桓元宇宙MR智能穿戴光学模组研发及产业化项目签约。二是改革创新促开放。完善对大中小型企业的分级服务机制，力争全年进出口额正增长。支持鸿富锦等一般纳税人试点企业进一步融入国内大循环，鼓励高真等研发型企业提升规模能级。促进综保区贸易结构转型，促进跨境电商业态做大保税备货业务，力争实现从零起步到5亿元的突破。

医药健康产业要加快实现规模提升。力争医药健康产业规模突破1400亿元，引进链主链属企业项目40余个，培育上市企业2家、新增临床品种20个、药械生产批件30个。一是大力提升制造业比重。持续实施企业引优育强行动，壮大药物高端制剂、血制品等细分领域能级。推动国药蓉生、远大蜀阳、迈克生物产业规模突破50亿元，引进绿叶生命科学研发及产业化基地等重大项目，培育产值超30亿元企业7家，培育销售过10亿元的创新药重磅品种1个、过亿的重磅品种80个；培育销售过亿的高端医疗器械大品种10个。二是加速创新成果转化。加速天府锦城实验室、国家精准医学产业创新中心建设，启动生物样本库等10亿元规模的大科学装置建设，组建10亿元孵化基金，实施“全球生物医药青年人才策源计划”，导入CAR-T细胞疗法等细分赛道科学家团队和创新平台超20个，建成30万平方米科创载体。

数字经济要深化数实融合创新发展。力争数字服务业实现营收1500亿元，引进重大项目和高能级项目6个。一是加快数实深度融合。推进总投资70亿元的爱奇艺西部数字梦工场等“链主”项目，建强腾讯、阿里、抖音、美团等6大龙头生态圈。抓好车载智能系统产业，推动斑马智行等头部企业布局，引领建设“中国智车谷”。抓好高端软件产业，加快构建自主可控的产业创新和应用体系，争创首批“中国软件名园”示范试点。大力发展数字文创产业，加快中国（成都）网络视听产业基地建设。二是推进创新平台建设。加快推动国家超高清视频创新中心建设，推动工业信息安全中心升级为国家创新中心。策划工业软件、多感知融合交互技术方向新型研发机构及先进制程车规级芯片中试平台。

未来产业要精准抢位新赛道。提高对产业前沿和前沿产业的敏锐感知能力，精选未来赛道。实施《产业建圈强链三年攻坚计划》，突出发展集成电路、新型显示、智能终端、创新药、高端医疗器械、人工智能等9个重点产业链，在车载智能系统、功率半导体、XR、元宇宙等产业细分领域引育链主、准链主，整合产业链供应链创新链上下游左右岸，力争打造全产业链，加快形成集成电路、新型显示等6个千亿级产

业集群，走出第二增长曲线。

（三）建强高质量发展的科技创新体系，在科技成果转化和产业化上引领示范

坚持以科技创新引领现代化建设。进一步强化工作统筹、优化工作体系，推动全区各部门、国有企业协同发力，形成增长极、动力源“两手抓、两手都要硬”工作格局。

打造创新人才高地核心区。实施领军智荟行动计划，力争引育100名科技创新领军人才和产业创新领军人才，探索实施一批科学技术攻关和中试转化项目。依托国家、省、市人才计划，实施人才梯度培育行动，力争引育国家级人才15名。实施科技创富行动计划，与海内外高校结成“创新创业共同体”，力争引育“产业教授”20名。引育“四派人才”企业，给予启动资金、场地保障等全方位创业支持，力争引育“四派人才”500名、“四派人才”创业企业300家。设立“金熊猫”创业人才奖、创业成就奖荣誉制度，每年对作出突出贡献的高层次人才进行奖励。

打造原创技术策源地。实施平台策源行动计划，加快构建高能级创新平台体系，力争新增省级以上创新平台35家以上。实施“岷山行动”计划，推动揭榜项目转化落地，累计建设新型研发机构25个以上。实施中试跨越行动计划，打造全国科技成果中试首选地，发布首批中试平台招引方向，聚焦主导产业建设中试平台5个以上。实施蓉耀首创行动计划，创立蓉耀首创产品（技术）发现—遴选—培育机制，评选5项技术水平国内（国际）领先的首创产品，形成2项“卡脖子”技术、产品，支持5～10项国家科技重大专项项目、国家重点研发计划项目，支持800项以上省、市科技计划项目。实施卓越IP行动计划，实现“四上”企业研发投入150亿元。

打造创新驱动引领高质量发展示范区。实施双创提能行动计划，策划“菁蓉汇”二期，力争新增国家级孵化载体2家；举办2023年金熊猫全球创新创业大赛；训练200家创业企业，精准服务80家被（备）投企业。实施应投尽投行动计划，发布一批基金赛道榜单，力争新增40亿元天使基金群，优化投融通服务体系，获投企业数量突破125家。创新科创金融产品，力争引导设立2款创新产品，政策性信贷产品放款金额达90亿元。实施高原筑峰行动计划，以链主企业、上市龙头企业和科技“小巨人”企业培育为工作支点，力争培育上市企业10家，(潜在)独角兽企业8家，科技“小巨人”企业6家，高企总数突破4900家。推动上交所、深交所两大区域性资本市场基地提档升级，争取北交所在高新区设立区域基地。

（四）完善高质量发展的对外开放体系，在高水平开放合作上引领示范

全面深化改革和扩大对外开放，加速融入成渝地区双城经济圈。打造市场化、法治化、国际化、便利化一流营商环境。

深入推进开放合作。提高全球高端优质资源配置能力。提升国际开放层次水平。深化自贸试验区改革创新，增强中国—欧洲中心的交往、商贸、服务功能。依托国际会客厅，推动中韩、中日、新川三大国别合作园区多向连接，力争落地合作项目20个。策划企业“欧洲行”和“RCEP国家商贸合作行”。力争引进符合主导产业方向的国家级品牌展会（流动展）。提升区域协作能力。更好发挥极核带动作用，服务国家战略全局和区域发展大局。深度融入“成渝地区双城经济圈”，推动成都智算中心等全国一体化大数据中心成渝枢纽节点落地。主动融入“五区共兴”，推动五粮液新经济中心、成都·广安生物医药“双飞地”成都研发基地等项目加快建设。围绕“三圈一体”打造都市圈，推进成眉医药产业同城发展创新示范区建设，与天府新

区等共建天府大道南延线科创走廊，联动毗邻区（市）县谋深做实四大重点片区建设。

推动外贸稳规模、优结构。做好外贸高质量发展。稳头部企业，确保进出口总额稳中有增；精准施策，做好外贸企业引育工作；用好各级外经贸专项资金政策，以优惠的政策和完善的配套吸引外贸企业落地；以建圈强链加强外贸市场主体引入，促进新项目落地产生贡献。大力助推企业出海拓展市场。持续开展“拼经济、抓订单、拓市场”系列活动，在线上推广、境外参展、组团包机、出入境便利等方面给予企业政策支持。聚焦服务贸易创新发展。积极招引一批服务贸易领域的优质企业，培育一批新型创新组织；加强对文创服务、知识产权服务等领域的探索创新，巩固全区数字贸易的先发优势，持续推动服务贸易创新发展和服务外包转型升级。

建好国际消费中心。优化消费体验场景。谋划华润雪花啤酒小镇、NBA 篮球公园等项目，支持中和老码头等项目实质性落地；加强玉林西路、合庆里、中和锦江子街巷等 7 条特色商业街区宣介，扩大白夜诗空间、Bushes、芙蓉岛等优质消费场景影响力，推进交子公园商圈建设和城南 9 大商业群活力呈现。推动消费复元活血。继续推出“嗨高新 · 潮成都”系列 IP 活动，发放高新消费券，联动“成都汽车消费节”策划高新汽车促销活动，推动“嗨（Hi）淘（Tech）智享”主题活动提档升级，发布“吃喝玩乐游”消费地图，主办领办各类消费促进活动 50 场。

打造市场化法治化国际化营商环境。对标国际最高标准、最好水平，以营商环境之“优”，激市场主体之“活”、促经济之“稳”、致发展之“进”，全面落实成都市持续优化提升营商环境十大举措，争创省级园区政务服务中心。抓企业全周期服务。依托 12345 亲清在线，推动企业诉求向高标准办成、办好转变。分阶段实施工程报建“一件事”，常态化开展拿地即开工机制。升级“数智综保区”。抓政策精准供给。在智能网联、超高清视频、功率半导体等细分领域推出一批产业政策。强化惠企政策智能匹配、精准推送。抓人才引育留用。发布 2023 年重点人才服务清单，实施高端人才全天候专员服务。抓要素高效保障。继续组建中西部规模最大的产业基金，创新“供地 + 供房”模式，重点盘活西区低效闲置用地，完善知识产权一站式服务，探索开放公共服务数据，保障企业资金、土地、技术、数据等要素需求。抓亲清作风提升。打造尊商重企社会环境，推动干部勤走基层、实解难题、多办实事，做到“亲而有度、清而有为”。实施“壮骨健腰”行动。力争 5 年培育 100 亿级企业 10 家，50 亿级 20 家、10 亿级 100 家。

（五）构建高品质生活服务供给体系，在提升宜居生活品质上引领示范

坚持人民至上的价值追求，以“幸福美好生活十大工程”为统揽，推动民生事业与经济发展同频共振，高质量推进公园城市建设，切实增强人民群众获得感幸福感安全感。

完善公共服务体系。聚焦“一老一小”。开展“急难愁盼”学位攻坚行动，全年新（扩）办中小学 2 所，打造 15 分钟社区托育服务圈；推动“向阳花开”等品牌提质，试点“长期护理保险 + 居家养老”融合服务，加快 4 个养老机构建设工作。坚持就业优先。持续深化援企稳岗扩就业，确保城镇登记失业率在 4% 以内。聚焦高校毕业生等各类重点群体，开展针对性职业技能培训和创业培训，筹集开发一批公益性岗位；聚焦“两类企业”“四类群体”有序促进社保新增扩面，精准开展送政策、送岗位、送培训“三送”服务。完善社区共享。加快推进新华南、晨风、盛世嘉苑及新川片区等 6 个社区综合体投用，结合美空间创评、微更新等，打造一批示范性城市“金角银边”有机更新项目。

健全社会保障体系。深化健康高新建设。推动高新区人民医院、高新区妇幼保健院等落地建成投用，筹建社区卫生服务中心6家，推进“三医联动”改革，深入推进紧密型医联体工作，优化联网+医政卫监综合服务监管平台。实施文化惠民行动。深化区、街道、社区三级文体供给服务体系，建成文图分馆及服务点4个，开展文体活动6000场次以上。推进新川博物馆年内开工，建设“科技+文博”综合性博物馆。构建全民赛事体系。高质量办好大运会等重点赛事，持续办好成都马拉松、国际篮联3V3巡回大师赛等特色赛事，开展体育赛事不少于300场次。

提升城市功能品质。加快老旧小区提升改造。推进玉林等5个老旧居住片区、三元片区等3个老旧工业区城市更新，打造交子大道等3个“美丽街区”。构建“15分钟便民生活圈”。实施新一轮公共服务设施提升建设计划，实施教育、文化、体育、卫生、养老等公服项目45个，项目总投资123亿元，完成年度投资约23亿元。完善职住平衡住房体系。加快发展保障性租赁住房，筹集建设4000套，推进3800余套上市配租，升级打造智慧安居服务平台，预计发放租赁补贴惠及700户。强化人才安居服务，吸引人才融入城市发展，完工人才公寓2200套。

（六）构建高质量发展的绿色转型保障体系，在提高可持续发展能力上走深走实

坚持以碳达峰碳中和为引领，深入实施空间产业能源交通优化调整。探索打造碳中和服务业高地，建设全国首个碳污协同高质量发展示范区。在清水河高新技术产业走廊开展“四大结构”优化调整示范。

持续优化全域空间结构。用好“三区三线”划定成果，按照“多中心、组团式、网络化”思路，持续优化“一区多园”空间格局。高新南区继续完善“双十汇心五片区”的空间结构，加快建设成都城市新中心，打造瞪羚谷等产城融合示范；高新西区继续完善“一校一带一廊”空间结构，聚力打造世界级电子信息产业高地；国际生物城继续构建“一核一环两轴多社区”创新空间，加快建成世界一流生物产业园区；未来科技城继续构建“两轴三片”空间结构，协同成都东部新区打造成渝相向发展桥头堡。探索产业用地政策创新，向垂直高度发力，打造“建木荟”等绿色产业载体；发展都市工业，推进工业项目上楼，打造一批税收上10亿元的专业楼宇和垂直产业社区。

加快产业数字化绿色化转型。实施企业绿色提能行动，构建绿色供应链，推动重点企业节能减排，推动绿色工厂增员扩列，力争到年底拥有国家级绿色工厂9家、省级绿色工厂22家。加快数字赋能产业转型升级，深入开展“上云用数赋智”行动，建设一批数字化车间/智能工厂示范标杆。打造具有核心竞争力和区域辐射力的碳中和服务业高地，推动低碳金融服务、低碳综合管理服务、低碳产业治理技术服务、产品认证服务、知识产权保护和数据服务进一步聚集，培育低碳服务整体解决供应商。

加快构建清洁安全的能源体系。加强清洁能源基础设施建设。推动南区新川、骑龙片区综合能源项目尽快开建，加快推动未来科技城绛溪北220千伏输变电工程建设，推进高新西区、天府国际生物城分布式能源站以及未来科技城绛溪门户地源热泵项目建成投运。规划建设便利高效、适度超前的充换电网络。力争新建充电桩6000个以上。大力推动能源基础设施建设完善。探索在高新西区试点建设“虚拟电厂”项目。

纵深推进交通布局优化。优化内外路网体系，畅通“二环十二横九纵”骨干路网，减少通勤时长。加快新双大道一期、科华南路与绕城高速互通立交等项目建设，打通祥明一路北段，

开工雅和南五路、悦和二街2条“断头路”，精准微改天府二街与富华南路等70个重要节点。打造多层次一体化公共交通体系，协同推进智慧交通与绿色交通，推动“快速公交+常规公交+特色公交”与轨道交通、共享单车无缝衔接。力争公共交通占机动化出行分担率达63%。

深入推进环境污染防治。对承办的央督、省督等各类生态环境投诉问题全面开展“回头看”。提高大气污染治理精细化智慧化水平，持续提升环境空气质量优良天数。强化工业源源头、移动源管控、生活源等污染源深度治理减排。建立“智慧、高效”油烟深度治理模式，减轻餐饮油烟污染。持续开展锦江流域水环境综合治理。推进骑龙净水厂、西区第二污水处理厂、未来科技城7号再生水厂建设。开展垃圾分类国家标准化试点示范，新增200座“轻松驿站”智慧公厕。加快建设降碳减污协同增效管理平台，打造全国降碳减污高质量发展示范区。加快“无废城市”建设。

（七）织密高效能治理的城市治理体系，在韧性智慧城市建设上走深走实

坚持将智慧蓉城建设作为“整体智治、全域智慧”的关键牵引，探索数据要素市场化配置改革。统筹“地上、地下、云上”建设，创新智慧治理、数字化治理的新机制、新路径。

推进智慧城市治理。实施智慧蓉城三年攻坚。以智慧治理赋能，走出一条超大城市转型发展的新路子。实施城市运行“一网统管”强基工程。持续迭代城运平台，构建163项城市体征指标，新增视频10000路、算法40个以上。实施数据资源“一网通享”固本工程。加快全区核心业务数字化，力争年内数字化转型达到80%。建成AI算法超市，深化“报表通”赋能实有人口管理、企业服务等应用。实施政务服务“一网通办”提质工程。建设政务服务“AI智能客服”，深化“一码办成事”，实现一秒亮码、一键授权办事，强化成渝高新区政务服务数据协同共享。实施社会诉求“一键回应”增效工程。强化12345热线提级处置，建立7×24小时响应、智慧调度等工作机制，构建全流程闭环式提级响应体系。推动数字经济和智慧蓉城双向赋能。以市场化逻辑释放公共数据要素价值，发布场景建设机会清单，新增智慧交通、文化旅游、网络安全等应用场景45个。引育一批根植性企业，支持智元汇、华鲲振宇等企业做大做强。筑牢可信可控的安全屏障。建立区智慧蓉城网络安全中心，实现系统、平台和数据的全方位、全周期保护。

完善基层治理机制。提高社会治理效能。以“微网实格”赋能社区党建、城管、市场监管、卫生健康、应急管理等应用，深化融合指挥能力建设，实现多种智能终端设备统一指挥调度，实现“多网合一、一网统揽”，全面增强城市安全韧性水平。提升社区发展治理水平。围绕发展微创投、空间微营造、小区微治理、民生微实事、安全微整治、改革微创新，深入实施党建引领社区发展治理“六微”工程，力争新增市级“蓉易托”“蓉易养”示范点位各1个，打造2～3个示范智慧社区、4～6个示范智慧小区，打造一批有形有质的新服务、新场景，提高居民获得感幸福感安全感。

持之以恒加强自身建设，奋力答好时代考卷。深入学习、深刻把握、全面贯彻党的二十大精神，狠抓“两个作风”、增强“三种能力”，坚持“四个贯穿始终”，探索更多原创性原动力改革，努力打造人民满意的服务型政府，全力推动中央和省、市、区各级重大部署落地见效。

一是将“执政为民”贯穿始终。积极回应群众关切，深入基层一线解决“急难愁盼”问题。强化产业政策终端问效，将企业满不满意作为评价标尺；强化工作服务终端问效，提高组织经济工作能力；强化项目管理终端问效，牢牢

把握高质量发展主题；强化园区运营终端问效，支持国企提升运营能力。

二是将“依法行政”贯穿始终。一体推进法治高新、法治政府、法治社会建设，深化综合行政执法改革、行政复议体制改革。依法接受人大法律监督、工作监督，自觉接受政协民主监督，全面强化审计监督，主动接受司法监督、社会监督。全面推进政务服务标准化规范化便利化建设。

三是将“廉洁从政”贯穿始终。严格落实中央八项规定精神，纠“四风”、树新风，深入开展机关工作纪律作风整顿。加强国资国企、公共资源交易、政府工程建设等领域和环节监管，坚决整治群众身边腐败和不正之风问题。坚持过“紧日子”，从严控制“三公”经费、继续压减一般性支出，提高财政资金使用效益。

四是将“统筹发展和安全”贯穿始终。增强忧患意识、坚持底线思维，全力以赴防范风险。提升安全管理能力，推动平安高新建设，强化应急处置能力，建立自然灾害风险普查数据库并强化成果运用。提高风险应对能力，以时时放不下的责任感，抓实抓细新阶段疫情防控各项工作。

同志们，信心在身唯倾力，重任在肩须笃行。让我们在市委、市政府的坚强领导下，在党工委的带领下，抢机遇、抓作风、提能力，坚决扛起打造高质量发展增长极动力源主支撑的重任，以更强担当、更实作为，创造不负新时代的不凡业绩，为奋力谱写超大城市中国式现代化成都篇章贡献更多高新力量！

（两委办）

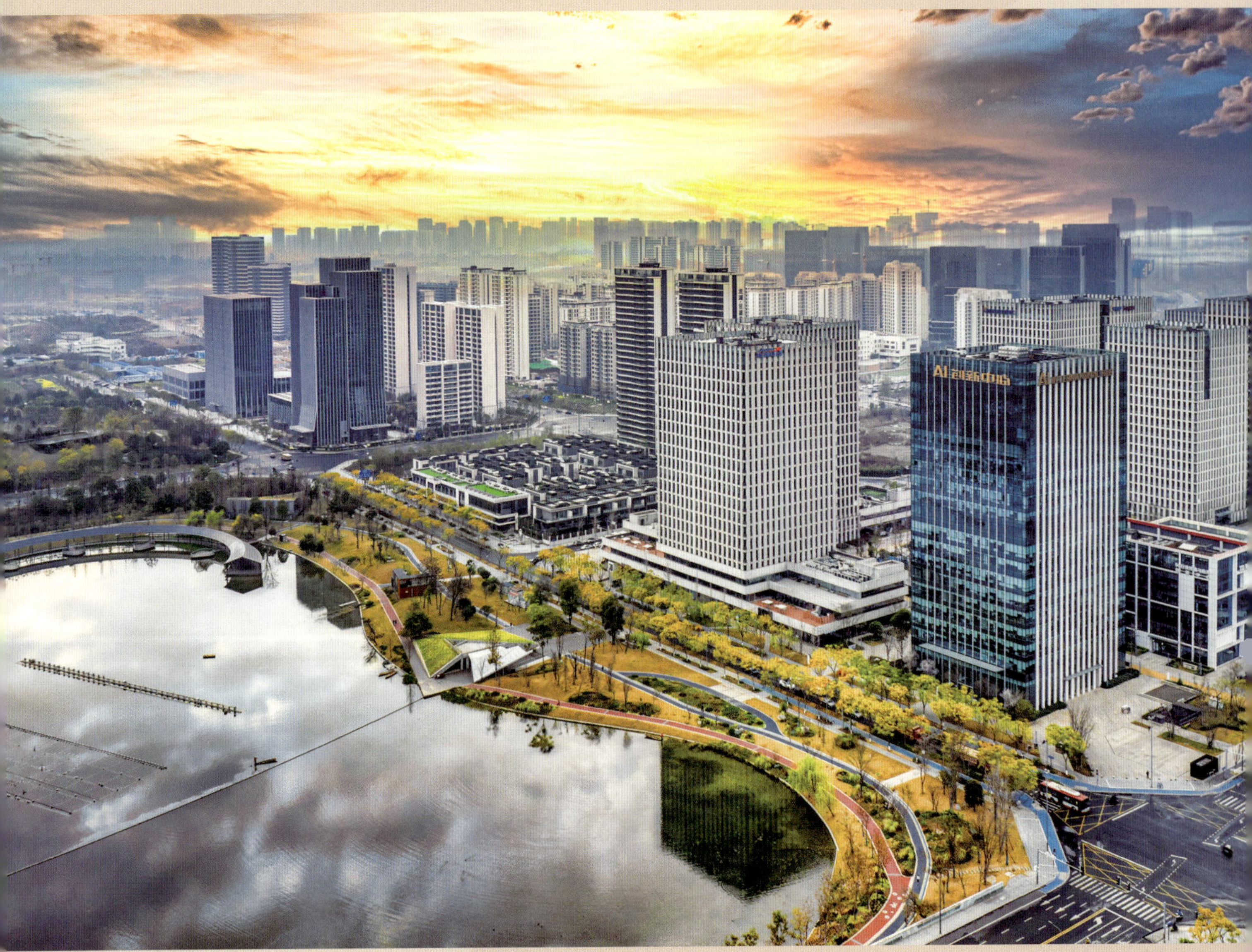

大事记

EVENTS' CHRONICLE IN 2022

1月

5日　成都高新区召开党风廉政建设和反腐败工作会议。

12日　以“机遇·理念·共赢”为主题的第十九届中国国际软件合作洽谈会在成都世纪城国际会议中心举行。本届洽谈会由成都市人民政府、四川省经济和信息化厅等单位主办，成都市经济和信息化局、成都市博览局、成都高新区承办。设有主题大会，工业软件、民航软件、开源软件等10个专题会议，以及“蓉贝”沙龙、互动体验、专题招商3个配套活动，共计14项活动。

同日　在第十九届中国国际软件合作洽谈会上，成都高新区签约落户北京花房集团创新业务总部、亚信5G安全协同创新中心、南京云信达第二总部基地等5个项目，总投资达28亿元。

17日　佳缘科技股份有限公司在深交所创业板上市，为成都高新区2022年首家上市公司。

20日　民航科技创新示范区一期（B区）首个项目在成都未来科技城开工。

28日　成都高新区在菁蓉汇召开2021年度逆向考核暨服务效果评价述职会议。

31日　天府双塔策划推出以“在成都过一个温暖的年”为主题的新春灯光秀，现场总观看人次超过60万，网络上视频点击量超千万。

2月

7日　省委常委、市委书记施小琳等省、市领导在成都高新区政务服务中心走访调研。

8日　成都高新区在菁蓉汇召开2022年成都高新区优化营商环境大会。

9日　由成都高新区人民检察院提起公诉的四川省首例开“斗气车”以危险方法危害公共安全案一审判决，被告人舒某某、叶某某因开“斗气车”导致一同乘人员死亡、6车追尾的严重后果，犯以危险方法危害公共安全罪，被判处有期徒刑4年。2022年5月5日，二审裁定驳回被告人上诉，维持原判。

15日　成都坤恒顺维科技股份有限公司在上海证券交易所科创板上市，为成都高新区2022年度首家上交所科创板上市公司。

24日　省委常委、市委书记施小琳到成都高新区租赁用房及棚改安置房工程现场调研。

26日　交子公园金融商务区重要的交通建设项目，锦言大桥建成通车。锦言大桥横跨锦江，全长约200米，宽30米，桥梁总面积约4140平方米，采用异形钢拱结构。该桥梁将金融城三期河东、河西片区连接起来，方便了通行，有力缓解周边道路交通压力，为交子公园金融商务区东西两岸的协同发展提供基础保障。

3月

2日　抖音全国生活服务总部项目签约仪式在成都举行，成都高新区与北京字节跳动网络科技有限公司签署项目投资合作协议。省委常委、市委书记施小琳，市委常委、高新区党工委书记曹俊杰，市委常委、秘书长、市委政法委书记陈麟，副市长鲜荣生等领导出席签约仪式。高新区党工委副书记、管委会主任余辉代表成都高新区签署项目投资合作协议。

10日 四川省推进政府职能转变和“放管服”改革协调办公室副主任舒新华、副主任周文彬带队赴成都高新区政务服务中心调研政务服务“跨域通办”工作，并召开“西南五省”跨域通办专题会。

同日 经党工委第9次会议审议通过，高新西区发展建设指挥部成立。

11日 成都高新区在菁蓉汇召开2022年工作会议。

15日 成都立航科技股份有限公司登陆上交所主板，为成都高新区2022年度首家主板上市公司。

16日 成都高新区召开天府绛溪实验室组建方案专家咨询论证会，由朱中梁院士、郭光灿院士、徐红星院士、邓龙江院士等专家组成专家组审议通过天府绛溪实验室组建方案。

23日 省委常委、市委书记施小琳调研成都天府国际生物城生物医药产业发展情况。

同日 国家精准医学产业创新中心揭牌仪式在成都天府国际生物城举行。

24日 省委常委、市委书记施小琳到成都天府国际生物城开展全市产业建圈强链工作领导小组第二次会议暨重大项目拉练活动现场调研。

同日 岷山行动创新改革经验在科技部《科技工作情况》推广，入选新华网高质量发展创新案例。

28日 成都高新区出台《成都高新区孵化载体评价体系》，多维度设置5个一级指标，19个细项，同时引导孵化载体建立“投资+孵化”模式，推动全区孵化载体高质量发展。

同日 省委副书记、省长黄强到成都天府国际生物城调研全省项目投资工作暨“十四五”规划重大工程项目建设推进情况。

同日 联东U谷·成都高新电子产业园启动修建。

31日 成都高新区与四川金融控股集团签署战略合作协议，市委常委、常务副市长刘筱柳，四川金融控股集团党委书记、董事长徐一心，成都高新区党工委副书记、管委会主任余辉出席。

4月

12日 海创药业股份有限公司成功登陆上交所科创板，成为成都天府国际生物城第5家上市企业。

13日 成都高新区南华佳苑保障性租赁住房项目正式对外租赁，成为成都市首个保障性租赁住房项目，标志着高新区在破解蓉漂青年住房难题上有了新突破。

20日 市委常委、常务副市长、交子公园金融商务区建设领导小组组长刘筱柳主持召开交子公园金融商务区建设领导小组2022年第1次会议，副市长鲜荣生，高新区党工委副书记、管委会主任余辉，高新区党工委委员、管委会副主任陈洪涛出席会议。

21日 四川金控集团旗下四川征信有限公司顺利完成人民银行企业征信业务备案，并正式开始对外营业。这是四川省属国有企业获得的第一张中央金融监管部门颁发的征信牌照。

同日 成都高新区2022年党风廉政建设和反腐败工作会议召开。

24日 副省长罗强副率队到成都卓影科技股份有限公司调研“专精特新”企业发展情况，现场听取企业关于智能化数字家庭IPTV技术产品研发、生产、经营情况汇报。省经信厅副厅长敬茂明、省教育厅副厅长崔昌宏、副市长鲜荣生陪同调研。

26日 成都特色商业街协会首期烟火指数

发布，30条烟火街区诞生，高新区交子大道（示范段）荣登“成都市最具烟火气街区TOP10”榜单第4名。

27日 《成都未来科技城智造示范区控制性详细规划（局部）》《成都未来科技城国际科教城北单元控制性详细规划（局部）》正式面向社会公示。本次控制性详细规划公告共141个地块，土地面积约733公顷。规划编制内容涵盖2个片区的规划范围、总体定位、规划理念、空间结构、产业布局、用地方案及公共配套。

5月

9日 腾讯光子（成都）创新研发基地开业典礼在瞪羚谷天府长岛文创中心举办。光子（成都）创新研发基地的落地，将进一步夯实腾讯扎根成都加快发展，助推成都高新区数字文创产业“建圈强链”。

10日 省政协副主席林书成率队调研中国华商金融中心，实地考察交子公园金融商务区招商展示中心、商圈消费综合体银泰in99，参观蔚来汽车、克罗心珠宝等代表性门店。

同日 “东数西算”国家一体化大数据中心成渝枢纽节点样板工程、西南地区最大的人工智能计算中心——成都智算中心正式上线，进入试运营阶段。高投集团下属电子信息产业集团全资子公司成都高新区电子信息产业发展有限公司参与该中心投资。

11日 全国首家以“交子”为主题的金融专业博物馆——交子金融博物馆在交子公园金融商务区正式开馆并投入试运营。

19日 副省长罗强率队调研金融城文化中心建设运营工作。省政府副秘书长刘全胜，副市长刘旭光，高新区党工委委员、管委会副主任陈洪涛参与调研。

26日 成都高新区高投集团投资的四川君逸数码科技股份有限公司顺利通过深交所创业板上市委员会审核。

27日 成都高新区首次不动产登记“零材料”受理项目在高新区公园城市建设局不动产登记服务大厅完成。高投置业公司下属3家全资SPV公司成功申领到IC设计大楼、D02人才公寓和5G科创中心3个项目共计5宗国有建设用地使用权不动产权证书。

6月

1日 西班牙驻成都总领事馆落户中国—欧洲中心。

同日 腾讯未来中心项目签约仪式在成都举行，成都高新区与腾讯集团签署项目投资合作协议。省委常委、市委书记施小琳，市委副书记、市长王凤朝，腾讯集团高级副总裁郭凯天出席签约仪式。高新区党工委副书记、管委会主任余辉代表成都高新签署项目投资合作协议。

8日 市委常委、宣传部部长陈彦夫率队调研金融城文化中心建设运营工作。高新区党工委委员、管委会副主任陈洪涛陪同调研。

同日 国家中小企业发展基金（成都）交子创业投资合伙企业（有限合伙）在成都高新区正式设立，签约规模50亿元，主要投向半导体、新能源、新材料、信息技术、医疗健康等领域。这是国家基金布局四川省的第一支、西部地区规模最大的基金，也是2022年四川省行业审批新政以来成都落地的第一支基金。

同日 由成都高投建设开发有限公司运营

的环卫综合体——成都高新中和静脉家园正式挂牌并投入运营。高新中和静脉家园位于高新区中和街道龙灯山社区，作为国内较高标准、较大规模的环卫综合体，主要服务桂溪街道、中和街道及石羊街道部分区域生活垃圾压缩转运，是高新区生活垃圾收运处置的“中枢”。

9日 成都高新区双创工作获国务院督查激励，并获区域类国家双创示范基地精益创业带动就业专项行动全国第一。

10日 成都天府国际生物城举行2022年建圈强链重点项目集中签约仪式，总投资约110亿元的14个生物医药产业建圈强链重点项目签约落户。

同日 云南省委书记、省人大常委会主任王宁，云南省委副书记、省长王予波率云南省党政代表团调研成都天府国际生物城。

14日 国家卫生健康委医药卫生科技发展研究中心与成都天府国际生物城签署共建成都卫生健康科技成果转移转化示范平台合作协议。

15日 在第六届未来医疗100强大会上，天府生命科技园荣获“2022年度医疗健康标杆产业园区澎橙奖。”

17日 成都高投集团下属产城集团全资子公司高投建设公司承建的高新南区10万吨应急污水处理工程和高新西区6万吨应急污水处理工程如期建设完工。

21日 百事全球商务服务中心落户中国—欧洲中心。

22日 省委常委、市委书记施小琳率队到成都高新区调研文创产业建圈强链工作，深入索贝数码科技股份有限公司和瞪羚谷数字文创产业基地现场调研。市委副书记、市委教育工作领导小组组长陈彦夫，市委常委、秘书长杜海波，高新区党工委副书记余辉等陪同调研。

24日 四川优机实业股份有限公司登陆北交所，成为成都高新区首家北交所上市公司，也是北交所第100家上市公司。

同日 京东方成都车载显示基地项目主体结构提前50天全面封顶。

同日 省委常委、市委书记施小琳，市委副书记谢瑞武等市领导在智慧蓉城高新区运行中心调研指导工作。

同日 由成都市互联网信息办公室、成都高新区管委会主办的“2022‘巅峰极客’网络安全技能挑战赛”决赛顺利举行，共吸引6531支战队，22416人参与线上初赛对决。参赛战队比2021年增加798支，同比增长13.92%。

28日 “不负韶华 国聘行动”全国高新区火炬专场启动仪式暨成都高新网络直播招聘会在成都高新区菁蓉汇举行。

29日 国家信访局党组成员、副局长孙建立到成都高新区调研信访基层基础工作。

同日 中航（成都）无人机系统股份有限公司登陆科创板，为成都高新区第9家科创板上市公司。

6月 成都高新区和电子科技大学正式签署实验室合作共建协议，天府绛溪实验室首批次10万平方米载体建成。

7月

1日 市委常委、成都高新区党工委书记曹俊杰会见长川科技董事长赵铁一行。

7日 市委常委、常务副市长刘筱柳在交子公园金融商务区会见场景实验室创始人、新物种实验室发起人吴声。

8日 成都思科瑞微电子股份有限公司登陆科创板，成为成都高新区第10家科创板上市公司。

12日　市委常委、成都高新区党工委书记曹俊杰会见上海星思半导体董事长兼CEO夏庐生一行。

13日　市委常委、成都高新区党工委书记曹俊杰现场调研中电二十九所并与二十九所所长高贤伟会谈。

14日　市委常委、成都高新区党工委书记曹俊杰会见源码资本创始合伙人、董事长曹毅一行。

17日　无线创智产业园项目完成主体结构封顶，项目完工后将能提供约10万平方米电子信息产业相关载体。

19日　市委常委、成都高新区党工委书记曹俊杰会见吉利控股集团资深副总裁俞学良一行。

21日　市委副书记、市长王凤朝到高新西区调研重点工业企业疫情防控和生产运营情况。市委常委、成都高新区党工委书记曹俊杰参加。

22日　5G智慧城智能驾驶项目首批8辆无人驾驶出租车正式在新川创新科技园内投入载人示范运营。

27日　市委常委、成都高新区党工委书记曹俊杰召开智慧蓉城重点建设推进会。高新区领导陈维峰、陈卫东、曾科、刘寰、陶旭东参加。

7月　成都高新区获评2022年全国第三代半导体最具竞争力产业园区，名列中国集成电路园区综合实力榜单第三位。

8月

1日　市委常委、成都高新区党工委书记曹俊杰调研策源资本并研究国企改革有关工作。

3日　省委常委、市委书记施小琳率队到成都未来科技城调研做优做强城市功能推进情况。施小琳详细听取成都未来科技城贯彻落实省委、市委工作会安排部署落实情况，听取成都未来科技城围绕“三个做优做强”开展项目集群攻坚会战的工作思路和具体举措。同时，施小琳还现场调研了中国民航飞行学院天府校区。

同日　成都高新策源投资集团有限公司正式成立，承载着打造成都高新区未来五年3000亿元产业基金群的重要使命。

5日　市委常委、成都高新区党工委书记曹俊杰召开创建全国文明典范城市推进会。高新区领导余辉、刘贵恒、陈维峰、陈洪涛、甘立军、陈卫东、曾科、李江波、潘勇、刘寰、陶旭东、赵姝丹参加。

同日　成都智算中心首批12家签约算力服务孵化联合解决方案企业之一的大地量子，基于昇腾AI打造的耕地保护与粮食安全监管服务平台在成都高新区正式投入使用，该平台可对大规模土地进行动态化监测，快速精准识别实际种植作物。

7日　市委常委、成都高新区党工委书记曹俊杰召开投资基金管理委员会议。高新区领导卢铁城、陈维峰、陈洪涛、甘立军、刘寰参加。

10日　市委常委、成都高新区党工委书记曹俊杰召开研究世乒赛高新区工作专题会。高新区领导余辉、卢铁城、甘立军、陈卫东、曾科、陶旭东、赵姝丹参加。

11日　市委常委、成都高新区党工委书记曹俊杰召开研究国企改革推进、高投下属企业薪酬改革有关工作专题会。高新区领导陈洪涛、甘立军、李江波参加。

12日　成都高新投资集团有限公司投资的海光信息技术股份有限公司正式在上海证券交易所科创板上市发行，代码688041，发行价格36元/股。

同日　芯火基地高新西区中心失效分析实验室落成。

同日　成都趣睡科技股份有限公司登陆创

业板，成为上市企业。

15日 高投集团25亿元优质企业债（基金债）在上海交易所成功簿记发行，票面利率3.17%，期限10年（5+5），全场认购3.48倍。本次发行是四川省规模最大基金债、四川省同期限利率最低的企业债。

16日 市委常委、成都高新区党工委书记曹俊杰会见兴投时代实业控股有限公司董事长李建、北京凌空天行科技有限公司董事长王毓栋一行。

18日 市委常委、成都高新区党工委书记曹俊杰召开“微网实格”治理工作暨智慧蓉城重点场景建设专题会。高新区领导卢铁城、赵姝丹参加。

22日 市委常委、成都高新区党工委书记曹俊杰召开研究“三个做优做强”和片区开发有关工作专题会。高新区领导卢铁城、刘贵恒、曾科、李江波、潘勇、刘寰参加。

23日 第四届中国匠人大会在成都高新区举办，同步在云上启动首届亚洲匠人峰会。市委常委、高新区党工委书记曹俊杰，高新区党工委委员、管委会副主任陈洪涛出席。

24日 省委常委、市委书记施小琳率队赴成都高新区调研交子金融商圈片区工作推进情况。市委常委、高新区党工委书记曹俊杰，高新区党工委副书记、管委会主任余辉，高新区党工委委员、管委会副主任陈洪涛陪同调研。

同日 国际金融中心与国际创新中心联合会在交子公园金融商务区设立成都创新金融研究院，支持成都创新金融研究院建设被纳入《四川省〈成渝共建西部金融中心规划〉实施方案（征求意见稿）》。

30日 胡润研究院发布《2022年中全球独角兽榜》，列出了全球成立于2000年之后、价值10亿美元以上的非上市公司。成都共有9家企业上榜，其中，医联、新潮传媒、准时达、1919、威斯克生物、书亦烧仙草、FITURE这7家企业均来自成都高新区。

9月

19日 成都锐思环保技术股份有限公司成功在新三板挂牌上市。

同日 省委常委、市委书记施小琳率队调研成都SKP项目。市委常委、高新区党工委书记曹俊杰，党工委委员、管委会副主任刘寰陪同调研。

22日 国内创办最早、运营时间最长、观看和参与人数最多的电竞职业联赛之一的腾讯穿越火线职业电竞联盟与成都高新区签订协议，宣布落地成都高新区瞪羚谷产业社区。

23日 市委常委、成都高新区党工委书记曹俊杰会见阿里云中国区副总裁赵述刚一行。

26日 市委常委、成都高新区党工委书记曹俊杰出席高新区—新津区共建天府智能硬件产业园签约仪式及奠基仪式。

27日 成都高新区召开新闻发布会，正式发布《成都高新技术产业开发区关于加快创建世界领先科技园区的若干政策》。

同日 市委常委、成都高新区党工委书记曹俊杰召开世乒赛期间高新区疫情防控工作专题会。高新区领导刘贵恒、甘立军、刘寰参加。

28日 成都高新区郫都区合作共建区2022年第三季度重大产业化项目集中开工仪式隆重举行，开工项目总投资额达156.7亿元，包含东材科技成都创新中心及生产基地、瑞波科总部及高机能半导体材料研发制造基地、航锐光电制导与成像装备研发生产测试中心等10个项目。

29日 市委常委、成都高新区党工委书记曹俊杰会见中国五冶集团党委书记董事长朱永繁一行。

同日 省政协副主席、省地方金融监管局局长欧阳泽华一行调研交子金融博物馆、交子金融教育基地运营情况，并研究要素交易市场建设发展事宜。市委常委、常务副市长刘筱柳，高新区党工委副书记、管委会主任余辉陪同调研。

同日 藏格新能源产业全国金融投资中心项目线上签约仪式在成都高新区举行。市委常委、高新区党工委书记曹俊杰，高新区党工委副书记、管委会主任余辉，高新区党工委委员、副主任陈洪涛出席。

同日 投资30亿元的银河航天卫星通信载荷及毫米波研发制造基地项目签约仪式在成都高新区举行。市委常委、高新区党工委书记曹俊杰出席签约仪式，高新区党工委副书记、管委会主任余辉代表成都高新签署项目投资合作协议。

30日 第56届世界乒乓球团体锦标赛在成都高新区体育中心举行（9月30日至10月9日）。全区累计调动各方力量1400余人参与筹办，组建10个“一对一”酒店服务专班驻点服务，全力支持组委会酒店专班和场馆中心工作，有力保障“赛事侧”和“城市侧”各项工作运转。

10月

8日 成都未来科技城18个重大项目集中开工，总投资达253亿元。本次集中开工重大项目涵盖重大产业化项目、重要产业载体、能源保障和城市公共服务设施（以下简称“公服”）配套等多个领域。

同日 市委常委、成都高新区党工委书记曹俊杰带队开展天府国际生物城推进重点片区开发和产业建圈强链重大项目拉练活动。高新区领导卢铁城、刘贵恒、陈维峰、曾科、李江波、潘勇、刘寰、陶旭东、赵姝丹参加。

9日 市委常委、成都高新区党工委书记曹俊杰召开高新区建圈强链重点片区开发现场会并带队开展未来科技城第四季度重大项目拉练活动。高新区领导余辉、卢铁城、刘贵恒、陈维峰、甘立军、陈卫东、曾科、潘勇、陶旭东、赵姝丹参加。

10日 市委常委、成都高新区党工委书记曹俊杰召开天府国际生物城建圈强链项目集中签约仪式暨合作共建领导小组会议。高新区领导余辉、卢铁城、甘立军、曾科参加。

同日 西部首个高品质城市建设者社区——建设者之家在交子公园金融商务区投入使用，可同时满足四家项目总承包单位约2000人办公、生产生活需求。

同日 成都天府国际生物城举行2022年第四季度“建圈强链”项目集中签约仪式，总投资近90亿元的10个强链补链延链产业化项目签约落户。

同日 市委常委、市委统战部部长、市总工会主席刘玉泉率队赴人工智能创新中心二期调研。

11日 成都高新区建圈强链重点片区开发现场会暨交子公园金融商务区2022年第四季度项目建设拉练举行。市委常委、高新区党工委书记曹俊杰带队走访重点项目建设现场，听取相关情况汇报。

同日 市委常委、成都高新区党工委书记曹俊杰带队开展高新区建圈强链重点片区开发现场会暨清水河高新技术产业走廊（高新片区）重大项目拉练活动。高新区领导余辉、卢铁城、刘贵恒、陈维峰、甘立军、陈卫东、曾科、李江波、潘勇、刘寰、陶旭东、赵姝丹参加。

12日 市委常委、成都高新区党工委书记曹俊杰召开高新区重点片区重大项目推进会。高新区领导余辉、卢铁城、刘贵恒、陈维峰、甘立军、陈卫东、曾科、李江波、潘勇、刘寰、陶旭东、赵姝丹参加。

13日 市委常委、成都高新区党工委书记曹俊杰接待生态环境部西南督察局局长张迅一行。

14日 市委常委、成都高新区党工委书记曹俊杰会见美中医药开发协会董事戴卫国博士。

同日 市委常委、常务副市长刘筱柳率队赴成都高新区调研成都金融基础设施。

17日 市委常委、成都高新区党工委书记曹俊杰召开研究高新西区发展建设有关工作专题会。高新区领导刘贵恒、李江波、赵姝丹参加。

18日 市委常委、成都高新区党工委书记曹俊杰会见中国中铁股份有限公司西南区域总部书记、总经理宁锐。

19日 市委常委、成都高新区党工委书记曹俊杰会见中国半导体协会副理事长、阿里集团副总裁、斑马智行联席CEO张春晖。

20日 德阳市代表团赴成都高新区考察并举行合作协议签署仪式。市委常委、成都高新区党工委书记曹俊杰和高新区领导余辉、卢铁城、刘寰参加。

同日 德阳市委书记李文清，德阳市委副书记、市长刘光强带队考察瞪羚谷数字文创产业基地，现场听取了成都高新区网络视听与数字文创产业发展情况汇报。市委副书记谢瑞武，市委常委、高新区党工委书记曹俊杰，副市长鲜荣生，高新区党工委副书记、管委会主任余辉及相关负责人陪同考察。

同日 德阳市人民政府与成都高新区管委会签署《德阳市人民政府 成都高新技术产业开发区管理委员会战略合作框架协议》。双方在产业融合发展、科技创新合作、金融服务合作、招商引资合作、社会事业合作、干部人才交流等领域深化交流合作，共同打造高质量发展强大引擎和全方位同城化发展的示范区。

同日 成都高新区与德阳市合作共建成德高端能源装备产业集群创新中心，在相关合作框架协议基础上，双方管理的平台公司——德阳发展控股集团有限公司和成都高新科技创新投资发展集团有限公司另行签订子协议，明确共建成德高端能源装备产业集群创新中心。

24日 市委常委、成都高新区党工委书记曹俊杰与英特尔高级副总裁、中国区董事长王锐一行参加视频会。

26日 成都高新区召开传达学习党的二十大精神大会。

同日 市委常委、成都高新区党工委书记曹俊杰出席中国·成都天使投资峰会暨成都高新区天使母基金签约仪式。

同日 成都高新科技创新投资发展集团有限公司首批9只天使子基金集中签约。

27日 省委常委、省委宣传部部长郑莉率队到成都高新区调研网络游戏产业发展情况，并就开展属地网络游戏内容审核试点工作进行交流。省委宣传部副部长、省新闻出版局局长周青，市委副书记、市委教育工作领导小组组长陈彦夫，市委常委、高新区党工委书记曹俊杰等领导参加调研。

28日 位于成都交子公园商圈的招商大魔方正式开业亮相，呈现成都首个超8000平方米现象级运动消费场景。

31日 省委副书记、省长黄强率队赴成都高新区调研，并主持召开成都平原经济区经济工作推进会议。省委常委、市委书记施小琳，市委副书记、市长王凤朝，省政府秘书长曾卿，省发改委主任郑备，省经济和信息化厅厅长翟刚，省商务厅厅长徐一心，高新区党工委副书记、管委会主任余辉陪同调研。

11月

1日 副省长罗强率队调研交子公园金融商务区。省政府副秘书长刘全胜，副市长刘旭光，高新区党工委委员、管委会副主任陈洪涛等领导陪同调研。

3日 定安路“断头路”正式完工。该“断头路”位于高新区与天府新区交界区域，总长度1590.768米，含道路工程、排水工程、照明工程、电力工程、景观工程和交通工程等及相关附属工程。

4日 毕马威和成都高新区受邀参加在上海举行的跨国公司投资四川恳谈会暨项目签约仪式活动。“毕马威智慧共享中心项目”在副省长杨兴平见证下顺利签约，正式落地成都高新区。

8日 四川省2022年度“专精特新”企业名单（共计1177家）公布，成都高新发展股份有限公司下属子公司四川倍智数能信息工程有限公司上榜。

同日 以“新起点·新赛道·新方向”为主题的第二十届中国国际软件合作洽谈会在成都世纪城国际会议中心举行。本届洽谈会由成都市人民政府、四川省经济和信息化厅等单位主办，成都市经济和信息化局、成都市博览局、成都高新区承办，设有主题大会、专题会议、成果展示和互动体验等系列活动，大会现场，成都高新区签约成都优卡集团总部项目、四川省中安工业互联网成都应急安全行业标识解析二级节点等软件产业重大项目，总投资额15亿元。

9日 以“元创未来”为主题的2022西部元宇宙大会在成都高新区举行。大会汇聚政、产、学、研、用多方，将对整合数字化服务资源，推动新兴产业规范健康可持续发展，为数字经济发展注入新动能等方面发挥积极作用。

同日 市委常委、成都高新区党工委书记曹俊杰会见华为公司常务董事、产品投资委员会主任汪涛一行。高新区领导李江波参加。

10日 市委常委、成都高新区党工委书记曹俊杰会见洪堡大学创新中心中国区总裁殷斌一行。

11日 省委常委、市委书记施小琳主持召开会议，研究部署天府实验室、西部（成都）科学城建设工作。

16日 欧珀（OPPO）第二运营基地项目建成入驻，该项目是OPPO全国第二大软件研发中心和移动互联服务中心，位于高新区新川创新科技园，占地面积约3.2万平方米，建筑面积约23.5万平方米。

17日 省政府政务服务和公共资源交易服务中心党委书记、主任吕芙蓉率队到高新区调研政务服务工作。

22日 由成都市人民政府主办，成都高新区管委会承办的2022金熊猫全球创新创业大赛总决赛在高新区菁蓉汇成功举办，累计吸引2200多个项目踊跃报名参加，最终45个优质项目晋级总决赛，31个项目获奖。入围总决赛项目中高层次人才项目占比82.6%。

同日 成都高新区党工委副书记、管委会主任余辉与四川大学党委副书记张伟共同为成都高新区科技创业学院揭牌。

23日 “天府绛溪实验室、天府锦城实验室揭牌仪式”在成都未来科技城天府绛溪实验室举行，两大实验室正式揭牌投运。作为天府实验室的4个方向实验室之一，天府绛溪实验室将依托电子科技大学，联合中科院、中电科、华为、京东方等重点单位合作共建，方向为在量子网络通信、网络与电磁空间安全等领域实现系统性突破，在核心功能材料、关键器件、新概念系统等方面引领发展，打造未来信息技术发展的战略高地。

29日 召开成都高新区2022年度金熊猫科技企业创新积分榜暨积分贷“百亿千企”行动发布会，创设金熊猫“积分贷”并发布积分贷“百亿千企”行动，发放信用贷款逾100亿元，位居全国高新区第一，获得火炬中心高度肯定。

30日 由科技部主办、科技部火炬中心承办的全国颠覆性技术创新大赛领域赛（成都）在高新区菁蓉汇成功举办，大赛聚焦集成电路、人工智能和交叉学科三大领域，汇聚全国各省市105个项目参赛。

11月 工业和信息化部批复组建国家超高清视频创新中心。中心依托四川新视创伟超高清科技有限公司组建，建设地位于成都高新区，标志着成都市国家级制造业创新中心实现零的突破，同时也是省内首家国家级制造业创新中心。

12月

1日 2022年中国柔性电子产业发展大会暨第四届“金熊猫”全球柔性电子产业创新创业大赛在成都高新区举办。

同日 市委常委、高新区党工委书记曹俊杰率队调研SKP项目开业筹备情况，高新区党工委委员、管委会副主任陈洪涛陪同调研。

同日 成都高新区高投集团投资控股的辰显光电生产的12.7英寸Micro-LED可拼接显示屏在2022世界显示产业大会上成功入选创新成果优秀奖，成为省内唯一一家获奖的Micro-LED显示技术企业。

2日 市委常委、成都高新区党工委书记曹俊杰召开成都高新区“拼经济、抢订单、拓市场”包机出海工作专题会。高新区领导陈洪涛参加。

5日 市委常委、成都高新区党工委书记曹俊杰召开研究车载智能系统产业专题会议。高新区领导余辉、卢铁城、曾科、李江波、潘勇、姜小龙参加。

6日 市委常委、成都高新区党工委书记曹俊杰会见宁波伏尔肯科技股份有限公司董事长邬国平一行。

7日 市委常委、成都高新区党工委书记曹俊杰出席对外经贸交流活动（欧洲站）首发仪式暨成都高新区—中国国际航空公司西南分公司战略合作协议签约仪式。

8日 市委常委、成都高新区党工委书记曹俊杰召开高新区林长制、田长制全体会议。高新区领导卢铁城、陈维峰、陈洪涛、甘立军、刘寰、陶旭东、赵姝丹参加。

9日 市委常委、成都高新区党工委书记曹俊杰会见京东方集团总经理杨安乐一行。

15日 市委副书记、市长王凤朝出席中广核医疗健康总部及创新基地项目签约仪式暨华西国际肿瘤治疗中心项目签约仪式。市委常委、成都高新区党工委书记曹俊杰参加。

16日 成都天府软件园在2022中国软件大会上荣获“2022中国软件和信息服务业领军产业园区”称号。

18日 天府生命科技园和成都前沿医学中心生物医药企业海创药业、赜灵生物和迈科康生物荣登2022中国潜在独角兽企业名单、荣列“中国医药工业百强企业”入围榜单。

19日 市委常委、成都高新区党工委书记曹俊杰会见德国IF国际论坛设计公司亚洲区总经理李建国一行。

20日 成都高新区SKP商业项目投入运营。该项目作为亚洲最大、全国首个下沉式时尚百货，引入全球超1300个一线品牌，涵盖

222个首店品牌，品牌量级创西南新高。该项目由北京华联集团和成都交投集团共同开发，英国设计事务所Sybarite设计，是成都交子公园商圈引入的首个高端百货业态，总投资50亿元。项目于2020年11月1日启动建设，总建筑面积约34.7万平方米，项目范围内有地铁18号线、23号线、29号线三条地铁线路及换乘车站，遵循TOD建设开发理念，将地面公园与地下商业融为一体，打造成为地标性城市景观。

22日 天府生命科技园和成都前沿医学中心园区企业塞雷纳、四川升和药业、睿智化学、威力生、赜灵生物等19家入选四川省经济和信息化厅发布的2022年度四川省“专精特新”中小企业。

26日 市委常委、成都高新区党工委书记曹俊杰召开高新区2023年市级重点项目专题会。高新区领导余辉、卢铁城、刘贵恒、陈维峰、潘勇、刘寰、姜小龙参加。

27日 成都未来科技城东一线跨绛溪河大桥正式通车。至此，成都未来科技城应用性科创区和智造示范区两大核心片区实现联通。

同日 成都未来科技城2022年12月重大项目集中开工举行。此次集中开工的项目共计26个，总投资52亿元。其中，基础设施项目15个，总投资31亿元；公服配套项目9个，总投资15.9亿元；公园城市营造项目2个，总投资5.1亿元。

同日 四川省妇幼保健院（四川省儿童医学中心）在天府国际生物城院区正式开诊。

同日 成都未来科技城东一线大桥通车活动暨12月重大项目集中开工仪式举行。市委常委、成都高新区党工委书记曹俊杰和高新区领导潘勇、刘寰参加。

28日 市委常委、成都高新区党工委书记曹俊杰召开高新区与四川大学共建天府锦城实验室专题会。高新区领导余辉、卢铁城、曾科参加。

同日 成都天府软件园有限公司和成都高投生物医药园区管理有限公司被科技部火炬中心评为2021年度优秀（A类）国家级科技企业孵化器。

同日 《成都高新技术产业开发区关于推动成都未来科技城主导产业“建圈强链”的若干政策（试行）》发布。这些政策按照与产业链高度适配、专业管用的原则制定，将进一步强化成都未来科技城产业和项目的吸附力。

30日 中共中央政治局委员、重庆市委书记袁家军率领重庆市党政代表团调研考察成都天府国际生物城产业建圈强链情况。

同日 成都高新综合保税区（高新园区）跨境电商首单业务通关成功。标志着高新综保区在拓展业务功能，促进贸易多元化方面迈出坚实一步，正在逐步补齐园区销售服务中心短板。截至12月31日，成都高新综合保税区实现进出口总额已连续5年位居全国综保区第一，连续3年在海关总署组织对全国海关特殊监管区开展的绩效评估工作中位列全国综保区第一。

同日 科技部发布《关于表彰全国科技管理系统先进集体和先进工作者的决定》，成都高新区科技创新局荣获人社部、科技部授予“全国科技管理系统先进集体”称号。

同日 创新积分获科技部火炬中心主要领导肯定批示。

同日 创新开展优质科创金融产品评选大赛，通过银行机构“反向路演”“专家评审＋百企票选”，引导市场化金融产品创新，为区内企业精选适配优质市场化金融产品22款。

31日 2023“心愿上塔”灯光主题秀暨跨年倒计时活动在交子公园金融商务区举办，网络直播播放量超200万次，相关微博话题阅读量超4400万次，占据同城热搜首位，全网线上互动量近1.2亿次。

（全区各单位）

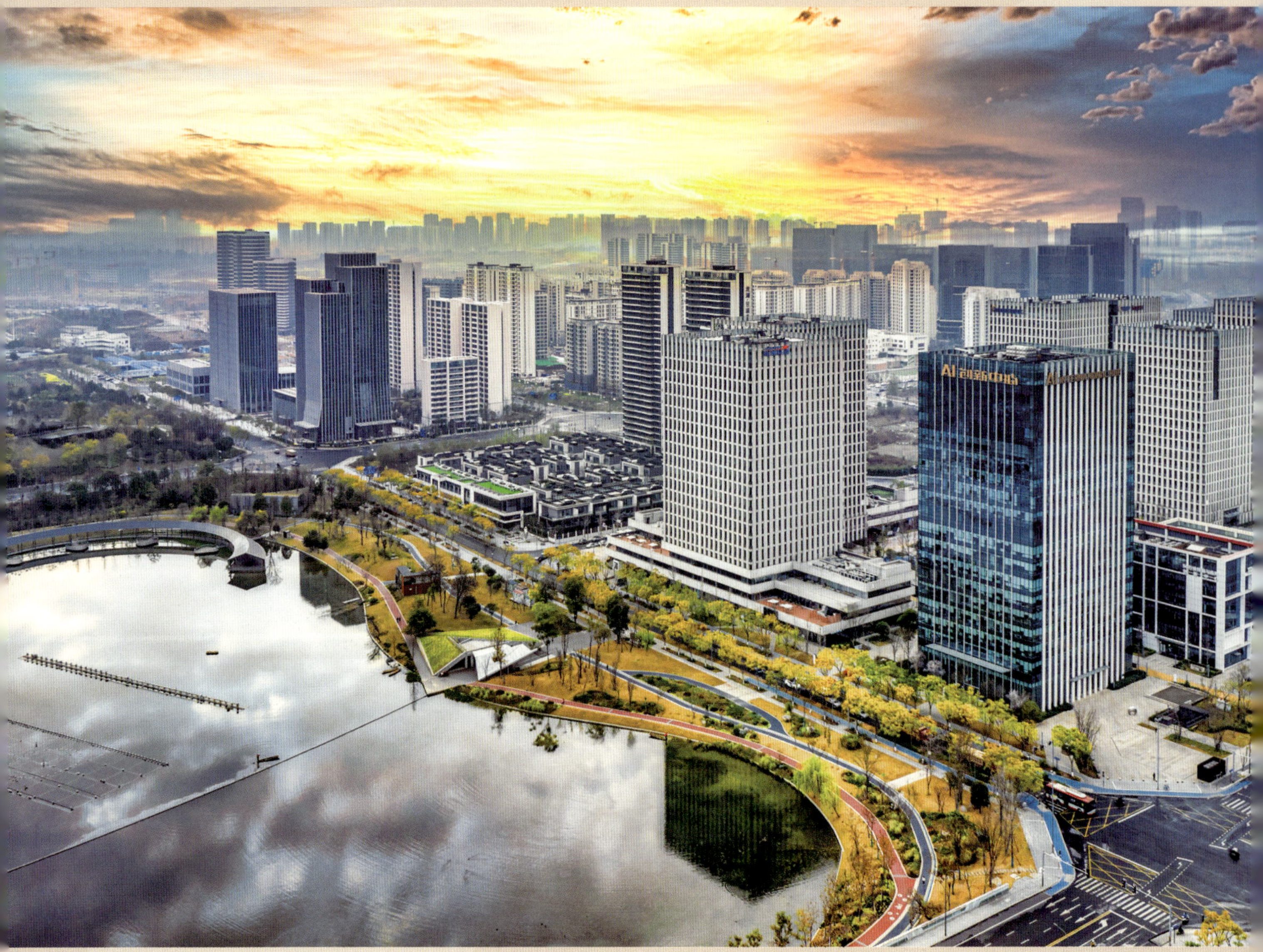

高新区概览

OVERVIEW OF CHENGDU HI-TECH INDUSTRIAL DEVELOPMENT ZONE

区 情

【概况】 成都高新技术产业开发区管理面积237.22平方千米，由南部园区（新经济活力区、交子公园金融商务区）、西部园区（电子信息产业功能区）、成都天府国际生物城和未来科技城4部分组成，其中南部园区89.82平方千米，西部园区43平方千米，与成都市双流区合作共建成都天府国际生物城44平方千米，与成都东部新区合作共建未来科技城60.4平方千米。

南部园区。面积89.82平方千米，涵盖成都新经济活力区和交子公园金融商务区，是成都高新区新兴产业的聚集地，主要包含以下重要园区。

成都天府软件园。是首批国家软件产业基地和“国家数字服务出口基地”。园区已形成软件产品研发、通信技术、IC设计、移动互联、数字娱乐、科技金融等产业集群，涵盖云计算、大数据、人工智能、物联网、区块链、VR/AR等新兴领域。园区聚集超700家企业，其中全国软件百强企业23家，世界500强企业34家，员工约7万人。园区综合服务能力在“中国骨干软件园区”中排名前列。

新川创新科技园。是四川省与新加坡打造的中国西部首个中新合作共建园区，重点发展5G、人工智能、大数据、网络安全、新医学产业，正加快建设成都5G智慧城。园区主干路网已全面形成，配套基础设施基本完善，已建成AI创新中心一期、成都前沿医学中心一期两大高品质科创空间。

菁蓉汇。位于成都高新区核心区域，于2016年3月正式启用，总建筑面积25.6万平方米。菁蓉汇是成都“双创”发展的一个缩影，全球首个获批绿色环保LEED最高级铂金认证的双创园区，中国西部最早获批的国务院“侨梦苑”双创基地，全国首个“知识产权新经济示范园区”的核心区。2018年，菁蓉汇作为全国双创活动周主会场，完整构筑起组成“北有中关村、南有深圳湾、东有长阳谷、西有菁蓉汇”的全国双创区域引领版图，汇聚众创空间、孵化器19家，其中国家级科技企业孵化器1家、国家备案众创空间3家、省级孵化载体7家、市级孵化载体4家；在孵企业1725家，其中培育科创板上市企业1家，估值过亿企业33家，获批国家级专精特新企业3家，省级专精特新企业27家；获得知识产权共计5364项，其中发明专利765项；吸引高层次人才427人。截至2022年年底，菁蓉汇累计孵化高新技术企业228家，瞪羚企业16家，种子期雏鹰企业118家，大学生创业团队、企业1600余家；菁蓉汇入驻企业年产值突破38亿元。

瞪羚谷数字文创产业社区。中国（成都）网络视听产业基地的重要承载地，占地面积4.6平方千米，已入驻爱奇艺潮流文化坊、可可豆动画、阿里数字经济产业基地、完美世界天智游等多个头部文创项目。

中国—欧洲中心。位于天府大道中段，是一座高192米的“人”字造型地标建筑，是中国—欧盟投资贸易科技合作洽谈会永久会址，已聚集联合国开发计划署可持续发展创新示范项目、亚马逊AWS国际创新中心等国际机构和企业34家。中国—欧洲中心作为国际化营商环境建设示范点，设有西部首个涉外“自贸区政务服务大厅”，集中办理159余项审批服务事项，为“涉外企业、跨国机构、外籍人士”三类对象提供“政务、中介、生活”服务，为全国首创。

成都交子公园金融商务区。面积9.3平方千米，由成都高新区主导建设，其中6.48平方千米位于南部园区，2.82平方千米位于成都市锦江区，定位于打造全国一流的创新金融中心和引领时代潮流的世界级商圈，以金融、时尚消费为主导产业，为成都建设西部金融中心和国际消费中心提供重要功能支撑。

西部园区。面积43平方千米，是成都电子信息产业核心承载地，已聚集一批国际知名企业，形成集成电路、新型显示、智能终端以及网络通信四大产业链，在全球电子信息产业版图中占据重要一极。同时，西部园区内还聚集电子科技大学、成都锦城学院等高等院校5所。区内的成都高新综合保税区（高新片区）于2010年经国务院批准设立。2022年，成都高新综合保税区实现进出口总额已连续5年位居全国综保区第一，连续3年在海关总署组织对全国海关特殊监管区开展的绩效评估工作中位列全国综保区第一。

成都未来科技城。位于成渝相向发展主轴，紧邻天府国际机场，规划面积60.4平方千米，是建设西部（成都）科学城“一核四区”的重要载体，也是成都国际枢纽首站门户。自2020年6月筹建以来，成都未来科技城积极探索经济区与行政区适度分离模式，成都高新区主导开发建设，负责项目导入、产业发展等经济事务，成都东部新区负责社会保障、公共卫生、城市管理、社区发展治理等社会事务，两区协同推进项目用地保障、基础设施建设、公服配套完善等事宜。

成都天府国际生物城。面积44平方千米，由成都高新区与成都市双流区合作共建，是成都发展生物医药产业的核心集聚空间。围绕“5+N”模式，确定生物技术医药、创新型化学制剂、高性能医疗器械、生物服务和大健康服务五大细分领域，聚焦新型疫苗、体外诊断、药物研发及生产外包等14个子行业，致力于建成世界一流生物产业园区。依托26.66公顷（400亩）永安湖生态绿心、锦江优质水资源及植被繁茂的生态本底，打造生物城中央森林公园，将城市建在森林中、将实验室建在花园里，实现“开门见田、推窗见绿”。

（公园城市局、高投集团、数字经济局、国际合作局、交子金融商务局、高新西区发展建设指挥部、电子局、未来科技城发展局、生物局、科创局）

【地形地貌】 成都高新区地质单元为成都坳陷，上部覆盖第四纪松散堆积物，主要有沙卵砾石、含泥砾石和黏土等，天然承载力为0.2～0.5兆帕，底部基岩为白垩系灌口组地层，自然承载力为0.5～2.4兆帕，地层未发现断裂构造，属1类建筑场地。南部园区地势平坦，海拔450～500米，西北高，东南低，平均坡度为2.2‰。西部园区平均海拔530米，西北高，东南低，平均坡度为3‰。未来科技城由西北向东南倾斜，地貌以浅丘为主，海拔平均500～900米。

（两委办）

【气候特点】 成都高新区气候属四川盆地亚热带湿润季风气候，终年温暖湿润，雨量充沛，四季宜人。南部园区年平均气温16.4摄氏度，年极端最高气温37.3摄氏度，年极端最低气温-5.9摄氏度，全年无霜期300天左右，年平均降雨量1148.8毫米，年平均日照数1238.6小时，全年日照率28%，多年平均气压956.3帕，年平均相对湿度82%，年平均风速为1.2米/秒。西部园区平均相对湿度82%，年平均气温16.4摄氏度，年平均降雨量969.2毫米，年极端最高气温35.8摄氏度，年极端最低气温-5.0摄氏度，年无霜期277天，年日照时数1307.2小时，全年日照率27%，年平均风速1.2米/秒。

（两委办）

【水系】 成都高新区内河道共计22条，总长200千米，流域面积135平方千米，系岷江水系。马河、摸底河、清水河、沱江河流经西部园区，龙爪堰、栏杆堰、高攀河、朱家沟、洗瓦堰、聚宝沱流经南部园区。

（两委办）

【人口】 截至2022年12月31日，成都高新区全域实有人口1705040人，其中常住人口618616人，流入人口1082506人，境外人口3918人。高新南区实有人口1317939人，其中常住人口537477人，流入人口777521人，境外人口2941人。高新西区实有人口387101人，其中常住人口81139人，流入人口304985人，境外人口977人。

（公安分局）

【组织机构】 2022年，成都高新区工作机构设置如下：纪工委、监察工委，巡察办，两委办（审计局），党群部（组织部、宣传部、统战部、人资局、民宗局），政法委、应急局，经济发展局（投服局），国际合作局（自贸局），科创局，电子局（电子功能区推进办、高新综保局、西园综保局），生物局（生物城推进办），新经济局（新经济活力区推进办），财政局，国资金融局，公园城市局（规自局、住房交通局），社治保障局（民政局、退役军人局），教育文体局，卫健局（医保局），生态环境城管局，市场监督局，智慧城市局（网络理政办）。下辖街道7个：肖家河街道、芳草街街道、石羊街道、桂溪街道、合作街道、中和街道、西园街道。驻区机构2个：市人大常委会高新工委、市政协高新工委。法定机构2个：交子金融商务局、未来科技城发展局。垂直管理部门4个：成都高新区人民法院、成都高新区人民检察院、成都市公安局高新区分局、国家税务总局成都高新区税务局。

（党群部）

【历史沿革】 成都高新区1988年筹建，1990年正式成立。规划面积40平方千米，先期开发2.5平方千米。1991年3月经国务院批准，成都高新区成为全国首批国家级高新技术产业开发区。自成立以来，成都高新区区划有6次较大的调整，以适应城市建设和高新技术产业发展的客观需要。1996年3月第一次调整，从成都市武侯区成建制划入芳草街、肖家河两个街道和桂溪、石羊场两个乡，面积由2.5平方千米增加到47平方千米。管理体制也由最初的单一政府部门管理、政企合一公司化管理，转变为具有行政区特征的综合性管理。2001年1月第二次调整，位于成都市郫县的“成都现代工业港”划入成都高新区，设立成都高新区西区科技园，面积7平方千米。成都高新区由此形成一南一西两个园区，即“一区两园”的布局格局。2003年12月第三次调整，设立成都高新区西部园区（后改为合作街道），实行街道办事处管理农村的体制，管理西部园区整合时从郫县划入的19个村、169个村民小组。西部园区面积由7平方千米扩大为35.5平方千米。2010年第四次调整，从成都市双流区成建制划入中和街道。全区总面积达到130平方千米。2017年4月第五次调整，简阳市丹景乡、玉成乡、草池镇、新民乡、三岔镇、福田乡、芦葭镇、董家埂乡、清风乡、坛罐乡、海螺乡、石板凳镇共12个乡（镇）委托成都高新区管理，设立高新东区。2020年4月第六次调整，省政府批复设立成都东部新区，这是四川省设立的第二个省级新区。由此，高新东区12个乡（镇）划入成都市东部新区。高新东区撤销，设立成都未来科技城，面积60.4平方千米，由成都高新区主导开发建设。2000年4月，经国务院批准，在成都高新区设立四川成都出口加工区，重点发展外向型经济。四川成都出口加工区分别设在南部园区和西部园区，也以“一区两园”模式管理和运行。2010年10月，经国务院批准，四川成都出口加工区升格并变更为成都高新综合保税区。2018年，获批新设成都高新西区保税区。成都高新区于2006年被科技部确定为全国创建“世界一流高科技园区”试点园区。2015年经国务院批准成为中国西部首个国家自主创新示范区，也是四川省全面创新改革试验区和中国（四川）自由贸易试验区核心区。

（两委办）

区域经济

【概况】 2022年，成都高新区坚持以高质量发展为引领，以“建圈强链”为抓手，集中全力稳住经济大盘，着力推动经济发展稳中有进，地区生产总值达到3015.8亿元，增长3.0%。引进一批能有效推动产业基础高级化和产业链现代化的重大项目，蓄积发展新动能。投入产业扶持资金115亿元，支持企业提质增效，纾困解难。电子信息、医药健康、新经济、高端装备制造等高新技术产业和金融业等现代服务业继续保持良好发展势头。成都未来科技城、成都天府国际生物城、交子公园金融商务区、清水河高新技术产业走廊（高新片区）等重点产业功能区的基础设施建设和产业项目建设稳步推进，相关强链补链的重大项目相继落地，促进产业转型升级的效果初步显现。2022年，成都高新区获评全省优秀开发区，双创工作获评“区域类国家双创示范基地精益创业带动就业专项行动”全国第一，在国家高新区综合排名中继续保持第6位。

（两委办）

【主要经济指标】 2022年，成都高新区经济发展稳中有进。全区实现地区生产总值3015.8亿元，同比增长3%，经济总量占全省的5.3%，对成都市增长的贡献率达18.2%，稳居全市第一。完成固定资产投资713.6亿元、同比增长8.5%，其中工业投资206.4亿元，居全市第一。外贸进出口总额5533.6亿元，同比下降2.1%；一般公共预算收入实现265.2亿元，同口径增长15.3%，占全市的17%；完成税收收入647.62亿元，同比增长5.2%；社会消费品零售总额达937.9亿元，实现正增长。

（两委办）

【产业扶持措施】 2022年，成都高新区继续优化营商环境，加大招商引智力度，做大增量；同时向内挖潜盘活存量，投入产业扶持资金115亿元（同比增长42.5%），支持建圈强链、科技创新、产业基金等重大项目，有力推动创新驱动战略实施和产业质效提升。其中，为企业兑现政策扶持资金66亿元，支持京东方等90余家重点企业和纳入扶持范围的数百家中小科技型企业；组织力量配合产业部门为上百家企业紧急拨付扶持资金8.11亿元，缓解企业现金流燃眉之急，进一步优化经营环境，提升企业获得感；给国企注资44.05亿元（同比增长55%），助力区属国有企业高质量发展。积极落实房租减免政策，为3069户市场主体减免房租共计4.6亿元。社会保障领域着力落实助企纾困“降、缓、返、补、扩”政策举措，为企业降本减负2.9亿元。

（两委办）

【经济发展质效】 2022年，成都高新区围绕高质量发展核心，全力以赴推动经济质效提升。全区397户规模以上工业企业实现总产值6212.5亿元，同比增长5.8%；富士康成都园区年产值首次突破2000亿元。外资外贸稳定增长。新设外商投资企业224家，占全市的40%，外商直接投资（FDI）14.55亿美元，占全市的56%；外贸进出口总额占全省的54.9%、全市的66.3%。商贸消费活力复苏。限上商贸企业总量居全市第一，15家企业进入全市100强。市场主体规模快速增长。市场主体累计存量达33.14万户、同比增长25.8%，其中企业20.54万户、同比增长20.64%；上市及过会企业总数达55家、占全省的1/4；“四上”企业（“四上”企业是现阶段我国经济统计系统的专用称谓，是规模以上工业企业、资质等级建筑业企业、限额以上批零住餐企业、规模以上服务业企业等四类规模以上企业的统称）同比增长7.8%；“税收亿元”楼宇达25栋。全区经济发展实现从“规模扩大”到“量质齐升”的转型升级。

（两委办）

【电子信息产业】 2022年，成都高新区175家电子信息规上工业企业实现年产值正增长，全年完成工业投资超140.6亿元，增长25%，占全区的68%，创历史新高。新增的重点项目包括：总投资100亿元的京东方车载项目，总投资110亿元的奕斯伟板级封装系统集成电路基地项目，总投资71.7亿元的西门子工业自动化产品中国智造基地项目，总投资55.7亿元的东材科技成都创新中心及生产基地项目。电子信息产业在规模扩大的同时，质能也在有效提升。全年新增19家国家级专精特新“小巨人”企业，占高新区新增企业的61.3%。海光信息成为年度科创板最大规模IPO，总市值最高超1400亿元；锐成芯微等3家企业的产品入选100个“中国芯”优秀产品。成都启英泰伦科技有限公司、成都时识科技有限公司入选中国AI芯片企业50强。四川和芯微电子股份有限公司Wi-Fi6高功率射频前端模块芯片被评为国内首台（套）。

（电子局）

【生物医药产业】 2022年，成都高新区已聚集近3000家生物医药企业，围绕创新药、高端医疗器械重点产业链形成规模产业集群。医药健康产业规模突破1200亿元，同比增长20%，在全国生物医药产业园区综合竞争力排名位列第一方阵。同时，全国唯一一个国家精准医学产业创新中心、国家卫健委科技发展中心全国首个示范平台（卫生健康科技成果转移转化示范平台）落地成都高新区，全国首个重大新药创制国家科技重大专项试点示范基地一期建设及项目验收。医药健康产业初具规模。全区184家生物医药“四上”企业发展规模达600亿元，实现两位数增长，其中规上工业企业实现产值325亿元，全市占比达36.4%，较2021年提升1.6个百分点。规模以上工业企业实现利润率18.2%，产业规模质效进一步提升。截至2022年，区内生物医药产业共有省、市重点项目25个，总投资328.5亿元，计划完成投资48亿元。其中落地开工项目6个，加快建设项目12个，竣工投产项目4个，前期储备项目3个。

（生物局）

【新经济产业】 2022年，成都高新区481家规模以上新经济属性服务业企业实现营业收入1250.9亿元，同比增长9.08%。全区新经济产业呈现出良好发展态势。车载智能系统产业方面。已完成车载智能系统产业研究，并在新川创新科技园建成四川省首个智能驾驶示范场景。人工智能产业方面。聚集车载硬件、车载软件、系统集成全链条企业200余家，产值规模超150亿元，产业规模和技术实力处于全国第一梯队。高端软件产业方面。已聚集工业软件企业30余家、网络信息安全企业170余家，网络信息安全产业实力位居全国第一梯队。数字文创产业方面。聚焦游戏和电竞、在线视频、数字音乐三大细分领域，已聚集重点企业600余家，游戏产业规模居全国第四。超高清视频创新中心获批四川省首个国家制造业创新中心。新经济产业以“建圈强链”为引领，围绕5大重点领域和8大细分赛道挂图作战，签约落地19个新经济重点项目，总投资293.1亿元。其中包含总投资100亿元的腾讯未来中心、总投资100亿元的抖音生活服务全国总部、总投资30亿元的银河航天卫星通信载荷及毫米波研发制造基地等项目。新经济产业可持续发展能力进一步提升。

（数字经济局）

【金融产业】 2022年，成都高新区金融产业进一步发展壮大。金融机构总数达到1301家，其中银行267家（总行2家、省分行16家）、证券和期货类公司94家（总部3家）、保险及保险中介机构204家、融资租赁11家、融资担保8家、小额贷款8家、地方性交易场所7家、商业保理3家、典当行22家、资产管理公司（AMC）1家、股权投资及管理机构602家、金融科技及金融信息服务73家，消费金融1家。组建完成总规模超600亿元的产业基金，组建基金20余支，与包括高瓴资本、深创投、君联资本、钟鼎资本等头部机构在内的多家基金机构开展合作，为实体经济持续健康发展提供有力支撑。金融产业强链补链取得明显成效。全年共召开线上、线下项目推介活动共180余场，引进总投资40亿元易点云全国业务总部项目、20亿元德勤西部业务总部项目等重点项目，总投资额约200亿元。新网银行、新希望金信等6家企业入选毕马威金融科技全国50强榜单，入选数量位居西部第一。

（国资金融局）

【产业功能区建设】 产业功能区是科技自立创新和产业转型升级的承载区域。2022年，由成都高新区主导建设的成都未来科技城、成都天府国际生物城、交子金融商务区和清水河高新技术产业走廊（高新片区）继续稳步向前推进，区域内基础设施和重大项目建设、产业项目招引及经济发展取得新成效。

成都未来科技城。2022年完成固定资产投资78.5亿元，同比增长100%。到位内资21.3亿元，到位外资2.8亿元。引进产业链关键配套项目2个，已签约过会项目14个，总投资134.1亿元；引进专精特新企业7个，引进50亿元项目1个、10亿～13亿元项目5个、5亿元及以下项目8个。开展基础设施及公建配套项目51个，总投资376亿元；50千米道路全面畅通，五横四纵骨干路网基本成型，“对内循环、对外畅通”的交通体系逐渐趋于完善。成都未来科技城区域城市轮廓已逐步呈现。

成都天府国际生物城。签约落地项目45个，同比增长25%；引进50亿元产业项目1个、30亿元产业项目2个、高能级500强项目3个和重大制造项目17个，协议总投资超300亿元，实现世界500强医药健康企业在川征地制造项目零突破。完成固定资产投资137.5亿元，同比增长33.8%，其中工业投资75亿元，同比增长50%。供应链服务中心实现服务货值突破10亿元，进出口贸易额达7.3亿元，医药品进口贸易额位列全省第一，全国医药产业园区综合竞争力排名第三。聚焦高端团队促进成果转化，招引国家级人才团队13个，含院士团队3个，预计新导入产业人才1000人，实现高层次人才团队和产业人才双倍增。园区累计聚集人才超1.1万人，正加快打造全球生物医药双创人才栖息地。

交子金融商务区。2022年固定资产投资同比增长25%，产业项目投资总额同比增长近50%，限上社会消费品零售总额同比增长5.4%，基本形成金融产业、特色商圈双翼联动、蓬勃发展态势。金融企业加速聚集。一是特色产业楼宇“形成新兴产业集聚支撑示范”见成效。科技金融大厦已引进包括世界500强企业复星保德信在内的近70家机构和企业入驻，其中，盈创星空孵化器在孵企业35家，加速器企业19家，入驻总部企业15家；交子基金大厦已入驻基金超21家，基金管理规模超510亿元。二是“形成金融创新策源支撑示范”见规模。区域内已建设交子金融梦工场创新孵化平台、盈创动力中小企业金融服务平台，拥有300余家金融创新团队，与清华大学、浙江大学等知名高校建立6个产学研合作平台。消费场景日渐活跃。首创“交子市集”、交子消费节等特色活动，交子金融商圈节假日日均客流、夜间客流分别上升80.3%和63.2%，拉动了消费市场。聚焦发展首店经济、新兴消费业态，引入各类首店品牌超100家，构建起以SKP为引领的地标商圈潮购场景，以交子大道为标杆的特色街区雅集消费场景，以华商中心为典范的全国首座全餐饮沉浸体验场景，以及以“高朋讲座”为代表的知识消费场景。基础要素保障有力。全年实现9宗重点项目用地上市，总供地面积约236亩。新建及在建项目20个，总建筑面积超180万平方米，总投资约200亿元。未来可新增高品质金融产业载体383万平方米，商业载体100万平方米。

清水河高新技术产业走廊（高新片区）。2022年，清水河高新技术产业走廊（高新片区）建设稳步向前推进。片区建设规划进一步完善。制定并实施高新西区土地资源高质量利用“1+N”政策体系，探索土地利用供给侧结构性改革创新试点，做好要素保障，累计供应9宗用地（含工业用地及住宅用地共计约464亩）。推行“拿地即开工”，共计6个项目在拿地后平均开工时间优化至10个工作日。突出项目支撑作用，全年实施政府投资重点建设项目71个，其中新开工项目28个、续建项目16个、竣工项目16个、储备项目11个，总投资490.3亿元，年度完成投资72.1亿元。

（未来科技城发展局、国资金融局、生物局、交子金融商务局、高新西区发展建设指挥部）

科技自立创新

【聚焦火炬引领】 2022年，成都高新区科创局统筹推动全区科技创新工作，以火炬为引领，建立科创局牵头、部门协同务实推进的工作体系；基于“重点抓，抓重点”原则，形成全覆盖火炬目标体系；借鉴抓经济思路形成火炬调度体系，开展“6+X”专题调度。成都高新区在国家高新区综合排名中跃升晋位至第6名。围绕深入贯彻党的二十大精神，布局“PI—IP—IPO”创新链，提出“十大行动计划”，印发《成都高新技术产业开发区关于加快创建世界领先科技园区的若干政策》。

（科创局）

【优化人才结构】 2022年，成都高新区出台《成都高新区急需科技创新领军人才和急需产业创新领军人才专项支持政策（试行）》，支持领军人才发展。新引进培育中外院士5名，入选国家级人才14名，新增25名“双一流”高校“国字号”教授进区创业。做强人才塔腰。新建引才工作站30家，新增高层次“四派人才”467人，创办企业279家，为重点企业发布年薪50万元以上高能级岗位150余个。夯实人才塔基。组织5所高校、近900家次企业线上线下开展招聘活动，联合“双一流”高校为30余家企业定向培养研究生近70名。优化人才服务。新认定高新区“ABCD”四类人才超过2000人，搭建数字化服务平台，提供“一对一”精准服务，打造海智

(离岸)创新中心载体。荣获市委组织部2022年度“揭榜挂帅”人才创新项目一等奖(全市4个)。

(科创局)

【平台建设取得新突破】 2022年，成都高新区牵头开展天府绛溪实验室、天府锦城实验室(前沿医学中心)管理体系顶层设计；聚焦生物前沿技术，签约共建北大叉院；联合电子科大、四川大学、玖锦科技，启动共建四川省人工智能产业研究院、成都高新区通信测量技术研究院。累计聚集省级以上创新平台443家，其中国家级平台61家，约占全省1/4，西部领先。深入实施“岷山行动”计划，两批11个团队成功揭榜，聚集院士等技术专家260人，其中三个团队已获融资近亿元，创新改革经验在科技部《科技工作情况》推广，入选新华网高质量发展创新案例。着力打造全国科技成果中试首选地，启动中试跨越行动计划，形成五年行动计划、十条支持政策及首批十个招引方向。

(科创局)

【夯实全国双创第四极地位】 2022年，成都高新区纵深推进国家孵化载体提能升级，6家国家级孵化器获评火炬中心年度绩效评价A类。新增国家级孵化器1家、国家备案众创空间2家，在孵企业达1.7万余家。扎实开展创业学院建设。创业学院成功揭牌，训练科技创业企业100家以上，“训练+共享”体系更加完善。高水平举办多项高能级赛事。举办2022年金熊猫全球创新创业大赛，参赛项目数量和质量再创新高；再次承办科技部2022年全国颠覆性技术大赛领域赛等高能级赛事；与成都市科学技术局联合举办“2022创业天府·菁蓉杯创新创业大赛暨金熊猫科技成果转化大赛人工智能专场活动”。

(科创局)

【创新主体持续提质增效】 2022年，科技企业培育再上新台阶。2022年高新技术企业(以下简称“高企”)数量突破4300家，其中百亿级高企5家。科技型中小企业数量超3900家，同比增长约25%，稳居全国高新区第一方阵。企业研发投入持续增强。“四上”企业研发投入实现137.78亿元，同比增长31.2%。实现技术合同认定登记超过330亿元。金熊猫科技企业创新积分试点工作成绩斐然。参评企业数量6767家，居全国高新区第一，发布创新积分榜，被列入成都全面深化改革2022年工作要点，获火炬中心肯定性批示。

(科创局)

【大力发展科技金融】 2022年，成都高新区设立100亿元天使母基金，出台母基金管理办法，成功举办首届中国成都天使投资峰会，与创新工场、真格基金等顶尖创投机构合作，2022年形成总规模约40亿元基金群。创新构建资本项目链接服务机制。策划开展分层分类投融资服务，区内获投企业突破120家，较2020年翻番。创设金熊猫“积分贷”并发布“百亿千企”行动，发放信用贷款逾100亿元，位列全国高新区第一，获得火炬中心高度肯定。作为全省首批“制惠贷”试点，完成5100万元放款。印发政策性产品合作银行管理制度，完成政策性金融产品放款78亿元、2450户。获批建设全国首批10家“十百千万”专项行动科技金融创新服务中心。

(科创局)

【知识产权创造】 2022年，成都高新区知识产权工作取得新突破。获批建设国家知识产权服务出口基地和国家级知识产权强国建设示范园区，荣添两块“国字招牌”；同时，还获得“四川省品牌孵化园”“四川省知识产权运营中心”

和“四川省商业秘密保护创新试点县域”等称号。这些荣誉的背后，是知识产权创造所取得的丰硕成果。2022年，全区知识产权创造实现量质齐升。新增发明专利授权6350件，有效发明专利拥有量31249件（占成都市的39.3%），每万人口有效发明专利累计量240.2件，高价值发明专利15580件（占成都市的47.62%）；新增PCT专利申请230件（占成都市的39.9%）；新增6项中国专利奖、累计47项；新增12项四川专利奖、累计68项；各级高价值专利培育中心28家次。有效商标注册量241317件（占成都市的28.3%）；版权登记量累计70600件。各项指标居全市首位。知识产权创造为全区产业加快高质量发展提供有力支撑。

（市场监管局）

改革开放与合作

【营商环境建设】 2022年，成都高新区把优化营商环境作为“头号工程”，深入实施优化营商环境“十大攻坚”计划，成都市营商环境4.0政策208项改革任务在全区得到全面落实，18个一级指标综合表现显著提升，连续3年在全市营商环境测评中位列第一，市场化、法治化、国际化营商环境建设取得明显成效。“放管服”改革持续深化。打造工程建设“一站式”审批审查服务中心，重大项目建设“拿地即开工”、国有土地出让“交地即交证”、新建商品房“交房即交证”。一般社会投资项目审批时限压减至15个工作日办结。企业设立登记实现“零费用、4小时、最多跑一次”，在全省率先开展“一业一证”改革，20个行业实现“准入即准营”。将惠企政策与符合条件企业进行匹配，企业可“高效率、零成本”获得政策支持，部分政策实现“免申即享”。打造“数字税务员工”，综合涉税事项网上办理率达98.75%。建成高端人才在线服务平台。为科技领军人才、产业领军人才提供24小时数字专员服务，人才子女教育、医疗服务、住房保障等七大类服务“一网通办”。创新推出“一码办成事”改革，500余项事项实现跨域通办。政务服务办件超1100万件，满意率达99.9%，“12345”网络理政处理企业和群众诉求解决率、满意率均超94%。

（智慧城市局）

【涉外交流合作】 2022年，成都高新区对外交流合作继续保持活跃。先后举办中韩交流会、中日产业合作推荐会、各国驻蓉总领事见面午餐会、CDMO产业协同沙龙暨生物产业建圈强链研讨会、中国西部国际交流与合作圆桌研讨会等重大外事活动，与相关国家和地区的机构、企业达成继续深化合作，实现互利共赢的共识，签署项目合作协议。同时，还举办多场规模不等的涉外庆祝和文化、体育交流活动，增进与海外的联系。2022年，全区外商直接投资（FDI）14.55亿美元，占全市FDI总量的56%，完成数居全市第一。高新自贸区贡献全市自贸区60.9%的新增企业和89.8%的外商投资企业；国家服务出口基地扩容至4家，数量位居全国前列。

（国际合作局）

【对内交流合作】 2022年，成都高新区对内交流合作继续保持良好势头。全年共举办线上线下重大会展活动36场，其中举办中国（成都）国际电子展、中国（成都）国际数字娱乐博览会等主导产业展会10场，举办第十九届软洽会、成都高新细胞生物制药前沿论坛、“亚洲金融论坛”蓉港金融合作交流会等重大会议活动。推动引进腾讯未来中心项目、抖音生活服务全国总部项目、瑞波科总部及高机能半导体材料研发制造基地项目等40个重大产业项目落地，总投资约644亿元。“以会促投、以展招商”取得实效。与此同时，区域之间的协同发展也在走深走实。10月20日，德阳市人民政府与成都高新区管委会签署《德阳市人民政府成都高新技术产业开发区管理委员会战略合作框架协议》。双方在产业融合发展、科技创新合作、金融服务合作、招商引资合作、社会事业合作、干部人才交流等领域深化交流合作，共同打造高质量发展强大引擎和全方位同城化发展的示范区。与重庆高新区开展“一业一证”跨省互认；与市内东部新区、郫都区、温江区、双流区、锦江区、简阳市等毗邻区在未来科技城、高新西区、国际生物城建设上深化合作，与新津区共建天府智能硬件产业园。

（国际合作局）

【招商引智成效】 2022年，成都高新区新引进重大产业项目36个，完成市级目标的102.86%，占全市总量的9.52%，其中30亿元以上项目17个（含先进制造项目12个），包括100亿级项目4个、50亿级项目3个；引进产业链关键配套专精特新项目18个。实际到位内资280.42亿元，完成全年目标的107.85%，占全市总量的8.35%。招商引智各项目标完成数继续保持全市第一，在全市招商引智季度“红黑榜”评比中均进入“红榜”并排名前列。

（经济发展局）

生态宜居与民生福祉

【公共设施建设与改造】 2022年，成都高新区围绕建设新发展理念的公园城市示范区任务，全力以赴新建一大批包括道路、桥梁、排水、电力、照明、景观等公共服务设施项目。新建市政道路约21千米、绿道约30千米，建成方便群众“回家的路”50条；8个“公园城市示范片区”完成2个。全区基本公共服务设施“三年攻坚”行动共计387个小项涉及的172个项目，已于2022年年底全面完成，完工率100%。与此同时，对原有公共基础设施的更新改造及功能提升也在大力推进。完成江家立交提升改造、大件路上跨绕城高速桥梁加宽、高朋西路下穿铁路西环线等6个路网贯通项目，打通定安路“断头路”及周边8条道路；完成骑龙片区、中和片区道排工程约23千米；完成中和街道5条道路管网改造及院落19个点位排水治理。全年共完成350余条道路车行道、500余条道路人行道病害整治，面积约4.5万平方米；对45座桥梁进行维修改造，消除病害隐患。公共设施服务民生的能力水平进一步提升。

（公园城市局、生态环境城管局）

【人居环境治理与优化】 2022年，成都高新区以“人城境业”逻辑推进美丽公园城市建设，全区产城一体，宜业宜居环境进一步优化完善。试行项目招引前预评估机制，严控“两高一低”项目（“两高一低”项目：高耗能、高排放、低水平的发展项目。严控“两高一低”项目是做好“碳达峰、碳中和”，推进产业绿色低碳转型的客观要求），从源头上把好生态环境关。加快推进产业数字化绿色化，已有国家级绿色工厂8家、省级绿色工厂21家，“灯塔工厂”2家。强力整治耕地“非粮化”“非农化”，完成耕地补充恢复1710亩，划定永久基本农田2907亩，耕地保有量达到3072亩。开展空闲土地上生态环境问题“百日攻坚”专项行动，累计出动1780余人次，排查土地裸露、私搭乱建、垃圾乱倒等问题点位650余处，整改治理面积5840余亩。城市园林绿化取得新进展，区内34条道路实施的园林景观品质提升取得实效，全域增绿49.5万平方米。全区有14个社区获评成都市“花惠万家”社区花园示范点位，有13个住宅小区被评为市级园林式居住小区（公园小区），数量位居全市首位。交子公园被评为成都市“最美公园”。环境卫生工作保障到位。全区785个居民小区全部设置垃圾分类投放设施，覆盖居民50.5万户，覆盖率100%。区内125辆垃圾清运车，以及全域的垃圾分类收运处理均纳入智慧监督管理系统，环卫管理效率、效果进一步提高。全年共清运处理生活垃圾49.3万吨，收运餐厨垃圾1.6万吨，垃圾无害化处理率100%。生态环境保护和监督执法力度继续加强。中央和省督察案件的整改已基本办结销号；通过自查、交叉联动排查检查等方式发现的123个动态问题已及时办结。高新南区10万吨应急污水处理工程和高新西区6万吨应急污水处理工程如期建设完工；区内河道沟渠的清淤治理和排水排污管网的维护改造取得实效；建筑工地、渣土运输、餐饮油烟等大气污染源的防控力度保持不变，区内大气、水、土污染防治取得新进展。2022年，辖区污水收集全覆盖，3个市级水环境质量目标考核断面均达到地表水Ⅱ类水质；区内环境空气质量改善幅度居全市第一，排名“5+1”城区第一，全年优良天数为283天，优良天数率为77.5%，消除重度污染天气；辖区无受污染的耕地，建设用地安全利用率100%，区域内23家重点监管单位均按时开展并完成土壤和地下水自行监测，无一超标。

（公园城市局、生态环境城管局）

【民生保障投入】 2022年，成都高新区关注民生力度不减。全年区级财政投入教育、医疗、文体的资金达58.9亿元，区内办学规模、医疗资源和文体设施扩容增效，辖区群众上学、就医及文体活动的需求得到了保障。教育资源供给持续扩大。投入36.1亿元，同比增加22.6%，支持建设高质量教育体系。新开办公办幼儿园6所，新增公办学位2160个；民办园回收转制公办园4所，新增公办学位1170个；新增省级示范性幼儿园3所、市一级园8所。新开办8所公办中小学，新增中小学学位11760个；新增四川省义务教育优质发展共同体领航学校3所、成都市义务教育新优质学校4所，2所高中创建省一级示范高中、1所高中创建省二级示范高中通过成都市初评。加快构建高质量教育体系，组建8个教育集团，新开办学校全部由存量优质学校领办。医疗卫生健康体系扩容提质。投入20.8亿元，优化医疗卫生资源配置。新增医疗机构151家、总数达1052家，医院总数达34家，其中三级以上医院8家（三甲医院3家），新增医师496名，护士976名，医疗卫生服务群众健康的能力进一步增强。全年医疗机构总诊疗人次894万，增长5.8%；城乡基本医疗保险共计支付11.24亿元，生育保险基金支付2.98亿元，医疗救助资金拨付55万元，实施医疗救助1845人次，困难群众大病医疗救助问题得到切实有效解决。区级基本公共卫生服务经费保障标准调增到30元/人。推进文体事业繁荣发展。投入2亿元，兴建和完善区内文体设施，高新区体育中心、文化中心等重大文体项目相继投入使用；各街道配套建设的13个社区文化中心、3个特色文化示范院落、2个基层综合文化中心顺利完成。构建“区—街道—社区”三级公共体育基础设施体系，17处社区全民健身馆和4处户外运动场基本完工，完成3个社区级智能化室外健身设施示范项目、5处社区运动角打造、5处锦江绿道体育健身空间植入、10个“成都市运动促进健康服务站点”建设，全区人均体育设施面积达到2.4平方米，赛事名城建设融入群众生活。2022年，全区共举办各类文体赛事活动5614场次，参与人群约103.49万人次。人均文体事业经费达到41元。

（教育文体局、卫健局）

【惠民利民举措】 2022年，成都高新区采取多项惠民利民举措。千方百计促就业。制定实施新一轮成都高新区《关于进一步稳定和扩大就业支持创业的若干政策》，通过发放用工补贴、多方联合拓宽就业渠道、举办线上线下招聘会、开展职业技能培训、扶持创业等多种措施，促就业收到良好效果。2022年，全区新增城镇就业49236人，失业人员再就业6618人，就业困难人员就业1966人；新增高校毕业生就业创业7601人。城镇登记失业率控制在4%以内。发放小额担保贷款2802.4万元，发放创业补贴150万元。全面兑现各类就业政策资金4.3亿元，帮助企业减负稳定就业岗位，助力重点群体就业创业，惠及企业7万余家、118万余人。织密扎牢社会保障网。按时足额拨付各项社保待遇7.86万笔、金额5.62亿元，退休人员按月足额享受养老待遇。严格落实阶段性降低用人单位失业保险、工伤保险费率等惠企利民政策，全年减征9万余户参保企业单位缴费共计8.7亿元；严格落实阶段性缓缴社会保险费政策，共有1554家企业申请，缓缴金额1.72亿元，减轻企业发展负担。为498名符合条件的人员完成城乡居民养老保险代缴，涉及资金45.69万元，代缴率达100%。确保建档立卡贫困人口、低保对象等困难群体“应保尽保”。社会救助精准温情。全年为584名低保对象发放救助金624万元；临时价格补贴617人，临时救助400人，全年发放救助资金共计904.44万元。为797名残疾人或残疾人子女提供自强助学金救助，为412名残疾儿童提供康复救助，符合政策的残疾儿童康复救助率达100%。全年区级残疾人事业共计投入1917.9万元，其中发放各类补贴1835.7万元，直接受益的残疾人达7237人，残疾人救助和服务做到应救尽救、应助尽助。养老服务体系日渐完善。完成三个社区养老服务综合体建设并运营，提供居家、日托、全托、短期托养等“一站式”服务。截至2022年年底，全区已建成社区养老服务综合体6个、社区日间照料中心43个、社区为老服务站16个、老年助餐服务点68个，社区养老服务设施全覆盖。区级财政投入居家养老服务补贴398.56万元、助餐服务补贴32万余元，全区享受居家养老服务补贴老年人3043人，享受老年助餐服务补贴1046人。全年为16294名高龄老人发放高龄长寿补贴2275.67万元。

（社治保障局）

【民生安康与风清气正】 2022年，成都高新区稳步推进文明城市建设。实施创建全国文明典范城市五大提升行动，督查整改问题3万余个，市级三次综合测评和年度考核均位列全市第一。公民思想道德建设取得新成果，区内共有6名同志荣登“四川好人榜”和“成都好人榜”。实名注册志愿者达16.6万名，开展各类文明实践志愿服务活动4900余场，解决居民诉求3460件。全区城市文明程度不断提升。社会治安继续保持稳定。持续完善平安建设制度机制。组织开展矛盾纠纷“大排查、大化解”专项行动，全面深入摸排辖区矛盾纠纷，全年调处矛盾纠纷3182件，调处成功率90.16%。完成社会治安市级挂牌重点整治点位1个，区级挂牌整治点位6个。司法机关严打严处“盗抢骗”“黑拐枪”“食药环”“黄赌毒”等违法犯罪。全年破获各类刑事案件2016件、打击处理1984人、追逃235人；刑事打击战果等多项指标在全市排名靠前，全年接报违法犯罪警情同比下降27%。在全市公众满意度测评中，区内“社会治安”“交通出行”的成绩排名全市第一。全区平安建设水平进一步提升。*安全生产总体平稳*。持续推进安全生产基层基础建设，提升安全风险防范能力。构建区、街道、社区的三级安全治理体系，建成安全生产单元细胞工作站（点）670个，微型消防站提能升级594个，实现全区楼宇园区、院落楼栋、街区网格、重点点位全覆盖。开展安全隐患排查，共检查企业78家，下达责令整改指令书27份，对重点危险源等区域进行集中整治，整改隐患101条，为安全生产提供有效保障。*食品药品监管有力*。食品安全各项工作扎实推进。全区已建立健全食品生产、流通、餐饮等全链条监管体系，对区内188所学校，以及养老机构、机关、办公楼宇、宗教场所、建筑工地、餐饮示范街（聚集17家中型及以上餐饮单位）等人员密集场所的食品安全实施常态化重点监管。全年开展食品安全巡查和现场指导9000余次，食品抽检5502批次，属地管理、分级负责、全面覆盖、责任到人的食品安全监督管理机制有效运行，守牢食品安全底线。药品医疗器械化妆品监管力度不减。全年完成疫苗接种机构、疫苗配送企业多轮次全覆盖监管29家次，一类器械生产检查56家次、药械经营及使用单位检查9333家次；组织开展药品、医疗器械、化妆品抽检156批次，其中完成药品抽检111批次、器械抽检7批次、化妆品抽检38批次，合格率100%。群众用药用械用妆安全得到有效保障。*法治政府建设和正风肃纪取得新成效*。强化法治政府建设。围绕优化营商环境、“放管服”改革、公共卫生安全法治保障等需要，及时跟进上位法制定、修改、废止情况，审查全区规范性文件、重大决策300余件，废止、失效的行政规范性文件8个，办理行政复议案件236件，发挥行政复议公正高效便民的制度优势和化解行政争议的主渠道作用。深化廉洁政府建设。筑牢“三不腐”防范机制，升级打造“省身书院”廉政教育线上平台，实现全区9000余名监察对象廉政教育全覆盖。锲而不舍落实中央八项规定精神，持之以恒纠“四风”，紧盯“关键少数”、重点领域、关键环节和年轻干部腐败问题，严肃查处职务犯罪案件。坚决查处群众身边腐败和不正之风，查处损害营商环境有关问题8件15人，推动重点领域政风行风进一步转变。

（党群部，公安分局，政法委、应急局，市场监管局，纪工委、监察工委）

党　务

PARTY AFFAIRS

党组织建设

【概况】 2022年，成都高新区共有基层党组织2879个，组织关系在成都高新区的党员51065名。全区69个社区，共有党组织863个，党员22358名。成都高新区共有27个机关部门（单位），建立党组织242个，党员2807名。教育系统党工委下属党组织112个，党员2654名。卫健系统党工委下属党支部7个，党员211名。国企党工委下属党组织65个，党员1036名。成都高新区“两新”组织党组织共1590个，共有党员21999名。

【“两新”组织党建】 2022年，全区“两新”党组织在助力高质量发展上提质增效，激发“红色活力”。助力科技创新攻关。落实党的二十大关于加快实现高水平科技自立自强的要求，在全市率先成立科技创新行业综合党委。发挥高层次人才党员引领作用，依托博士后工作站，创新成立12个“党员人才工作室”，带头攻克“卡脖子”技术，开展“我为科创企业献一策”等活动，党员积极献计献策619个，推动实施企业“微技改”项目341个，科技创新活力进一步激发，党建引领科技创新案例获评2022年度全国百个“两新”党建优秀案例。助力产业建圈强链。“两新”组织覆盖面进一步扩面增效，百人以上规模以上企业实现党组织100%覆盖。依托大数据产业联盟、跨境电商物流等行业协会，组建11个产业链党建联盟，常态化开展生产经营联动活动，产业链上下游、产业社区企业之间协作效率持续提升。助力优化营商环境。建立“部门联楼、党员联企”工作机制，推动机关单位党组织与24个楼宇综合党委和490家企业形成结对共建项目32个，帮助协调解决生产经营问题77条。扩大“党建增信”服务企业范围，为851家企业提供超53.1亿元规模的债权融资，助力企业化解资金难题。

【党建引领社区发展治理】 2022年，成都高新区社区党建在引领基层治理上提质增效，释放“红色效能”。在抓实基础单元上持续用力。纵向上，实施“红色网格”点亮行动，全覆盖建立893个一般网格党组织，优化构建“社区党委—一般网格党组织—微网格党小组”精细化治理组织链条，实现“全区一张网”。横向上，通过党建联建发挥驻区单位资源优势，联动388家驻区单位充实社区大党委，常态化落实党建联席会议机制，动态制定需求、资源、项目“三张清单”，推动社区484个公共议题的有效解决，进一步激活基层治理效能。在壮大一线力量上持续用力。壮大红色合伙人队伍，完善新就业群体动员机制，引导1005名新就业群体到网格报到，发挥“前哨作用”，推动新就业群体由“管理变量”成为“治理增量”。完善平急结合干部下派机制，将27120名下沉和双报到党员全部编入网格，经常性开展“组团服务”，打通联系服务群众“最后一百米”。应急时组建40支机关企事业单位党员突击队支援防疫一线，滚动建立封（管）控区临时党组织94个，基层党组织真正成为抗疫“主心骨”，封（管）控区党建引领“七步工作法”在全市推广，21个基层党组织、23名党员冲锋在前获得市级表扬。在强化实体支撑上持续用力。深入推进党群服务中心规范化2.0建设，打造11个新就业群体党群服务阵地，打造党员家门口的“初心馆”，形成布局合理、功能完备、互联互通的党群服务网络。

【机关党建】 2022年，成都高新区机关党建在服务中心大局上提质增效，争做“红色先锋”。

深化政治建设强统领。深入学习宣传贯彻党的二十大精神和习近平总书记来川视察重要指示精神，建立全覆盖区—部门—街道“三级三讲”宣讲体系，分层次、全覆盖组织党员干部集中轮训，精心开发4条研学路线，组建由理论专家领衔的“博士宣讲团”，获全市理论宣讲大赛一等奖。聚焦新思想落地，举办“新机遇新作为新局面・创新发展局长谈”，围绕科技产业前沿领域分专题研讨4期，以党的二十大精神为指引加快创建世界领先科技园区。服务中心大局强示范。由科创局牵头，在全市率先成立科技创新行业综合党委，党建引领科技创新案例获评全国百个“两新”党建优秀案例。联动市直机关工委24个单位“组团式”对口支援，组织机关党员干部第一时间下沉网格、支援一线。围绕机关单位中心工作，广泛设置党员示范岗、责任区，推动党员在“迎峰度夏”攻坚战、文明城市创建等重要工作中发挥先锋模范作用。筑牢党建基础强根本。结合机构改革，及时优化调整机关党组织设置，做到党组织优化设置与机关单位改革调整同步推进，持续推进机关党的建设规范化、标准化建设。紧紧围绕“三提升两服务”行动，激励广大党员干部始终以敢闯敢拼的“狼性精神”推进工作落地落实。高新区税务局“纵合横通”党建工作经验做法获市委领导认可并在全市机关推广，市场监管局在全市机关党建推进会上交流发言，9个机关党组织、8名党员获市级表扬。

【党员教育管理】 2022年，成都高新区党员教育管理在夯实基层基础上提质增效，筑牢“红色堡垒”。抓实基本制度。提升党员教育制度化水平，选聘区级本土讲师30名，推选2人入选市级本土讲师，党群部获评市级优秀组织单位，党员教育片《爱心来敲门》《西园记忆》获全市二等奖，《爱心来敲门》在共产党员网上展播。开展支部党务工作晋位升级行动，以支部工作手册为基本载体，常态化开展交叉评比验收，规范提升基层党组织“三会一课”、主题党日等基本制度。抓实基本队伍。分层分类开展党组织书记、党务工作者素能提升行动，组织48名产业建圈强链党组织书记、69名社区党组织书记开展专题培训，组织全区593名基层党务工作者以赛促练、同台竞技。深化先进党组织和优秀党员事迹挖掘，23个党组织和党员获评“蓉城先锋”示范表彰，数量位居全市第一。抓实基本组织。着眼于规范机关、教育、国企党组织设置，指导27个机关（部门）全覆盖，及时调整部门党组及机关党组织设置，稳妥有序推动11家学校落实党组织领导的校长负责制，新建21家国企党组织完成书记、董事长“一肩挑”。

（党群部）

干部工作

【概况】 2022年，成都高新区党工委坚持以习近平新时代中国特色社会主义思想为指导，深入贯彻新时代党的组织路线，切实树立鲜明选人、用人导向，围绕“五个主担当”发展定位和“六大攻坚”聚力发展方向选贤任能，建设忠诚担当干净的高素质专业化干部队伍。全区干部队伍干事创业热情动力进一步激发，引领带动全区高质量发展的能力进一步增强。

【选人用人】 2022年，成都高新区党工委坚决贯彻落实党中央和省委、市委干部队伍建设各项要求，坚持新时代“好干部标准”，聚焦产业建圈强链、三个“做优做强”、疫情防控等中心工作，加强部门、街道、国企和法定机构干部选配。完善干部举荐发现机制，强化在重大工作、重大斗争一线培养干部、锤炼干部，多渠道跟踪了解干部现实表现，并将其作为干部选用重要参考。健全干部考核体系，充分发挥考核“指挥棒”作用，切实增强干部选拔任用的科学性。开展干部队伍建设调研，深入了解党员干部工作作风，推动全区干部做到狠抓“两个作风”，增强“三种能力”，自觉践行市委“五个走在前列”重要要求，为成都高新区在全市高质量发展大局中挑大梁、走在前、作示范贡献力量。

【机构编制】 2022年，成都高新区机构编制工作重点突出协同高效，推进党工委管委会机构优化调整。完成“18+1”工作机构优化调整，涉及整合设立7个机构，更名5个机构，完成130余名一般干部转隶。推进重点领域体制优化。完成区、街两级城运中心组建，优化数字经济职责，重塑招商引资机制，完成天府绛溪实验室、天府锦城实验室等登记注册。完善街道管理体制。修订街道科室职责及对口区级部门方案，印发赋予街道“五权”实施细则。积极争取编制资源。成功争取为高新区核增1000余名中小学教师编制，增核数量居各区（市）县之首。

【人事管理】 2022年，成都高新区人事管理工作突出年轻、专业，为各单位精准补充人员。补充30余名年轻一般正编干部。完成20余名选调生录用及入职，接收10余名军转干部。进一步严控数量、强化质量，各部门补充编外人员150余名，其中硕士以上学历占31%，各街道公开招聘编外人员共1200余名。引进教育卫生人才近300名。累计选派和抽调70余名优秀年轻干部参与全区文明创建、世界乒乓球锦标赛、西区指挥部、重大文稿专班、巡察等重大专项工作，全年累计跨单位轮岗一般正编干部30余人，选派12批次30余名优秀年轻干部参加双流机场疫情防控转运工作。

【绩效管理】 2022年，成都高新区绩效管理工作突出正向激励，有效激发干事创业激情。研究形成年度考核奖实施方案。将收入分配与考核激励挂钩机制项目列入全市创新试点，建立“岗位责任考核+三级考核体系”的年度考核奖分配机制，统筹优化事业人员、聘用人员收入分配，强化激励保障。强化疫情防控一线干部激励保障。在严格落实各项上级规定的防疫补贴基础上，兑现疫情防控一线工作补贴，对非在编人员给予超时工作补贴。健全职级晋升机制。研究形成街道统筹职数使用机制，缓解基层职级晋升压力，持续开展表彰奖励，并依规兑现相关奖励。

（党群部）

宣传工作

【概况】 2022年，成都高新区宣传工作坚持以习近平新时代中国特色社会主义思想为指导，紧密围绕党工委、管委会中心工作，服务高质量发展大局。组织理论学习，深入开展党的二十大精神、省市党代会精神等专题宣讲，切实筑牢思想根基，不断汇聚奋进力量。继续加大对内对外宣传力度，与《人民日报》、新华社、央视等18家头部央媒的合作保持良好，全年上18家央媒的报道达1800多条；依托新华社、中新社、《中国日报》、国际在线、CGTN等中央权威媒体海外渠道，发布外文通稿及客户端新闻稿160余篇；通过《人民日报》(海外版)、《环球时报》、《香港大公报》、《香港文汇报》、《香港商报》、凤凰网等媒体发布报道300余篇，助力成都及成都高新区海内外知名度和影响力不断提升。同时，基层宣传、新媒体建设等工作也取得新进步。宣传工作及其营造出的良好舆论环境，为进一步优化全区社会经济发展环境发挥出积极作用。

【理论学习与研究】 2022年，成都高新区不断强化理论武装，切实筑牢思想根基，不断汇聚奋进力量。高标准开展理论学习。把学习宣传贯彻新思想、党的二十大和省市党代会精神作为首要政治任务，抓好党的创新理论学习。发挥党委理论学习中心组学习龙头作用，以“关键少数”带动“绝大多数”，全区1000余名干部进行集中学习。成都高新区2021年、2022年连续两年荣获成都市“区（市）县委理论学习中心组学习组织工作先进单位”。高水平开展集中宣讲。建立党工委、区级部门、街道“三级三讲”宣讲体系，深入开展党的二十大精神、省市党代会精神等专题宣讲。全年组织各类宣讲3000余场，实现全区2558个基层党组织、49000余名党员干部全覆盖。成立由高新区15名博士企业家组成的博士宣讲团，创新开展专题宣讲80余场。成都高新区打造的《勇于创新创造打造光的极限》荣获2022年度成都市“理响成都”宣讲大赛一等奖，并作为成都唯一代表参加2023年5月举办的四川省“理响巴蜀”宣讲大赛。成都高新区荣获“理响成都”优秀组织单位。高质量抓好平台学习。积极通过领导干部示范引领、常态化学习培训、专人督导检查、定期通报表扬等，推动“学习强国”学习使用工作，积极在全区营造“比、学、赶、超”的浓厚学习氛围。成都高新区全年供稿总数为384条，被采用数190条，省平台采用数101条，全国平台采用数13条。成都高新区荣获成都市“学习强国”学习使用先进单位。

【对外宣传】 2022年，成都高新区围绕中心工作，保持高频率主题外宣。紧扣成都市委、市政府及高新区党工委管委会中心工作，聚焦建圈强链、文明典范城市创建等主题，在党的二十大、省市党代会等重要时间节点，围绕“拼经济搞建设”、企业上市、“双创”示范基地、营商环境建设等亮点工作，组织重大工作新闻发布，开展近150轮主题宣传，平均每周策划3～4轮新闻发布，策划推出的“我在高新过‘六一’”“信仰的力量”等短视频登上全国舆论场。创新对外宣传形式，推出《在成都遇见你》原创歌曲，以歌曲营销成都高新区，展现成都这座城市的时尚和浪漫。加强头部媒体上宣，持续开展央媒报道。进一步巩固与《人民日报》、新华社、央视等18家头部央媒合作，深化头部央媒专人服务机制，积极加强与市宣及省、市媒体上宣组对接，增加头部央媒上宣曝光度。全年18家央媒累计报道超1800条，其中央视30余条（新闻联播2条、经济半小时1条、焦点访谈2条），特别是央视焦点访谈7分半钟长报道“持续发力稳就业”引起强烈关注，“成都高新”微信在二次转载传播中阅读量达30万余次。保持迎战状态，抓好疫情防控宣传工作。在多轮突发疫情中，成都高新区宣传结合实际情况，以“态度、速度、温度”为切入点，全力打好疫情防控宣传战。“2·20”疫情出现后，积极开展疫情防控宣传，发布7条惠企措施，特别是推出《蒙太奇之夜》线上演唱会，形成强大正能量。在“7·17”疫情期间，发布权威信息，开启齐心战疫、上门检测、战疫故事、整点播报等宣传战，服务好抗疫工作大局。8月疫情发展复杂多变，策划的“科技助力疫情”“党员就地上岗争当志愿者”“社区里的‘背篓君’”“防疫泡泡”等新闻引发较大关注。积极融入全市宣传，大力开展城市营销。2022年以来，积极配合成都市做好第四届中国匠人大会、2022世乒赛等活动举办和宣传。特别是争取市委宣传部支持，协调中央、省、市以及境外媒体报道成都高新区营商环境大会，刊发宣传稿件420余篇，在国际、国内舆论场引发高度关注；协调自媒体大V提升话题热度，聚焦攻坚计划、产业基金、人才政策等维度，引导发起线上热议，互动量达6000余次；利用腾讯、今日头条、搜狐新闻等互联网头部平台向北京、长三角和珠三角地区精准推送高新区政策。加强国际传播，提高区域海外显示度。加大日韩、欧美等地区的传播力度，在国际国内持续展示成都高新区尊商重企的良好形象，助推在全世界范围内形成对优秀企业和人才的持续吸引力。依托新华社、中新社、中国日报、国际在线、CGTN等中央权威媒体海外渠道，发布外文通稿及客户端新闻稿160余篇；围绕第四届中国匠人大会、高新区营商环境大会、中日联合创新中心启动运营、无人驾驶车投运、生物园区排名发布等主题，通过《人民日报》(海外版)、《环球时报》、《香港大公报》、《香港文汇报》、《香港商报》、凤凰网等媒体发布报道300余篇，助力成都及成都高新区海内外知名度和影响力不断提升。做强地标媒体，不断加大区域营销。用好天府“双塔”城市封面地标媒体，策划发布“在成都过一个温暖的年”“致敬每一个奋斗的你”“花重锦官城”“书香成都”等主题灯光秀。举办“遇见成都　好事兔much”跨年灯光秀，在线上线下同步引爆舆论场，“成都发布”“成都高新”等视频号推广视频24小时播放量超200万次，抖音平台直播播放量超400万次，相关微博话题阅读量近4000万次，成都2023跨年灯光秀微博话题占据同城热搜首位。在双塔、天府立交LED等大型地标媒体，同期发布“创业圆梦·一起向未来”等4个主题宣传视频，营造良好的社会氛围。为持续宣传“党的二十大精神”，在市委、市政府所在地等重要地段实施重大主题嵌入式景观装置。

【基层宣传】 2022年，成都高新区以天府文化作为高新区社会主义核心价值观建设的重要抓手和具体实践，深化社会主义核心价值建设，打造一批社会主义核心价值观、天府文化、家规家风特色点位，深入推进社会主义核心价值观融入社会生活。进一步推动核心价值观落细落小落实，融入市民生产生活方方面面。成都高新区2021年打造3个社会主义核心价值观特色点位，其中毛主席视察红光纪念馆被评为成都市2021年社会主义核心价值观特色点位；打造2个家风家规家训特色点位。全年围绕爱国主义主题进行宣传推广，在辖区开展主题观影、参观、座谈、宣讲等，在学校开展革命传统教育、红色主题宣讲、带领学生参观爱国主义教育基地，发挥档案馆爱国主义教育基地作用，开展形式多样的教育实践活动，全面推进爱国主义教育宣传教育工作，推动红色基因有效传播。

【新媒体建设】 2022年，成都高新区持续加强新媒体平台建设，筑牢网络宣传主阵地。打造区级“一网两微多端”的政务发布矩阵。本年度内，政务新媒体围绕党的二十大、省第十二次党代会和市第十四次党代会等重大节点，以及优化营商环境、建圈强链、“拼经济、搞建设、抓发展”、争创全国文明典范城市等中心工作大力开展新媒体宣传。积极联动第三方媒体和区内企业等外部力量开展新媒体产品策划，其中政务微信策划稿件《正式投用！“芙蓉岛公园”三大景区首发亮相》《〈成都高新区居家生活指南〉请查收！》《SKP，今日亮相！》等阅读量达10万余次；政务微博充分发挥平台互动优势，开设#你问我答#栏目，及时发现并回应当前热点话题和网友咨询，推出回应群众关切的“这里做核酸人少用时短”实时整点播报260期，相关话题阅读量破亿。持续推进政务微信微博平台推广，2022年，政务微信粉丝量突破60万人，政务微博粉丝量突破110万人。获得“四川十大党政新闻发布微博”、“微政四川·2022年度十佳区县政务新媒体”、成都市“政务新媒体运营先进集体”、“优秀政务新媒体”等荣誉。

【融媒体中心】 2022年，成都高新区融媒体中心按照中央、省、市对县级融媒体中心建设的要求，以“引导群众 服务群众”为最高目标，以建设“主流舆论阵地、综合服务平台、社区信息枢纽”为基本目标，全面加强自身建设。策划推出《成都探戈：十年绘蓝图，成都在生长》《高新青年说》等创意产品，生产阅读量达“百万+”产品113个，“500万+”产品6个，“千万+”产品1个，并在全省区县融媒体中心率先开通手机电视平台，实现“大屏”和“小屏”的无缝对接和全覆盖。在全省率先开展区县级融媒体中心的国企化改革模式，通过定向招聘，实现了中心员工纳入国企正式员工序列，开启国企与融媒体中心双向赋能的探索之路，增强员工的归属感，激发全媒体队伍创新创造活力。年度内，高新区融媒体中心斩获多项奖项。获得第三届国家高新区微视频大赛优秀组织奖、新华社新闻信息中心全国县级融媒体中心爆款创作优秀案例、四川省首届县级融媒体新闻奖一等奖、四川省优秀科普微视频二等奖等奖项共15项，并在市委宣传部举办的“理响成都”第三届理论宣讲大赛中荣获一等奖。

（党群部）

精神文明建设

【概况】 2022年，成都高新区精神文明建设各项工作继续向前迈进。创全国文明城市工作在中心城区保持领先优势，公民思想道德建设取得新成果，区内共有6人荣登“四川好人榜”和“成都好人榜”，实名注册志愿者达16.6万名，开展各类文明实践志愿服务活动4900余场，解决居民诉求3460件。

【文明城市建设】 2022年，成都高新区全力推进争创全国文明城市核心任务，围绕创城工作“国测”“市测”，成立创建迎检指挥部、督查组，印发迎检工作方案，启动领导挂点督导、点位点长制、创建调度会等系列迎检工作机制，以成都高新区创建全国文明城市五大行动为重要工作抓手，重点推进测评指标任务分解、实地点位申报、测评指标培训、文明创建示范点打造等要素环节，督查整改问题3万余个。2022年，成都高新区在3次“市测”工作中保持中心城区首位优势不动摇。

【公民思想道德建设】 2022年，成都高新区各级党组织培育和践行社会主义核心价值观，推进公民思想道德建设，文明培育成效彰显。强化先进典型选树，健全三级推荐评选机制，开展“我评议我推荐身边好人”等评选活动，13人获评为市级及以上先进典型，加强文明榜样示范引领。加强思想道德建设，做好全国未成年人思想道德建设工作测评迎检工作，开展“扣好人生第一粒扣子”等主题活动和童谣征集、节日小报创评特色活动50余场，创作各类书画（童谣）作品850余件，其中40余件获得市级以上奖项，党群工作部2次获得市级优秀组织奖。发挥培育阵地优势，与成都市蒲江县联建乡村“复兴少年宫”，开展联建活动15场，持续发挥市区联建未成年人心理成长中心作用，连续7年举办“5·25”心理健康节，吸引近10万人线上参与。

【志愿服务】 2022年，成都高新区依托“1+7+69+548”四级新时代文明实践阵地矩阵，培育志愿服务队达1700支，实名注册志愿者达16.6万名，开展各类文明实践志愿服务活动4900余场，解决居民诉求3460件，培育市级新时代文明实践示范点8个、精品项目10个，中央文明办实地调研全区文明实践阵地并给予充分肯定。交子公园社区获评成都市“十佳志愿服务社区”。创新打造“文明实践1小时”“Dreams·成都大运”志愿服务品牌。开展“疫情防控　志愿有我”新时代文明实践活动，组织发动志愿者20万余人次参与信息排查、物资发放、核酸检测和秩序维护，筑牢疫情防控群防群控基础。

（党群部）

统战工作

【概况】 2022年，成都高新区统一战线工作围绕“大团结大联合”主题，深刻领会“十二个必须”丰富内涵，准确把握“四个关系”，围绕中心、服务大局，通过实施“同心·五大行动”，彰显统一战线的重要法宝作用。成都高新区统战、对台事务、民族宗教、侨务工作职能由党群工作部承担，设立统战工作处，配备处级干部1名、工作人员3名，专职从事相关工作。

【民族宗教领域统战工作】 2022年，成都高新区党工委统一战线工作领导小组、宗教工作领导小组先后组织召开学习贯彻党的二十大精神等专题学习会6次，编印《成都高新区统一战线学习党的二十大精神资料汇编》200本。分层分类举办“喜迎二十大·同心跟党走”“同心讲堂”等主题活动40余场，开展“爱党爱国爱社会主义”等宣传教育百余次，覆盖统战成员2万余人次，拍摄的“凝心聚力石榴籽　民族团结育雄鹰”获评市级短视频二等奖。健全“区—街道—社区—网格”四级网格工作机制，形成“四位一体，多元共治”宗教服务管理工作格局，落实74名社区民宗工作联络员。打造“一馆一廊一墙”3个宗教中国化方向示范点位，指导国能大渡河流域水电开发有限公司创建省级民族团结进步示范企业。妥善处置互联网非法宗教活动，受到省委统战部、市委主要领导肯定性批示。

【交流交往】 2022年，成都高新区做好港澳台统战工作，举办香港青年线上线下参访交流20余场次，吸引近万名香港青年参加。举办2022两岸（川渝）青年就业创业发展交流会等对台活动14场，推动建立“两岸青年五城创业联盟”，接待参访65批，参与900余人次，招引台资企业13家。推荐1名台胞获评“四川省三八红旗手”荣誉称号，鸿富锦精密电子（成都）有限公司等2家公司获评“川台融合发展突出贡献台资企业”，陈柏丞等3名台胞获评“川台融合发展突出贡献台湾同胞”。

【党外干部队伍及新阶层人士工作】 2022年，成都高新区建立健全22名党外中层领导干部及418名党外代表人士数据库，推荐48名第十六届市政协委员建议人选。召开“成都高新区统一战线优化营商环境建言献策座谈会”，汇总31条意见建议形成交办函，交由相关部门落实。制发《新的社会阶层代表人士培训工作方案（2022—2025年）》，获评“四川省新的社会阶层人士联谊会2017—2022年度先进集体”荣誉称号。

【侨务工作】 2022年，成都高新区进一步夯实海外统战工作协作机制，加强党对全区海外统战工作的集中统一领导，把牢思想政治引领的“方向盘”。在社区设立侨法宣传点，在社区服务站、学校、居民院落等发放普法宣传手册、海报，联合街道、社区、楼宇共同开展“四送”活动等，多点多形式地对“三侨生”升学照顾政策等侨务相关政策法规进行宣传。加强关心关怀，为2名“两航”起义人员子女发放生活补助，切实维护港澳台侨胞及侨属的合法权益，进一步做好凝聚人心的基础性工作。

【非公有制经济代表工作】 2022年，成都高新区制发《成都高新区民营经济统战工作协调机制》，开展统一战线“同心聚力·产业功能区行”“送政策解难题”等主题活动，引导统战成员深入了解高新区在推动产业建圈强链等方面的创新举措。通过微信公众号及时推送相关政策服务信息，成立45人民营企业志愿者服务队，点对点发放“助企纾困政策明白卡”600余份，对接一线需求，提供防疫生活物资15281份，开展9批次新冠肺炎疫情防控志愿服务工作。

（党群部）

民族宗教

【概况】 2022年，成都高新区共有开放宗教活动场所6处。其中，高新南区有5处，分别是位于石羊街道办事处辖区的成都市铁像寺和成都市近慈精舍以及天府一街国际社区的成都基督教光音堂、位于肖家河街道的肖家河街道科园路基督教“以堂带点”活动点（感恩堂）、位于中和街道的中和活动点。高新西区有1处，位于尚丰路的成都市基督教三自爱国运动委员会联络点（救恩堂）。截至2022年年底，高新区共计少数民族人口3.03万人，其中常住人口1.3万人，流动人口1.73万人；排名前三的少数民族分别是藏族0.57万人、回族0.31万人、彝族0.27万人。

【宗教团体】 成都高新区佛教协会。成都高新区佛教协会由成都高新区党群工作部（民宗局）主管，由市佛教协会指导，于2019年6月成立，办公地点位于成都市近慈精舍，有专职工作人员1名，兼职工作人员1名。区佛教协会现有理事16名，常务理事9名，名誉会长、会长、副会长共4名，秘书长、副秘书长共4名，监事会监事3名，名誉会长释果芳、会长释悟通。

成都高新区基督教三自爱国运动委员会。成都高新区基督教三自爱国运动委员会（以下简称“区三自爱国会”）由成都高新区党群工作部（民宗局）主管，由市基督教三自爱国运动委员会指导，于2017年5月27日成立，办公地点位于成都高新区天府一街826号1楼，有专职工作人员2名，兼职工作人员1名。区三自爱国会现有委员24人，常务委员7人，主席、副主席3人，秘书长1人，主席赵刚、副主席兼秘书长郑秀燕。

【民族事务】 2022年，成都高新区坚持以铸牢中华民族共同体意识为主线推进新时代党的民族工作高质量发展。党工委管委会、各街道党工委、各部门党组织深入学习贯彻中央、省、市民族工作会议精神，坚持以创建世界一流高科技园区为统领，把民族工作纳入全区基层治理和社会治理现代化试点工作，不断完善区、街道、社区三级民族工作联动机制和专项协作机制，切实形成党工委统一领导、统战部门牵头协调、职能部门依法管理、各部门通力合作、全社会共同参与的新时代党的民族工作格局。

深入开展民族团结进步示范创建工作，推进创建“十进”活动，引导少数民族群众参与社区管理和基层民主建设，逐步实现各民族在空间、文化、经济、社会、心理等方面全方位嵌入。国能大渡河流域水电开发有限公司创建为省级民族团结进步示范企业，西藏中学拍摄的“凝心聚力石榴籽　民族团结育雄鹰”获评市级民族团结进步短视频二等奖，积极推动中和街道府河社区创建市级民族团结进步示范社区。各级党组织高度重视防范和化解民族领域矛盾纠纷工作，妥善处理各类涉及少数民族群众的纠纷，全年无一例由民族矛盾、纠纷引发的事件。

（党群部）

关工委工作

【概况】 2022年，成都高新区各级关工委充分发挥党和政府联系青少年的桥梁和纽带作用，组织开展多种形式的走访慰问活动，传递温暖和关爱，在中小学校开展普法教育，举办保护未成年人讲座，为关心、教育、培养高新区青少年健康成长作出积极贡献。

2022年1月15日，成都高新区关工委开展“关心下一代，新春更有爱”新春慰问活动，为孩子们送上慰问金和慰问品（党群部/供）

【关工委组织建设】 2022年，成都高新区关工委进一步完善“区—街道—社区”关工委组织架构，形成上下联动、齐抓共管的工作体系。成都高新区现有街道关工委7个，“五老”（老党员、老专家、老教师、老战士、老模范）志愿者512人。

【关爱慰问活动】 2022年，成都高新区关工委以上门走访、联系企业、开展慰问活动等形式，向青少年代表及“五老”志愿者传递温暖。开展“关爱情·暖冬行”慰问活动13场，开展“童梦同圆”六一儿童节、“老少牵手贺新春”等关爱慰问活动20余场，慰问青少年及“五老”志愿者373人；开展“关爱奖学金”关爱活动，评选出314名品学兼优的贫困学子获得2022年关爱奖学金，发放奖学金37.68万元等。

【未成年人保护】 2022年，成都高新区关工委进一步加强青少年法治、安全教育，联合高新区法院、高新区检察院等司法机关，组织各街道关工委、中小学校积极开展普法学习教育活动。2022年，开展“关爱明天，普法先行”未成年人保护主题讲座21场、“人生无彩排，青春不毒行”系列主题禁毒宣传活动5场、“网络安全教育”宣讲活动12场等，进一步深化未成年人法治教育。发放普法教育读本、宣传图册、杂志资料1200余份，在区内营造关心、重视未成年人健康成长的良好氛围。

（党群部）

老干部工作

【概况】 2022年，成都高新区代管成都市下放企业离休干部2人，解放初期参加革命工作退休干部1人，机关、事业单位退休干部1696人(其中直管退休干部73人)。按照“用心用情做好新时代退休老干部工作”的原则，努力提升服务老干部水平，通过组织开展内容充实的政治理论学习、参观考察、健康休养和多种适合老年人的文体活动，把党和政府对老干部的关爱落到实处。

【离休干部管理服务工作】 2022年，成都高新区管理和服务离休干部2名，均为成都市下放的企业离休人员。严格落实离休干部特殊补助等政治生活待遇，对离休干部日常管理服务以慰问为主，在春节、重阳节等期间走访慰问离休干部。

【退休干部管理服务工作】 2022年，成都高新区聚焦“离岗不离党”，强化组织建设。常态化组织开展走访调研、交流座谈、对标学习，围绕政治功能和组织功能加快扩面提质，新建离退休干部党支部6个，机关及事业单位离退休干部党支部应建尽建率达100%。实施老党员工作室“一街一品”创建行动，评选出2022年老党员工作室区级示范点6个，推报老党员工作室创新案例获全市离退休干部融入城乡社区发挥作用“十佳案例”和“优秀案例”。聚焦“分散不分家”，强化关心关爱。优化老干部走访慰问、参观考察、理论学习、健康休养等系列制度，打响干部荣誉退休“八个一”品牌。坚持在国家重大纪念日、节日或老干部生日等特殊节点开展走访慰问活动，全年联系并慰问老干部200人次以上。建立老干部日常服务联系机制，形成党群工作部与老干部原工作单位、居住地社区及家庭“四位一体”服务网络，动态掌握老干部情况，了解老干部需求，推行“一人一策”。

【老干部活动中心建设工作】 2022年，成都高新区坚持以“用心用情做好新时代退休老干部工作”的原则，提升老干部活动中心服务管理质量，升级打造老干部“退休学习生活之家”。立足老干部精神文化需求，设置太极拳、书法、手机摄影等9门课程，参与人数达681人次。举办“传承文明庆佳节，体验特色享端午”“喜迎国庆·爱在重阳　共筑幸福岁月”等主题活动10次，丰富老干部退休生活。

（党群部）

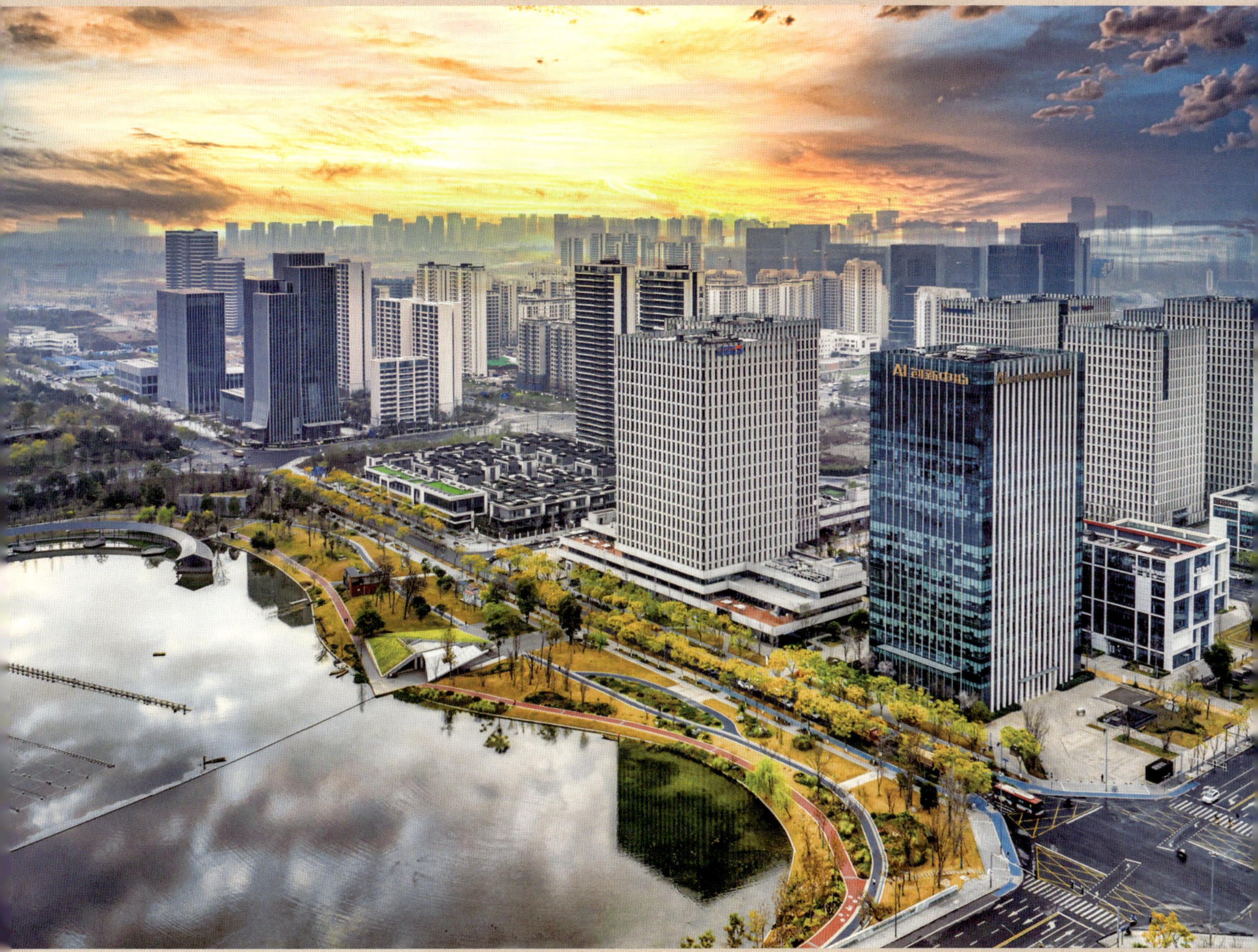

纪检监察

DISCIPLINE INSPECTION AND SUPERVISION

监督与政治巡察

【概况】 2022年，在成都高新区党工委和市纪委监委坚强领导下，高新区纪检监察系统紧紧围绕迎接和学习宣传贯彻党的二十大精神这条主线，深入贯彻党的自我革命战略部署和全面从严治党战略方针，聚焦市第十四次党代会和党工委决策部署，忠诚履职尽责，奋力推动高新区纪检监察工作高质量发展，党风廉政建设和反腐败工作取得新成效。

【围绕中心服务大局】 2022年，成都高新区纪工委、监察工委聚焦成渝地区双城经济圈建设、全面建设践行新发展理念的公园城市示范区、“三个做优做强”、产业建圈强链等决策部署，开展机构优化调整实施情况、优化营商环境、新冠疫情防控等专项监督检查，报送监督报告50份，推动各项重点工作落地见效。紧盯“七个有之”问题，查处违反政治纪律5件5人。动态更新领导干部廉政档案，严把党风廉政意见回复关，全年出具党风廉政意见669人次。

【完善监督体系】 2022年，成都高新区纪工委、监察工委围绕重点片区开发、产业建圈强链等决策部署，优化调整派驻（出）机构设置，对教育、国资2个系统单独派驻，重新组建涵盖部门、街道、国有平台公司的3个派出片区纪检监察组。深化街道纪检监察组织标准化、规范化建设，落实街道纪工委“两专三兼”要求，推进街道纪工委书记专职化。联合相关行政区向高新区托管各街道派出监察办公室，与街道纪工委合署办公、独立运行。

【专项监督】 2022年，成都高新区纪工委、监察工委围绕优化营商环境“十大攻坚计划”，深化全省营商环境专项监督工作联系点建设，升级打造“营商云眼”数字化监督平台，配合建设“亲清在线”服务平台，以数字化手段提升监督精准性、有效性和及时性，发出优化营商环境督办函、函询通知单等15份，约谈20余人次，立案8件15人。精准运用“四种形态”，批评教育帮助处理318人次，第一至第四种形态分别占比56.3%、28.9%、5%、9.8%。

【政治巡察】 2022年，成都高新区党工委高度重视巡察工作，市委常委、党工委书记、巡察工作领导小组组长曹俊杰先后出席党工委巡察

2022年1月5日，成都高新区党风廉政建设和反腐败工作会（纪工委、监察工委/供）

工作领导小组2022年第1次会议和2022年第二轮巡察工作动员部署会并讲话，要求围绕“国之大者”加强政治监督，充分发挥巡察利剑作用。编制巡察工作五年规划，对高新区未来五年巡察工作深化发展进行统筹谋划。把握“三个聚焦”监督重点，落实“六巡”要求，对9个单位和21个社区开展巡察，发现问题230个、移交问题线索16条。协助两委办做好中央、省委巡视整改落实情况“再回头”，将上级巡视巡察反馈意见整改落实情况纳入巡察监督内容，推动问题全面整改。2021年第一轮巡察反馈问题已完成整改137个、完善制度机制125项。强化“纪巡联动”，实施巡前通报、巡中派员全程参与、巡后线索优先办理。推进巡察工作规范化，动态更新调整巡察工作业务指南，修订巡察组考核办法、问题线索处理等7项制度，推广“小底稿”工作法，落实中期调研制度。高新区选送的巡察报告及问题线索被评为全市“精品巡察报告”“精品问题线索”。

（纪工委、监察工委，巡察办）

反腐败与正风肃纪

【一体推进“三不腐”】 2022年，成都高新区纪工委、监察工委坚持办案引领，全年办理检举控告类信访件51件次，处置问题线索181件，立案144件144人，留置3人，移送司法机关9人。立案数、人均办案数、初核成案数、区管干部案件数同比增长14.3%、22%、21.4%、100%。坚持受贿行贿一起查，查处行受贿案件9件9人。紧盯年轻干部腐败问题，查处“80后”党员干部违纪违法案件65件65人，同比增长6.6%。落实“政治家办案”理念，实施“一案六查”，深化“划片指导”和“街案区审”模式，开展“两久”案件专项清理督办行动，建立健全案件质量逐案评查评分和案件质量问题反馈制度，优化派驻机构案件审理模式，持续提升案件查办质效。认真做好申诉复查工作，保障党员干部权益。查处的阳强、路正驾校单位行贿案获评全市纪检监察系统十佳精品案例。深化以案促改、促建、促治，深入剖析教育、国企、环保等领域腐败案件多发情况，发出纪检监察建议书23份，推动解决问题46个。率先开展国企重大典型案件以案促改，有关经验在全市会议上作为交流发言。深入推进普规普纪，督促各单位建立会前学习规纪法等制度。升级打造“省身书院”廉政教育线上平台，推动全区9000余名监察对象廉政教育全覆盖。“清廉高新”融媒体平台被中央纪委国家监委新闻传播中心评为2022年度宣传工作优秀集体。

【纠治“四风”】 2022年，成都高新区纪工委、监察工委锲而不舍落实中央八项规定精神，全年共查处违反中央八项规定精神问题24件30人，给予党纪政务处分28人，通报曝光9件。开展“找定位、明目标”大调研，推动“三提升两服务”专项行动落实见效。开展“不吃公款吃老板”、借培训名义搞公款旅游等专项整治，着力纠治“四风”隐形变异问题。制定《关于抓早抓小纠治党风廉政建设有关苗头性倾向性隐蔽性问题进一步夯实管党治党政治责任的工作办法》，督促指导各级党组织建立“抓早抓小”量化考核机制，围绕重要节假日，加大监督检查力度，变“节点”为“考点”，营造风清气正的节日氛围。探索以“八风”综合研判地区、单位政治生态，综合施策纠治作风问题，预防由风及腐。持续深入整治群众身边“可视”“有感”腐败和作风问题，立案52件52人，留置3人。开展“净窗”行动，查处街道政务服务中心工作

2022 年 11 月 9 日，成都高新区党工委 2022 年第二轮巡察工作动员部署会（巡察办 / 供）

人员与“黑中介”窗口腐败案，立案审查调查4人，追责问责6人。查处维修基金贪污案、芳草街街道工作人员权钱交易、利益输送案等案件，立案5件5人，组织处理2人。推进粮食购销领域腐败问题专项整治，开展“纪委书记盯粮库”行动，立案2件2人。在养老社保领域，立案3件3人，组织处理6人。

（纪工委、监察工委）

锻造纪检监察铁军

【概况】 2022年，成都高新区纪工委、监察工委强化政治建设，把坚定理想信念作为纪检监察干部终身课题；强化能力建设，把学习作为纪检监察干部的基本配置、全程配置；强化廉洁建设，把廉洁自律作为纪检监察干部队伍鲜明底色。

【坚持政治引领】 2022年，成都高新区纪工委、监察工委坚持把学习习近平总书记重要讲话和重要指示批示精神作为纪工委委员会“第一议题”，组织开展集体学习18次。坚持把学习宣传贯彻党的二十大精神作为首要政治任务，有关做法获得省纪委监委专项监督检查组充分肯定。认真学习贯彻省市党代会和党工委全面从严治党工作部署，以有力监督推进有效落实。严格落实请示报告制度，全年向市纪委监委书面请示16次、报告87次，向党工委书面请示42次、报告83次，受到市领导肯定性批示9次。深化“四责”协同机制，制发“九责工作法”任务清单，落实政治谈话工作实施意见，压紧压实管党治党主体责任，查处履责不力党组织4个、党员干部8名。

【推进“三化”建设】 2022年，成都高新区纪工委、监察工委带头落实会前学习规纪法要求，开展集中学习16次，进一步强化法治思维和纪法双施双守意识。深入开展“铸忠诚、创一流、振衣冠”专题教育活动，组织全体干部深入对照剖析检视自身问题，督促干部力戒“十三小”。组建“四边工作法”专题研讨班，开展研讨44次。建立线上学习分享“云课堂”，举办“红色故事会”“悦读书香”青年沙龙等，激发机关活力。创新开展纪检系统内部巡察式调研，反馈3大类15个问题，制定清单跟进落实整改。坚持刀刃向内，严肃查处2名纪检监察干部违纪行为，召开全区纪检监察系统警示教育大会暨以案促改工作动员会，相关做法在全市纪检监察系统推广。开展内控制度专项清查，建立说情打招呼登记备案等制度11项。

（纪工委、监察工委）

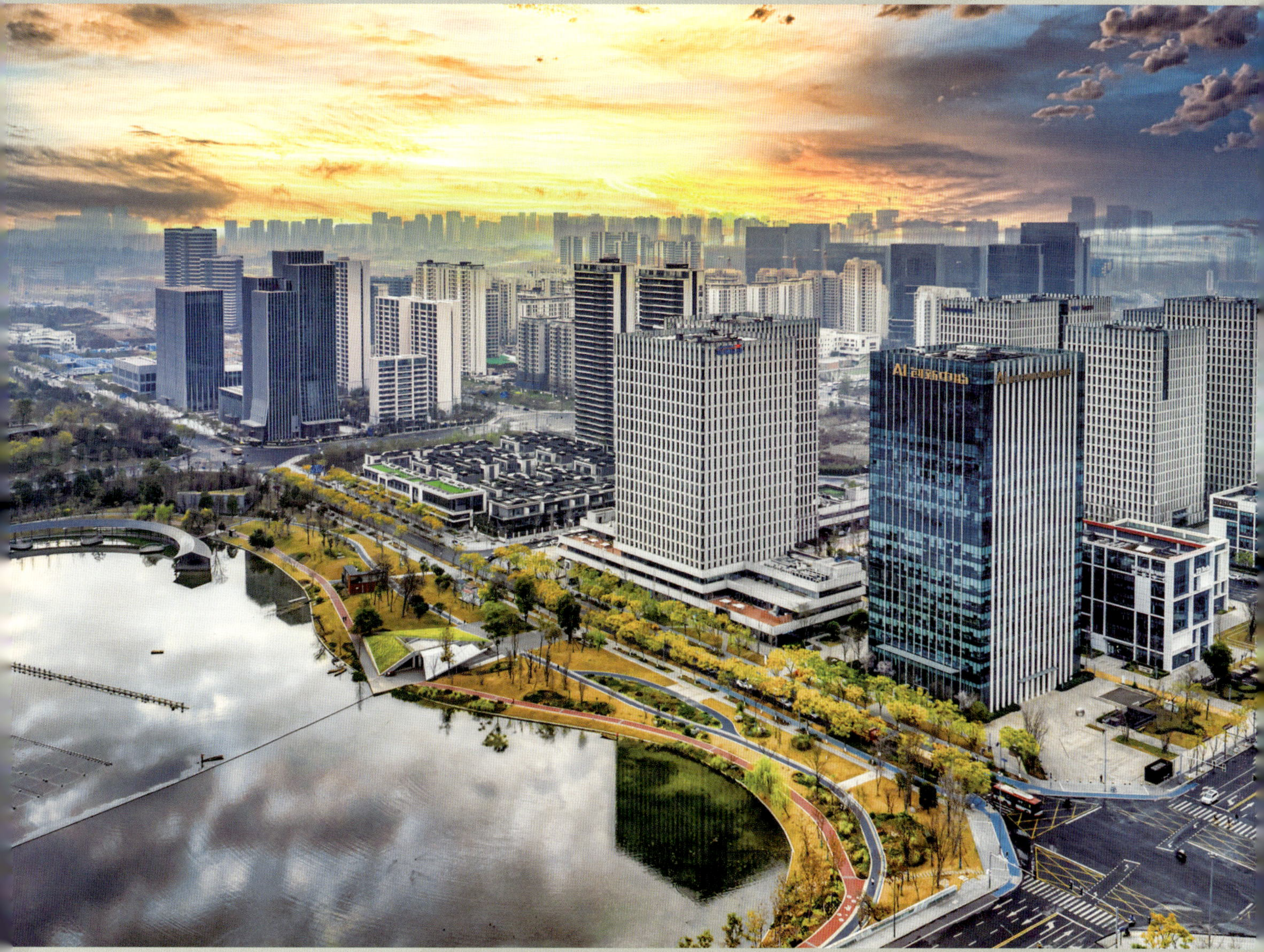

人大工作

NATIONAL PEOPLE'S CONGRESS

视察调研与工作监督

【概况】 2022年，成都市人大常委会高新区工作委员会（以下简称“市人大常委会高新工委”）以习近平新时代中国特色社会主义思想为指导，在市人大常委会和高新区党工委的领导下，围绕市人大常委会工作重点，紧扣高新区中心任务，主动担当作为、依法履职行责。组织代表视察、调研区内智慧蓉城建设、义务教育、食品安全、环境保护、法治高新等重点工作，为全区高质量发展建言献策。

【组织代表视察调研】 2022年，市人大常委会高新工委按照年度工作安排，围绕智慧蓉城建设，组织代表视察、调研高新区智慧蓉城建设工作推进情况，并形成调研报告提交成都市人大常委会，促进城市治理更精准、更智能、更高效。组织代表视察高新区义务教育、学前教育办学发展情况，推动建设更多家门口的好学校，推动高新区教育事业发展迈上新的台阶。为守护好人民群众舌尖上的安全，组织代表视察高新区食品安全监管工作，提升群众对高新区食品安全的满意度。组织代表视察高新区环境保护工作，推进生态环境持续改善，推动建设绿色、有序、智慧、韧性的美丽高新。持续推进法治高新建设。组织代表视察高新法院环境资源审判工作推进情况，了解法院全流程诉讼事务一站式办理服务体系建设；组织代表视察高新区检察院禁毒工作，增强打赢人民禁毒斗争的信心和决心。

2022年9月28日，成都市人大常委会高新区工作委员会组织人大代表视察高新区食品安全监管工作（张妍/摄）

【建议批评和意见办理】 2022年，在成都市第十七届人民代表大会第六次会议、武侯区第八届人民代表大会第一次会议、双流区第十九届人民代表大会第一次会议期间，高新人大代表围绕智慧城市建设、防疫、交通、教育等民生热点提出建议、批评和意见共79件。市人大常委会高新工委及时与各相关承办单位加强联系，督促代表建议、批评和意见办理进度。

（市人大常委会高新工委）

支持保障代表履职

【概况】 2022年，市人大常委会高新工委健全代表工作机制，全力支持和保障代表依法履职。充分发挥代表作用，号召、鼓励区内各级人大代表进“家”入“站”，帮助企业和群众解决生产生活中遇到的问题。扎实做好人大代表出席

2022年11月3日，成都市人大常委会高新区工作委员会组织人大代表视察高新区检察院禁毒工作（王希 / 摄）

市、区两级人代会的组织和服务工作，为代表履职尽责提供可靠保障。组织开展代表培训，参训代表200余人次，提升代表的政治素质和履职能力。

【发挥代表作用】 2022年，市人大常委会高新工委持续开展“我为群众办实事——人大代表在行动”活动。按照省、市人大相关工作要求，市人大常委会高新工委率先行动，高新区各街道人大工委跟进联动，协同号召、鼓励区内各级人大代表进“家”入“站”，积极服务群众。代表们积极响应号召，2022年，全区各级人大代表参加活动共280人次，走访、接待、帮助群众6000余人，走访帮助企业1000余家，收集反映问题200余个，帮助解决问题200余个，推动活动取得积极成效。建好用好代表履职阵地，持续强化“家”“站”建设。6月，组织辖区内各街道人大工委赴武侯区调研街道代表之“家”和社区代表联络“站”建设工作，并召开座谈会安排部署相关工作。要求各街道人大工委要加强人大相关知识学习、按照相关文件规定切实履行职责、加强工作力量，切实发挥好“家”“战”的阵地作用。各街道人大工委按照会议要求，结合实际情况，优化本辖区阵地布置，以“家”“站”为载体精心组织代表开展活动，充分发挥代表履职活力，为代表履职提供精细化服务。密切与代表的联系，当好代表与高新区各部门联系的桥梁。坚持常态化联系走访代表，经常性邀请代表参加高新区各部门组织的开门纳谏座谈会等活动，推荐热心、专业的人大代表为部门工作监督员，不断拓宽代表知情知政的渠道，增强代表参政议政的能力，发挥代表监督员、宣传员的作用。

【出席市、区人代会】 2022年，市人大常委会高新工委组织高新区市人大代表出席市第十七届人大第六次会议，为代表提供优质服务，确

2022年1月26日，高新代表小组出席成都市第十七届人民代表大会第六次会议（张妍 / 摄）

2022年10月21日，成都市人大常委会高新区工作委员会组织人大代表视察高新区教育工作（张妍/摄）

保代表到会率和议事质量。组织代表出席武侯区第八届人大第一次会议、双流区第十九届一次人民代表大会和郫都区第十九届一次人民代表大会，扎实做好分组讨论的组织和服务工作。市、区人代会期间，高新辖区范围内人大代表围绕智慧城市建设、疫情防控、中小企业发展、医疗卫生服务等民生热点提出意见建议。

【代表培训】 2022年，区（县）人大代表换届后，市人大常委会高新工委为高新辖区范围内代表订阅《人民权利报》等报刊，向街道发放《怎样提出并写作建议批评和意见》《人大代表履职教程》等履职能力培训书籍。各街道围绕党的二十大精神学习、履职能力提升等主题组织本辖区代表开展培训活动6次，参训代表200余人次，提升代表的政治素质和履职能力。

2022年高新区范围内人大代表名单

四川省第十三届人民代表大会代表名单（按姓氏笔画排序）：

马贵帮　王凤朝　王　暾　方　兆　冉亚林
吕　萍　刘彦琴　刘智慧　李世亮　杨　羽
余　忠　林　夏　林雅琴　罗　毅　段　江
秦向东　高增安　曹俊杰　葛云伦　赖石梅

成都市第十七届人民代表大会代表名单（按姓氏笔画排序）：

王凤朝　王　飞　王　翔　王海燕　牛　怡
方存好（2022年1月辞职）　叶　静　刘　明
刘贵恒　刘满昌　江　海　孙　波　李　沛
肖　川　何　锋　张　菀　郑家荣　赵　聪

2022年8月11日，成都市人大常委会高新区工作委员会组织人大代表视察高新法院环境资源审判工作推进情况（王越/摄）

黄明良　曹俊杰　曹世如

漆　钰（2022年1月辞职）谭　丽

戴德军（2022年1月辞职）

成都市武侯区第八届人民代表大会代表名单（按姓氏笔画排序）：

马诗音　王　欣　王　艇　王玉芬　王怀光
王莉丽　王智鹏　王瑞丰　毛昌全　文　群
方兴弘　左莹莹　龙芝云　叶　莉　付　裕
白寿望　包红军　兰才琮　权丽娜　朱洪涛
刘　洋　刘　洋　刘　莉　刘卫东　刘青全
刘　虹　刘　娜　刘　宽　刘雪峰　刘　唯
刘　敏　刘献英　刘　寰　孙　波　孙亚林
苏洪利　巫全根　巫庆敏　李　非　李　佳
李　燕　李　川　李志明　李　科　李科英
李晓艳（2022年10月辞职）杨　刚
杨玉军（2022年10月辞职）杨汉礼　杨　芳
杨浩宇（2022年10月辞职）杨燕梅　连　哲
肖玉锋　肖　婷　吴　莉　何亚芬　但　绿
佗　锐　余丽萍　余剑侠　狄玉萍　汪　强
宋大勇　宋　茜　张一鸣　张向旭　张红缨
张利超　张　卓　张鸣川　张树华　张晓静
张家林　张　敏　陈　军　陈　曦　陈俊生
陈善军　青丽丽　苟　超　罗　巧　罗　旭
周义霞　周　刚　周　倩　周　熙　郑胜兰
赵　欣　赵海艳　荣小华　钟　兰　骆漫思
秦秀娟　袁大利　贾培杰　倪丽华　徐　红
徐　颖　高琴英　郭小娟　郭家英　唐　燕
唐诗沂　黄　轩　曹　阳　曹洪光　符春堰
章　扬　彭　涌　辜辰瑜　释果芳　曾大蓉
曾　轲　谢　晴　谢治国　谢晓雷　鄢　磊
赖钧蓉　雷振雨　雷　莉　廖　芸　廖　勇
廖　曦　颜一昌　潘　勇（2022年6月辞职）
潘先根　薛　珂　戴　轶　魏尤年

成都市双流区第十九届人民代表大会代表名单（按姓氏笔画排序）：

车桂建　孔建军　付真会　刘文波　刘先军
李　可　李华兰　李华萍　李勇滔　杨　军
何智勇　邹泽君　张　宏　陈桂勇　陈　璐
林　艳　周少秋　周维春（2022年12月辞职）
泽央娜姆　郎　义　屈信水　赵晓轩　侯　懿
翁　菁　高远成　黄　奇　黄　燕　曹光华
康　雯　梁　波　董　焦　喻祥意

成都市郫都区第十九届人民代表大会代表名单（按姓氏笔画排序）：

王　伟　王作霖　左　勇　卢小玲　朱　琳
苏宏桓　李剑勇（2022年5月辞职）杨柳青
吴思宇　邱　月　张世友　张　毅　范先富
郝钦伟　徐礼忠　高　培　郭盛良　黄秀颀
黄　霞　彭　刚　蒋理洪　程小川　谢　璞
解　军

（市人大常委会高新工委）

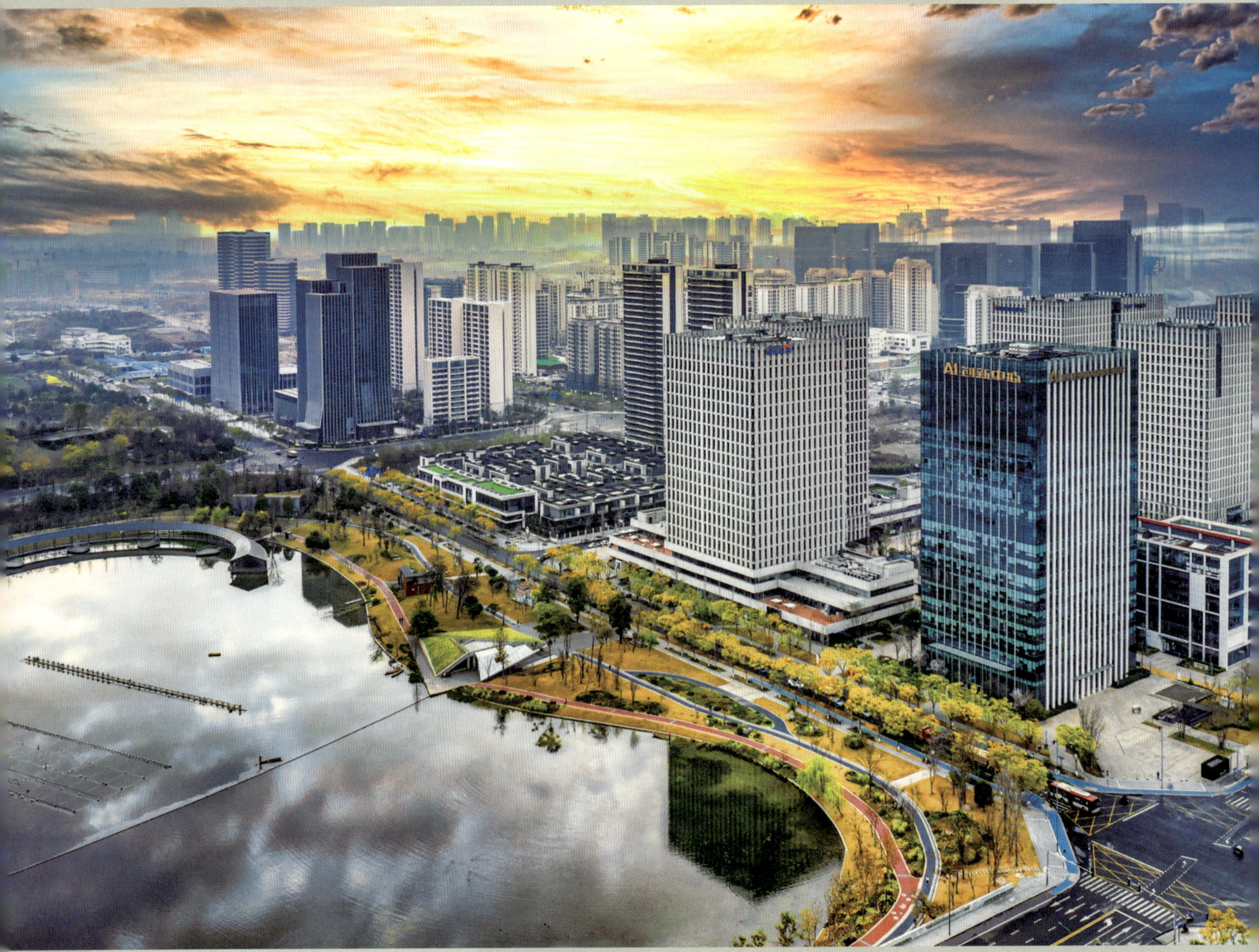

政　务

GOVERNMENT SERVICES

智慧城市建设

【概况】 2022年，按照成都市工作部署，成都高新区智慧城市局顺利推进区城运中心运行保障及智慧蓉城建设工作，完成区、街两级城运平台建设，推动25个重点项目落地统筹，推出公共安全、公共服务、公共管理等重点领域44个应用场景，制定下发《成都高新区智慧蓉城建设项目管理暂行办法》，圆满完成区城运中心保障服务工作，确保智慧蓉城工作全年无网络安全事故发生，区城运中心全年无场地安全事故发生。

【区城运中心有序运行】 2022年，成都高新区支撑各类线上调度。在防控新冠疫情期间，以实际业务为导向，创新云载体能力，打造云直播、云推介、云洽谈新型功能场景，保障“云”调度95次。结合会议调度、活动发布等功能定位，保障市级调度246次、区级调度194次、各委、办、局会议736次，接待省、市主要领导10次。保障实战应急态值班值守。在防控新冠疫情期间，配合联防联控，将城运中心一楼大厅作为疫情防控指挥调度大厅，云会议室作为疫情防控作战分析室，云洽谈室用于疫情防控集中值守，发布大厅作为疫情防控专班集中办公场地。支撑委领导带班调度共60余次，配合督导预警信息处置千余条，督促现场问题整改300余项，下派工作要求150余条，实现预警信息当日整改到位。此外，在世乒赛期间，支撑“1办、6部、5中心”线上线下联合值守，开展本级指挥调度8次，处置安全突发事件2次。

【提升区城运平台支撑能力】 2022年，成都高新区优化完善区城运平台功能。迭代升级城运平台，完成城运平台1.0版本建设、2.0版本升级和3.0版本优化，按照“三个统一”持续推进大、中、小屏建设。构建城市生命体征指标体系，梳理“三公”领域32类生命体征，完成560项数据上屏。建设城市运行事件中枢，接入35类事件，覆盖13个场景、7大街道、10余个区级部门业务。打通平台与市事件枢纽、市总值班室等系统接口，实现市级事件下派、对上报送区级事件功能、对接区级各部门业务系统及对下推送指令，推动跨区域、跨部门、跨层级事件高效处置闭环。打造城运平台融合指挥系统，接入视频、无人机等终端，逐步实现对突发事件现场可观、可管、可控，高效快捷地进行线上线下指挥调度。打造承上启下的核心节点事件枢纽平台“慧勤务”，整合基层移动终端，助力基层减负。已形成“一中台、一界面、多应用”的减负增效体系，接入14类场景、35类事件，其中26类事件具备派单、处置、监督、评价功能，并根据不同角色和权限，配置账户6904个，统一工作入口，减轻基层人员工作负担，提高工作效率。探索建设“报表通”系统，助力基层减负工作有序顺利开展。已创建人口基础信息采集表、防疫风险人员信息表、核酸检测信息表、疫苗接种表等98张基础数据表单，合计1895个数据字段，提高信息采集和管理的效率。初步建成高新区人口基础库，人口数据153万余条，其中包含小区人数1316907人（包含小区、三无院落、非合围院落、自治院落），企业人数121559人（包含企业、公寓、商业体、菜市场、办公楼），中高等院校的人数38203人，其他人员29202人（包含流动监测点、养老院、党群服务中心、电子局），为微网实格、疫情防控工作提供助力。组建智慧蓉城网络安全运行保障组。建立7×24小时重保值守工作制度，每日监测网络攻击行为，每周开展智慧蓉城应用系统漏洞扫描工作，及时发现漏洞风险，督促各承建单位在规定时限内完成修复，加强政务数据安全防护工作。推出世乒赛应用场景，保障赛事工作。赛事期间，世乒赛BIM特色专题应用场景保障值守调度30余次，完成重点点位的视频轮巡、6类AI事件的预警及消防能耗物联传感器状态的实时获取与预警，总共处理事件500余件。建设“高新智慧创城”平台。完成837个固定点位（国测点位、农贸市场、背街小巷、小区院落）信息、指标、责任人和责任单位的关联，实现对所有迎检点位的全面覆盖。通过微信小程序、后台大屏两个应用端配合，完成巡查、整改、合格的闭环。完成微网实格平台建设，助力城市治理。微网实格智控平台以三级网格队伍为基础（微网格员、专职网格员、社区工作者），以细分微网格为抓手，以网格智控平台为中心，共汇聚、划分7个街道、71个总网格、929个一般网格、11026个微网格和1196个专属网格，覆盖全区1032个小区院落和152.94万人。根据省、市有关文件精神，结合高新区智慧蓉城建设工作实际及相关部门意见，牵头制定下发《成都高新区智慧蓉城建设项目管理暂行办法（送审稿）》。文件从项目启动、合同备案、指导督促、组织验收、绩效管理、安全建设、信创要求等多方面对智慧蓉城建设项目进行规范和指导，进一步加强和规范智慧蓉城建设项目的管理，提高资金投资效益，促进全区智慧蓉城建设健康有序发展。

（智慧城市局）

营商环境优化

【概况】 2022年，成都高新区智慧城市局按照党工委管委会年初优化营商环境大会工作部署，持续深化“放管服”改革，深入实施优化营商环境“十大攻坚”计划，着力优化提升营商环境“六大生态”，市场化、法治化、国际化营商环境建设取得明显成效，企业和群众获得感大幅提升。2022年，成都市营商环境4.0政策208项改革任务在全区得到全面落实，18个一级指标综合表现显著提升，连续三年在全市营商环境测评中位列第一。

【营商环境建设】 2022年，成都高新区把优化营商环境作为“头号工程”来抓，形成党工委牵头抓总、领导小组统筹推动、纪工委专责监督的工作机制，以及“月分析”“季调度”“半年通报”“年度述职”的调度机制。定期分析改革任务落实情况，督办推进滞后、落实缓慢的事项。2022年，按照高新区“十四五”五年行动计划部署，编制发布高新“营商环境指数”。深化数字赋能监督方式，运行并升级“营商云眼”数字化监督平台。打造工程建设“一站式”审批审查服务中心，集中集成项目审批链条全部事项，重大项目建设“拿地即开工”、一般社会投资项目审批时限压减至15个工作日办结。探索商事主体登记确认制改革，企业开办一站式综合服务，企业设立登记实现“零费用、4小时、最多跑一次”，在全省率先开展“一业一证”改革，20个行业实现“准入即准营”。打造“天使—创投—产投—并购”全生命周期基金体系，畅通资本—项目链接。持续深化“高新通”线上企业服务平台，实现企业诉求闭环管理。将惠企政策与符合条件的企业进行匹配，企业“高效率、零成本”获取政策支持，其中，部分政策实现“免申即享”，有效解决企业政策申报兑现流程复杂、时间长的问题。建成高端人才在线服务平台（金熊猫人才通）并投入使用，为科技领军人才、产业领军人才实行24小时数字专员服务、人才子女教育、医疗服务、住房保障等七大类服务“一网通办”。向企业发布建设工程合同纠纷、金融商事、知识产权、劳动用工审判白皮书和典型案例，增强企业风险识别和防控能力。“知识产权云警务室”为区内200余家重点知识产权企业提供在线立案、在线咨询等服务。促进消费金融纠纷“集约”化解，设置“金融服务月”集中受理消费金融案件，通过类案速裁、简案快办，缩短审理周期50%，形成消费金融纠纷快速审理标准化模式。开展政务服务综合窗口改革，推出区块链授权证明、区块链印章服务。打造“数字税务员工”，综合涉税事项网上办理率达98.75%，让纳税人办事更轻松、更智能。开展政府采购意向公开，政府采购合同授予中小企业比例达90%以上。

【优化政务服务】 2022年，成都高新区开展行政许可事项清单化管理，全面推进依法行政。按照国家、省、市要求，早谋划早准备，提前组织各相关审批部门集中开展《中华人民共和国行政许可法》专题培训，统一思想认识，为全面推进行政许可事项清单化管理营造良好的舆论氛围，为顺利推进该项工作奠定坚实基础。按照应领尽领、不漏认不错认原则，认真对照上级清单与本部门职能职责，经过多轮核对梳理，广泛征求法制办、编办等单位意见，形成239项《成都高新区行政许可事项清单（2022年版）》，标志着成都高新区行政审批工作进入全面清单管理，清单之外一律不得违法实施行政许可。强化组织协调，全力推进专项治理。制定行政审批和政务服务领域问题专项治理工作方案和政务服务“净窗”专项行动工作方案，形成主要领导亲自抓、分管领导具体抓、相关部门协同抓的工作格局，合力推动行政审批和政务服务领域专项治理工作落地落实。共组织开展专项工作推进会12场，汇总梳理八大类问题，细化整改措施59条。印发行政审批和政务服务专项治理专报3期、行政效能专报3期。专项治理行动开展以来，行政审批领域共排查问题46个；停车收费价格监管领域处理投诉举报211例，立案查处1家，列入经营异常名录企业1家；就业创业服务领域查处问题2个。建机制强基础，推动转作风优服务。进一步完善“局长进大厅”工作机制，加强工作统筹安排和监督执行，形成定期通报机制，以领导率先垂范切实推动窗口工作人员转作风、优服务。2022年，共计开展局长进大厅60次，解决实际问题91件。优化《成都高新区政务服务大厅中介代办机构及人员引导规范》，落实《工程建设项目中介服务管理办法》，设立中介服务公示栏，加强对中介服务规范引导。督促各街道、各部门落实党风廉政建设及反腐败工作要求，强化制度建设，营造风清气正的政务服务环境。建设“一网通办”应用场景，提升专项治理精准度。以“大数据”强化政务服务态势感知，通过数据汇聚，分时段、分热度多维度数据分析，实现窗口实时监控和忙闲情况预警，科学设置平均办件超时预警、差评预警等指标，将预警指标接入智慧城市事件中枢，自动发现，自动预警，自动处置，自动反馈，强化流程闭环处置能力，实现行政审批和公共服务事项全链条无死角监督提效，用数字化提升专项治理精准度。引入多方监督，提升政务服务质效。会同纪检组建立政务服务纪检监察“码上举报”制度，建立健全“办不成事”窗口工作机制，组建政务监督员队伍，对全区政务服务进行有效监督。充分发挥“好差评”群众监督机制，将主动评价率和满意度与工作人员绩效挂钩。截至2022年年底，各街道、各部门主动评价率均达99.9%，满意率99.9%以上。建立第三方政务服务体检机制，对全区政务服务进行月体检月通报。举办“高新沙龙”政务服务专场，搭建政企互动平台。

【提升政务管理水平】 2022年，成都高新区为进一步强化政务服务质效，提升政务管理水平，坚持围绕中心、服务大局，2022年，建立健全高新区政务服务行政效能监察机制，通过现场投诉、在线投诉等多种投诉途径，拓宽投诉渠道；运用视频监察、回访监察和群众监督等有效手段，加强全区政务服务监督管理。不断强化对3个区级大厅、7个街道、66个社区便民服务中心（室）工作人员的监督检查，增强服务意识，提高行政效能。2022年以来，通过“线上+线下”政务服务巡察，针对工作人员文明用语、服装规范、服务热情等工作纪律开展日常巡视巡检，共形成政务服务问题督察通报6篇，建立发现问题、反馈通报、督促整改、再监督的闭环监督模式，促进窗口工作全面提质增效。设置好差评评价器、投诉意见箱和监督投诉热线，开展现场评价或线上评价，受理服务对象对工作人员的投诉、意见和建议，形成台账记录和闭环处理，2022年以来，共计收到176件投诉件、20件表扬件。不断推进“好差评”系统建设和问题督办，并形成结果运用，确保评价真实准确，通过“好差评”工作倒逼窗口服务效能再提升，政务管理更加精细化。

【市民中心建设】 2022年，成都高新区持续优化市民中心运营机制。保证市民中心已开发区域的稳定运营，通过官方活动、政企交流、三方合作等多元化流量导入，持续营造市民中心的良好活动文化氛围。

【基层便民服务“三化”示范点建设】 2022年，成都高新区持续推进标准化建设，打造基层便民服务“三化”示范区。2022年，深入推进“三化”示范点建设，重点抓好街道综合便民服务中心综窗改革，努力提升社区便民服务室软件建设，布点25台“蓉易办”自助终端，扩大自助服务覆盖范围，进一步完善15分钟政务服务圈，夯实基层政务服务能力建设。中和街道、合作街道综合便民服务中心通过省级“三化”示范点建设，截至2022年年底，高新区7个街道全部通过省级示范点建设，成为全市通过省级“三化”示范点比例最高的区（市）县。四川省公共资源交易及政务服务中心主任吕芙蓉带队莅临指导工作，并就相关工作给予肯定性书面批示。

（智慧城市局）

政务协调保障

【概况】 2022年，成都高新区党工委、管委会办公室（以下简称“两委办”）坚持把贯彻落实党工委管委会决策部署作为第一要务，准确把握中央、省委、市委战略部署及高新区的目标任务和阶段性重点工作，扎实做好办文、办会和政务协调服务等工作，为全区政令畅通和各项工作措施落实到位提供有效保障。

【施政措施研究落实】 2022年7月，成都高新区两委办财经处（改革处）设立后，结合机构优化调整后的职能职责，结合区情实际，积极梳理完善各项工作制度，扎实推进各项工作，取得一批有价值的成果，为全区深化改革，促进产业发展提供有效支撑。推动全面深化改革纵深突破。统筹谋划推进年度改革任务。围绕创新策源转化增强科技战略支撑、建圈强链增强产业核心竞争力、绿色低碳发展建设公园城市示范区等重点方面，研究起草并印发实施2022年全面深化改革“工作要点”和“工作台账”；组织召开深化改革委员会第四次会议，研究部署落实市级重点改革任务8项、区级各项重点改革任务27项，并细化形成89项改革举措。深化自主创新改革任务。结合党的二十大精神，围绕完善重点片区融合开发机制、推动产业建圈强链落地落实等重点领域谋划推动高新区原创性原动力改革，印发实施《成都高新区贯彻落实〈关于加快推进公园城市示范区建设的原创性原动力改革任务工作安排〉的任务分解方案》。开展改革专项研究。聚焦经济工作热点开展专题研究，形成《〈成都国家自主创新示范区条例〉与〈四川天府新区条例（征求意见稿）〉的比较分析报告》《关于腾讯成都公司的调研分析报告》等报告，积极参与高新区定位梳理、“三个做优做强”及重点片区汇报等专题研究报告。认真总结改革经验。推进经济体制改革，持续协调推进“探索实施‘揭榜挂帅’机制”省级要素市场化配置改革试点（第一批），推动“天使母基金构建创新创业有效催化体系”纳入市级要素市场化配置试点，并及时提炼总结经验，形成《高新改革》专刊11篇。其中2篇被市委改革办《成都改革》专刊采纳。推进全区财经工作落地落实。发挥财经委员会运行机制。研究修订完善党工委财经委员会工作规则和会议规程等规章制度；筹备召开党工委财经委员会2022年第一次、第二次会议；推进高新区京东方、智算云腾、鸿富锦等公司共30批产业扶持专项资金拨付。开展经济发展专项研究。会同各有关部门研究起草“科技金融发展模式”、“四上”企业退库报告等专项报告；围绕数字经济、外贸、工业投资等方面开展专题研究，编印10期《财经观察》期刊，其中“成都高新区国际消费中心城市建设”有关内容获管委会主要领导肯定性批示。

【重大文稿撰写】 2022年，成都高新区两委办调研综合处紧紧围绕建设“双一流”办公室要求，以保障党工委主要领导重大文稿为核心，以处室业务能力和干部个人成长“双提升”为主线，致力于打造“特别能战斗、能吃苦、能攻坚、能担当”的团队，完成一批重大文稿和重点工作，为党工委科学决策、高效施政提供有力支撑。2022年，调研综合处完成各类文稿300余篇、共计150万字，具体为：2022年度工作会议讲话等会议讲话类文稿150余篇，在市委工作会议发言等对上汇报类文稿100余篇，上报类综合报告50余篇，其中关于成都高新区金融业高质量发展情况的报告等3篇专报获得省委、市委主要领导肯定性批示。同时，按时完成党工委主要领导在中央党校宣讲材料、社会治理重大课题等其他重大交办文稿。急难险重勇担当。在5轮新冠疫情期间，调研综合处倾力上阵，全程参会跟会，通宵达旦起草汇报文稿或专报，完成疫情相关PPT及文稿200余篇，保障主要领导疫情汇报文稿，《高新区对宿某管控状态核查情况的报告》获得市委主要领导批示；撰写的成都高新区关于“高新区方舱医院取消建设”舆情处置有关情况的报告、成都高新区关于富士康成都园区保稳定促生产有关情况的报告均获得市委主要领导工作批示。聚焦全区性重点工作，牵头开展全区“找定位、明目标”大调研活动，收集形成高质量调研报告近20篇。牵头开展全区“三提升两服务”行动，完成主要领导讲话、实施意见印发等系列任务，为促进全区营商环境大提升作出积极贡献。

【课题调研及政务信息报送】 2022年，成都高新区两委办信息处结合高新区社会经济发展重点，牵头或参与完成“地方产业政策转型问题研究”“推动科技、金融与产业深度融合研究”“推进‘三个做优做强’重点片区融合开发机制研究”“成都高新区发展‘飞地经济’推动产业建圈强链，打造区域协同经济发展新引擎”“关于成都高新区发展定位的梳理分析及建议”等重点调研课题。围绕新冠疫情防控基层反映问题的调研思考及建议、北京上海营商环境案例分析、国有上市平台公司发展路径、链主企业、科技型中小企业疫情影响问题建议等主题，印发内参刊物7期，其中与省委党校合作的《近期疫情防控中基层反映问题的调研及建议》(《咨政建议》2022年第7期）获得副省长杨兴平工作批示，与省政府研究室合作的《从企业负债看如何释放企业投资潜力》(《调研专报》2022年第7期）获得副省长李云泽工作批示。2022年，两委办信息处向省、市两级报送党委、政务信息1200余篇，上级采用260余篇（省级采用13篇，其中省委办公厅信息采用量超过上年的2倍)。其中,《关于规范我市法拍房的问题建议》信息得到市长王凤朝工作批示,《高新西区打响转型升级攻坚战》经验亮点信息得到副市长鲜荣生批示。全年刊发信息专报9篇、专刊4篇，其中,《关于加快创建国家生物经济先导区的对策建议》专报得到市委书记施小琳工作批示,《关于优化出入境特殊物品管理加快我市生物医药产业发展的建议》专报得到市长王凤朝、副市长王志华工作批示,《我市快递外卖骑手电瓶车带来交通隐患亟待规范》专报得到副市长王平江工作批示。

【政务活动接待】 2022年，成都高新区两委办政务活动处按照党工委、管委会“三提升、两服务”总体安排部署，把干部队伍能力建设作为抓好业务工作基础性工作，通过强化管理尺度、突出锻炼力度、深化关怀温度等措施，提升干部综合能力素质，为优质高效完成政务接待服务打下坚实基础。围绕政务接待提质增效目标，务求做精、做细、做好政务接待工作。组织工作团队到市级和其他区公务服务中心，了解公务服务中心建设运转情况，接待工作的先进经验和有益做法，取长补短，对照先进补短板强弱项。利用专题调研及活动间隙时间，与上级接待部门和区部门接待工作骨干进行业务交流和意见交换，及时了解上级领导和接待部门对政务接待工作的最新指示要求，收集部门对政务接待工作的意见建议。每季度召开复盘总结工作会议，及时收集整理本季度接待工作遗漏点、薄弱点和出错点，形成工作资料和整改提示，利用季度办公室系统会议向部门（街道）反馈整改。坚持重大活动业务会商，遇有重大活动和级别任务，及时组建专项任务工作团队，集思广益保障好重大活动。立足管用实用总要求，开发“点位通”小程序，收集整理包含点位简介、来访记录、点位导航等内容的常用政务接待点位78个，极大地方便了工作开展。2022年，两委办政务活动处完成调研、考察团、会见等重大政务活动接待任务共计568次。其中，完成川渝党政联席会议第六次会议相关保障等级别任务2次；完成省一季度重大项目开工仪式，以及“三个做优做强”重点片区拉练、建圈强链重大产业化项目集中签约、“拼经济、搞建设”相关调研、春节慰问、疫情防控督导等省、市主要领导及上级调研高新区保障89次；完成党工委管委会主要领导调研、会见及签约保障341次；完成泛珠三角联席会议相关调研以及重庆市、云南省和各区、市考察等外来党政团接待保障56次，完成重要活动点位勘察80次；完成成都大运会测试赛两个场馆礼宾接待保障及世乒赛礼宾接待保障任务；完成新冠疫情防控相关督导、隔离场所派驻等其他任务。

【政务值班调度】 2022年，成都高新区总值班室［两委办运行管理值守调度处（群众工作处）］以质效为目标，扎实做好信息接送和协调调度工作，为全区社会经济稳定健康发展提供可靠保障。以高度的政治敏锐性狠抓紧急信息报送。严格落实“事发后10分钟内口头报告，1小时内书面报告”的要求，切实做到“首报快”和“边处置边报告，边核实边报告”，每件突发事件都持续跟踪到底直至案结事了，突发事件报送质效全面提升。切实加强信息报送工作的领导审核把关，发现问题及时纠正，确保快速、准确、全面、连续地做好信息报送工作。疫情防控期间，总值班室在做好日常政务值班的同时，主动担当、提高站位，助推全区防控工作有力有序开展，共报送涉疫紧急信息241条，统筹协调委领导和相关部门集中值守安排50次。全年共处理紧急突发事件1315起（其中992起为登记推送平台事件报送组，323起为未登记一般突发事件），接打值班电话48236次，发送值班信息2719次，共获市委、市政府办公厅通报表扬11次。以强烈的使命责任感聚力强化值班值守。为深入贯彻落实省、市主要领导关于值班值守工作的指示批示精神，总值班室结合市委、市政府工作要求，开展“首报在我”专项提能活动，通过重新梳理制度、规范和赴部门及街道现场督导等方式，促进全区值班值守工作再上新台阶。印发《关于贯彻〈四川省贯彻《全国政府系统值班工作规范（试行）》实施细则及进一步加强全市政府系统值班工作通知〉的通知》，进一步规范值班工作要求，为完善值班各项工作提供有力保障。以时不我待的紧迫感稳步推进敏捷治城。根据市委、市政府及党工委管委会关于推动智慧蓉城运行中心“王”字形智慧治理架构的系列指示要求，以“观、管、防、办”为抓手，坚定“以智慧化管理确保城市运行更顺畅、更安全”为指引，高新城运中心于9月初开始启动值班值守试运行工作，在历经疫情防控、世乒赛、二十大前后应急值守实战练兵之后，于11月1日正式启动。其中，形成《高新城运日报》50余期，协调处置各类预警事件200余条，细化闭环任务事项130余件，为保障城市智慧运行发挥了积极作用。正式启动运行以来，各级值班值守人员依托城运平台，按照巡屏清单明确的34类77项重点事项，分级别、分岗位开展观体征、管事件、防风险和办指令，及时调度处置各类预警信息、城市运行隐患问题，每日形成《高新城运日报》供城市运行管理决策参考，为高新区城市运行更加顺畅、精准、安全、有序提供有力保障。

（两委办）

政务服务

【概况】 2022年，成都高新区政务服务以“设施一流、智慧亲民、功能完善、环境温馨”为理念，立足企业深层次需求，进一步推进政务服务运行标准化、服务供给规范化、企业和群众办事便利化，打造最优政务服务生态。

【优化提升政务服务水平】 2022年，成都高新区启动“一码办成事”攻坚项目，提升数字化政务服务水平。依托“高新服务”微信公众号，以省一体化平台和天府蓉易办平台为基础，集成高新智慧政务系统，建立企业和个人空间，生成政务用户二维码，保存历史文件、材料库等数据，实现材料复用。同时，通过整合排队叫号、证照领取、进度查询等功能，支持一秒亮码、一键授权，进一步实现高效便民。截至年末，已推出城乡居民养老参保登记、专业技术职务任职资格证书核发等80余项“一码办成事”高频事项，服务29万人次，该项工作获四川省政府官网营商环境专题案例推广，新华网、《成都日报》等媒体宣传报道。2022年，成都高新区《“以‘一码办成事’为牵引　打造智慧政务服务生态”的经验做法》入选新华网“2022绿水青山就是金山银山实践典型”并获评“2022优化政务（投资）环境优秀城市”。进一步完善“高馨办”，集成优化秒批秒办。加强“高馨办”事项管理，建立事项调整长效机制，常态化对事项要素和情形进行跟踪核验，优化完善办事指南，确保准确无误。实时监测全区84个服务点的窗口排号数据，分析平均等候时间和等待人数，为办事群众提供更准确、更实用的信息。扩展区块链授权事项至社会事务、工程建设、医保和公安户政共计511个区级事项，32个街道高频事项，印发《成都高新区区块链授权办事工作方案》。加大街道网上办技术支持力度，全年为街道网上办提供人脸核验92438人次，支撑街道开展智能审批57176人次，“高馨办”累计服务39万人次。建立健全工作机制，“一网通办”成效明显。建立“一网通办”月考成绩通报机制，推动全区“一网通办”有力有序开展，全面完成一体化平台4.0升级改造，推动工程建设“一网通办”指标从全市排名第17位上升至前3位。按时保质完成机构改革事项调整工作，圆满完成成都高新区机构改革515项“一网通办”事项调整工作，完成439项“跨域通办”“一件事一次办”等重大改革的一体化平台配置工作。2022年，高新区一体化平台共计办件226.9万件，满意率为99.96%。

【政务服务中心建设】 2022年，成都高新区政务服务中心坚持“以服务对象的需求为导向，以服务对象的满意为标准”的理念，持续提升政务服务便利化水平，优化服务环境，全力建设一流政务服务大厅。重点推进政务服务标准化试点项目。建立政务服务标准化体系，共确定25项标准体系规范文件，并形成高新区政务服务中心服务标准化体系文件书和经过提炼总结而形成的口袋书（员工手册）。重点做好疫情防控工作。制定《成都高新区政务服务中心疫情联防联控的应急预案》，制定每日全覆盖消杀制度，落实疫情防控主体责任。全年累计开展工作人员全覆盖核酸检测95次，累计检测人数达65550人次，实时跟进检测结果，组织入驻部门人员完成突发疫情应急实战演练2次，为企业群众提供更安全的办事环境。深入推进新媒体运营及维护推广。推出“乘风新时代、破浪新征程”系列主题活动，进一步扩展政务服务中心改革成果影响力，扩大群众认知度。全年开展新媒体活动22次，制作大厅宣传视频20个，并有2个视频入选“学习强国”平台。“高新服务”连续3个季度分别荣获新浪微博联合人民网舆情数据中心发布的微博2022年政务微博影响力榜单全国十大服务中心微博第一名以及2022年度全国十大服务中心微博第二名，荣获2022年四川十大政务机构微博一季度第七名、二季度第六名、三季度第六名以及2022年度四川十大政务机构微博第六名。全年“高新服务”微信平台共发布微信推文245条，包含184篇原创推文。着力推进中心人员队伍建设。开展政务服务职业素质培训和文化建设活动。全年共组织礼仪培训、消防安全预防急救培训、高效沟通培训、技能大赛、健身活动等活动共计44场次。其中，政务服务中心举办四川省首届政务服务和公共资源交易服务技能大赛（高新区预赛），选出5名优秀选手代表高新区政务服务系统参加成都市初赛，最终3名选手获得“政务服务明星”称号，高新区智慧城市运行局荣获大赛优秀组织奖，此外，高新区政务服务中心在技能大赛（成都市初赛）中进行了独家才艺表演。加强人员配备管理，提升接待水平。全年参观接待总计45场次，参访人数共计511人。切实加强政务中心安全生产管理。全年开展安全检查12次，问题36项，均已完成整改。定期开展每层楼各点位消火栓、灭火器巡检，共检查灭火器7008具、消火栓2688次，累计检查并替换14组灭火器缺压设备。制作完成63个点位的消防疏散线路图，协调打造微型消防站，配齐防爆设备，完善政务中心内部安全设施设备。组织开展“消防联动测试”3次，完成37项消防设备问题整改落实。建立文明点位巡查机制。全年开展文明创建工作培训会6次，打造公益景观小品3个，利用11处电子油画屏长期滚动播放公益广告，在中心醒目位置张贴禁烟标识150余张，设置无障碍硬件设施11处。全年接待区文明办实地考察9次、市文明办实地考察3次，均反馈良好。

【政务服务机制】 2022年，成都高新区扎实推进政务服务跨域通办工作，通过全程网办、异地代收代办、多地联办等方式提供500余项事项跨区域办理。同时与重庆高新区政务服务中心签署《政务服务跨省通办合作备忘录》《“双区联动”共促政务服务数据互通共享战略合作协议》，建立企业服务联动机制、推动数据互认共享，实现“一业一证”跨省通办，助力成渝地区双城经济圈高质量协同发展，相关工作获2022年省公共资源交易及政务服务中心“川渝通办”优秀案例。

【网络理政】 2022年，成都高新区智慧城市局始终坚持“以人民为中心”的发展思想，坚持“群众烦心事、一键有回应”的工作导向，持续推进成都高新区网络理政工作“一降两升三化”，不断提升网络理政工作质效。2022年1—12月，高新区通过各渠道共受理企业、民生诉求368647件，是成都市受理量最多的区县。其中，省级、市级、区级平台的受理量分别是7767件、333588件、27292件。区内全年平均满意率94.55%，平均解决率94.84%，平均回复周期3.8个工作日。以中心工作重点任务为突破口，提升网络理政能效。在“迎峰度夏”期间，每日对电力管控、用电节能等重点诉求进行梳理分析，形成专报6期，供领导和相关部门参考。在多轮疫情防控期间，面对日均600余件（最多时千余件）的涉疫诉求，不断优化工作流程，建立疫情类诉求工作台账，每日分析数据形成专报，建立“12345”提质增效专班，全力服务保障群众的基本生活和应急就医等需求，加强对孤寡老人、慢性病患者、残疾人等特殊群体诉求的办理跟踪，直至问题解决。开展重点领域攻坚行动，对网络理政平台上久拖不决、影响较大或涉及面广的难点诉求，由相关单位主要领导牵头包案，全年共发布诉求4件。梳理民生领域诉求清单，通过十大民生领域典型问题整治攻坚行动进行针对性解决，共发布诉求3期，涉及难点问题30件。化解一批群众投诉的热点难点，如锦城小学附近核酸采样点设置问题、上锦颐园小区停气问题等。以信息化技术为手段，提高网络理政智能化水平。率先开展“12345”热线工单数据标准化工作，打造结构化诉求数据库，快速提取热点点位、热点被诉主体等关键信息，提升诉求数据分析和报告反馈效率。做好诉求热点难点、风险类、涉稳类问题的研判和预警工作，以日报、周报、月报形式与部门共享诉求屡发频发领域清单，发挥网络理政的“前哨”作用。全年共发布日报323期、周报51期、月报12期，发送风险提示短消息137个。积极对接城运平台建设，全面推进诉求数据标准化和12345板块建设，打造城市诉求事件中枢，充分发挥网络理政前哨作用，推动网络理政工作与智慧蓉城建设深度融合。2022年，成都高新区网络理政工作得到区内大部分企业和群众的理解和支持，获得四川省走好网上群众路线为民服务办实事优秀案例、高新区迎峰度夏先进集体等荣誉。

【网络理政工作机制】 2022年，成都高新区突出高效受理。在工单签收分派、办理回复、审核提交各个工作节点不断优化工作方式，持续更新《成都高新区网络理政诉求派件导则》，组织召开全区网络理政工作专题会议，压实工作责任，确保在诉求量逐年增加（近三年诉求量平均年增长约30%）的情况下，办件效率不降低，让群众诉求“分得快、派得准、办得实、回应有力”。坚持两级调度机制。每月将月报提交党工委管委会办公会议，由管委会领导亲自调度工作情况。优化紧急件24小时值班制度。对危害群众生命财产安全、群体性事件等诉求，实行24小时 ×365天值班制，组织各街道建立领导督办群，由单位主要领导亲自对特殊紧急的事项进行督办，确保紧急问题提速处置。完善企业诉求直派制度。推动部门监督、企业自治共同发力，直派企业处理诉求件27555件，有效控制平台型企业的消费纠纷诉求量。建立网民留言集纳机制，全年共办理“高新服务”等微博网友留言71件，拓宽群众诉求反映渠道。

【政府信息公开】 2022年，为进一步提高人民群众获得感、满意度，成都高新区严格按照法定要求开展政府信息公开工作，积极提升工作质效，探索高效、便捷的公开方式，促进高新区政府信息公开工作深入开展。印发《成都高新区2022年政务公开重点工作安排》，紧抓基础信息公开、重点领域信息公开、基层政务公开3个重点，强化政府信息管理和工作保障。全年共主动公开政府信息58939条，其中通过政府网站公开21663条，政务微博公开34011条，政务微信公开4509条，其他方式公开2317条。教育、医疗、重大项目建设等重点领域信息公开情况，按照“应公开，尽公开”原则，主动公开政府信息11997条，开展意见征集活动9次，新建专题专栏2个，转载发布产城风采信息744条、营商环境信息504条。2022年，制发行政规范性文件共20件。依法依规开展政府信息依申请公开工作。2022年，印发《成都高新区政府信息公开申请办理流程》，明确公开范围，规范办理流程，畅通当面、网络、信函和传真4个依申请公开渠道；严格落实行政复议和诉讼的救济渠道告知义务，切实保障申请人依法获取政府信息的权利，并严格要求各单位按照办理流程开展依申请工作。成都高新区共收到依申请196件，其中，向高新区管委会提出的依申请共31件，向各部门、各街道提出的依申请共165件。各种申请主体中，收到自然人申请186件，约占总数的94.9%；法人或其他组织申请10件，约占总数的5.1%。2022年，高新区共办结政府信息公开申请194件（包含上年结转5件），结转下年度继续办理7件，按时办结率100%。因政府信息公开产生的行政复议、行政诉讼情况，成都高新区因政府信息公开引发行政复议共14件，其中结果维持10件，结果纠正2件，其他结果2件；行政诉讼共10件，结果均为维持。线上优化公开平台载体，线下加强公开专区建设。线上梳理优化网站栏目框架，规范政务新媒体建设，扩大完善主动公开范围，实行主动公开清单化管理，动态调整《成都高新区试点领域基层政务公开标准目录》，促进高新区政务公开标准化规范化建设。“线下”加强32个政务公开专区建设，并选取15个代表性较强的政务公开专区点位进行升级，通过统一设计定制政务公开专区标识、政务公开专区资料架、政务公开专区便民服务设施，增添专门的政务公开电脑，便于群众查询使用。持续推动公开专区标准化运行，深入推进基层政务公开，提高基层信息触达率。

【电子政务】 2022年，成都高新区推动电子政务项目集约节约建设，按照《成都高新区电子政务项目管理办法》，全区共申报电子政务项目59

个，其中41个项目完成专家评审，评审金额约2.37亿元，审减约6470万元。

（智慧城市局）

目标管理督查

【概况】 2022年，成都高新区继续坚持“以目标为导向，科学引领工作开展；以督查为手段，有效促进工作落实；以绩效为标准，全面考评工作实绩”，强化绩效管理导向作用，督促检查推动落实更加有力，不断增强目标管理督查工作的“指挥棒”和“助推器”作用，为全区各项目标任务的顺利完成提供有效保障。

【目标绩效管理】 2022年，成都高新区聚焦市级目标攻坚，科学统筹年度目标工作。以“确保第一”为目标，深入推动2022年市级问题目标攻坚。两委办、目督办按照“总成绩全市第一、各单项目标全市前三”的要求，以“攻坚克难”为重点，会同全区各单位共同努力，高质量完成各项市级目标任务。成都高新区在市级目标考评中，成绩位列23个区（市）县第一，被市委、市政府表彰为2022年目标绩效考评先进单位。优化目标管理工作。深入分析研判考评形势。及时分析2022年市级目标考评体系调整对高新区的影响，精准找出高新区的优势和劣势，形成《市级目标分析报告》，并报请管委会主要领导召开市级目标专题会，压紧压实工作责任，安排部署攻坚举措。强化目标运行过程监控。采取“每周提醒、每月通报、季度分析”的方式，形成委领导及部门对上争取或研究调度成果周报，分送各委领导和部门；每月形成目标推进情况报告，及时发现苗头性、倾向性、潜在性问题；季度对比其他区（市）县情况，分析高新区优势和劣势。共形成各类分析研判报告8篇，及时预警地区生产总值、规模以上工业增加值等重点问题目标，得到党工委、管委会的高度重视，获得主要领导批示多次。统筹区内部门聚力攻坚。指导各单位吃透吃准新要求，精准把握考评规则和考核重点，共同探讨针对问题目标、关键指标的精准措施。会同各部门成功化解一产业增加值、招商引智、会展工作等12项问题目标，涉及被扣分值高达0.85分，攻坚成效显著。以“奖优罚劣”为导向，精准制定区内目标考核体系。根据机构调整内容，充分考虑各考评序列、各被考核主体的差异，制定《2022年度成都高新区各单位目标绩效考评实施办法》，推动各单位从被动响应、常规安排向主动靠前、系统谋划转变，真正把目标和压力转换为工作重心和工作自觉，有效发挥目标绩效激励引导作用。突出考核刚性。加大部门间考核拉差，对在中心城区考核前三的目标牵头单位加倍加分，对三名以后的单位加倍扣分。突出精简性。结合党工委管委会基层减负增能的工作安排，规范各项考评内容，减轻被考核部门迎检负担。2022年，删除或精简大量考核事项，仅新增“做优做强城市新区”“产业建圈强链”“产业基金”等目标事项。

【重大决策部署督查督办】 2022年，成都高新区围绕全市、全区重大决策部署，开展督查督办。高质量完成上级督查工作。按要求办理市委、市政府主要领导批交办事项及上级督查部门交办事项750余件，形成各类报告60余篇。紧紧围绕党工委、管委会重大决策部署和主要领导指示批示的贯彻落实情况，抓好区内督查。从党工委管委会重要会议、主要领导批示办理要求中选取重点进行立项督办，通过重点工作的突破带动整体进展，共形成督查专报32

期，得到党工委、管委会主要领导工作批示10次。牵头做好新冠疫情防控督查督办，多措并举筑牢防疫安全屏障。在全年“2·20”“7·25”“8·25”成都本土新冠疫情工作中，团队全员无休连轴转，紧盯疫情防控重点工作开展督查督办，全时段投入市、区两级疫情防控督查。聚焦疫情防控工作中的易爆点、重点开展督查工作，组建若干个督查组，以“四不两直”的方式对楼宇、工业企业、农贸市场等800余个重要场所及密闭空间开展暗访督查，将发现的问题及时反馈部门、街道进行整改，并不定时开展“回头看”，形成防疫督查专报100期、防疫督查通报31期，得到党工委、管委会主要领导工作批示56次，肯定性批示4次。

【人大、政协建议、提案督办】 2022年，成都高新区全年共承办省级建议、提案1件，为省人大十三届五次会议建议1件；承办市级建议、提案12件，其中，市人大十七届六次会议代表建议2件，市政协十五届五次会议委员提案10件；对武侯区人大八届一次、双流区人大十九届一次、武侯区政协八届一次、双流区政协十二届一次会议交高新区办理的共计139件人大建议、委员提案进行分解督办；在办理过程中，与代表、委员沟通率100%，满意率100%。

【民生实事目标】 2022年，成都高新区党工委、管委会始终把保障和改善民生摆在更加突出的位置。科学分解、下达2022年省民生实事目标19项、市十大民生实事目标81项。按照以问题整改提升社会公众满意度的思路，针对高新区2022年社会公众满意度测评工作制定专项实施方案，加强宣传引导，不断提升测评知晓率和满意度。2022年，成都高新区在市级社会公众满意度评价考评中位列23个区（市）县第一。

（两委办）

外事及港澳台工作

【概况】 2022年，围绕聚力开放协同发展目标，成都高新区继续扎实做好各项外事工作。通过组织开展庆典、论坛、研讨以及文化体育等各种涉外活动，扩大与海外及外籍人士的联系和交流。结合区内涉外机构和知名外企聚集较多的实际，持续提升外籍人士工作和居住社区的服务水平，全区国际化营商环境进一步优化。

【涉外交流服务活动】 2022年，成都高新区针对涉外机构和知名外企聚集区域，不断提升涉外服务能力。依托外籍人士社区服务中心举行大运文化交流活动，以促进语言文化交流和文化传播为主旨，面向区内中外居民开展各类涉外交流活动。中海社区以“家在中海　爱在成都”为主题，开展涉外活动8场。盛华社区开展“爱成都·迎大运”“跟着大运学英语”等涉外文化活动6场。兴蓉社区组织开展“星月之国”巴基斯坦分享会等对外交流活动5场。天华社区开展爱成都·迎大运，极限飞盘，运动交友共计5场涉外活动。成都高新区有5家社区获评市级外籍人士社区服务中心，数位居全市第一。

【外事宣传推介】 2022年，成都高新区成功举办“成都好港·高新助航”活动，得到四川新闻网、中新网、四川观察、红星新闻网、神鸟知讯等多家省、市媒体报道。协助举办“跟着大运学英语”系列活动、中泰医疗和大健康产业投研活动等对外交流活动11次；顺利完成中墨建交50周年、中斯建交30周年、成都—珀斯结好10周年、成都与棉兰结好20周年等亮灯仪式。组织中移信息和成都纵横自动化2家企业成功申报并获得首批“四川外事参访重点单位”授牌；顺利推动欧洲中心“对外交流中心”建设测评和授牌工作；接待西班牙、俄罗斯、韩国等国驻华大使代表团等重要外籍嘉宾。共举办各类外事活动40余场，有力地宣传成都高新区国际营商环境，收到市委外事办、英国驻重庆总领事馆、巴基斯坦驻成都总领事馆等机构感谢信。

【外交使节来访】 3月17日，意大利驻重庆副领事一行到访成都高新区，向成都高新区管委会引见意大利对外贸易委员会成都代表处负责人路易吉·普卡（Luigi Puca），介绍意大利对外贸易委员会成都代表处主要职责并探讨意大利与成都高新区在未来可以开展的合作。5月25日，日本驻重庆总领事高田真里一行访问成都高新区，调研中日会客厅、中日联合创新中心项目，参观三菱重工低碳城市科创中心项目运营情况。6月，日本驻重庆总领事高田真里一行访问成都高新区。成都高新区党工委委员、管委会副主任陈洪涛陪同参观调研中日会客厅，商谈中日（成都）地方发展合作示范区建设推进、中日会客厅开馆事宜。

【重要涉外活动】 2022年1月20日，由成都高新区管委会主办，成都高新区科技和人才工作局承办的“2022年成都·韩国国际客厅新年交流会”成功举行。本次交流会旨在答谢中韩两国政府领导、合作伙伴长久以来的支持，共同庆祝成都·韩国国际客厅一年来取得的成果。2022年也是中韩建交30周年，两国关系正迈入稳步成长周期，成都·韩国国际客厅以中韩建交30周年为契机，持续为中韩创新创业领域注入新动能，推动中韩两国商贸、文化、科技产业共同发展，助力中韩合作交流再上新台阶。2月14日晚7点，由成都市人民政府外事办公室主办、成都高新区管委会承办的庆祝中国和墨西哥建交50周年亮灯仪式在成都金融城天府双塔举行。“庆祝中国墨西哥建交50周年”“成都萨博潘友谊长存”等字样的中文和西班牙语点亮塔身，这场灯光秀以中国与墨西哥两国国旗颜色为底色，用绚烂多彩的画面为两国建交50周年献上成都贺礼，并以此深化成都与萨博潘友谊。成都与墨西哥萨博潘于2015年10月建立友好城市关系。7年来，两市在文化、教育、经贸等领域开展一系列友好交流与合作。墨西哥萨博潘也将于当地时间2月14日晚7点（北京时间2月15日早5点）在萨市标志性楼宇举行亮灯仪式。8月18日，在天府新区中韩创业园，由成都高新区管委会主办，大韩民国驻成都总领事馆、四川师范大学等多家单位协办的“庆祝建交30周年——中韩文化交流嘉年华”活动顺利拉开序幕。相关政府机构、企业、学校及媒体代表近百人参加活动。8月18日，为庆祝中韩两

2022年8月18日，“庆祝中韩建交30周年·中韩文化交流嘉年华”活动在天府新区中韩创业园开幕（国际合作局/供）

国建交30年以来两国在政治、经济、社会、文化等各个领域取得的成果，“庆祝中韩建交30周年·中韩文化交流嘉年华”活动在成都高新区中韩创新创业园（菁蓉汇）成功举行。大韩民国驻成都总领事馆、在华韩国创新中心（KIC中国）、韩国中小企业振兴公团深圳代表处、韩国贸易协会成都代表处、大韩贸易投资振兴公社成都代表处、韩国京畿道重庆代表处、韩中文化协会、韩国企业家协会、友利银行（成都分行）、韩亚航空等韩国机构、企业，以及成都市、成都高新区相关政府代表、企业和院校嘉宾出席活动。10月26日，由韩国驻成都总领事馆与成都高新区科技创新局联合主办的“2022韩国企业及留学生创业说明会”圆满举办，来自川内的韩国留学生以及创业青年约40人参加活动。活动上，韩国驻成都总领事馆、成都市外国专家局、成都市出入境管理局、世界韩国人商会广州分会等机构与行业组织带来精彩分享，为在蓉留学生及创业青年们介绍国内就业政策、创业实例以及相关人才政策，韩国领事馆领事，以及行业专家针对企业及留学生提出的问题进行了现场解答。11月25日，由韩国驻成都总领事馆，成都高新区科技创新局和大韩贸易投资振兴公社成都代表处联合主办的“中国（四川省）—韩国智能初创企业线上合作交流对接会”在中韩创新创业园（菁蓉汇）举办。12月15日，由成都高新区国际合作商务局支持，全球化智库新经济研究院主办的“全球化智库新经济研究院与各国驻蓉总领事见面午餐会”在中国—欧洲中心举行。本次活动以“共创成都经济发展美好环境”为主题，旨在建立全球化智库新经济研究院与各国驻蓉总领事馆的良好沟通及对话机制，促进成都高新区与各国驻蓉总领事的交流与合作。法国驻成都总领事 Guillaume Delvallée（戴宁智）表示，在成都高新区的介绍与邀请下，建议双方增加更多合作的方式，举办更多的活动让成都的企业及百姓了解法国的营商环境。戴宁智总领事也对年内欧洲中心组织的“包机赴德抢订单”表示肯定，希望能为下一年高新区赴法牵线搭桥，尽快恢复欧洲投资商对中国市场的信心。

2022年11月25日，“中国（四川省）—韩国智能初创企业线上合作交流对接会”在中韩创新创业园（菁蓉汇）举行（国际合作局/供）

【国际交流研讨】 6月6日，由全球化智库（CCG）主办、全球化智库新经济研究院承办的“中国西部国际交流与合作圆桌研讨会暨全球化智库新经济研究院揭牌仪式”在成都中国—欧洲中心举行。全球化智库新经济研究院的成立，标志着CCG将围绕西部新经济软实力发展开展研究、交流等工作，未来该研究院将成为成都连接全国，乃至全世界新经济发展的桥梁。中国西部国际交流与合作圆桌研讨会以“新机遇与新展望”为主题，邀请有关政府部门领导、驻西部地区总领事馆代表、国际商会组织、跨国企业和西部企业代表等进行深度研讨，共议西部新发

2022年12月15日，“全球化智库新经济研究院与各国驻蓉总领事见面午餐会”在中国—欧洲中心举行（国际合作局／供）

展。10月13日，由成都高新区国际合作商务局自贸处组织，联合国开发计划署发起的INSPIRO可持续发展青年创业者网络（INSPIRO Network）组织碳服务科创路演活动正式启动。通过本次路演活动聚集碳中和服务行业的领导者、知名影响力资本等创新资源，分享行业发展趋势，解锁科技服务如何助力碳中和目标实现。知名企业现场发布碳服务合作需求，高效对接当地政府、产业等优质创新资源，探讨业务合作等。

【涉外文体活动】 4月18日，由成都市人民政府外事办公室参与指导，四川“一带一路”报道出版有限公司主办的“友城之约　美美与共——成都与蒙彼利埃缔结友好城市40周年图片展”在中国—欧洲中心正式开展，展览为期1个月，免费向公众开放。展览通过“线上＋线下”的形式，让中法两国人民对成蒙两市40年交往合作有一个全面、直观了解，也让成都市民感受到友城蒙彼利埃的万种风情。6月10日，维谢格拉德集团国家自然宝藏自然图片展在中国—欧洲中心开幕。维谢格拉德集团简称V4，由匈牙利、捷克、波兰和斯洛伐克4个国家组成，是中欧一个拥有超过31年历史的区域联盟，同时也是一个拥有丰富文化遗产和壮观自然宝藏的地区。6月24日，“盛华杯”第二届国际篮球赛举行，共有8支队伍参赛。“盛华杯”作为盛华社区持续开展的系列体育活动赛事品牌，近年来已吸引到大量中外篮球爱好者积极参与，为辖区中外居民提供一个以篮球运动为媒介的交流互动平台。6月25日，成都高新区肖家河街道兴蓉社区国际化社区营造之“仲夏读书会”主题分享沙龙在兴蓉社区微信邻空间举办。活动通过在线直播的方式线上线下同步进行，共吸引来自中国、美国、巴基斯坦、新西兰100余名中外居民参加本次活动。6月上旬，维谢格拉德集团国家自然宝藏自然图片展在成都高新区中国—欧洲中心举办，该

2022年6月25日，成都高新区国际化社区营造之“仲夏读书会”主题分享沙龙在肖家河街道兴蓉社区举行（国际合作局／供）

图片展由匈牙利驻重庆总领事馆、捷克驻成都总领事馆和波兰驻成都总领事馆共同主办，并得到成都市人民政府外事办公室和成都高新技术产业开发区管理委员会的大力支持，展览免费向公众开放。6月9日，2022成都·欧洲文化季之“地铁遇见普拉多博物馆”展览在成都地铁孵化园站厅正式面向公众开放，展出包括世界名画《宫娥》在内的29幅西班牙普拉多博物馆馆藏原比例复制画作。本次活动由成都市人民政府外事办公室、西班牙驻华大使馆、普拉多国家博物馆、西班牙驻成都总领事馆主办，成都轨道交通集团有限公司协办，并得到塞万提斯学院和西班牙国家旅游局的大力支持。8月26日，由成都市人民政府外事办公室联合部分欧洲国家友好城市共同举办的“‘印象蓉欧·成都友你’——成都国际友城摄影展”在成都地铁孵化园9号线站厅E口正式开幕。成都已与58个国家的104个城市建立友好城市关系或友好合作关系，其中欧洲友城或友好合作关系城市42个。本次摄影展是成都首个大规模的国际友好城市摄影展，创新打造地铁展厅，精选展示来自10个欧洲国际友城和重要城市的93幅摄影作品，零距离免费向市民开放，全景式呈现成都国际友城的城市景象、自然风貌、人文厚度和运动活力等精彩瞬间。

2022年11月8日，在成都悠方购物中心举办的“蓉享·乐味”香港美食节现场（国际合作局/供）

【涉港澳台交流活动】 11月8日，为庆祝香港特别行政区成立25周年，香港特别行政区政府驻成都经济贸易办事处联合成都市人民政府港澳事务办公室和四川省香港商会在成都悠方购物中心举办“蓉享·乐味”香港美食节，通过品尝香港地道美食以及欣赏香港流行音乐，促进蓉港两地在文化领域的交流。12月13日，为进一步推动香港和成都两地深度合作，成都市人民政府港澳事务办公室联合成都高新区管理委员会、香港贸易发展局成都办事处共同主办，香港特别行政

2022年8月26日，“‘印象蓉欧·成都友你’——成都国际友城摄影展”在成都地铁孵化园9号线站厅举办（国际合作局/供）

区政府投资推广署、四川省香港商会支持举办“成都好港·高新助航——蓉港企业共享新机遇共拓新商机”活动，共邀请20余家成都企业和香港企业参与，针对港企和成都企业在电子信息、金融政策及服务、生物医疗和科技等领域的发展，提供切实的便利和服务，为城市未来发展赋能提速。3月19日，高新细胞生物制药前沿论坛暨“成都拜美森 & 大湾区深度合作示范项目”启动仪式在成都高新区举行。该活动以搭建高品质交流平台为目的，旨在传递细胞生物治疗领域与药物研发的最新前沿进展，推动干细胞基础研究与临床应用相结合。此次活动也标志着澳门科技大学“细胞治疗大湾区深度合作项目”在成都高新区正式启动。作为成都与大湾区合作的生物医药示范项目，成都拜美森生物科技有限公司抓住时代机遇，与区域协同发展，推动干细胞与再生医学相关技术在中国西部与大湾区的研发合作及应用，构建合作共赢的载体和桥梁，打造中国西部首个在细胞治疗领域与大湾区产、学、医、研合作项目。

（国际合作局）

人才招引服务

【概况】 2022年，成都高新区集体户新增19231人，累计在册集体户146961人；累计在库档案110675卷；开展“HR+Union人力资源服务开放日”、蓉漂人才日等特色活动50余次；开展“智汇高新”专场招聘会活动22场，全年招聘会提供岗位5100余个，意向候选人1470余个；完成各类接待600余人次，30余场次。

【博士后工作】 2022年，成都高新区博士后工作站新增省级博士后创新实践基地4家，站点数量达39家，新增在站博士后41名，在站博士后总数达到61名。

【职称评审服务】 2022年，成都高新区受理专业技术职称评审申报4403人，其中初级982人，中级1988人，高级1433人；受理专业技术职称认定申报4292人，其中初级3534人，中级758人。

【国家级人力资源服务产业园】 2022年，成都高新区高标准建设“一城一港一公园”，建成投用2.5万平方米国际人才港，导入重点企业及项目5个；打造国家人力资源服务出口基地，引进培育战略性新兴产业的外向型人力资源服务贸易企业39家。截至2022年年底，产业园累计引进人力资源服务企业数147家，园区实现营业收入超160亿元，是全省首个百亿级人力资源服务产业园。

（党群部）

农业农村与扶贫

【概况】 截至2022年年底，成都高新区涉农区域含街道1个（中和街道），涉农社区3个，村民小组8个，区域面积约为8854亩，其中农用地5486亩（耕地2430亩）、国有建设用地1437亩、集体建设用地1677亩、未利用地254亩。全区共有农业户籍人口1231户3192人。2022年，成都高新区新增农业产业化市级重点龙头企业1家，共有国家级重点龙头企业2家、省级重点龙头企业1家、市级重点龙头企业4家。2022年12月2—5日，第八届四川农业博览会与第八届成都国际都市现代农业博览会在成都世纪城新国际会展中心举办。成都高新区以“现代科技都市农业 乡村振兴高新表达”为主题，设立高新技术企业展示区、高新特色农产品展示区以及对口支援展示区3个展区，组织通威食品、特普生物以及德格县国资公司等9家企业参展，充分展现高新区现代科技农业和对口支援工作成效。

【农业农村工作】 2022年2月，成都高新区成立成自泸以东全域土地综合整治工作领导小组，以全域土地综合整治的思路，“政府引导、群众主体、市场运作”的模式推进乡村振兴工作。开展乡村规划编制和产业策划工作，高效利用成自泸以东区域的土地资源，探索未来乡村建设路径，按照打造“生态后花园+数智前厅”的定位，通过统一建设运营，对产业、居住区、基础设施、农田等进行合理规划整改，有效提升农民群众的居住、生活环境。截至2022年12月底，辖区3个涉农社区均成立“社区股份经济合作联合社”，并登记赋码取得证书、公章，分别建立合作社银行账户。形成项目概念规划设计方案，形成《成自泸以东全域土地综合整治参与细则》，完成区域农用地流转，启动首批产业示范区建设，确定集中居住区选址，启动农民自主腾退旧房工作。*农业安全生产*。2022年，成都高新区开展农业农村领域安全生产情况摸排并及时整治，全年派出检查小组33个，出动执法人员200余人次，聘用安全专家2人，对涉农社区的沼气安全、安全生产及辖区内兽药、农药、饲料生产销售和宠物诊疗、渔业等各项经营主体开展检查，共检查点位185个，发现安全隐患16处，全部完成整改。抓好农产品质量安全工作，引入第三方机构开展农业投入品暨水产品质量安全巡查指导和风险监测监督抽检，共巡查指导点位109个，抽样送实验室检测240个样本，经检测，样本合格率100%。*重大动物疫病防控*。2022年，成都高新区开展动物疫病防控科普宣传和技术培训，发放相关宣传资料5000余份。抓好动物疫病春防、秋防及补免工作，确保免疫密度、免疫质量达到国家规定标准，共设置犬只防狂免费免疫点位28个，发放宠物疫病防控知识宣传册6000余份，免疫犬狂犬病10020只、猫狂犬病5785只、禽流感22513只，猪瘟免疫58头、猪口蹄疫免疫58头、牛口蹄疫免疫440头、羊口蹄疫免疫46头、羊小反刍兽疫免疫46头，登记免疫达到100%。*动物卫生监督*。2022年，成都高新区严格执行检疫“四到位”，加强产地检疫及流通环节的动物卫生监督工作，做好“2211”工程各项记录的规范填写，设置3个检疫申报点，规范动物的产地出证。截至12月底，完成犬（猫）产地出证351份，产地检疫率达100%。对全区范围内的77家动物诊疗机构进行监督检查，截至12月底，全区已备案执业兽医师316人。辖区内动物诊疗机构与无害化处理厂签订无害化处理协议及成都市医疗废物集中处置服务协议达100%。*禁渔禁捕*。2022年，成都高新区严格落实春季禁渔和长江“十年禁捕”战略，做好辖区专项执法行动，全年出动执法车辆375余车次，执法人员985人次，劝离违规钓鱼人员900余人次，查办违规违法案件1件，行政处罚金额26万元。在府河、清水河流域高新段开展增殖放流活动，增殖放流岩原鲤等10万余尾鱼，发放宣传资料6000余份，张贴通告、标语110余处。

【粮食与物资储备】 2022年，成都高新区稳步推进粮食和物资储备工作。落实粮食安全党政同责，全面完成2022年市级粮食生产目标任务。开展粮食购销领域专项巡察反馈问题整改和回头看工作，出台《成都高新区区级储备粮管理暂行办法》，规范区级储备粮的轮换和监管。2022年，成都高新区共储存稻谷4564吨、小麦4800吨、小包装大米1700吨。开展7次粮库检查抽查，发现2个问题，已全部整改到位。2022年，按照应急救灾相关要求，高新区继续完善辖区3个物资储备仓库管理，安全储备含帐篷、棉被、折叠床、手电、场地照明等应急救灾物资。根据高新区管委会工作安排和新冠疫情防控需要，购置隔离病房用床、床品等防疫物资；根据区应急委调拨需求，调拨出库300张行军床用于开展疫情防控相关工作。

【对口支援和结对帮扶】 2022年，成都高新区对口支援德格县各项工作有序推进，严格落实资金和项目援助，足额划拨财政援助资金1.1686亿元，全面实施产业就业、基本公共服务、基层治理等7大类20个对口帮扶项目。强化工作组织保障，落实党政“一把手”互访会商，进一步强化工作队日常管理，常态化开展廉政警示和安全教育。深化全域结对帮扶工作，接收德格县挂职顶岗锻炼19人，组织线上招聘会2场，提供就业岗位1800个，开展技能培训197人次，组织捐赠各类物资180余万元，在人民网、《四川日报》、川观新闻等媒体先后推出报道26篇，不断提升对口支援工作实效。11月17日，在成都市对口支援十周年大会上，全区共有1个先进集体和3个先进个人荣获市委、市政府表扬，对口支援各项工作成绩得到充分肯定。成都高新区优化帮扶机制，拓展定点结对帮扶成效，多措并举助力东部新区乡村振兴重点提升村发展。2022年，各帮扶单位开展调研走访等帮扶活动25次，落实结对帮扶项目资金共计200万元，支持产业发展、公共服务等12个项目，以项目为抓手切实推动帮扶村的发展。

（经济发展局）

机关事务

【概况】 2022年，成都高新区两委办围绕高质量发展大局，着重提高后勤保障服务水平，突出精细化管理，切实做好后勤保障工作。严格落实中央八项规定和市委、市政府“十项规定”，进一步健全完善机关后勤服务、办公用房、公务车辆、安全监管等各项规章制度。努力提高物业管理服务水平和机关食堂餐饮服务水平，为机关部门、外来办事群众和园区企业提供优质服务。

【政府采购】 2022年，成都高新区两委办借助四川省政府采购一体化平台，持续推进高新区采购项目全流程电子化，实现供应商参与采购活动“零跑路”。2022年，共完成项目62个（公开招标项目25个、竞争性谈判项目4个、工程竞争性磋商项目30个、竞争性磋商项目3个）。项目总预算2.34亿元，中标（成交）总金额为2.07亿元，节约财政资金0.27亿元，节资率11.53%。

【机关后勤服务】 2022年，成都高新区两委办强化办公后勤规范管理，规范机关食堂用餐秩序、提高后勤服务质量和水平，全面做好疫情防控措施。严格按《成都高新区管委会机关食堂外包餐饮服务监督管理办法（试行）》监督考核，2022年各月机关食堂考核均合格。坚持食堂食材定点采购并“可溯源”管理，定期开展食品卫生安全检查，确保“舌尖上的安全”；集中办公区全面落实“禁塑”；为全体干部职工制作实名餐盒，划定自助打包区，鼓励干部职工打包就餐。新冠疫情期间，以“行军炊事班”方式为高新区疫情指挥部提供7×24小时现场就餐服务。加强机关食堂食品安全工作，坚持食材定点采购并“可溯源”管理，定期开展食品卫生安全检查；每月会同市场监管局、应急管理局进行联合检查，发现问题立即整改。机关物业管理。扎实开展疫情防控各项基础工作。人员管控、清洁消杀、安保强化、物资筹备等工作迅速落实，有序组织百余次集中办公区10万余人次的全员核酸检测，向全区各单位、街道、国企发放抗原试剂12万余支、N95口罩9万余只。持续推动科技防疫。时刻关注新技术，不断迭代升级集中办公区智慧防疫系统，全面集成人脸识别、体温检测、健康码自动核对“三位一体”功能，在保证通行效率的同时确保检测“不漏一人”。2022年，多轮疫情中共识别出健康码状态异常人员（黄码或红码）30余人，并快速完成后续处置，确保大楼外围关口不失守。在“疫情防控二十条”出台之后，迅速调整疫情防控措施，利用大楼智慧展播系统全力做好机关干部职工的个人防控宣传。在各节假日、重要活动前夕对大楼内部安全隐患排查整改工作进行专项督导检查，明确整改要求和时限，确保各项隐患问题整改到位；常态化加强对大楼内部办公区、食堂、机房等重点场所的巡查，发现问题及时通报并监督整改。做好疫情风险防范。有序推进机关疫苗接种工作，摸清全区老龄机关干部职工的接种底数，加大统计和督导力度，不断提升机关单位疫苗接种率。坚持底线思维，优化《成都高新区管委会集中办公区新冠肺炎疫情防控应急预案》，模拟疫情发生三大场景和各方应对流程，邀请防疫专家指导完善，并组织开展现场演练，做好“平战结合”。车辆管理。持续开展司勤人员专项治理，严格执行《司乘人员管理工作制度（试行）》，要求司乘人员学习“5起酒驾醉驾典型案件”，明确日常用车规范及纪律。积极配合开展全市公务用车管理平台建设，率先完成数据录入和校核，实现公务用车全电子化管理；做好车辆报废更新工作，全年报废车辆15台，更新购买车辆4台，按要求完成目标任务。全年共派车2251次，“零差错”保障公车合规、高效使用。会务接待。以“流程规范化、服务精细化、设备智能化”为目标，对标市上先进做法，进一步规范会务物品摆放，明确设施设备使用标准，优化会务服务人员配置，建立健全会务体系化管理。2022年，全年共完成会议接待201场、6983人次，电视电话会议1498场、17167人次。高质量承办5次“高新沙龙”，获参会企业家高度肯定。推行大楼管理全面智能化改造。持续开展楼宇服务管理智能化改造，通过对“智慧后勤”系统不断迭代升级，已实现车辆和人员进入审批、会务预定、自助消费、物业服务、车位即时显示、智慧门禁系统管理等功能模块；智慧展播系统运行良好，全年审批投放疫情防控、党建宣传、反诈和社会主义核心价值观等主题宣传内容近50批次，完成二十大和高新区工作会议实时转播，机关内部全面实现无纸化宣传；清扫保洁和区域消杀机器人已开始试点运行。

【公共机构节能管理】 2022年，成都高新区两委办积极推进示范创建工作。全面推进节约型机关创建工作，高新区22家党政机关创建成功，节约型机关创建率达到88%。省机关事务管理局每三年全省遴选一次节水领跑者，遴选省内党政机关公共机构参加全国2020—2022年度“水效领跑者”评选，高新区于2021年荣获国管局、国家发展改革委、水利部颁发的“国家级水效领跑者”称号。强化资源回收和垃圾分类工作。积极推进全区党政机关公共机构生活垃圾分类工作，建立生活垃圾分类信息报送机制，按月对生活垃圾分类信息统计上报。按照2022年度高新区党政机关生活垃圾分类工作相关要求，管委会机关集中办公区各部门、各街道、公安分局、法院、检察院办公区域生活垃圾分类100%覆盖。截至2022年年底，高新区32个党政机关生活垃圾分类覆盖率为100%。2022年，两委办行政处被评为成都高新区迎峰度夏电力保供工作先进集体，成都高新区连续两年获得成都市机关事务管理局年度考核综合工作先进区（市）县。

（两委办）

档案管理

【概况】2022年，成都高新区认真贯彻落实全国档案局长（馆长）会议和省、市档案工作会议安排部署，着力夯实档案管理的各项基础工作，不断提升档案规范化管理和利用服务水平。成都高新区获全市档案工作先进集体和先进个人通报表扬。

【档案规范化建设】2022年，成都高新区通过深入调研20余家有代表性的部门、街道和平台公司，逐一厘清全宗，明确进馆范围，制定《成都高新区档案馆档案进馆工作实施细则》《高新区文书档案移交进馆计划表》。2022年，多次开展档案专题培训、实地指导和实地验收，圆满完成10家单位13个全宗文书档案“双套制”规范化移交进馆。加快档案资源数字转型，2022年共计完成高新区档案馆馆藏23万页档案数字化加工。馆藏保管期限为永久、长期、30年的已全部实现数字化。主动对接指导发改部门、行业主管部门和业主单位，保质保量完成全部省、市重点项目档案登记工作。积极对接高投集团、生物城集团和相关社会企业，指导完成3个重点项目档案专项验收。按要求做好2021年度新冠疫情防控文件材料收集和整理归档工作，收集好、留存好高新区新冠疫情防控工作的真实历史记录。

【档案馆库建设】2022年，成都高新区档案馆地处九兴大道（高新区与武侯区交界处），系与武侯区合建共用，2017年投入运行。成都高新区档案馆位于大楼1层、4～6层，建筑面积8411.67平方米，实际使用面积7334.1平方米，档案库房面积3490.32平方米。2017年以来，着力科学设计打造档案馆功能分区布局，配备档案密集架以及库房防火、防盗等“九防”设施和温湿度自动控制装置，配置多全宗档案信息化管理系统。打造档案查询区、专题展陈馆、方志馆和培训活动室。档案馆爱国主义教育基地、档案安全保管基地、档案利用服务中心、电子文档备份管理中心功能逐步健全。至2022年，档案统计台账数据准确、账实相符，档案交换手续完备，交接文据保存完好，及时准确填报《全国档案事业统计年报》。库房内标识明晰，柜架排列整齐规范。定期开展安全检查，库房温湿度符合国家标准，未发生霉变、褪色、尘污、破损、虫蛀、鼠咬等损毁情况。

【档案开发利用和宣传教育】2022年，成都高新区两委办加强档案开发利用，多措并举推动馆藏档案资源发挥作用。编制各种检索利用工具，各门类档案的案卷目录、卷内文件目录、归档文件目录等检索工具齐全完整，电子档案查阅体系完善，提高查全率和查准率。建立完善档案利用制度，做好档案利用登记、效果反馈，编写利用效果典型事例汇编。策划开展“6·9”国际档案日暨喜迎二十大·档案颂辉煌系列宣传活动，组织开展“我在档案馆修古籍”“兰台之约”“复刻交子纸币”等档案特色体验活动，获《中国档案》《四川档案》宣传报道。持续打造档案馆“高小橙”志愿者品牌队伍，联合团工委、教育部门做好中小学生党史及区情区史教育。

（两委办）

地方志

【概况】 2022年，成都高新区地方志工作以服务全区高质量发展为目标，业务上以提高工作质量为导向，扎实做好年鉴编纂、有序开展“三个一”工作、向上级部门报送资料等工作，顺利完成年内各项目标任务。

【年鉴编纂】 2022年，《成都高新技术产业开发区年鉴（2022）》的编纂在内容和形式上均作改进。内容编排紧扣发展主流，全区年度内的大事要闻、重要决策部署、各项重点工作和发展成就均有完整记载。全书79万字，共设31个类目，115个分类目，885个条目，较为全面、系统地记载成都高新区2022年政治、经济、文化、社会等发展情况。该年鉴共安排64张彩页和部分随文插图，丰富内容。在装帧和页面设计上也进行创新。封面采用蓝底白字，庄重大方；内页四色印刷，整洁美观。总体上看，成都高新区年鉴2022卷内容丰富，结构严谨，图文并茂，表现形式多样，装帧印刷精美，视觉效果佳，基本做到内容与形式的完整统一，出版后受到普遍好评。高度重视街道年鉴编纂工作。2021年，成都高新区已有6个街道不同程度地开展街道年鉴编纂工作，成都高新区街道年鉴编纂工作走在了全市前列，其中《桂溪街道年鉴》自2010年以来已实现一年一鉴、公开出版。

【资料报送与外宣】 2022年，成都高新区地方志办公室向成都市地方志办公室报送年报资料约5万字。向《成都年鉴》提供文稿资料约6000字，图片20余张，较好地完成对外宣传任务。按照四川省地方志办公室要求，开展《成渝地区双城经济圈建设年鉴》编纂工作，完成《成渝地区双城经济圈建设年鉴》成都高新区部分初稿文字约8000千字，图片20余张。

【培训学习】 2022年，成都高新区地方志办公室举办高新年鉴编纂培训会。培训围绕年鉴的资料及选择标准、年鉴条目的编纂等内容展开，各部门、各直属单位、各街道承编人员参加。培训内容翔实、例证丰富生动、实用性强，为2023卷年鉴编纂工作的顺利开展提供有力保障。成都高新地方志办公室加强志鉴数字化传播与利用理论研究，参加成都市志办举办的片区交流会，向成都市志办提供片区交流会相关论文稿件。

【获奖情况】 2022年，四川省第二十次地方志优秀成果获奖项目评审中成都高新区年鉴2021卷受到表彰，荣获年鉴类二等奖。2022年成都高新区已申报7家社区微方志馆，获得了市志办2022年度全市地方志系统方志馆工作先进单位表彰。

（两委办）

政协工作

CPPCC AFFAIRS

视察调研与民主监督

【概况】 2022年，市政协高新工委在成都市政协党组和成都高新区党工委的领导下，按照高新区党工委办公室印发的《成都市政协高新区工作委员会2022年主要工作责任分工方案》，围绕中心，突出重点，强化组织到位、动员到位、引领到位、服务到位，精心组织委员开展履职活动。全年，组织开展委员专题视察、民主监督等活动49次，参与委员310余人次，提出意见建议160余条。

【视察调研】 2022年，市政协高新工委围绕高新区中心任务，聚焦电子信息、生物医药、新经济等主导产业发展，采取实地视察、召开座谈会等形式，多领域多层面建言。组织政协委员围绕“生物城加快聚集产业要素资源，高质量推进产业建圈强链”“成都电子信息智慧功能区建设”“加强高新自贸试验区制度创新，做好推广”“发挥好民航科技创新平台，打造航空经济高地”“科技企业梯度培育工作”等开展专题视察5次，提出意见建议70余条，被部门积极吸纳，并得到高新区管委会主要领导肯定性批示。为落实成都市委、市政府、市政协办公厅《关于印发〈2022年度政协协商计划〉的通知》关于市政协常委会开展“建设制造业强市 增强成渝地区双城经济圈极核带动能力”专题议政性协商计划，市政协高新工委承担了“高端软件”子课题，与高新区数字经济局联合开展了专题调研，邀请市、区政协委员以及专家学者组建调研团队，深入相关企业、产业园区实地调研，形成《加快发展成都高端软件产业的思考和建议》，在成都市政协常委会“建设制造业强市，增强成渝地区双城经济圈极核带动能力”专题议政性协商会上作大会发言，并被人民政协网、四川政协报宣传报道。

【民主监督】 2022年，市政协高新工委围绕党政工作重点、群众关注热点、社会治理难点开展民主监督，就“推进营商环境十大攻坚计划”“生活垃圾处理设施建设”“深化养老服务改革，推动养老服务发展”“环境资源审判工作”“知识产权刑事案件‘双报制’工作”等开展监督视察5次，提出意见建议30余条，助推高新区党工委管委会决策部署落地落实。加强与部门的联系协作，积极组织政协委员参加高新区两委办、巡察办、发改局、“法检两院”、教文体局、卫健局等部门组织的“社会公众满意度测评”“巡察座谈会”“《成都高新区以实现碳达峰碳中和目标为引领加快建设绿色低碳发展先行区的实施

2022年6月28日，成都市政协高新区工作委员会组织政协委员就高新区科技企业梯度培育工作开展视察（市政协高新工委/供）

2022年5月27日，成都市政协高新区工作委员会组织政协委员视察成都高新区法院，对环境资源审判工作进行民主监督（市政协高新工委/供）

意见》征求和听取意见会”“信访事项听证”“民办小学摇号”“小升初多校划片意见征集会”等监督活动39项110余人次，促进相关决策公开、公平、公正实施。为助力公共服务质量和社会管理水平的提高，发动委员积极参与成都高新区2022年社会公众满意度测评，利用短信平台、微信平台、邮寄资料等方式，线上线下向委员推送成都高新区工作动态，引导委员关注成都高新区发展成就。

（市政协高新工委）

支持保障委员履职

【概况】 2022年，市政协高新工委贯彻习近平总书记对政协委员提出的“懂政协、会协商、善议政，守纪律、讲规矩、重品行”重要要求，以发挥委员主体作用为重点，在搭建委员履职平台、优化委员履职环境、提升委员履职水平上下功夫，努力激发委员责任担当，全面树立新时代政协委员形象。

【出席政协会议】 2022年12月18—20日，市政协高新工委组织成都市武侯区政协高新委员小组出席成都市武侯区政协八届二次会议，朱小军、高静委员代表高新委员小组在全会上分别作《关于建设成都软件开源生态的建议》《关于做好公园城市生态价值在新城与旧城改造中外溢转换的建议》大会发言，受到与会领导和委员们的好评。市政协高新工委被成都市武侯区政协评为“2022年度提案工作先进单位”“有事来协商工作先进单位”，梁振、付庆刚等7名委员被评为“提案工作先进个人”，受到大会表彰，彭彤等3名委员被评为“有事来协商先进个人”，受到大会表扬；高中森、余京儒等12名委员被武侯区政协评为“2022年疫情防控工作中表现突出政协委员”并予以通报表扬；小组讨论中，政协委员们结合实际，充分肯定了过去一年成都高新区经济社会建设所取得的成绩，围绕新一年成都高新区重点工作提出了建设性的意见建议。2022年1月22—25日，成都高新区内市政协委员出席成都市政协第十五届五次会议，市政协高新工委积极参与和做好会议相关服务工作，为政协委员履职尽责提供有效保障。

【发挥委员作用】 2022年，市政协高新工委坚决贯彻中央、省委、市委、市政协党组和高新区党工委决策部署，引导推动委员充分发挥主体作用，更加积极主动履职尽责。服务重点工作。通过及时发送抗疫倡议信息、全覆盖电话联系委员、线上工作群及时传递关于疫情防控的相关文件精神、及时为委员纾困解难等，引领带动委员响应号召，抓实落细疫情防控各项工作任务。特别是在“8·25”疫情防控期间，委员们在物资紧缺的关头，迅速协调支援医护人员、志愿者、核酸检测设备及耗材；主动深入社区一线，就地转化志愿者积极参与志愿服务工作；充分发挥医卫界优势，依托成都市中西医结合医院网格化医联体服务体系，30个封（管）控区驻点医疗服务网点，充分整合资源，助力实现疫情防控的社会面清零的目标。抗疫期间，面对四川甘孜州泸定县突发6.8级地震灾情，部分委员还第一时间捐款捐物10万余元驰援灾区。委员们在不同的战线和领域，身体力行诠释着政协委员在关键时刻站得出、靠得住、顶得上的责任担当。主动服务和融入高新区中心任务，积极发挥委员特长优势，动员引导委员当好高新区招商引企工作的宣传员和信息员。雍世平、梁振等委员开拓多种渠道，积极主动作为，为高新区提供信息，引进项目。鼓励引导委员将关注的民生热点问题转化为提案和社情民意信息。全年委员们共提交提案93件，其中立案交高新区各部门办理提案72件，办结率100%。委员们反映社情民意29条，其中针对疫情防控、高温限电、国企改革等热点问题提出的意见建议，得到成都市政协重视和采纳，并向四川省政协推送。

2022年9月28日，成都市政协高新区工作委员会组织政协委员视察“发挥好民航科技创新平台，打造航空经济高地”工作（市政协高新工委／供）

【优化委员服务】 2022年，市政协高新工委持续优化委员服务管理，以提升委员履职能力为目标，通过委员小组学习等方式，围绕党的二十大精神、高新区2022年工作会议精神、高新区“十四五”规划、提案撰写与社情民意反映

2022年4月27日，成都市政协高新区工作委员会组织召开高新区2022年度政协委员培训会（市政协高新工委／供）

等主题组织开展专题学习培训9场次；选派委员参加进高校专题培训班，着力增强委员综合素质和履职能力；积极走访政协委员，并向委员宣传高新区政策、区情等信息，特别是“8·25”疫情后，通过重点走访企业家委员，把最新防疫精神和成都市“助企30条”“稳增长40条”“纾困10条”等助企政策宣传到委员，通过面对面交流，收集汇总到企业在复工复产中的融资难题、房租补贴、工厂开工受限等问题近20条，并及时向相关部门反映，协助解决企业发展困难。

【政协委员名单】

中国人民政治协商会议第十五届成都市委员会（2018年2月）

常委名单：卢铁城 蒲 虎 梁 刚 赵小凤
朱星伟 何云鹏

委员名单：陈卫东 潘 勇 冉光俊 刘 林
潘冬梅 张 燕 徐 震 桂汉峰
邓建华 严永刚 陈伦全 王大平
苟义昌 樊 磊 栗 晓 邓 波
喻 筠 肖佑嘉 罗旭斌 陈冠夫
高 潮 蔡 鹏 叶含勇 杨 涛

中国人民政治协商会议第八届成都市武侯区委员会（2021年12月）

常委名单：冷晓燕 张古哈 彭 彤 王仪松
梁 振

委员名单：周 智 胡 元 王 静 王安鑫
邓 柯 刘 力 牟清华 李华泉
李兴虹 李春妍 杨 欣 杨 樊
何云鹏 余 萍 张汝冰 张怀良
林 楠 周 密 周梦春 赵 刚
赵新强 姜 昊 顾 实 高 静
高中森 唐甜甜 黄爱东 董晓菲
蒋 鲲 曾流芝 谢 强 谭林英
伍文涛 陈新云 释悟通 丁 珺
付庆刚 匡世联 朱小军 刘 江
刘春刚 刘 玺 孙 余 孙晓刚
李 莹 李 鑫 李龙飞 李星宇
吴召雷 余京儒 陈丽慧 罗红卫
郑 刚 查文宇 秦 文 黄自江
黄国民 彭怡岚 彭洪霞 蒋 军
舒翰轩 游 晋 谢春利 管志强
樊 钒 魏智嵬 罗 建 田 虎
王 凯 王 进 代 聪 朱吉祥
乔 宁 刘 娜 汤 进 安显韬
孙婕妤 李 针 李 鑫 李嘉辉
杨 莉 杨碧宁 余汪鑫 邹 胜
邹铮贤 汪 洋 陈 鑫 陈俐娟
周 震 赵 艺 徐平洪 徐秀祥
高 龙 郭 静 涂 敏 梁 艳
蒋 姝 傅 亮 曾晓阳 鞠友志

中国人民政治协商会议第十一届成都市郫都区委员会（2021年12月）

常委名单：孙秀红 张维莎

委员名单：汪 峰 史 焱 顾莉华 鲁友强
卜显利 王雪颖 向宝泉 陈建平
武瑞娟 周健生 胡 靖 曾晓勤
魏武然

中国人民政治协商会议第十二届成都市双流区委员会（2021年12月）

常委名单：雍世平

委员名单：赵凯文 刘观赛 陶云秀 桑艺宵
王宏伟 毛正国 石 怡 李 飞
李欣洧 张 东 张 晗 易 翼
周道华 袁小军 袁胜丽 覃兴炯
雷 琳

（市政协高新工委）

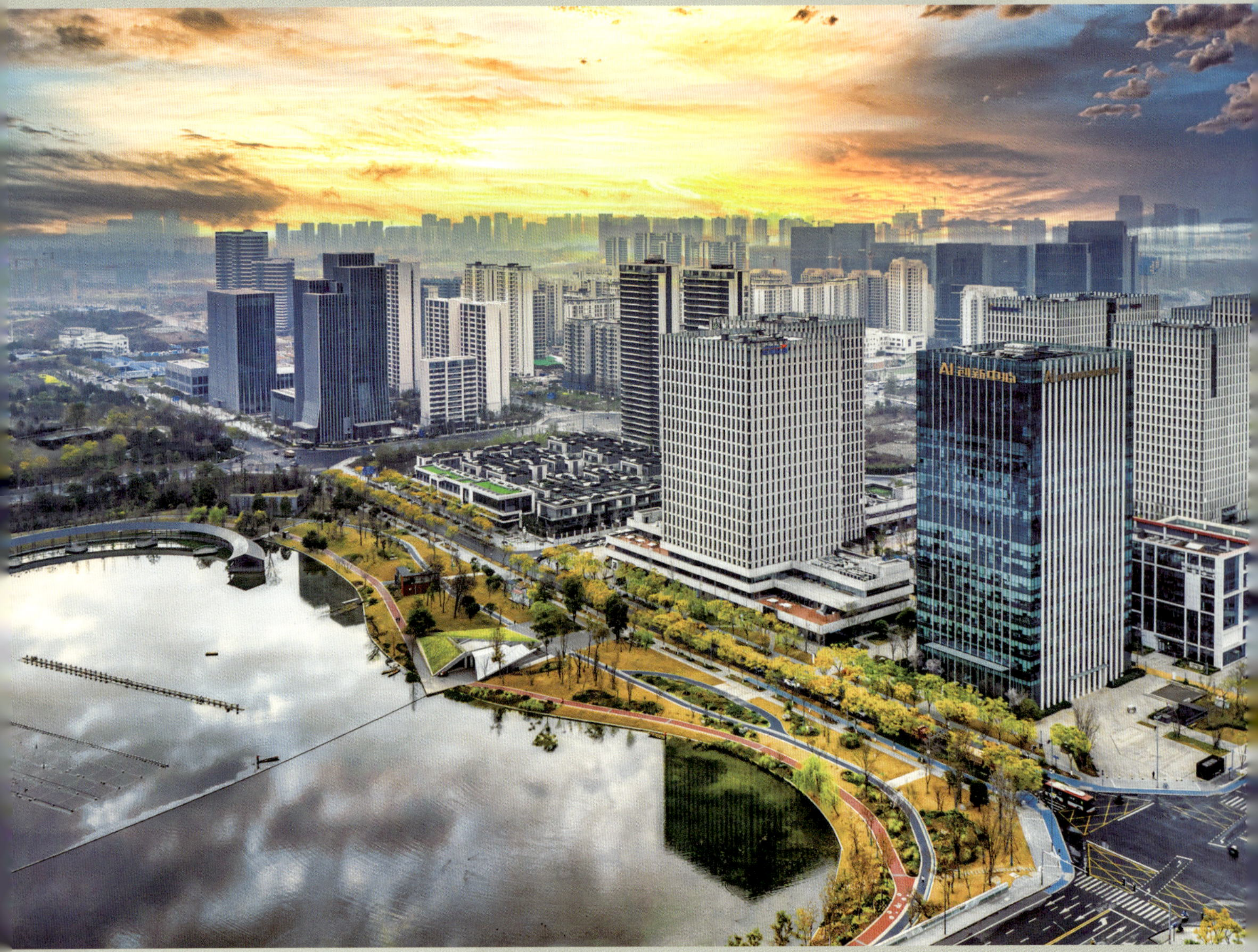

人民团体

MASS ORGANIZATIONS

工 会

【概况】 2022年，成都高新区工会办事处在成都高新区党工委的坚强领导和成都市总工会精心指导下，坚持以习近平总书记关于工人阶级和工会工作重要论述为指引，切实践行新时代工会工作的总体要求，立足新发展阶段，贯彻新发展理念，服务新发展格局，以当好职工群众的贴心人、娘家人为追求，集中力量在组织建设、典型选树和提升服务三大方向奋力攻坚，充分发挥工会桥梁纽带作用，开展五大工程，扎实推进各项工作。

【思想引领工程】 2022年，成都高新区持续擦亮"高新工匠"品牌。牵头选树"高新工匠"（产业职工类）117名，组织推荐195名一线技能能手参评"成都工匠"，其中37人获评"成都工匠"，位列全市区（市）县第一，开展"高新工匠"联盟沙龙活动2期，吸引80余名工匠参与，组织劳模工匠宣讲团开展线下宣讲炫技活动42场，"天府工匠"高新站线上炫技多平台直播，活动宣传覆盖人数超过300万。

【技能提升工程】 2022年，成都高新区精准实施百万职工劳动和技能竞赛行动。全年开展网络安全、焊接工等二类赛8场，吸引419名职工参加比赛。指导街道、园区组织企业开展2022年"建功'十四五' 奋进新时代"劳动竞赛452场，其中定制化三类赛147场（含新就业形态劳动者技能比赛），吸引7000余名职工参加。累计投入各级技能大赛支持资金234.5万余元。2022年，成都高新区深入实施职工创新创造计划，以高新区企业培训联盟为载体，大力开展联盟主题活动，累计培训职工800余人次。持续实施职工创新创客计划，鼓励企业职工积极参与创新，日立电梯、地奥制药等4家单位获评"成都高新区职工创新创客空间示范点"荣誉称号；举办第五届职工创新创客大赛，吸引200余名职工创客参赛，形成富有高新特色的职工双创品牌。

【维权维稳工程】 2022年，成都高新区构建落实"五个坚决"要求长效机制。持续强化基层工会、街道（园区）工会维权组织和队伍建设，加强与劳动、法院等部门的合作。2022年，高新区"1+7"一站式联合调解中心调解案件4826件，调解成功3384件，调解成功率为70.1%，不断完善劳动关系治理体系"共建共治共享"的良好局面，维护职工合法权益。全年排查职工队伍稳定风险点43条，化解风险点24条，建立健全处置台账并及时报送至市总工会。做好网络舆情引导和网络评论工作，联动处理网络舆情、信访等省总、市总交办件57件，持续壮大工会网上舆论引导力量。积极开展2022年成都市厂务公开民主管理标准化建设工作，组织厂务公开民主管理培训2场，吸引89家企事业单位报名参与，经专家评审，共评审通过45家企事业单位（A级14家、B级13家、C级18家）。积极开展集体协商工作，组织开展集体协商业务培训17场，培训工会干部504人次，制发集体协商宣传册2000本，有效促进和谐劳动关系建设。

【组织建设工程】 2022年，成都高新区推进工会改革纵深发展。大力推进社区工会、楼宇（园区）工会组织建设，深入推进工会改革创新，实现高新区所有社区100%建立工会组织，新建软件园G区、长虹科技大厦、凯乐国际广场等楼宇（园区）工会组织14个；持续开展成都高新区新建基层工会项目化补助工作，共84家企事业单位通过资料申报和审核，下拨补助经费38.902万元，通过项目化补助的形式，有效激发了基层工会组织活力。推进工会组织建设提质增效。常态化开展企事业单位建会工作，新建企事业单位工会组织237家，其中25人以上新建132家，25人以下新建105家。大力推进新就业形态群体阵地建设，累计建立"中和·蜂巢""桂溪·溪友驿站""石羊·逸站"等成都高新区新就业形态劳动者服务示范点位8个，通过丰富入会形式、缩短入会距离、加强常态化联系等方式，吸纳35142名新就业形态劳动者加入工会。推进工会干部队伍素质提升。开展"绩效管理精进"企业管理沙龙、"关键时刻2.0决策"团队领导力沙盘模拟、管理团队经营领导力沙盘模拟等主题沙龙活动12场，吸引300余名工会主席、工会干部参与。组织开展新任工会主席培训，全年共培训工会主席142名，切实强化基层工会干部队伍建设。

（党群部）

2022年11月16日，2022两岸（川渝）青年就业创业发展交流会开幕式（党群部/供）

共青团

【概况】 2022年，成都高新区有18～35周岁青年68万人，基层团组织1064个，团员1.55万人，少先队大队55个，少先队员7万人，青年之家42个，青年人才驿站2个。

【学校共青团工作】 2022年，成都高新区发展团员1259人。依托智慧团建团员数，对团员进行2021年团费收缴，收缴金额83402.07元。完成团组织关系转接，实现"学社衔接"率100%。夯实队伍建设。印发《基层团组织联系团员工作指引》（2.0版），与高新区教育文体局联合印发《关于明确高新区中学团委书记任职资格及换届程序的通知》，举办中学团干部团务培训1场。成立少先队夏茜名辅导员工作室，全年开展"辅导员沙龙""辅导员技能大赛"等共8场，覆盖600余人次。加强思政教育。持续做好"青年大学习"，每期学习全区团员参学率均达100%，参学情况在全省187个县（市、区）综合排名前五、全市综合排名前二。深化打造"少先队十佳评选""红领巾故事会""红领巾小提案""红领巾欢乐行""红领巾志愿者"。全年开展区级红领巾主题活动60场，直接覆盖少先队员1万余人次。积极推动少先队工作社会化，累计打造少先队社会实践基地13个，发布少先队社会实践地图。

【社会共青团工作】 2022年，成都高新区创新团建路径。新建火炬时代楼宇团支部、天祥广场楼宇团支部等楼宇（园区）团组织8个，社会领域团组织654个。做好社会动员，招募储备青年志愿者1829名参与基层防疫工作，同时联合市青联以及各级基层团组织开展形式多样的防疫一线工作人员慰问工作。

【青年人才服务工作】 2022年，成都高新区丰富青年活动品牌。营造青春同路缘聚高新、青春主理人、技能解锁营、碳减高新等“高新青年汇”活动子品牌，开展活动600余场，直接服务青年2.4万余人次，培育引导青年社群140个。运营青年人才驿站。打造青年人才驿站“一区三站”新模式，全年累计服务“蓉漂”青年人才1032人次，入住青年人才留蓉率达到65%。开展首届“杰青”评选。从青年企业家、青年人才、一线青年建设者、青年志愿者、社会组织青年5个类别成功选树杰出青年10名。

【青少年活动阵地建设】 2022年，成都高新区依托各类资源，建设“青年之家”综合服务平台42个。全年开展各类活动600余场次，服务青年2万余人次。

【五四青年节活动】 2022年，成都高新区举办学习贯彻习近平总书记在庆祝中国共产主义青年团成立100周年大会上的重要讲话精神座谈会。开展2021—2022年成都高新区中学、社会领域共青团“十佳”评选活动，评选中学领域“十佳共青团员”“十佳共青团干部”“十佳共青团组织”“十佳中学社团”各10名，社会领域“十佳共青团员”“十佳共青团干部”“十佳共青团组织”“十佳青年社群”各10名。

（党群部）

妇 联

【概况】 2022年，成都高新区继续健全全区两级妇联基层组织，妇女干部队伍有所扩大。完善街道、社区妇联组织100%覆盖建设，两级妇联执委人数增至1095人，其中各级人大代表、政协委员、各级三八红旗手等优秀女性干部11人。开展2022年成都高新区“情系疫线·花漾相伴”三八国际妇女节活动。

【优秀女性评选表扬】 2022年，成都高新区向成都市妇联推荐第三届四川省家庭工作先进集体1家，2021—2022年度成都市三八红旗手2人以及三八红旗集体1家，成都市2022年儿童友好优秀社区1个。

【“儿童之家”】 2022年，成都高新区指导全区69个“儿童之家”围绕六一儿童节主题开展儿童友好社区、游戏和活动、健康教育、生活和社会技能指导、品德教育与行为指导、心理社会支持、家庭教育指导等方面常态化开展各类品牌活动2300余场，服务人群60000余人次。

【儿童友好社区建设】 2022年，成都高新区围绕儿童友好社区建设，建成20个儿童友好社区，完成儿童友好社区覆盖率达25%。建成成都市优秀儿童友好社区1个。

（党群部）

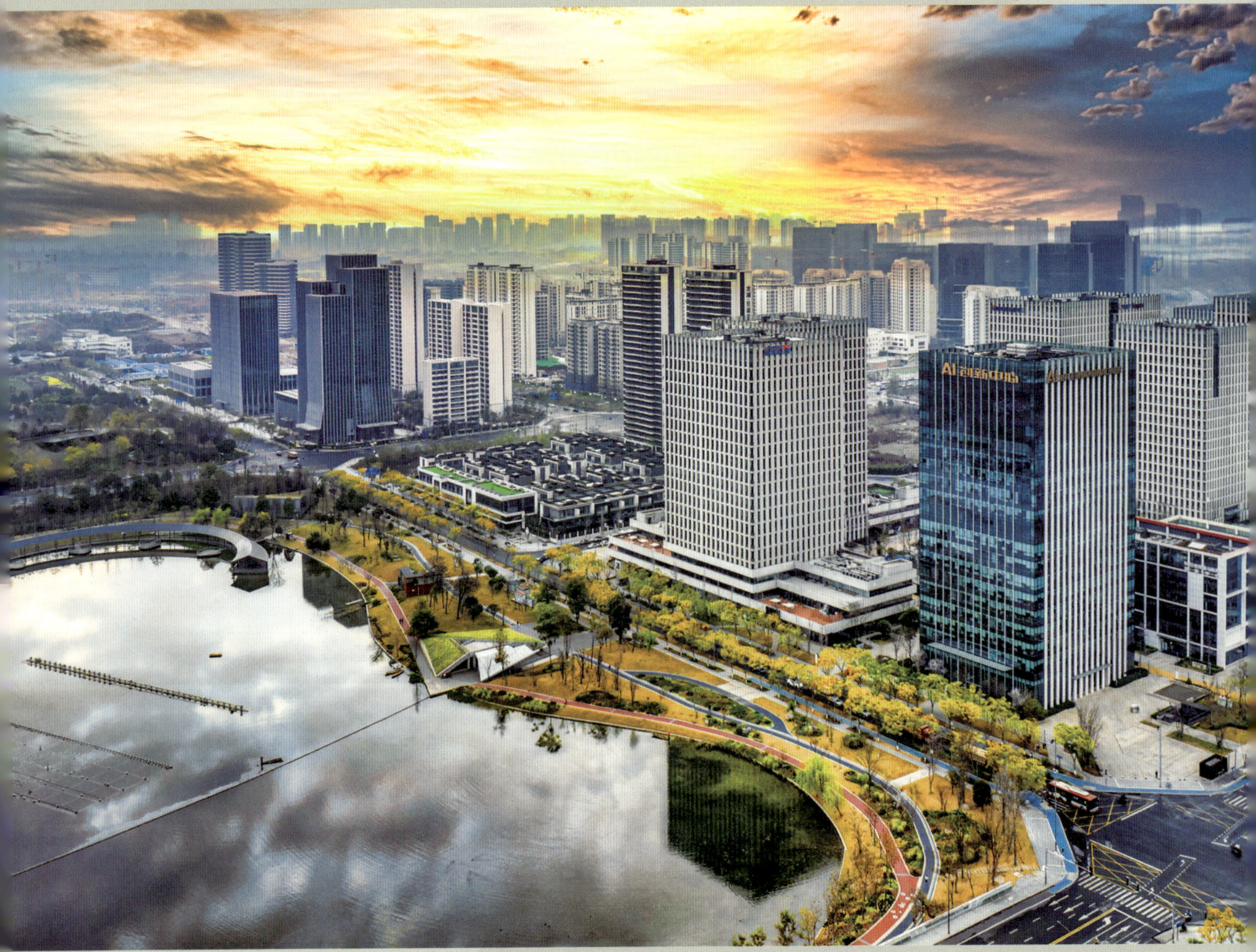

安全管理与应急救援

SAFETY MANAGEMENT AND EMERGENCY RESPONSE

安全生产管控

【概况】 2022年，成都高新区认真落实国家、省、市关于安全生产的工作部署，紧紧围绕高新区社会经济发展总体目标，以防范化解重大风险，遏制重特大事故为重点，持续强化安全宣传教育，筑牢安全防范基础。扎实开展安全隐患排查、整治，对违反安全生产法的进行教育处罚，完成保安全的各项目标任务。全区生产安全事故起数和事故死亡人数实现双下降，全年安全生产形势总体平稳。

【落实安全责任制】 2022年，成都高新区党工委、管委会高度重视安全生产工作，认真贯彻落实习近平总书记关于安全生产工作的重要论述，及时传达国家和省、市安全生产重要会议精神，将安全生产工作纳入重要议事日程，并督促检查工作的落实。全年组织召开高新区安全生产工作会议19次，党工委管委会领导定期检查安全生产工作。编制完成党工委、管委会领导安全生产监管责任清单，指导部门编制安全生产权力和责任清单，明确民宿等9个新兴行业领域安全监管责任，进一步消除监管盲区和漏洞，形成监管合力。积极落实国务院安委会安全生产十五条措施、安全生产大检查、三年专项整治行动“巩固提升年”“岁末年初百日安全生产大会战活动”等各项重点工作任务，落实重要节日和重要活动期间、疫情防控期间等重点时段安全生产工作决策部署。

【安全宣传教育】 2022年，成都高新区强化安全文化建设，充分利用管委会官网和高新电视台等平台深入宣传习近平总书记关于安全生产的重要论述，制作并在全区推广燃气安全及防范一氧化碳中毒事故安全宣传片等安全生产公益广告。开设“成都高新应急”微博和微信公众号发布、推广安全生产工作动态和经验做法。

以“安全生产月”为契机，启动全市首个安全文化节活动，上线“1个区级+7个街道级”安全学院，创建安全文化宣传“高新品牌矩阵”。组织开展大型综合体、危险化学品等重点行业领域安全生产监管专项培训11场，推进部门、街道和社区安全生产骨干队伍建设，开展能力提升专项培训31场，激发全社会广泛参与安全生产，增强高新区安全发展韧性。全年安全生产工作被中央、省、市、区级媒体报道130余次，扩大了全区应急管理、安全监管工作的影响力。

【安全基础建设】 2022年，成都高新区持续推进安全生产基层基础建设，提升安全风险防范能力。推进安全生产单元细胞建设，充分调动广大职工和人民群众、行业协会和单位组织广泛参与安全生产，建设安全生产单元细胞工作站（点)670个，微型消防站建设提能升级594个，实现全区楼宇园区、院落楼栋、街区网格、重点点位全覆盖，着力构建区、街道、社区的三级安全治理体系，进一步夯实安全生产基层基础，构建齐抓共管、群防群治的安全生产工作格局。开展安全生产明察暗访，针对城镇燃气、城乡消防、建筑施工等重要领域完成暗访视频5期，及时曝光安全隐患。开展“送安全、送温暖”进特殊困难家庭工作，全年安装预警系统2519户，居全市前列。

【重大隐患治理】 2022年，成都高新区开展安全隐患排查，分级分类建立安全隐患台账清单，及时报送重大事故隐患有关情况。全面完成国务院考核巡查组检查发现环球中心消防安全13

项问题整改，完成市级挂牌督办立人托幼儿园重大消防隐患整治任务。对存在重大安全隐患点位实行区级挂牌督办，落实风险管控措施，完成锦华市场、大一孵化园、劲松社区3项区级挂牌督办隐患整治任务。

【安全生产执法检查】 2022年，成都高新区开展行政执法，集中对各类安全生产大检查大整治，进一步加强安全生产执法检查工作，对重点危险源等区域进行集中整治。共检查企业78家，下达责令整改指令书27份，整改隐患101条，行政处罚19家，罚款人民币36万元。同时，依托“互联网+执法”系统开展“护安2022”执法专项行动及“打非治违”执法专项行动，严格落实各项安全防范责任和措施。推进应急管理综合行政执法改革工作，将安监执法队更名为应急管理综合执法大队，有力地增强基层行政执法队伍建设。

【安全责任事故处理】 2022年，成都高新区对各领域发生生产安全事故，违反《中华人民共和国安全生产法》《四川省安全生产条例》等法律法规的行为进行行政处罚。全年高新区发生各类生产安全事故17起，行政处罚330万余元。

（政法委、应急局）

应急管理

【概况】 2022年，成都高新区以习近平新时代中国特色社会主义思想为指导，认真落实国家、省、市关于应急管理、防灾减灾救灾的工作部署，坚持“以人为本，狠抓落实”原则，切实加强组织领导、统筹规划，全面履行应急管理职能，对做好新形势下应急管理工作进行了有益的尝试和探索。应急管理工作稳步向前推进，为辖区社会持续平稳、经济较快发展提供有力保障。

【灾害隐患排查】 2022年，成都高新区从加强灾害防治，提升综合减灾能力入手，高质量完成综合防灾减灾、应急物资（救援救助类）保障两个“十四五”规划编制工作。应急系统完成调查数据采集、审核、上报1130个调查对象；住建（房屋建筑）系统完成全区31611栋房屋建筑外业调查；住建（道路桥梁）系统完成国家下发底图范围内的94座桥梁和465条道路（约457.8千米）的现场普查和数据上传工作；水旱系统完成全区水闸工程安全隐患调查9条数据、堤防工程安全隐患调查3条数据、高新区2017—2020年供用水情况调查、2020年现状水源情况调查、洪水灾害隐患调查报告、2020年现状抗旱工程及非工程能力调查、2020年旱情及旱灾损失调查。全面完成了全国第一次自然灾害风险普查任务，不断提升自然灾害防治能力水平。

【应急物资和避难场所管理】 2022年，成都高新区健全完善疫情期间应急物资储备、调拨、运送等协调联动机制，在疫情静态管理期间3小时内迅速调配300张折叠床给富士康使用，实现规定内应急物资送达保障到位。摸底调查拟定Ⅰ类应急避难场所（大源中央公园）选址工作，出台了《成都高新区应急避难场所管理办法》，对现有避难场所（共计69个）进行梳理，人均面积达到2.2平方米。深入开展防灾减灾科普宣教暨实景体验活动“进学校”“进社区”和“进基地”3个板块，覆盖群众2.6万人，取得良好社会成效。

【预警监测与防灾演练】 2022年，成都高新区

2022 年 6 月 15—21 日，成都高新区开展 2022 年基层应急救援队伍技能专项培训（政法委、应急局 / 供）

强化科技赋能应急管理，完成应急指挥信息网升级改造，实现指挥视频“双调度”目标。防汛期间，推送大风、雷雨等极端天气灾害气象预警信息 289 条。完善智慧应急场景一期建设工作，初步实现应急资源数字化、可视化、应急资源调度及三级平台五级应用。在合作街道晨风中心村设立首个“智慧城市应急广播”，实现及时预警、及时播报灾情、发布疏散避险指令。依托“高新造”地震预警终端设备（159 台）实现辖区内所有社区、公立中小学 100% 全覆盖，聚焦“五个到位”助力全民防灾意识大提升地震演习“教到位”。创新演练模式，模拟汶川发生 7.0 级地震，组织菁蓉小学、成都天府软件园参与跨省跨行业同步地震预警演习，增强民众灾害风险防范意识和应急避险能力，推进灾害预警成果深入应用。

【雨季防汛备汛】 2022 年，成都高新区在主汛期来临前，联合水务部门修编《成都高新区防汛应急预案》和编制《应急局防汛工作应对手册》，组织开展全区防汛工作培训会和灾害信息员培训班，联合相关部门、社会救援组织等企事业单位，开展转移群众、疏散安置、水域救援等贴近实战的防汛应急演练。组织属地街道对辖区内老旧院落、隧道、河道、堤口、城市低洼区域等 58 个重要点位进行集中拉网式排查，及时梳理更新各类防汛物资和储备点位，做到“未灾先防”。强降雨期间，派人赴重点点位现场开展督查检查，各项防范工作措施落实到位，确保 2022 年全区安全度汛。应急演练“练到位”。模拟突降暴雨、水位漫堤、车辆和人员意外落水的情景，围绕预警响应、指挥调度、应急联动和抢险救援，开展防汛及水域救援实战演练，全面提升防灾减灾应急反应及处置能力。

【应急队伍建设】 2022 年，成都高新区以提升救援能力为目标，开展年度基层（街道、社区）

2022 年 5 月 10 日，成都高新区开展应急救援技能比赛暨成都市第二届（2022 年）基层应急队技能大赛选拔赛（政法委、应急局 / 供）

2022年10月25日，成都高新区组织成都市第二届（2022年）基层应急队技能大赛选拔赛（两委办/供）

应急救援队伍技能专项培训，辖区7个街道和社区应急救援队伍成员共计140余人参加。技能专项培训内容丰富、形式灵活、针对性强，切实提升街道、社区应急救援队伍的实战能力，丰富应急处置手段、增强安全保障信心。汛期伊始，组织开展2022年防汛暨水域救援综合应急演练，充分展示了防汛指挥部成员单位、相关街道之间的响应速度、沟通协调、分工合作。10月，举办基层应急队技能大赛，牢固树立“人民至上、生命至上”理念，以赛促训、以训促战，打造一批政治上可靠、技术上过硬、行动上规范的基层应急救援队伍，提高全区突发事件响应处置能力，为人民群众的生命财产安全保驾护航。

（政法委、应急局）

消 防

【概况】 2022年，成都高新区进一步强化消防安全职责，努力提升消防安全保障水平。党工委、管委会主要领导先后12次检查督导消防安全工作；消防安全警示约谈、领导带队检查、部门联合执法等工作机制形成常态并有效运行。全力推进“智慧消防”工程建设，构建起三级平台五级应用的智慧蓉城“王”字形架构，初步实现消防突发事件、管理事件的政府侧、企业侧双线融合，两端闭环的“智慧消防”治理体系。继续加强消防队伍建设，提升实战能力和装备水平，确保全区消防安全继续保持平稳态势。

【消防隐患排查治理】 2022年，成都高新区结合实际，进一步细化消防安全工作职责任务；根据区域和街区特点，分行业、分领域净化消防安全环境，组织人员开展大型商业综合体、高层建筑、经营性自建房等13大类专项整治行动。2022年，共检查单位2028家、人均255家，整改隐患2622处、人均291处，临时查封62个。深刻吸取典型火灾事故教训，统筹推进火灾风险重点整治，投入350万元对272栋高层公共建筑开展安全评估，排查高层建筑普遍存在的共性隐患、难点问题1900处。截至2022年年底，已整改隐患1835处；对1337处自建房开展消防安全专项治理，整改隐患971处，拆除关停搬离25家高风险点。

【构建共建共享社会化消防格局】2022年，在调查研究的基础上，高新区消防大队推出“联训联动、专人专用、一专多用”的基层街道消防安全办公室建设。组建21人消防工作专班派驻辖区7个街道，带动各街道办事处开展帮扶指导、防火巡查、培训宣传等工作。组织巡察单位2316家，整改隐患5051处，开展宣传培训230次，收到良好效果。指导提升微型消防站基础作用，共新建微型消防站552个，完成78个微型消防站提能升级，微型消防站全年累计接处警情77起。加强居家火灾防控能力建设，为1974户特殊困难家庭安装消防预警设备，推进新建电动自行车充电示范点14个。突出消防安全源头整治，对注册在高新区的79家消防技术服务机构从业条件进行检查，立案调查29家，罚款9.1万元。

【消防安全宣传教育】2022年，成都高新区加强资源整合，开展多层次、全覆盖、立体式的消防宣传工作。组建由71名社区工作者组成的消防安全“社区宣讲团”，联合高新区应急局开展28场“高新安全学院——基层安全骨干培训班”培训活动，对878名重点区域、重点场所骨干人员进行消防安全知识和技能培训。通过家庭电视开机界面持续推送宣传消防安全常识，覆盖高新区用户近20万人。主动协同“成都高新应急”公众号开展线上消防安全宣传，共发布消防安全资料、视频等37条。完成全民消防学习平台注册7.6万余人，累计完成积分学习1351万余分，居全市第三名。推出“火焰蓝&天使白”“‘95’加满”等策划宣传，抖音点赞量达130.8万余次，高居全国热搜榜前30名；专题拍摄“NPC实景演绎高层建筑逃生指南”在全市各大LED显示屏、楼宇电视滚动播出。消防安全知识通过多种渠道走进千家万户。

【严管厚爱凝聚队伍合力】2022年，成都高新区消防大队全年召开队伍管理分析会12次，下发管理教育提示要求3次，对辖区队站开展督导检查25次，解决整改问题7项；每周开展队容风纪检查，定期组织队列训练，狠抓队伍管理教育工作。同时，坚持以组织关心、人文关怀凝聚全队力量。引进专业心理健康培训机构，每月开展心理健康培训，探索建立完整的心理干预长效机制，深层次激发基层队员积极性，增强队伍黏合性。同时，积极落实相关政策，及时解决队员关心的实际问题，进一步提升队伍凝聚力、向心力、战斗力。

2022年，成都高新区消防救援大队开展高层建筑消防安全检查（消防救援大队/供）

【实战化训练】2022年，成都高新区消防大队切实抓好预案修订、熟悉演练、专业培训等基础工作，增强队伍战斗力。坚持“主官示训、全员参训、科学施训”，专题召开备战总队比武竞赛会议2次，研究部署备战工作，制订年度、季度、月训练计划，严格实施周测试、月考核、季度比武，采取视频示范教学、专业教练指

2022 年，成都高新区消防救援大队在“119”消防宣传月期间开展宣传活动（消防救援大队 / 供）

导、逐人建立档案等多种手段提升训练效能。在各队站发掘训练小教员，到各队站帮扶教学，进一步提升队伍整体训练能力。组织完成作战训练安全理论考试20余次，开展作战安全专项训练10余次，完善并修订数字化预案80余份，组织开展“大型商业综合体”“大跨度厂房、仓库”“防汛抗洪”“高层建筑”等典型类型实战演练，着力提升攻坚打赢能力。圆满完成二十大、冬奥会、省两会、世乒赛和“8·25”疫情处置等重大消防安全保卫工作。

【消防正规化建设】 2022年，成都高新区以“抓精品、成特色、当标杆”为目标，完成大队部及天府三街站、衣冠庙站正规化建设，加快“明厨亮灶”提档升级改造工程，打造温馨舒适营区环境，提升基层指战员的工作生活环境。新文路站、富士康站已完成前期设计及施工招标工作。结合上级关于建设大队级指挥中心的工作要求，对标先进及智慧蓉城建设成果，细化梳理指挥中心功能需求和库室设置，高标准建成了占地面积140平方米，具备360度倾斜摄影、电子预案制作等功能，电子沙盘与实体沙盘相结合的现代化大队级指挥中心。

【充实消防装备】 2022年，成都高新区消防大队共有消防车辆59辆，在此基础上新增大功率灭火无人机、消防机器人等各类装备3495件套，现共有12大类，计40032件套，齐备率100%，完好率100%。投入98万元用于消防员防护装备清洗站建设及设备安装；强化通信建设，为所有队站建成华平、科达双视频会议系统；为各队站配置防火墙、交换机等网络设备并完成调试，强化基层队站执勤备战工作。

【对口帮扶】 2022年，按照“三帮三扶”要求，成都高新区消防大队定点对口帮扶甘孜州理塘县消防大队。2022年，高新区消防大队向理塘消防大队捐赠冲锋衣23套、篮球服23套、图书13套、相机1台、运动器材若干，并派1名干部前往理塘大队开展为期1个月的交流学习，推动共学共进。

（消防救援大队）

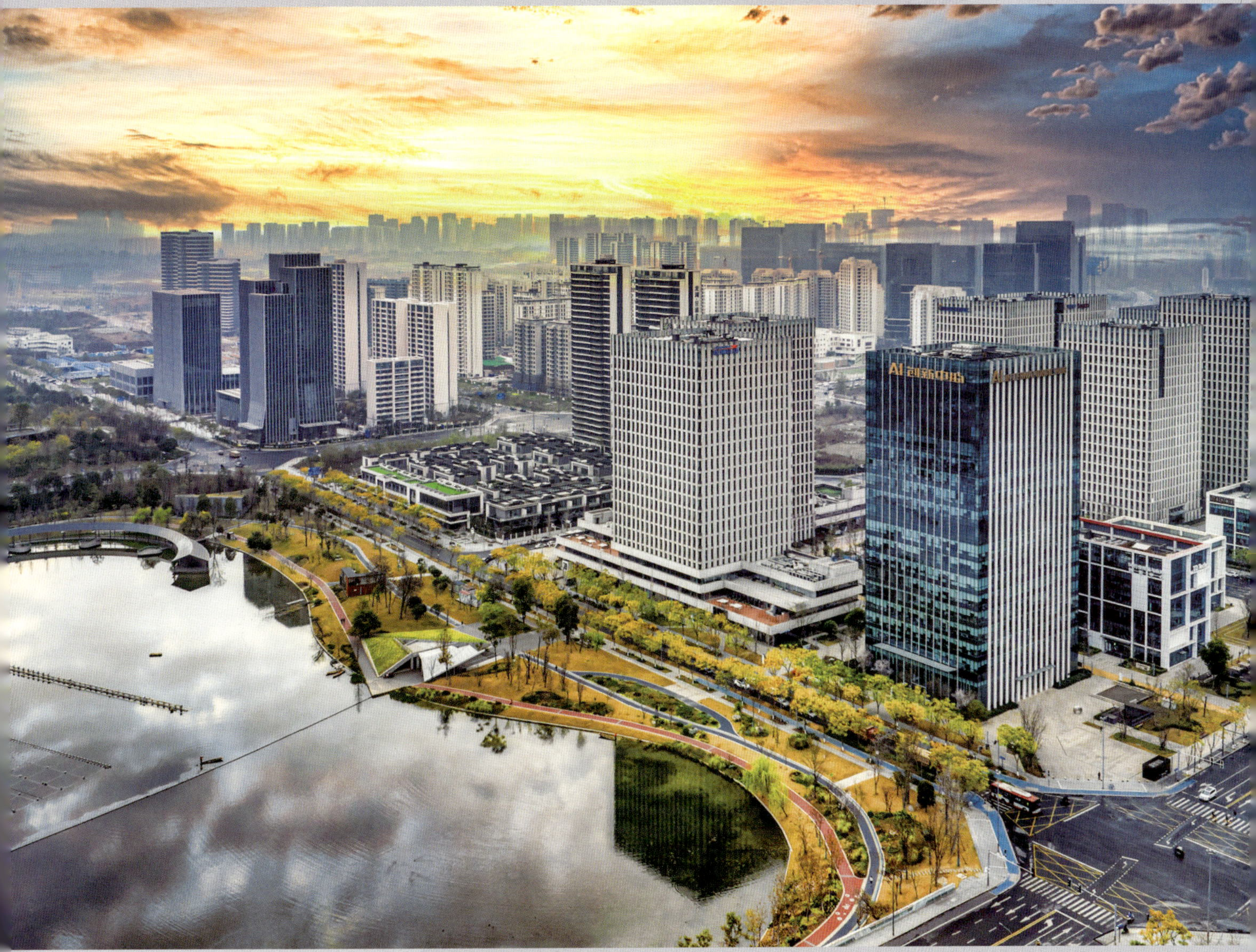

法　治

LAWS AND ADMINISTRATION

法治政府建设

【概况】 2022年，成都高新区坚持以习近平新时代中国特色社会主义思想为指导，深入贯彻落实习近平法治思想，按照上级对法治政府建设的安排部署，立足新发展阶段、贯彻新发展理念、融入新发展格局，全面建设职能科学、权责法定、执法严明、公开公正、智能高效、廉洁诚信、人民满意的法治政府，为建设社会主义现代化成都贡献高新法治力量。

【规范性文件管理】 2022年，成都高新区加强行政规范性文件动态清理，围绕优化营商环境、"放管服"改革、公共卫生安全法治保障等需要，及时跟进上位法制定、修改、废止情况。对2022年5月1日之前以成都高新区管委会及成都高新区管委会办公室名义制发的行政规范性文件进行全面清理，继续有效的行政规范性文件36个，废止、失效的行政规范性文件8个。压实行政规范性文件"备案""审查"两环节，全年行政规范性文件报备率、审查率均达到100%。

【行政复议】 2022年，成都高新区深化行政复议体制改革。在成都高新区政法委、应急局司法法治处挂牌设立成都高新区行政复议局，对外使用"成都高新区行政复议局"名称和印章，在机构设置上符合改革的要求。2022年，共办理行政复议案件236件，其中，不予受理及未补正终止39件，受理197件，均在法定期限内审结，充分发挥了行政复议公正、高效、便民的制度优势和化解行政争议的主渠道作用。

【会前学法】 2022年，成都高新区党工委、管委会持续抓好领导干部这个"关键少数"，坚持将领导干部带头学法作为常态性工作。2022年，党工委会议学法5次涉及8部法律政策，管委会办公会议学法9次涉及11部法律政策，包括《中国共产党纪律检查委员会工作条例》《网络安全审查办法》《四川省物业管理条例》《保障农民工工资支付条例》等。

【执法队伍管理】 2022年，成都高新区持续提升行政执法队伍的政治素养、专业素养、纪律素养。通过组织执法人员集中学习《中华人民共和国行政处罚法》等法律法规，进一步增强执法人员对行政处罚案件法律适用范围的把握，不断提升行政执法的法治化水平。统筹开展"大学习大练兵大比武"活动，组织依法行政能力提升专题培训，大力提升行政执法队伍职业素养和专业水平，推进严格规范公正文明执法。

【行政应诉】 2022年，成都高新区创新行政应诉工作机制，增强依法行政能力。进一步深化行政机关负责人出庭应诉规范化制度化建设，通过"管委会+各部门+各街道"三级应诉体系，强化"一体化"应诉工作力量，提升各单位应诉能力。发挥成都高新区行政审判与行政执法工作联席会作用，定期召开年度行政复议、行政应诉专题会等重要会议，适时召开重大疑难案件研讨会议，对部门展开针对性执法培训，共同推动执法部门进一步强化依法行政意识，规范行政执法行为，提升行政执法及应诉能力。办理以管委会为被告的行政应诉案件31件，行政机关负责人出庭应诉率达100%，高于全市平均水平。

（政法委、应急局）

维稳与综治

【概况】2022年，成都高新区党工委政法委圆满完成全国、省、市两会、二十大等重大活动和“3月涉藏重点工作期”“4·25”“5·13”等重大敏感期维稳保障工作36次；完成习近平总书记到四川视察，省、市主要领导到高新区调研保障工作29次，始终把握住社会治安大局，社会面形势整体平稳。认真执行重大事项请示报告制度，向成都市委政法委报告重大事项6次。2022年，全区持续完善平安建设制度机制，以深入推进市域社会治理现代化试点为契机，积极推进“微网实格”治理工作，组织开展矛盾纠纷大排查大化解和社会治安重点地区整治，常态化开展扫黑除恶斗争，深入开展重点行业领域整治，积极开展“平安创建”活动和见义勇为表彰奖励，加强政法队伍建设，进一步提升平安建设水平。

【维护社会稳定】2022年，成都高新区党工委政法委切实履行第一责任，全力维护社会稳定，社会面形势整体实现“大事不出、小事可控”。服务大局方面，圆满完成全国、省、市“两会”、二十大等重大活动和“4·25”“5·13”等重大敏感期维稳工作36次；完成习近平总书记到四川考察，省、市主要领导到高新区调研保障工作29次。化解矛盾方面，全年主动参与、积极协调指导部门、街道做好信息收集、分析研判工作。合理运用目标指挥棒作用，强化不稳定因素化解稳控工作，对重点突出涉稳问题形成项目清单，以目标督查形式下发并跟踪督办，全年推动相关部门实现《全市群体性矛盾风险清单》涉及高新区9项任务攻坚化解，切实保障和解决近7万名群众涉及民生的利益诉求。应急处突方面，做好线上线下综合防控，按照“三同步”工作原则，会同网信办和公安网监部门不断整合资源；强化应急值守和应急处突工作，实现“一盘棋”统筹和扁平化指挥，确保指挥顺畅、反应敏捷、处置有力。积极协调指导做好群体性事件应急处置工作，严格按照《成都高新区贯彻落实信访维稳工作责任制暂行办法》要求，及时赶赴现场处置“四川信托”等重大涉稳事件46起。

【巩固完善维稳长效机制】2022年，成都高新区健全维稳形势分析研判机制，建立完善由政法委统筹协调，党群工作部、公安分局、网络理政办主要参与，其他相关部门积极参加的“1+3+N”的情报信息定期分析研判机制和信息联络员机制，坚持信访维稳工作例会，做到多渠道、多途径收集涉稳信息，多部门会商研判，对苗头性、行动性信息做到预测预警，收集报送各类涉稳隐患1100余条，及时通报、处置各类行动性、预警性信息210余条，依托“睿智系统”推送各类涉稳信息2300余条。建立涉稳问题“周汇总、月研判、定期形势分析”工作机制，高质量完成重点敏感时期“每日一研、每日一报”100余篇及特定敏感时段社会稳定形势分析17篇。健全重大决策社会稳定风险评估机制，完成各类《社会稳定风险评估报告》登记备案29件。健全涉稳隐患排查调处机制。始终坚持“日常滚动排查、敏感期集中排查、专项工作重点排查”的工作机制，按照“区上建重点账、街道建综合账、社区建明细账”的工作要求，形成三级维稳工作台账体系，切实做到“底数清、情况明”。综合运用信访联席会议等专项工作机制协调处置各类涉稳问题30余起。

【社会治安综合治理】 2022年，成都高新区继续完善平安建设制度机制，印发《平安高新建设领导小组专项组组成方案》《平安高新建设领导小组办公室组成人员名单》《平安高新建设领导小组会议制度（试行）》《平安高新建设工作考评办法》等文件，加强统筹调度，进一步规范信息收集、基础调查、动态排查、评估研判、预警防范等工作机制；充分发挥平安建设协调机制，组织党群部、社治保障局、公安分局等相关部门开展打击和防范未成年人违法犯罪、网络安全强基排查信息等专项行动，全力推动平安高新建设提质增效。全面做好市域社会治理现代化工作，首批试点城市验收迎检工作，对佐证材料规范组卷，编辑整理浅显易懂的市域社会治理现代化基础知识宣传资料，通过社区、院落、楼栋公示栏，街道、社区微信公众号，业主微信群等对群众开展广泛宣传，助力成都市顺利通过省初检和中央复检。积极推进党建引领社区“微网实格”治理工作，制定《关于深化党建引领社区“微网实格”治理机制行动方案》，牵头组织各街道、相关部门做好一般网格、微网格、专属网格优化划分。2022年，划分一般网格930个，划分微网格7403个，划分专属网格1352个；组织网格员积极参与社区疫情防控、核实实有人口数据、燃气入户排查等专项行动，全年网格员通过“智慧蓉城”高新区综治平台共上报有关网格事件101610件，办结100065件，办结率为98.47%；强化智能网格场景应用，会同智慧城市局将1000路社会视频资源已全部接入“大联动·微治理”信息平台，在7个街道50个点位进行试点场景打造。扎实开展矛盾纠纷多元化解工作，制定并印发《成都高新区矛盾纠纷“大排查、大化解”专项行动工作方案》《成都高新区进一步加强矛盾纠纷多元化解工作方案》，开展矛盾纠纷“大排查、大化解”专项行动，组织相关部门、各街道全面深入摸排辖区矛盾纠纷，依托“四川省矛盾纠纷多元化解工作信息系统”，全年调处矛盾纠纷3182件，调解成功2869件，调处成功率90.16%。积极开展“平安创建”活动，推荐市级“三星级街道”2个，“七五”平安示范社区2个，省级“六无”平安示范社区3个，平安建设群众满意度逐年上升，人民群众安全感、幸福感显著提升。积极组织开展对缪应祥、姚周富、高磊见义勇为行为审核认定工作，召开表彰大会，并宣传推广。积极开展社会治安重点地区整治，印发《2023年成都市社会治安重点整治工作方案》（平安高新办〔2023〕1号），整治完成市级挂牌社会治安重点整治点位地区1个，区级挂牌整治点位6个。全年接报违法犯罪警情同比下降24.3%。常态化开展扫黑除恶斗争，持续深入宣传贯彻《中华人民共和国反有组织犯罪法》；持续拓展深化重点行业整治，印发《成都高新区教育、金融放贷、市场流通等重点行业领域整治工作实施方案》，贯彻落实《成都市物流二手车市场行业领域整治专项工作方案》，深入开展教育、金融放贷、市场流通物流和二手车市场行业领域整治。持续抓深抓实线索核查工作，全年新受理上级交办线索1条，纪工委移交线索1条，已全部办结。

（政法委、应急局）

法 院

【概况】 2022年，成都高新区人民法院紧紧围绕司法工作目标主线，服务保障全区中心，突出执法办案核心，牢记司法为民初心，把准队伍建设重心，各项工作取得新进展、新成效，为成都高新区经济社会高质量发展提供坚实可靠的司法保障。全年共受理各类案件44845件，

较2021年同期增长4.45%，审结40551件，结案率90.42%，结案增幅5.04%；法官人均结案622件，同比增长36件。共获各类表彰奖励84项，获得上级肯定性批示34项。

【刑事审判】 2022年，成都高新区人民法院全年审结刑事案件784件1007人。其中电信网络诈骗52件97人，非法吸收公众存款、集资诈骗等13件15人。纵深推进常态化扫黑除恶专项斗争，坚持“打伞破网”“黑财清底”。维护舌尖上的安全，审理的起航巴蜀印象火锅店“地沟油”案件，开出成都市危害食品安全刑事附带民事公益诉讼首张“千万级罚单”。

【民商事审判】 2022年，成都高新区人民法院审理婚姻家庭、抚养赡养、物业、教培、劳动争议、医疗保险、涉房涉地纠纷等民商事案件30718件。与公安、妇联建立反家暴案件反馈机制，“双令齐发”保护被家暴未成年人黄某一案入选成都市未成年人保护十大优秀案例。妥善化解“老旧小区加装电梯”“物业拒绝配合安装充电桩”“底商油烟废气污染业主”等社会关注热点纠纷，平稳化解涉虚假宣传、房屋质量异议、“烂尾楼”“逾期交房”等涉稳、涉众房地产集团诉讼近1000件。

【行政审判】 2022年，成都高新区人民法院受理行政诉讼案件907件，审结856件，结案数居全市基层法院第一。持续深化府院联动，召开行政审判与行政执法联席会议及点对点府院联席会议，发布市级、区级行政案件《司法审查白皮书》，针对高新西区闲置土地问题作出涉法涉诉风险研判和预警提示，为经济发展、社会稳定筑牢安全屏障。

【执行工作】 2022年，成都高新区人民法院办结执行案件15283件，结案率94.42%，执行到位标的金额29.17亿元。坚持执行强制性，司法拘留、罚款14人次、金额12.2万元，失信惩戒2812人次，限制高消费10951人次。开展涉民生案件执行专项行动，快立、快执欠薪纠纷案件472件，为农民工追回被拖欠的薪资1196.41万元。秉持善意文明执行，审慎采取查封、扣押等措施，避免滥用失信惩戒，助力企业提振信心、释放活力。

【便民服务】 2022年，成都高新区人民法院打造普惠式诉讼服务体系，完善“一心多点、全域覆盖，联网运行、就近服务，线上线下、互联互通”体系，“线下”拓展社区诉讼服务站，构建半小时诉讼服务圈，并实现跨域立案。“线上”建成网上诉讼服务中心，积极对接“网络理事”，融合市政相关资源，提供“一网、一号、一次通办”诉讼服务。构建“1+e”行政案件电子诉讼模式，投入运行24小时自助法院并发布操作指

2022年3月15日，成都高新区人民法院开展“3·15”消费者权益保护宣传活动（法院/供）

2022 年 3 月 25 日，成都高新区人民法院开展护航大运会法治宣传活动（法院 / 供）

南，实现网上立案 34076 件（不含执行），线上调解 10836 次。持续开展“全天候”查档服务，布局远程智能查阅，全年提供档案借阅 6077 人次、7391 件。

【诉源治理】 2022 年，成都高新区人民法院推动审判流程、庭审直播、裁判文书、执行信息网上实时公开，依托司法公开“四大平台”，全年主动公开裁判文书和案件信息 9073 份（项），庭审直播 6683 件。开展律师参与化解涉诉信访，实行院庭长接访制度，办理涉诉信访 207 件（次）。受理司法救助案件 53 件，同比上升 140.9%；救助人数 40 人，救助金额 51.94 万元，对确有经济困难的当事人减、免、缓诉讼费 51212 元。

【队伍和文化建设】 2022 年，成都高新区人民法院研究制定五年发展规划。梳理高新法院二十五年发展历程，精准解读司法改革要求和法治建设规划文件，分析借鉴先进基层法院争创经验，编制本院“五年发展规划”，以五年三步走为基本路径，全面发力推进“七个强院”行动计划，聚焦建设全国优秀法院。深入打造文化品牌。推进“高新 · 天韵”文化品牌矩阵打造，完成院史长廊、法官墙等场所打造，全面展示高新法院建院历史。精心打造新媒体矩阵，官方微信连续 6 个月入围全省政法系统微信影响力榜单前十，政务微博上半年荣登全国十大法院微博。

【司法服务新区建设】 2022 年，成都高新区人民法院制定实施司法服务高新区、东部新区产业建圈强链两个实施意见，发布涉成都市、高

2022 年 1 月 13 日，成都高新区人民法院组织学生旁听庭审（法院 / 供）

新区、东部新区行政案件司法审查白皮书，向企业、行业协会、机关单位发送司法建议22份，报送专报21份，通过人民法庭积极服务保障天府国际机场运营和空港产业功能区健康发展，为两区高质量发展贡献司法智慧。

【司法服务创新驱动战略】 2022年，成都高新区人民法院聚焦知识产权保护、金融创新等重点领域，审结金融案件6494件、知识产权案件1714件。打造前端促进诉讼便利、中端创新审判机制、后端协同常态保护的知识产权司法保护全流程体系，构建“四区一市”知识产权全链条、全流程司法保护新格局。针对高新区政府性投资基金提出防范化解法律风险建议报告，在全省率先制定《证券期货纠纷律师调查令实施办法（试行）》。

【护航法治营商环境】 2022年，成都高新区人民法院聚焦成渝地区双城经济圈和成德眉资同城化发展，与省内外8家友邻法院签订司法协作框架协议。推出护航法治化营商环境十大攻坚行动计划，为企业参与诉讼提供全方位、全链条、全流程便利服务。明确破产企业信用修复、简易注销、税务债权申报流程，设立破产费用援助资金，助推破产审判提质增效。妥善化解东瑞金融中心停工项目矛盾纠纷，相关经验做法获上级领导批示肯定。

（法院）

【概况】 2022年，成都高新区人民检察院（以下简称“高新区检察院”）坚持以习近平新时代中国特色社会主义思想为指导，认真学习贯彻习近平法治思想，围绕检察系统“质量建设年”和成都高新区党工委“三提升两服务”行动工作目标，以高度的政治自觉、法治自觉、检察自觉，全面协调充分履行检察职能，各项工作取得新的进展。2022年，共受理审查逮捕案件441件775人，受理一审公诉案件1321件1723人，办理各类民事、行政和公益诉讼案件170件。

【刑事检察】 2022年，成都高新区人民检察院围绕中心工作，用扎实工作服务大局保障发展。坚决维护国家安全和社会稳定。依法严厉打击严重影响社会治安犯罪，批准逮捕故意杀人、抢劫等严重暴力犯罪15人，起诉23人；批准逮捕涉毒涉枪涉爆犯罪24人，起诉61人。常态化开展扫黑除恶斗争，批准逮捕10人。保护市场秩序优化营商环境。有效防范化解金融风险，依法惩治和预防金融犯罪。受理审查逮捕金融犯罪案件16

2022年4月2日，成都高新区人民法院组织中层干部前往高新区廉政教育基地开展活动（法院/供）

2022 年 3 月 23 日，成都高新区人民检察院组织开展旁听职务犯罪案件庭审警示教育（检察院 / 供）

件 30 人，受理审查起诉 36 件 102 人，通过查、扣、冻等方式追赃挽损 2 亿余元，维护金融市场安全。进一步加强反洗钱工作统筹协调，运用追加补充起诉等职能，起诉洗钱犯罪 3 件 3 人。落实保市场主体就是保护生产力的要求，不批准逮捕涉民营企业案件 4 件 10 人，依法不起诉企业法定代表人、股东、工作人员 5 人，最大限度减少对企业正常生产经营活动的影响，持续服务创新驱动发展。紧贴民心，用坚实举措呵护民生促进和谐。用心办好群众身边“小案”。牢固树立以人民为中心的司法理念，将心比心办好检察为民实事，依法惩治各类侵害民生民利犯罪。聚焦解决群众身边常见高发侵财“小案”，突出打击盗窃、诈骗等侵害群众财产权益犯罪，起诉 326 人，受理审查起诉电信网络诈骗犯罪相关案件 168 件 284 人，守护百姓“钱袋子”。践行食品药品安全“四个最严”要求，坚持依法从严打击，起诉危害食品药品安全犯罪 4 人；办理成都市首例惩罚性赔偿金超千万元的食品药品安全公益诉讼案，工作经验被上级院推广。守护群众出行安全，依法起诉交通肇事 43 人，在办理一起重型货车交通肇事案中，对运输企业负责人以重大责任事故罪依法追究刑事责任，有力整治运输行业“形式挂靠、挂而不管”乱象；依法起诉危险驾驶 428 人，办理舒某某、叶某某开“斗气车”以危险方法危害公共安全案，创新探索建立醉驾同乘人员教育警示制度，引导群众文明安全出行。用心保护未成年人健康成长。强化未成年人综合司法保护，严厉打击侵犯未成年人合法权益刑事犯罪，起诉 29 人，针对性侵未成年人犯罪高发反映的社会治理问题，向区党工委进行专题报告。加强双向保护，对社会危险性大的涉罪未成年人依法起诉 22 人，对犯罪情节轻微的涉罪未成年人不诉 24 人，其中附条件不起诉 14 人。做好“及老及幼”司法保护，扎实开展打击整治养老诈骗专项行动，坚持养老诈骗从严惩治态势，加大追赃挽损力度，成立专案组提前介入并依法办理涉案金额特别巨大、投资群众众多的“智汇堂”涉养老非法吸收公众存款案，用“检察蓝”守护“夕阳红”。妥善办理进入检察环节涉“双减”案件，办理支持 21 名学生家长起诉成都某教育咨询公司教育培训合同纠纷系列案，被最高人民检察院评选为典型案例。保障学生就业安全，针对办案中发现的职业技能培训学校对到校招聘公司审核把关不严问题，依法制发检察建议，督促完善学生就业安全保障制度。

【民事检察】 2022 年，成都高新区人民检察院化纷止争精准监督，持续做强民事检察。坚持和发展新时代“枫桥经验”，将矛盾化解贯穿办案始终，通过“公开听证 + 和解”“司法救助 + 和解”“执行和解 + 检察和解”多维度多途径实质性化解矛盾纠纷，促成和解案件 7 件。以刑带民，深挖细查，将查办虚假诉讼做成民事检察新的增长点，从涉黑涉恶及“套路贷”刑事案件中发现虚假诉讼线索，提出虚假诉讼监督意见4件，均获采纳。拓宽监督路径，专项与常规监督相结合，针对审判程序监督的违法代理、执行监督的违法终本等问题提出执行监督意见6件，均获法院采纳。

【行政检察】 2022年，成都高新区人民检察院树立“如我在诉”理念，持续做实行政检察。聚焦重点领域，开展护航民生民利专项活动，办理涉虚假婚姻登记案6件，劳动者权益保护类4件，环境保护类3件，检察建议均获采纳。持续加大行政争议实质性化解工作力度，检察长带头办理行政争议案件，行政检察案件实现公开听证全覆盖。主动与行政机关、法院共商共议，统筹协调，形成争议化解合力，适时引入司法救助，引导当事人息诉息访，实质性化解行政争议14件。开展“穿透式监督”，积极参与社会治理，针对2件涉虚假婚姻登记行政诉讼审判程序监督案开展“穿透监督”，向婚姻登记主管机关发出检察建议，推动婚姻登记“存量”问题得到妥善处理，加大婚姻登记作假行为监督和管理力度，严防违法“增量”行为发生。

【公益诉讼检察】 2022年，成都高新区人民检察院做好公共利益代表，持续做好公益诉讼检察。持续助力长江支流水体污染治理，办理长江经济带生态环境相关案件2件、突出办理成都东部新区水域相关案件3件。聚焦安全生产，先后办理电动车“飞线充电”、锂电池换电柜消防隐患、群租房安全隐患、燃气安全等案件，推动相关部门摸清辖区内120处锂电池换电设施、4675个电池仓，并对其中10处要求经营企业换址或整改。成功办理督促整改农膜污染问题、食品盲盒安全问题、盲道被侵占问题、散葬烈士墓迁入烈士陵园集中管理等公益诉讼案件。联合开展校园食堂燃气安全专项行动，举行群租房安全隐患行政公益诉讼公开听证会，督促和支持行政机关主动履职，凝聚公益保护合力。积极开展公益诉讼普法宣传活动，在案件线索摸排、调查取证、审查环节等多次邀请相关行业志愿者、人大代表参与，社会成效显著。积极推动人大代表建议、政协委员提案与公益诉讼检察建议衔接转化，数量实现零突破。

【控告申诉检察】 2022年，成都高新区人民检察院用心纾解人民群众急难愁盼。落实“群众信访件件有回复”，深入开展“治重化积”。妥善办理各类信访170件，对属于检察机关管辖的56件信访件均依法导入法律程序办理，院领导包案首次信访14件。所有信访件均7日内程序回复、3个月内办理过程和结果答复，有力促进矛盾化解、社会和谐。落实“应听证、尽听证”，宣传动员各行业专业人员加入听证员库，邀请人大代表、政协委员、人民监督员参与案件公开听证35件，实现听证工作“四大检察”“十大业务”全覆盖。落实司法救助“应救尽救”要求，向16名因案致贫返贫的当事人或其亲属发放救助金57.47万元，为困境家庭“雪中送炭”。

【司法保障】 2022年，成都高新区人民检察院有效运用远程视频提讯、智能自助阅卷、异地司法协作等方式实现程序顺畅、服务便利、办案安全，做到“抗疫办案两不误、筑牢平安双防线”。自觉融入“国之大者”“省之大计”“市之大事”，发挥“一院服务两区”履职特点，在“双城经济圈”建设、“三个做优做强”、产业建圈强链等方面能动作为。深化推进成渝检察协作，选派一名全国检察业务专家担任重庆市级检察业务专家评审评委，提升两地检察理论研究协作水平，促进川渝省级检察机关协作任务有效落实。立足成都高新区产业特色，在服务保障电子信息、生物医药、人工智能等主导产业，以及知识产权、金融、数字文创等“细分领域”开展精准监督与司法保护，为加快创建世界领先科技园区贡献检察力量。聚焦区域发展重点和社会治理难点，制发社会治理检察建议10份，促进一批案件背后的社会治理问题得到解决。制定《履行法律监督职能共同参与城市公共安全综合治理工作实施方案》，“四大检察”协同发力，严格落实最高检四号、七号、八号检察建议，提升城市治理法治化水平。精准分析“剧本杀”等新兴业态的风险预防、醉酒驾驶现象的综合治理、安全生产领域乱象的专项整治，提出的工作建议得到相关部门重视和上级单位推广。法治宣传进工地进企业进校园进社区，举办检察开放日主题活动10余次，受众人数2000余人，发放原创警示教育读本《安全伴你行》4000余册，原创禁毒微电影《歧途》获评全省检察机关禁毒“云端微普法”优秀作品，“云课堂”《女性·毒品·深渊》被“学习强国”App收录。深入落实知识产权检察职能集中统一履行工作部署，构建知识产权立体多元保护格局，引导侦查知识产权刑事案件4件，入选全市检察机关保护知识产权典型案例1件，首创的知识产权刑事案件“双报制”，作为全国检察系统及四川省唯一的代表，被国务院知识产权战略实施工作部际联席会议办公室评为“知识产权强国建设首批典型案例”。知识产权检察工作经验，在全市检察工作会上作交流发言。丰富涉案企业合规工作在基层的实践经验，与上海市杨浦区等异地检察机关协作，创新开展“云合规”，有关工作经验在全国工商联企业合规第三方监督评估工作推进会上作交流；编印《企业数据合规指引》，举办数字企业合规系列活动，为数字产业高质量发展提供优质法治保障。加强未成年人家庭监管，对60起涉未成年人案件开展家庭教育指导，制发《督促监护令》22份。完善未成年人保护体系，促进未成年人“六大保护”共同发力，开展校园周边安全检查专项行动，针对网吧违规接待未成年人、超市违规向未成年人出售香烟等问题制发检察建议2件，均得到整改。完善社会支持体系建设，针对普通刑事犯罪被告人未成年子女生存困境问题，联合民政部门实施社会救助1人、开展司法救助6人，促进实现“1+5>6=‘实’”的最佳效果。落实最高人民检察院一号检察建议，对185所学校17945名教职工人员开展违法犯罪记录查询；扎实推进“法治进校园”，线上线下相结合，积极开展青少年法治基地教育、法治副校长开学第一课。用心保障弱势群体合法权益。

2022年6月9日，贯彻落实成都高新区党工委“三提升两服务”行动成都高新区人民检察院举行专题党组中心组（扩大）学习会（检察院/供）

【法律监督】 2022年，成都高新区人民检察院秉承公心，用切实监督维护公平守护公益。推动非羁押诉讼常态化，诉前羁押率25.3%，同比下降17.4个百分点，相关经验做法在全市推广。深化认罪认罚从宽制度适用，认罪认罚同步录音录像全覆盖，认罪认罚适用率85.6%，确定刑量刑建议采纳率100%。强化法律监督履职，实质化推进侦查监督与协作配合，依托刑事案件挂案清查，监督公安机关立案31件、撤案80件，同比共上升65.7%。纠正漏捕24人、漏诉73人，同比共上升38.1%。纠正侦查活动违法74件。刑事审判监督量质并举，提出或提请抗诉7件，同比上升70%，抗诉采纳率100%，无一撤回抗诉案件。针对审判活动违法行为提出书面纠正意见20件，均获采纳。开展“砺剑成都2022”社区矫正案件专项检查，监督纠正刑罚执行和监管活动中违法2件，开展财产刑监督5件。

【检察队伍建设】 2022年，成都高新区人民检察院保持恒心，以严实作风优化队伍提升素能。坚持政治建检，抓牢政治建设。坚持把学习贯彻习近平新时代中国特色社会主义思想作为首要政治任务，全面提升理论武装质效。强化组织领导，系统安排部署，以“三个把握”深入开展“六学”全面准确学习领会党的二十大精神。扎实开展“忠诚铸魂、铁纪担当”专项活动，在锤炼队伍忠诚干净担当上发力，推动政治品格大提升。压紧压实责任，紧绷廉政之弦，持续全面从严管党治检，常态化开展普规普纪教育，认真开展聚焦执法司法领域群众身边“可视”“有感”腐败和作风问题专项治理工作。接受成都高新区党工委第一巡察组巡察，全面认领巡察反馈意见，逐一整改落实。积极支持派驻纪检监察机关履行职责，加强内外监督制约，将全面从严治检不断引向深入。坚持业务立检，抓实业务建设。准确把握检察机关是业务性极强的政治机关，将业务建设、质量提升作为立足根本。落实最高检“质量建设年”相关决策部署，狠抓办案质效和司法能力“双提升”工程，以钉钉子的精神，奋力实现战略前瞻、理念先进、办案精细、素能过硬、基础坚实、管理科学六大目标。连续两年举办法检两院年度联席会，凝聚法治共识、强化司法合力。定期召开检察业务核心指标专题分析会、检察长组织召开跨部门检察官联席会，协力推动各项检察业务全面充分高质量发展。坚持素质兴检，抓好素质建设。围绕“三提升两服务”行动要求，对表市委“五个走在前列”标准、区党工委“四种作风”“四种能力”“三种精神”要求，持续抓好检察队伍。注重练好“内功”，全力完善“惟高惟新”检察人才全链条培养机制，打造“蓝花楹”检察工作团队，实质化推进学习型、书香检察院建设。注重用好“外力”，邀请法学名家授课指导、开展论证。组织干警参加各类岗位练兵和业务竞赛，2名干警在全市刑事检察业务竞赛中获评十佳，1名干警被录取为博士研

2022年6月6日，用“担当与奉献”书写高新检察事业的崭新篇章。成都高新区人民检察院召开学习贯彻省、市党代会精神宣讲报告会暨检察长专题党课（检察院/供）

究生，3名干警获评全市法学研究先进个人，1名干警获评全国检察宣传先进个人。坚持科技强检，抓紧智慧建设。推动大数据与检察工作深度融合，积极融入智慧蓉城建设，成立专项领导小组，将数字检察作为一把手工程、一盘棋工作抓紧抓实，用大数据赋能提升法律监督创新力。创设未检业务法律监督模型、商标侵权恶意诉讼类案监督模型，在全市检察机关法律监督模型竞赛获得优秀成绩。精准绘制涉毒人员“数字画像”，构建涉案人员“关联图谱”，深挖细查余罪漏犯，提升毒品犯罪深挖彻查和诉讼监督效果。

【年度先进和典型案例】 2022年，成都高新区人民检察院获得省部级以上表彰的单位和个人为：全国检察宣传先进单位，2018—2020年四川省检察机关“文明接待室”；曹炜姗被评为2022年度全国检察宣传先进个人，卢佩雷获创建“平安中国建设示范市”和蝉联“长安杯”工作先进个人嘉奖以及被成都市反洗钱联席会办公室通报表扬。典型案例：知识产权刑事案件“双报制”被国务院知识产权战略实施工作部际联席会议办公室评为知识产权强国建设第一批典型案例；刘某等21人与成都某教育咨询有限公司教育培训合同纠纷支持起诉案被评为最高人民检察院民事检察工作情况典型案例；李某等7人交通违法行政非诉执行监督案被评为四川省人民检察院2022年第3期公告典型案例；张某等4人利用虚拟货币掩饰、隐瞒犯罪所得案被评为2021年度“成都检察机关典型案件”；成都高新区四川省某机动车培训公司、阳某单位行贿案被评为成都市监察委员会、成都市人民检察院行贿犯罪典型案例；卢某过失致人死亡、张某重大责任事故案被评为未检业务统一集中办理专刊典型案例。

（检察院）

公安

【概况】 2022年，成都市公安局高新区分局（以下简称“高新公安分局”）扎实履行司法职能，全面加强社会治安防控。健全有案必接、立案必实、受案必查、有赃必追、逃犯必缉等制度及“小案快侦”新机制，严打严处“盗抢骗”“黑拐枪”“食药环”“黄赌毒”等违法犯罪。全年破获各类刑事案件2016件、打击处理1984人、追逃235人；刑事打击战果等多项指标在全市排名靠前。全年接报全区总警情154217件，同比下降3.5%；接报违法犯罪警情25402件，同比下降27%。高新公安分局工作得到公安部、省公安厅、市公安局和市、区两级领导肯定性批示34次；在全市公众满意度测评中，分局牵头的“社会治安”“交通出行”这两个方面的成绩排名全市第一。

【维护社会稳定】 2022年，高新公安分局牢固树立“总体国家安全观”“全警政治安全观”，着眼预测预警预防预处，抓早抓小抓苗头，统筹网上网下两大战场，大力推动落实多方齐抓共管的“大维稳”格局和“分线维稳”模式，抓牢情报信息每日研判机制，严防严打各类颠覆、分裂、破坏、捣乱、渗透活动，严防国际国内不稳定因素输入倒灌；依托分局“风控办”牵头的“1+9+N”专班工作机制，深入开展社会稳定风险隐患的“全起底”“全要素”摸排、“全过程”“全周期”管控，推行矛盾纠纷“多调联动”，确保“不上交、不激化”，取得良好效果；以最高政治站位、最细工作措施、最强落实力度圆满完成维护政治安全工作，先后平稳度过元旦、春节、全国省市两会、北京冬奥会和冬残奥会等重要敏感节点。着力构建“1226”高新公安政保工作体系，提升政保专案攻坚能力，成功侦办部督专案4起，得到省委常委、市委书记施小琳，市委常委、统战部部长刘玉泉，时任副市长、市公安局局长王平江等领导肯定性批示，连续2年侦办数量及质效排名全市前茅，坚决有力捍卫国家政治安全；聚焦“首在安全、重在防疫、贵在精细”、聚力“警种主战、派出所主防”，以“一失万无、万无一失”的标准和“精致、细致、极致”的作风，先后圆满完成“2·21”“2·23”世乒赛、国庆、二十大、“2022成都马拉松”等重大活动安保和警卫保卫工作任务45次，均交出高分答卷，得到市、区两级主要领导5次肯定性批示。

【警情治理和惩治违法犯罪】 2022年，高新公安分局警情案件数量实现下降：建立针对警情、稳情、舆情、疫情和网络理政信息的“五情”精深分析研判和精准治理压降机制，开展重复警情“消重”、热点警情“灭点”专项行动和“零发案”社区评比竞赛，加大“三安”查处比通报考核力度。全年接报全区总警情154217件，同比下降3.5%；接报违法犯罪警情25402件，同比下降27%；重复报警18753件，同比下降27.3%。执法打处数量持续提升，健全有案必接、立案必实、受案必查、有赃必追、逃犯必缉等制度及“小案快侦”新机制，严打严处“盗抢骗”“黑拐枪”“食药环”“黄赌毒”等违法犯罪。全年破获各类刑事案件2016件、打处1984人、追逃235人；打处电诈及“两卡”犯罪嫌疑人1096名、捣毁电诈团伙26个，打掉网赌团伙1个；破传统侵财案件1196件、打处801人；破“九类涉恶案件”90件、打处209人；打（查）处黄赌违法犯罪嫌疑人351人；打（查）处涉毒违法犯罪嫌疑人358人、强戒72人；办理外国人“三非”案件75件、处理72人；侦稳并重开展“智汇堂”“威廉汉姆”等涉众型经济案件处置工作，追赃挽损7亿余元；侦办涉食药环及森警类犯罪17件，打击处理23人。全年盗抢骗、黄赌毒、食药环等突出方面性案件打处质效，多轮夏夜治安巡查、“扫楼护院”、绿道安全治理综合战果，打击养老诈骗整体质效，缉毒执法，“三非”打击战果，警情响应、风险防控效果，民警人均处置违法警情及治安查处工作量，刑事打击战果等多项指标在全市排名靠前，全区“三安”指数排名全市第二。列建34个热点区域，经整体整治实现警情、发案“双下降”。公安部“百日行动”期间，围绕公安部王小洪部长“8个强化”、省公安厅5大类20项任务，形成涵盖6大类495项工作的任务清单、问题清单、责任清单强力推进。行动期间，全区街面六类警情环比下降10.97%，其中“三车”警情环比下降17.41%，“殴打他人”警情同比

2022年7月20日，成都市公安局高新区分局民警开展街面巡逻工作（公安分局/供）

下降32.40%，入室盗窃警情同比下降53%；传统盗抢骗案件破案率35.5%，性侵案件破案率100%，破案率和打击提升率均位居全市一类区域第二名。

【社会治安防控】 2022年，高新公安分局针对成都政治中心市级首脑机关集中办公区要害部位，对长期以来安保工作机制再梳理、再延伸、再增添、再细化，持续守牢“万无一失、一失万无、绝对安全”底线并实现“三零两全”；针对新会展中心、石羊客运站、火车南站站前、“交子之环”、交子大道沿线、新南商圈、集市公园等人车流密集重点部位，以及“环球中心”“金融城双子塔”“五岔子大桥”“天府绿道”“铁象寺水街”等网红部位，按“1、3、5”分钟快速有力、有效的处置原则，显性布警并加强公安、武警反暴恐联勤联动及混编守护巡控，出动“铁骑”小分队和各所武装应急小组，充实一线“快反”力量，灵活采取驻点流动结合、车步巡结合、公秘结合、警便结合等模式，用“箭在弦上、引而待发”的态势随时做好应急处突准备。针对“水电油气通信”等国计民生重点单位和寄递物流网点，督促、会同其严格落实安防责任；针对辖区吸毒人员、有肇事肇祸倾向的精神病人、扬言报复社会人员等高危对象，全面梳理、逐一登记造册并严格落实“五见”措施，切实做到底数清、轨迹明、动向知、不出事。全年辖区延续无暴恐及个人极端案（事）件发生的良好态势。按照分局“4+N”工作机制的统一要求，不断复盘舆情处置经验，不断完善舆情预防应对处置工作规范，建立健全日常舆情工作模式，并按照“三同步”处置原则，实行7×24小时定人定岗定责工作方式，轮班开展舆情巡查处置工作，全面掌握各类负面信息，及时对有害信息“封堵删”。

2022年10月5日，在世乒赛场馆内开展安保执勤工作的公安分局便衣警力（公安分局／供）

【治安行政管理】 2022年，高新公安分局持续强化娱乐服务场所阵地控制及分类分级管理、出入境管理、“小黄卡”清理整顿、犬只管理、无人机管控、保安队伍管理等工作，持续创新深化道路交通安全治理，持续夯实校园安全基础，持续优化人口管理服务和窗口服务。深化公安“放管服”改革，不断推进就近办、马上办、一次办、一窗办、一网办。按照“安全至上、预防为主、综合治理”方针，全警投入燃气安全隐患整治攻坚战，全力确保人民群众生命财产安全；联合区属职能部门开展消防安全大检查。在城市综合体及地下空间、高层超高层建筑和“水电油气运”国计民生重点部位展开安全大排查；对危爆物品使用单位严格执行各项安全管理措施，加强全面检查。借力“三警融合”机制严查道路交通领域“三超一疲”、非法载客、违规冒险行车及酒驾、毒驾、“炸街”等行为；对游乐设施、餐饮行业定期不定期检查，督促经营方严格落实安全主责。全年立足职能职责，对安全生产领域的风险点坚决做到“发现一起，整改到位一起”，全区未发生较大以上的火灾、踩踏、食物中毒、交通肇事等公共安全责任事故。积极融入全区“大市场、大监管”格局，依法保护企业财产权、知识产权等权益，指导督促企业依法经营、规范经营。

【警务机制创新】 2022年，高新公安分局按照“智慧蓉城”“智慧高新”“智慧公安”建设部署要求，有的放矢地对标北京、上海、深圳等地智慧公安建设先进经验做法，进一步完善警务机制软硬件建设。初步建成分局智慧公安专属大脑，利用成都智算中心基础软硬件设施，按照国家A级机房建设要求，独立规划物理隔离的公安专用存算区域，逐步扩容升级存算力，自主解析与算法服务从原1500路感知源增加到17000路，存储资源从3PB增加到17.4PB。编织形成全区视频感知网络，按照“圈、块、格、线、点”的三年前端建设规划方案。基本建立“云系”智能应用体系：将智慧公安建设成果整合成为具体丰富资源“大基座”，打造12大云系武器库(包含智慧云眸、智慧云踪、智慧云览、智慧云控等)，按照“厚基座，薄应用”的开发模式，按需建立起大型活动安保、绿道安全等20多个智能特色场景。探索实践大屏与三级指挥体系，打造具有高新实战特色的情指行(情报、指挥、行动)实战大屏“智慧云览”，以抽屉式搭建模块的方式实现场景自主配置，按照“要素中心”“预警中心”“指令中心”“勤务中心”等9大中心布局警务中台。打造指令流转平台，串联大屏—中屏—小屏，实现信息的高速流转、全程可观、事后可查。推动政务公安侧共建共享，在智慧蓉城的大格局下，全面融入全市智慧城市建设，探索重大节点、重要点位大客流超限预警模型与推送机制。累计接入政务侧健康通扫码、停车场等数据日均200万条以上，按需汇聚区智慧大脑数据，包含院落信息、房屋信息等1443类数据。

【基层基础工作】 2022年，高新公安分局深度融入基层社区治理，以分局“梳网理格”警务模式和“1+9+N”风险隐患排查化解机制为抓手，扎实推动公安“警格”与综治“网格”深度融合，将全区929个一级网格、71个二级网格、26个三级网格内不放心的人、有风险的事、存隐患的物梳干净清彻底，以社区“小网格”的平安有序构建全区“大网格”的善治良序；统筹高新区“八个办”工作合力，形成平安建设“共建共治共享共担”工作格局；坚持和发展新时代“枫桥经验”，聚焦“党建引领、矛盾不上交、平安不出事、服务不缺位”，积极融入基层社区治理，持续推进“两队一室”警务机制规范化、纵深化运行；严格落实“一员三责”，做精“一警一

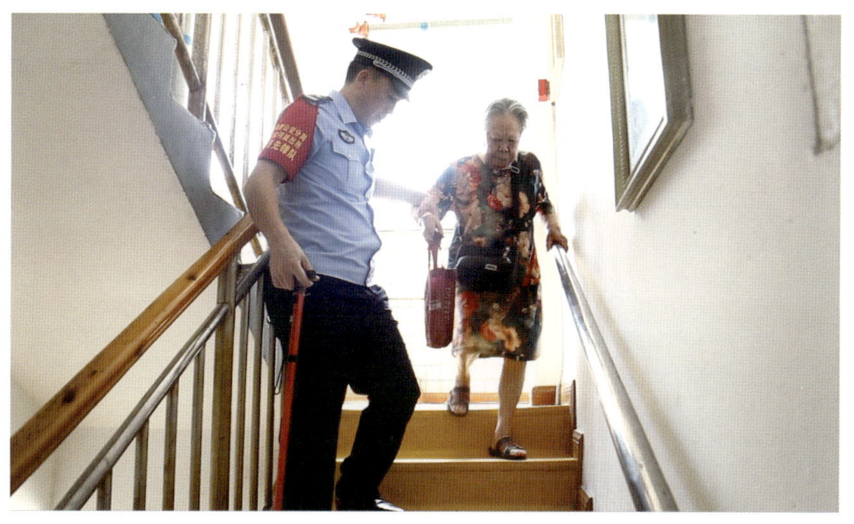

2022年6月25日，成都市公安局高新区分局民警前往肖家河街道日间照料中心开展敬老助老活动(公安分局/供)

专”，做实“一所一品”，确保“一域一安”；坚持“1+3+N”新型专群联动、“局长政委进社区”等机制，推行“工地联盟”“警校联盟”“警企联盟”“商圈联盟”“高校联盟”等多个联手警务模式，做精会展警务、楼宇警务、商圈警务、工地警务、校园警务及社区警校暨新市民夜校；大力推行律师驻所、警律联调，不断形成基层“融合治理”的工作格局。

【公安队伍建设】 2022年，高新公安分局牢固树立“今天再晚也是早、明天再早也是晚”的工作理念，积极打造同高新区经济发展主战场地位相匹配的狼性公安铁军。从“头狼”队伍抓起，领导干部勇当“脊梁型”干部；按照“一人一方案、一人一路径”的思路，构建现代尖子骨干人才培养模型，打造“维稳尖兵、刑侦能手、基础标兵、智慧先锋”等9大人才方阵，不断强化涵盖齐全、业务过硬、储备充足、梯次接续、结构合理、充满活力的人才根本保障，其中按照公安工作现代化标准打造新型情指中心并配强岗位人员。打造以政治巡察为牵引的融合督导模式，细化完善“六督合一”工作机制，形成既督作风又督工作、既督过程又督效果的“大督察”格局。健全警种、部门、派出所定期“复盘”工作机制，大力提升工作质效。细化科、所、队领导季度述职考评、季度之星评选表彰、年度目标考核激励等机制，真正摒弃队伍“躺平”心态，让“干不干不一样、干多干少不一样、干好干坏不一样”的考核基调、考核结果和民辅警切身利益充分关联。为基层单位、一线民警配置更新警务装备。加大内外宣传和表彰奖励力度，全面展现高新公安工作的标识度、美誉度和影响力。

【立功受奖】 2022年，高新公安分局一批业绩突出的单位和个人立功受奖。表彰。受表彰(省部级以上)的集体为：石羊派出所获评国家级“枫桥式公安派出所”、全国优秀公安基层单位；桂溪派出所被共青团省委等18部门命名为“2021—2022年度四川省青年文明号”。受表彰(省部级以上)的个人为：李振宇同志被中宣部、公安部评为全国“最美基层民警”；谢洋同志被国家烟草专卖局、公安部评选为全国卷烟打假工作先进个人；曾武斌、董瑜滔同志被市委、市政府授予公务员嘉奖。立功的集体和个人。集体：2个集体荣获省公安厅集体二等功，6个单位荣获市公安局集体三等功。个人：被省公安厅记个人二等功3人次、市公安局记个人三等

2022年2月16日，成都市公安局高新区分局召开2022年全区公安工作会议(公安分局/供)

功 36 人次。

（公安分局）

司 法

【概况】 2022 年，成都高新区各司法行政单位深入贯彻中央、省、市法治政府建设决策部署，围绕高新区党工委、管委会中心工作，以贯彻落实成都市委、市政府《关于印发〈成都市法治社会建设实施方案（2021—2025 年）〉的通知》为主线，按照《成都司法行政系统“十四五”发展规划（2021—2025 年）》要求，推动法律服务提能和法治保障增效工作，高质量做好法治保障和法律服务，充分发挥法治的规范和保障作用，持续提升人民群众获得感、幸福感、安全感。

【人民调解】 2022 年，成都高新区深入开展矛盾纠纷化解工作。2022 年，全年累计调解案件 2261 件，集中开展矛盾纠纷排查 551 次，预防纠纷 418 件。没有出现民间纠纷转化为治安、刑事案件。进一步推动访调对接、公调对接，全年“公调对接”共调解公安移交案件 966 件。

【律师服务】 2022 年，大量的律师事务所向成都高新区聚集，辖区执业律师 5707 名，数量近全市的 1/3，律师事务所 185 家，全市近 2/3 的知名律师事务所集中在辖区办公，管理服务体量居全市各区（市）县的第一位。组织律师事务所、律师认真开展 2021 年年度检查考核工作，通过省、市律师综合信息系统线上办理各类律师、律所业务 6000 余件次；依托成都市律师协会高新分会为广大律师搭建各类学习、交流和培训平台，形成“成都高新区律所主任沙龙”“成都高新区涉外法律服务人才精英库”“高新刑事法律服务创新中心”“高新律师篮球联赛”等活动平台，全年汇聚开展各类沙龙、培训等活动 20 余场次。

【公证服务】 2022 年，成都高新公证处顺利通过四川省标准化公证处验收。全年办理公证业务 24462 件，较 2021 年增长 7%。其中，国内民事 4178 件，国内经济 16169 件，涉外民事 2358 件，出具执行证书 98 件，零接触办证 1659 件。持续做好公证参与司法调解，2022 年参与高新法院调解工作 1000 余次，其中成功调解 450 余次。组织开展“学习贯彻党的二十大精神，推动全面贯彻实施宪法”、“喜迎二十大，送法进社区”、法律七进巡回讲堂系列等普法宣传活动。

【普法教育】 2022 年，成都高新区全面推进普

2022 年 6 月 24 日，“法润高新　共治共享”2022 成都高新法治之旅（政法委、应急局 / 供）

2022 年 9 月 15 日，成都高新区党工委政法委举办第 63 期高新沙龙涉外法律服务专场企业沙龙（政法委、应急局 / 供）

法依法治理工作。出台实施《成都高新区法治宣传教育第八个五年规划》，提高普法针对性和实效性，持续提升公民法治素养，繁荣社会主义法治文化。持续推进成都高新区法治文化品牌体系建设，继续做好“998 法治大讲堂·以案说法”专题节目，并做客“998 法治大讲堂”栏目；持续制作推广高新区本土普法专题节目“成都高新法治在线”，累计播出 120 余期，广播收听数据排名全市第三；以“法润高新·共治共享”为主题，联合法律服务机构和社区法治工作者，扎实开展“法律七进”巡回讲堂 20 余场、成都高新法治之旅 3 场，创作新媒体作品、开展主题巡演活动等，其中微视频“护佑”顺利通过川渝法治微视频微电影大赛初评；面向基层群众开展普法宣讲，为区内企业和单位提供优质法律服务，2022 年累计开展活动 80 余场次，获得企业和群众一致好评。

【公共法律服务】 2022 年，成都高新区紧紧围绕推进公共法律服务体系建设、增强群众公共法律服务获得感、满意度为主线开展工作，将公共法律服务与社区“法律之家”有机融合，实现公共法律服务的延伸，进一步加强窗口规范化服务，为未成年人、老年人、残疾人和军人军属等特殊群体开通法律援助“绿色通道”，针对性地提供便利服务措施。全年面向群众、企业提供各类法律咨询 8085 人次，提供法律援助服务 689 件次，人民调解咨询服务 1302 件次；“12348” 公共法律服务热线接听来电 5942 通，平均每日接听量为 16.3 通，为企业、群众切实解决实际问题。2022 年度法律服务社会公众满意度测评得分在全市 23 个区（市）县中排名第一。

【特殊人群管理】 2022 年，成都高新区严格社区矫正执法。2022 年，累计接收社区矫正对象 407 人，解除矫正 300 人；共办理各地公、检、法及监狱委托调查评估 135 件；变更居住地 43 人。对法定不准出境人员进行通报备案 407 人，开展信息化核查 9426 人次。依法依规对 11 人使用电子定位装置，给予警告处分 18 人次，训诫 22 人。扎实开展丰富多彩的学习教育活动。2022 年，共计组织学习 36 次、开展关爱活动 2 次、读书演讲 9 次。落实安置帮教工作。2022 年，累计衔接刑释解矫人员 474 人，其中重点帮教对象 17 人。按照“一人一档”进行装订，进一步完善内容和信息，掌握刑满释放人员动向。建立 2 个安置帮教基地，2022 年，共推荐 2 位符合企业需求人员。

（政法委、应急局）

军　事

MILITARY

人民武装

【概况】 成都高新区的人民武装工作由中国人民解放军四川省成都市武侯区人民武装部（以下简称“武侯区人武部”）代管。武侯区人武部成立于1991年，1996年划归军队建制。2022年，按照“抓党建固根基、抓训练提能力、抓作风强法治、抓安全促稳定”的工作思路，有力展开、有序推进年度各项工作，武侯区人武部全面建设稳步提升。

【党管武装】 2022年，成都高新区党工委、管委会认真落实党管武装各项制度。2月，召开党管武装工作会，传达学习警备区党委全体（扩大）会议精神，总结上年度武装工作，通报表扬党管武装先进单位和个人，部署2022年武装工作任务。深入学习贯彻警备区“两个经常性”工作培训精神，采取业务培训、蹲点帮带等形式，充分利用集中训练、战备执勤等时机，着力加强专武干部业务素质的培养和能力的提高。下发《人武部2022年度工作要点》《人武部2022年党管武装目标考核细则》等要求，不断推动党管武装工作在基层落地落实。

【思想政治建设】 2022年，成都高新区以学习贯彻党的二十大精神为主线，原原本本学习党的二十大报告、《习近平论强军兴军》和习近平主席重要讲话精神，切实把贯彻落实习近平主席决策部署、指示批示作为首要政治任务来落实。认真开展“忠诚维护核心、矢志奋斗强军”主题教育和“学思想、铸忠诚、担使命”“珍惜军人荣誉，立足岗位奉献”实践活动，深刻领悟“两个确立”的决定性意义，增强“四个意识”、坚定“四个自信”、做到“两个维护”，贯彻军委主席负责制。结合民兵训练、民兵预建党组织等深入开展民兵政治教育，确保部队集中统一和纯洁巩固。

【征兵工作】 2022年，成都高新区聚焦大学毕业生这个重点，积极推进征兵工作。充分利用全国征兵网、微信、电话、商圈LED显示屏、宣传单等平台渠道，主动对接适龄青年和返乡大学生，开展“点对点”“面对面”“一对一”精准宣传，共发放宣传手册7万余份，进校座谈宣传20余次，有效激发适龄青年参军热情，圆满完成征兵任务，大学生比例100%，无责任退兵。

【民兵组织建设】 2022年，成都高新区利用辖区高新企业多的优势，按照三个30%的标准要求，按照“民兵潜力调查、企业走访、研究论证、组织建设、民兵点验”的步骤，编实建强民兵队伍。打造了一支建在身边、抓在手中、用在关键的民兵分队。

【民兵战备训练】 2022年，成都高新区按照“急时应急、战时应战”要求，修订完善应急预案。按照警备区基地化训练要求，共组织3批次应急基干民兵参加集训，安全无事故，民兵应急应战能力得到有效提升。挑选5名基干民兵参加警备区组织的比武活动，获得团体第二名的好成绩。1名基干民兵参加省军区组织的“天府精兵2022”基干民兵大比武活动中，获得个人全能第九、400米障碍第一的好成绩。紧贴使命，狠抓反恐维稳、防汛救援、抢险救灾等课题研究。2022年，在参加“西动2022国防动员演练”中，按照侦察预警、指挥控制支撑、精准打击、特种装备维保、网电对抗五大动员模块，对新域新质力量动员运用进行初探，充分展示新域新质力量在未来战争中的地位和作用，取得较好成效。

【武器装备管理】 2022年，武侯区人武部强化后装管理，严格落实《民兵武器装备管理条例》《民兵武器装备安全管理规定》等武器弹药安全工作指示，坚持依法依规抓管理，加强武器装备风险评估，深入排查安全隐患，严格枪弹动用审批流程，安全保障了2次民兵射击训练和1次比武竞赛。扎实开展“条令条例学习月”和“百日安全”等活动，以国动部下发的《安全大检查考评细则》和保密工作“六个管住50个严禁”为重点，严格落实常态化安全大检查和枪弹清理整治，夯实安全基础，确保安全稳定。

【民兵参建参治】 2022年，武侯区人武部严密组织战备值班业务培训，加强重大节假日和重要敏感时节战备值班和情报信息收集，畅通军地信息共享机制，落实值班室值班电话和军地通信联网模块，配备省军区应急通信视频系统，实现多手段、全时域通信保障。军地联合修订“1+3+n”方案预案，坚持依案备案、依案备勤、依案组织，全面提高应急处突能力。充分发挥民兵社情熟、反应快、战斗力强等优势，积极参与抢险救灾、处突维稳、安保执勤等急难险重任务，维护全区安全，营造和谐稳定的发展环境，充分发挥民兵参建参治的积极作用。

（武侯区人武部）

人防工作

【概况】 2022年，成都高新区人防工作稳步推进。全区7个街道办事处均建立人防工作站，配齐场所、物资，组建完成7大类传统人防专业队伍建设和1个特色专业队，人防保障设施和人防队伍建设进一步完善。切实履行监管职能职责，为全区人防工程建设顺利进行和各项人防措施落实提供有效保障。

【人防工作稳步推进】 2022年，成都高新区超目标完成人防指挥车信息系统升级改造项目。全年组织1次疏散演练、2次人防警报鸣放任务，均圆满完成。制作《人防知识》PPT，会同

2022年6月21日，武侯区人武部率辖区新质企业参加“天府精兵2022”国防动员新域新质力量大比武（武侯区人武部/供）

2022 年 11 月 7—11 日，高新区人民防空办公室参加全市人防机动指挥通信专业队伍跨区拉练（公园城市局 / 供）

区教育部门对区内初中学生进行人防知识宣贯，增强师生的爱国主义情怀。在全区 7 个街道办事处建立人防工作站，并按照要求完成领导小组和工作站人员和物资、场所等保障，打通人防组织指挥的“最后一公里”。组建完成 7 大类传统人防专业队伍建设和 1 个特色专业队，有治安专业队、医疗救护专业队、防疫防化专业队、抢险抢修专业队、通信专业队、运输专业队、消防专业队、心理防护专业队。全区人防保障设施和人防队伍建设进一步完善。

【人防工程监管】 2022 年，成都高新区已完成人防系统治理项目 41 个的追缴（共计 42 个），完成率 97.6%，追缴全额 3000 余万元，剩余 1 个项目已下达《行政征收决定》进入司法追缴程序。全年利用成都市人防行政审批系统进行结建式人防工程审查。全年共对 78 个项目进行易地建设审查，核定并到账 46517748.5 元；全年按照要求开展安全检查 12 次，发现一般安全隐患 53 个，重大隐患无，整改完成率 100%，未发生人防工程安全事故。新项目人防标识标牌均正常安装并通过现场验收，逐步推进 2021 年 8 月 1 日前竣工项目人防标识标牌的安装。

（公园城市局）

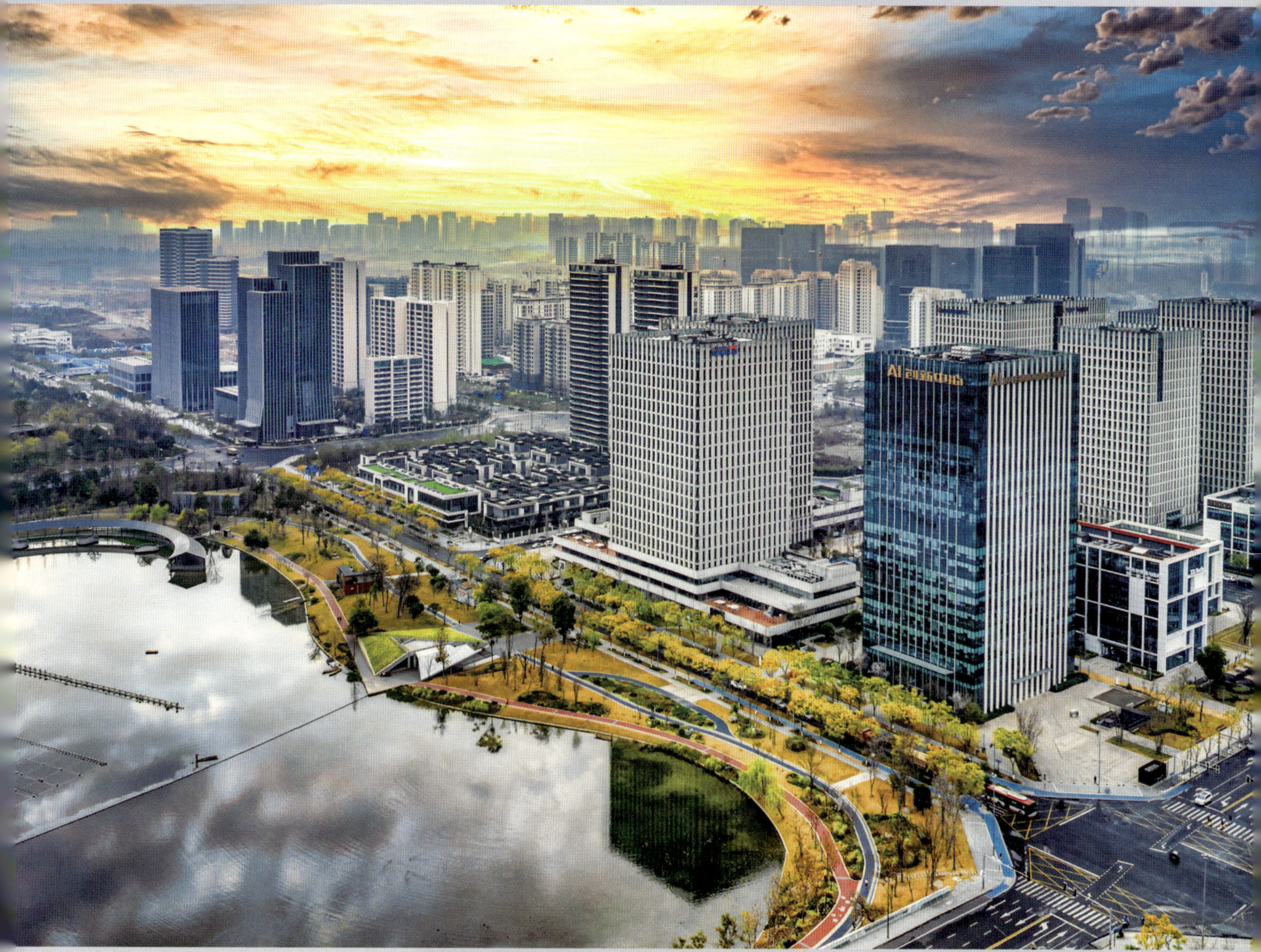

资源与环保

RESOURCES AND ENVIRONMENTAL PROTECTION

国土资源管理

【概况】 2022年，成都高新区国土资源管理稳步推进。顺利完成各项建设所需的土地供应，为产业项目落地、基础配套设施用地、民众安居需求和房地产平稳健康发展提供有效保障。土地管理、维护进一步加强，管护面积达到15962.52亩，划定永久基本农田2907亩，耕地保有量3072亩。通过有偿调剂占补平衡指标，履行未来科技城范围内耕地占补平衡义务2593亩。全区土地开发利用和管理进一步规范。

【土地供应】 2022年，成都高新区共计完成土地供应139宗，总面积6585亩(招拍挂27宗1562亩、划拨97宗4205亩、协议出让15宗818亩)，实现合同价款185余亿元。全年土地供应主要分布在以下几个领域：*产业项目应供尽供*。聚集产业建圈强链要素需求，根据产业项目成熟情况，及时高效开展供地前置工作，实现在网易A36用地、普联、高金富恒、高新智谷、交子片区B02、C07等地块上市成交，保障所有落地产业项目及时开发建设。*促进房地产市场平稳健康发展*。2022年，成都高新区住宅集中供地备受开发商青睐，市场化出让的8宗地中，达到15%溢价率；摇号成交的有4宗，平均溢价率10.15%，远超全市其他区域，成为全市房地产市场的标杆。*保障多层次人群安居需求*。为增强人才的获得感，充分发挥住房在吸引聚集人才方面的积极作用，2022年，共出让人才公寓用地4宗、171亩，可建设人才公寓24.5万平方米，保障2000余人才安居需求，成都高新区也是全市唯一一个在4个批次集中供地中均有人才公寓用地出让的区县。*保障城市基础配套设施建设用地需要*。累计完成交地48宗，面积2051.13亩。

【土地收储】 2022年，成都高新区全年完成5宗国有土地使用权收储工作，收储土地面积251.17亩。完成2022年度土地储备计划编制上报工作。

【空闲土地管护】 2022年，成都高新区进一步规范空闲土地管理，督促、指导各街道办事处健全工作机制，完善并印发《成都高新区空闲土地管理工作年度考核实施细则》。入库空闲土地505个，管护面积为15841.85亩，其中储备土地为14294.86亩，非储备土地为1546.99亩。开展空闲土地上生态环境问题大排查“百日攻坚”专项行动，联合各街道办累计出动1780余人次，排查环境类问题点位91处，并全部完成整改；开展高新区城乡环境整治工作，全年完成裸土覆盖整治共33处，涉及面积105亩；完成裸土植绿共54处，涉及面积约1687亩；清除乱搭乱建共46处，涉及面积57亩；整治垃圾乱倾倒共232处，涉及面积356亩；规范捡栽捡种共190处，涉及面积3446亩；拆违增绿共3处，涉及面积约200亩。以大运会赛事场馆周边风貌整治、城中村及闲置用地环境景观提升为契机，及时将高新体育中心周边空闲土地纳入相关项目一并实施。截至2022年年末，已完成49宗，共计约1508亩空闲土地环境品质提升工作。其中，纳入大运会赛事场馆周边风貌整治47宗，面积1478亩；纳入“两拆一增”2宗，面积30亩。土地储备中心共办理国有土地临时租赁18宗，租赁面积98亩，收取租金1145万元；办理国有土地续租40宗，收取续租租金891万元。办理退地18宗，追缴逾期使用土地租金114万元，退还租地保证金1198万元。

【耕地保护】 2022年，成都高新区划定永久基本农田2907亩，耕地保有量3072亩。到2022年年末，均超额完成保护任务；完成耕地补充恢复1710亩。同时，成都高新区通过有偿调剂占补平衡指标，履行未来科技城范围内耕地占补平衡义务2593亩。

【土地调查】 2022年，成都高新区完成南部园区和西部园区2021年度国土变更调查图斑12290个，总面积194255亩，其中农用地面积24520亩（含耕地14725亩），建设用地166158亩，未利用地3577亩。

【卫片执法】 2022年，成都高新区土地卫片执法共收到监测图斑306个，总面积4967.16亩，其中判定违法图斑8个，面积61.52亩（涉及耕地30.03亩，基本农田0亩）。截至2022年年底，完成拆除复垦1个、0.23亩，向执法部门移交违法线索7个、61.29亩。

（公园城市局）

水资源管理

【概况】 在成都高新区南部园区、西部园区130平方千米范围内，共有大小河道30条，其中省管河道有2条，分别是锦江和清水河；区管河道有28条，30条河道总长度约160千米。截至2022年，高新南区、高新西区已投入运行的水利设施为：有道路雨污水管网1520多千米，管网覆盖率达到98%以上；有闸房14座，下穿隧道31座，雨污水井4万座；污水处理厂（站）6座（其中市管污水处理厂1座、区管污水处理厂2座、临时应急污水处理设施3座），设计污水处理能力48.99万吨/日；有中水人工湿地3座（其中肖家河中水湿地约6万吨/日、新川中水湿地5万吨/日、西区中水湿地5.99万吨/日）。通过政府采购方式，确定7家专业单位分别负责河道、排水管网、污水处理厂、中水湿地的专业化运行维护管理。

【河道管理】 2022年，成都高新区深入实施流域水生态治理。完成洗瓦堰、马河约3.5千米河道治理，完成3.7千米新开排洪渠贯通整治，形成河岸亲水景观步道。持续开展“四乱”问题清理整治，全年累计整改“四乱”问题3个；常态化开展河道“六清”工作，累计打捞河湖漂浮物402吨、清理河岸垃圾457吨、清除河道淤泥7457吨、清理行洪阻碍59个、清理不规范施工14个、处理乱采乱倒问题16起、清理违规占用滩涂2000平方米。加强黑臭水体治理和长效管护。开展全域拉网式排查，全区黑臭水体已动态清零，无新增、反弹黑臭水体。完成磨底河、肖家河健康评价报告编制并公示入库。在锦江、清水河增殖放流各种鱼类10万余尾，提升河道生物多样性。通过全力推进水生态治理各项工作，与2021年相比，成都高新区内3个水环境质量考核断面（火烧堰玉林中路、府河迎宾大道府河桥、摸底河新希望酒店断面）持续改善，均达到地表水Ⅱ类水质标准。

【排水设施管护】 2022年，成都高新区深入推行全市供排净治一体化改革工作，全区排水设施全部交由成都兴蓉市政设施管理有限公司开展专业维护。全年落实资金1.66亿元，开展市政排水管网病害普查治理、空洞探测抢险、1500千米市政排水管网和31座下穿隧道及泵站运维等工作。全面开展排水户内部排水管网病害治理，将1694户排水户纳入管网病害治理范畴，其中住宅744户，非住宅950户。至年末，全区排水户已累计完成1676户，完成率98.9%。

【河长制工作】 2022年，成都高新区共有各级河长119名(区级河长4名，街道级河长33名，社区级河长82名)，全年累计巡河1万余次，巡河累计发现问题158件，问题整改完成率100%。积极探索基层河长制“解放模式”创建，桂溪街道交子公园社区“133+”河湖管护模式被各级媒体报道。按时序完成磨底河、肖家河健康评价报告编制。报送的“技术赋能河长制护河第三方考核深化监管”被评为全省河湖长制优秀典型案例，2名基层河长获评全省全面推行河长制先进个人，石羊街道锦羊社区被评为全市水美乡村“示范村”，中和街道、西园街道天瑞社区分别被评为全市河长制工作激励街道和社区，选送的微视频《江湖》在全国“守护美丽河湖”全国短视频公益大赛中获得优秀奖，摄影作品。结合“世界水日·中国水周”组织开展“节水高新‘千家’‘万护’携手同行”主题宣传活动，并在全国“公民节约用水行为规范”主题宣传活动中获得水利部通报表扬。

（生态环境城管局）

环境保护

【概况】 2022年，成都高新区继续加大对突出生态环境问题整治的力度，中央和省督察案件的整改已基本办结销号。主动压紧压实环保责任，通过自查、交叉联动排查检查等方式发现问题，解决问题，截至2022年年末，发现的123个动态问题已及时办结，7个常态化推进问题已及时反馈相关部门和街道并持续跟进调度。继续加强生态环境保护和监督执法力度，区内大气、水、土污染防治取得新进展。2022年，辖区环境空气质量改善幅度居全市第一，排名“5+1”城区第一，全年优良天数为283天，优良天数率为77.5%，消除重度污染天气；辖区污水收集全覆盖，3个市级水环境质量目标考核断面均达标，且较目标水质提高一类及以上；辖区无受污染的耕地，建设用地安全利用率100%，区域内23家重点监管单位均按时开展并完成土壤和地下水自行监测，无一超标。

【环保督察整改】 夯实突出生态环境问题整治。2022年，成都高新区全面排查央督、省督、长江经济带及其他突出生态环境问题整改完成情况，对已整改完成的案件仔细核查措施落实情况，对还在推进中的案件倒排工期，严格按照问题整改“清单制+责任制+销号制”要求，全面强化过程管控，确保案件如期办结销号。截至2022年年底，第一轮央督及“回头看”信访举报件930件，整改率100%；2021年，省督信访举报件139件，整改率99.28%，2021年，央督信访举报件291件，整改率92.44%。全力推进专项行动走深走实。印发《成都高新区生态环境城管局关于聚焦生态环境保护领域开展群众身边“可视”“有感”腐败和作风问题专项治理工作方案》《2022年成都高新区生态环境问题大排查“百日攻坚”专项行动方案》，压实中央、四川省生态环保督察反馈问题和群众举报件、长江经济带生态环境问题等重点案件和油烟、噪声专项治理等10个领域突出生态环境问题排查整治工作责任，力争通过全覆盖、拉网式的排查检查和无死角、零盲区的整治整改，将各类问题解决在萌芽状态。扩宽问题发现渠道。结合各部门分领域自查、区环督办暗拍暗访、群众来电举报的生态环境问题线索素材，拍摄制作生态环境问题暗访警示片；设置区、街两级24小时环保投诉专线9部；联合大气、水专项巡查组，开展交叉联动排查检查；结合文明典范城市创建工作，对区域环境开展全覆盖督察检查。全年累计拍摄暗访警示片2期，通报问题46个，收到环保投诉专线举报问题966个，联合排查和文明典范城市检查发现问题600余个，以上问题均已及时交办相关责任单位整改落实。跟踪调度解决问题。结合《成都高新区生态环境保护常态化督查工作方案》等方案要求，组织各部门、街道对各自领域内生态环境问题进行排查检查，梳理突出问题和环境隐患，截至2022年年底，发现的123个动态问题已及时办结，7个常态化推进问题已及时反馈相关部门和街道并持续跟进调度。

【环保投诉问题整改】 抓实问题整改。2022年，成都高新区按照闭环管理模式，持续做优突出生态环境和城市综合管理领域信访投诉案件办理流程，强化案件整改。2022年，接收生态环境和城市管理领域信访投诉13721件，受理率100%，回复率100%，办结率100%。强化分析研判。定期对全区生态环保领域网络理政收件情况进行分析研判，梳理投诉热点、分析工作难点、提示工作重点。共印发周报43期，开展业务培训1次，全面发挥网络理政（信访）投诉案件的“晴雨表”和“指挥棒”作用。定期核查检查。定期对网络理政（信访）各类突出环境问题整改情况开展随机现场抽查，确保整改工作真到位、措施真落实、效果常保持，全年累计出动102人次，现场检查点位200余个。

【环保宣传】 2022年，成都高新区以“六五环境日”“世界水日”等环保纪念日为抓手，充分发挥重大环保纪念日的宣传效应，不断拓展公众参与环境保护的深度和广度。2022年，全年开展主题课程2次、发放宣传册10000余份、参与人数18000余人次。围绕“成渝经济圈建设”，与重庆高新区进行绿色低碳宣教深度合作，以“互联网+模式”共同发起“成渝联动 绿色高新——点亮双城”线上活动，鼓励成渝两地市民在线加入“绿色生态圈”环保行动倡议活动，收获居民点赞次数14000次、在线助力环保官达22657位，覆盖面达50万人。联合教育文化体育局开展习近平生态文明思想进校园工作，在高新区学生中开展“寻找10平方米的地球”低碳主题活动，制作宣传视频2个，收到学生环保主题作品500余幅，普及学生人数4万人，覆盖6万余人次。

【大气污染防治】 2022年，在高新区党工委、管委会的坚强领导下，在全区各单位的共同努力下，全区大气污染防治工作实现新突破。年度环境空气质量综合指数4.15，同比改善6.5%，改善幅度居全市第一，排名“5+1”城区第一，全市第十五；$PM_{2.5}$年均浓度39.3微克/立方米，同比降低4.8%，顺利完成年度目标；全年优良天数为283天，优良天数率为77.5%，消除重度污染天气。

【水污染防治】 2022年，成都高新区印发《2022年成都高新区水污染防治工作实施方案》《成都高新区污水治理攻坚三年行动方案（2022—2024年）》《2021年国家移交四川省长江经济带生态环境问题整改任务清单成都高新区实施方案》，深入开展污水治理攻坚工作。加快污水处理设施建设。完成南区（10万吨/日）和西区（6万吨/日）临时应急污水处理设施建设并稳定运行，推进骑龙净水厂（10万吨/日）、西区第二污水处理厂（8万吨/日）、洗瓦堰再生水厂（20万吨/日）及调蓄池（16万立方米）工程、骑龙中水湿地及配套管网工程（8.5万吨/日）建设，夯实全区污水处理能力。全面开展管网病害治理。完成全区650余条市政道路、共计260余千米市政排水管网普查及重大病害治理，1676户排水户内部排水管网病害治理，逐步解决管网病害导致的雨污混流问题；新建完

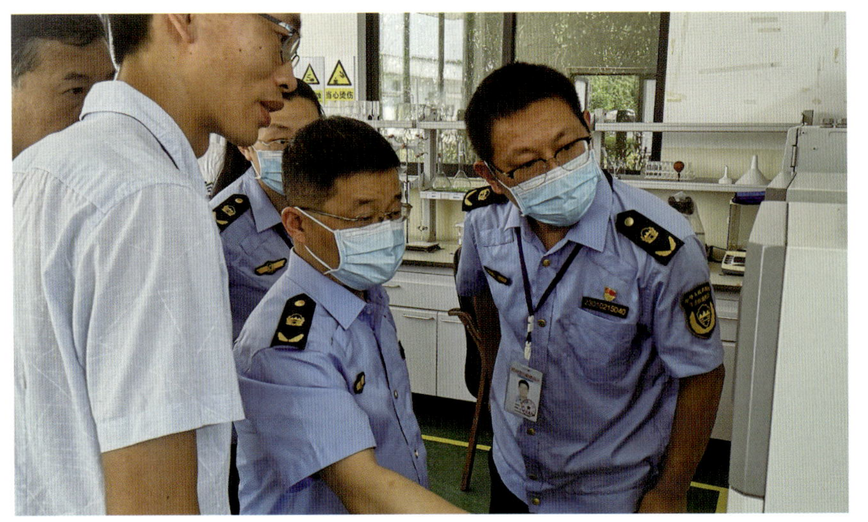

2022 年 8 月 11 日，成都高新区生态环境城管局环保执法人员在企业开展执法检查（生态环境城管局 / 供）

成 13 千米市政排水管网，确保辖区污水收集能力全覆盖。3 个市级水环境质量目标考核断面均达标，且较目标水质提高一类及以上。

【土壤污染防治】 2022 年，成都高新区结合辖区实际，制定印发《2022 年度高新区土壤污染防治工作实施方案》，牵头协调相关行业主管部门、街道办事处形成工作合力，夯实工作责任，明确工作目标，积极推进土壤污染防治工作。全年无受污染的耕地，建设用地安全利用率 100%，辖区 23 家重点监管单位均按时开展并完成土壤和地下水自行监测，无一超标。

（生态环境城管局）

生态环境执法

【概况】 2022 年，成都高新区生态环境执法大队聚焦主业，强化日常执法工作，继续深入贯彻落实环境执法“双随机”制度，共检查企业 984 家次，其中双随机检查 113 家次，其余执法检查 871 家次；组织开展大气污染防治专项执法“一号行动”、涉 VOCs 排放企业抽测工作、夏季臭氧防控专项检查、辐射安全隐患专项排查、环境安全检查等 8 大类专项检查。全年共处罚环境违法企业 31 家，罚款 143.5 万元，规范企业环境行为 200 余家次。2022 年，共处理各类环境信访投诉 86 起，接访后迅速处理，按时回复，进一步提高群众的信访满意率。

【生态环境监测】 2022 年，成都高新区共开展环境质量监测 778 次，监督性监测 369 次，双随机执法监测 132 次，投诉及其他监测 486 次，为生态环境管理和执法工作提供坚实的支撑。同时，全面提高测管协同率，监测服务单位随同开展现场监测，做到应测尽测，充分发挥监测作为环境执法监管的耳目作用。

【生态环境安全】 2022 年，成都高新区进一步强化构筑环境安全体系，织密环境安全防护网。对重点污染源企业的环境风险隐患进行评估，指导 95 家重点企业自行编制完成企业环境突发事件应急预案。截至 2022 年年底，高新区在三年有效期内的重点污染源企业应急预案备案家数达到 265 家。强化风险应急处置和风险隐患排查工作，对辖区重点企业开展日常环境安全检查 200 余家次，发现并帮助企业整改环境隐患 30 余处。完成 110 家区内核技术利用单位的现场检查并录入国家系统，保障辖区核辐射安全。全区未发生重大环境污染事件，保障辖区生态环境安全。

（生态环境城管局）

规划建设

PLANNING AND CONSTRUCTION

规划实施管理

【概况】 2022年，成都高新区规划管理以践行新发展理念的公园城市示范区为统领，持续优化国土空间总体规划编制。2022年，规划管理机构系统梳理规划实施现状，围绕解决人民美好生活需要和大城市病两大问题，开展国土空间规划体检评估，在“三区三线”划定成果基础上，优化全域功能空间布局、用地结构和要素配置，确保空间布局不冲突，用地规模不突破，功能结构更合理，资源利用更有效。明确成都高新区国土空间发展目标，优化城镇化格局、农业生产格局、生态保护格局，促进国土空间合理利用和有效保护，加快形成生活空间宜居适度、生产空间集约高效、生态空间山清水秀的国土空间格局。

【重点产业园区规划】 成都天府国际生物城，成都未来科技城，清水河高新技术产业走廊（高新片区）是成都高新区区域内正在建设的重点产业园区（这三个重点产业园区的建设规划及其相关工作已在本年鉴的“园区建设”类目中有记述，本条目不再重复）。

【太平寺机场片区（高新片区）产业策划和城市设计】 2022年，成都高新区贯彻落实成都市委、市政府关于太平寺机场搬迁后片区综合开发战略，紧扣“产业建圈强链”，围绕“三个做优做强”“四大结构调整”，紧密结合成都市武侯区关于太平寺机场片区发展定位及策划思路，深入推进太平寺机场片区高新三元片区（6.5平方千米）产业策划及城市设计，协同毗邻区共同发展。以“三区协同、三生融合、三大功能”为理念，以建设科创活力门户区和都市工业示范区为目标，坚持片区开发理念、都市工业引领，围绕“空间资源、产业创新、交通体系、宜居品质”四大方面，聚焦“智慧出行产业廊”和“超高清视频都市工业创新核”，打造以硬核科技为引领，以都市工业为特征的未来公园产业社区标杆。

（公园城市局）

建筑市场监管

【概况】 2022年，成都高新区设立“工程建设服务一站式审批审查服务中心”，进一步优化建设领域营商环境。与省建筑设计院就成立数智公司签订一企一策，实现建筑业招商引资“零的突破”。强化产业政策引导，拟兑现建筑业高质量发展资金300万元。依托建筑业企业专班，强化对口服务，加大建筑市场监管力度，采取有效措施解决拖欠民工工资问题。在扎实做好新冠疫情防控与确保生产顺利进行方面取得较好工作成绩，全区建筑业总产值总量在全市建筑行业中排名靠前。

【建设领域营商环境优化】 2022年，按照成都高新区国际化营商环境建设工作领导小组的决策部署，设立“工程建设服务一站式审批审查服务中心”，工程建设相关审批审查服务事项全部进驻“一站式中心”，实现“事项集中、窗口集中、人员集中”，企业只需在一个窗口一次递交材料即可办理，打造“一件事一次办”“仅跑一次”的“一站式”工程建设审批审查服务体系。依托成都市工程建设审批管理平台，办理工程建设审批全流程涉及的全部主线、辅线事项，实现一站式申请，综合窗口受理后流转至“一站式中心”各部门进行审批审查，批准后由中心统一实施“一次发证”，同时做实各阶段咨询辅导、帮办代办、沟通协调等线下服务。

【建筑市场管理】 2022年，成都高新区持续巩固工程建设领域招标投标系统专项治理工作成果，开展全区招标投标领域“回头看”及专项检查，规范行业行为。同时，结合试点推行全过程咨询服务工作的经验，组织召开研讨会，分析总结试点工作中的利弊，逐步完善相关制度及决策管理，形成合理合规的创新组织模式，大力推动区内建设项目高质量实施。成都高新区齐抓共管，弥补市场监管漏洞。将建筑工程招标投标领域系统治理、建筑市场实名制管理、根治建筑工程农民工欠薪与“三包一挂”(违法发包、转包、分包及挂靠)查处工作相结合，完善源头治理、加大区内在建工程的监管力度，对全区在建工程进行监督检查，按照省、市住建部门关于开展建设领域“三包一挂”双随机检查标准和工作要求，以及市住建局《成都市建筑市场“三包一挂”专项整治两年行动工作方案》的标准，共开展2次“三包一挂”双随机专项检查，对自查自纠流于形式以及整改不力的企业进行约谈告诫，并扣企业信用分。针对性地查缺补漏，在规范市场责任单位及从业人员行为的同时，建立新型的工作模式及工作要求。

【城市体检工作】 2022年，成都高新区结合发展目标和发展方向，回顾历年城市体检工作，结合高新城市特质，构建适用于高新区的指标体系与评价体系，通过领导小组高位推动，部门和民众多级协同，专业队伍执行落实，高标准、高质量、高要求地开展全区2022年城市体检工作。形成《成都高新区2022年度城市自体检报告》和《成都高新区2022年度城市发展质量提升行动方案》，深度探索指标数据的系统采集、动态更新与常态化监测路径，同时结合住建部政策导向和高新区重点问题，针对完整居住社区建设开展专项研究。

【建筑技术监管】 2022年，成都高新区严格执行《关于大力推进绿色建筑高质量发展助力建设高品质生活宜居地的实施意见》(成办发〔2021〕81号)《关于进一步提升我市建设工程装配式要求的通知》(成住建规〔2021〕5号)《成都市人民政府办公厅关于印发成都市优化产业结构促进城市绿色低碳发展行动方案、成都市优化产业结构促进城市绿色低碳发展政策措施的通知》(成办发〔2022〕23号)等文件要求。通过初步设计审查，提高市政基础设施工程的装配率，加强事中检查加强监管，对在建工程绿色建筑、装配式、BIM等标准执行情况进行抽查，对存在问题的项目进行约谈，并要求相关责任主体进行整改。定期开展建筑设计各类专项检查，对存在问题的项目，责成相关责任主体进行核查整改。

【民工工资监督管理】 2022年，成都高新区进一步源头规范建设领域农民工工资的管理措施，制定制度，进一步梳理并明确相关部门职责和权限边界，强化部门联动机制。创新打造“成都高新区根治农民工欠薪智慧监管系统”，探索推动使用区块链技术应用，逐步实现运用科技解决农民工欠薪顽疾。强化监督检查，针对开学季、元旦、春节等群体事件易发的关键时间节点，分别开展农民工工资支付专项检查，发现并化解36个项目欠薪隐患风险，对拒不整改或整改不力的项目下达限期整改通知书，并对26家企业进行约谈告诫和信用扣分。积极协调、妥善处置欠薪上访。2022年，共办理5944起农民工权益类网络理政转办单和接待600余起上访讨薪民工事件，对欠薪风险问题较大的重点项目，实施专人专班、一项目一方案的差异化管理模式，督促欠薪工作落到实处，全年妥善处置多起欠薪案件。2022年，欠薪类网络理政转办单较2021年同期下降10%，群众满意度进一步提升。通过一系列“组合拳”为农民工工资“保驾护航”，有效规范建筑市场秩序，实现春节前在建项目农民工工资“双清零”目标，确保农民工欠薪工作总体处于可控状态，为下一步加强农民工工资监督管理工作打下良好的基础。

（公园城市局）

征地拆迁安置

【概况】 2022年，成都高新区创新完善工作机制，稳妥有序推动规划范围内企业和农户的征地拆迁工作。全年共完成项目交地66宗，交地面积1758.31亩，为重大产业化项目和民生项目建设提供有力保障。

【稳妥推进拆迁工作】 2022年，成都高新区征地事务中心坚持以党建引领处室制度建设，创新工作机制，攻坚克难、狠抓落实，稳妥有序推进农户和企业拆迁工作。2022年，启动非诉司法强制搬迁17户，其中，中和7户、桂溪4户、合作4户、企业2户；取得灯塔中心村6户、大源农贸市场12户准予强制搬迁执行裁定书；牵头组织4个涉农街道清理捡种2244.27余亩、平整场地2333余亩；检查拆迁工地32次；拆迁企业4家、集体资产1处、拆迁农户48户，拆迁面积约14000平方米。

【重点建设项目用地保障】 2022年，成都高新区以省、市重点建设项目用地保障为重点，有序开展拟供地前置净地审查工作。共完成项目交地66宗，共计交地面积1758.31亩；其中完成重点建设项目京东方二期、中和粮站、骑龙湾片区出让地块、骑龙湾片区道排工程公服用地、天彩路、尚峰路；完成净地审查任务62宗，其中：招拍挂土地27宗，面积约3296.60亩；非招拍挂土地35宗，面积约950亩。为高新区土地收入的实现以及重大产业化项目建设提供有力保障。

【安置房产权办理】 2022年，成都高新区全面完成郫都区西汇锦苑小区（界外安置）975套66500平方米3008人安置房办证和中和街道6个安置小区18866套安置房首次登记及2217套安置房办证收件工作。

【土地报征前置及征后实施】 2022年，成都高新区共完成9个批次组件上报工作（待批复），涉及18个村、57个村民小组，拟征收土地50余公顷，涉及城镇安置500余人；现场张贴公告200余次，完成180余人次村民报征前置笔录工作。

【征地拆迁信访办理】 2022年，成都高新区共接待来访及政策咨询群众约396人次；共办理中央、省、市及自然资源系统交办、转办重复信访、突出信访事项、历史遗留问题、市长公开电话等信访事项共计95件，办结率100%；办理征地拆迁类行政诉讼案件约50件。

（公园城市局）

质量安全文明施工

【概况】 2022年，成都高新区在建工地190个。

其中，房建工地129个，建筑面积1109.4万平方米；市政工程13个，投资规模约12.5亿元；装饰装修工程48个，建筑面积约24.3万平方米。

【监督备案办理】 2022年，成都高新区新办理监督备案工程229个。其中，新建房建工程73个，建筑面积约453万平方米；市政工程9个，投资规模约36.4亿元；装饰装修工程147个，建筑面积约74.2万平方米。

【安全文明施工监督】 2022年，成都高新区检查工程4413个次，外派监督10551人次。签发《建设工程质量整改通知书》139份，复查32次；签发《安全文明施工责令限期整改通知书》102份，签发《安全文明施工停工整改通知书》30份，复查132次。工程质量竣工验收工程261个。其中，房建工程81个，建筑面积346万平方米；市政工程12个，投资规模3.1亿元；装饰装修168个，建筑面积65万平方米。出具《工程质量监督报告》218份。

【优质、标化工程】 2022年，成都高新区初评推荐通过成都市结构优质工程22个；获得成都市示范观摩工程1个，获得四川省示范观摩工程2个；推荐成都市芙蓉杯工程8个，推荐四川省天府杯工程4个；培育申报绿色标杆工地48个，审批通过37个，推荐成都市安全文明工地16个，推荐四川省安全文明工地5个。

【建筑行业信用评价及行政处罚】 2022年，成都高新区企业质量信用不良行为记录共有扣分3个项目。具体为：建设企业1家，扣3分；施工总承包企业3家，扣1.2分；监理企业2家，扣0.7分。企业安全信用不良行为记录扣分65个项目；施工总承包企业65家，扣10.8分；监理企业63家，扣7.3分；处罚调查通知书移送4份。企业文明施工信用不良行为记录扣分142个项目；施工总承包企业142家，扣8.65分；监理企业137家，扣8.15分；处罚调查通知书移送44份。处理信访投诉26起，处理质量投诉2010起；组织开展既有建筑检查共计191次，发现影响房屋结构安全的问题52起，下达《房屋装修、改造、维修加固违规行为整改通知书》52个；开展消防验收和巡查217次，出具《建设工程消防验收意见书》84份，进行消防备案抽查69个项目；开展人防验收和巡查238次，出具《人防工程质量监督报告》29份。

（公园城市局）

公共服务设施建设项目

【概况】 2022年，成都高新区围绕建设新发展理念的公园城市示范区中心任务，以“人城境业”逻辑推进美丽公园城市建设，全区产、城一体，宜业、宜居环境进一步优化完善。基本公共服务设施“三年攻坚”行动全面完成，“三年攻坚”涉及12小项（3个项目）已于2022年年底完工，387个小项涉及的172个项目全部完工，完工率100%。市政基础设施建设，已完工江家立交提升改造工程、大件路上跨绕城高速桥梁加宽工程、高朋西路下穿铁路西环线工程，打通定安路“断头路”及周边8条道路；骑龙片区道排工程、中和片区剩余道排工程累计建成23千米，完成神仙树南路、神仙树北路、公济桥路等6条道路改造，中和街道5条道路管网改造及中和街道三无院落19个点位排水治理。疫情防控项目建设，完成桂锦佳苑隔离酒店改造工程，启动建设市一医院核酸采样基地1处、高新区便民核酸采样方舱33处、高新区便民核酸采样亭35处，有力保障高新区疫情防控工作。“向阳花开”行动见成效，“向阳花开”学前教育三年攻坚行动一共规划11个幼儿园点位，其中2022年已建成5个幼儿园并开办，原计划2023年开办的3个幼儿园已全部完工。

（公园城市局）

【公共空间打造】 2022年，成都高新区以8个“公园城市示范片区”建设为重点，已完成2个；持续推进6个瞪羚谷未来公园社区项目建设；“中和江湾，潮流集畔”滨水活力带打造项目，已完成五岔子大桥、芙蓉岛公园、锦江子街巷一期等项目，受到社会各界的好评；基本建成锦城大道西段、中柏大道、吉龙路等绿道约30千米及紫荆北路、紫薇东路、锦悦东路、合信路等“回家的路”50条；聚焦生产、生活、生态和谐统一公园城市空间形态塑造，持续开展高新区市井生活圈（二期）打造工作，累计完成46栋沿街建筑风貌整治；建成新川之心公园（西区）景观工程，推动铁像文旅环、省级文化中心周边环境提升项目等重点项目建设。

（公园城市局）

【持续完善交通体系】 2022年，成都高新区从建设践行新发展理念公园城市示范区与“三个做优做强”出发，编制《成都高新南区综合交通提升规划》。城市道路网络不断完善，完成江家互通立交提升改造、双简路高新段提升改造以及高朋西路下穿铁路隧道等6个路网贯通项目，新建成市政道路共计约21千米，精准微改一批干道节点，实施“短、平、快”交通提升工程、道路安全隐患整治民生项目，提升车辆转换效率，策划形成新双大道北段、楠香山南侧地下停车场等项目，着力解决动态和静态交通供需问题。

（公园城市局）

【高新区文化中心】 该项目由高投集团下属产城集团全资子公司高投建设公司组织实施。高新区文化中心位于成都市高新区天府四街以北，盛华南路以西，用地面积约7.8万平方米，总建筑面积16.88万平方米，计容建筑面积9.15万平方米。项目由图书馆、展示馆、多功能活动馆、工青妇服务中心以及活力环组成，其中多功能活动馆地上面积约1.92万平方米；图书馆地上面积约1.77万平方米，共5层；工青妇服务中心地上面积约2.65万平方米，分A、B两栋：A栋共6层、建筑面积约19500平方米，B栋共5层、建筑面积约6500平方米；展示馆地上面积约1.17万平方米；活力环地上面积约1.64万平方米，共4层，地下1层共计1115个车位。项目总投资15.9亿元，于2016年4月29日开工，2022年10月13日竣工。项目由中国建筑西南设计研究院有限公司具体设计，由中国建筑第二工程局有限公司负责实施。

（产城集团）

2022年12月1日，成都教科院附中学生公寓项目完工（产城集团/供）

【成都教科院附中学生公寓】 该项目由高投集团下属产城集团全资子公司高投建设公司组织实施。成都教科院附中学生公寓位于天府三街与祥华路交会处东南角，地块净用地面积5333平方米，总建筑面积22947.27平方米，容积率1.27，地上建筑面积20401平方米，地下建筑面积1681平方米，地上16层，地下1层，项目装配率70%以上。项目学生公寓建筑面积20074平方米，配套设施建筑面积1978平方米，共有学生公寓293套，可为1758名学生提供住宿。项目总投资12000万元，于2020年12月15日开工，2022年6月7日竣工。项目由中国建筑西南设计研究院有限公司具体设计，由中建科技集团有限公司负责实施。

2022年11月23日，成都高新区贝诺儿幼儿园扩建项目完工（产城集团/供）

（产城集团）

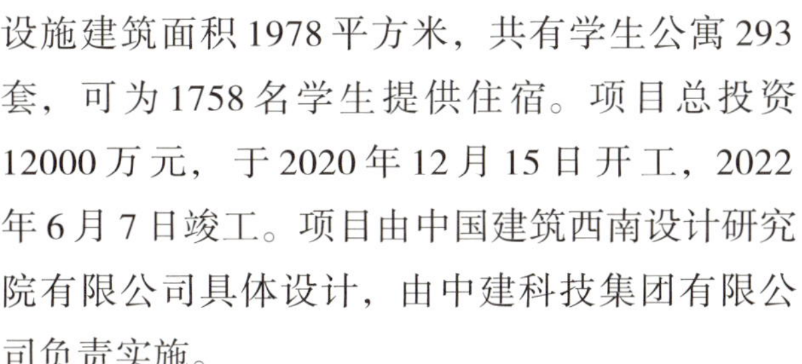

【应龙北二路幼儿园】 该项目由高投集团下属产城集团全资子公司高投建设公司组织实施。应龙北二路幼儿园位于成都市高新区应龙路以北，应龙北二路以西，净用地面积4050平方米，总建筑面积5495.70平方米，其中地上建筑面积4715.70平方米，地下建筑面积780平方米；地上3层，局部4层，地下1层；建筑高度17.1米，共设9个班。项目含教学楼（4680.7平方米）、地下设备用房（780平方米）等公共配套设施，容积率1.16，基底面积1417.50平方米，建筑密度35%，绿地率20%。项目总投资3704万元，于2021年9月18日开工，截至2022年12月底，该项目外装完成约85%，内装完成约20%，总平完成约35%，完成总体形象进度的80%。项目由四川省建筑设计研究院有限公司具体设计，由四川汇泰城建筑工程有限公司负责实施。

（产城集团）

【贝诺儿幼儿园扩建】 该项目由高投集团下属产城集团全资子公司高投建设公司组织实施。贝诺儿幼儿园位于成都市高新区新乐中街，净用地面积4050.05平方米，总建筑面积5185.73平方米，其中地上建筑面积4670.54平方米，地下建筑面积515.19平方米；地上3层，局部4层，地下1层；建筑高度16.8米，共设9个班。项目含教学楼（4546.29平方米）、物管用房（94.17平方米）、地下设备用房（515.19平方米）等公共配套设施，容积率1.15，基底面积1417.14平方米，建筑密度34.99%，绿地率20.05%。项目总投资3780万元，于2021年3月17日开工，2022年10月28日竣工。项目由四川省建筑设计研究院有限公司具体设计，由四川铭源建筑工程有限公司负责实施。

（产城集团）

【南部园区2017年第二批公建配套工程——天府四街南侧小学】 该项目由高投集团下属产城

集团全资子公司高投建设公司组织实施。天府四街南侧小学位于高新区南部园区，高新区唯新幼儿园南侧、天府五街北侧，规划用地面积21290.01平方米，建筑面积26124.19平方米，规划班数36班，其中地下室1层，建筑面积7917.72平方米，包括地下车库、设备机房及市政设施用房等；地上4层，建筑面积18206.47平方米，包括教学楼、综合楼、行政办公楼、艺体楼、食堂、风雨操场及门房等。项目为框架结构，容积率0.76，建筑密度33.36%，地下机动车位155个。项目总造价11765.60万元，于2020年6月16日正式开工建设，2022年6月23日完工。项目由北京市建筑设计研究院有限公司具体设计，由成都建工集团有限公司负责实施。

2022年10月9日，成都高新区天府五街南侧一中项目完工（产城集团/供）

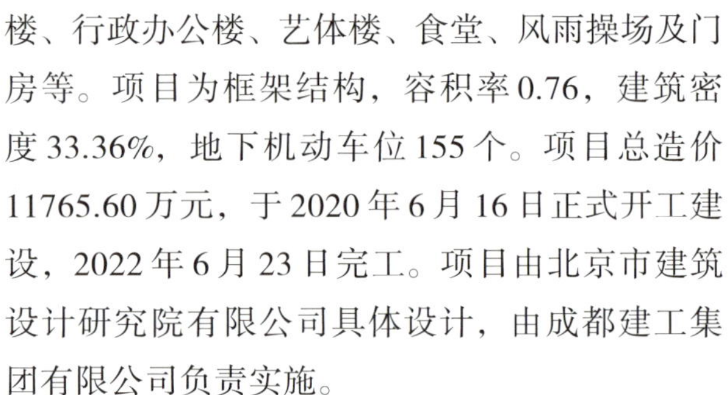

（产城集团）

【南部园区2018年第一批公建配套工程——天府四街南侧一幼】 该项目由高投集团下属产城集团全资子公司高投建设公司组织实施。天府四街南侧一幼位于高新区南部园区，昆华一路东侧、瑞彩路北侧，规划用地面积6775.01平方米，建筑面积8494.24平方米，规划班数18班，其中地下室1层，建筑面积793.55平方米，包括消防水池、消防水泵房、消控室、排风机房、高低压配电室、发电机房等设备用房；地上四层，建筑面积7700.69平方米，包括门房、行政办公用房、音体室及活动室等。项目为框架结构，容积率1.1，建筑密度34.97%，地上设有机动车位4个。项目总造价5023.46万元，于2020年9月7日正式开工建设，2022年10月12日竣工。项目由中国建筑西南设计研究院有限公司具体设计，由成都建工集团有限公司负责实施。

2022年6月23日，成都高新区天府四街南侧小学项目完工（产城集团/供）

（产城集团）

【南部园区2018年第一批公建配套工程——天府五街南侧一中】 该项目由高投集团下属产城集团全资子公司高投建设公司组织实施。天府五街南侧一中位于高新区南部园区，天府五街南侧、丽景路东侧，规划用地面积40000.01平方米，建筑面积50731.88平方米，规划班数45班，其中地下室1层，建筑面积9753.6平方米，包括地下车库、设备机房及市政设施用房等；地上5层，建筑面积40978.28平方米，包括教学楼、综合楼、食堂、风雨操场及门房等。项目为框架结构，容积率0.94，建筑密度22.24%，地下机动车位190个。项目总造价23398.7万元，于2020年10月28日正式开工建设，2022年10月20日竣工。项目由中国建筑西南设计研究院有限公司具体设计，由中国华西企业股份有限公司负责实施。

（产城集团）

【大源西片区配套用房（大源西街办）】 该项目由高投集团下属产城集团全资子公司高投建设公司组织实施。项目位于高新区南部园区大源片区，规划总用地面积为3560平方米，总建筑面积11691平方米。地上建筑面积为6386平方米，设置有对外服务类以及内部办公类，主要有信访接待、社区办公室、会议室、备勤室和办公室等功能。地下建筑面积为5305平方米（地下3层），共设置机动车停车位59个（地下54个、地上5个）及其他设备用房。项目总投资8450万元，2019年11月15日开工建设，2022年12月14日完工。项目由四川纺织工业设计院具体设计，由成都新宏建筑工程有限公司负责实施。

（产城集团）

【中和新建安置房（中胜家园）】 该项目由高投集团下属产城集团全资子公司高投建设公司组织实施。中和新建安置房（中胜家园）位于高新区南部园区中和片区，规划总用地面积约40124平方米，总建筑面积约150021平方米，其中地上建筑面积约104570平方米，地下建筑面积45451平方米，共10栋10个单元，建筑层数为20～26层，建筑高度为61.9～79.9米，共计1348套住宅，含两层地下室，负一层层高3.8米、负二层层高3.6米，地下机动车位共1204个，非机动车位1506个。项目总投资约5.6亿元，于2021年1月8日开工建设，计划工期930天，截至2022年年底，主体结构已竣工验收。项目由成都市建筑设计研究院具体设计，由中国五冶集团有限公司负责实施。

（产城集团）

【广都站东南侧学校】 该项目由高投集团下属产城集团全资子公司高投建设公司组织实施。广都站东南侧学校位于高新区南部园区中和片区，规划总用地面积14111平方米，总建筑面积约22308平方米，其中地下建筑面积约5664平方米，地上建筑面积16644平方米，地下1层，地上5层，地下部分含78个机动车库、厨房、办公辅助用房及设施设备用房，地上部分含教学用房、食堂及教学辅助用房，地上建筑面积为6386平方米，设计21个班。项目总投资11233万元，于2022年12月

2022年11月25日，成都高新区大源西片区配套用房完工（产城集团/供）

2022年7月18日，成都高新区墨池小学东侧公服配套用房完工（产城集团/供）

20日开工建设，计划工期420天。截至2022年年底，正在进行土方开挖。项目由安徽省城建设计研究总院股份有限公司具体设计，由成都建工第四建筑工程有限公司负责实施。

（产城集团）

【墨池小学东侧公服配套用房】该项目由高投集团下属产城集团全资子公司高投建设公司组织实施。墨池小学东侧公服配套用房位于成都市高新南区盛安街，规划总用地面积2699.75平方米，总建筑面积8591.44平方米，包括配套用房、办公室、会议室、学术报告厅等配套设施。项目总投资约4400万元，于2021年9月1日开工建设，2022年7月19日完工。项目由中国建筑西南设计研究院有限公司具体设计，由中国五冶集团有限公司负责实施。

（产城集团）

【临江苑二期安置房】该项目由高投集团下属产城集团全资子公司高投建设公司组织实施。临江苑二期安置房位于成都市高新南区祥华路西侧，天府四街北侧，规划总用地面积24565.10平方米，总建筑面积107352.18平方米（地上建筑面积72858.49平方米、地下建筑面积34493.69平方米），包括住宅、物管用房、垃圾用房等建筑，规划建设1004套住宅，地下机动车位844个。项目总投资约35000万元，于2020年12月15日开工建设。截至2022年年底，正在进行装饰装修施工，计划于2023年6月15日竣工。项目由中国建筑西南设计研究院有限公司具体设计，由中建科技集团有限公司负责实施。

（产城集团）

【前沿医学研究中心】该项目业主为四川大学，由高投集团下属产城集团全资子公司高投建设公司代建实施。前沿医学研究中心位于四川大学华西校区内，规划总用地面积17467平方米，总建筑面积约44000平方米，包括实验用房、办公用房、设备用房及报告厅等建筑。项目总投资约41800万元，于2021年8月5日开工建设。截至2022年年底，正在进行装饰装修施工，计划于2023年8月4日竣工。项目由中国建筑西南设计研究院有限公司负责设计并实施。

（产城集团）

【成都高新区紫藤中学改造工程】该项目由高投集团下属产城集团全资子公司高投建设公司组织实施。成都高新区紫藤中学位于高新南区雅和南二路，改造总建筑面积约12890平方米，操场及景观绿化整治面积24667平方米，主要建设内容包括拆除工程、图书馆改造、教学楼走廊改造、科创中心改造、多功能厅改造、绿化景观整治及运动场整体提升工程等。项目总投资约3901万元，于2022年8月20日开工建设。截至2022年年底，运动场整体提升工程完成，完成总体形象进度约60%，为保证教学

2022年12月26日，成都高新区紫藤中学改造工程部分改造已完成（产城集团/供）

秩序安全，剩余教学楼区域部分待2023年暑期施工。项目由四川省建筑设计研究院有限公司具体设计，由中诚投建工集团有限公司负责实施。

（产城集团）

【成都高新区行知小学整体修缮工程】 该项目由高投集团下属产城集团全资子公司高投建设公司组织实施。行知小学位于高新南区吉龙二街，主要建设内容包括拆除工程、教学楼外立面改造工程、功能教室室内装饰工程、智慧校园工程、运动场及总平改造工程等。其中，外立面改造面积约14080平方米，天棚工程改造面积6673平方米，功能教室室内装饰面积约300平方米，运动场及总坪整治面积约8338平方米，屋顶改造面积约2370平方米。项目总投资约3508万元，于2022年8月24日开工建设。截至2022年年底，运动场、体育馆外立面、厨房、大门及走廊天棚改造完成，完成总体形象进度约30%，为保证教学秩序安全，剩余教学楼区域部分待2023年暑期施工。项目由中化学（四川）工程设计咨询有限公司具体设计，由成都倍特建筑安装工程有限公司负责实施。

（产城集团）

【高新区体育中心】 该项目由高投集团下属产城集团全资子公司高投建设公司组织实施。高新区体育中心位于高新南区吉龙路，规划建设净用地面积约15.7万平方米，总建筑面积20.09万平方米，主要建设内容为多功能馆、服务中

2022年6月7日，高新区体育中心完工（产城集团/供）

心和全民健身馆场，其中多功能体育馆建筑面积8.3万平方米，服务中心及全民健身馆建筑面积9万平方米。多功能馆按设计图纸全部施工；全民健身馆完成主体和外立面，一层局部大厅、餐厅和二层完成装修，主要机电设备、通风防排烟和消防系统；服务中心完成主体和外立面，室内部分砌体，主要机电设备、通风防排烟和消防系统。项目总投资约17.2亿元，于2016年4月29日开工建设，2022年6月16日竣工。项目由中国建筑西南设计研究院有限公司具体设计，由中国建筑第四工程局有限公司负责实施。本项目多功能馆为第31届世界大学生夏季运动会和第五十六届国际乒联世界乒乓球团体锦标赛（决赛）乒乓球比赛场馆。

（产城集团）

2022年8月9日，成都高新区公租房及棚改安置房工程—棚改安置房（一标段）完工（产城集团/供）

【高新区公租房及棚改安置房工程——租赁用房及棚改安置房（二标段）】 该项目由高投集团下属产城集团全资子公司高投建设公司组织实施。高新区租赁用房及棚改安置房位于高新区南部园区大源片区，天府二街以南、乐华路以西，项目占地面积40388.49平方米，建筑面积13.615万平方米（地上建筑面积10.865万平方米、地下建筑面积2.75万平方米）。项目总投资约5.6亿元，工期730天，于2020年7月10日开工，2022年5月竣工。项目由四川省建筑设计研究院有限公司具体设计，由中国五冶集团有限公司负责实施。

（产城集团）

2022年5月19日，成都高新区公租房及棚改安置房工程——租赁用房及棚改安置房（二标段）完工（产城集团/供）

【高新区公租房及棚改安置房工程——棚改安置房（一标段）】 该项目由高投集团下属产城集团全资子公司高投建设公司组织实施。高新区棚改安置房项目位于高新区南部园区中和片区，南面紧邻中和大道四段，占地面积2.6万平方米，建筑面积12.54万平方米（地上建筑面积8.29万平方米、地下建筑面积4.25万平方米）。项目总投资约4.8亿元，工期730天，于2020年8月20日开工，2022年8月竣工。项目由四川省建筑设计研究院有限公司具体设计，由中国五冶集团有限公司负责实施。

（产城集团）

【中和新建安置房（新怡花园C区）】 该项目由高投集团下属产城集团全资子公司高投建设公司组织实施。中和新建安置房（新怡花园C区）位于成都市高新区南部园区，南临应龙路、西临应龙北一路，用地北侧为规划道路，用地东侧为幼儿园及居民运动场，用地三面临城市道路。项目占地面积41881平方米，总建筑面积约18.78万平方米。项目总投资约7.6亿元，工期913天，于2020年12月16日开工。截至2022年年底，正在进行装饰装修施工，计划2023年6月竣工。项目由成都市建筑设计研究院具体设计，由中国五冶集团有限公司负责实施。

（产城集团）

【临江片区地下停车场工程】 该项目由高投集团下属产城集团全资子公司高投建设公司组织实施。临江片区地下停车场位于高新区桂溪街道临江村六组，规划总用地面积4946.69平方米，总建筑面积3328平方米。项目总投资约2575万元，于2022年12月29日开工建设，计划于2023年9月完工。项目由四川省建筑设计研究院有限公司具体设计，由成都倍特建筑安装工程有限公司负责实施。

（产城集团）

【中和片区2018年第一批公建配套工程——中和三街小学】 该项目由高投集团下属产城集团全资子公司高投建设公司组织实施。中和三街小学位于高新南区中街道中和三街北侧与康和路东侧交会处，总建筑面积31944.45平方米，地上建筑面积25921.34平方米，地下建筑面积5178.81平方米，地下1层，设88个地下停车位。项目总投资1.4亿元，于2021年9月28日开工，总工期540天，截至2022年年底，正在进行装饰装修施工，计划2023年6月竣工。项目由四川省建筑设计研究院有限公司具体设计，由成都建工集团有限公司负责实施。

（产城集团）

【中和片区2018年第一批公建配套工程——中和北派出所】 该项目由高投集团下属产城集团全资子公司高投建设公司组织实施。中和北派出所位于高新区南部园区中和片区，中和三街以北、润和路以西，占地面积为3422.83平方米，建筑面积为8180.90平方米。项目总投资约4365万元，工期540天，于2021年3月1日开工，2022年12月基本完工。项目由四川省建筑设计研究院有限公司具体设计，由成都建工工业设备安装有限公司负责实施。

（产城集团）

【中和片区2018年第一批公建配套工程——中和北公建配套】 该项目由高投集团下属产城集团全资子公司高投建设公司组织实施。中和北公建配套位于高新区南部园区中和片区，中和三街以北、应龙北三路以东，占地面积为3460.07平方米，建筑面积为7055.23平方米。项目总投资约3639万元，工期540天，于2021年3月1日开工，2022年12月基本完工。项目由四川省建筑设计研究院有限公司具体设计，由成都建工工业设备安装有限公司负责实施。

（产城集团）

【中和片区2018年第一批公建配套工程——康和西三街派出所】 该项目由高投集团下属产城集团全资子公司高投建设公司组织实施。康和西三街派出所位于成都市高新区南部园区中和片区，康和西四街以北（在建）、仁和路以东，占地面积4687.27平方米，总建筑面积10467.19平方米。项目总投资5259万元，工期540天，于2021年3月1日开工。截至2022年年底，正在进行装饰装修施工，计划2023年10月竣工。项目由四川省建筑设计研究院有限公司具体设计，由成都建工工业设备安装有限公司负责实施。

（产城集团）

【高新区养老设施（机构）工程】 该项目由高投集团下属产城集团全资子公司高投建设公司组织实施，分为两处工程地点，高新中和养老设施及高新西区养老设施。高新中和养老设施位于成都市高新区中和应龙路，距离梓州大道1.5千米，项目北侧紧邻吉龙路，西侧紧邻已建设完成规划道路，东侧紧挨洗瓦堰，占地面积17330.95平方米，建筑面积34003.49平方米，包含养老中心大楼和知痴护理中心大楼。其中养老中心设计有一层地下室，地下室层高4.5米；老年认知症护理中心无地下室设计。设计楼层均为6层，建筑高度均为22.35米，养老中心大楼正负零标高486.3米，老年认知症护理中心大楼正负零标高485.8米。高新西区养老设施位于成都市高新西区顺泽路西侧尽头，邻近电子科技大学实验中学附属小学，主要建筑物为4～6层养老院，东侧局部设一层地下室，规划总建筑面积6783.94平方米，建筑高度22.15米，正负零标高542.15米。项目总投资约41799万元，于2021年9月28日开工，建设工期600天。截至2022年年底，正在进行装饰装修阶段施工，计划2023年8月竣工。项目由重庆市设计院有限公司具体设计，由成都建工集团有限公司负责实施。

（产城集团）

【高新区特殊教育学校】 该项目由高投集团下属产城集团全资子公司高投建设公司组织实施。高新区特殊教育学校位于高新区中和街道朝阳社区9组，用地面积约16860平方米，建筑面积34800平方米，由一栋12层的综合楼、四栋5层的教学楼、一栋1层的学术报告厅、一栋1层的演艺中心组成，局部设置一层地下室，主要包括教学用房、学术报告厅、门卫室、康复中心及配套用房等。项目总投资约23000万元，于2022年12月15日开工。截至2022年年底，正在进行基坑支护及土方开挖，计划2024年9月竣工。项目由中国建筑西南设计研究院有限公司具体设计，由成都倍特建筑安装工程有限公司负责实施。

（产城集团）

【科研办公、商业及配套设施项目】 该项目业主为成都泛微网络科技有限公司，由高投集团下属产城集团全资子公司高投建设公司负责代建。项目位于成都市高新区新川创新科技园内（新泽三路以东，锦和西五街以北），用地面积约5151平方米，总建筑面积2.7万平方米，由区域总部、研发管理中心、技术研发中心、技术共享服务中心和结算中心组成，主要建筑物为西侧科研办公主楼和东侧配套楼（商业、办公与物业管理等辅楼）。项目总投资约1.5亿元，于2022年4月20日开工。截至2022年年底，正在进行主体施工，计划2023年10月竣工。项目由信息产业电子第十一设计研究院科技工程股份有限公司具体设计，由四川省第六建筑有限公司负责实施。

（产城集团）

【成都高新区菁蓉小学整体修缮工程】 该项目由高投集团下属产城集团全资子公司高投建设公司组织实施。成都高新区菁蓉小学位于天华二路133号，东临锦江，紧邻高新区天府软件园二期。本次改造主要内容包括建筑外墙改造、综合楼装修改造、教学楼公区改造、功能教室改造、校园景观改造等。项目总投资4718.53万元，于2022年12月25日开工。截至2022年年底，正在进行装饰装修，计划2023年10月竣工。项目由四川众恒建筑设计有限责任公司具体设计，由成都倍特建筑安装工程有限公司负责实施。

（产城集团）

【成都高新区妇幼保健院】 该项目由高投集团下属产城集团全资子公司高投建设公司组织实施。成都高新区妇幼保健院位于高新区康和路与中胜路交叉口西120米处，规划总用地面积约31400平方米，总建筑面积约14.23万平方米，地上两栋。其中，妇幼保健院为7.83万平方米（住院部20层，门诊部5层裙楼），疾控中心为13900平方米（8层），剩余辅助用房面积为700平方米，地下建筑面积为49400平方米（地下2层）。项目总投资约15亿元，工期1095天，于2021年8月开工建设，2022年12月住院部主体基本完工。项目由成都市建筑设计研究院具体设计，由成都倍特建筑安装工程有限公司负责实施。

（产城集团）

【草池镇罗家村社区工程】 该项目由高投集团下属产城集团全资子公司高投建设公司组织实施。项目位于东部新区草池街道罗家村，总用地面积12.86万平方米，规划总建筑面积约34万平方米，地上建筑面积约25万平方米，其中安置房约16万平方米，公租房约0.7万平方米，配套商业约2万平方米，幼儿园约0.58万平方米，小学约2.87万平方米，社区配套用房约1.5万平方米。地下部分总建筑面积约9万平方米，绿地面积约0.58万平方米，新建配套道路总长度约2852米。项目总投资约24亿元，由四川省建筑设计研究院有限公司负责具体设计，由中国华西企业股份有限公司负责实施一标段，中国五冶集团有限公司负责实施二标段。项目于2021年7月开工建设，截至2022年12月底，一标段5号、6号地块砖砌体施工基本完成，二标段正在进行总坪及装饰施工。

（产城集团）

【石板凳镇社区工程（一期）】 该项目由成都兴城人居地产投资集团股份有限公司与成都高新投资集团有限公司合资成立的成都高新区绛溪城市建设有限公司组织开发建设，由高投建设公司代建实施。项目位于石板凳镇高丰村，占地面积26.13万平方米，住宅小区占地面积12.93万平方米，总建筑面积约43.6万平方米，其中住宅建筑面积约29.76万平方米，设计户数3321套，计划安置5797人。住宅共分为5个户型，户型面积分别为53平方

2022年12月28日，妇幼保健院主体基本完工（产城集团/供）

2022年12月25日，成都高新区清水河员工爱心公寓完工（产城集团/供）

米（887套）、66平方米（30套）、79平方米（887套）、106平方米（1725套）、129平方米（15套）。项目总投资约18亿元，由四川省建筑设计研究院有限公司具体设计，由成都建工集团有限公司负责实施。项目于2020年12月28日开工建设，截至2022年12月底，一号地块商业A区基础回填完成；二号地块1号楼、8号楼主体完工，进入装饰装修施工；三号地块主体完工，进入装饰装修施工；四号、五号地块正在进行主体施工。

（产城集团）

【芦葭镇社区工程（一期）】 该项目由成都兴城人居地产投资集团股份有限公司与成都高新投资集团有限公司合资成立的成都高新区绛溪城市建设有限公司组织开发建设，由高投建设公司代建实施。项目位于成都东部新区芦葭镇建安村，总用地面积约8.6万平方米，规划总建筑面积约21.3万平方米，其中住宅约14.6万平方米，配套商业约0.96万平方米，配套用房约682平方米，地下室面积约5.34万平方米，绿地面积3.6万平方米。地下1层，地上9～11层，总户数1672户，计划安置2917人。项目总投资约8.2亿元，由中国建筑西南设计研究院有限公司具体设计，一标段由成都建工第七建筑工程有限公司负责实施，二标段由成都倍特建筑安装工程有限公司负责实施。该项目于2020年11月25日开工建设。截至2022年12月底，一标段1～9号楼主体结构验收完成，二标段1～14号楼主体结构施工完成，计划2023年完成全部建设任务。

（产城集团）

【成都高新区员工爱心公寓项目】 该项目由高投集团下属产城集团全资子公司西区发展建设公司组织实施，设计单位为四川省建筑设计研究院有限公司，施工单位为中国五冶集团有限公司，高新区员工爱心公寓由清水河员工爱心公寓和西园员工爱心公寓组成，分别位于康强四路北侧、安泰四路北延线东侧、合作路南侧、天映路西侧，总建设用地约196亩，总建筑面积约5.95万平方米，员工公寓共计4995间（其中西园点位1293间、清水河点位3702间）、员工管理用房103间、食堂两座、垃圾用房两座。项目于2022年11月25日开工建设，12月15日完工，共用时20天。

（产城集团）

市政建设项目

【概况】 2022年，成都高新区继续大力推进市政工程建设，实施项目（含新建项目和续建项目）包括断头路打通工程、道路维修改造工程、过街天桥、应急污水处理设施配套工程、道排工程、防洪排涝治理工程、中水湿地及配套管网工程等。这些工程项目与生产生活密切相关，建成投用后，对有效提升城区道路通行能力，缓解交通拥堵，改善居民出行条件和居住环境，进一步完善城市基础设施配套功能、提高居民生活质量具有十分重要的作用。市政工程项目主要由高投集团承建。

（高投集团）

【中和片区剩余道排工程（一标段）】 该项目由高投集团下属产城集团全资子公司高投建设公司组织实施。项目位于高新区中和片区，建设内容包含康和路（枇杷巷—中和大道）、康和东四街（康和路—永和路）、康和东五街（康和路—永和路）、安和路（中和二街—吉龙路）的道路工程、交通工程、排水工程、照明工程、景观工程、桥梁工程及相关附属工程，全长2650米。项目总投资约1.1亿元，已于2020年3月开工，2022年7月完工。项目由成都市市政工程设计研究院具体设计，由中国水利水电第七工程局有限公司负责实施。该项目完工后联通了枇杷巷至吉龙路的道路，缓解了周边道路的交通压力，同时改善了居民的出行条件，提高了居民的生活质量，对改善中和片区居住环境具有十分重要的作用。

（产城集团）

【中和片区剩余道排工程（二标段）】 该项目由高投集团下属产城集团全资子公司高投建设公司组织实施。项目位于高新区中和片区，包含康和路、吉龙二街、观东一街、和恒路、吉龙一街南侧道路、应龙路、安和路东侧道路七条道路，共4600米。项目于2020年6月15日开工建设，截至2022年12月无障碍部分已完工。项目由成都市市政工程设计研究院具体设计，由中建三局集团有限公司负责实施。本项目的实施不仅为地块开发提供市政基础配套设施，同时完善了片区市政道路路网，在建设过程中充分体现了科学、高效率、高品质管理理念。

（产城集团）

【中和片区剩余道排工程（三标段）】 该项目由高投集团下属产城集团全资子公司高投建设公司组织实施。项目位于高新区中和片区新川科技园内，包含道路工程、排水工程、电力浅沟工

2022年12月30日，成都高新区中和片区剩余道排工程二标段部分完工（产城集团/供）

程、景观工程、照明工程、交通工程、桥梁工程及相关附属工程，具体实施锦和路（和惠三街—区界）、锦和路东侧（和惠三街—区界）、和惠三街、新程南三路（和惠三街—区界）、新程南四路（和惠三街—区界）5条道路，总长度约2400米。项目总投资约1.5亿元，于2020年9月开工，2022年10月完工。项目由成都市市政工程设计研究院具体设计，由中建三局集团有限公司负责实施。该项目为新建道路，位于高新区及天府新区交界处，完工后大大方便了周边居民出行。

（产城集团）

2022年1月1日，成都高新区南区断头路打通工程（三标段）无障碍段完工（产城集团/供）

【中和片区剩余道排工程（新裕南一路、南二路、和景四街）】该项目由高投集团下属产城集团全资子公司高投建设公司组织实施。项目位于成都市高新区南部园区中和片区，是该片区路网的重要组成部分。项目全长1769米，含新裕南一路、新裕南二路、和景四街三条道路，建设内容包含道路工程、排水工程、电力浅沟工程、景观工程、照明工程、交通工程、暗涵工程及相关附属工程等。项目总投资约9598万元，于2020年8月开工建设，2022年6月全部完工并通过竣工验收。项目由成都市市政工程设计研究院具体设计，由中建海峡建设发展有限公司负责实施。本项目的实施不仅为地块开发提供市政基础配套设施，同时完善了片区市政道路路网，极大改善周边居民交通出行环境并显著提升了居住环境和生活品质，在建设过程中充分体现了科学、高效率、高品质管理理念。

（产城集团）

2022年6月30日，成都高新区中和片区剩余道排工程（新裕南一路、南二路、和景四街）完工（产城集团/供）

【南区断头路打通工程（三标段）】该项目由高投集团下属产城集团全资子公司高投建设公司组织实施。项目总投资约6326万元，包含中和大道、康和路、东寺南二路、中和四街西段四条道路，总长1280米。工程建设内容主要包括道路工程、排水工程、电力浅沟工程、交安工程、景观工程、照明工程等。项目由中国市政工程西北设计研究院有限公司具体设计，由成都建工路桥建设有限公司负责实施。项目已完成中和大道、康和路、东寺南二路设计内容，中和四街西段因红线范围内有凯泉电气厂拆迁障碍，暂未进场施工。

（产城集团）

【骑龙片区道排工程（一标段）】 该项目由高投集团下属产城集团全资子公司高投建设公司组织实施。项目位于成都市高新区南部园区骑龙片区，全长4436米，含大源6线、大源13线、大源19线、大源25线、大源35线5条道路。项目总投资22970万元，于2019年12月8日开工建设，已完成大源6线、大源13线、大源19线、大源25线、大源35线K1+413—K1+995段道路施工，整体完成率95%，剩余部分均为障碍未拆除部分。项目由中国市政工程西南设计研究总院有限公司、成都市市政工程设计研究院、核工业西南勘察设计研究院有限公司具体设计，由成都建工路桥建设有限公司负责实施。本项目的实施不仅为地块开发提供市政基础配套设施，同时完善了片区市政道路路网。

（产城集团）

2022年1月1日，成都高新区骑龙片区道排工程施工（一标段）无障碍段完工（产城集团／供）

【骑龙片区道排工程（二标段）】 该项目由高投集团下属产城集团全资子公司高投建设公司组织实施。项目位于高新区骑龙片区，本标段含大源14线（大源20线—大源36线）、大源20线（大源13线—大源19线）、大源28线（大源6线—剑南大道）、大源31线（天府四街—大源36线）4条道路。道路全长3413米，主要包括道路、排水、桥梁、电力、交通、照明、景观等工程建设内容。项目总投资约1.8亿元，已于2020年2月开工，2022年12月竣工，由核工业西南勘察设计研究院有限公司具体设计，由中国五冶集团有限公司负责实施。

（产城集团）

【骑龙片区道排工程（三标段）】 该项目由高投集团下属产城集团全资子公司高投建设公司组织实施。项目位于高新区骑龙片区，是高新南部园区的重要市政配套工程，项目包含大源25线（大源37线—E托邦东侧道路）、大源28线（大源37线—E托邦东侧道路）、大源35线（大源37线—E托邦东侧道路）3条道路，全长2413米，主要包括道路、排水、电力、交通、照明、景观等。项目总投资约1.3亿元，已于2020年3月开工，2022年12月竣工，由成都市市政工程设计研究院具体设计，由中国五冶集团有限公司负责实施。

（产城集团）

【骑龙片区道排工程（四标段）】 该项目由高投集团下属产城集团全资子公司高投建设公司组织实施。项目位于高新区骑龙片区，项目道路包含大源21线、大源25线、大源28线、大源35线4条道路，总长

2022 年 12 月 30 日，成都高新区骑龙片区道排工程施工（三标段）竣工（产城集团 / 供）

3170 米。工程建设内容主要包括道路工程、排水工程（雨水、污水）、电力管道、桥梁工程及其他附属设施工程（交通工程、照明工程、绿化工程）等。项目由核工业西南勘察设计研究院有限公司、中国市政工程西南设计研究总院有限公司具体设计，由成都建工第七建筑工程有限公司负责实施。项目总投资约 16400 万元，于 2020 年 4 月开工，截至 2022 年 12 月底，大源 21 线完成 52%，大源 25 线完成 65%，大源 28 线完成 52%。项目完成后将进一步完善高新南部园区的城市基础设施配套功能，有效改善整个高新南部园区生活环境，有效降低城市道路交通噪声，极大提高道路行车的安全性和舒适度。对于加快高新南部园区整体市政配套建设具有特殊重要意义。

（产城集团）

【骑龙片区道排工程（六标段）】 该项目由高投集团下属产城集团全资子公司高投建设公司组织实施。项目位于高新区骑龙片区，包含大源 47 线（大源 36 线—大源 32 线）、大源 47 线（大源 36 线—大源 32 线）、大源 34 线（大源 31 线—大源 47 线）3 条道路，总长 1119 米。工程建设内容主要包括道路工程、排水工程（雨水、污水）、电力管道、桥梁工程及其他附属设施工程（交通工程、照明工程、绿化工程）等。项目由核工业西南勘察设计研究院有限公司具体设计，由国诚集团有限公司负责实施。项目总投资约 4505 万元，于 2021 年 4 月开工，截至 2022 年 12 月底，无障碍段已完成 70%。项目完成后将进一步完善高新南部园区的城市基础设施配套功能，有效改善整个高新南部园区生活环境，有效降低城市道路交通噪声，极大提高道路行车的安全性和舒适度。对于加快高新南部园区整体市政配套建设具有特殊重要意义。

（产城集团）

【骑龙片区道排工程（七标段）】 该项目由高投集团下属产城集团全资子公司高投建设公司组织实施。项目位于高新区骑龙片区，包含大源 37 线（天府五街—大源 36 线）全长 803.883 米，道路宽度为 25 米；大源 38 线（天府五街—大源 36 线）全长 831.874 米，道路宽度为 20 米；大源 39 线（大源 36 线—大源 28 线）全长 716.562 米，道路宽度为 20 米；大源 40 线（大源 7 线—大源 36 线）全长 1379.006 米，道路宽度为 20 米。建设内容含道路工程、排水工程、景观工程、电力浅沟工程、照明工程、交通工程、电力通道保护改造工程、电力隧道人行出入口迁改工程等。项目由成都市市政工程设计研究院具体设计，由中国华西企业股份有限公司负责实施，总投资约 14698 万元，于 2022 年 4 月 1 日正式开工。截至 2022 年 12 月底，完成总投资的 46%。该项目完工后对于该片区交通压力有极大缓解，大大方便了周边居民出行并显著提升了居住环境和生活品质，同时对高新南部园区市容、街道景观提升起到重要作用，对于加快高新南部园区整体市政配套建设具有特殊重要意义。

（产城集团）

【骑龙片区道排工程（八标段）】 该项目由高投集团下属产城集团全资子公司高投建设公司组织实施。项目位于高新区骑龙片区，包含大源20线、大源24线、大源41线3条道路，总长3049米。项目由成都市市政工程设计研究院具体设计，由中国五冶集团有限公司负责实施，总投资9174万元，于2022年3月开工。截至2022年12月底，大源20线已完成道路底面层及人行道施工；大源24线已完成道路加强层施工；大源41线完成道路上基层水稳施工，人行道75%已完成面层施工。项目完成后将进一步完善高新南部园区的城市基础设施配套功能，有效改善整个高新南部园区生活环境，有效降低城市道路交通噪声，极大提高道路行车的安全性和舒适度，对于加快高新南部园区整体市政配套建设具有特殊重要意义。

（产城集团）

【海洋路东延线（定安路）及剩余段道排工程】 该项目由高投集团下属产城集团全资子公司高投建设公司组织实施。项目位于中和片区，总长度1590.768米，含道路工程、排水工程、照明工程、电力工程、景观工程和交通工程等及相关附属工程。项目由中国市政工程西北设计研究院有限公司具体设计，由成都建工路桥建设有限公司负责实施，总投资约7041.58万元，于2022年2月15日开工，2022年11月3日正式完工。定安路“断头路”在高新区与天府新区交界区域。按照市重大办前期议定原则，定安路“断头路”由高新区统一实施，天府新区分摊建设资金。定安路“断头路”属于市政府督办项目，按照2021年6月16日市长王凤朝前往天府新区，实地督导“我为群众办实事”实践活动及安全生产工作要求，高新区加快推进，如期完工。定安路“断头路”打通后进一步完善了高新区城市路网，加强高新区新川片区与天府新区万安片区交通联系，串联天府新区万东北一路、和韵北路、政府街、夔州大道（在建）及高新区锦和路、新程南三路、新裕南二路、和景四街等道路，形成区域快速互联互通和城市交通循环系统，极大改善新川片区与万安片区交界区域交通出行环境，促进区域整体发展，解决万安片区长期绕行问题，全面提升城市通行效率，增强人民群众“幸福感、获得感”。

（产城集团）

【高新南区应急污水处理设施配套工程】 该项目由高投集团下属产城集团全资子公司高投建设公司组织实施。项目位于绕城高速内侧，科

2022年5月30日，成都高新西区应急污水处理设施配套工程投用（产城集团/供）

华南路以西，占地面积约68000平方米。项目设计规模为污水处理能力10万吨/天，由4条2.5万吨/天的生产线组成，采用一体化处理设施，内含进出水检测室、污水浓缩池、污泥脱水间等。项目由成都市市政工程设计研究院具体设计，由成都倍特建筑安装工程有限公司负责实施。总投资4342万元，于2022年2月开始同步实施，于2022年5月31日成功实现通水，出水水质稳定达到《城镇污水处理厂污染物排放标准》（GB18918-2002）一级A标准，该项目的建成将改善城市环境和居民生活质量，提升城市形象，为广大市民呈现一个青山绿水好环境的成都。

（产城集团）

【高新西区应急污水处理设施配套工程】 该项目由高投集团下属产城集团全资子公司高投建设公司组织实施。项目位于高新西区芙蓉大道和西源大道交会处，紧邻西区中水湿地公园，占地33953.62平方米，设计规模为污水处理能力6万吨/天，两组并联运行，单组处理3万吨/天，包括污泥料仓、脱泥间、加药间、缺氧池、好氧池、消毒池等设施，含临时污水处理设施和稳流阀设施。项目由成都市市政工程设计研究院具体设计，由成都倍特建筑安装工程有限公司负责实施，于2022年2月开始同步实施，于2022年5月31日成功实现通水，出水水质稳定达到《城镇污水处理厂污染物排放标准》（GB 18918-2002）一级A标准，污水处理能力可达6万吨/天，该项目的建成将补齐基础设施短板，构建起循环功能良好的水生态系统，有效提升城市净水能力，造福周边生态环境，基本实现区域内污水不冒溢、不直排，牢固树立和践行“绿水青山就是金山银山”的理念。

（产城集团）

【中和街道水环境治理项目（二期）】 该项目由高投集团下属产城集团全资子公司高投建设公司组织实施。项目位于高新区中和片区，该项目包含9个点位分别为：教师公寓暗渠；公济桥路侧边沟清淤；中柏路、枇杷巷、兴隆街暗沟治理；兴隆街道自建房排水户污水沟；劲松成仁路小区自建房内涝整治；新白杨沟清淤治理；老白杨沟贯通整治项目；龙腾苑安置房小区污水管道破损处理；老白杨沟新建人行道。片区内的雨污水管网在长期的使用过程后可能出现管道结垢、积淤、障碍物、沉积物等功能性缺陷，影响管道的过水能力。项目为保证管网的正常运行，对高新南区（中和街道）需要修复的管网进行清淤清障施工，解决目前排水管网所存在的积淤堵塞问题，确保清淤后排水管网的正常运行，提高排水系统收集功能，改善人居环境。项目总投资1606万元，已于2021年8月开工，2022年8月完工，由中国建筑西南设计研究院

2022年8月30日，成都高新区中和街道水环境治理项目（二期）完工（产城集团/供）

有限公司具体设计，由成都倍特建筑安装工程有限公司负责实施。项目完工后，大大改善中和老城区居民居住条件，又提升了片区生态环境和人文环境，同步加强了片区防汛能力。

（产城集团）

【高新南区非住宅排水户排水管网病害治理项目】 该项目由高投集团下属产城集团全资子公司高投建设公司组织实施。项目包括对高新南区下辖的五个街道：中和街道、肖家河街道、芳草街街道、桂溪街道、石羊街道的雨污水管道进行整治，共计约202个点位。项目建设内容包含雨污水管网开挖更换、非开挖修复、清淤及相关附属工程等。项目于2022年2月开工，2022年12月底完工，由中国建筑西南设计研究院有限公司、成都市市政工程设计研究院有限公司具体设计，由成都倍特建筑安装工程有限公司负责实施。项目完成重点排水户雨污分流改造和管网病害治理，污水不冒溢、不直排。

（产城集团）

【高新区住宅排水户排水管网病害治理项目】 该项目由高投集团下属产城集团全资子公司高投建设公司组织实施。项目包含高新区中和街道、桂溪街道、石羊街道、芳草街街道、肖家河街道的732个点位。主要包括排水管道雨污水分流治理、清淤、开挖换管、局部树脂固化、短管置换、紫外线光固等工程建设内容。项目总投资约3.7亿元，于2022年3月开工，2022年12月竣工，由中国建筑西南设计研究院有限公司、成都市市政工程设计研究院有限公司具体设计，由成都倍特建筑安装工程有限公司负责实施。本项目的实施不仅整改了小区雨污混流、冒溢等问题，同时改善了小区内部管道使用状况，提高了小区内排水管道使用效果及年限。

（产城集团）

【天府大道SKP地块段道排工程】 该项目由高投集团下属产城集团全资子公司高投建设公司组织实施。本项目位于天府大道辅道北段，主要将天府大道北段道路（绕城高速—锦悦西路段）曲线段改为直线段及其余一系列附属工程，包含喷泉四周雨水工程，长度300米；天府大道西侧新建电力缆沟工程，长度700米；绿化工程宽度约40米、长度700米；机车道双向8车道，港湾式公交站台4个。项目由成都市市政工程设计研究院具体设计，由成都倍特建筑安装工程有限公司负责实施，总投资约5971万元，于2022年8月开工，截至2022年12月底，项目主体已完工。项目的完工为天府大道的畅通作出了贡献，缓解了天府大道北段道路（绕城高速—锦悦西路段）车辆通行压力。

（产城集团）

2022年5月30日，成都高新区住宅排水户排水管网病害治理项目部分完工（产城集团/供）

2022 年 8 月 30 日，2018 年道路维修改造工程（二标段）完工（产城集团 / 供）

【2018 年道路维修改造工程（二标段）】 该项目由高投集团下属产城集团全资子公司高投建设公司组织实施。项目位于成都市高新区南部园区，共包含 8 条道路：神仙树南路（紫杉路—紫荆西路）、神仙树北路（二环路—紫荆西路）、天和西一街（天仁路—天仁北二街）、天和西三街（天仁北一街—天仁北二街）、和盛东街、和盛西街、新园南一路、锦晖西二街（万象南路—润富国际北门），建设内容包括道路工程、排水工程、电力工程、交通工程、景观工程及相关附属工程。项目由中国市政工程西南设计研究总院有限公司具体设计，由成都建工第八建筑工程有限公司负责实施，总投资 6511.57 万元，已于 2020 年 9 月开工，2022 年 8 月完工。该工程改造道路均位于南北贯通重要纽带或民居集中区域，改造前的道路病害较重，严重影响市民的出行体验及出行安全，改造完工后消除了原有的道路病害，提升了景观形象，为市民带来更加便捷的出行条件。

（产城集团）

【2018 年道路维修改造工程（三标段）】 该项目由高投集团下属产城集团全资子公司高投建设公司组织实施。项目位于成都市高新区大源片区、中和片区，项目包括中柏路（朝阳路—中柏西巷）道路设计长度 830.093 米，宽度 20 米；富华北路（天府一街—盛兴街三角地带）道路设计长度 319.913 米，宽度 25 米；盛兴街东（天府一街—剑南大道）道路设计长度 762.331 米，宽度 25 米；盛安街（南华北路—剑南大道中段）道路设计长度 897.122 米，宽度 20 米。本次建设内容包含道路工程、排水工程、电力工程、交通工程、通信工程、绿化景观工程等及附属工程，总投资为 5476.83 万元。项目由中国市政工程西南设计研究总院有限公司具体设计，由成都建工路桥建设有限公司负责实施。该项目为维修改造项目，2020 年 12 月动工后，该项目经历了设计方案调整、设计变更、新冠疫情，克服了施工场地受道路各种管网线路的影响及外界干扰因素多等重重困难。截至 2022 年 12 月底，项目已全线完工，完

2022 年 12 月 30 日，2018 年道路维修改造工程（三标段）完工（产城集团 / 供）

工后极大缓解了该片区交通压力，方便了周边居民出行并显著提升了居住环境和生活品质，同时对高新区南部园区市容、街道提升起到重要意义。

（产城集团）

【成仁快速路提升改造工程】 该项目由高投集团下属产城集团全资子公司高投建设公司组织实施。项目位于高新区中和片区，实施范围主车道线路全长约2480米，宽24.5～31.5米，非机动车道、人行道双侧布置，单侧路线全长约2940米，其中非机动车道宽4米，人行道宽3.5米。本次改造主要涉及局部路段车行道加宽、增加车行道数量，车行道、非机动车道病害整治、路面加铺，并对人行道、照明及绿化带进行提升改造等。主要建设内容包括拆除工程、道路工程、排水工程、照明工程、交安工程和绿化工程。项目由四川西南交大土木工程设计有限公司具体设计，由成都建工路桥建设有限公司负责实施，总投资为3952万元，已于2022年2月开工，2022年7月完工。该项目缓解了周边道路的交通压力，同时改善了居民的出行条件，提高了生活质量，对改善中和片区居住环境具有十分重要的作用。

（产城集团）

【高新南区“短、平、快”交通改造工程】 该项目由高投集团下属产城集团全资子公司高投建设公司组织实施。项目位于高新南区，包含32个点位改造，主要建设内容为绿化带退距拓宽交叉口进口、增加进口车道，共22个点位；交叉口人行道收窄或直接拓宽车行道，共7个点位；调整快速路出入口，共2个点位；设置港湾式公交站，共1个点位；同步实施交通设备设施及标志标线完善、照明路灯迁移、景观绿化移栽等工作内容。本项目涉及绿化带改车行道约12522平方米，车行道拓宽8809平方米，人行道改造约2264平方米。项目由中国市政工程西南设计研究院总院有限公司具体设计，由成都华阳建筑股份有限公司负责实施。项目总投资约4431万元，于2021年12月开工，2022年4月完工。项目建成后圆满完成了益州大道、梓州大道、剑南大道等首要堵点治理指标，已明显改善高新南区交通压力。

（产城集团）

2022年4月30日，成都高新南区“短、平、快”交通改造工程完工（产城集团/供）

【高新区道路安全隐患整治工程】 该项目由高投集团下属产城集团全资子公司高投建设公司组织实施。项目位于高新区西部园区、中和片区及高新区南部园区，包含13个路口增设信号灯、10个路口设置右转危险警示区、11条路增设机非隔离护栏、4条路增设中央隔离护栏、4条路完善交通设施、剑南大道隧道顶增设防坠落设施、梓州大道出城方向（中和菜市—吉龙路）出口改造、天仁路天府立交桥下交安设施改造、科新路综保B区大门波形护栏安装。项目由中国市政工程西南设计研究总院有限公司具体设计，由四川锦城智信建设工程有限公司负责实施，总投资为1842.06万元，于2021年11月开工，2022年4月完工。该项目为交通设施完善工程，完工后对于片区交通安全有极大提升，大大方便了周边居民出行，缓解了交通压力，并显著改善了居住环境和生活品质，同时对高新区西部园区、中和片区及南部园区市容、街道景观提升起到重要作用。

（产城集团）

【“大运会”机场路高新段景观照明提升工程】该项目由高投集团下属产城集团全资子公司高投建设公司组织实施。本项目位于机场路高新区段，包含对道路两侧61栋4S店、8个住宅小区、5栋办公楼、3栋酒店等重要节点实施景观照明提升。项目由北京清华同衡规划设计研究院有限公司具体设计，由四川锦城智信建设工程有限公司负责实施，总投资约894万元，于2021年12月开工，2022年2月可实施部分全部完成。项目以成都特色文化为背景，秉持“发展高科技实现产业化”的初心使命，力求打造高新区全新的地标夜景观，充分运用现代科技手段实现对照明工程设计的整体可控。夜景照明以“迎宾之光”的方式，统一规划机场路高新段及机场高速两侧的建筑、景观，以“大运会”为契机，打造“迎宾之光”，展现成都人民的热情好客，突出高新区夜间现代化都市氛围。

（产城集团）

【天府大道南段华府大道站至四河站片区防洪排涝治理工程】该项目由高投集团下属产城集团全资子公司高投建设公司组织实施。项目在高新区南部园区会龙大道南侧、天府大道西侧分别设置两座泵站（27立方/秒和4米/秒），大泵为主小泵为辅，同时进行相应的管网、河道改造。项目由成都市市政工程设计研究院有限公司具体设计，由成都倍特建筑安装工程有限公司负责实施，总投资约8000万元，于2021年4月开工，2022年8月完工。项目完工后大大提升了片区防汛能力，同时改善了周边居住环境和生活品质。

（产城集团）

【SKP——招商大魔方地下通道联通工程】该

2022年4月30日，“大运会”机场路高新段景观照明提升工程无障碍段完工（产城集团/供）

项目由高投集团下属产城集团全资子公司高投建设公司组织实施。项目位于天府大道与锦悦东路交叉口东侧，通道横穿锦悦东路与环城生态绿地，北侧与大魔方的B1层联通，南侧与SKP的B2层联通，并在锦悦东路南侧设置向西的地面人员出入口，主通道总长约100米，通道净宽8米。项目由上海市政工程设计研究总院（集团）有限公司具体设计，由成都倍特建筑安装工程有限公司负责实施，总投资约4000万元，于2022年3月开工。截至2022年11月，项目主体完工，仅剩余装饰部分未完成。项目地下通道建成后，将实现两侧商业业态互补，强化SKP和大魔方的商业核心辐射能力与影响力，同时提高慢行过街安全系数，提供高品质的慢行服务。

（产城集团）

【铁东快线（锦城大道—天府一街）道排工程】 该项目由高投集团下属产城集团全资子公司高投建设公司组织实施。项目位于高新区南部园区，北接昆阳路（上跨锦城大道），南至天府一街（顺接昆华路），道路全1628.564米，红线宽度25.5～46米。项目包含道路工程、排水工程、电力工程、结构工程、桥梁工程、交通工程、景观工程、栏杆堰等工作内容。项目由重庆市市政设计研究院具体设计，由中建鸿腾建设集团有限公司负责实施，总投资为15924万元，已于2021年11月开工。截至2022年12月底，土方、雨污水管道基本完成，砂砾石加强层铺设完成。该项目完工后大大方便了周边居民出行并显著提升了居住环境和生活品质，同时对缓解剑南大道交通拥堵情况具有重要意义。

（产城集团）

【老成仁路中和段（红星路南延线—公济桥路）道排工程】 该项目由高投集团下属产城集团全资子公司高投建设公司组织实施。项目北起公济桥路向南途经中和上街、朝阳路、柳荫街、天化路，止于红星大道南延线，路线全长1177.508米，道路等级为城市次干路。建设内容包含道路工程、交通工程、“海绵城市”工程、排水工程、电力工程、照明工程、绿化景观工程等。项目由厦门市市政工程设计院有限公司具体设计，由成都建工第七建筑工程有限公司负责实施，总投资5617万元，于2021年11月组织施工。截至2022年12月项目已部分完工，剩余部分计划2023年3月完成。项目完工后将有效改善片区居民生活环境，有效降低城市道路交通噪声，极大提高道路行车的安全性和舒适度。

（产城集团）

【新盛路、锦悦东路等10条道路大修改造工程】 该项目由高投集团下属产城集团全资子公司高投建设公司组织实施。项目位于高新南区，总投资5554万元，包含8条道路改造，主要建设内容包括车行道路面病害处置、沥青面层加铺、人行道铺装提升改造等，并同步实施交通设备设施及标志标线完善、照明路灯破损更换、景观绿化修补等工作内容。项目于2022年11月开工建设，由中国市政工程西北设计研究院有限公司具体设计，由国诚集团有限公司负责实施。

（产城集团）

【科园巷道路改造工程】 该项目由高投集团下属产城集团全资子公司高投建设公司组织实施。该项目位于高新南区科园巷，道路全长为329.426米，道路规划红线宽度为11～14米。工程建设内容主要包括道路工程、排水工程（雨水、污水）、电力管道、照明工程、绿化工程等。项目由成都市市政工程设计研究院具体设计，由成都城投建筑工程有限公司负责实施，总投资456万元，于2022年7月开工，截至2022年12月，项目已完成除铺油、路灯外的所有施工内容。该项目的完工大大方便了周边居民出行，改善了周边环境。

（产城集团）

【成都教科院附中宿舍过街天桥】 该项目由高投集团下属产城集团全资子公司高投建设公司组织实施。项目位于成都市高新区天府三街成都市教育科学研究院附属中学两个校区之间，包含桥梁工程，建筑开口改造及其他附属工程。天桥主体为三跨连续钢箱梁结构，主桥全长60.9米，全宽7.9米，跨径60.9米，全桥总宽度7.5米。校内设置3处梯道，梯道总宽度为3.5米；设置1处连接通道，总宽度为3.5米。市政用设置两处梯道，梯道总宽度为2.5米。项目由四川西南交大土木工程设计有限公司具体设计，由中建华夏建设集团股份有限公司负责实施，总投资约840万元，于2022年11月开工。截至2022年12月，主体已基本完工。该项目的建成为天府三街成都市教育科学研究院附属中学两校区之间通行及周边市民通行提供了便利。

（产城集团）

【成都高新区骑龙中水湿地及配套管网工程】 该项目由高投集团下属产城集团全资子公司高投建设公司组织实施。项目位于高新区南区骑龙片区，占地面积约12.8万平方米，为净水厂配套生态用地。项目将净水厂四类尾水通过湿地净化，末端三类水排入黄堰河，结合功能需求及场地条件，进行景观打造，采用下流式预埋微生物垂直流人工湿地方案，利用砾石（陶粒、沸石、碎石）、人工介质、植物、微生物三重协同作用处理污水，包含截污干管工程、园林景观、湿地工程、河道、配套建筑等工程建设。同时，项目地面部分将打造成为与骑龙净水厂科普基地园区互补、以生态净水为主，兼具科普宣教、休闲观赏功能的中水湿地公园。项目由中国市政工程西南设计研究总院有限公司具体设计，由中国五冶集团有限公司负责实施，总投资19466万元，于2022年3月22日开工，截至2022年12月31日已基本完工。地面之上是公园，地面之下是净水区，“地上+地下”的空间规划设计可节省土地面积30%以上。该处地上将建成与骑龙净水厂科普基地园区互补、以生态净水为主，同时兼具科普宣教、休闲观赏功能。

（产城集团）

2022年12月30日，成都高新区骑龙中水湿地及配套管网工程基本完工（产城集团/供）

【高朋西路下穿铁路西环线工程】 该项目由高投集团下属产城集团全资子公司高投建设公司组织实施。项目位于高新区南区高朋西路，占地面积约为21000平方米，总投资为28620万元，建设内容包含车行道下穿隧道、人行道下穿隧道及配套的道排工程、绿化景观工程等。项目由中国市政工程西南设计研究总院有限公司具体设计，由成都建工路桥建设有限公司负责实施，于2020年9月开工，

2022年12月29日，已完成50%的南四线道排工程（产城集团/供）

2022年6月竣工。该项目完工后极大改善了四川省环保厅、天府生命科技园、中科院成都生物研究所及周边社区等重要单位、居民的出行条件，对改善铁路西环线沿线交通条件，服务市民、方便市民方面有重大意义。

（产城集团）

【**南四线道路工程**】 该项目由高投集团下属产城集团全资子公司高投建设公司组织实施。南四线全长1.3千米，红线宽度45米，沿线与6条市政道路相交，南四线在福田地铁站前下穿，下穿隧道框架段长度222米，船槽段长度277米，建设内容包括道路、隧道、排水、电力、绿化景观及附属配套设施等。项目总投资约3.88亿元，于2021年7月开工建设。截至2022年年底，已完成绛溪实验室保通段700米道路及人行道施工，下穿隧道主体结构完成约50%，完成雨污水管道施工约2000米，计划2023年6月底全部完工。项目由中国市政工程西南设计研究总院具体设计，由成都倍特建筑安装工程有限公司负责实施。南四线道路工程的建成，为福田站的开通提供了道路需求，有效解决了民航飞院、科教园及福田居民等的出行问题，为东部新区福田TOD片区公共基础设施的全面形成提供良好的配套基础。

（产城集团）

【**东一线南延线及综合管廊工程**】 项目系成都天府国际空港新城2018年政府投资重点建设PPP项目，位于简阳草池镇、福田乡，北起机场南线，南至三岔一线东延线（同期设计），道路总长4241.326米，规划等级为城市主干道，红线宽度45米，主线双线六车道，外侧布置非机动车道和人行道。建设内容包括道路工程、综合管廊工程、排水工程、海绵城市工程、桥梁工程、交通工程、照明工程、景观工程等。项目占地面积19.0845万平方米，总投资约14.1亿元，于2019年8月29日开工建设，截至2022年年底，完成前2.8千米的全部施工内容，已通车，完成总体形象进度67%，剩余段落受制于征地拆迁，暂未实施。

2022年12月14日，东一线南延线及综合管廊工程完工（产城集团/供）

2022年12月31日，已完成75%的三岔一线道路及综合管廊工程（二期）（产城集团/供）

项目由中国建筑西南设计研究院有限公司具体设计，由中建三局集团有限公司负责实施。

（产城集团）

【三岔一线道路及综合管廊工程（二期）】 项目系成都天府国际空港新城2018年政府投资重点建设PPP项目，项目位于成都市东部新区，包含三岔一线（分为西延线和东延线）、湖滨路两条路。其中东延线西起绛溪四线交叉口，东至东一线南延线，城市主干路，长度4445米（包含综合管廊4385米），城市道路红线宽45米，西延线西起湖滨路交叉口，东至环湖路，城市主干路，长度513米，城市道路红线宽45米，湖滨路南起万福路，北至三岔一线西延线，长度877.5米，城市次干路，城市道路红线宽34米。项目实施内容包含道路工程、管廊工程、桥涵工程、排水工程、电力工程、通信工程、交安照明工程等，总投资约14.56亿元，于2019年5月15日开工建设。截至2022年年底，完成全线水稳施工，完成总体形象进度约75%。项目由中国建筑西南勘察设计研究院有限公司具体设计，由中国建筑股份有限公司负责实施。

（产城集团）

【红星路南延线（蝴蝶桥—区界）路面降噪工程】 该项目由高投集团下属产城集团全资子公司高投建设公司组织实施。项目位于成都市高新区南部园区，又称梓州大道。梓州大道从桐锦南桥一直向南，穿过中和场镇，接通新川创新科技园，连接成都市主城区和天府新区核心区，是成都南大门的重要交通要道，同时也是连接天府新区和高新区的纽带，路面改造总面积约26.6万平方米。建设内容包括4厘米厚OGFC沥青面层、交通标线及病害治理等。项目总投资约3278.34万元，于2022年10月10日开工建设。截至2022年年底，项目已竣工验收。项目由四川省公路规划勘察设计研究院有限公司具体设计，由成都市市政开发总公司负责实

2022年12月20日，红星路南延线（蝴蝶桥—区界）路面降噪工程完工（产城集团/供）

施。该项目的实施改善了交通环境，降低了道路的噪声污染，市民得到了更安静舒适的居住和办公环境，增强了百姓的幸福感、获得感。

（产城集团）

【兴隆街（老成仁路—中和大道）道排工程】 该项目由高投集团下属产城集团全资子公司高投建设公司组织实施。项目位于高新区中和片区兴隆街，全长367米，红线宽度12米，沿线与3条市政道路相交。建设内容包括道路、排水、电力、交安、照明、通信、绿化景观等。项目总占地面积约4500平方米，总投资约769.658万元，于2022年4月20日开工建设。截至2022年年底，已完成竣工验收。项目由四川西南交大土木工程设计有限公司具体设计，由中建鸿腾建设集团有限公司负责实施。项目的建设有效解决道路沿线雨污水全面接收及分离问题，同时对道路及路面、绿化及人行道等工程进行重建，有效提升城市形象。

（产城集团）

【府河路（公济桥路—中和上街）道排工程】 该项目由高投集团下属产城集团全资子公司高投建设公司组织实施。位于高新区中和片区府河路。府河路全长491.777米，红线宽度16米，沿线与3条市政道路相交，建设内容包括道路、排水、电力、交安、照明、绿化景观等。项目总占地面积约8000平方米，总投资约1021.8万元，于2022年4月11日开工建设。截至2022年年底，项目已基本完成。项目由四川西南交大土木工程设计有限公司具体设计，由四川天鑫达建筑工程有限公司负责实施。项目的建设有效解决道路沿线雨污水全面接收及分离问题，同时对道路、路面、交安照明及人行道等工程进行重建，有效提升城市形象。

（产城集团）

【南区断头路打通工程—四标段（祥明一路）】 该项目由高投集团下属产城集团全资子公司高投建设公司组织实施。项目位于中和片区中西部、梓州大道西侧、祥明一路（应龙路—观东二街）起点与应龙路（已建）“T”形交叉，终点与观东二街（已建）“T”形交叉。道路红线宽度25米，道路全长593.984米，建设内容包括道路工程、排水工程、照明工程、电力通信工程、交通工程、景观绿化工程等。项目总占地面积约14000平方米，总投资约2195.9万元，于2022年9月25日开工建设。截至2022年年底，已完成道路排水工程、路基工程施工，完成总体形象进度约40%，计划于2023年4月基本完成。项目由中国市政工程西北设计研究院有限公司具体设计，由国诚集团有限公司负责实施。

（产城集团）

【吉龙二街公建配套道路道排工程】 该项目由高投集团下属产城集团全资子公司高投建设公司组织实施。项目位于成都市高新区，起于应龙北一路，止于应龙北二路，道路全长415.871米，红线宽度12米。建设内容为道路工程及其通信工程，附属雨污水管网、照明工程、电力工程、交通工程、绿化景观。项目总投资约729万元，于2022年10月9日开工建设。截至2022年年底，已完成215米连砂石加强层施工，完成总体形象进度约35%，目前正在进行道路西段雨污水管道及连砂石加强层施工。项目由中国市政工程西南设计研究总院有限公司具体设计，由四川凯源建筑工程有限公司负责实施。

（产城集团）

【高新区中和街道三无院落排水治理项目】 该项目由高投集团下属产城集团全资子公司高投建设公司组织实施。项目位于高新区中和街道老场镇。本项目涉及28户三无院落排水治理，

2022 年 12 月 28 日，已完成 60% 的高新区中和街道新建管网及附属工程（产城集团 / 供）

建设内容包含新建雨污水管网、清淤、道路破除及恢复、人行道破除及恢复、绿化破除及恢复等。项目总投资约 3007.34 万元，于 2022 年 2 月 14 日开工建设，截至 2022 年年底，已完成 23 个院落点位施工，完成总体形象进度约 82%，项目计划于 2023 年 5 月 31 日前完工。项目由中国市政工程西南设计研究总院有限公司具体设计，由成都倍特建筑安装工程有限公司负责实施。该项目的实施解决了附近居民排水问题，实现彻底的雨污分流，防止了污水冒溢，使市民得到了更安静舒适的居住和办公环境，增强了百姓的幸福感、获得感。

（产城集团）

【2022 年度高新区中和街道新建管网及附属工程】 该项目由高投集团下属产城集团全资子公司高投建设公司组织实施。项目位于高新区中和街道老场镇，涉及 18 条道路提升改造，总长度 5886 米，其中含 5 条道路已纳入 2021 年道路黑化项目（长度 1090 米），主要建设内容包括道路、给排水、照明及附属工程等。项目总投资约 8045.7 万元，于 2022 年 3 月 25 日开工建设。截至 2022 年年底，已完成成华街、新民路、新世纪东路、祥明二路、巢础巷、华兴巷、中和二街、康和东三路、双化街、雅和巷雨污水管网改造，完成总体形象进度约 60%。项目由成都市市政工程设计研究有限公司具体设计，由成都倍特建筑安装工程有限公司负责实施。该项目的实施能改善交通环境、排水问题，降低道路的噪声污染，防止污水冒溢。

（产城集团）

景观建设项目

【概况】 2022 年，成都高新区积极践行公园城市理念，相继开工建设（含续建）了一批景观项目。这些项目是全区生态环境建设的重要一环，与民生息息相关，是为民办实事的重点工程项目，完工后，不仅提升完善了城市功能，而且美化、优化了城市人居环境，全区美丽宜居公园城市建设再添新成果。景观工程项目主要由高投集团承建。

【新川之心公园景观建设工程】 该项目由高投集团下属产城集团全资子公司高投建设公司组织实施。项目位于高新区中和片区（新川之心西区公园），项目包含新建 5G 阳光棚、新建四栋

2022 年 10 月 30 日，成都高新区新川之心公园景观建设工程完工（产城集团 / 供）

商业体及街道一体化、钢结构景观廊桥、市政道路改造、风物亭改造、卧波桥改造、克拉码头改造、给排水、水生态整治及其附属工程等工作内容，本次公园景观提升改造工程，改造总面积约为 17.6 万平方米。项目由中国建筑西南设计研究院有限公司具体设计，由成都倍特建筑安装工程有限公司负责实施，总投资约 2.9 亿元，已于 2022 年 5 月开工，2022 年 10 月完工。作为新川 5G 先导区的一颗“生态明珠”，新川之心公园成为以生态为基底、以科技为特色、以文化为内核的成都第一个国际化生态科技智慧公园。公园内有成都最大的湖滨广场、10000 平方米银杏林的银杏广场、1200 米空中飞廊，具有独一无二的区位优势和人文资源。本次新川之心智慧公园景观照明提升工程，涉及“一环两岸五景”，“一环”即智慧慢跑环，结合滨湖环线无障碍改造，打造约 2 千米的智慧慢跑环。湖区北侧，以“云檐 + 叠岸”为主题的滨水体验空间，形成凝聚人气的“城市客厅”，其中云檐长约 400 米，设计汲取传统建筑屋檐层叠、起翘之特色，形成极具气势又不失通透、层次丰富的空中云檐，配合不同情境下的夜间灯光秀效果，成为成都 5G 智慧城先导区的标志性门户形象，同时为市民活动提供遮风挡雨的檐下空间。湖区南侧，以“慢享 + 交往”为主题的滨水休闲空间，营造了丰富的水陆生境，可远眺湖面，可凭栏听风，也可俯身戏水。通过水下森林、滨水湿地、垂直绿化的营造，为动植物提供了丰富的栖息环境，提升环境品质。

【中和应龙体育小镇改造项目】 该项目由高投集团下属产城集团全资子公司高投建设公司组织实施。项目位于成都市高新区中和街道应龙社区（北起于洗瓦堰，南止于吉龙路口，西南侧与高新体育中心隔成自泸高速相望）。项目用地红线面积约 13 万平方米，由中国市政工程西南设计研究院总院有限公司具体设计，由成都倍特建筑安装工程有限公司负责实施，总投资约 2.07 亿元，于 2021 年 3 月开工，2022 年 3 月完工。项目主要内容包含场平土方工程、景观土建工程、景观绿化工程、建筑外立面改造工程、河道工程等，为大运会配套项目，完工后将为大运会提供保障质量，同时大大提升了片区外围环境和生态环境质量，提高片区防汛能力，为中和片区居民提供宜居宜业环境。

【盛源街街道一体化提升工程】 该项目由高投集团下属产城集团全资子公司高投建设公司组织实施。项目位于成都市高新区盛源街，南临高新文化中心，西至剑南大道，东至盛华南路，道路全长约 620 米，红线宽度约 30 米，改造宽度约 18 米。项目工程内容包含人行道、市政绿化带、部分建筑退距范围内的土石方工程、拆除工程、景观绿化工程、安装工程、附属配套工程等内容。通过对盛源街现有人行铺装更换、市政绿化带改造、商业前广场提升等，打造活力特色街区，优化场地共享空间，丰富场地社交属性，为周边市民及办公人群营造户外高品质休闲场地。项目由上海市政工程设计有限公司具体设计，由四川汉象建筑工程股份有限公司负责实施，总投资约838万元，于2022年7月开工，2022年12月完工。该项目在提升盛源街街道整体形象的基础上，增加街头公共空间活力和商业氛围，为大家提供了一个充满特色、安全舒适的街道空间体验。

【高新文化中心片区邮票公园】 该项目由高投集团下属产城集团全资子公司高投建设公司组织实施。项目位于成都市高新文化中心片区，天府三街与盛华南路交叉口。项目总占地面积6813平方米，主要包含拆除工程、景观绿化工程、铺装工程、照明工程、给排水工程及其附属配套工程等内容。项目由成都传承景观规划设计有限公司具体设计，由成都国际空港新城园林有限公司负责实施，总投资约453万元，于2022年7月开工，2022年10月完工。项目为结合文化中心开街提升片区城市风貌，对现有邮票公园进行品质升级改造，强化门户景观性和互动体验感，打造入口形象logo标志、儿童游乐天地、青年休闲场地、特色剧场空间等，为周边高知青年和亲子家庭提供休闲放松的景观新体验。

2022年10月30日，成都高新文化中心片区邮票公园完工（产城集团/供）

【高新文化中心片区文化方洲公园】 该项目由高投集团下属产城集团全资子公司高投建设公司组织实施。项目位于成都市高新文化中心片区，名称中的“文化”特指高新文化中心，“方洲”寓意运营载体、智慧绿轴，旨在打造成为高新区文化中心片区的展示窗口，设计以“文化方洲，城市展厅”为理念，建成集生活、生态、文化、交流于一体的多功能空间体验，包含生态艺术草坡、疗愈花园、城市展厅、阳光草坪、镜面峡谷等，为周边市民提供互动、交流、休闲、放松的新场地。助力片区未来发展，承载文化中心功能外延。工程内容包含土石方工程、景观绿化工程、铺装工程、照明工程、给排水工程及其附属配套工程等。项目由成都传承景观规划设计有限公司具体设计，由中建鸿腾建设集团有限公司负责实施，总投资约563万元，于2022年6月开工，2022年10月完工。

【盛华南路街道一体化提升工程】 该项目由高投集团下属产城集团全资子公司高投建设公司组织实施。项目位于成都市高新区盛华南路，北起天府三街，南至天府五街，道路全长约960米，红线宽度约45米，改造宽度约32米。项目工程内容包含非机动车道、人行道、市政绿化带、部分建筑退距范围内的土石方工程、拆除工程、交安工程、景观绿化工程、附属配套工程等。项目由上海市政工程设计有限公司具体设计，由四川锦城智信建设工程有限公司负责实施，总投资约2990万 元，于2022年10月28日开工。截至2022年12月，已完成街道改造60%的施工，完工段已开放使用。通过对盛华南路现有人行铺装更换、交安系统整合、市政绿化带提升改造等，打造活力、绿色、共享的城市特色街道场景，增强场地社交属性，为周边市民及办公人群提供户外高品质休闲场地。

【国际人才港人才公园】 该项目由高投集团下属产城集团全资子公司高投建设公司组织实施。项目位于成都市高新区国际人才港东侧，天府四街北侧，总占地面积约23092平方米。项目主要对花荫沟河道及河道两侧绿地景观进行提升，其中河道全长344米，包括河堤局部改造及清淤等；景观绿化工程占地面积19205平方米，包括河道两侧景观绿化改造。该项目主要建设内容为土石方工程、河堤工程、绿化工程、铺装工程、给排水工程、电气工程及配套设施等。项目由四川省建筑设计研究院有限公司具体设计，由成都倍特建筑安装工程有限公司负责实施，总投资1765万元，于2022年7月开工。截至2022年12月，已完成项目建设60%。人才公园建设围绕高端人才需求，植入共享交流、创意展示功能场景，提升人才亲子需求服务，增加休闲互动、亲水游乐空间品质，打造国际创客舞台、群英汇广场、人才星光景桥、水岸人才草阶、人才艺术景墙等空间，营造集工作、生活、休闲、开放、共享、活力于一体的公园环境，同时成为人才港人才交流共享和高新区文化宣传的主要场所之一。

【高新区街道空间景观提升工程——天府一街(剑南大道—富华北路段)街道一体化工程】 该项目由高投集团下属产城集团全资子公司高投建设公司组织实施。项目位于成都市武侯区天府一街，东起于剑南大道，西止于富华北路，道路全长约370米，总面积23562平方米，其中街道硬质面积3972平方米，绿化面积12576平方米。工程内容主要包括人行道、绿化改造，景观照明设施改造及相关配套工程、景观土建、景观小品、园林绿化、景观电气工程人行道、树池、景观座椅、小品雕塑、成品座椅、指示牌、构筑物、车挡、地下管线保护、现状乔木移栽，新栽植乔木、灌木、草坪、时令花卉、花境及配套安装工程等，满足绿化工程相关技术规范，布局满足整体景观提升要求。项目由四川省建筑设计研究院有限公司具体设计，由浙江园冶生态建设有限公司负责实施，总投资约512万元，于2022年7月18日开工，截至2022年12月底项目基本完工。在提升颜值的同时，天府一街还增加了街头公共空间，提升街区活力，成为市民回家、上班、休闲的最佳路径，为大家提供了一个贴心服务、通勤便捷、安全舒适的街道通行空间，让人们享有舒适便利的通勤体验。

2022年12月30日，国际人才港人才公园部分完工(产城集团/供)

【高新南区人行道景观提升工程】 该项目由高投集团下属产城集团全资子公司高投建设

2022年12月30日，成都高新南区人行道景观提升工程完工（产城集团/供）

公司组织实施。项目位于成都市高新南区，共涉及11条市政道路（芳沁街、元通一巷、元通二巷、新乐中街、新悦路、新尚路、成汉中路、博雅街、万象南路、锦晖西二街、天府一街）的人行道提升改造，道路总长度6.89千米，改造面积41929平方米。项目由成都市市政工程设计研究院具体设计，由四川锦城智信建设工程有限公司负责实施，总投资约1500万元，于2022年4月10日开工，2022年12月30日完工。项目实施完成后保障了人行道通行安全、舒适，铺装颜色、风格与周边建筑相互协调统一，提升了城市整体形象。

【铁像文旅环工程EPC段】 该项目由高投集团下属产城集团全资子公司高投建设公司组织实施。项目位于高新区南部园区，西线工程起于天府一街北侧，跨越盛兴街后接入已建锦城湖3号湖区慢行桥；东线工程第一段起于锦城湖4号湖区慢行桥，跨越盛兴街、天府一街后接铁像寺已建道路，第二段起于铁像寺已建道路，跨越盛邦街、盛治街后接如意桥，第三段起于大源公园已建绿道，跨越天府三街，盛源街、天府四街、富盛街及天府五街。桥梁净宽5米，全宽5.62米，全线长3448.7米、10栋商业建筑。项目包含桥梁工程、道路工程、景观工程、绿化工程等相关附属工程，由四川省建筑设计研究院有限公司具体设计，由成都倍特建筑安装工程有限公司负责实施，总投资约2980万元，于2021年12月开工建设，截至2022年12月底已完成7栋商业建筑，钢结构桥梁完成2000米，整体完成率83%。本项目的实施不仅为地块开发提供市政基础配套设施，同时串联3大城市级公园，整合19块社区绿地，缝合2条区域级绿道，对于加快高新区南部园区整体市政配套建设具有特殊重要意义。

【福田TOD城市绿廊及配套道路工程（一期）】 该项目由高投集团下属产城集团全资子公司高投建设公司组织实施。项目位于未来科技城福

2022年12月31日，已完成80%的福田TOD城市绿廊及配套道路工程（一期）（产城集团/供）

田TOD区域内，是未来科技城产业功能核心起步区——福田TOD片区的中心绿廊，同时也是国际科教城片区生态绿廊——未来画轴的核心起步区。项目占地面积约10万平方米，建筑面积约5000平方米，包含3条配套道路（纵一路685米、纵二路717米、横三路668米），主要建设内容包括建筑、道路、绿化景观工程等。项目总投资约5.2亿元，于2022年5月12日开工建设。截至2022年年底，绿化景观工程施工已基本完成，道路工程施工已完成非障碍段沥青面层中油铺筑，完成总体形象进度约80%，剩余障碍段部分计划于2023年6月前完成。项目由四川省建筑设计研究院有限公司具体设计，由成都倍特建筑安装工程有限公司负责实施。

【绛溪门户展示区生态景观工程（一期）】 该项目由高投集团下属产城集团全资子公司高投建设公司组织实施。项目位于东部新区草池街道，地处绛溪河生态轴内，是未来科技城智造示范区的核心生态绿廊。项目总占地面积约90万平方米（包含未来科技城展示中心—智慧水晶、景观塔—智慧之光两处建筑），主要建设内容包含道路、桥涵工程、给排水工程，交安工程、绿化景观工程、电力工程、照明工程、通信工程、城市配套设施工程、建筑工程等。项目总投资约9.5亿元，于2021年3月19日开工建设，截至2022年年底，展厅幕墙展厅铝镁锰板金属屋面顶层蜂窝板龙骨安装完成100%、展厅屋面玻璃幕墙顶层蜂窝板龙骨安装完成90%、观光塔穿孔铝板安装完成90%、展厅砌体完成70%、景观塔台阶基础完成。绿化景观受用地性质影响，原景观方案暂无法实施，调整打造方案为农业大地景观，按照发展服务局要求，正在分批建设，首批次正在实施绛溪河岸打造、上山道路打造等。项目由四川省建筑设计研究院有限公司具体设计，由成都倍特建筑安装工程有限公司负责实施。

【天府大道府河桥以南至海洋路（东侧高新段）提升工程】 该项目由高投集团下属产城集团全资子公司高投建设公司组织实施。项目位于天府大道，项目总长约4.1千米，总面积约24万平方米，包括6千米慢享绿道、4千米便捷人行道、2个门户性节点、8个口袋游园、1个交叉路口等。项目总投资约1.086亿元，于2022年11月18日开工建设。截至2022年年底，按照两点、两线、八游园总体思路构架，完成总体形象进度约80%，其中两点（高新门户、高新视窗）全部完成并对外开放；两线：5400米人行道及连续树池改造、5800米漫游步道新建全部完成；八游园：泡泡花园、邻里乐园、空天之旅、鸢影互动、康体部落、帘画童心已完成。项目由中国建筑西南设计研究院有限公司具体

2022年12月20日，成都高新区天府大道府河桥以南至海洋路（东侧高新段）提升工程完工（产城集团/供）

设计，由成都倍特建筑安装工程有限公司负责实施。

（产城集团）

经营性建设项目

【概况】 2022年，成都高新区开工建设（含续建）的经营性建设项目，主要有房建项目、产业园区项目、人才公寓项目。这些建设项目对全区“人城产”规划的落地变现和促进社会经济高质量发展具有重要意义。全区经营性项目的承建方主要为成都高新投资集团有限公司（以下简称“高投集团”）。

（高投集团）

【人才公寓建设与租售】 2022年，成都高新区采取集中新建方式筹集新建人才公寓项目28.3万平方米、2000套，推进3个商品房配建人才公寓项目共3138套、10个批次上市销售，有1670名A、B、C、D类人才选房。

（高投集团）

【保障性租赁住房建设与使用】 2022年，成都高新区通过集中新建、非居住存量土地建设、盘活存量改造等方式多渠道筹集建设保障性租赁住房项目4个，约31.44万平方米、7000套；推进6个项目、1269套房源交付使用，配租1082套，其中全市首个配租项目南华佳苑出租率达100%。

（公园城市局）

房建项目

【铁像寺水街二期】 瞪羚谷公园社区7号地块项目。该项目由高投集团下属产城集团全资子公司高投置业公司组织实施。项目是铁像寺水街一期的延展与升级，设置社区公共服务、特色精品商业和中高端文化休闲等业态，打造集文化、艺术、时尚、休闲于一体的生活磁力场。项目以打造开放式的公园城市公共空间为目标，通过近人尺度的水岸、街道、院落和园林景观的组织，营造多样交混的活动方式，重塑市民对区域环境的认同感和归属感，强化人与环境的情感联系，构建生活化街区。未来，水街一期与二期将在空间、形态和业态规划上有机融合为一个整体，合力形成现代化特色商业街区。项目为成都市重点工程，位于高新南区大源组团，紧邻铁像寺水街一期，总占地面积约5.7公顷，总建筑面积约10.2万平方米，总投资约为77516万元。于2019年7月开始土方施工，2022年6月完工开放。项目由成都高新投资集团有限公司开发，四川省建筑设计研究院设计，成都倍特建筑安装工程有限公司实施。

（产城集团）

2022年9月29日，成都高新区铁像寺水街二期开街（产城集团/供）

2022年12月20日，成都高新区新川住宅项目鸟瞰图（产城集团／供）

【新川32亩住宅项目】 新川创新科技园GX2017-07（071）项目。该项目由高投集团下属产城集团全资子公司高投置业公司组织实施。项目定位于区域内稀缺的高层跃墅，开创新川新的人居样板，敢为新川立新作序。项目为高新区重点工程，位于成都高新南区新川创新科技园会龙大道与锦和路交会处。总占地面积约2.1公顷，总建筑面积约6.9万平方米，其中住宅建筑面积约4.4万平方米，共328套，总投资约为104700万元。项目于2019年1月开工建设，2022年11月建成。项目由成都高投置业有限公司开发，四川省建筑设计研究院设计，成都倍特建筑安装工程有限公司实施。

（产城集团）

【香槟华府二期项目】 该项目由高投集团下属产城集团全资子公司高投置业公司组织实施。项目借鉴法国"香槟小镇"的自然形态，采用简约欧式风格，经典三段式设计手法，围合式整体布局，空间围合尺度舒适，景观视野开阔。建筑形态由市场稀缺产品14～16层两梯两户纯板式小高层和14～15层类板式小高层组成。小区景观设计采用全景生活体系理念，小区内园林景观，结合外围市政绿化带，塑造内外双重特色景观。户型面积以103～200平方米为主力户型，针对偏改善和再改型的中高端群体，打造洋房气质的改善型刚需华宅。项目位于绵阳市主城区，总占地面积约3.5公顷，总建筑面积约10万平方米，其中住宅建筑面积约7万平方米，共490套，总投资约为39800万元。项目于2020年12月开工建设。截至2022年年底，项目基本

天恒瑞云府人才公寓规划图（公园城市局／供）

南华佳苑保障性租赁住房实景图（公园城市局／供）

2022 年 12 月 23 日，香槟华府二期外立面呈现（产城集团 / 供）

约 51.8 万平方米，总投资约为 371000 万元。于 2020 年 12 月开始土方施工，截至 2022 年年底，主体全部封顶，外立面基本呈现，开始总坪施工，计划 2023 年内建成投运。项目由成都高投置业有限公司子公司成都高投新源置业有限公司开发，中国建筑西南设计研究院有限公司设计，成都倍特建筑安装工程有限公司实施。

（产城集团）

完工，计划 2023 年建成。项目由成都高投置业有限公司子公司绵阳倍特建设开发有限公司开发，北京建筑设计研究院有限公司设计，成都倍特建筑安装工程有限公司实施。

（产城集团）

产业园区项目

【人工智能（AI）创新中心二期】 该项目由高投集团下属产城集团全资子公司高投置业公司组织实施。项目定位聚焦于以人工智能为主题的高品质楼宇，作为科技创新综合体既承担城市经济、科技文化发展的职能，同时也提供多元的配套服务功能，旨在打造以基础层和技术层企业为核心，应用层为拓展的西部人工智能发展策源地，完善成都高新区人工智能产业链。项目为成都市重点工程，位于成都高新区南部新川创新科技园内，南依新程大道，西临锦和路。项目共有Ⅵ-15、Ⅵ-21、Ⅵ-22 3 个地块，占地约 10.7 公顷，总建筑面积

2022 年 12 月 23 日，人工智能（AI）创新中心二期外立面基本呈现（产城集团 / 供）

【智慧医疗医学中心二期】 该项目由高投集团下属产城集团全资子公司高投置业公司组织实施。项目着眼于未来城市发展的需要，通过保留用地内山丘打造山岭公园，实现“城市肌理与生态本底的自然融合”；借力周边“智慧大数据”业态及“生物医药技术”业态打造 BT+IT 融合的产业生态圈，构建“策展式零售场景”，打造“线下智慧医疗健康主题体验园”，结合场地内“千人会议中心”，创造行业标地，实现功能复合，最终打造全产业生态圈。项目为成都市重点工程，位于新川创新科技园第四组团内，

2022 年 12 月 21 日，前沿医学中心二期外立面呈现（产城集团 / 供）

北临新川路，东临蓉遵高速，总占地面积约 9 公顷，总建筑面积约 31 万平方米，总投资约为 200590 万元。于 2020 年 11 月开始土方施工，截至 2022 年年底，主体全部封顶，外立面基本呈现，开始总坪施工，计划 2023 年内建成投运。项目由成都高投置业有限公司子公司成都高投科萃置业有限公司开发，中国建筑西南设计研究院有限公司设计，成都倍特建筑安装工程有限公司实施。

（产城集团）

【西区 IC 设计产业园】 该项目由高投集团下属产城集团全资子公司高投置业公司组织实施。项目聚焦于集成电路全产业链布局，定位为中国西部“创芯谷”，配套有满足各阶段企业使用需求的产业研发楼宇、公共服务中心、会议中心，以及优质的商服配套功能，并借景东侧景观公园，打造以 IC 设计研发为主题，生产、生活、生态“三生融合”的综合型园区。项目为成都市重点工程，位于和顺路与天润路交叉口，总用地面积约 5.7 公顷，总建筑面积约 22.5 万平方米，总投资约为 131400 万元。于 2020 年 3 月开始土方施工，2022 年 8 月完工。项目由成都高投置业有限公司子公司成都高投西芯置业有限公司开发，中国建筑西南设计研究院有限公司设计，成都倍特建筑安装工程有限公司实施。

（产城集团）

【5G 科创中心】 该项目由高投集团下属产城集团全资子公司高投置业公司组织实施。项目围绕舒适宜人的科创市集街区布局，以新经济产业载体为主导，通过完善的产业配套、生活配套、休闲平台、庭院、屋顶花园及商业外摆，共同构建出具有烟火气息的数字集市和未来感的街区形态。项目为成都市重点工程，位于成都高新区 5G 智慧城先导区，北临锦和西三街、东临新泽三路、西临新泽四路、南临新川之心公园。总用地面积约 5.3 公顷，总建筑面积约 26.4 万平方米，总投资约为 192000 万元。项目于 2021 年 10 月开始土方施工，截至 2022 年年底，

2022 年 12 月 23 日，西区 IC 设计产业园园区风貌（产城集团 / 供）

Ⅱ-14、Ⅱ-15地块主体封顶进行二次结构施工，其余地块进行主体施工，计划2024年建成。项目由成都高投置业有限公司子公司成都高投合越企业管理有限公司开发，中国建筑西南设计研究院有限公司设计，成都倍特建筑安装工程有限公司实施。

（产城集团）

【IC设计大楼】 该项目由高投集团下属产城集团全资子公司高投置业公司组织实施。项目从“南生活、北商务”的城市基调出发，兼顾行业开发需求与市民公共资源需求，在有限的空间内糅合了办公、科研配套、生活配套等多种功能，打造了产城融合的高品质IC产业载体。项目为成都市重点工程，位于成都高新区益州大道与伏龙北巷交会处。总占地面积约2.5公顷，总建筑面积约14万平方米，总投资约为109000万元。项目于2021年10月开始土方施工，截至2022年年底，地下室施工完成，主体结构最高施工至9层，计划2024年建成。项目由成都高投置业有限公司子公司成都高投凯悦置业有限公司开发，中国建筑西南设计研究院有限公司设计，成都倍特建筑安装工程有限公司实施。

（产城集团）

【成都网易研究院】 该项目由高投集团下属产城集团全资子公司高投置业公司组织实施。本项目为网易定制项目，遵循网易在全国各地园区建筑形象的统一风格，在充分尊重网易使用需求，结合场地地形、环境、气候特征的基础上，创造性地提出综合服务轴——“网易成都美食街”的概念，实现了园区办公环境优化、迭代，打造出符合成都公园城市、“三生融合”要求的高品质科创空间。方案获得网易公司的高度认可。项目为成都市重点工程，位于新川科技园四组团，由两个地块组成，净用地面积约6.38公顷，总建筑面积16.5万平方米，总投资约为155000万元。项目于2022年3月开始土方施工，截至2022年年底，多层区域主体封顶，高层区域进行主体施工，最高施工至5层，计划2024年建成。项目由成都高投置业有限公司子公司成都高投乐创置业有限公司开发，中国建筑西南设计研究院有限公司设计，成都倍特建筑安装工程有限公司实施。

（产城集团）

【星耀高新·智谷一期】 该项目由高投集团下属产城集团全资子公司高投置业公司组织实施。本项目意喻上市公司明星企业汇聚、闪耀高新的愿景，围绕互联网和大数据行业建圈强链，以智慧产业带动全产业发展，实现智慧需求方和智慧供应方共赢，以形成“星耀高新”系列产品的集聚效应，打造通用航空、卫星通信、电子信息产业高地，建设上市及拟上市总部园。项目为成都市重点工程，位于天府五街南侧，益州大道西侧；总占地面积约3.39公顷，总建筑面积约17.2万平方米，总投资约为145000万元。项目于2022年11月开始土方施工，计划2025年建成。项目由成都高投置业有限公司开发，中国建筑西南设计研究院有限公司设计，成都倍特建筑安装工程有限公司实施。

（产城集团）

【5G互联科创园】 2022年，中新公司自建自营项目——5G互联科创园位于新川创新科技园内，项目建筑面积43.49万平方米，总投资约37.8亿元。截至2022年年底，项目累计完成固定资产投资9.65亿元，固定资产投资完成率100%，楼栋主体施工完成65%。公司启动项目预招商工作，2022年1月，与成都四方伟业软件股份有限公司签署5G互联科创园8-1号楼认购协议，成为高新区内第一个实现预售的产业

项目。

（产城集团）

【无线创智产业园】 无线创智产业园位于高新西区天全路侧，项目建筑面积约10万平方米，项目将打造集办公、总部办公楼、研发厂房等功能于一体的产业园区项目，旨在为电子信息相关产业链条发展提供载体，促进电子信息相关产业链条的发展。项目于2022年7月17日主体结构封顶。

（电子信息产业集团）

【成都高新西区高端功率半导体器件和组件研发及产业化项目】 成都高新西区高端功率半导体器件和组件研发及产业化项目由成都高新发展股份有限公司下属子公司成都高投芯未半导体有限公司于2022年开始投资建设。项目建设地址位于成都高新区西部园区德富大道以东、安泰六路以西、康强三路以南、康强二路以北地块内。项目新建综合研发楼、器件和组件厂房等主要生产建筑以及动力中心、废水处理站、化学品库等配套辅助设施，新增主要工艺设备及仪器376台（套），建成高端功率半导体器件和组件研发平台和特色产线。该项目是成都高新区围绕集成电路细分领域引进的强链补链项目，主要从事IGBT（绝缘栅双极型晶体管）等功率半导体芯片及产品的特色工艺的研发和生产制造，是我国功率半导体领域的重要创新力量。该项目投产后，将实现从芯片特色工艺到器件、模块、组件的一站式中试和量产服务能力，成为国内领先的功率半导体代工服务商，其产品广泛应用于新能源汽车、轨道交通、智能电网、航空航天、消费电子等领域。项目总投资约10亿元，一期项目建成后，将形成年产120万只功率半导体模块的生产制造能力。芯未半导体致力于成为国际一流的集成功率半导体制造服务商，为新能源等电力市场客户提供功率半导体特色高端代工制造服务。

（高新发展）

人才公寓项目

【新川一、二期人才公寓】 新川GX2017-18、19（071/05）号地块项目。该项目由高投集团下属产城集团全资子公司高投置业公司组织实施。项目规划采用围合式结合行列式布局，地块间由景观绿轴相互串联，相互独立而又浑然一体；项目楼间距大于60米，营造出视野开阔、尺度宜人的中庭景观；建筑将大都会与新古典风格相结合，呈现出简练典雅的立面效果；项目标准层多为两梯两户，户型南北通透，动静分区，日照通风良好，户型面积区间为60～200平方米，为各类优秀人才和企业汇聚成都高新区提供了保障。项目为高新区重点工程，位于成都高新南区新川创新科技园第六组团内，新川之心以南，新一代信息技术孵化园以东。项目共

2022年3月10日，成都高新区新川一期人才公寓外立面效果（产城集团/供）

有两宗地，四个地块，总占地面积约7.4公顷，总建筑面积约22.3万平方米，其中住宅建筑面积约15.5万平方米，共1120套，总投资约为311500万元。其中，12、17号地块（一期）于2018年9月正式开工建设，2021年底完工。10、16号地块（二期）于2018年11月中旬完成交地工作后开工建设；截至2022年年底，主体全部封顶，进行装饰装修及总坪施工，计划2023年全面完工。项目由成都高投置业有限公司开发，四川省建筑设计研究院设计，成都倍特建筑安装工程有限公司实施。

（产城集团）

【新川三期人才公寓】 新川GX2018-23（071）号地块住宅项目。该项目由高投集团下属产城集团全资子公司高投置业公司组织实施。项目设计从公园城市理念着手，遵循“产、城、人”至“人、城、产”的结构转变，以“人才”为本，落位与实际用地条件及用地属性，最大限度结合原始地形及用地边界，围合形成多个中心花园，营造户外交流空间，打造资源共享、空间渗透的邻里交往生活场景，结合兼具现代与新亚洲语汇的建筑风格，为人才及城市构建开放、国际、时尚的现代高品质宜居住宅。项目为高新区重点工程，位于高新南区新川创新科技园，东临新程北二路，总占地面积约4.3公顷，总建筑面积约16.1万平方米，其中住宅建筑面积约10.8万平方米，共669套，总投资约为208000万元。项目于2020年7月开始土方施工，截至2022年年底，主体封顶进行装饰装修施工，计划2023年建成。项目由成都高投置业有限公司子公司成都高投三合置业有限公司开发，四川省建筑设计研究院设计，成都倍特建筑安装工程有限公司实施。

（产城集团）

【新川四期人才公寓】 新川GX2019-15（071）号地块住宅项目。该项目由高投集团下属产城集团全资子公司高投置业公司组织实施。项目设计从公园城市理念着手，遵循“产、城、人”至“人、城、产”的结构转变，以“人才”为本，落位与实际用地条件及用地属性，最大限度结合原始地形及用地边界，围合形成多个中心花园，营造户外交流空间，打造资源共享、空间渗透的邻里交往生活场景，结合兼具现代与新亚洲语汇的建筑风格，为人才及城市构建开放、国际、时尚的现代高品质宜居住宅。项目为成都市重点工程，位于高新南区新川创新科技园，北临乐和一街，由2个地块组成，总占地面积约2.5公顷，总建筑面积约9.9万平方米，其中住宅建筑面积约6.6万平方米，共455套，总投资约为129000万元。项目于2020年11月开始土方施工，截至2022年年底，主体封顶进行装饰装修施工，计划2023年建成。项目由成都高投置业有限公司子公司成都高投四季置业有限公司开发，四川省建筑设计研究院设计，成都

2022年12月23日，成都高新区新川三期外立面效果呈现（产城集团/供）

倍特建筑安装工程有限公司实施。

（产城集团）

【新川东人才公寓】 新川东 GX2020-01-11 号地块住宅项目。该项目由高投集团下属产城集团全资子公司高投置业公司组织实施。项目设计时充分考虑了小区周边的环境状况，以及所处区域，新川科技园“以科技为中心，以创新为主的社区”，坚持以生产、生活、生态“三生融合”为理念，以建设公园城市为目标，围绕“人、城、境、业”四大维度，形成构建公园城市的规划策略，采用具有鲜明的地域特色和时代气息的外立面风格，采用现代风格语汇和法则，为城市打造一个崭新的建筑，为大众奉献现代城市空间。项目为高新区重点工程，位于成都高新区中和街道蒲草社区，北临和茂街、南临新程大道。项目由 2 个地块组成，总占地面积约 2.7 公顷，总建筑面积约 10 万平方米，共有 10 栋住宅楼，共计 634 套，总投资约为 147000 万元。项目于 2021 年 10 月开始土方施工，截至 2022 年年底，项目进行主体施工，计划 2024 年建成。项目由成都高投置业有限公司子公司成都高投聚新置业有限公司开发，四川省建筑设计研究院设计，成都倍特建筑安装工程有限公司实施。

（产城集团）

【锦城一中人才公寓】 新川 GX2020-01-17 号地块住宅项目。该项目由高投集团下属产城集团全资子公司高投置业公司组织实施。项目建筑呈“U”形布置，使社区内部空间景观最大化，同时满足户型景观的均好性。项目充分注重社区的外部形态及城市天际线，力图将安全品质、绿色生态、生活仪式、互动交流、全龄共融的生活方式全面植入小区的物质空间。以创造注重生活环境的高端品质居住小区为宗旨，使该地段达到功能组织合理，用地配置得当，结构清晰，道路顺畅，配套设施齐全等要求，打造出以使用者为中心，舒适优美的生活空间。项目为高新区重点工程，位于成都高新区中和街道劲松社区，北临祥龙二街、南临祥龙三街、东临银都紫藤小学、西临锦城一中；总占地面积约 1.5 公顷，总建筑面积约 4.7 万平方米，设有 5 栋住宅楼，共计 281 套，总投资约为 72000 万元。项目于 2021 年 10 月开始土方施工，截至 2022 年年底，主体封顶进行外立面施工，计划 2023 年建成。项目由成都高投置业有限公司子公司成都高投聚新置业有限公司开发，四川省建筑设计研究院设计，成都倍特建筑安装工程有限公司实施。

（产城集团）

【新川 I-26 号地块人才公寓】 新川 GX2022-01-14 号地块住宅项目。该项目由高投集团下属产城集团全资子公司高投置业公司组织实施。项目位于高新区新川板块核心区域，周边配套成熟，设计定位高。本项目采用小高层围合式布局，超大中庭可承载丰富的户外活动，给人以舒适的空间体验。多重院落式的归家流线设计，加上精致的细节控制，随处彰显着对生活品质的追求。现代挺拔的建筑立面，更体现出未来感与时代感。项目为高新区重点工程，位于成都高新区新川科技园 I 组团，西临龙湖九里晴川、雅和北四路，东临新川时代中心，南临南新逸苑，东、南两侧均为规划道路，北临规划教育用地。总占地面积约 1.7 公顷，总建筑面积约 6.6 万平方米，住房 364 套，总投资约为 121000 万元。项目于 2022 年 11 月开始土方施工，计划 2024 年建成。项目由成都高投置业有限公司开发，四川省建筑设计研究院设计，成都倍特建筑安装工程有限公司实施。

（产城集团）

【新川VI-13、VI-18地块人才公寓】 新川GX2022-01-15号地块住宅项目。该项目由高投集团下属产城集团全资子公司高投置业公司组织实施。项目位于高新区新川板块核心区域，周边配套成熟，设计定位高，两地块均采用反"C"形围合式布局，建筑高低错落，超大中庭可承载丰富的户外活动，给人以舒适的空间体验。多重院落式的归家流线设计，加上精致的细节控制，随处彰显着对生活品质的追求。现代挺拔的非对称建筑立面，精致的弯角导弧，更具未来感与时代感。项目为高新区重点工程，位于成都高新区新川科技园Ⅵ组团，西临高投新悦府，南临新程大道。总占地面积约1.9公顷，总建筑面积约7.5万平方米，住房373套，总投资约为131500万元。项目于2022年10月底取得土地，计划2024年建成。项目由成都高投置业有限公司开发，四川省建筑设计研究院设计，成都倍特建筑安装工程有限公司实施。

（产城集团）

【骑龙39亩人才公寓】 骑龙GX2022-01-17号地块住宅项目。项目由高投集团下属产城集团全资子公司高投置业公司组织实施。项目位于高新区大源板块核心区域，以城市设计为先导，充分尊重城市总体规划理念，有效整合规划、建筑、景观三者关系，竭力创造多层次的、人性化的公共空间，为城市空间形象作出积极贡献。同时突出强调都市居住环境的生态宜居性，致力于打造一处让人在享受都市中心区繁华的同时，亦能独享清净怡然的居家环境。项目为高新区重点工程，位于成都高新区桂溪街道铜牌村9组、10组，西临富华南路，南临元秀路，东、北皆临规划道路。总占地面积约2.6公顷，总建筑面积约7.9万平方米，住房381套，总投资约为141000万元。项目于2022年12月底取得土地，计划2025年建成。项目由成都高投置业有限公司开发建设。

（产城集团）

【D02人才公寓】 金融城GX2021-06（071/05）号地块住宅项目。项目由高投集团下属产城集团全资子公司高投置业公司组织实施。本项目位于金融城板块核心区域，紧邻府河，景观资源优越。四周1千米范围内布置有地铁1号线、9号线，交通便利。东侧临成都高新金融城幼儿园，成都高新区锦晖小学（金融城分校）学校资源充足。周边商业如银泰、招商大魔方品质高端。结合周边优越的自然及社会资源，本项目意在打造一个生态宜居的高品质人才公寓社区。项目为成都市重点工程，位于成都高新区桂溪街道石墙村10组、11组、12组、13组、14组。总占地面积约1.84公顷，总建筑面积约6.7万平方米，住房294套，总投资约为124000万元。项目于2022年4月开始土方施工，截至2022年底主体封顶进行二次结构施工，计划2024年建成。项目由成都高投置业有限公司子公司成都高投四季置业有限公司开发，成都基准方中建筑设计股份有限公司设计，中铁二十三局集团有限公司实施。

（产城集团）

【西区77亩人才公寓】 高新西区GX2022-06（071/05）号地块住宅项目。项目由高投集团下属产城集团全资子公司高投置业公司组织实施。本项目紧邻清水河，有轨电车2号线以及在建的轨道交通12号线，交通十分便利。结合清水河片区城市设计，打造一个美丽宜居的人才公寓社区。充分利用基地周边景观资源，采用因地制宜的布局方式和人性化的结构特征，营造优雅的居住氛围，为居住者提供亲切宜人的空间感受。项目为高新区重点工程，位于滨河路以南，康强四路以北，安泰二路以西，北望清水河。总占地面积约5.18公顷，总建筑面积约11.3万平方米，住房605套，总投资约123000万元。项目于2022年11月开始土方施工，计划2025年建成。项目由成都高投置业有限公司开发，四川国恒建筑设计有限公司设计，中铁二十三局集团有限公司实施。

（产城集团）

2022年12月23日，三岔三人才公寓总坪效果基本呈现（产城集团/供）

【蓝绸带社区人才公寓】 成都天府国际机场保障基地租赁住房建设项目。该项目由高投集团下属产城集团全资子公司高投置业公司组织实施。项目以自然生态为基底，充分利用现有浅丘地势、汇流公园、绛溪河及生态绿廊，使社区开敞空间与自然界面充分融合，打造出疏密有度、错落有致、山水相映的高端生态公园社区。并且在社区中设置有商业街区、小学、幼儿园、社区文化艺术中心和社区服务综合体等公共服务配套设施，形成多功能集成的邻里中心，营造出良好的生活氛围。项目位于成都东部新区，紧邻三岔湖，北临汇流公园、南临环湖路及成都体育学院，距第二绕城高速公路约3.5千米，距地铁18号线三岔站约1千米。总占地面积约34.5公顷，总建筑面积约102万平方米，项目由18个地块组成，共5393套住宅，总投资约为942000万元；于2018年8月开工建设，截至2022年年底，除RB-4、RB-6、RB-8 3个地块基本完工，其余地块均已完工，计划2023年全面建成。项目由成都高投置业有限公司开发，中国建筑西南设计研究院有限公司设计，中天建设集团有限公司实施。

（产城集团）

2022年12月23日，蓝绸带人才公寓小区环境（产城集团/供）

【三岔三期人才公寓】 三岔镇GXD2018-050607号地块住宅项目。该项目由高投集团下属产城集团全资子公司高投置业公司组织实施。项目遵循“高地高建、低地低建”的原则，依山就势，尊重原有地貌，打造有层次的城市天线，体现东部新区的地域特征。项目引入“公园社区”的概念，利用项目用地中部的山体，打造辐射周边区域的特色山地社区公园，并与周边城市绿地相连通，形成社区景观与活力中心。以山地社区公园为核心，往周边辐射，在项目用地范围内形成“公园核心—公共配套环—社区居住环”的空间结构，打造高品质的山地社区生活。项目位于成都东部新区三岔镇光荣村2组1000号，总占地面积约5.6公顷，总建筑面积约17万平方米，项目由3个地块组成，住宅共670套，总投资约为146000万元；于2018年8月开工建设，截至2022年年底基本完工，计划2023年建成。项目由成都高投置业有限公司开发，中国建筑西南设计研究院有限公司设计，中国建筑股份有限公司实施。

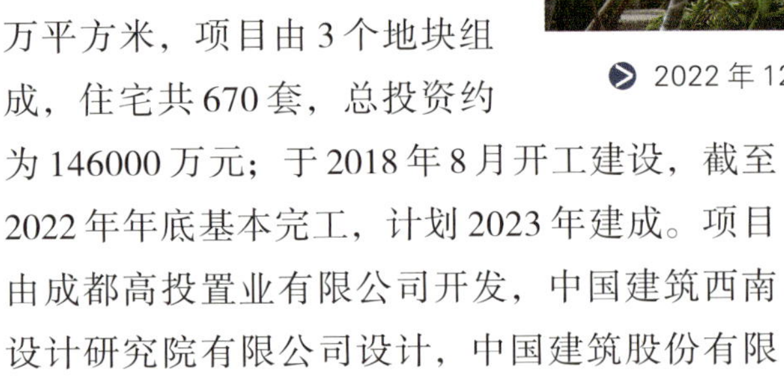

（高投集团）

2022年12月23日，新民乡人才公寓总坪、外立面呈现（产城集团/供）

【新民乡人才公寓】 新民乡GXD2018-01（071/05）号地块项目。该项目由高投集团下属产城集团全资子公司高投置业公司组织实施。项目依山就势，充分利用现有浅丘地势营造出两个环境宜人的居住庭院。建筑主要采用天府暖黄色为基本色调的外立面材料，与周边形成统一的片区风貌。住宅户型均采用板式，使之拥有良好的日照、景观、通风条件。外立面采用现代风格，打造“清新、活力、健康”的现代高端宜居社区。项目位于成都高新东区新民乡，三岔湖西侧，西临环湖路，北邻丹景乡。项目总占地面积约2.8公顷，总建筑面积约8.2万平方米，其中住宅建筑面积共5.5万平方米，共438套，总投资约为75700万元。项目于2019年1月取得建设用地后开工建设，截至2022年年底基本完工，计划2023年建成。项目由成都高投置业有限公司开发，四川省建筑设计研究院设计，中国建筑股份有限公司实施。

（产城集团）

【高新西区人才公寓桂语听澜项目】 2022年12月30日，高新西区人才公寓桂语听澜项目迎来交付，该人才公寓位于高新西区顺泽路，项目建筑面积约8.7万平方米，共计486套人才公寓，项目于2020年11月开工，2022年11月完工。项目交付后将为高新区人才提供栖息地，为人才安居乐业提供有力支持和保障。

（电子信息产业集团）

城市管理

URBAN MANAGEMENT

人口管理

【概况】 截至2022年12月31日，成都高新区全域实有人口1705040人，其中常住人口618616人，流入人口1082506人，境外人口3918人。高新南区实有人口1317939人，其中常住人口537477人，流入人口777521人，境外人口2941人。高新西区实有人口387101人，其中常住人口81139人，流入人口304985人，境外人口977人。

【户籍人口】 2022年，成都高新区户籍人口登记数为297363户847870人，平均每户人数为2.85人，比2021年增加11004户43490人。

【人口性别比】 2022年，在全区户籍人口847870人中，男性414231人，占总人口的48.86%；女性433639人，占总人口的51.14%。男性人口比女性人口少19408人。男女人口性别比例为0.96∶1。

【人口年龄结构】 2022年，成都高新区0~17岁人口178615人，占总人口的21.07%，比2021年增加11752人；18~34岁人口237675人，占总人口的28.03%，比2021年增加559人；35~59岁人口319949人，占总人口的37.74%，比2021年度增加25274人；60岁以上人口111631人，占总人口的13.17%，比2021年增加5905人。

【人口自然增长】 2022年，成都高新区年出生人口13128人，比2021年增加508人。其中，男性7071人，占出生人口的53.86%；女性6057人，占出生人口的46.14%，男性比女性多1014人，男女出生性别比为1.17∶1。2022年死亡人数10986人，比2021年增加5184人。全区自然增长2142人、自然增长率2.23‰。

【人口机械增长】 2022年，成都高新区迁入人口46703人，比2021年减少24093人，迁出人口11031人。迁入人口比迁出人口数据大，说明高新区城市化进程不断加快，经济社会发展水平及影响力、标识度不断提升，宜居宜业宜创指数不断上扬，外区人口的认同感不断增强。全区机械增长人口为41438人、机械增长率为50.05‰。

【人口变动】 2022年，成都高新区所辖6个街道办事处，拥有户籍人口数如表1和表2所示。

表1 各街道辖区户籍人口数

办事处	人口（人）
肖家河街道办事处	53841
芳草街街道办事处	95149
桂溪街道办事处	266870
石羊街道办事处	170672
合作街道办事处	65670
中和街道办事处	164300
西园街道办事处	31368

【实有人口分布情况】

表 2　2022 年成都高新区实有人口分布情况

片区	街道	派出所	实有人口（人）		
			总数	常住人口	流入人口
南区	肖家河街道	肖家河	91306	37923	53383
	芳草街街道	芳草	138128	66014	72114
	桂溪街道	桂溪	153142	62344	90798
		新会展	39923	14261	25662
		新益州	0（数据并入新会展）		
		和平	104253	51472	52781
	石羊街道	石羊	340231	154770	185461
	中和街道	中和	244269	80061	164208
		新川	206687	73573	133114
西区	合作街道	合作	216122	55529	160593
	西园街道	西园	170979	26587	144392
合计			1705040	622534	1082506

（公安分局）

城乡环境综合治理

【概况】 2022 年，成都高新区按照全市城乡环境综合治理及城市环境品质提升工作部署，借助第 31 届世界大学生夏季运动会和世乒赛契机，围绕文明典范城市创建，以“美丽街区”打造为牵引，结合高新区实际，分类实施环境品质提升“八大行动”，持续开展大运会场馆周边及保障线路、背街小巷、城郊接合部、铁路沿线等环境品质提升整治，重塑高新区品质城市公共空间面貌，努力为第 31 届世界大学生运动会、世乒赛举办和辖区群众提供优质环境。

（生态环境城管局）

【背街小巷环境综合整治】 2022 年，成都高新区以“办赛营城、展示成都美丽宜居公园城市全新形象”为理念，结合市治理办关于背街小巷环

2022 年 6 月 27 日，成都高新区盛源街（示范街）景观提升整治效果（生态环境城管局 / 供）

2022 年 7 月 15 日，成都高新区芳草街“U”形空间提升整治效果（生态环境城管局 / 供）

境品质提升工作要求和高新区重点项目建设规划，完成盛源街、天骄路、天盛路等 8 条背街小巷环境品质提升整治，其中，盛源街为背街小巷环境品质提升整治示范点位，完成投资 8650 万元。

（生态环境城管局）

【连片整治】 城郊接合部环境连片整治项目——合庆里项目。合庆里位于成都市高新西区，西临西源大道，东临合信路，南临天欣路，北临天盛路，总体规划面积 0.68 平方千米。该项目在实施前，区域缺乏社区活力，商铺大量闲置，环境缺乏有机更新。该项目投入资金 35000 万元，通过片区一体化提升改造，主要进行产业策划、建筑风貌整治、街区景观提升、光彩工程、5G 智慧城市、城市配套提升等。街区打造以社区文化、年轻时尚元素为灵魂，通过系统性空间优化、植入特色元素和功能性照明等手段，强势推动街区形象升级，将合庆里打造成为特色鲜明的宜居、宜业公园型示范街区。

（生态环境城管局）

2022 年 8 月 6 日，成都高新区合庆里连片整治后效果（生态环境城管局 / 供）

【老旧院落改造】 2022 年，成都高新区继续按照国务院和省、市关于推进老旧小区改造相关工作要求，按照《成都高新区老旧小区改造实施计划（2022—2024）》，做优、做实老旧小区改造。2022 年作为高新区老旧小区改造三年计划的开篇之年，共启动 41 个老旧小区改造的相关工作，涉及住宅建筑面积 76.02 万平方米、居民 8790 户。至 2022 年年底，计划内老旧小区已实现全部方案稳定、分步启动施工，最终完工改造 3 个、开工 8 个。在改造过程中，按照片区协同、内外联动的原则，全年策划“高新区府河一期等老旧小区改造及配套设施建设工程”“高新区市井生活圈打造工程”2 个项目，完成了芳草东街、玉林中路风貌整治，推动了老旧小区和老旧街区的同步提升。此外，高新区兼顾流程再造和制度创新，通过编制《关于进一步明确老旧小区改造流程的实施细则》，引入了区属平台公司参与老旧小区改造，并进一步明确居民意愿征集、方案审查、开工核准和完工移交等28个流程环节，为推动有序改造、科学改造、暖心改造奠定了制度基础。

（公园城市局）

环境卫生

【概况】 2022年，成都高新区继续深入推进环境卫生深度保洁、精细管理，加大考核力度，修订《成都高新区环卫清扫保洁精细化管理及考核办法（第二版）》，加强城市道路快速巡回保洁，确保环境卫生干净整洁。持续做好环卫常态化防疫工作，加强生活垃圾清运，严格落实环卫设施、环卫公厕消杀。新冠疫情期间积极响应防疫工作部署，针对中高风险地区未按医废标准处置的生活垃圾，严格按照“三定两直”和“溯源台账”要求开展收运工作。积极配合辖区大气污染防治工作，对重点区域内道路开展抑尘作业，协同降低大气污染物指标。持续高标准做好文明典范城市创建、四川省环保督察、世乒赛、大运会等各项环卫卫生保障工作，全年共完成重大任务、活动保障50余次。

【生活垃圾分类】 2022年，成都高新区启动生活垃圾分类专项规划编制工作，对标上海等地相关规范标准和工作机制，在充分调研高新区垃圾分类工作现状的基础上，因地制宜地编制切实可行、可落地的专项规划，也是成都市第一部生活垃圾管理专项规划。完善设施建设。全区785个居民小区全部设置了分类投放设施，覆盖居民50.5万户，累计覆盖率达100%，其中，“上加顶、下防渗、侧围护”的标准化投放设施占比80%以上。全方位开展餐厨垃圾专项整治。全面深入地开展餐厨垃圾专项整治行动，严格杜绝餐厨垃圾收运乱象，引入第三方企业开展餐饮企业相关情况普查，摸清餐饮企业数量及餐厨垃圾产生量，为后续实现餐厨垃圾政府收运全覆盖做准备。推进智慧监管。完善垃圾分类智慧化监管平台，实现了对辖区125辆垃圾清运车、生活垃圾收运工作的全过程监管，进一步提高生活垃圾分类工作统筹管理能力，构筑覆盖全域的垃圾分类收运处理监督管理系统，通过实现线上全程全链条的督查标准化倒逼线下的全程全链条工作标准化。建立巡查机制。建立标准化、专业化巡查制度，继续开展第三方绩效评估，结合智慧化监管平台，对生活垃圾分类投、收、运、处全程全链条工作成效进行全域巡查评估，深化问题通报和回访整改机制。

2022年8月，成都高新区肖家河垃圾分类小手拉大手宣传活动（生态环境城管局/供）

【清扫保洁和垃圾清运】 2022年，成都高新区认真做好道路清扫和垃圾清运工作，合理

2022 年 10 月，成都高新区天府三街智慧移动公厕（生态环境城管局 / 供）

调整收运频次和路线，集中整治垃圾爆桶、“黑包子”、积存垃圾等问题；严格整治垃圾运输车“抛冒滴漏”、车身不洁、密闭不严等问题。全年共清运处理生活垃圾 49.3 万吨，政府集中收运餐厨垃圾 1.6 万吨，无害化处理率 100%。

【环卫设施建设】 2022 年，成都高新区继续推进各类环卫设施的建设与完善，为城市清洁提供硬件支撑。中和静脉家园（垃圾压缩站）正式投运，同时推动西区生活垃圾压缩站建设。完成改造环卫公厕 4 座（市级目标 2 座），实施“厕所革命”创新，拓展公厕新经济应用场景，110 座社会厕所纳入“厕所联盟”（含 100 座“轻松驿站”智慧公厕）。实推广新能源环卫车辆的配置、应用，开展多样化新型保洁车辆及电动机具的组合应用。2022 年，共推广新能源环卫车辆 169 辆。高新区智慧城管平台开始试运行，逐步将全区环卫清扫保洁纳入系统进行智慧化监管，同时开展生活垃圾房智慧检测系统安装工作，建立高新区环卫系统智慧监管体系，已有 149 辆环卫作业车辆接入智慧城管系统。

（生态环境城管局）

园林绿化

【概况】 2022 年，在积极推进公园城市建设中，成都高新区园林绿化工作取得新进展。园林绿化面积继续扩大，景观效果进一步提升，人居环境进一步优化。全区共有 14 个社区获评成都市“花惠万家”社区花园示范点位；有 13 个住宅小区被评为“市级园林式居住小区”（公园小区），数量位居全市首位。交子公园被评为成

2022 年 5 月 16 日，已建造完工的桂溪街头游园（生态环境城管局 / 供）

都市“最美公园”。

【道路绿化】2022年，成都高新区持续开展乔木美冠、树木“松绑”、规范“支撑”和遮挡交通标志专项清理行动，推进城市道路园林景观品质整体提升。结合群众反映较为突出的路段、重点项目建设项目推进，对中柏大道、锦和路、新裕南一路、新裕南二路、锦城大道（西段）、天府一街（富华北路—昆华路）、新北街（新乐北街—新乐路）、盛华南路（天府三街—天府五街）、兴隆街等34条道路实施行道树增量提质。

【立面绿化】2022年，成都高新区推进桥体、屋顶、墙面、阳台立体绿化建设，按照《成都市立体绿化建设导则》要求，以“爱成都、迎大运”系列活动为契机，推进屋顶、阳台、桥柱、桥体、墙体等立体绿化建设，积极鼓励社会单位参与立体绿化建设，在总平方案、初设方案会审时，鼓励低于40米的建筑实施屋顶绿化。新增立体绿化1.3万平方米。

【街区绿化】2022年，成都高新区打造高新体育中心街区、月牙湖产业型街区。高新体育中心街区围绕体育中心周边吉龙路、中和四街、中和三街、中和二街、康和路、安和路、成自泸高速、中柏大道提升打造，共计提升长度6670米，建成绿地149530平方米。其中，月牙湖产业型街区项目北起天府一街、南至天府五街，全长2.7千米，面积12.8公顷（192亩），是街区绿化的最大项目。突出社会参与，有效利用城市“边角料”。坚持政府主导，积极拓展工作思路，引进社会企业参与街区营造，提升城市空间利用率。2022年，共计完成“泡泡花园”“电子科大银杏小游园”“桂溪街头花园”等15处“金角银边”改造提升点位，有效改善了街区灰空间，增加场景植入，降低了政府投入，不断提高群众满意度。

【园林式居住小区创建】2022年，成都高新区对照《成都市促进园林式居住小区建设实施方案》标准，积极动员各街道办事处发动物业管理机构申报创建园林式居住小区，“中海·城南1号”“复地金融岛”等13个小区被评为“2022年度成都市园林式居住小区”。完成创建区级园林式居住小区25个，超额完成目标任务。现场验收和综合评议，朗悦府·静园等25个居住小区被评为“2022年度成都高新区园林式居住小区”。

（生态环境城管局）

市政设施管护

【概况】2022年，成都高新区高标准实施全域市政设施精细化管理，扎实开展11条道路黑化、18条人行道提升、城市道桥安全检测、病害治理及涂装美化工作，市政设施管护工作成绩名列全市前列。

【道路桥梁病害整治】2022年，成都高新区全年完成350余条道路车行道、500余条道路人行道病害整治，整治面积约4.5万平方米，累计更换桥梁公示牌250余个，修复桥面铺装470平方米，维修桥梁栏杆病害250平方米，涂装加装桥梁栏杆45座。

【路桥专业管护】2022年，成都高新区全年完成大运会保障线路沿线城市道路空洞检测工作，检测道路19条，面积约129万平方米；累计对219座桥梁进行常规检测，26座桥梁进行结构

2022年5月19日，城市道路精细化维护（生态环境城管局/供）

2022年5月26日，技术人员进行桥梁结构定期检测（生态环境城管局/供）

检测。

（生态环境城管局）

城管执法

【概况】 2022年，成都高新区城市管理执法大队坚持以人民为中心的发展理念，以“问题导向”和“目标导向”为牵引，下足“绣花”功夫，精细化推进城市管理各项工作。聚焦幸福美好生活十大工程、公园城市示范区建设重点任务，持续抓好大气面源综合整治、餐饮油烟治理、噪声污染防治等重点工作，高标准助力生态环境保护，推动共建以绿色发展为核心的区域生态环保和城市治理共同体。

2022年6月5日，成都高新区生态环境城管局组织城市道路桥梁防汛应急演练（生态环境城管局/供）

【环境保护大检查】 2022年，成都高新区坚持“清单制＋责任制＋销号制”，认真做好第二轮央督案件整改销号工作。加大跟踪巡查力度，严格落实整改措施，杜绝虚假整改、敷衍应对等问题。案件办结后持续落实“回头看”，不定期开展点位回访，保持长效监管，确保问题整改无反弹无回潮。顺利完成2022年第二轮中央环境保护督察主办案件28件结案销号任务。

【市容秩序管理】 2022年，成都高新区坚持突出重点、以点带面，紧紧围绕市城管委每月重点工作安排，全力推动各专项工作，市容秩序得到极大改善。持续推进共享单车精细化管控。通过建立精细化管理片区，改善和美化成都高新区重点区域街面单车秩序。全年清理违规无牌单车1800余辆，清理违规跨区单车3.6万余辆；全年查处共享单车案件14件，罚款3.86万元；完成重大保障76起，其中一级保障3起、二级保障8起。深入开展餐饮油烟污染专项治理。顺利完成餐饮油烟类网络理政投诉量同比下降30%目标任务，2022年，全区餐饮油烟类网络理政投诉量为1138件，同比下降32.1%；完成全区餐饮企业排查，并建立台账清单5384家；开展餐饮油烟污染防治专项执法行动4次，超目标任务2次；全年查处烟油排放不达标案件7件，罚款3.81万元。持续强化临街商户乱倒乱排整治。坚持每季度开展“双随机”执法检查；做好宣传引导，发放各类宣传资料20000余份。同时加大处罚力度，全年查处临街商铺乱排倒行为32起、罚款36200元；查处机动车清洗站违规经营行为14起，罚款14000元；查处垃圾分类案件108起（其中行政警告处罚39起），罚款49700元。推进“门前五包”常态化管理。截至年末，辖区范围内“门前三包”签约商家17982家，签约率100%；“门前五包”签约商家17982家，签约率99%；已完成府滨南路与玉林西路两条“门前三包”市容秩序示范街创建工作，街长制已完成全域全覆盖。大气面源污染治理工作持续推进。针对露天烧烤、露天焚烧等大气面源污染问题，加强日常执法巡查和专项执法督查，开展专项执法行动25次。同时，积极开展清明节文明祭祀工作，倡导文明祭扫，推广鲜花、黄丝带替换香蜡纸烛，减少祭扫焚烧。全年查处露天饮食摊点、露天烧烤、露天焚烧案件209件、罚款11.98万元。综合行政执法案件超额完成。2022年，查处城市管理类案件1706件，罚款103万余元，案件查处数量超过目标数57%。行政执法案件办理数量位列全市第一。全年办理占道经营类案件1089件，罚款22万余元，办理广告招牌类案件23件，罚款7400元，办理排水、供水、水保等涉水案件11件，罚款35万余元。

【违法广告整治】 2022年，成都高新区开展多次非法张贴书写广告专项整治行动，其中包括春节前后非法张贴书写广告专项整治行动、共享单车车身“牛皮癣”小广告集中清理行动、背街小巷和城郊接合部非法张贴书写广告专项整治行动及治理街面违规张贴养老产品宣传广告专项行动等。全年共清除各类非法张贴书写广告30万余处，收缴“小卡片”9000余张，督促共享单车公司清除车身“牛皮癣”小广告，车身清洁率达86%。

【数字化城市管理】 2022年，数字化城市管理系统分别受理市级监督员、天网视频巡查上报

2022年2月25日，餐饮油烟治理现场宣传（生态环境城管局/供）

案件13.4万余件、5700余件，处置率分别达到99.86%和100%；分别受理区级监督员、天网视频巡查上报案件30万件、1.27万余件，处置率分别达到99.94%和100%；受理上级交办件440余件、办结率为100%，未出现超期情况。

【城管队伍建设】 2022年，成都高新区持续创建市级优秀达标中队。在前期建设完成的5个规范化中队基础上，合作、中和2个街道城市管理综合执法中队规范化建设顺利完成，实现全区队伍规范化建设全覆盖。持续开展队伍能力素质提升。开展法治培训、以案说法、警示教育等活动，打造一支“纪律严明、作风过硬、素质优良、业务精通、形象良好”的执法队伍。

（生态环境城管局）

城建规划执法

【概况】 2022年，成都高新区城建规划执法大队深入贯彻习近平总书记坚持以人民为中心的发展思想，创新探索在行政处罚中推行“释法说理”，缓和化解城建执法领域突出矛盾，提升群众满意度和获得感，共办理各类行政处罚案件230件，办案效果和质量明显提升。拆除各类违法建筑12万平方米，私搭乱建的违法行为受到惩处。积极回应群众诉求，加大对扬尘污染和建筑工地夜间施工扰民等违法行为的治理。较好地履行了城建规划领域的执法职能，在业务工作、队伍建设、廉政建设等方面都取得了进步。

【城建规划违法案件查处】 2022年，城建规划执法大队共办理各类行政处罚案件230件，移交法院追讨罚没金额2.76亿元，金额到账539.13万元，案件办理数量名列全市前列。快速办结清水河景观提升工程违法占地案，处罚1249.90万元，为完善国土报征手续，促进高新区西区二次开发扫除了障碍。2022年1月17日，省高级法院与省发改委、省住建厅、省人社厅等八部门联合通报该大队办理的“四川普宏建设工程有限公司建设工程违法分包案”为全省示范案例，省高级法院评价该案“为持续加大违法违规行为打击力度提供了范式”。3月，市城管委专门报道了该大队在办理“环球中心违法建设”一案中，勇于突破惯性思维，优化处置方案，妥善化解某项目历史遗留问题的探索。

【违法建设治理】 2022年，城建规划执法大队在治理违法建设方面基本完成市级拆违目标任务。完成年度拆违任务指标12万平方米，超出目标任务的20%，初步创建无违建小区12个。

【扬尘治理】 2022年，成都高新区牵头组织成员单位开展各类工地源头、运渣车专项整治行动。共计开展专项行动20次，出动执法人员2007人次，检查工地1835个次，检查运输车辆124台次，依法查处问题车辆2台次。共处理扬尘污染投诉90件，均全部办结，办结率100%，满意度不断得到提升。全年扬尘治理在“5+2”区域总分排名暂居第一。

【施工扰民案件查处】 2022年，成都高新区进一步加大各类投诉问题的办理，对违规夜间施工扰民案件的查处力度。2022年，全区共计办理工地违规夜间施工类案件92件，罚款358.64万元。工地夜间施工噪声投诉量为2245件，均全部办结，办结率100%，与2021年相比，同期下降了30%，群众信访投诉办理的满意度有所上升。在加大执法力度的同时，积极释法说理，帮助企业改进管理，降低违规违法风险。大队重点帮扶的SKP项目施工方专门送来锦旗，感谢大队为项目提前完工所付出的真诚帮扶。

（生态环境城管局）

社区发展治理

【概况】 2022年，成都高新区按照市委党建引领城乡社区发展治理工作部署，围绕建设新发展理念的公园城市示范区工作大局，结合全区实际，积极探索实践社区治理的途径和方式。继续加大幸福美好公园社区建设投入，完成瞪羚谷公园社区、铁像寺水街二期、天府长岛等公园社区的配套工作，建成幸福美好公园社区10个、示范小区10个；有5个社区被评为“成都市百佳示范社区”，7个小区被评为“成都市百佳示范小区”。

【示范场景创建】 2022年，成都高新区统筹推动未来公园社区示范创建，高新区瞪羚谷未来公园社区完成投资8.66亿元，铁像寺水街二期签约品牌数共计20家，二期公园体验区正式开放。天府长岛累计入驻项目17个，入驻人员4000余人。天府长岛文创商业街区，引入食堂纪、La Terre（乐田）西餐厅等配套商家20个。按照党建引领、项目驱动、场景赋能、分类打造的工作思路，高标准打造完成幸福美好公园社区10个、示范小区10个。2022年，全区获评“成都市百佳示范社区”5个，“成都市百佳示范小区”7个。在双示范建设中推出组合拳，推动党建引领社区自组织建设以及160个“两新”组织参与社区发展治理，拓展社区组织基础和群众基础，深化居民自治和社区营造。在主题社区建设方面，完成7类9个主题社区创建。

【智慧治理增效】 2022年，成都高新区按照“统一建平台、开放建场景”的原则，多部门联合开展智慧蓉城小区标准位置等数据采集工作，开展智慧蓉城小区标准位置采集工作，推进基础信息库动态更新，对特殊数据进行标签化处理，部署完成区级人房数据库。在全区42个点位推广落地“社区公共空间预约延时服务”的点位，实现了居民线上查看空间信息、预约使用时段、系统自动推送门禁密码、居民线下自助使用等预期功能。通过线上场景下沉，线下场景接通的方式，完成示范打造智慧社区3个、智慧小区6个，石羊街道锦城社区室外报警柱、防高抛、井盖报警器、智能消防栓闷盖，桂溪街道天华社区“1029智慧+”平台，月牙湖社区优客里邻智慧场景，合作街道清江社区自管院落智能化非机动车棚等场景建设取得明显成效。

成都教科院附属学校（西区）最美阳台（社治保障局/供）

【社区服务优化】 2022年，成都高新区深入实施幸福美好生活十大工程，推进“蓉易养”社区智慧医养托服中心和“蓉易托”社区智慧托育中心试点建设，创建高新区石羊街道锦城社区今福蓉高新长者之家、石羊街道盛乐社区爱智幼幼智慧托育中心市级示范点位。联动区级相关部门优化社区网格设置，推进“三分两统”微网实格管理，形成创建及行动方案。结合《社区综合体建设引领导则》，进一步推进社区综合体移交、管理、运营，推动丰收、天华、大源四期等特色社区综合体高品质呈现，总结形成特色社区综合体管理运营经验。完成社区微更新和美空间点位打造，6个“最美阳台”在全市评选中获奖，培育7个市级社区生活服务业好项目，成立1家示范性社区社会企业。精心策划7场“全民大运·幸福乐跑”线下活动，动员近15000名居民、企业员工参与活动，率先完成市上下达的挑战“单场活动收到最多的运动宣言”吉尼斯世界纪录目标。

【基层治理赋能】 2022年，成都高新区坚持专业化导向，稳妥推进社区专职工作者职业化管理改革，打造一支稳定的高素质、有战斗力的社区专职工作者队伍。有针对性地做好社区保障资金使用的指导、宣传和培训工作，持续提升资金使用规范性和项目执行效率，积极参与专项资金高效使用示范项目市级评选。用好社区保障资金“e管家”平台，确保居民登录率、使用率、满意率分别达到10%、6%、80%以上。

【社区治理创新探索】 2022年，成都高新区创新探索社区保障资金改革，指导社区做好资金下沉小区（院落）使用，严格审核承接项目组织资质等工作。持续推进社区减负。开展基层政务类信息化终端摸底调查，面向全区所有街道和社区收集在用的各类政务类信息化终端117项。积极落实“双线融合”，联动区政法委推动社区发展治理与社会综合治理工作联动、问题联解、绩效联评工作机制，深入街道、社区开展调研，形成一批具有复制推广价值的特色亮点项目，包括肖家河街道和平苑老旧院落智慧化改造、桂溪街道昆华社区“网介联盟”等项目。积极推动网格力量整合全面深化网格化服务管理。成立成都高新区党建引领社区“微网实格”治理领导小组，印发《关于深化党建引领社区“微网实格”治理机制行动方案》《高新区党建引领社区“微网实格”治理工作专班名单及职责规则》两个纲领性文件，按照“3+1”“微网实格”治理架构体系，划实微网格，建强“微网实格”党组织，配齐微网格队伍，积极参加示范创建，肖家河街道兴蓉社区获评2022年成都市党建引领“微网实格”治理优秀社区。

（社治保障局）

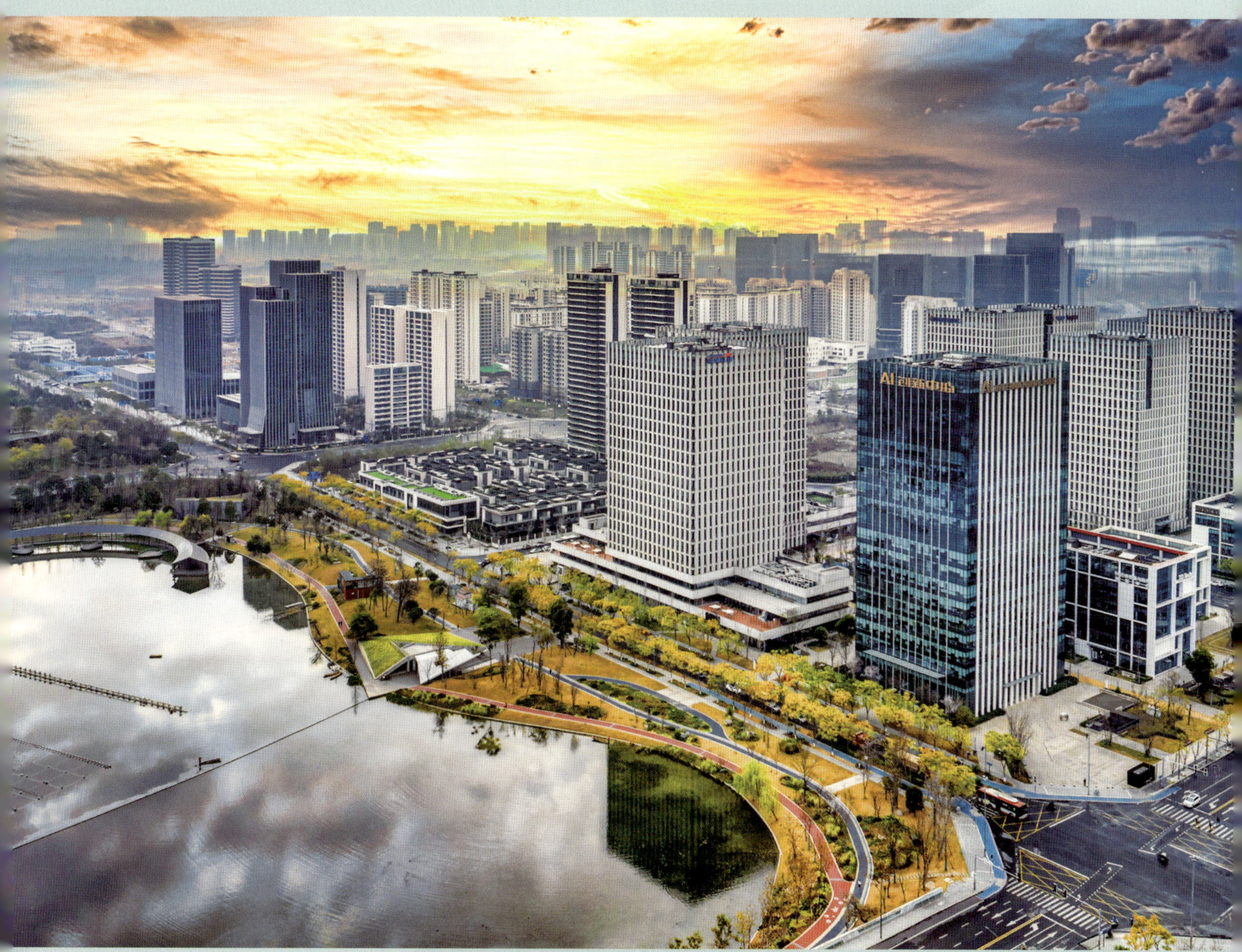

高新技术产业

HI-TECH INDUSTRY

电子信息产业

【概况】 2022年，成都高新区175家电子信息规模以上工业企业实现年产值正增长，工业投资超140.6亿元，增长25%，创历史新高，占全区的68%。新增19家国家级专精特新“小巨人”企业，占高新区新增企业的61.3%。2022年，成都高新区电子信息产业局共签约项目45个，总投资额396亿元。其中，外商投资实际到位57.02亿元，外商直接投资（FDI）2.38亿美元实际内资到位超83.15亿元。新增项目信息99条，新签约引进重大项目和高能级项目12个，引进产业链关键配套项目8个。2022年，成都高新综合保税区实现进出口总额4660亿元（不含双流园区），同比下降6.6%，占全省外贸进出口总额的46.2%。其中出口2556亿元，同比下降2.1%，占全省外贸出口的41.1%；进口2104亿元，同比下降11.7%，占全省外贸进口的54.5%。成都高新综合保税区实现进出口总额连续5年位居全国综保区第一，连续3年在海关总署组织对全国海关特殊监管区开展绩效评估工作中位列全国综保区第一。成都高新西园综合保税区2022年实现进出口总额85亿元，同比增长218.2%。

【功能区建设】 2022年，成都高新区电子信息产业局新开工项目12个，项目开工数量创历年新高。京东方车载项目作为“年内开工、年内建成、年内投产、年内盈利”建圈强链的速度质量发展典范，在2022年第二季度重大项目建设现场会上受市政府主要领导表扬并在全市推广。举办成都高新—郫都合作共建区2022年第三季度重大项目集中开工仪式，开工项目总投资额达156.7亿元，包含东材科技成都创新中心及生产基地、瑞波科总部及高机能半导体材料研发制造基地等10个项目。高郫合作共建区落位成都智算中心、东材科技等4个产业化项目，成都智算中心实现上线即饱和运营，有效推动高端创新产业向高郫合作共建区聚集。成都电子信息产业功能区（高新西区）上榜四川省“5+1”重点特色园区名单。

【集成电路】 2022年，成都高新区集成电路产业规上企业规模达410亿元。集成电路产业规模和水平居中西部前列，芯片设计产业发展势头强劲，聚集IC设计企业160余家。2022年IC设计企业销售规模达160亿元，营业收入过亿IC设计企业达30家，成都海光、MPS、振芯等设计企业成果全国领先。落地高投芯未高端功率半导体器件及组件研发生产等集成电路产业项目30个，总投资209亿元，集成电路产业链进一步完善。

【产业发展】 2022年，成都高新区依托“世界柔谷”“中国存储谷”“成渝智能终端创新走廊”三大核心功能，建设世界领先的电子信息产业智造高地。抢抓柔性显示产业先发优势，发挥京东方（柔性屏全球占比20%以上）等链主企业主引擎作用，建成产业规模全国第一、全球领先的柔性显示产业集群，推动“世界柔谷”初见雏形。依托成都集成电路研发创新中心、华为成研所等企业技术优势，招引一批国内外龙头企业，增强存储芯片产能，加快建设“中国存储谷”。成渝协同共建智能终端全产业链，推动富士康、西门子等龙头企业扩大产业规模，提升产业创新能力、高端制造能力和产业链配套能力，建成具有全球影响力的智能终端创新走廊。2022年，成都高新区围绕建圈强链做好顶层设计，筛选形成涵盖算力芯片、存储芯片、功率芯片、柔性显示（OLED）、微型显示（Mini/Micro LED）、XR终端、智能座舱、卫星互联网、光通信等的电子信息产业“三芯两屏两端两网”9个赛道体系，绘制出高新区电子信息产业发展图谱。针对“芯屏端”3个全市重点产业链，制订集成电路、新型显示、智能终端三年行动计划及高新区功率半导体产业三年行动计划。集成电路产业按照“补制造、强设计、扩封测、延链条”总体思路，以模拟芯片为核心，以算力芯片、存储芯片及功率芯片为重点，构建规模大、技术强、要素全的集成电路全产业链，加快“中国存储谷”建设，打造中国模拟芯片制造高地与集成电路产业重要战略基地。新型显示产业按照“扩规模、补配套”总体思路，聚焦柔性、M-LED等细分赛道，构建以京东方等链主企业为引领，链属企业扎根本土的产业生态；以引进高世代OLED项目为契机，打造新型显示发光材料隐形冠军聚集地。智能终端产业围绕“稳规模、强制造、拓市场、补配套”，持续扩大产业规模，形成以计算终端为支柱，XR终端、智能车载终端等新型终端产品为辅助的产业集群，建成具有全球影响力的智能终端高端制造基地。

【平台创新】 2022年，成都高新区电子信息产业局新增国恒空间、明夷电子等省级企业技术中心8家，和芯微、东方日立等省级工业设计中心2家。促进校企合作，共建产教融合平台，推动西南交大与中车时代共同成立微电子产业学院，中国工程院院士丁荣军出任首任院长。12月1～2日，2022年中国柔性电子产业发展大会暨第四届“金熊猫”全球柔性电子产业创新创业大赛决赛在成都高新区举办。大会以“柔谷显世界，创新迎未来”为主题，设置“‘金熊’全球柔性电子产业创新创业大赛”“中国柔性电子产业发展高峰论坛”主论坛和“中日韩柔性电子先锋对话会”“柔性电子产业链生态论坛”分论坛，发布全国第一本柔性电子全产业领域的《2022年柔性电子产业白皮书》最大限度释放柔性电子产业创新动能，助力产业“建圈强链”推动成都柔性电子产业高质量发展。

【重大项目建设】 2022年，成都高新区京东方车载项目作为“年内开工、年内建成、年内投产、年内盈利”建圈强链的速度质量发展典范并在全市推广。举办成都高新—郫都合作共建区2022年第三季度重大项目集中开工仪式，集中开工的产业化项目总投资额达156.7亿元，包含东材科技成都创新中心及生产基地、瑞波科总部及高机能半导体材料研发制造基地、航锐光电制导与成像装备研发生产测试中心等10个项目。2022年，成都高新区电子信息产业局新开工项目12个，开工数量创历年新高。在建载体项目6个，建设面积87.3万平方米。高郫合作共建区一期落位成都智算中心、东材科技等4个产业化项目，成都智算中心上线，推动高端创新产业向高郫合作共建区聚集。

【企业服务】 2022年，成都高新区电子信息产业局保障重点工业企业在高温限电期间不停产，在8月极端高温干旱情况下，组建应急保电工作专班，实地走访核实企业用电负荷，制定西区分级控制用户名单，统筹全区用电，在保电网安全、保民生用电前提下，全力支持富士康、英特尔、德州仪器、西门子等西区大型工业企业，确保占电子信息规上产值90%以上的重点企业不停产。累计为63家次企业完成一企一策审核。其中，针对西门子原投资合作协议，创新制定地方贡献综合评价机制，在严格遵守审计规定的前提下，按时足额将政策资金兑现于企业，并在全区推广。针对瑞波科、东材科技等高郫共建区域项目，探索建立“企业申请＋两区分别兑现”机制，实现企业申请“只跑一次”。走访西区600余家电子信息企业、120余个项目载体、37个园区，摸清西区企业发展现状，挖掘准规上企业23家。全年培育坤恒顺维、思科瑞2家上市企业，锐成芯微、华微电子等拟上市19家后备企业。搭建“政企银”金融服务平台，联合农商行开展“融汇高新”专项攻坚行动，为奕斯伟等6家企业提供近4亿元授信，助力企业平稳度过发展关键期。制定《电子信息产业局安全生产工作实施方案》，组织企业参加安全培训5次，开展各项专题检查136次，累计排查出超过425项安全隐患，已全部完成闭环整改。结合各级环保督察工作、大气污染防治专项行动等要求，累计开展危废处置监测等环保检查监测118次，并提出相应的整改建议督促企业整改，提升企业环保管理水平。

【重点企业】 富士康科技集团成都园区 2009年10月，富士康科技集团与成都市政府签署投资合作协议，决定在成都投资建设生产基地。2010年7月，成都市政府与富士康科技集团就803项目达成一致意见并正式签署投资合作协议。富士康成都园区占地226.68万平方米，主厂房42栋，总建筑面积250万平方米，由五大区域组成，主要是平板、笔记本电脑光电显示及新型智能穿戴设备生产基地。园区有鸿富锦精密电子（成都）有限公司、富泰华精密电子（成都）有限公司、准时达国际供应链管理有限公司、业成科技（成都）有限公司、业泓科技（成都）有限公司、鸿富成精密电子（成都）有限公司等独立法人。鸿富锦精密电子（成都）有限公司有员工约12万人。2022年，富士康成都园区产值首次突破2000亿元，达2080亿元，同比增长13.2%。

英特尔产品（成都）有限公司 外商独资企业，位于成都高新综合保税区B区，主要从事英特尔半导体产品的封装测试。英特尔成都工厂是英特尔全球最大的封装生产基地，也是英特尔全球最大的芯片封装测试中心之一，并已建设成为英特尔全球晶圆预处理工厂。公司2003年9月正式入区，占地53.33万平方米，建筑面积达8.8万平方米，员工1600余人。2014年10月，公司启动采用自主开发的SDX技术建立晶圆集成测试生产中心项目（即“骏马”一期项目），总投资16亿美元。SDX技术将首次整合实施晶圆和成品芯片测试并改变半导体元件的封装测试方式，使其保持最尖端的封装测试产能。2020年“骏马”一期项目16亿美元投资完成后，公司再新增12亿美元的投资，更新封测设备及技术工艺，建设新一代高端封测生产基地项目（即“骏马”二期项目）。2022年，英特尔产品（成都）有限公司营业收入约117亿元。

戴尔（成都）有限公司 成立于2011年3月23日，注册资本为3000万元，投资总额为6000万元。主要经营范围为研发、制造和销售计算机产品以及其他电子产品等。2019年11月，“2019年四川企业百强榜”发布，戴尔（成都）有限公司排第15位；2020年4月，戴尔（成都）有限公司入选2019年中国出口企业200强；2022年1月，入选2021年度四川省100户大企业大集团名单，11月入选2022年成都企业百强榜单。截至2021年，戴尔（成都）有限公司累计在川出货量超过1.3亿台，累计产值超过3900亿，成为戴尔全球最大的生产基地。2022年，戴尔（成都）有限公司营业收入约784亿元。

成都京东方光电科技有限公司 2007年10月，京东方科技集团与成都签署《第4.5代薄膜晶体管液晶显示器件（TFT-LCD）项目入区协议》（以下简称“B2项目”），并注册成立成都京东方光电科技有限公司。2008年3月，B2项目在成都高新区开工建设，2009年10月项目建成投产，投资总额约45亿元。2014年10月签署《成都京东方光电科技有限公司第6代LTPS/AMOLED生产线项目投资合作协议》(以下简称“B7项目”)，计划总投资465亿元，占地38.4万平方米，2015年10月启动施工。2017年3月，成都高新区再次与京东方签署健康产业园、AMOLED工艺技术研发中心、精电国际汽车显示模组生产线等项目，总投资近200亿元；5月，B7项目比预定计划提前45天完成产品点亮；10月，B7项目举行量产暨产品交付仪式。2018年12月，京东方投资50亿元建设触控一体化项目。2020年6月，投资100亿元的京东方智慧系统创新中心项目落地，聚焦显示、传感、人工智能、大数据、云计算等核心技术，构建多维产业平台，打造更为完备的柔性显示产业生态圈。2022年，成都京东方光电科技有限公司营业收入约172亿元。

华为成研所　华为在成都高新区设立有3家全资子公司(成都华为技术有限公司、华为数字技术(成都)有限公司、成都华为高新投资有限公司)，1家分公司(华为技术有限公司成都研究所)。其中，成都华为技术有限公司、华为数字技术(成都)有限公司与华为成都研究所一体化运作(以下统称“华为成都研究所”)，成都华为高新投资有限公司为华为在蓉基建项目建设投资统筹机构。华为成研所于2000年9月在成都高新区成立，一期项目用地约33.34万平方米，入驻员工逾万名，布局传输、无线、存储、云服务四大业务方向，研发的光传输、微波、UMTS、小基站产品及解决方案占全球市场份额第一，海量高端存储打破美、日厂商的长期垄断，在全球市场实现规模应用，成为华为全球5大研究中心之一。2022年，华为技术有限公司、华为数字技术(成都)有限公司实现营业收入68.37亿元。

(电子局)

生物产业

【概况】 2022年，成都高新区医药健康产业规模突破1200亿元，同比增长20%；规上工业企业实现利润率18.2%，产业规模质效进一步提升。全区医药健康产业184家生物医药“四上”企业(规模以上工业企业、资质等级建筑业企业、限额以上批零住餐企业、国家重点服务业企业)发展规模达600亿元，实现两位数增长，其中规上工业企业实现产值325亿元，全市占比达36.4%，较2021年提升1.6个百分点。完成固定资产投资150亿元，同比增长约36.4%，其中工业投资80亿元，同比增长约15%。规上工业企业实现利润率18.2%，产业规模质效进一步提升。全年医药外贸进出口总额预计突破23亿元，同比增长超35%，医药进出口额约占全省的2/3。在天府机场建成投用四川省首个生物医药口岸服务基地，其航空温控药品库年服务能力超10亿元。推动波士顿科学医疗器械、基立福进口人血清白蛋白等增量项目通关，生物城供应链公司全年进出口额超7亿元，在全省药械进出口企业中排名第一。

【链主企业引育】 2022年，成都高新区推进产业建圈强链，链主企业引育持续提升，引进全省首批跨国500强征地自建产业化项目以及长睿生物创新生物药研发及产业化基地、科伦精准治疗研发总部等3个中国医药工业百强项目。新增海创药业、沃文特2家上市及过会企业，累计上市过会企业数量达10家，占全省医药领域上市企业比重超50%。储备华西海圻等拟上市企业23家；新增赜灵生物等准独角兽企业4家，瑞琦医疗等国家“专精特新”企业3家，微芯药业等高新技术企业244家；新增普锐特药业等规上企业36家，同比增长112%。新增I类新药临床批件56个，占全市比重超70%；累计在研I类新药143个，在全国高新区排名第四。新增41个药品获批上市，104个医疗器械品种获批注册(其中三类器械5个)，推动威斯克生物、三叶草生物两款新冠疫苗产品获批上市，微识医疗全国首个消化内镜AI辅助诊断产品获批上市，推动全省首个高能级500强企业美敦力胰岛素泵实现量产。

【公共平台建设】 2022年，成都高新区完成全国首个重大新药创制国家科技重大专项试点示范基地一期建设及项目验收；推动全国唯一国家精准医学产业创新中心、国家卫健委科技发展中心全国首个示范平台(卫生健康科技成果转移转化示范平台)落地；揭牌天府锦城实验室(前沿医学中心)，实验室过渡载体完成装修、主载体全面封顶，规划超100万平方米科技创新策源极核。新增四川省药物固态工程技术研究中心等公共技术平台17个，全生命周期产业链功能平台累计109个，市场化程度超80%。开展3批次“岷山行动”计划揭榜挂帅，孵化成立2家估值过2亿元公司，赜灵生物成为区内第二个高校转化准入项目。实施“全球生物医药青年人才策源计划”，聚焦数字疗法等热点赛道发布5个产业化揭榜挂帅型榜单，聚焦溶瘤病毒等前瞻领域发布5个技术突破型团队赛马型项目。

【金融服务体系构建】 2022年，成都高新区创新发布生物医药产业金融服务手册和融资需求清单，构建“基金+保险+信贷+债券”全方位多元化的金融服务体系。累计立项在谈生物医药相关基金28支，总规模约420亿元，完成对诺桥、康诺亚、威斯克生物等49个项目的投资，投资总额近20亿元。全国首创科技成果转化保险和二类疫苗预防接种异常反应补偿责任保险，累计新增14个特色险种入库，覆盖15家企业94个品种，撬动6亿元商业保额。全年发行国际医疗中心(二期)、科创园配套基础设施等8个地方政府专项债项目，项目发行总额8.4亿元，占高新区全年发行总额41%。1—11月，成都高新区医药领域融资事件40起，融资额超40亿元，占成都市生物医药类融资总额的89.4%。

【高端人才引进】 2022年，成都高新区累计引进生物医药高层次人才500余名，汇聚产业人才超6万人，其中天府国际生物城引进人才超1万人。通过建设天府锦城实验室等高能级平台，柔性引进王广基、季维智等院士16名；通过高层次人才项目落地形式，引进陈璞、赖仞等外籍院士或准院士团队；围绕“岷山行动”计划、峨眉计划等，累计聚集高层次青年人才420余名；与米高蒲志等5家国内顶尖猎头公司合作，围绕倍特药业等头部企业需求，发布“百万+”岗位近100个。

【中介服务模式构建】 2022年，成都高新区构建“1+N”的中介服务模式，以举办中国生物技术创新大会为核心，与阿斯利康、华大基因等国际医药头部企业、美中医药开发协会(SAPA)等国际知名行业协会、华西医院等科研院所机构以及成都高新区生物产业专家联合会等产业创新联盟分层分级汇聚创新资源要素。以中介机构为媒介，全年举办第十七届国际基因组学大会、2022西部智慧医疗产业峰会等各类行业峰会、沙龙等30余场，催化药物研发、高端人才、临床研究等产业合作。

【企业服务】 2022年，成都高新区加大对上政策资金争取力度，争取国家、省、市政策资金超2.7亿元，同比增幅达225.3%，累计支持30家企业46个项目建设。出台全市首个产业建圈强链政策，精准高效率先兑现，支持项目数和资金分别较上年增长42.5%和127.1%。推动企业创新品种快速增长，新增临床创新药械54个，同比翻番；推动全省首个高能级500强企业美敦力胰岛素泵实现量产。新增海创药业、沃文特2家上市及过会企业，累计上市过会企业数量达10家，占全省医药领域上市企业比重超50%，并储备华西海圻等23家拟上市企业，累计培育赜灵生物等准独角兽企业4家，瑞琦医疗等国家“专精特新”企业4家，微芯药业等高新技术企业244家；新增普锐特药业等规上企业36家，同比增长112%。

【生物产业招商引资】 2022年，成都高新区生物产业签约落地重大项目48个，同比增幅6.7%，其中，产业化项目35个，占总签约项目数的73%，同比增长20%；高能级项目及专精特新项目12个，超额完成目标的20%。

（生物局）

新经济产业

【概况】 2022年，成都高新区481家规模以上新经济属性服务业企业实现营业收入1250.9亿元，同比增长9.08%。网络视听与数字文创产业聚集腾讯、抖音、咪咕音乐等重点企业600余家，131家规上重点企业实现营业收入728.7亿元，同比增长6.1%。高端软件产业集聚卫士通、亚信、大数据集团等重点企业500余家，166家规模以上重点企业实现营业收入413.4亿元，同比增长17.2%。5G与人工智能方面，聚集创意信息、鼎桥、新华三、欧珀、百度Apollo等重点企业187家，117家规上企业2022年实现营收189亿元，同比增长16%。

【项目建设】 2022年，成都高新区新经济产业化项目12个，占地约27.23万平方米，建筑面积共计119万平方米，固定资产总投资达126亿元。其中，新开工五粮液新经济中心、抖音创新业务中心等产业化项目5个，占地7.5万平方米，建筑面积共计57.5万平方米，固定资产总投资68.8亿元；续建中移动科研枢纽、省通服办公基地暨云计算创新产品研发运营中心等产业化项目4个，占地15.26万平方米，建筑面积共计38.3万平方米，固定资产总投资30.1亿元；竣工欧珀公司第二运营基地、微波前端产业化基地及研发中心建设等产业化项目3个，占地4.47万平方米，建筑面积共计23.2万平方米，固定资产总投资27.1亿元。

【产业招商】 2022年，成都高新区新经济产业招引项目19个，总投资293.1亿元，其中50亿～100亿级项目2个，30亿～50亿级项目1个，10亿～30亿级项目3个。2022年，高新区新经济产业到位内资80亿元，完成全年目标（75亿元）；外资到位22亿元，完成全年外资目标（20亿元）。FDI到位3.508亿美元，完成全年目标（3.5亿美元）。全年完成市级重大项目及高能级项目8个，包括总投资100亿元的腾讯未来中心，总投资100亿元的抖音生活服务全国总部，总投资30亿元的银河航天卫星通信载荷及毫米波研发制造基地，总投资1.5亿美元的优卡集团总部、法国阳狮集团西南总部，总投资4亿元新经济500强哔哩哔哩内容安全中心，以及总投资10亿元中科创达西部功能性总部、新加坡科创中心项目。

【新经济活力区建设】 2022年，成都高新区规划面积73.5平方千米（即高新南区不含交子金融商务区和成自泸高速以东区域），共有300余栋商业楼宇载体，区内常住人口近100万人。区内聚集新经济企业13万余家，涌现出“王者荣耀”“哪吒”等现象级文创产品，培育出极米科技、佳缘科技等本土上市企业24家，聚集培育全国软件业务收入百强企业34家、互联网百强企业24家，2021年招引落地投资100亿元的腾讯未来中心项目、投资100亿元的抖音生活服务全国总部项目，初步形成以“BAT、TMD”（腾讯、阿里、百度、头条、美团、滴滴）为龙头的“链主+链属”产业生态圈。2022年，新经济活力区规上新经济属性服务业企业实现营业收入1431.4亿元、同比增长8.9%，在高新区经济贡献仅次于制造业，GDP占比约28%。其中，软件和信息服务业营业收入达到1003.4亿元，占全市软件和信息服务业营收总额的86%。

【新经济企业培育】 2022年，成都高新区进一步强化企业创新主体地位，保护和激发企业活力，促进各类创新要素向企业集聚，推动企业主动开放技术创新、管理创新、商业模式创新，汇集各类新经济性质企业达13万家，新经济种子企业582家，新经济双百企业47家，新经济示范企业18家。

【应用场景建设】 2022年3月，成都高新区建成新川创新科技园四川省首个智能驾驶示范场景，获评“中国（四川）自由贸易试验区（协同改革先行区）第六批可复制可推广制度创新成果”、新华网2022中国城市产业发展论坛高质量发展创新案例。全年组织24家企业申报城市未来场景实验室项目（入选6家），25家企业申报示范应用场景项目（入选9家）。全省首个智能驾驶示范项目——成都5G智能城智能驾驶项目（全球智能驾驶头部企业——百度联合成都高新区平台公司——电子信息公司主建）及新川之心智慧公园（5千米智慧绿道环、水舞秀、5G智慧连廊等）于2021年12月基本建成、2022年1月启动。

【产业园区】 新川创新科技园 截至2022年年底，成都高新区新川创新科技园聚集百度Apollo西部智能驾驶创新中心、新华三成都研究院、快手直播电商全国总部等项目100余个；建成拓尔思西区总部、超图研发基地、欧珀第二运营基地等项目12个；建成投运AI创新中心一期49万平方米、成都前沿医学中心一期22万平方米；在建AI创新中心二期51万平方米、成都前沿医学中心二期31万平方米、5G互联科创园43万平方米。

AI创新中心 截至2022年，成都高新区聚集百度、中移（成都）产业研究院、新华三成都研究院、快手直播电商全国总部等重点项目45个，新落地晓羊集团等重点项目4个，推动鼎桥全国总部等12个重点项目入驻启动运营，研发人员约12000人，签约入驻率达81%。

瞪羚谷 2022年，成都高新区天府长岛文创中心新引入腾讯未来中心、穿越火线电竞联盟、未知未来出海游戏研发运营中心、灵泽科技游戏研发中心等项目，新入驻腾讯光子美术研发基地、原力动画西南总部基地、超高清视频创新中心、AG电竞等项目，累计引入项目总数26个，聚集从业人员4900人。铁像寺水街二期开街投入运营。

天府软件园 截至2022年，成都高新区天府软件园聚集超700家企业，员工约7万人，吸引包括IBM、SAP、EMC、飞利浦、马士基、西门子、爱立信、Dell、Wipro、DHL、普华永道、NCS、Garmin、阿里巴巴、腾讯、宏利金融等众多国内外知名企业落户。园区形成软件产品研发、通信技术、IC设计、移动互联、数字娱乐、科技金融、共享服务中心等几大产业集群，成为国内外知名软件和信息服务企业重要的聚集地。

【重点企业】 成都鼎桥通信技术有限公司　简称“鼎桥”，2011年成立，是全球行业无线通信设备领域的领军企业、省市重点培育的技术创新型新经济企业典型代表，四川省“贡嘎培优”榜首企业。公司布局行业无线、物联网、终端产品、新兴业务四大业务板块，涵盖智慧城市、智慧交通、智慧能源等多个行业应用场景，自主研发从芯片、终端、网络到上层业务应用的端到端产品线。无线宽带多媒体数字集群解决方案服务于全球100个国家，新兴宽带集群市场占有率居全球第一。行业定制终端业务稳步发展，行业用户达500万个。专注于无线通信技术与产品创新，申请核心专利2000余件、发明专利占比达90%，宽带专网专利数量居全球第一。主导或参与制定超过100项国际标准、国家标准以及行业和团体标准，并获中国标准化协会科学技术一等奖等众多高级别奖项。2020年，鼎桥联合中国信通院投资约3.5亿元，在新川创新科技园AI创新中心一期落地“5G行业终端与应用创新中心”，并于2021年10月正式运营。鼎桥手机于2022年5月面市，是四川省第一个本土手机品牌。

新华三云计算技术有限公司　成立于2017年4月，位于成都市高新区AI创新中心一期c6栋，员工400人，是新华三集团布局的全国云计算总部。华三（成都）致力于促进中国私有云混合云解决方案的核心技术开发与落地，提供行业云、城市云等场景化交付的云平台解决方案，是国内云计算行业的领军企业，中国政务云第一品牌，在中国云管理平台市场、中国SDS块存储市场超融合市场份额中均居首位。新华三云平台在百行百业服务超过6000多个客户，其中包括15个国家部委级云、22个省级政务云、300余个地市级政务云和200余个高校云。新华三云计算拉通公有云、行业云和私有云系统架构，以全堆栈、全融合的统一平台架构，支撑包括紫光公有云、苏州工业云、山西农业云、航天云网、国家电网调度云等在内的公有云和行业云建设。2022年，新华三云计算技术有限公司实现营收41.99亿元。

中电科网络安全科技股份有限公司　简称“电科网安”，原卫士通信息产业股份有限公司，1998年成立，2008年上市，是全国“信息安全第一股”和“密码产业主力军、网络安全引领者、数据安全国家战略科技力量”。公司致力于成为以密码为核心的数据智能安全服务商，重点布局密码、网络安全、数据安全等核心业务。2022年，电科网安营业收入4.76亿余元。

极米科技股份有限公司　简称“极米”，2013年在成都创立，主营业务为智能投影的研发、生产、销售，同时向消费者提供围绕智能投影的配件产品及互联网增值服务。2018年起，极米连续5年位居中国投影设备市场出货量第一，建有国家企业技术中心、国家工业设计中心、四川省工程技术研究中心和四川省工程研究中心等四大研发创新平台。在光机设计、硬件电路设计、整机结构设计、智能感知算法开发、画质优化算法开发、软件系统开发等方面掌握多项核心技术和能力，大幅提高了智能投影设备的性能和用户体验。拥有授权专利600余项，其中包括发明专利200余项，取得全球工业设计奖项大满贯。极米先后获评国家制造业单项冠军企业、国家高新技术企业、国家知识产权示范企业、国家专精特新“小巨人”企业、四川省制造业“贡嘎培优”企业、四川省新经济示范企业、四川省版权示范企业、四川省优秀民营企业、四川省博士后创新实践基地、四川省科技成果转移转化示范单位、四川省民营企业100强等荣誉。2022年极米营业收入42亿元。

腾讯科技（成都）有限公司　简称“腾讯成都公司”，2007年设立，于2020年8月、2022年1月，分别在蓉落地腾讯新文创总部、腾讯未来中心项目。公司主要业务涵盖数字文化、游戏电竞、云和大数据、智慧产业、信息安全等领域，员工约8000人，成都成为仅次于深圳的腾讯集团第二大业务布局地。

抖音集团　原字节跳动，成立于2012年3月，是最早将人工智能应用于移动互联网场景的科技企业之一，估值超过2.25万亿元，是全球第一大独角兽企业。2021年，公司实现营业收入超过520亿美元。抖音集团分别于2020年、2022年在成都高新区落地创新业务中心、生活服务项目。创新业务中心项目通过布局智能教育系统、交互式多媒体办公系统等多个前沿新兴业务，打造国内领先的创新互联网平台；生活服务项目聚焦餐饮娱乐、出行旅游等消费场景，打造“生活服务商业操作系统”，通过抖音线上内容流量带动用户线下消费，构建从兴趣到消费的闭环转化链路。

（数字经济局）

节能环保制造业

【概况】2022年，成都高新区规上节能环保制造业企业共35家，主要分布在大气污染防治装备、水污染防治、高效节能电器制造、制氢技术研发与应用、环境治理设备系统集成等领域。行业重点企业主要有中自环保、成都排水、昕诺飞灯具、亚联氢能、锐思环保等。截至2022年年底，高新区规上节能环保制造业企业累计实现产值92.9亿元，同比下降11.54%。

【企业培育】2022年，成都高新区规上节能环保制造业企业产值亿元以上的有17家，其中10亿元以上3家、5亿元以上2家。受外部市场变化、新冠疫情和夏季高温限电等因素叠加影响，产值排名前五的企业中有4家产值出现下滑，但仍有部分企业逆势增长，其中成都排水实现产值15.1亿元，同比增长5.6%；锐思环保实现产值2.7亿元，同比增长34.2%；达科特能源实现产值1.9亿元，同比增长29.1%。

【节能环保企业选介】中自环保科技股份有限公司　简称“中自环保”，创建于2005年，2021年在上海证券交易所科创板上市。公司致力于天然气（CNG/LNG）、柴油、汽油等燃料发动机排放后处理催化剂（器）以及氢燃料电池电催化剂等新材料、新能源技术研发，是一家集技术、研发、生产、销售、服务于一体的国家火炬计划重点高新技术企业；拥有国家企业技术中心，是全国内燃机标准化技术委员会内燃机排放后处理催化剂工作组（WG15）组长单位；有国家级博士后科研工作站、四川省院士（专家）工作站等多个国家级、省级创新平台。全国实施汽车国六排放标准后，中自环保依靠更先进的技术，以更低的原材料使用量，达到更高的可靠性，受到市场广泛认可。2022年，公司实现工业总产值4.6亿元。

成都锐思环保技术股份有限公司　成立于1999年，主要为火电行业提供废水、废气、废固处理系统解决方案、设备系统集成和工程总承包业务。公司是国家高新技术企业，国家级专精特新“小巨人”企业，拥有环境工程专项设计（大气污染防治工程）甲级资质、环境工程（水污染防治工程）甲级资质和环保工程专业总承包资质，拥有“烟气脱硝液氨储备及蒸发系统”“烟气脱硝所需还原剂的尿素水解系统”“脱硫废水零排放处理方法及系统”等多项自主知识产权的国家专利和新型实用专有技术，广泛应用于国内各大发电厂。2022年，公司实现工业总产值2.7亿元。

昕诺飞灯具（成都）有限公司　简称“昕诺飞”，成立于2012年5月，总投资约2500万欧元，建成飞利浦成都LED照明生产基地及飞利浦成都照明应用（体验）中心。昕诺飞成都LED照明生产基地主要生产飞利浦品牌的户外与室内LED专业灯具，其引入世界最顶尖的LED生产、设计以及定制化能力，可实现对生产、仓储、物流等各类资源的优化配置，有31条生产线，满负荷生产年生产能力可达800万套。成都基地是飞利浦在亚太地区的主要LED生产基地，产品覆盖亚太地区各个国家，同时远销欧美等地。2022年，公司实现工业总产值7.2亿元。

四川省达科特能源科技股份有限公司　成立于2009年，是一家集研究、生产、工程设计和建设于一体的高新技术企业，从事气体分离与净化新技术、新工艺、新设备、新材料的研究开发及推广应用。公司是经中国石油和石化工程研究会、石油化工技术装备专业委员会认定的气体分离净化技术中心，具有化工石化医药行业（化工工程）专业甲级资质及总承包资质、四川省环境污染防治工程设计甲级资质和压力管道GC1设计资质。公司获得2014年、2015年、2018年福布斯中国“非上市公司潜力企业榜TOP 100强”、2021年成都市环境工程与装备制造20强企业、2022年国家级专精特新“小巨人”企业等称号。公司自主开发的煤矿低浓度瓦斯气综合利用大型成套装置被认定为四川省重大技术装备国内首台（套）产品，申请获得数十项国家专利。2022年，公司实现工业总产值1.9亿元。

表3　2022年成都高新区节能环保制造业代表企业一览表

序号	企业名称	主营业务
1	成都市排水有限责任公司	污水处理
2	昕诺飞灯具（成都）有限公司	LED灯具生产
3	中自环保科技股份有限公司	汽车尾气催化器生产
4	成都锐思环保技术股份有限公司	环保工程设计和设备系统集成
5	四川省达科特能源科技股份有限公司	气体分离（净化）、环保工程设计和设备集成
6	四川天采科技有限责任公司	氢气制备、分离与提纯技术研发及工程转化
7	成都欧美克石油科技股份有限公司	油井水泥外加剂生产和固井水泥浆技术服务
8	成都市兴蓉污泥处置有限责任公司	污泥处置
9	成都易态科技有限公司	金属间化合物膜及膜分离技术研发、制备
10	四川亚联氢能股份有限公司	氢气技术研发与设备生产

（经济发展局）

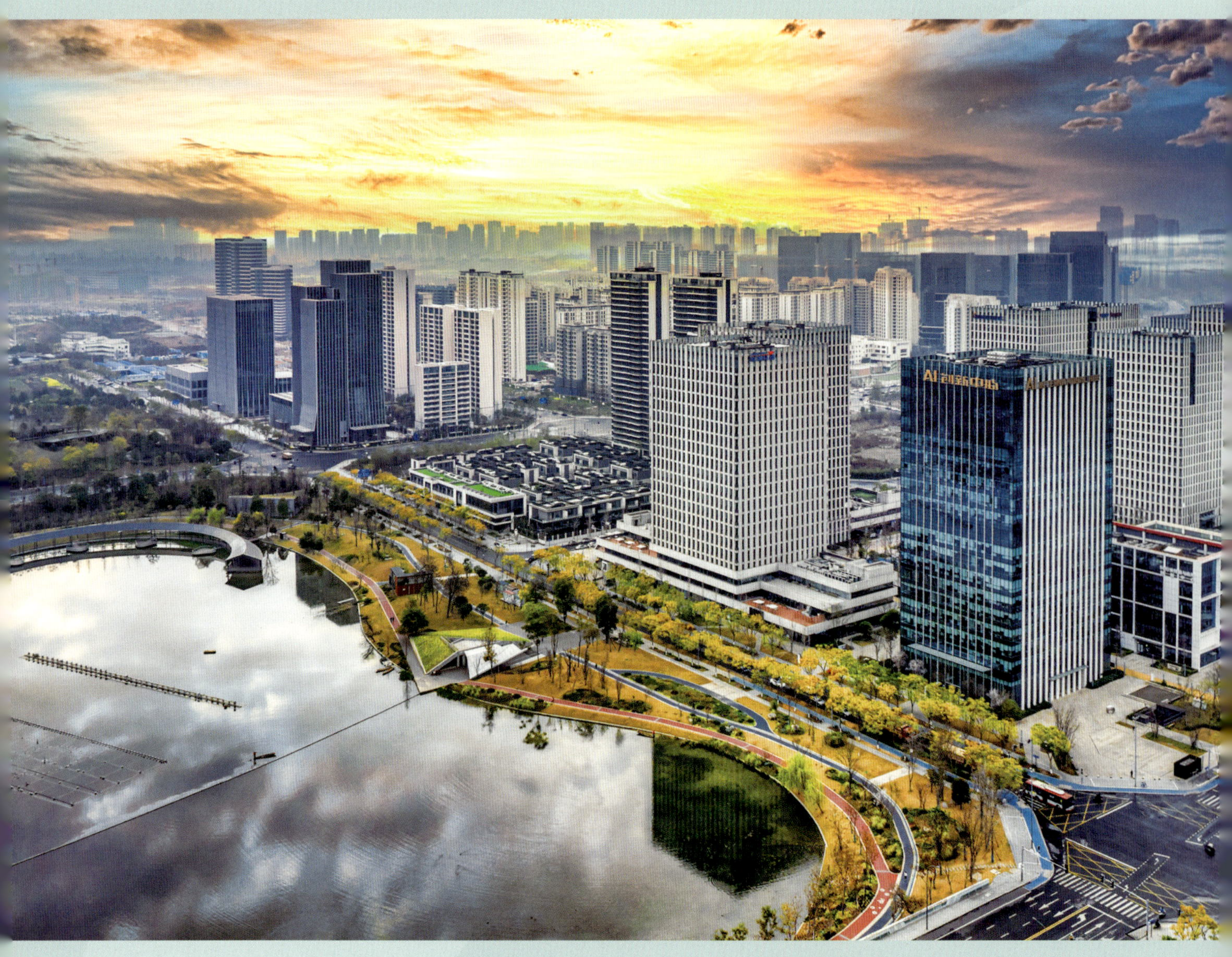

科技与创新

TECHNOLOGY AND INNOVATION

创新平台

【概况】 2022年，成都高新区聚焦科技自立自强，培育城市标签级科技领军企业工作主线，“做优做强创新策源转化核心功能”和“强化科技创新战略支持主担当作用”两项主要求，大力建设中试平台，形成一个发布机制、一套中试政策、一个基金集群、一批中试园区、一批中试平台和一个调度机制的“六个一”工作举措，以新经济商业化模式、市场化机制、企业化运作、政策集成支持方式推进建设一批中试平台。布局战略科技创新平台，打造产业技术创新平台，深入实施“岷山行动”计划。在技术转移方面，建立技术需求和技术供给两张表，大幅提升技术合同认定登记，持续建设成渝一体化技术交易市场，推进建设技术转移机构和培养技术经理人。

【中试平台】 2022年，成都高新区探索50亿元规模中试平台建设基金，同时支持天使母基金与中试平台联合发起设立天使子基金，重点投向中试项目。推动中试十条政策落地，从平台建设、人才保障、中试项目、金融资本五个维度，思考十条政策，全面满足平台从初期建设的硬件投入到后期运营的人才支持、发展壮大等需求。建立以“创新券”为核心的中试平台双向补贴机制，每年发放一定额度“创新券”，用于补贴中试项目在中试平台上产生的费用，每年最高补贴20%、最高50万元，同时给予中试平台服务费用的20%、每年最高100万元补贴。瞄准产业链关键环节和生态打造关键环节，聚焦产业发展痛点，围绕构建产业生态、促进科技成果转化，开展市场调研和本土企业需求摸底，策划首批十个招引方向，赋能产业提升竞争力的同时培育未来产业。

【战略科技创新平台】 2022年，成都高新区布局战略科技创新平台，围绕服务国家重大战略需求，牵头推进天府绛溪实验室、天府锦城实验室（前沿医学中心）建设，形成组建方案，完成法人机构注册，明确实验室主任等关键人选，11月23日，天府绛溪实验室、天府锦城实验室正式揭牌运行。聚焦生物前沿技术，总投资6.5亿元，依托北京大学院士汤超团队和北京大学前沿交叉科学研究院，联合共建北京大学成都前沿交叉生物技术研究院，项目签约落地；联合玖锦科技，启动共建成都高新区通信测量技术研究院。

【产业技术创新平台】 2022年，成都高新区打造产业技术创新平台，启动平台策源行动计划，出台专项支持政策，构建国家、省、市、区四级梯度平台培育体系，获批组建全国生物医药领域唯一的国家产业创新中心——国家精准医学产业创新中心、全省首家国家级制造业创新中心——国家超高清视频创新中心，以及倍特药业国家企业技术中心。累计聚集省级以上创新平台443家，其中国家级平台61家，数量约占全省的25%，处于西部领先水平。启动中试跨越行动计划，通过平台建设和企业服务，挖掘固投项目26个，报送金额3.7亿元。

【“岷山行动”计划】 2022年，成都高新区深入实施“岷山行动”计划，累计吸引超过200个团队申报，两批11个团队成功揭榜，聚集院士苏东林、黄维、雷宪章等技术专家、产业专家260人；微电子先进封测、功率半导体、电磁环境适应等3个团队获融资近亿元，“政府+市场”双轮驱动协同效应呈现。“一链双轮六维”创新改革经验在科技部《科技工作情况》刊发，入选新华网主办的“2022中国城市产业发展论坛”高质量发展创新案例。实现技术合同认定登记290亿元，完成全年目标任务330亿元，登记企业数量超过1000家，登记金额和企业数量再创新高。

【技术转移】 2022年，成都高新区建立技术需求和技术供给两张表，发挥企业在市场导向类科技项目研发投入和组织实施中的主体作用，通过调研、拜访等形式向企业收集技术需求151条，拉近成果与市场的距离，开展科技成果收集，引导高校和科研院所结合发展定位，收集成果供给1748条。大幅提升技术合同认定登记，通过举办答疑、推广、培训等方式推动技术合同认定登记，全年完成技术合同登记额346亿元，人均合同金额达到7.2万元。持续建设成渝一体化技术交易市场，依托国家技术转移西南中心，打造一站式线上成果转化平台，促进科技成果落地转化。截至2022年年底，各线上平台相关数据达到6660条。推进建设技术转移机构和培养技术经理人，国家级、省级技术转移示范机构达18家，持证技术经理人达197人，推出驻校经理人模式，与学院、实验室及师生进行项目跟踪与需求发掘，并定期将产业需求、企业需求及机构投资意向与科研团队紧密对接，全年接触师生项目100余项，共17个项目受到路演交流辅导。

（科创局）

人才发展

【概况】 2022年，成都高新区各类人才总量达75万以上，其中国家级人才449名，省级人才598名，市级人才502名。累计认定A、B、C、D四类人才10000余人。为3000余名人才提供安居、教育服务。联合四川大学、电子科大为重点企业联合培养研究生67名，新增双一流高校国字号“产业教授”25名。率先在全市开展外籍人才永居推荐，累计认定A、B、C三类外籍专家1000余名，位居全市第一。

【领军人才引进】 2022年，成都高新区颁布《成都高新区急需科技创新领军人才和急需产业创新领军人才专项支持政策（试行）》。通过对标研究、集中座谈、实地走访等形式，研究制定领军人才实施细则，其中极米、倍特、鼎桥等近20家单位计划引进40余名领军人才。全年引进培育中外院士5名，入选国家级人才14名。实施“产业教授”计划，新增25名“双一流”高校“国字号”教授进区创业。

【高端人才招募】 2022年，成都高新区新建引才工作站30家，新增高层次“四派人才”467人、279家企业，人才企业佳缘科技、立航科技、海创药业等成功上市。搭建高端人才招募渠道，为重点企业发布年薪50万以上高能级岗位150余个。协同党群工作部、产业功能区组织5所高校、近900家次企业线上线下开展招聘活动，7000余名求职者投递简历；联合“双一流”高校为30余家企业定向培养研究生近70名。

【人才服务】 2022年，成都高新区修订高端人才目录，认定高新区A、B、C、D四类人才超过2000人。协同建立“一对一”配套服务机制，搭建数字化服务平台，设立人才专业服务机构，对人才安居、子女教育等提供精准服务，打造海智（离岸）创新中心载体，在成都市率先设立外国专家服务窗口、率先开展外籍人才永居推荐申请服务，推荐10余名外籍人才办理永居证件，为700余名外籍人才办理来华工作许可。

（科创局）

企业培育

【概况】 2022年，成都高新区聚焦培育城市标签级科技领军企业，引导各类创新要素向优质企业聚焦，聚力企业培育提升高质量发展动能，重点优化四级梯度培育体系，深化“金熊猫”科技企业创新积分试点，组织企业积极申报国家、省、市科技计划项目，支持科技型中小企业、高新技术企业和梯度培育企业等主体加大研发投入力度，促进全社会研发投入强度提升，加速推动高企“上量”，促进高企“上规”，开展规上企业高企化攻坚，助力高新技术企业和科技型中小企业量质提升。

【科技企业培育】 2022年，成都高新技术企业数量突破4300家，较2019年实现翻番，净增首次突破1000家，其中百亿级高企5家。“免申即享”高企资助企业1239家，兑现资金6195万元。科技型中小企业数量超3900家，同比增长约25%，稳居全国高新区第一方阵。聚焦培育城市标签级科技领军企业，持续优化“种子期雏鹰企业—瞪羚企业—独角兽（潜在）企业—上市龙头企业”四级梯度企业培育工作体系，截至2022年年底，累计培育上市龙头企业（市值百亿以上）13家、独角兽企业（潜在）34家（其中独角兽企业8家）、瞪羚企业1033家、种子期雏鹰企业1115家。围绕“定量评价、非传统财政或金融和精准支持”目标，多维度分析企业类型、丰富拓展创新积分应用场景等创新举措，持续优化完善“金熊猫”科技企业创新积分指标体系和分类赋权评价机制，对创新积分应用场景进行全面升级与拓展，成功发布2022年“金熊猫”创新积分榜单，参评科技企业新增2200余家、达到6767家，参评企业数量和“积分贷”放款额度居全国试点高新区第一。

【科技计划项目】 2022年，成都高新区聚焦主导产业，探索实施关键共性技术、前沿引领技术、现代工程技术、颠覆性技术（指对传统产业具有颠覆性影响的技术）常态化发现、遴选、培育和赋能机制，集聚力量进行原创性引领性颠覆性科技攻关。支持国家科技重大专项项目、国家重点研发计划项目13项，支持省市科技计划项目1355项，涉及金额3.78亿元。向科技部推荐20个公开海选项目和6个揭榜挂帅项目，其中5个项目进入全国总决赛，4个项目获得总决赛最高奖项——优胜项目奖，1个项目获得优秀项目奖。

【研发投入与技术攻关】 2022年，成都高新区开展“支持企业加大研发投入”政策兑现，涉及政策金额2.5亿元；开展“研发投入”“双五”企业等火炬重点指标填报指导和季度调度工作，全年“四上”企业研发投入实现137.78亿元，同比增长31.2%，“双五”企业数量达到38家、增长8.57%。推进关键核心技术攻关，支持科技企业申报省市科技计划项目1089项、金额2.31亿元，组织策划科技服务业聚集区项目，立项14个，支持资金1000万元。

（科创局）

创新创业

【概况】 2022年，成都高新区以成都产业建圈强链行动为引领、以国家双创示范基地建设为统揽，构建“创业苗面（众创空间）+孵化器+加速器”全链条科技创业孵化体系。汇聚各类孵化载体131家，其中国家级孵化器18家，国家备案众创空间21家；各类孵化空间面积超540万平方米，科技型在孵企业达1.7万家。开发落实科研助理岗位1355个，举办“不负韶华 国聘行动”全国高新区火炬专场启动仪式暨成都高新网络直播招聘会活动，发布1万余个岗位人才需求，全年新增高校毕业生就业创业超7800人。2022年，成都高新区获得区域类国家双创示范基地精益创业带动就业专项行动全国第一名，并获得国务院办公厅督查激励。

【孵化载体建设】 2022年，成都高新区推动孵化载体高质量发展，新增各级各类孵化载体16家，其中包括天象产城创新创业中心1家国家级孵化器，优晨泛娱乐国际加速器和艾格拉斯泛娱乐国际孵化器2家国家备案众创空间，英诺创新空间（成都）等3家省级孵化载体和矽能科技孵化器等3家市级孵化载体，新增孵化面积20万平方米。出台《成都高新区孵化载体评价体系》，立足孵化载体本身和孵化成效两个方面，从评价参与、服务能力、孵化绩效、可持续发展、加分项等多维度设置一级指标5个，二级指标19个，全面、准确、客观、公正评价孵化载体，推动全区孵化载体高质量发展。深化梯度孵化载体培育体系，实行一对一精准培育，推动2家省级孵化器进入国家级推荐名单。支持孵化载体提升能级，对高能级机构新建孵化器、省级孵化器扩面升级的，按照租金50%且不超过40元/平方米每月的标准，给予最高5000平方米（新增）场地2年房租补贴和最高500万元装修补贴。引导孵化载体参与各级评价，根据评价结果，给予每家每年最高300万元奖励。对新认定的国家级、省级和市级孵化器分别给予200万元、50万元和10万元奖励，对新备案的国家众创空间给予50万元奖励。

【创新创业活动】 2022年，成都高新区举办2022年金熊猫全球创新创业大赛，在全球设立8大赛区，共吸引2200多个项目参赛。进入决赛的45个项目中，高层次人才项目（海外硕士或国内博士以上学历）38个，占比84.4%，拥有博士及以上学历尖端人才项目28个，占比62.2%。最终获奖的31个项目中，成都高新区项目占6个，国内项目（不含成都）24个，海外项目1个，符合高层次四派人才认定的项目占100%。

【科普创新活动】 2022年，成都高新区以提高全民科学素质服务高质量发展为目标，推动出台《成都高新区全民科学素质行动规划纲要实施方案（2022—2025年）》。科普日期间，深入开展各类科普活动，共组织开展活动63场，覆盖率达89%，成都高新区管委会获得“2022年全国科普日优秀组织单位”。电子科技大学电子科技博物馆、成都立巢航空博物馆被认定为“首批全国科普教育基地”。

【科协工作】 2022年，成都高新区推荐8家企业入选2022年“科创中国”系列榜单，2家企业负责人分别入选成都市“最美科技工作者”及“最美科技工作者提名奖”。年内新增5个成都市院士（专家）工作站，3个成都海智基地工作站，12家企业科协；获得“2022年度精准服务科技工作者（团队）成效突出单位”称号；引入国家级、省级和市级学会共开展各类活动20场。

【创业园建设】 菁蓉汇 位于成都高新区核心区域，于2016年3月正式启用，总建筑面积25.6万平方米。菁蓉汇是成都“双创”发展的一个缩影，全球首个获批绿色环保LEED最高级铂金认证的双创园区，中国西部最早获批的国务院“侨梦苑”双创基地，全国首个“知识产权新经济示范园区”的核心区。2018年，菁蓉汇作为全国双创活动周主会声场，完整筑起“北有中关村、南有深圳湾、东有长阳谷、西有菁蓉汇”的全国双创区域引领版图，汇聚众创空间、孵化器19家，其中国家级科技企业孵化器1家、国家备案众创空间3家、省级孵化载体7家、市级孵化载体4家；在孵企业1725家，其中培育科创板上市企业1家，估值过亿企业33家，获批国家级专精特新企业3家，省级专精特新企业27家；获得知识产权共计5364项，其中发明专利765项；吸引高层次人才427人。截至2022年年底，菁蓉汇累计孵化高新技术企业228家，瞪羚企业16家，种子期雏鹰企业118家，大学生创业团队、企业1600余家；菁蓉汇入驻企业年产值突破38亿元。

中韩创新创业园　中韩创新创业园依托总建筑面积25.6万平方米的菁蓉汇，定位为孵化培育科技型中小微企业，为中韩两国创业者提供研发服务、投融资服务、创新创业辅导、新型孵化服务、新技术新产品展示、国际交流与合作服务等功能，构建宜居、宜业、宜商、宜智的创新创业生态区。成都·韩国国际客厅于2021年9月27日运营，采用政府专班化管理和企业运营服务相结合的模式，为有意进入中国市场的企业，特别是众多中小企业提供集中展示、推介、洽谈、交易以及法律、升级、签证等全方位配套服务，为韩国企业、人才来蓉发展、落地“第一站”，为企业、人才、项目提供“一站式服务”。截至2022年年底，中韩创新创业园对韩服务众创空间4家，入驻企业718家，新增注册企业164家，其中新增注册韩资企业12家。中韩创新创业园与韩国仁川革新创造中心、韩国西原大学等签订合作协议，并设立“成都高新区离岸创新创业基地”，截至2022年年底，在韩国建立7家“成都高新区离岸创新创业基地”。全年中韩创新创业园举办“2022年成都·韩国国际客厅新年交流会”“中韩创新创业园云上推介会暨成都高新区海外离岸创新创业基地项目合作对接会”“第三届四川省韩国学术会议”“中韩建交30周年·中韩文化交流嘉年华”等各类中韩创新创业活动共计15场。

成都高新大学生创业园　成立于2009年6月，在成都高新区管委会支持下筹建，由科技创新局直接管理运营，服务大学毕业生创新创业的孵化载体，先后被国家、省、市认定为“全国创业孵化示范基地”“中国大学生创业园（成都）”“大学生科技创业见习基地”“高校学生科技创业实习基地”“四川省高校毕业生创业园区（孵化基地）”“四川省大学生创新创业示范园”“成都市科技创业苗圃”以及“成都·高新青年（大学生）创业示范园”。依托菁蓉汇搭建3200余平方米、394个办公工位的创业空间，向大学生创业企业（团队）免费开放，实现“拎包入驻”。2022年新增创业项目38个，累计引进1675个创业项目，带动就业9000人次。

成都留学人员创业园（以下简称“留创园”）　留创园成立于1998年8月，2000年成为首批人事部与地方政府共建的留学人员创业园，2016年被中科协授牌为“海外人才离岸创新创业基地”。留创园是中国技术创业协会留学人员创业园联盟副理事长单位，先后获得“国家留学人员创业园”“科教兴国示范基地”、国家级“海外高层次人才创新创业基地”“四川省首个海外人才工作站”“四川省人才开发先进单位”“海外高层次人才创新创业基地”等荣誉称号。截至2022年年底，聚集留学回国人员创办企业近1400家，汇聚高层次海归人才2000余人。依托成都高新区良好的创新创业生态和强大的创业配套政策体系，留创园形成了浓厚的留学回国人才创新创业氛围，成为四川省最具吸引力的留学回国人才聚集区和创新创业高地。

（科创局）

科技金融服务

【概况】 2022年，成都高新区聚焦科技企业成长全生命周期融资需求，构建科技企业全生命周期融资服务路线图，发挥"有为政府"和"有效市场"的双轮驱动协同创新作用，在债权融资、股权融资、天使基金、科技金融服务平台多个维度系统发力，着力攻坚金融错配、失配，提升区域创新资本吸引力和活跃度，强化资本赋能科技成果转化和产业"建圈强链"，促进科技、产业、金融良性循环。设立100亿元天使母基金，区内获投企业数量突破120家，较2020年翻一番；帮助2450家科技型中小微企业提供政策性贷款78亿元。

【天使母基金】 2022年，成都高新区设立100亿元天使母基金，建立"分类筛选，择优合作"机制，按照"储备（洽谈）一批、立项一批、尽调一批、评审一批、决策一批、签约一批、设立一批"的工作机制梯次推进天使母基金建设。全年形成8支、规模约40亿元天使子基金，杠杆放大逾4倍。举办首届天使投资峰会，20余万人次线上参与，40余家主流媒体广泛报道。天使母基金首年进入"2022最佳天使母基金"全国前十，位居第六。

【债权融资服务】 2022年，成都高新区不断构建完善从1年期500万元到5年期5000万元的政策性金融"产品矩阵"，政策性金融工具创新成效显著。创设金熊猫"积分贷"产品并发布积分贷"百亿千企"行动计划，为643家企业发放102亿元信用贷款；参与四川省首批"制惠贷"融资试点，并完成省内首笔"专精特新"企业放款。开展第二届优质科创金融产品评选大赛，为区内企业精选适配优质市场化金融产品22款。全年帮助2450家科技型中小微企业提供政策性贷款78亿元。

【股权融资服务】 2022年，成都高新区聚焦"资本—项目"两端，做优分层分类项目链接体系，依托创业学院开展早期备投企业融资训练，提升早期备投企业融资能力；会同FA机构开展融资路径规划服务，解决融资难企业融资"卡点"；常态化开展分阶段分领域企业融资路演活动，加强资本—项目对接；创新北上深"资金+资源"战略对接，组织优质企业与战略投资机构、产业资本进行资金、业务资源对接。全年开展各类投融资活动26场，区内获投企业120家，较2020年翻一番，实现平均每月10家企业获得投资，有26家企业获得单轮亿元以上股权融资。

【科技金融服务平台】 2022年，成都高新区盈创动力以"汇聚信息、整合资源、政府引导、专业服务"为宗旨，着力解决中小微企业"融资难 融资贵"问题，整合"盈创动力"科技金融信息服务平台、"高新通"企业服务平台、"金熊猫"创新积分评价系统三大服务平台资源，实现资本链、政务链、产业链的一体联动、循环发展。通过债权融资、股权融资、上市服务、盈创学社辅导、产业孵化等一体化金融服务，构建起覆盖中小微企业全生命周期的融资路线，为中小微企业提供全方位"一站式"投融资服务以金融服务支持科技创新发展，以产业培育反哺金融生态打造。截至2022年年底，累计为11600余家科技型中小企业提供债权融资超过

710亿元；累计为530余家企业提供股权融资超110亿元；助推100余家中小企业改制上市；为2.8万余家科技型中小微企业提供超5万次投融资增值服务。

（科创局）

知识产权保护

【概况】 2022年，成都高新区获得两枚“国字招牌”，获批建设国家知识产权服务出口基地和国家级知识产权强国建设示范园区，获评四川省品牌孵化园、四川省知识产权运营中心和四川省商业秘密保护创新试点县域等称号。知识产权工作取得新突破，为成都高新区加快实施知识产权战略、支撑产业高质量发展发挥示范引领作用。

【知识产权创造】 2022年，成都高新区实施高价值知识产权培育行动，出台《成都高新技术产业开发区关于加快创建世界领先科技园区的若干政策》，加大高价值专利培育中心建设和中国专利奖获奖企业的支持，给予最高100万元奖励。制定《成都高新区高价值专利培育工作方案（2022—2025年）》，对高新区高价值知识产权培育进行全面部署。联合国家知识产权局专利局专利审查协作四川中心（以下简称“审协四川中心”）颁布《高价值专利培育指南》，为创新主体提供高价值知识产权培育指引。全年成都高新区实现知识产权创造量质齐升，新增发明专利授权6350件，有效发明专利拥有量31249件（占成都市39.3%），每万人口有效发明专利累计量240.2件（常住人口按128.8万计算），高价值发明专利15580件（占成都市47.62%）；新增PCT专利申请230件（占成都市39.9%），新增6项中国专利奖、累计47项，新增12项四川专利奖、累计68项。有各级高价值专利培育中心28家次，有效商标注册量241317件（占成都市28.3%），版权登记量累计70600件，各项指标稳居全市首位。开展知识产权强企培育，建立审协四川中心成都高新区知识产权服务工作站，面向区域600余家企业发放知识产权需求调研问卷，组织6批次31名专利审查员到九洲迪飞、苑东生物等企业开展实践，辅导企业高价值专利布局。组织区内优秀知识产权服务机构深入天府新谷、天府软件园开展企业知识产权优势示范服务，为企业带去“面对面”服务对接500余次，举办知识产权服务沙龙和培训188场，覆盖上万家企业。2022年，成都高新区新增国家级知识产权优势示范企业23家、累计48家次，新增市级知识产权优势示范企业59家、累计185家次。打造高价专利培育品牌赛事，聚焦5G、集成电路、工业无人机3个细分领域开展第三届“金熊猫”高价值专利培育大赛，线上直播关注度超过13万人次。

【知识产权运用】 2022年，成都高新区在成渝地区率先启动专利开放许可，面向成渝高校院所和重点企业，征集有较好市场前景、有开放许可意愿的专利，联合成都知识产权交易中心创新转化路径，搭建成渝地区专利开放许可专栏（cdipx.cn），发布四川大学、重庆邮电大学、长安汽车、腾讯、纵横自动化等重点企业和高校的451件专利，通过专利开放许可促进专利转化实施。推进专利导航产业发展，完成化学创新药与制剂、IC设计、工业互联网、量子科技、保险金融、医学人工智能6个细分产业领域专利导航，推动专利导航分析应用于产业部门产业规划、双招双引、创新布局等。推进微导航项目，为企业提供产品市场布局指引和风险预警，全年推动52家企业成功申报专利分析、导航预警等知识产权工作奖励，奖励资金166.7万元。推进国际专利银行建设，依托推动新净信与高科公司成立合资公司，开展高价值专利吸储业务和国际专利池许可，联合深圳大学、北京市商汤科技开发有限公司、深圳先进技术研究院与中国科学院收储可运营高质量专利共2128项，产业覆盖新能源、先进制造与自动化、新材料、生物与医药、资源环境与电子信息，推动建设专业领域专利池，通过知识产权赋能产业发展。强化知识产权金融扶持政策，鼓励和支持各类金融机构和中介机构参与知识产权金融服务，联合成都银行、民生银行、高投、知识产权交易中心等单位，举办知识产权质押融资项目路演暨需求对接会，宣讲推介知识产权质押融资服务政策、融资产品，助力企业拓宽融资渠道。举办知识产权证券化暨知识产权质押融资推进研讨会，邀请行业专家分析推进过程中的难点问题，为知识产权证券化项目推进和落地打下基础。截至2022年年底，“高知贷”累计放款1.28亿元，放款41户。

【知识产权服务】 2022年，成都高新区建立便民利民的知识产权公共服务平台，打造成都高新区市场监督管理局知识产权在线公共服务平台，初步整合专利、商标、版权的注册申请、信息查询、检索及数据下载等各类知识产权业务。打通专利预审业务系统、四川省知识产权公共服务平台等知识产权服务渠道，搭建集知识产权申请、融资、评估、保护、管理、检索、培训、咨询等功能于一体的知识产权公共服务线上平台，实现知识产权业务办理一键查询、知识产权保护途径一站集成、知识产权政策法律一网全览、知识产权便民惠企服务实时汇总更新。建立标准化知识产权公共服务制度，充分整合各级知识产权公共服务资源、线下线上知识产权公共服务事项办理途径、地址及咨询电话，印发《成都高新区知识产权公共服务事项清单》，向社会公开公共服务事项标准化工作流程。提升高质量知识产权服务供给能力，实施知识产权服务主体培育行动，指导知识产权服务联盟完善《成都高新区知识产权服务品牌机构培育及管理办法》，推进品牌机构培育及管理工作。加大高端知识产权服务机构招引力度，促成北京大公信、中都国脉、中兴达等11家服务机构落地成都高新区。截至2022年年底，高新区聚集知识产权服务机构600余家，其中有专利代理资质的78家，服务业营业收入33.8亿元，其中超凡股份营业收入超亿元，重点服务机构服务出口额966.76万美元。推进知识产权人才队伍建设，联合省知识产权服务促进中心举办川渝知识产权服务业技能大赛，加快提升川渝知识产权机构服务能力和水平，鼓励高新区77家机构348名选手报名参赛，大赛设有27个获奖名额，高新区机构获奖14名，占比51.85%。举办第二届“IP创新集训营”，为高新区各企业和服务机构输送优秀知识产权人才70余人。开展知识产权服务业人才供需链建设，与川渝高校建立合作关系，建立11个知识产权服务人才实习实训基地。加大专利代理师、高级知识产权师支持力度，高新区有专利代理师534人，高级知识产权师36人，知识产权从业人员上万人。

【知识产权司法保护】 2022年，成都高新区深化知识产权保护司法行政协作，与东部新区、成华区、新津区、邛崃市市场监管部门共同签署《知识产权司法审判与行政执法联动合作备忘录》，构建“四区一市”知识产权司法保护新格局。在中国（四川）知识产权保护中心挂牌成立“知识产权法官工作室”，选派优秀知识产权法官入驻，开展知识产权案件巡回审理、企业知识产权合规指导等工作。充分利用知识产权

2022 年，成都高新区获批全国首批知识产权服务领域特色服务出口基地（市场监管局 / 供）

保护中心为新一代信息技术、装备制造产业开辟快速预审、确权维权“绿色通道”。截至 2022 年底，高新区通过备案企业 1046 家，专利预审案件累计授权 1900 件。强化知识产权行政执法，开展“春雷行动 2022”知识产权侵权假冒整治执法行动，出动执法人员 601 人次，检查企业、个体工商户等 448 家次，查处知识产权侵权假冒类案件 10 件，罚没 18.93 万元。全年收到并处理举报、上级交办案源线索共计 241 件，立案查处侵犯知识产权案件共 14 件，罚没 30.53 万元。加强涉外品牌、特殊标志、粮食食品领域等知识产权保护，涉外品牌保护共查扣商品 470 件，涉案金额达 30 余万元，罚没金额 12.5 万元。在孵化园挂牌成立全市首个商业秘密保护基地，及时处理商业秘密案件投诉举报，并面向园区企业提供商业秘密保护宣传培训、维权咨询、风险排查等服务。提升知识产权司法保护效能。2022 年，高新法院共受理知识产权案件 1800 件（其中新收 1748 件，旧存 52 件），结案 1305 件，结案率 72.5%。发布《2020—2021 年度知识产权司法保护状况》白皮书和知识产权司法保护十大典型案例。深化知识产权案件“双报制”，先后引导成都某电子有限公司、四川某消防设备有限公司等企业，依法开展著作权、专利权民事维权，提前介入案件办理 37 起。知识产权案件“双报制”被国务院评为国家知识产权强国建设第一批典型案例。

（市场监管局）

产业园区

INDUSTRIAL PARKS

未来科技城

【概况】 成都未来科技城规划面积60.4平方千米，位于成都市龙泉山以东，紧临天府国际机场，东至金简仁快速路，南至南干渠，西至成都第二绕城高速路，北至成自高铁。未来科技城锚定高质量推动区域协调发展的示范区、高品质塑造公园城市未来形态的试验区、高水平创建世界领先科技园区的先行区、国家未来先进制造业基地的总体定位，构建以消费电子、人工智能机器人、精密仪器制造、航空航天、未来产业为主导的现代产业体系，坚持生态优先，全面体现公园城市理念，基于河流走向自然分割，形成"两轴三片"的空间布局，打造人、城、境、业相融共生的美丽公园城市典范。"两轴"即东西向的绛溪河生态轴、南北向的创新产业联动轴，"三片"即智造示范区、应用性科创区、生态价值转化区。

【重大项目】 2022年，未来科技城推进省重点项目6个、市重点项目10个、区重点项目58个、"三个做优做强"项目86个，完成固定资产投资78.5亿元，同比增长100%；到位内资21.3亿元，到位外资2.8亿元；引进产业链关键配套项目2个，签约过会项目14个，总投资134.1亿元；引进专精特新企业7个，引进50亿元项目1个，10亿～13亿元项目5个，5亿元及以下项目8个。

【规划管理】 2022年，未来科技城完善国土空间总体规划，构建"三生融合"空间格局，形成用地布局初步成果并纳入成都市国土空间总体规划；编制智造示范区、国际科教城北单元控规方案，并于2月23日通过高新区规委会审查；首批确定项目控规方案（约7.33平方千米）于6月20日通过东部新区批复，保障阿里云、虹华、产投智创空间、民航二所、国际科教园等项目需求；优化公服设施专项规划10个子项、市政综合专项10个子项、现代综合交通专项6个子项规划；完成福田TOD、机场北线东延线道路工程等102项规划业务办理。

【建设开发】 2022年，未来科技城开展基础设施及公建配套项目51个，总投资376亿元。区

未来科技城发展局（未来科技城发展局/供）

内50千米道路全面畅通，五横四纵骨干路网基本成型，“对内循环、对外畅通”的交通体系逐渐趋于完善；重要节点、重点廊道逾130万平方米的生态景观对外开放；超80万平方米可安置居民9000余人的福田、玉成三益、玉成街邻等社区工程投入使用，其中福田社区工程一期、二期完成分房，福田小学基本完工，民航飞行学院片区产业园基础配套设施达到通车条件，未来科技城区域城市轮廓逐步呈现。启动未来科技城供水站、7#再生水厂、绛溪北燃气调压站、绛溪北220千伏输变电工程等能源保障项目。

【科技创新】 2022年，未来科技城天府绛溪实验室注册设立为新型研发事业单位，正式揭牌投运，实验室组建方案通过成都市推进天府实验室建设工作小组第二次会议审议，首批载体10万平方米全面建成。国际教育园区办学项目加快推进。策划发布成都未来科技城揭榜挂帅“岷山行动”第三批次榜单——精密测试与仪器、人工智能机器人技术研究方向，围绕智能网联汽车和精密仪器制造产业需求，策划车载智能系统等中试平台项目。推进未来科技城科学艺术交流中心展厅策划与建设，建筑实体完成钢结构搭建。

【产业发展】 2022年，未来科技城编制形成消费电子、人工智能机器人、精密仪器制造3个产业建圈强链三年行动计划，聚焦车载智能系统制造、卫星互联网、智慧民航3个细分领域开展深化研究，立足主导产业细分领域实现快速突破。推动重点项目签约落地，引进北京凌空天行全国总部及高超音速飞行器研发生产基地、德赛西威成都研发中心、鲲腾泰克汽车集成电驱动系统研发生产基地、国汽智联车载智能终端基础平台、鸿鹏航空发动机主机国产化总装总试基地等重大项目，产业链圈“建构力”持续增强。

【用地保障】 2022年，未来科技城编制4个片区成片开发方案，完成688.28万平方米土地报征，保障民航飞院、民航二所等重大项目用地；取得66.7万平方米林地指标，实现未来科技城林地指标单列。全年完成约211.1万平方米土地供应，土地供应面积同比增长135%，取得土地出让收入约9.36亿元，土地收入同比增长22.5%。

（未来科技城发展局）

生物城

【概况】 成都高新区管委会、双流区政府于2016年3月14日签署共建合作协议，启动建设成都天府国际生物城（以下简称“生物城”）。生物城规划面积约44平方千米，位于成都市西南方向，东至锦江，南至第二绕城高速，西临牧马山，北至武汉路和成昆铁路货运外绕线，距离双流国际机场12千米，天府国际机场50千米。2022年，生物城签约落地项目45个，同比增长25%；完成固定资产投资137.5亿元，同比增长33.8%，其中工业投资75亿元，同比增长50%；供应链服务中心实现服务货值突破10亿元，进出口贸易额达7.3亿元，医药品进口贸易额位列全省第一，占比超70%，全国医药产业园区综合竞争力排名第三。

【产业建圈强链】 2022年，生物城管委会贯彻落实“产业建圈强链”部署，聚焦链主企业做大产业集群，引进1个50亿元产业项目、2个30

亿元产业项目、3个高能级500强项目、17个重大制造项目，协议总投资超300亿元，实现世界500强医药健康企业在川征地，制造项目实现零的突破。聚焦高端团队促进成果转化，招引国家级人才团队13个，含院士团队3个，预计新导入产业人才1000人，实现高层次人才团队和产业人才双倍增，园区累计聚集人才超1.1万人，加快打造全球生物医药双创人才栖息地。打造100亿规模母子基金群落，落地全省首个Bio入园贷、Bio人才贷、Bio产业贷等Bio系列产品9个，完成企业授信2.15亿元，放款2.6亿元，解决20余家企业融资难、融资贵问题；与中金、怀格、道远等知名资本合作，投补结合招引项目15个，涉及投资额超80亿元，基金助力项目占比近30%。聚焦重大平台实现创新提速，新引进公服平台项目11个，累计构建覆盖从靶点发现到中试生产全生命周期的科研功能平台109个，平台企业主体自建率达82%。

【重点片区项目建设】 2022年，生物城管委会着力构建国家级生物医药科技创新和先进制造业发展承载地的核心功能，国际同步医疗服务、全方位生物医药双创人才服务的特色功能，以及高品质生活性服务、专业化配套服务的基本功能，以“三个一百万”建设目标加快重点片区项目集群成型成势。新开工京东方医院二期、苑东生物二期等10个约110万平方米项目，封顶华西国际肿瘤治疗中心、白果安置小区等8个约120万平方米项目，完工一桥生物、省妇幼保健院等13个约130万平方米项目。其中，核心功能项目实施20个，硕德药业获得药品生产许可证，蓉生药业全年实现产值21.4亿元；特色功能项目实施22个，华西国际肿瘤治疗中心主体封顶；基本功能项目实施31个，省妇幼保健院天府院区建成投运、人才公寓一期交付住房1100余套。

【生活圈建设】 2022年，生物城管委会以人本理念着力建设创业者生活圈，以“三个三分之一”理念合理布局生活、生态、生产空间，通过高品质生活性服务，构建满足群众高品质生活需求的15分钟生活圈。优质教育方面，诺博幼儿园和万汇小学实现生源倍增，全市率先开启公办幼儿园延时和托管服务，西部独家贝赛思外籍人员子女学校、优质公办毛家湾片区幼儿园开学，0～3岁优质托育机构落户菁萃里。医疗服务方面，“1（综合医院）+1（医学共享中心）+X（高端专科医院）”国际医疗中心服务体系初具雏形，其中京东方医院日均门急诊量近千人次，可覆盖生物城全域3万余名居民及就业者的医疗卫生需求。商业配套方面，全面投用2个城市公园、1个文化中心、1个综合体、1个商业街共约100万平方米商业业态，生物城首个四星级酒店开业，落户瑞幸咖啡、罗森等一批国际国内知名连锁品牌，引入中国银行、中国农业银行、中国建设银行等一批金融首店。品质生活方面，开展“4+X红链赋能”政企互动活动30余场、“2022年川渝路亚精英系列赛事”等系列主题活动10余场，永安湖城市森林公园获2022年世界建筑节最佳景观设计大奖，全年接待入园游客超40万人次。

（生物局）

交子公园金融商务区

【概况】 交子公园金融商务区位于成都市城南门户区域、城市南北中轴与产业东西横轴的“十字”交点，区域横跨锦江两岸，西临益州大道、东至锦华路、北抵府城大道、南接天府一街，规划总面积9.3平方千米（高新片区6.48平方千米，锦江片区2.82平方千米），由成都高新区主导、锦江区协同，两区共同建设，按照“市级领导小组＋法定机构＋专业公司”的总体管理机制，推进跨区域、跨层级的片区综合开发建设。交子公园金融商务区以“打造全国一流的创新金融中心和引领时代潮流的世界级新商圈”为目标愿景，以建设践行新发展理念的公园城市示范区为统揽，围绕“成都推进西部金融中心建设主承载地核心功能，国际化都市级公园商圈特色功能，未来公园社区典范基本功能”，按照产业建圈强链思维，抢抓产业发展未来空间，重点发展金融、时尚消费等主导产业细分领域，积极建设国际知名、全国一流的金融商务区，为成都建设国际消费中心和西部金融中心提供重要功能支撑作用。2022年8月，交子金融商圈被确定为成都市24个“三个做优做强”重点片区之一，是全市唯一聚焦“高端要素运筹”的重点片区，与交子公园金融商务区、交子公园商圈，在空间上、概念上完全一致。片区呈现SKP、招商大魔方等消费新场景，初步构筑“一带一路”金融合作中心、西部金融总部产业园、金融科技创新生态园“一心两园”产业新空间，全年固定资产投资同比增长25%，产业项目投资总额同比增长近50%，限上社会消费品零售总额同比增长5.4%，基本形成金融产业、特色商圈双翼联动、蓬勃发展态势。其中，成都SKP商业项目燃气锅炉“气改电”清洁能源的改革经验被中央电视台财经频道《经济半小时》栏目以“绿色‘电’亮未来”为主题报道；“创新搭建特色消费应用场景　拉动消费增长”的经验做法入选2022中国城市产业发展论坛高质量发展创新案例。

【产业生态圈建设】 2022年，交子公园商务区聚焦西部金融中心建设支撑，以“五位一体”为抓手，促进服务链、创新链“双链”融合，着力构建现代金融产业生态圈，服务全市产业发展，形成现代服务业金融支撑示范作用。抢抓行业发展机遇，围绕银行科技、数字人民币等7条金融科技核心赛道，构建科技金融大厦、交子基金大厦等特色产业楼宇。片区建设交子金融梦工场创新孵化平台、盈创动力中小企业金融服务平台，汇聚智元汇等300余家金融创新团队，与清华大学、浙江大学等知名高校建立6个产学研合作平台。以交子公园为产业生态绿轴，规划打造西部金融总部产业园、金融科技创新生态园、“一带一路”金融合作中心，提升西部金融中心对外辐射能力，助力国内国际双循环畅通。在62家金融机构总部基础上，重点引进行业龙头企业功能性总部，持续推进一批持牌金融机构落地。

【商圈建设】 2022年，交子公园商务区聚焦国际消费中心城市建设支撑，顺应新消费时代对“人、货、场”的重构趋势，以“生态＋商业”为特色，快速形成第二都市级商圈。重点打造“3大商业集聚区”，加快聚集都市新场景、新业态，推动城市消费升级。以SKP城市商业新地标为核心，以“王者荣耀LBE”为亮点，打造国际时尚潮购目的地。以交子大道及交子公园串联悠方、摩方、银泰in99等核心载体，打造潮玩潮乐青年社交中心。最大化利用蓝绿生态优势，规划建设滨江商业街、特色金融街等核心载体，打造滨水休闲商业聚集地。

【城市空间建设】 2022年，交子公园金融商务区围绕绿色生态、智慧宜居，以“服务市场主体、服务产业人才、服务城市居民”为导向，积极推进城市生活品质升级。以人为本，打造高品质城市空间。以生态、地标为重点，塑造“大开大合、城园相融”的高品质城市新区总体形态。以轨道站点为核心，构建地上地下一体化立体空间。以需求为导向，更大范围、更高尺度，构建多层次住房保障体系、一刻钟便民生活圈，提升“一老一小”服务能力。聚焦双碳，建设绿色低碳生态城。以“公共交通”为导向，优化区域轨道布局，力争实现线网密度、站点覆盖率双翻倍，推动构建绿色交通新体系。以“双碳”为引领，加快区域海绵城市建设、绿色低碳建筑技术应用和分布式能源建设，推进低碳韧性新基建发展。智慧助力，打造社会服务新平台。围绕智慧蓉城建设，搭建未来公园社区数字化服务引擎（平台），实施数字化指挥中心等5项建设任务，覆盖建设管理、交通等7大应用场景，打通三方立体端口，逐步开发N个智慧应用功能，形成“1573+N”的一体化智慧服务模式，争创未来社区先行地、智慧蓉城示范区。

【项目集群】 2022年，交子金融商圈秉承“要素跟着项目走、项目围绕功能建，强化重大项目支撑”原则，结合产业生态与片区开发，策划形成片区项目集群，有序推进、分期实现。根据片区发展定位和产业细分赛道，按照金融产业图谱，梳理30余个重大产业项目招引清单，快速形成高能级企业聚集。推进“一带一路”金融服务中心、中国人民银行数字货币研究所等国际、国内公共服务平台建设，提升金融产业对外发展战略优势，推动新技术先行试点，发挥公共平台牵引作用。围绕核心功能、特色功能、基本功能，形成45个建设项目群，总投资1071亿元，推动“三个做优做强”落地落实。根据片区开发计划，制定“十四五”期间44宗共计88.84万平方米土地出让计划，提供483万平方米高品质产业载体，为项目建设做好用地保障。

【重点片区建设】 2022年，交子公园金融商务区建圈强链筑牢“核心引擎”，持牌金融加快集聚，系统梳理25类全牌照金融机构体系，招引华润金控旗下资产管理、融资租赁两个西南总部项目。科创金融蓄势发力，引入普华永道全国数智创新中心等链主项目，3家企业上榜2022年毕马威中国领先金融科技50强，占全市近半数。“一心两园”轮廓初具，成都银行总部等10个产业载体项目建设有序推进，产业发展空间进一步充实。落实3000亿元产业基金计划，打造西南首座产业基金大厦，汇聚高密度金融资本，服务全市产业发展。首创“交子市集”、交子消费节等特色活动，发放“交子饭票”等近5000万元消费券，力促交子金融商圈节假日日均客流、夜间客流分别上升80.3%、63.2%，强效刺激和拉动消费市场，获得《人民日报》等央媒关注报道。全年聚焦发展首店经济、新兴消费业态，引入各类首店品牌超100家，全面领跑全市商业新鲜度。如期呈现以SKP为引领的地标商圈潮购场景，以交子大道为标杆的特色街区雅集消费场景，以华商中心为典范的全国首座全餐饮沉浸体验场景，以及以“高朋讲座”为代表的知识消费场景。有序推进“十四五”期间44宗共计88.84万平方米土地出让，全年实现9宗重点项目用地上市，总供地面积约15.74万平方米。开展TOD轨道交通优化、地上地下立体复合开发、分布式能源实施规划。全年新建及在建项目20个，总建筑面积超180万平方米，总投资约200亿元。

【重点项目】 锦言大桥于2020年4月开工，2022年2月正式通车。桥长约200米，宽30米，桥梁总面积约4140平方米，采用异形钢拱结构跨过锦江。成都银行位于交子公园金融商务区河西片区，天府大道、蜀锦路、锦尚西一路、金融城南路之间。项目占地1.89万平方米，规划总建筑面积12.8万平方米，总投资18.2亿元，引入成都银行总部。项目设计为超甲级办公楼，内设营业部、会议中心、信用卡中心、个贷中心、客服中心等功能区，地下设置金库。项目于2022年4月开工。SKP商业项目是成都交子公园商圈引入的首个高端百货业态，由北京华联集团和成都交投集团共同开发，由英国设计事务所Sybarite设计，于2020年11月1日启动建设，2022年12月投入运营。总投资50亿元，总建筑面积约34.7万平方米，建设内容包括地下商业和地下车库，共5层，其中地下1～2层为商业区，建筑面积约16.2万平方米，地下3～5层为停车场，建筑面积约18.5万平方米。项目的设计源于园林景观、轨道交通换乘及时尚高端零售统一综合规划，项目范围内有地铁18、23、29三条地铁线及换乘车站，遵循TOD建设开发理念，将地面公园与地下商业融为一体，打造成为地标性城市景观。成都SKP成为“中国高端商场的示范性样本”，项目主要以顶奢品牌、精品买手店、主题快闪店等业态为主，其中商业将引入1000多个知名品牌，涵盖多个首店品牌，一线品牌覆盖率达98%，成都SKP是一个充满时尚、艺术品位的现代生活中心，成为西南地区高端商业项目的标杆。

【商圈活动】 2022年元旦，华商中心8万平方米全餐饮业态美食综合体负一层地铁小吃营业，成为美食打卡新地标，同处负一层的伊藤食品生活馆也同步开业。2021年12月30日，由四川省商务厅、成都市人民政府主办，成都市商务局承办的“乐享生活·畅购新春”主题新春欢乐购正式拉开序幕，持续至2022年2月20日，跨越元旦、春节、元宵节三个主要节庆日。3月26日，联合合景·摩方、一庐艺术及30余个设计师品牌，在摩方二楼举办春夏Runway服饰发布会，打造沉浸式希腊时空概念秀，线上直播观看达9.9万人次，全媒体曝光量超2500万次。5月13日，成都高新区金融促进会、成都高投盈创动力投资发展有限公司在科技金融大厦举办2021年度拟上市企业早期诊断服务之IPO知识产权讲座，吸引成都高新区约30家拟上市企业的高管及知识产权专职人员现场参加，近100家企业人员在线收看直播。2022年6月13日，麦当劳西南首家薯条屋快闪店开业，与双子塔共同亮灯，成为成都又一时尚消费聚集地和夜间风景线；6月17日，由交子金融商务局指导，合景·悠方主办的全国首个由国际知名艺术家联名的城市级新媒体跨界秀——先锋艺术展在交子商圈悠方购物中心启动，联动天府双塔为交子商圈呈现出别开生面的视觉艺术盛宴，成为众多艺术爱好者的新晋打卡地标；6月27日，“梵高再现Van Gogh Alive”沉浸式光影大展中国巡回之旅第二站在成都高新区环球中心盛大开幕并持续至10月9日。6月30日，成都复星艺术中心开门营业，为大众呈现具有国际视野的国内外当代艺术；7月13日，首期“文化中国·锦绣四川——高校外籍师生巴蜀文化品悟之旅”活动在成都启动，来自四川13所高校的26个国家48名外籍师生参与；7月15日，“宫崎骏作品原画沉浸式体验展”在成都高新区环球中心拉开帷幕，持续至10月31日；8月19日晚，交子大道嘉年华开幕式演出暨首届掇珍市集在成都高新区交子大道举行和开市；8月22—23日，第四届中国匠人大会暨首届中日匠人峰会在成都首座万豪酒店举行。

（交子金融商务局）

电子信息功能区

【概况】 成都电子信息产业功能区（以下简称“电子信息功能区”）规划面积43平方千米，东至金牛区交界线、天辰路，南至西源大道，西至南北大道、德源镇，北至西区大道，涵盖高新西区西园街道、合作街道。2022年，电子信息产业局以全面建设践行新发展理念的公园城市示范区为引领，全面落实党中央、省委、市委各项决策部署，紧扣高质量发展要求，迎难而上、砥砺前行，在产业建圈强链上求提升、在重大项目攻坚上求突破，确保各项工作稳中有进。

【重点项目建设】 2022年，电子信息功能区京东方车载项目“年内开工、年内建成、年内投产、年内盈利”，推进成果在全市推广。高郫合作共建区落位成都智算中心、东材科技、瑞波科等4个重大产业化项目，举办第三季度集中开工仪式，开工项目总投资额达156.7亿元。

【服务平台建设】 2022年，电子信息功能区新增国恒空间、明夷电子等省级企业技术中心8家，和芯微、东方日立等省级工业设计中心2家，建成国家级平台（含国地联合）22个，省级平台180个。推动西南交通大学与中车时代共同成立微电子产业学院，中国工程院院士丁荣军出任首任院长。通过岷山行动计划建设晶圆切割、电子测试及先进封测服务平台，支持思科瑞、锐成芯微、赛迪育宏3个平台扩大服务，思科瑞于7月在科创板上市。支持芯火基地联合成都华微、锐成芯微等本地龙头企业，加快芯片失效分析、可靠性检测等平台建设，构建中西部集成电路产品验证中心。

（电子局）

新经济活力区

【概况】 成都高新区新经济活力区规划面积73.5平方千米（高新南区不含交子金融商务区和成自泸高速以东区域），共有300余栋商业楼宇载体，区内常住人口近100万人。区内聚集新经济企业13万余家，涌现出“王者荣耀”“哪吒”等现象级文创产品，培育出极米科技、佳缘科技等本土上市企业24家，聚集培育全国软件业务收入百强企业34家、互联网百强企业24家。聚焦产业发展核心功能需要，新经济活力区重点打造三大特色产业园区。

【瞪羚谷数字文创产业基地】 2022年，瞪羚谷数字文创产业基地是成都高新区围绕数字文创产业建圈强链，聚焦游戏电竞、数字视频、数字音乐等重点赛道策划打造的专业园区，是中国（成都）网络视听产业基地（高新片区）核心区。基地位于剑南大道西侧锦城湖南岸，占地4.6平方千米。核心载体天府长岛文创中心占地278亩，建筑面积24万平方米，引入腾讯新文创总部、完美世界天智游等重点项目，建设国家超高清视频创新中心、咪咕科创平台等共性平台，初步形成产业链、要素链、供应链、价值链和创新链“五链融合”的数字文创产业生态圈，2022年获评成都市市级文创产业园区。

【天府软件园】 2022年，成都高新区新经济活力区围绕高端软件产业打造天府软件园。其位于天府大道中段两侧，占地0.95平方千米，包括A、B、C、D、E、G六个区，载体总面积123万平方米，是首批国家软件产业基地和“国家数字服务出口基地”，争创“中国软件名园”试点。园区形成软件产品研发、通信技术、IC设计、移动互联、数字娱乐、科技金融等产业集群，涵盖云计算、大数据、人工智能、物联网、区块链、VR/AR等新兴领域；聚集IBM、SAP、马士基等超700家企业，从业人员约7万人。园区综合服务能力在“中国骨干软件园区”

中排名前列。

【新川创新科技园】 2022年，成都高新区新经济活力区围绕人工智能产业打造新川创新科技园。其位于天府大道东侧成自泸高速以西的新经济活力区西南部，占地10.34平方千米，是2012年新加坡与四川省共同打造的中国西部第一个中新合作共建园区，四川省首个智能驾驶示范场景。园区聚集百度Apollo西部智能驾驶创新中心、新华三成都研究院等项目100余个，有从业人员约2万人。

【重点项目建设】 2022年，成都高新区数字经济局牵头新经济产业化项目12个，占地约27.2万平方米，建筑面积共计119万平方米，固定资产总投资达126亿元。其中，新开工五粮液新经济中心、抖音创新业务中心等产业化项目5个，占地7.5万平方米，建筑面积共计57.5万平方米，固定资产总投资68.8亿元。续建中国移动通信集团有限公司成都产业研究院分公司科研枢纽工程、中国通信服务四川公司办公基地暨云计算创新产品研发运营中心等产业化项目4个，占地15.2万平方米，建筑面积共计38.3万平方米，固定资产总投资30.1亿元。竣工欧珀公司第二运营基地、微波前端产业化基地及研发中心建设等产业化项目3个，占地4.5万平方米，建筑面积共计23.2万平方米，固定资产总投资27.1亿元。

【服务平台建设】 2022年，成都高新区新经济活力区四川新视创伟超高清科技有限公司获批组建"国家超高清视频创新中心"(国家制造业创新中心)，成都极米科技股份有限公司被认定为"国家企业技术中心"，成都川哈工机器人及智能装备产业技术研究院获批"省级备案新型研发机构"，金熊猫新媒体等8家企业被认定为"省级企业技术中心"。

【招商引资】 2022年，成都高新区新经济活力区招引产业项目19个，总投资293.1亿元；内资到位80亿元，外资到位22亿元，FDI到位3.508亿美元；新增项目信息90条，投资100亿元腾讯未来中心项目和投资100亿元的抖音生活服务总部项目落地，完成市级重大项目及高能级项目8个。

（数字经济局）

清水河高新技术产业走廊

【概况】 清水河高新技术产业走廊是成都市首批24个重点片区之一，由高新西区、郫都区、温江区三个重点区域组成，共40.89平方千米。其中高新片区规划面积25.07平方千米，片区范围北至檬柏路、红光大道、西区大道，南至康强一路，东至天润路、红光右支渠，西至德富大道、南北大道。清水河高新技术产业走廊(高新片区)以"四大结构"优化调整为总抓手，锚定"打造世界级电子信息产业集群、建设公园城市智造发展示范区"发展愿景。产业上围绕世界柔谷、中国存储谷、成渝智能终端创新走廊三大核心功能载体，建设世界领先的电子信息产业智造高地。空间上依托清水河、环城生态带优化三生(生产、生活、生态)空间，塑造城园相融格局。交通上构建绿色综合交通体系，形成"两射两联"轨道线网和"两环一井"道路骨干网络。能源上多能互补提升安全保障，整合"源、网、荷、储"，建立能源管理"一张网"。围绕芯光TOD片区、新显EOD片区开展片区综合开发，以产业功能需求和居住人群需求为导向，增补电子信息产业智造与科创空间，完善生活生产配套，打造高品质产业社区。

【用地保障】2022年，清水河高新技术产业走廊创新开展改革试点，构建土地政策新体系，制定高新西区土地资源高质量利用“1+N”政策体系，在“标准地”改革、提升用地强度、低效闲置盘活等工作成功试点后总结经验，形成《成都高新西区推进工业用地提质增效支持主导产业建圈强链的实施意见》，作为高新西区土地要素保障纲领性指导意见。首次全面摸清家底，形成汇聚指挥部近一年在土地要素保障方面思考与成果的高质量调研报告《强化土地资源要素保障、助推高新西区建圈强链工作调查与思考》。2022年，西区指挥部探索土地利用供给侧结构性改革创新试点，做好要素保障，累计供应9宗用地，含工业用地及住宅用地共计约31万平方米。首次制定高新西区产业项目“拿地即开工”操作手册和工作流程图，首宗项目“拿地即开工”，实现土地成交后在5个工作日“四证齐发”；实行“拿地即开工”常态化，富巴、思越、标准厂房、保障性租赁住房等6个项目在拿地后平均开工时间优化至10个工作日内。创新推行“标准地”改革，建立“4+X”指标体系，差异化设定准入门槛，将“标准地”模式扩面至改扩建项目并试点成功，实施高投芯未、思越等项目在固定资产投资、营业收入、税收强度等方面均提升80%以上。制定《成都高新西区国有建设用地临时利用操作细则（试行）》，进一步规范国有建设用地临时利用管理，全年完成12项临时用地手续办理。全面摸排梳理高新西区低效闲置用地基本情况，形成覆盖规划、国土、建设、经济数据图文信息的《高新西区低效闲置用地基本情况汇编》，全面掌握高新西区土地资源利用家底。牵头成立成都高新西区低效闲置用地处置工作专班，制定三年攻坚方案，全面推进低效闲置用地处置工作。

【重点项目建设】2022年，清水河高新技术产业走廊（高新片区）聚焦三大功能定位，紧扣“项目集群”核心抓手，突出项目支撑作用，全年实施政府投资重点建设项目71个，其中新开工项目28个、续建项目16个、竣工项目16个、储备项目11个，总投资490.3亿元，年度完成投资72.1亿元。高新西区发展建设指挥部全年召开建设项目专题调度会18次，协调解决问题154项，特别是为爱发科等重大产业化项目协调解决燃气管线、沟渠迁改等关键问题28项。同时，攻坚克难解决项目建设过程中的重难点问题以及历史遗留问题，有序推进天欣路、天骄西路等3个社区综合体项目，拆除天欣路、天彩路等多年未解决的用地障碍，推动清水河高新技术产业走廊（高新片区）成型成势。

【项目审批】2022年，高新西区发展建设指挥部开展41个项目工程建设领域审批服务，共计受理审批及服务事项1035件，核发建筑类项目“一书两证”（建设项目用地预审与选址意见书、建设用地规划许可证、建设工程规划许可证）53件。其中建筑类项目规划许可建设规模约110万平方米，用地许可总用地面积约19.6万平方米，累计核发建筑工程施工许可证45个。

【项目建设】高新西区中小学及幼儿园位于高新西区，总占地面积约4.67万平方米。包含中学1处，建筑面积约3.94万平方米；小学1处，建筑面积约2.01万平方米；幼儿园1处，建筑面积约4898平方米。项目于2021年3月取得建设用地后开工建设，小学、幼儿园于2022年8月全面建成。电子信息产业功能区77亩人才公寓由高投置业公司组织实施，项目为高新区重点工程，位于成都高新西区，共2个地块，总占地面积约5.2万平方米，总建筑面积约11.32万平方米，其中住宅建筑面积约8万平方米，约605套，总投资约为12亿元。项目于2022年取得建设用地后开工建设。高新西区30亩保障性租赁住房由成都高新区电子信息产业发展有限公司为业主，成都高新西区发展建设有限公司组织实施。项目位于高新西区，总建筑面约6.7万平方米，约950套，总投资约为40000万元。项目于2022年6月取得建设用地后开工建设。西区体育公园东北侧保障性租赁住房由成都高新区电子信息产业发展有限公司为业主，成都高新西区发展建设有限公司组织实施。项目位于成都高新西区，共1个地块，总占地面积约6.41万平方米，总建筑面积约23.98万平方米，其中住宅建筑面积约16.23万平方米，共约3300套，总投资约121788万元。项目于2022年12月取得建设用地后开工建设。西区体育公园西南侧保障性租赁住房由成都高投建设开发有限公司为业主，成都高新西区发展建设有限公司组织实施。项目位于高新西区体育公园西南侧。项目共1个地块，总占地面积约0.37万平方米，总建筑面积约0.98万平方米，其中住宅建筑面积0.51万平方米，约120套，总投资约8409万元。项目于2022年12月取得建设用地后开工建设。

（高新西区发展建设指挥部）

2023年10月，天欣路社区配套用房正式建成（高新西区发展建设指挥部/供）

金融业

FINANCIAL SECTOR

国资金融

【概况】 2022年，成都高新区金融机构加速集聚，全链条金融体系初步形成，全区的“银、证、保”持牌金融机构齐全，金融业态体系层次较为完善，形成了金融业发展的良好基础。2022年高新区金融业增加值373.95亿元，增长6.4%，金融业增加值增速在成都“5+2”区域排名第二，高新区非金融企业直接融资总额1074.52亿元，同比增长63.56%，占全市比重34.56%，其中上市公司直接融资231.82亿元，同比增长330%，占全市比重47.58%。

【金融产业规划】 2022年，成都高新区围绕成渝西部金融中心建设，按照成都市对高新区金融业发展定位布局，结合高新区金融产业建圈强链要求，坚持目标导向和问题导向，加快集聚要素资源，聚焦产业发展核心功能，推动金融与科技、产业深度融合，聚集更多持牌金融机构、金融科技龙头企业等优势资源，为金融业建圈强链与实体经济发展提供有力支撑。基本形成金融业态丰富、创新活力充沛、资源配置高效、开放合作深入、产业生态优化的金融业发展格局，加速集聚持牌金融机构，形成全链条金融体系。以实施金融机构集聚工程为牵引，联合产业部门、国有企业及社会资本力量，进一步丰富完善全区“银、证、保”等传统持牌金融机构的完整业态，加强存量金融牌照企业做大做强，积极推动成都银行项目与四川金融控股集团项目开工建设，并积极引进理财子公司、资管子公司、公募基金、消费金融等新兴金融牌照机构，完善要素交易市场，丰富金融业态体系层次，为产业发展构建优质基础。打造具有全国影响力的数字金融高地，促进传统金融机构、传统金融服务模式向数字化转型，提高传统金融的数字化水平；加强财富管理专业金融机构聚集，支持创新财富管理产品和服务平台，建设西部一流财富管理中心；打造数字人民币先行示范区，围绕产业链上下游加强机构招引和资源聚集，优化产业生态，向打造万亿级新兴产业迈进。立足传统金融强化信贷供给，围绕科创金融、绿色金融、数字金融等新兴业态，通过丰富产品供给、功能平台配套，和场景营造，推动形成产融融合生态圈，促进金融与科技、产业深度融合，充分发挥金融服务实体经济功能，确保金融业为实体经济发展提供充足动力。

【招商引智】 2022年，成都高新区聚焦持牌金融与金融科技细分领域，主动出击、积极对接，引优育强推动建圈强链，构建全牌照金融机构体系及金融科技创新生态圈。2022年，外出走访企业超80余家，召开线上、线下项目推介活动共180余场，引进总投资40亿元易点云全国业务总部项目、20亿元德勤西部业务总部项目，以及三体宇宙全球总部项目等12个重点项目，总投资额约200亿元。有重点在谈及跟踪项目35个，总投资额133亿元。其中包括四川农信联合银行（持牌金融机构总部，注册资本金300亿元）、重产基金二期（注册资本120亿元）、腾讯微保四川分公司、快手保险经纪业务总部、澳门国际银行成都分行（持牌金融机构）等重大项目。新网银行、新希望金信等6家企业入选毕马威金融科技全国50强榜单，数量位居西部第一。制定金融人才专项政策，构筑金融高层次人才聚集高地，累计认定金熊猫金融高端人才超400人。

【金融机构体系建设】 2022年，成都高新区聚焦产业链主企业，加快完善金融机构体系。构建10大类25小类全牌照金融机构体系，聚集四川省农村信用联社（银行）、华西证券（证券）、国宝人寿（保险）、华西公募基金（基金）、益航资产管理（资管）、四川金融控股集团（金控）等重点大类头部企业，并与中国银行四川省分行、交通银行四川省分行、邮储银行四川省分行签订战略合作协议，进一步强化银政合作关系，充分发挥龙头金融企业社会服务功效；加速引育毕马威Fintech50强企业，建设金融科技创新生态圈。截至2022年年末，聚集新网银行、新希望金信、质数斯达克、大地量子、优卡科技、妥妥递6家毕马威Fintech50强企业。构建专业中介服务体系，增强中介机构赋能。聚集德勤咨询成都公司、北京中伦（成都）律所等多家专业中介服务机构，同步引入德勤西部业务总部，开展全球化智慧交付业务，并拟招引远东资信（中国第一家社会化专业资信评估公司）等知名中介机构来蓉发展，并联合科技金融协会、金融业界理事会等行业组织共同发力，构建“会计师事务所+律师事务所+评级机构+专业咨询机构+行业组织”的专业服务体系。

【企业上市培育】 2022年，成都高新区新增上市公司8家，其中科创板4家，创业板2家，主板1家，北交所1家。成都高新区累计培育上市公司数达59家，现存上市公司52家，占成都市超过1/3、四川省的1/4。截至2022年末，现有过会企业3家，报会企业8家，辅导期企业22家，上市后备企业180余家，成都高新区上市后备力量充足。2022年，成都高新区11家企业在资本市场通过发行信用债融资509亿元，较上年增长77%，融资金融占成都市的36%、四川省的36%。11家上市公司在资本市场通过发行股票融资200.3亿元，占全省同类型融资的55%。全年累计举办各类上市相关培训主题活动10余场。2022年1月17日，佳缘科技股份有限公司在深交所创业板上市，为成都高新区2022年首家上市公司；2月15日，成都坤恒顺维科技股份有限公司登陆科创板，为成都高新区2022年首家科创板上市公司；3月15日，成都立航科技股份有限公司登陆上交所主板，为成都高新区2022年首家主板上市公司；4月12日，海创药业股份有限公司登陆上交所，为成都高新区第8家科创板上市公司；6月24日，四川优机实业股份有限公司登陆北交所，为成都高新区首家北交所上市公司，也是北交所第100家上市公司；6月29日，中航（成都）无人机系统股份有限公司登陆科创板，为成都高新区第9家科创板上市公司；7月8日，成都思科瑞微电子股份有限公司登陆科创板，为成都高新区第10家科创板上市公司；8月12日，成都趣睡科技股份有限公司登陆创业板，成都高新区2022年第8家上市企业诞生。

【产业基金管理】 2022年，成都高新区围绕成都高新区主导产业布局，组建完成总规模超600亿元的产业基金，组建基金20余支，与包括高瓴资本、深创投、君联资本、钟鼎资本等头部机构在内的多家基金机构开展合作；完善基金顶层设计，打造高新区基金品牌。对标深圳、苏州等地经验，根据高新区基金运营基础，2022年9月修订出台《成都高新区投资基金管理办法（试行）》。围绕产业基金开展国企改革，设立专业化投资公司策源资本，专注产业投资和基金管理，聚焦战略性新兴产业培育期和技术攻关期企业的投资布局。通过不断对外合作和信息发布，以策源资本为代表的成都高新区产业基金发展的品牌形象逐步彰显，长期稳定出资者形象逐步在资本市场取得广泛认同。

【金融监管】 2022年，成都高新区完善防范金融风险长效机制，坚持打好防范化解金融风险攻坚战，持续加大金融风险防范化解力度，妥善应对金融领域可能出现的重大风险。国资金融局于2022年2月18日印发《成都高新区防范金融风险领导小组设立方案》，成立成都高新区防范金融风险领导小组，明确了金融风险防范和处置领域各部门职责分工，严格落实属地责任，做好防范和化解金融风险的监测预警、案件排查、信访维稳、宣传教育等工作，为高新区防范金融风险工作提供制度保障，明确风险排查处置任务目标、工作原则、主要做法及责任分工，将常态化排查工作落实到基层、落实到一线。强化地方金融监管，2022年累计完成辖区内7家担保公司、8家小额贷款公司、3家商业保理公司、16家典当公司的年检。高新区地方金融机构全年累计发放保理融资款本金22.34亿元；累计发放小额贷款27.11亿元，贷款余额34.48亿元；累计发生担保金额197.22亿元，在保余额271.21亿元。同时组织各地方金融机构学习《中华人民共和国反有组织犯罪法》等法律法规，严格落实《四川省地方金融监督管理条例》，督促地方金融机构依法合规，稳健发展。

【风险防范】 2022年，成都高新区加强风险排查，按照市防范金融风险领导小组办公室工作安排，协同市场监管局、公安分局、街道办等部门分批开展对高新区内黑心贷款中介、虚拟货币及私募基金公司的风险排查，梳理问题企业清单，及时预警，发现风险处早处小。严防外部输入风险，定期监测外省、外市发生的重大金融风险，通报市场监管局、公安分局、街道等部门进行筛查，就已发生的外部输入性风险处置问题加强与牵头地方单位的沟通协商，加快案件处置进程。2021—2022年，共开展企业联合执法检查18次，排查疑似风险企业31家，清退企业15家，责令整改7家。2022年，对上级部门转办的涉嫌金融领域非法集资、诈骗线索做到全数核实，累计处理线索50余条，有效遏制了部分金融类风险扩散。

【风险处置】 2022年，成都高新区对已被立案的企业重点开展风险处置工作，同时协助推动案件侦办、加快追赃挽损及维稳等工作，对于重大涉稳案件，严格落实领导包案制度，做到“一案一策一专班”，组织各部门同时推动案件处置和群众稳控，成功处置口贷网、众可贷、华澳新桥等P2P企业暴雷风险。对高风险事件、企业及时研判风险状况，统筹部署整治，持续跟踪事件处置进展，及时把握风险状况，适时推动司法处置进程，定期与群众代表进行见面沟通，协调上级部门及其他区县协同开展重点人群稳控工作。

【防范非法集资宣传活动】 2022年，成都高新区国资金融局提高防范非法集资宣传活动频率及活动覆盖面，通过线上平台（微博、微信公众号、抖音等）、商超LED屏幕、社区电子宣传屏等多种媒介，综合运用社区活动、街道宣讲、小区发放传单及张贴海报等形式，结合6月“守住钱袋子，护好幸福家”国家防范非法集资宣传月，广泛开展宣传教育活动。2022年上半年开展全区范围的防范非法集资宣传教育活动3次，广告宣传重点覆盖住宅及商务楼宇256处，社区宣传活动做到街道全覆盖，发放宣传材料50000册，张贴海报1000余张，视频广告投放时长约20000小时，进一步加强老年群体金融风险防范意识，提高群众金融风险识别能力。

（国资金融局）

投融资

【概况】 2022年，成都高新区11家上市公司通过发行股票融资200.3亿元，占全省同类型融资的一半以上；通过基金的资本招商，产业基金为成都高新区引荐符合“建圈强链”标准的项目超过200个，有34个项目进入签约落地阶段，包括凌空天行、深流微智能、无锡摩芯、昇生微电子等卡脖子技术企业项目，以及瑞波科、金邦存储等“专精特新”和先进制造项目，助力成都高新区产业建圈强链。2022年，成都高新投资集团有限公司（以下简称“高投集团”）在投融资方面，推动多家被投企业上市，分享产业红利；加强投后管理，实现多家被投公司估值增值；推进并购战略，研究探索合适的投资项目；积极推动产业落地升级，打造高新区产业生态；纵深推进集团基金投资业务，践行高新区产业基金规划。2022年，高投集团获得穆迪国际评级结果由“Baa3”调升为“Baa2”，评级展望为“稳定”，为全市同类区属城投企业最高评级，同时，获得惠誉评级“BBB”，双评级有利于避免评级波动，提升公司市场认可度，增强议价能力。高投集团产业投资项目主要有紫光项目、奕斯伟项目、华西精准项目。

（国资金融局、高投集团）

【基金投资】 2022年，高投集团推进与顶级机构的基金洽谈及落地，投资的基金项目主要有高新产业基金、高新产业基金二期、高新电子并购基金、智慧电信方舟基金等。完成高新产业基金（策源优产基金）首期基金的出资，基金规模50亿元，该基金的设立有助于推进高新区重大产业项目落地，助力高新区招商引资。完成高新产业基金二期（策源启航基金）基金业协会的备案，基金规模120亿元，该基金的设立可有效发挥基金债用途，为高新区大力推进基金业务募集资金。高新电子并购基金（倍特启新基金），基金规模约29.73亿元，高投集团作为高新发展控股股东，通过并购基金储备和培育功率半导体产业链的并购标的，为高新发展转型科技实业提供支撑。高投集团与东方富海、交子金控及温江重产基金共同完成国家中小企业基金在成都高新区落地，基金规模50亿元，该基金是国家中小企业发展基金布局在四川省的首支子基金，也是西部地区规模最大的子基金，有利于带动区外优质企业落地高新区，实现产业链上下游协同发展。完成智慧电信方舟基金项目审批、协议签订及首期出资，基金规模106.59亿元，该基金可与投资人中国电信及中国联通在行业应用上产生巨大协同价值，并依托前海方舟专业化的投资管理系统及前海母基金庞大的基金群及网络资源，可为高新区带来较为优质的产业落地项目。完成英诺天使基金项目审批、协议签订及首期出资，基金规模1.26亿元，该基金有助于高新区挖掘和引进优质的早期项目，服务高新区产业发展。完成重产基金二期成都市重产基金二期首期出资，助力构建成都市“5+5+1”产业体系，推动成都市和高新区经济高质量发展。

（高投集团）

【产业投资】 紫光项目 2022年，高投集团统筹并联合子集团策源资本与智路资本发起设立专项基金，基金规模63.1亿元。作为战略投资，间接参与投资紫光重整项目，并引导在成都落地“先进封测项目”“紫光联盛先进半导体封装基板项目”“紫光国芯DRAM模组制造与测试项目”以及“紫光展锐射频前端模组项目”四大集成电路高端项目，打造封测、存储、化合物半导体三大产业集群，助力成都半导体产业“建圈强链”。该项目的投资有助于引入优质产业资源，落地优质半导体产业项目，进一步提升成都市电子信息产业能级。

奕斯伟项目　2022年，高投集团与市重产基金共同投资奕斯伟板级封装系统集成电路基地项目，有利于填补国内该领域技术空白，对推动中国半导体封测技术升级具有重要意义。

华西精准项目　精准医学中心联合成都市和高新区组建10亿元规模“精准医学产业创新基金”，于2022年10月9日签约。精准医学中心旨在建立国际标准的临床研究服务体系，为医药产品研发提供临床研究全过程专业服务，从而推动临床研究和科技成果转移转化。中心汇聚国际国内高端创新人才，招引优秀项目和优质企业，打造全国精准医学创新策源地、医学创新成果转化示范高地、医学产业聚集地，全球精准医学和国家医疗健康领域战略核心智库。

（高投集团）

【资本运作】 2022年，高投集团推动多家被投企业上市。4月12日，海创药业在上海证券交易所科创板首发上市，成为高投集团投资布局的第一家科创板IPO企业。5月26日，君逸数码通过深交所创业板上市委员会审核，总体经济收益稳健，产业带动效应显著。8月16日，海光信息成功上市。高投集团投资的锐成芯微提交科创板IPO。高投集团加强投后管理，实现多家被投公司估值增值，上海超硅2022年累计获得近35亿元融资；克莱微波公司完成股改，同时，带动社会资本投资超1亿元，用于购买高新西区烂尾楼，盘活闲置资产；高投集团推动星阅辰石公司获得省文投增资3000万元。推进并购战略，高投集团出资收购高新区本土优质IGBT设计公司成都森未科技有限公司（以下简称“森未科技”）约25.6%的股权，并出资与森未科技成立合资控股公司高投芯未科技。同时，将森未科技以及高投芯未股权转让至高新发展，高新发展可依托森未科技主要管理团队在产线运营方面的经验和资源，逐步引入团队和储备技术力量，在功率半导体细分领域做大做强，并在高新区主导的半导体行业进行实体产业布局。

（高投集团）

【融资项目】 2022年8月5日，高投集团25亿元优质主体企业债（基金债）成功簿记发行，期限10年（5+5），票面利率3.17%，全场倍数3.48，发行达到“五个最”：四川省规模最大基金债，全省同期限利率最低的企业债，高投集团最高（即首笔）基金债，高投集团单笔最大规模债券，90亿元优质主体债的最尾债券（收官之债，完成发行75亿元）。高投集团2022年度内累计发行公司债券55亿元，票面利率3.18%～3.59%，获2022年度上海证券交易所“公司债券优秀发行人”称号；2022年度内累计发行企业债55亿元，票面利率3.17%～3.57%，获中央国债登记结算有限责任公司发布的2022年度中债成员业务发展质量评价“优秀企业债发行机构”称号。获此荣誉的企业全国共15家，四川省内仅3家。

（高投集团）

【科技投资】 2022年，高科集团通过“基金+直投”模式，充分发挥基金业务与直投业务联动协同效应，直接和间接推动西安西测1家企业上市，推动君逸数码通过创业板上市委第28次审议会议。2022年，高科集团完成出资约7.7亿元，包括成都科创投二期注册资本6.9亿元、天使二期基金出资9000万元、新诤信项目注册资金790.5万元、玖锦科技1000万元、西岭源项目2000万元、菁苗汇项目54万元、“岷山计划”第一批次和第二批次项目出资约156.62万元。2022年盈创公司完成出资54万元，设立成都菁苗汇科技服务有限公司；立项直投项目1家(六棱镜)，目标投资金额800万元；累计投资参股7家合资公司，累计出资金额721万元。截至12月底，高科集团旗下子公司创投公司天使基金投资一期累计完成66个种子期、初创期项目，累计投资金额逾1.46亿元；累计有40个项目获得后续融资，融资金额逾35亿元，实现国有资本37倍引导放大。在投项目40个，在投余额9225.82万元，天使基金净值逾3亿元。创投公司以自有资金2亿元及融资资金1亿元，历年累计投资高新区内51个初创期、成长期项目，累计投资金额逾4.02亿元，在投项目34个，在投余额2.71亿元，直投项目净值逾4亿元。2022年，创投公司完成天使母基金设立并推进9支子基金合作，子基金总规模49亿元，其中，签约并完成设立子基金2支、合作规模13亿元。立项推进的子基金8支，基金目标规模58.5亿元。

（高科集团）

【科创金融服务平台】 2022年，高科集团旗下全资子公司盈创动力立足科创金融、延伸企业服务、提档升级，坚持一体化、一张图、三位保障、五个服务的“1135”工作思路，形成三位保障的一体化系统平台，五个服务有机融入全生命融资路线图中，布局建设全国领先的一体化科创金融服务平台。推进孵化载体运营，科技金融大厦创新采用“政府主导+市场化主体+商业化逻辑”的运营模式，探索“全链条载体服务、梯度培育、产业孵化、投融资服务、人才培育、行业发展”的服务模式，促进“科技金融+金融科技”融合发展。2022年，盈创动力科技金融服务平台政策性产品累计放款25.09亿元，放款户数482户，另有120家企业获得股权融资逾50亿元；举办股权融资路演活动12场，对接融资需求项目60余家；推出基于“金熊猫”科技企业创新积分评价系统的“积分贷”产品，通过主动授信的方式为788家企业发放123.1亿元信用贷款，发放额度居全国试点高新区第一；“股债通”为阜特科技成功融资4500万元，创下四川省内政策性投贷联动产品最高融资额纪录；助力锐思环保通过“制惠贷”获得1000万元授信支持，成为四川省内“制惠贷”首笔落地款项。盈创学社“在盈端”成功上架，发布音频课程“融资工具包2.0”，举办直播课18场；组织“培训盈”“盈享会”“微路演”等活动45场，服务1.3万余人次。科技金融大厦签约入驻企业75家，整体签约入驻率93.71%，办公人数近2400人；累计“四派人才”445人、金熊猫人才23人；累计获得知识产权458个；认定雏鹰企业12家、瞪羚企业2家、高新技术企业15家。

（高科集团）

金融业机构

【概况】 截至2022年年末，成都高新区金融机构总数达到1301家，其中银行267家（总行2家、省分行16家）、证券和期货类公司94家（总部3家）、保险及保险中介机构204家、融资租赁11家、融资担保8家、小额贷款8家、地方性交易场所7家、商业保理3家、典当行22家、资产管理公司（AMC）1家、股权投资及管理机构602家、金融科技及金融信息服务73家，消费金融1家。

【银行机构】 国家开发银行四川省分行　简称“国开行四川分行”，设立于1999年，是国家开发银行在川唯一分支机构，主要开展中长期信贷业务，有员工260人。国开行四川分行发挥中长期投资融和综合金融服务优势，引导和配置社会资金，在川累计投放资金超过1.56万亿元，成为全省非个人中长期贷款和外币贷款领域的领军银行。截至2022年年末，国家开发银行四川省分行管理资产总额9600亿元，其中人民币贷款余额超过7000亿元，信贷投放连续6年超千亿元，非个人中长期贷款余额居全省第一；外汇贷款余额52亿美元，居全省首位；支持基础设施建设，固定资产贷款余额占全省21%，居全省第一；运用政策性开发性金融工具投放基础设施基金334亿元，居全省第一。

中国进出口银行四川省分行　2004年5月28日，中国进出口银行四川省分行成立，成为进出口银行在西部地区设立的第一家省级分支机构。分行坚持履行政策性金融使命，与西部大开发、“一带一路”倡议、成渝地区双城经济圈建设、碳达峰碳中和等国家战略一路同行，与川藏两省经济社会发展同频共振。截至2022年，分行业务范围已延伸到全球五大洲27个国家和地区，贷款余额从立行之初的35亿元增长到1200亿元，累计投放各类贷款超4000亿元。

中国农业银行股份有限公司四川省分行　设立于1992年6月，是农业银行总行确定的中西部地区唯一“区域战略行”，也是国家乡村振兴局、四川省政府与农业银行总行确定的全国首个乡村振兴金融创新示范区主办银行。经过多年的发展，农业银行四川分行成为四川省内同业大行和农行系统先进行，致力于当好服务乡村振兴的领军银行和服务实体经济的主力银行。辖21个二级分行、186个一级支行，在岗员工2.21万人，实现“县县有机构、乡镇有网点、村村有服务”。建设有1350个网点、717个自助银行、1.3万个惠农通服务点、16台移动金融服务车、2295万掌银用户，形成了城乡贯通的“五位一体”渠道服务体系，各项贷款总量居省内同业首位。

中国邮政储蓄银行股份有限公司四川省分行　于2007年成立，依托邮政集团内银行、证券、保险、基金、物流、消费金融等资源，充分发挥信息流、资金流和物流独特优势，进行跨市场、跨机构、跨行业的产品、渠道、信用等资源复用，下辖21个市（州）分行、1个直属支行、141个一级支行，是省内单一法人金融机构网点规模最大、服务客户数量最多的大型国有商业银行，拥有营业网点3045个（自营563个），服务个人客户超过5000万户。

四川省农村信用社联合社　于1951年建立，2005年进行工商注册，注册资本金3000万，承担对全省农村信用社的管理、指导、协调和服务职能，由四川省人民政府国有资产监督管理委员会代表省委省政府履行出资人职责。截至2022年，四川省农村信用社联合社营业网点遍及城乡，业务领域覆盖“三农”、中小企业和城乡居民等各个层面，发展成为全省最大的社区性、零售性银行业金融机构。

中信银行股份有限公司成都分行　中信银行总行在西南地区设立的首家一级分行，成立于1997年12月16日，有44个营业网点。其中在达州、宜宾、德阳、泸州各设立1家二级分行，支行39家，有员工约1300人。中信银行成都分行坚持贯彻总行发展战略导向，以服务地方经济发展、惠及百姓民生为己任，坚持“稳扎稳打、快速发展”的经营理念，树立鲜明的“稳健”经营风格，依托中信集团、中信银行总行综合优势，总计为四川逾3万家企业、240万个人提供多元、优质的金融服务。

广发银行股份有限公司成都分行　于2013年4月18日开业，是广发银行在四川设立的省级分行，秉持“广聚金融智慧，发展美丽四川”的发展宗旨，将自身发展规划与四川经济社会发展紧密结合，围绕“一带一路”建设、成渝地区双城经济圈建设等党和国家重大战略部署，积极完善川内机构布局，坚持服务实体经济，满足人民群众的金融需求，把广发银行的新理念、新业务、新产品带到四川，以服务大局引领高质量发展。

中国民生银行股份有限公司成都分行　成立于2002年，成都分行深入贯彻新发展理念，聚焦“民营企业的银行、敏捷开放的银行、用心服务的银行”战略定位，持续深化体制机制改革，加快推进数字化转型，迈出高质量发展坚实步伐。截至2022年，民生银行成都分行资产总额1575.62亿元，各项存款余额1497.01亿元，各项贷款余额1544.51亿元。下辖分行4家、县域支行12家、同城支行21家，机构总数超过100家，覆盖成都、德阳、宜宾、巴中、泸州等多个城市；成立20年来，累计向四川省各领域融资超过10000亿元，累计贡献税收超70亿元。

四川新网银行股份有限公司　成立于2016年12月28日，是经中国银保监会批准设立的全国第三家互联网数字银行，西部地区唯一一家具备全国展业资质的银行，注册资本30亿元。新网银行是全国第二家获得高新技术企业认证的银行，开业以来累计提交专利申请450项，专利申请量排名全球银行第13位。通过创新应用数字技术，新网银行有效解决了普惠金融业务风险识别难、作业成本高的难题，业务全在线操作、全实时审批、全客群开放、智能化处理。

【保险机构】 和谐健康保险股份有限公司　于2006年经原中国保险监督管理委员会批准正式开业，是全国性、专业性健康保险公司之一。2020年3月19日，经中国银行保险监督管理委员会批复同意，福佳集团受让51%股份成为和谐健康控股股东。截至2022年年底，公司注册资本139亿元，和谐健康保险广泛整合各类医疗机构、健康保障、养老服务等社会资源，创新构建“保险+科技+服务”的生态系统，全力打造“健康保障+健康管理”的服务模式，在全国设有15家省级分公司，42家中支及支公司，基本形成覆盖全国的服务网络。

国宝人寿保险股份有限公司　成立于2018年4月，注册资本15亿元，经营范围主要包括普通型保险（包括人寿保险和年金保险）、健康保险、意外伤害保险、分红型保险、万能型保险以及上述业务的再保险业务等。该公司是中国银保监会批准设立的一家股份制人寿保险公司，是第一家总部和注册地设在四川的人寿保险公司，也是由四川省委、省政府主导成立的唯一一家全国性法人寿险机构。截至2022年，国宝人寿资产规模达80亿元，在四川、北京、重庆开设3家省级分公司，在四川省内开设7家市州中心支公司和1家支公司。

【证券机构（含公募基金）】 华西证券股份有限公司　该公司源于1988年成立的四川省证券股份有限公司。2000年6月26日，原四川省证券股份有限公司与原四川证券交易中心合并重组、增资扩股成立华西证券有限责任公司，注册资本26.25亿元。2019年2月，华西证券被纳入MSCI指数名单。2021年，公司成功入选“天府国企综合改革行动”企业（四川省共70家，金融机构仅1家）、成都市重点产业上市龙头企业（仅15家）以及证监会发布的首批券商“白名单”（首批仅有29家）。华西证券依托财富管理、投资银行以及投资管理三大支柱业务，围绕公司投研支持、机构销售、PB外包以及资管产品创设等跨业务关键能力，利用机构服务和券商资管两大业务平台，与三大支柱业务深度协同，持续打造具有活力和特色的全国一流证券金融服务平台。

川财证券有限责任公司　前身为经四川省人民政府批准、由四川省财政出资兴办的四川省川财证券公司，成立于1988年7月，是全国首家由财政国债中介机构整体转制而成的专业证券公司，于1997年变更工商注册信息，经营范围扩大至市场化证券业务，截至2022年注册资本10亿元。川财证券设有投资银行总部、经纪业务部、资产管理部、固定收益部、证券投资部、研究所、战略客户部等业务部门，在北京、上海、深圳、广东设有分公司。业务范围涵盖证券经纪、证券投资咨询、证券承销与保荐、证券自营、证券资产管理、财务顾问、证券投资基金销售、融资融券、代销金融产品等传统业务和金融创新业务。

华西基金管理有限责任公司 2021年11月注册成立，注册资本1亿元人民币，是中国证监会批准设立的公募基金管理公司，另设立华北营销中心、华南营销中心、华中营销中心。公司取得中国证监会核发的经营证券期货业务许可证，开展公募基金管理、基金销售等业务，涵盖主动权益投资、专户投资、社保基金投资、固定收益投资多个领域。华西基金为四川省首家公募基金持牌机构，积极融入成渝地区双城经济圈和“西部金融中心”建设，力争成为西部地区财富管理行业新标杆。

表4 2022年成都高新区代表性金融类企业统计（排名不分先后）

序号	企业名称
1	四川发展融资担保股份有限公司
2	华西证券股份有限公司
3	平安银行股份有限公司成都分行
4	重庆银行股份有限公司成都分行
5	四川产业振兴发展投资基金有限公司
6	国宝人寿保险股份有限公司
7	中国太平洋人寿保险股份有限公司四川分公司
8	中国太平洋财产保险股份有限公司四川分公司
9	太平人寿保险有限公司四川分公司
10	新希望财务有限公司
11	中国农业银行股份有限公司四川省分行
12	成都新希望金融信息有限公司
13	中国人寿财产保险股份有限公司四川省分公司
14	锦泰财产保险股份有限公司
15	成都天府通金融服务股份有限公司
16	四川新网银行股份有限公司
17	成都高新锦泓科技小额贷款有限责任公司
18	中国进出口银行四川省分行
19	中信银行股份有限公司成都分行
20	倍特期货有限公司
21	天津银行股份有限公司成都分行
22	四川省农村信用社联合社
23	和谐健康保险股份有限公司四川分公司
24	中国人寿保险股份有限公司四川省分公司
25	中航安盟财产保险有限公司
26	成都益航资产管理有限公司

续表4

序号	企业名称
27	中国民生银行股份有限公司成都分行
28	四川锦程消费金融有限责任公司
29	四川金石租赁股份有限公司
30	四川省金玉融资担保有限公司
31	中银三星人寿四川分公司
32	国家开发银行四川省分行
33	广发银行股份有限公司成都分行
34	东方电气集团财务有限公司
35	恒丰银行股份有限公司成都分公司
36	川财证券有限责任公司
37	天府信用增进股份有限公司
38	徽商银行股份有限公司成都分行
39	成都金融资产交易中心股权有限公司

表5　2022年成都高新区重点大型银行机构统计

序号	机构名称	注册资本金（亿元）	注册地址
1	国家开发银行四川省分行	—	成都高新区天泰路120号
2	中国进出口银行四川省分行	—	成都高新区天府大道北段1480号
3	中国农业银行股份有限公司四川省分行	—	成都高新区天府三街666号
4	中国邮政储蓄银行股份有限公司四川省分行	—	成都高新区天府四街588号
5	中信银行股份有限公司成都分行	—	成都高新区天府大道北段1480号
6	广发银行股份有限公司成都分行	—	成都高新区天泰路112号
7	中国民生银行股份有限公司成都分行	—	成都高新区天府大道北段966号6号楼
8	四川新网银行股份有限公司	30	成都高新区吉泰三路8号

注：不含三级以下分支行，分支行无注册资本金。

表6　2022年成都高新区重点大型保险机构总部统计

序号	机构名称	注册资本金（亿元）	注册地址
1	和谐健康保险股份有限公司	139	成都高新区天府大道北段966号
2	国宝人寿保险股份有限公司	15	成都高新区天府大道北段966号

表7　2022年成都高新区重点大型证券机构总部统计（含公募基金）

序号	机构名称	注册资本金（亿元）	注册地址
1	华西证券股份有限公司	26.25	成都高新区天府二街198号
2	川财证券有限责任公司	10	成都高新区交子大道177号
3	华西基金管理有限责任公司	1	成都高新区天府二街198号

（国资金融局）

招商引资与国际合作

INVESTMENT PROMOTION AND INTERNATIONAL COOPERATION

招商引资

【概况】 2022年，成都高新区招商引智各项目标完成数位居全市第一，外商直接投资（FDI）14.55亿美元，占全市FDI总量的56%，完成数居全市第一。实际到位内资280.42亿元，完成全年目标的107.85%，占全市总量的8.35%。引进产业化重大产业化项目36个，完成市级目标的102.86%，占全市总量的9.52%，其中30亿元以上项目17个（含先进制造项目12个），包括100亿级项目4个、50亿级项目3个，引进产业链关键配套专精特新项目18个。

【重大项目招商】 2022年，成都高新区围绕推进主导产业建圈强链、推动产业基础高级化和产业链现代化，坚持以先进智造和现代服务业为主攻方向，以招大引强、招商引智为抓手，突出“链主企业”和关键核心配套企业，开展针对性促进，推动在谈重大项目取得新进展。全年成功签约落地总投资110亿元的奕斯伟板级封装系统集成电路项目、100亿元的京东方成都车载显示基地、100亿元的腾讯未来中心、100亿元的字节跳动生活服务全国总部、71.7亿元的西门子工业自动化产品中国智造基地、60亿元的藏格新能源产业全国金融投资中心、55.7亿元的东材科技成都创新中心及生产基地等一批链主龙头项目。

【驻外招商】 2022年，成都高新区北京、上海、深圳代表处全年走访企业451家，拓展商协会等招商渠道56家；获取中国电科、东土科技、KK集团、德赛西威等项目信息101条，其中高能级500强企业及投资5亿元以上重大项目信息34条，成功注册落地新纽科技、艾美菲、地上铁等项目8个。

表8　2022年成都高新区引进市级重大产业项目

序号	项目名称	投资额（亿元）	产业链领域
1	奕斯伟板级封装系统集成电路项目	110	集成电路
2	京东方成都车载显示基地	100	新型显示
3	腾讯未来中心	100	文创业
4	字节跳动生活服务全国总部	100	大数据
5	西门子工业自动化产品中国智造基地	71.7	集成电路
6	东材科技成都创新中心及生产基地	55.7	新型材料（新型显示）
7	普联国际创新总部	50	高端软件
8	中国电信卫健产业全国总部基地	31	高端软件
9	高金富恒成都总部生态基地	31	新型材料（新型显示）
10	莱宝中尺寸液晶显示模组研发及生产基地	30	新型显示
11	金邦存储研发生产总部基地	30	集成电路
12	瑞波科总部及高机能半导体材料研发制造基地	30	新型显示
13	上海创诺西部研发中心及产业化项目	30	创新药
14	兴科蓉智能化医美产业园	30	高端医疗器械

续表 8

序号	项目名称	投资额(亿元)	产业链领域
15	银河航天卫星互联网产业示范基地	30	卫星互联网
16	康龙化成临床业务总部	30	创新药
17	青海藏格新能源产业全国金融投资中心	30	金融业
18	普华永道全国数智创新中心	14	大数据
19	优卡集团总部项目	10.5	大数据
20	元六鸿远(成都)创新基地	10	集成电路
21	Huba Control 压力传感器中国总部及生产基地项目	10	智能终端
22	国家精准医学产业创新中心	10	创新药
23	海克医疗高强度自聚焦超声肿瘤治疗系统研发生产基地	10	高端医疗器械
24	上海司羿智能总部及产业化基地项目	10	高端医疗器械
25	中科创达西部功能性总部	10	智能网联汽车
26	衫数科技数字经济总部项目	10	人工智能
27	新加坡新川投资控股 设立科创中心项目	5.64	高端软件
28	韦尔股份西南研发及业务总部	5	集成电路
29	燧原科技西部总部基地	5	集成电路
30	菲斯特激光显示光学屏产业项目	5	新型显示
31	阿斯利康中国西部总部	5	创新药
32	晶易医药西部总部及高端创新生物医药产业基地	5	创新药
33	四川省商投集团产业投资平台项目	5	金融业
34	法国阳狮集团西部总部	5	大数据
35	哔哩哔哩内容审核安全中心西南总部	4	文创业
36	韩国 NAVER 云平台总部	3.5	高端软件

表 9　2022 年成都高新区涉外资企业(总投资 500 万美元以上)

企业名称	投资总额(万美元)	注册资本(万美元)	外商出资金额(万美元)
中碳电投(成都)能源有限公司	1393	1393	1393
成都卡利姆多科技有限公司	1000	1000	1000
成都佳源诚建筑工程有限公司	784	784	313
成都恩希云科技有限公司	1000	500	500
四川港青新耀能源科技有限公司	636	636	541
四川易府昂医疗科技有限公司	949	474	317
成都同创佳联科技有限公司	5000	5000	5000
成都华储新能源集团有限公司	784	784	7843
美视康视光科技(成都)有限责任公司	1882	784	78
普华永道数智科技(成都)有限公司	800	400	400
万易祥云科技有限公司	1567	1567	1567

续表 9

企业名称	投资总额（万美元）	注册资本（万美元）	外商出资金额（万美元）
瑞德信科（成都）科技中心（有限合伙）	670	670	670
四川嘉道博文生态科技有限公司	15013	15013	3753
拓高乐（成都）体育文化发展有限公司	2000	2000	2000
成都美团软件技术有限公司	800	800	800
李时珍中医药产业管理集团（四川）有限公司	1482	1482	1186
天府曙光（成都）科技有限公司	4353	4353	4353
成都优卡优科科技有限公司	1500	1500	1500
米高世纪工程技术（成都）有限公司	2000	2000	2000
四川诚铎科技有限公司	1568	1568	240
成都电顽部落科技有限公司	1000	1000	1000
桑瑞思医疗科技有限公司	1625	1548	154
成都无量界科技发展合伙企业（有限合伙）	955	955	946

表 10　2022 年成都高新区外资增资企业（总投资 500 万美元以上）

序号	企业名称	投资总额（万美元）	注册资本（万美元）	外商出资金额（万美元）
1	北森云计算有限公司	15000	15000	15000
2	四川三叶草生物制药有限公司	4912	4912	4912
3	成都拟合未来科技有限公司	20000	20000	20000
4	成都鱼泡儿商务信息咨询服务有限公司	3740	3740	3740
5	成都银俊企业管理咨询有限公司	29800	29800	29800
6	成都云览科技有限公司	2000	2000	2000
7	成都中食食品销售集团有限公司	2112	2112	2112
8	乐天百货（成都）有限公司	17480	7060	7060
9	成都淳泰电子材料有限公司	6966	6966	3344
10	四川易殿堂成集团有限公司	750	750	382
11	中航安盟财产保险有限公司	21958	21958	10979
12	成都探鸟科技有限公司	784	784	400
13	成都威斯克生物医药有限公司	19511	19511	1806
14	迪瑞药业（成都）有限公司	11000	5000	5000
15	索尔思光电（成都）有限公司	10467	10467	10467
16	成都芯源系统有限公司	100000	60000	60000
17	美敦力医疗器械（成都）有限公司	12000	4000	3960
18	晶艺半导体有限公司	1662	770	147
19	英特尔产品（成都）有限公司	130000	43400	43400

（经济发展局）

招展引会

【概况】 2022年，成都高新区会展产业持续发展，“展产融合”“以会促投”发挥实效，建立会展主管部门与各产业功能区的协调联动机制，共同策划、举办、引育专业展会。充分发挥展会平台的桥梁纽带作用，做好全流程投促协同，围绕产业招商做好服务。全年高新区会展业总收入约68.6亿元，举办线上线下重大会展活动36场，其中主导产业展会10场，占全年重大展会举办数的28%。举办第十九届中国国际软件合作软洽会、成都高新细胞生物制药前沿论坛、“亚洲金融论坛”蓉港金融合作交流会等重大专业展会活动，推动引进40个重大产业项目落地，总投资约644亿元。

【重大会展活动】 2022年，成都高新区着力招展引会，推动展产深度融合，不断优化政务服务，精准采取防控措施，加大政策供给力度，共举办线上线下重大会展活动36场，其中糖酒会、茶博会等5万平方米以上大型展会活动2场，UFI认证展会活动1场，初步形成“展产一体”发展格局。建立健全会展主管部门与各产业功能区的协调联动机制，共同策划、举办、引育专业展会。全年高新区举办中国（成都）国际电子展、中国（成都）国际数字娱乐博览会等主导产业展会10场，举办第十九届软洽会、成都高新细胞生物制药前沿论坛、“亚洲金融论坛”蓉港金融合作交流会等重大会议活动。“以会促投、以展招商”取得成效。充分发挥展会平台的桥梁纽带作用，助力产业招商，通过策划举办软洽会、2022年世界显示产业大会、成都天府国际生物城建圈强链等展会及活动，推动引进腾讯未来中心、抖音生活服务全国总部、瑞波科总部及高机能半导体材料研发制造基地等40个重大产业项目。

【展会安全管理】 2022年，成都高新区强化行业主管责任，保障展会顺利举办，落实展会活动常态化管理，进一步完善区内展会备案管理、政务保障专题协调会、常态化督查等机制。疫情防控方面，落实重大展会“每展必检”原则，开展安全生产现场检查19次，排查安全隐患并整改完成81处，组织开展消防演练2次。制定酒店大中型会议疫情防控联动工作机制，开展酒店会议活动疫情防控巡查500余家次，发现并整改问题276个。2022年第106届全国糖酒商品交易会、第四届中国匠人大会在成都高新区举办，高新区管委会成立政务保障工作协调小组及现场专班，制定并实施工作方案，精心服务企业。针对疫情导致的中国匠人大会五次延期，五次与主办方协调沟通会议地点、策划会议内容，面对高温限电等不利因素，采用白天休市、晚间开市及电子蜡烛等应对措施，获得主办单位高度评价。在糖酒会期间，积极对接市级相关部门，成立区级保障协调小组，制定4项专项方案，安排人员现场值守，妥善处置期间黄码、密接人员，确保活动安全、顺利举办。

【政策措施】 2022年，成都高新区优化政策供给，助力企业发展，出台《成都高新区支持市场主体纾难解困助力困难行业恢复发展的政策措施》，为收入下降的展览场馆以及活动延期或取消的会议型酒店发放补贴，支持会展企业6家，已兑现政策补贴约127万元。落实市级会展业政策申报，设立政策申报绿色通道并安排专人开展《支持市场主体健康发展促进经济稳定增长政策措施》《会展行业增强发展韧性稳住经济增长若干政策措施》等市级政策申报工作，申报项目17个，兑现政策补贴约512万元。

（国际合作局）

国际交流合作

【概况】 2022年，成都高新区国际合作扎实推进，对外开放资源更加丰富，促成西班牙驻成都总领事馆入驻中国—欧洲中心，区内驻蓉总领事馆数量增至3家。连续两年编制并发布“国际化指数”报告，被国家、省、市各级媒体报道16次，有效提升高新区的影响力。面向区内中外居民开展涉外交流活动47场，举办“成都好港·高新助航”活动，受到多家省、市媒体报道。创新开展研学活动、企业讲堂等形式多样的“祖国在心中、领事保护宣传”系列领事保护宣传活动，研学活动为全市首创。中国—欧洲中心2022年招引宝马初创车库—阿里云创新中心（成都高新）智能汽车产业创新基地、百事全球商务服务中心、成都“一带一路”国际商事争端解决机构培优做强项目、CCG全球化智库西部研究院、中国—意大利医疗卫生人才培训合作中心暨UPMC国际医学交流中心等项目。持续完善服务体系，强化服务企业的能力，不断升级线上线下自贸服务增值功能，与全球知名品牌传播公司阳狮集团合作，高质量策划中国—欧洲中心及周边地区的线上线下整体打造方案及数字化运营方案。中日联合创新中心入驻首个世界500强项目三菱重工中日数字低碳城市科创中心，集聚上下游生态链企业7家。中日会客厅接待省市外办、日本驻重庆总领事馆、日本贸易振兴机构、日本商工会以及在蓉头部日资企业超20次。

【巴基斯坦分享会】 2022年1月8日“星月之国”巴基斯坦分享会，通过微信视频号以直播的形式组织开展兴蓉国际化社区营造之“星月之国——巴基斯坦”活动，吸引233人次参与观看和互动。

【中韩交流会】 2022年1月20日，由成都高新区管委会主办，成都高新区科技和人才工作局承办的“2022年成都·韩国国际客厅新年交流会”在高新区举行。交流会旨在答谢中韩两方政府领导、合作伙伴长久以来的支持，共同庆祝成都·韩国国际客厅一年来取得的成果。8月18日，“中韩建交30周年·中韩文化交流嘉年华”活动在成都高新区中韩创新创业园（菁蓉汇）举行，大韩民国驻成都总领事馆、在华韩国创新中心（KIC中国）、韩国中小企业振兴公团深圳代表处、韩国贸易协会成都代表处、大韩贸易投资振兴公社成都代表处、韩国京畿道重庆代表处、韩中文化协会、韩国企业家协会、友利银行（成都分行）、韩亚航空等韩国机构、企业，以及成都市、成都高新区相关政府代表、企业和院校嘉宾出席活动。10月26日，由韩国驻成都总领事馆与成都高新区科技创新局联合主办“2022韩国企业及留学生创业说明会”，在蓉韩国留学生以及创业青年约40人参加活动。韩国驻成都总领事馆、成都市外国专家局、成都市出入境管理局、世界韩国人商会广州分会等机构与行业组织为在蓉留学生及创业青年介绍国内就业政策、创业实例以及相关人才政策，韩国领事馆领事以及行业专家针对企业及留学生提出的问题进行现场解答。11月25日，由韩国驻成都总领事馆，成都高新区科技创新局和大韩贸易投资振兴公社成都代表处联合主办的“中国（四川省）—韩国智能初创企业线上合作交流对接会”在中韩创新创业园（菁蓉汇）举办。

【中国和墨西哥建交50周年亮灯仪式】 2022

年2月14日晚7点，由成都市人民政府外事办公室主办、成都高新区管委会承办的庆祝中国和墨西哥建交50周年亮灯仪式在成都金融城天府双塔举行。“庆祝中国墨西哥建交50周年”“成都萨博潘友谊长存”等字样的汉字和西班牙文点亮塔身，这场灯光秀以中国与墨西哥两国国旗颜色为底色，用绚烂多彩的画面为两国建交50周年献上了成都贺礼，并以此深化成都与萨博潘友谊。成都与墨西哥萨博潘于2015年10月建立友好城市关系，两市在文化、教育、经贸等领域开展一系列友好交流与合作。墨西哥萨博潘于当地时间2月14日晚7点（北京时间2月15日早5点）在萨博潘市标志性楼宇举行亮灯仪式。这也是中外友城首次以亮灯方式共同庆祝两国建交周年纪念日。

【中日产业合作推介会】 2022年11月2日，成都高新区在中日会客厅举办“中日跨境电商主题交流活动”，是中日会客厅项目建成投运后举办的首场对日主题活动，面向日企集中推介中日（成都）地方发展合作示范区发展机遇。交流活动得到包含跨境贸易、仓储、物流、科技及支付等多领域企业的关注和支持，日本贸易振兴机构、伊藤洋华堂、保利佐川物流等中日双方企业、机构代表40余人参会。

【驻蓉总领事交流活动】 2022年12月15日，由成都高新区国际合作商务局支持，全球化智库新经济研究院主办的“全球化智库新经济研究院与各国驻蓉总领事见面午餐会”在中国—欧洲中心举行。活动以“共创成都经济发展美好环境”为主题，旨在建立全球化智库新经济研究院与各国驻蓉总领事馆的良好沟通及对话机制，促进成都市高新区与各国驻蓉总领事的交流与合作。法国驻成都总领事Guillaume DELVALLÉE（戴宁智）表示，建议双方增加更多合作的方式，举办更多的活动让成都的企业及百姓了解法国的营商环境。

【成都国际友城摄影展】 2022年8月26日，由成都市人民政府外事办公室联合部分欧洲国家友好城市共同举办的“‘印象蓉欧·成都友你’——成都国际友城摄影展”在成都地铁孵化园9号线站厅E口开幕，持续到9月23日。成都与58个国家的104个城市建立友好城市关系或友好合作关系，其中欧洲友城或友好合作关系城市42个。摄影展是成都首个大规模的国际友好城市摄影展，创新打造地铁展厅，精选展示来自10个欧洲国际友城和重要城市的93幅摄影作品，免费向市民开放，全景式、零距离呈现成都国际友城的城市景象、自然风貌、人文厚度和运动活力等精彩瞬间。“成都，2022以‘城’相见”摄影展也陆续在部分欧洲友好城市开启，该展览精选80幅成都摄影作品，以国际化视角向海外观众展示“大美成都”。

【“地铁遇见普拉多博物馆”展览】 2022年6月10日至8月9日，由成都市人民政府外事办公室、西班牙驻华大使馆、普拉多国家博物馆、西班牙驻成都总领事馆主办，成都轨道交通集团有限公司协办，并得到了塞万提斯学院和西班牙国家旅游局大力支持的“地铁遇见普拉多博物馆”展览在成都高新区地铁孵化园站厅面向公众开放，展出包括世界名画《宫娥》在内的29幅西班牙普拉多博物馆馆藏原比例复制画作。《宫娥》是由十七世纪西班牙画家迭戈·委拉斯开兹创作的一幅描绘宫廷生活的油画作品，空间构图精妙，人物层次丰富，与《蒙娜丽莎》《夜巡》并列“世界三大名画”。展览旨在打造博物馆外的博物馆，通过走进地铁空间的展陈方式，创建公众与藏品零距离对话交互的新场景，为成都市民营造一个易参与、易感知、易体验的沉浸式空间。

【2022成都·欧洲七国电影周】 2022年8月26日至9月1日，“2022成都·欧洲七国电影周”活动在成都高新区英皇UA电影城（悠方店）和沙河电影院举行。来自爱尔兰、匈牙利、捷克、英国、法国、西班牙、意大利的7部优秀电影作品面向成都市民进行公益放映，推动蓉欧文化交流互鉴、增进民心相通。活动选取的影片包括：举世闻名的普拉多博物馆建馆200周年之际首次拍摄的电影纪录片《普拉多博物馆：奇迹珍藏》，法国著名剧作家莫里哀诞辰400周年纪念演出季经典剧目《恨世者（剧场版）》，取材于英国杰出戏剧家莎士比亚代表作品登上英国国家剧院的舞台剧《哈姆雷特（剧场版）》，纪念“文艺复兴三杰”之一的拉斐尔逝世500周年纪录片《拉斐尔：年轻的画圣》。

【社区涉外交流活动】 2022年，成都高新区持续提升全区外籍人士社区服务水平，助力国际化营商环境建设，针对高新区涉外机构和知名外企聚集区域，不断提升涉外服务能力。依托“外籍人士社区服务中心”举行大运文化交流活动，以促进语言文化交流和文化传播为主旨，面向区内中外居民开展各类涉外交流活动。中海社区以“家在中海　爱在成都”为主题，开展涉外活动8场；盛华社区开展“爱成都·迎大运”“跟着大运学英语”等涉外文化活动6场。3月13日，盛华社区开展西班牙足球体验之家庭运动日活动，特邀请成都大学斯特灵学院体育研究项目负责人、西班牙国籍专业足球教练Tom Carreras。活动吸引30人左右参与。3月26日，兴蓉社区在微信·邻空间组织开展国际化社区营造之“旅行的意义”主题分享沙龙，吸引30余名中外居民参加活动，兴蓉社区组织开展“星月之国”巴基斯坦分享会等5场；天华社区开展“爱成都·迎大运”，极限飞盘，运动交友涉外活动5场。成都高新区有5家社区获评市级外籍人士社区服务中心，数量位居全市第一。

【其他交流活动】 2022年3月25日，西班牙驻成都总领事馆在成都高新区开馆，领区范围包括四川省、贵州省、云南省和重庆市，是西班牙在中国设立的第三家领事机构。6月6日，由全球化智库（CCG）主办、全球化智库新经济研究院承办的“中国西部国际交流与合作圆桌研讨会暨全球化智库新经济研究院揭牌仪式”在成都中国欧洲中心举行。6月10日，维谢格拉德集团国家自然宝藏自然图片展在成都中国—欧洲中心开幕。10月13日，由高新区国际合作商务局自贸处组织、联合国开发计划署发起的INSPIRO可持续发展青年创业者网络（INSPIRO Network）组织碳服务科创路演活动启动。10月26日，成都欧美同学会日韩分会成立大会在成都高新区中日联合创新中心召开，第一届理事会理事及归国留学人员代表50余人参加。

（国际合作局）

2022年10月26日，中日联合创新中心承办成都欧美同学会日韩分会成立大会暨“海归人才高新行”活动（国际合作局/供）

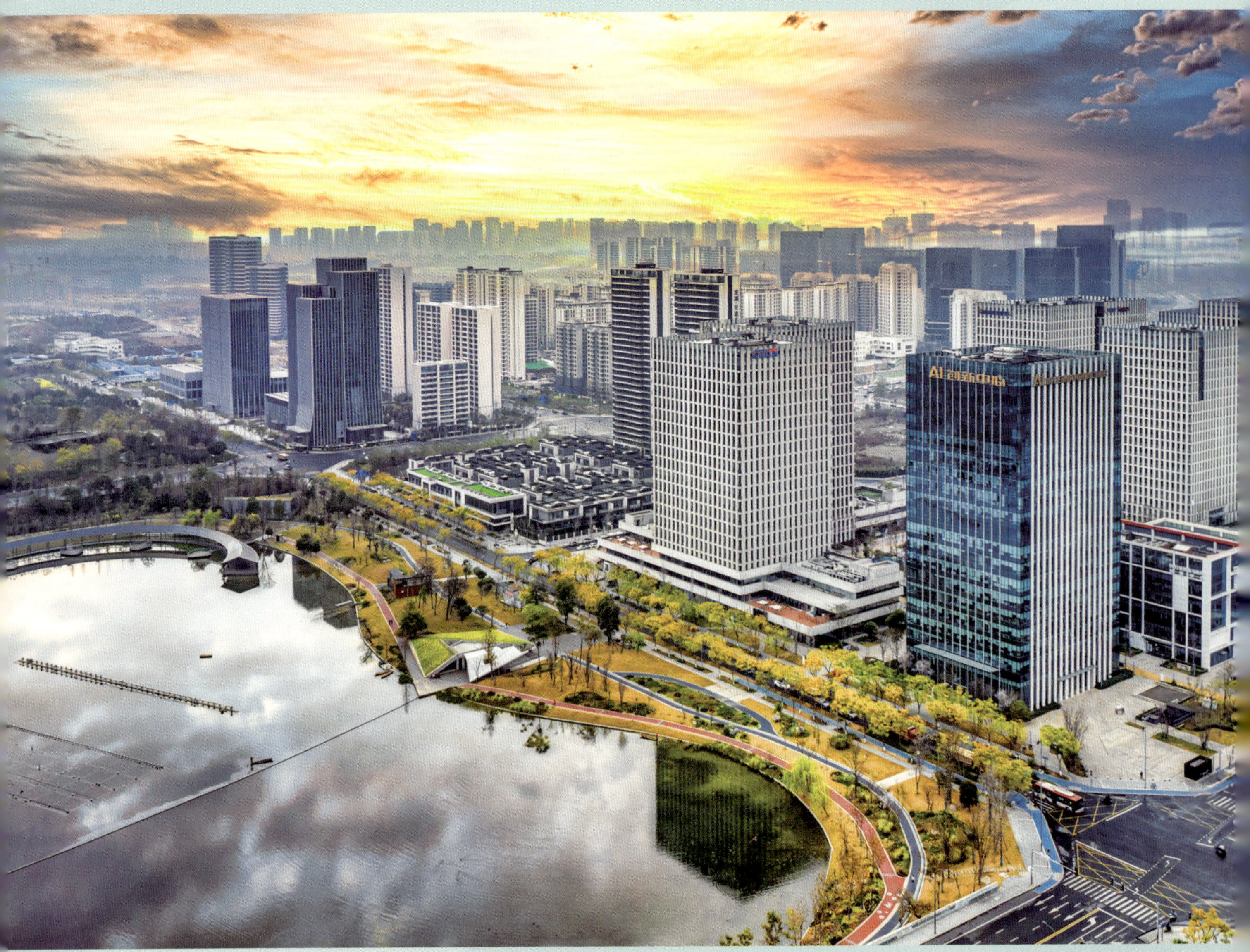

商贸与服务业

BUSINESS TRADE SERVICE

商业贸易

【概况】2022年，成都高新区以建设践行新发展理念的公园城市示范区为统领，突出政策引领，强化消费供给提质，优化促销活动引流，全年实现社会消费品零售总额937.9亿元，增速0.1%，高于全市1.8个百分点，居“5+1”城区首位；服务业增加值2150.0亿元，增长3.5%，排名全市第三；实现外贸进出口总额5533.6亿元，同比下降2.1%，占全省、全市比重的54.9%、66.3%。

【外贸进出口】2022年，成都高新区实现外贸进出口总额5533.6亿元(出口2953亿元，进口2580.6亿元)，分别占全省、全市进出口总额的54.9%、66.3%。

【对外投资】2022年，成都高新区新增对外投资备案项目41个，较去年增长7个，在采矿业、制造业、研发试验等14个行业领域实现投资总额11.5亿美元，同比增长201.8%。

【批发业】2022年，成都高新区内限额以上批发企业211家，营业收入1275.4亿元、利润135.2亿元，分别较上年增加16.6%和121.1%。

【零售业】2022年，成都高新区内限额以上零售企业128家，营业收入443.5亿元、利润23.9亿元，分别较上年增加1.3%和-66.8%。

【住宿餐饮业】2022年成都高新区内限额以上住宿餐饮企业100家，营业收入19.0亿元、利润-1.4亿元，分别较上年增加-10.5%和-128.0%。

表11　2022年成都高新区内外贸易统计

指标名称	计量单位	本年	全增长率(%)
内外贸易	—		
限额以上批发和零售业商品销售总额	亿元	1886.0	14.3%
社会消费品零售总额	亿元	937.9	0.1%
限额以上批发和零售企业数（法人数）	个	339	6.6%
其中：零售业	个	128	6.7%

【服务贸易】2022年，成都高新区国家数字服务出口基地总计131家服务贸易企业被纳入商务部服务贸易进出口业务重点企业，实现服务贸易进出口总额38.3亿美元，占全市重点服贸企业进出口总额的58.3%。服务外包在岸执行金额达2.4亿美元，同比增长30%；服务外包离岸执行金额达26.8亿美元，同比增长10.9%，稳居全市首位。

【商贸服务业复苏】2022年，成都高新区出台《成都高新区关于助力国际消费中心城市建设促进商贸服务业提质发展的若干政策意见》，推出支持市场经营主体发展壮大、适配需求释放消费潜力、完善商业服务布局、提升保障服务等4个方面共计12条措施全力推动商贸消费复苏回暖、引导企业主体提能升级。年内成都高新区共吸聚首店入驻140个，上榜米其林（必比登）餐厅5家、黑珍珠餐厅3家，其中，柴门荟、银锅连续两年摘得米其林一星。组织向南、凤栖梧、喜玉饺子连续两年入选必比登，翠玲珑、华道钰善阁等3家餐厅入选黑珍珠一钻，区内的消费品牌能级进一步提升。2022年，成都高新区陆续开展“新春美食嘉年华”“首届高新咖啡文化节”“嗨淘智享”“融享城南——高新66消费节”“成都交子金融商圈（泛）2022迎新消费季”等促消费活动，推动消费回暖。为聚焦提升龙头企业消费带动力，支持以展促销扩大汽车销售，成都高新区先后开展两轮汽车消费券活动，有效刺激和拉动汽车消费。全年培育限额以上商贸业企业入院122家，限额以上市场主体总量将到488家，居全市第一。进入全市限上100强企业15家。疫情期间新开商业体量达40万平方米，居全市第一。交子大道、REGULAR·源野各占成都八大示范消费场景一席。持续开展消费系列活动，全面营造区域消费氛围，领办、促办“嗨淘智享”系列、“成都交子金融商圈（泛）2022迎新消费季”“融享城南——高新66消费节”等促消费活动30余场，策划并发放“高新”智享汽车消费券、“嗨高新·潮成都”迎新消费券等折合人民币4022万元。

【安全生产管理】 2022年，成都高新区商贸服务业开展安全综合治理，重点开展商超、再生资源回收站点消防安全隐患排查和餐饮行业燃气安全隐患整治工作，巡查280余家经营主体，排查隐患问题420余项全部完成整改，并开展安全生产月与消防月主题宣教活动。组织国际物流企业开展安全培训10余次，消防演练3次，督导国际物流企业安全生产大检查，发现安全隐患24个，全部整改落实。

【稳外贸促增长】 2022年，成都高新区跨部门开展稳外贸促增长攻坚行动，协同各部门及时协调解决企业生产经营问题，做好外贸运行分析及运行研判。2022年，语言服务、知识产权、人力资源国家特色服务出口基地落户成都高新区，成都高新区国家服务出口基地扩充至4家，数量位居全国前列。服务贸易企业达131家，实现服务贸易进出口总额38.27亿美元。全年拨付各类政策扶持资金9772.48万元人民币。开展拼经济、拓市场对外经贸交流系列活动，11家企业18人以小分队方式出海洽谈项目，争取订单1.5亿元人民币，签署对外投资协议10亿元人民币。仅用20天组织成都高新区“拼经济、抢订单、拓市场”首发团，首批15家企业包机赴欧开拓业务。签约落地四川云贸供应链全国总部项目、大榕树海外仓平台全球总部项目等6个，持续推进成都天齐实业（集团）有限公司出海抢订单暨总部项目等。全年实现新增对外投资备案项目42个，投资备案总额达11.5亿美元。

（国际合作局）

自贸试验区

【概况】 2022年，成都高新自贸试验区新增企业28102户，新增注册资本总额2707.9亿元，其中新增外商投资企业289户，注册资本总额420.8亿元，新增企业和外商投资企业分别占全市自贸试验区的60.9%和89.8%。“司法确认‘立等可取’快速通道”案例作为四川省改革创新成果报送至商务部，“创新打造全省首个智能驾驶示范场景”等3个重点案例入选全省第六批复制推广制度创新成果，借力联合国开发计划署可持续发展创新示范项目的全球网络资源优势和可持续发展经验，打造INSPIRO全球青年可持续创业者网络案例入选“2022中国城市产业发展论坛优秀案例”。获评“2021年度建设中国（四川）自由贸易试验区工作先进集体”。在深化改革、扩大开放、服务国家重大战略等方面取得阶段性成果，累计形成140余项改革创新案例，“自贸通综合金融服务”“分布式共享实现‘银政互通’”等5项案例在全国复制推广，“中小科技企业双创债”“知识产权刑事案件双报制度”等18个案例在全省复制推广。

【经济指标】 2022年，成都高新自贸试验区新增企业28102户，新增注册资本总额2707.9亿元，其中新增外商投资企业289户，注册资本总额420.8亿元，贡献全市自贸试验区60.9%的新增企业和89.8%的外商投资企业。完成外商直接投资FDI10.53亿美元。区内对外投资企业在澳大利亚、加拿大、新加坡、新西兰等全球17个国家和地区新增项目41个，总投资额11.5亿美元。实现外贸进出口总额152.21亿元。

【改革创新】 2022年，成都高新区“司法确认‘立等可取’快速通道”案例作为四川省改革创新成果报送至商务部。“创新打造全省首个智能驾驶示范场景”“消费金融案件‘集约化解纷’模式”“智慧移动公厕‘投建管营’全生命周期一体化新模式”3个重点案例入选四川自贸试验区（协同改革先行区）第六批全省复制推广制度创新成果，“打造INSPIRO全球青年可持续创业者网络”等7项案例在2022中国城市产业发展论坛上入选产业创新转型升级优秀案例。持续攻坚产业发展型制度创新，获批在成都开展本外币合一账户政策试点，推动永力创科技成为全省首批开立本外币合一银行结算账户企业。开展属地游戏试审核试点，推动四川省游戏创新发展中心入驻瞪羚谷数字文创产业基地，为企业提供技术研发支持、创作生产引导、出版预审监管以及市场运营、主体培育等一站式服务。探索推动数据跨境自由流动，针对区内数字游戏、数字音视频、跨境电商等“出海”企业访问国际互联网真实业务需求，对接省、市、区网信部门，争取开展数字跨境流动安全管理试点。开展高新区第二期碳中和服务业枢纽策略研究，持续建设INSPIRO可持续发展青年创业者网络并举行Re: Think创新营、数字贸易创新发展沙龙等交流活动，累计举办线上线下活动7场，吸引上百位全球创业者参与，邀请专家学者110余人，调研服务140余家企业拓展国际化业务。

【国别合作】 2022年，成都高新区完成中新、中韩、中日国际会客厅打造，新川创新科技园聚集百度Apollo西部智能驾驶创新中心等项目100余个；中韩国别合作园区重点引进医美、文创、游戏等领域韩国优势企业，聚集对韩服务众创空间4家，入驻企业718家。建成中日联合创新中心，首个世界500强项目三菱重工中日数字低碳城市科创中心入驻运营，集聚上下游生态链企业7家。中日会客厅接待省市外办、日本驻重庆总领事馆、日本贸易振兴机构、日本商工会以及在蓉头部日资企业超20次。

【“放管服”改革】 2022年，成都高新区推进“证照分离”改革全覆盖，对照中央、自贸区、四川省公布的改革事项清单，分别按照直接取消审批、审批改为备案、实行告知承诺、优化审批服务四种方式在全区范围内推开“证照分离”改革。率先推出“一业一证”改革，覆盖餐饮店、便利店、药店、宾馆旅店、游艺娱乐等20个行业，实行“一单告知、一表申请、一标核准、一窗出证”，并根据企业需求提供证照联办、多证联办服务。创新推出“一窗式”政策申报受理，利用“高新通”等企业服务平台，从“线下走向线上”、从“有纸化走向无纸化”、从“PC端走向移动端”，出台支持集成电路、医药健康、人才引进等精准扶持政策，优化“政策找企业”主动服务，扩大“免申即享”范围。创新推出“一码办成事”改革，500余项事项实现跨域通办，政务服务办件超1100万件，满意率达99.9%，“12345”网络理政处理企业和群众诉求解决率、满意率均超94%。

【持续优化营商环境】2022年，成都高新区深化商事登记制度改革，在自贸区内试点商事主体登记确认制，探索将商事登记由行政许可向行政确认转变。实施优化营商环境“十大攻坚”计划，包括市场机会“云链接”、股权融资“快车道”、研发加计扣除“便捷享”等方面，实现国有土地出让“交地即交证”、新建商品房“交房即交证”。全面落实国家和省、市助企纾困政策，接连推出“助企健康发展十条”“纾困解难五条”“惠企十条举措”等政策举措，惠及超55万户次市场主体。率先推出“问办结合＋自动办理＋精准辅导”的三位一体新型税费服务模式，通过“数字税务员工”人工智能技术实现办税缴费即问即办、精准辅导，全年累计推送各类消息172批次，精准推送率94.77%，涉及纳税人39.59万户次。推动商贸产业信贷产品改革，有效利用高新区获批成为全国首批国家级科技与金融结合试点地区的政策优势，重点围绕交子商圈打造，通过缓解中小微商贸企业的融资难题，进一步推动功能区商贸产业高质量发展。实施自贸企业服务专项行动，梳理百户自贸重点产业龙头企业、外经贸企业，建立联系服务企业库，利用自媒体等渠道开展自贸惠企政策宣讲、培训及其他自贸企业综合服务。

（国际合作局）

综合保税区

【概况】2022年，成都高新综合保税区实现进出口总额4660亿元（不含双流园区），同比下降6.6%，占全省外贸进出口总额的46.2%。其中，出口2556亿元，同比下降2.1%，占全省外贸出口的41.1%；进口2104亿元，同比下降11.7%，占全省外贸进口的54.5%。成都高新综合保税区实现进出口总额连续5年位居全国综保区第一，连续3年在海关总署组织对全国海关特殊监管区开展的绩效评估工作中位列全国综保区第一。成都高新西园综合保税区2022年实现进出口总额85亿元，同比增长218.2%。

【功能拓展】2022年，成都高新综合保税区持续建设检测维修、研发设计中心。支持鸿富锦公司做强全球iPad、MacBook、Apple TV维修服务中心，全年维修设备进出区264万台，货值4.6亿美元；鼓励引导高真等公司做大研发业务，全年高新综保区实现研发业务进出口值1.04亿元，研发能级跨入全国前列。

【改革创新】2022年，成都高新综合保税区推进增值税一般纳税人资格试点，主动服务双循环新发展格局。11月，印发《成都高新区关于支持综合保税区推进增值税一般纳税人资格试点工作的实施方案（修订版）》，组织企业按政策做好首次申报等工作。截至2022年年底，高新综保区有6家企业参与一般纳税人资格试点改革，累计产生免抵税额8.9亿元，新增省、市、区三级税收合计5.5亿元，其中高新区实际新增税收2.6亿元。试点企业每年节约成本约3000万元。推动跨境电商等新业态落地，协调海关制定形成高新园区《跨境电商海关保税备货模式监管设施设备综合解决方案》，推动跨境电商业态落地高新园区，促进云贸公司、元佑公司入驻高新园区开展跨境电商1210模式，高新园区12月30日实现跨境电商首票通关。支持英特尔公司新建应急分拨中心，6月8日实现首票通关，企业在疫情状况下全球供应链保障能力有效提升。稳步推进数智综保区建设，“成都高新数智综保区项目”集成验收后经过试运行和向企业征集修改意见共优化改进34项，于11月通过专家评审验收。数智综保项目在川内首次探索实现申报端互联网化，全年有28家企业完成438.5亿元申报，极大地便利了区内企业，简化企业预约加班、查验等业务的流程，企业实现App线上申请审核。创新实现空箱识别系统，减少卡口车辆排队时间，降低卡口协管员工作强度，空车过卡由过去3分钟压缩到20秒。

【综保区服务】 2022年，成都高新综合保税区加强系统维护，推进科学管理，制定《综保区园区安防监控系统管理办法》《保税区信息系统应急预案》《综保区关于加强综保区园区网络安全管理的通知》等管理制度，保障海关信息系统安全、平稳运行。启动行政车道升级、地磅系统升级及海关UPS系统升级更换。12月，引入第三方专业机构对信息系统运维状况进行专业评测，推进维保工作科学规范管理。坚持预防为主，狠抓安全防范，组织专家开展专项整治等安全大检查，督促企业整改落实，进行消防、危化品、燃气等专项安全检查；开展园区防汛工作，做好防汛物资准备和气象预警工作，坚持汛期24小时应急值守，督促企业做好厂区内部防汛预案；定期巡检消防设施设备并完成巡检；加强综保区国有储备土地管护，及时消除安全隐患；完善基础设施，提升服务品质，做好基础设施设备管理；加强园区环境卫生管理；协助锦城海关办理便捷进出货物清单、自检自查。

【海关服务】 2022年，成都高新区共接受进出口报关单/备案清单56.26万份，同比（下同）减少7.9%；监管实际进出境货物（一线）9.1万吨，增长1.2%；货值5370.2亿元，下降6.2%。“两税”入库86亿元，增长10.9%。全年共办理海关通用资质企业备案及变更3461家，特殊物品注册备案20家，AEO实地认证工作8宗。开展跨境贸易便利化行动，推进“多证合一”改革，充分利用“单一窗口”“互联网+海关”等线上平台，办理报关、缴税、原产地证申领等业务，原产地证书自助打印率达99%。指导企业通过“两步申报”“提前申报”切实压缩通关时间，12月锦城海关进、出口整体通关时间分别为31.61小时、0.35小时，较2017年压缩45.97%、74.44%。

【打击走私】 2022年，成都高新综合保税区强化正面监管，提升查发能力，查验报关单2161票，查获24票，进出口货物属地查验2861批次，检出不合格25批次。强化跨境电商监管，开展“异宠”“药品”专项检查，对出区跨境电商清单进行抽查是否存在盗用身份信息、虚假订单等行为。严格后续监管，严厉打击走私违法活动，突出查发导向，推动稽查业务改革，实现涉检稽查行政案件零突破，办结稽查作业24起，查发率达87.5%，稽查追补税款3055万元。创新核查作业方式，推进采信第三方报告试点，采取该模式完成30起作业，与辖区地方执法部门开展部门联合抽查10次，全年办结核查作业104起，查发率83.65%，移交缉私货物386.94万元。开展“国门利剑2022”联合行动和打击跨境电商进口走私“断链刨根”专项整治，移交缉私部门案件线索9条，同比增长1.25倍；深化打击走私综合治理，与地方部门细化协作机制，形成合力，保持打击走私高压态势。

（电子局）

通 信

【概况】 2022年，成都市高新区集聚电信、移动、联通、广电、铁塔等通信企业，主要涵盖固定电话、移动电话业务、电话增值应用、互联网接入及应用业务、电子政务、数据中心、信息网络、数字广播、数字电视、铁塔和基站的建设、维护及运营等。

【移动高新分公司】 中国移动通信集团四川有限公司成都高新分公司（以下简称“移动高新分公司”）成立于2006年5月，位于高新区天府大道中段天府软件园B区4栋，是中国移动通信集团四川有限公司成都分公司管理的区县分公司。公司多次获得“模范区（市）县分公司”“四川省移动模范职工小家”“成都市移动基层党组织”“安全生产先进单位”等荣誉称号。移动高新分公司5G网络体验成为整个四川移动5G品牌窗口，2022年，移动高新分公司受理来自政府、社区、街道、客户等不同客户群体的保障需求38次，累计投入保障人员308人，保障车辆76辆，扩容18次，应急通信车14辆。各类保障均能达到网络运行平稳、网络指标正常、网络感知良好的效果。基于2.6GHz、4.9GHz、700MHz等多频段协同，充分发挥频率资源优势，锻造多频立体的5G网络，实现高新区5G信号的连续覆盖。

【联通高新分公司】 中国联合网络通信有限公司成都市分公司高新区分公司（以下简称“联通高新分公司”）成立于2009年1月1日。联通高新分公司作为5G产业发展重点发展区域，建成4G基站1445余个，5G基站919余个，4G道路综合覆盖率98.89%，5G道路综合覆盖率99.35%。参与高新分公司各信息化和新基建项目建设，其承建的高新智慧城市大脑，为四川唯一获工信部5G绽放杯智慧城市赛道一等奖项目，高新全域物联网建设列入四川省数字创新应用大赛十佳案例之一。截至2022年年底，联通高新分公司实现全业务收入2.7亿元。数固建设完成千兆宽带小区162个，端口31176线，H资源端口数近20万线，封闭小区覆盖率达86%，全市排名第一；完成12台GPON设备的10G上行板卡升级，为用户千兆宽带测速提供有力支撑；完成建设交付政企项目317个，涉及批复金额共计2138.84万；完成公安天网、全域物联网、感知源等专线962条，开通摄像头3000余个。完成疫情期间各项重保任务、二十大会议、成都马拉松、第八届农博会、2022年会计考试、生态环境保护督察会等22次无线网络保障；完成省、市公司二十大（黑楼、枢纽楼）现场直播专线业务紧急开通及保障、517电信日重要集团客户业务保障、618京东购物节京东电路保障等20余起集客专租线网络保障。

【电信高新分公司】 中国电信股份有限公司成都高新区分公司（以下简称“电信高新分公司”），是成都市主体电信企业和综合信息服务提供主导企业，也是四川省内事实上承担普遍电信服务、党政机要通信、国防通信、保密通信、应急通信等任务的通信企业。电信高新分公司拥有主要办公区3个，分别为石羊本部办公区，紫丁巷办公区，天府新谷办公区。截至2022年年底，电信高新分公司有基站8869+5G 213个（不含皮基站）、光缆45万千米+光交3285个+光分52353+一级光网络箱22578、二级光网络箱788987、天网点位8706个，累计总收入超过7.12亿元。

【广电高新分公司】 中国广电四川网络股份有

限公司成都高新区分公司（以下简称“广电高新分公司”），是中国广电四川网络股份有限公司旗下的非独立法人分支机构，于2010年12月成立，有5个营业部，8个营业服务大厅。主要业务是成都高新区范围内的有线电视网络规划建设和维护，有线模拟电视和有线数字电视的信号传输（含高新电视台直播信号传输），双向数字电视点播业务，家庭和集团宽带业务，数据专线业务，智慧社区信息化业务和美丽乡村建设、村村通、易地扶贫与非易地扶贫等公共服务业务，全面开展5G通信运营业务。广电高新分公司在高新区范围内深入开展应急广播“村村响”、地震预警、云视频、热成像体温筛查、智慧教育、远程党教、智慧司法、智慧乡村、智慧养老、智慧综合治理（三防监控、小天网）、智慧社区等业务，全面实施“高清高新智慧广电”建设工程。2022年，完成春节、全国两会、冬奥会、残奥会、党的二十大等重要活动安全播出保障。全年组织安全检查13次、安全培训及安全播出应急演练15次。

（经济发展局）

供　电

【概况】 国网成都市高新供电公司（以下简称“高新供电公司”）于1996年12月25日挂牌成立。公司地处城南核心经济区，营业区域约205.36平方千米，负责高新区、武侯区的供电服务。其中高新区130平方千米（高新南区43平方千米、高新西区87平方千米），武侯区75.36平方千米。公司获得“全国五一劳动奖状”“全国文明单位”“国家电网公司先进集体”“国家电网公司文明单位”“四川省省级最佳文明单位”“四川省电力公司先进基层党组织”“先进县级供电企业”“十佳县级供电企业文明单位”“先进集体”“安全生产业绩优秀县供电公司”“国网成都供电公司疫情防控先进单位”等荣誉43项，培育出5名市、区级工匠。

【电网建设】 截至2022年年底，高新供电公司辖区有220千伏变电站9座，变电容量414万千伏安；110千伏变电站36座，变电容量492.4万千伏安。其中，高新区220千伏变电站7座，容量312万千伏安，110千伏变电站26座，容量339万千伏安；武侯区220千伏变电站2座，容量102万千伏安，110千伏变电站10座，容量121.9万千伏安。公司主要负责辖区内10千伏及以下配电线路及设备的运维检修、故障抢修和各类应急保电工作，涵盖10千伏公用线路709条，公用开关站202座。公用线路共有环网柜1440台，分支箱68台，柱上开关581台，变压器1810台；线路总长3532千米，其中架空线路652千米，电缆2880千米，电缆化率81.5%。

【经营管理】 2022年，高新供电公司完成售电量142.69亿千瓦时，占成都公司20.96%，同比增长2.58%；贡献率增长19.73%；售电均价572.92元/千千瓦时；77.55亿元电费“颗粒归仓”；综合线损率1.51%；完成电网投资3.94亿元；95598投诉同比减少80.74%；实现安全生产、优质服务、党风廉政、稳定及舆情事件“0”目标。公司制定线损治理提升规划，细化分线线损及用采台区线损提升措施，彻底厘清“线台户”关系，“消存量、控增量”，实现分线线损达标率突破至95.58%，同比提升14.56%，同期台区线损达标率达97.31%，同比提升5.82%。同期台区经济运行率为80.15%。发挥稽查质效，累计完成稽查管控及反窃查违经济成效4029.33万元。全力增供扩销，完成电能替代约6.5亿千瓦时，充电桩增至7500户，累计电量达2.3亿千瓦时，综合能源年产值累计完成约2090万元。开展代理购电和市场化直接交易等服务，市场化直接交易2807户，累计电量73.14亿千瓦时。

【安全生产】2022年，高新供电公司修编全岗位安全责任清单，完善两措计划。开展安规、准入和四种人考试，严把安全准入关。对标重大安全事故调查报告和安全履责督查报告，深度进行自我剖析和主动防范，开展人身伤亡事故专题学习、向违章开战等主题学习活动。三级督查网累计检查施工、抢修现场1310处，发现各类违章228处。开展隐患大排查大整治，治理1006项隐患。扎实推进电网建设，110千伏康强、金融后台变电站顺利投运，新增容量32.5万千伏安，新增10千伏线路接入点70个，有效提升区域供电能力。组建“配网项目管理中心”柔性团队，聚焦“以电缆单环网为目标网架、供电范围相对独立、用电负荷就近接入”的网格化供电模式，全年累计完成1.94亿元投资，落地七里湾、温家河、天健等12个网格，项目竣工63个，新建及更换环网柜151座，新增标准单环网65组，惠民25万余户。在2022年夏天极端灾害天气期间，坚守安全与民生底线，全面加强需求侧负荷管理，政企联动、合署办公，成立政企保供电专班“日会商”，发挥资源优势，助力负荷精准控制，守住大电网安全。协调引入8台中压发电车，力保尖峰负荷期间居民供电。持续开展异常配变治理，累计治理18台重过载变压器，提升居民供电质量。抢修人员24小时备勤，每日出动60余人次，力保居民负荷“零断电”。

【农电服务】2022年，高新供电公司农电全年完成售电量4.65亿千瓦时，电费足额营业收入2.778亿元，完成故障抢修19907起，其中处理10千伏故障108起，追补窃电电量19.01万千瓦时，追补电费及违约使用电费28.01万元。公司通过加强农电营销生产管理、星级供电所动态管理、开展和落实高新供电公司乡镇供电所管理提升工作方案，全年高新分公司各项指标取得大幅提升，取得精益化管理指标排名成都公司总分第一名的成绩。簇桥供电所、机投供电所通过国网公司五星级乡镇供电所年度动态管理。在2021年城农网职责界面调整变革的基础上对城农网客户管理界面进行全面深化改革，通过测算班组承载能力，按照地理界线调整职责界面，实现供电所承载力更均衡、管理界面更清晰。

【市场服务】2022年，高新供电公司投入约3000万元，完成4万只电表、15.96万只模块更换，远程充值成功率、远程跳合闸成功率大幅提升至市公司前三。深化营销服务组织模式改革，组建高压客户服务班，建立高压客户“定制化服务”。成立营销业务支持班，联合全业务管控与稽查班，强化内部业务质量管控和业务技术支持，形成“强前端、大后台”营销管理体系。重新划分供电所辖区及公司专变户表服务业务界面，进一步均衡供电所承载能力，解决业务交叉、效率低下的问题。优化营商环境，为省市重大项目开通“电力预装”绿色通道，实行“政府联席机制”。完善高压业扩配套工作模式，做到应配尽配。推进客户资产移交，惠民政策落到实处，依靠社区优势，向街道、社区、小区讲深讲透资产移交政策好处，充分动员利益相关方，共同推动用户资产接收工作开展，全年收到资产移交申请329份，清点客户产权设备264处，签订移交协议88份，移交资产评估金额3.01亿元。打造金穗苑合表改造样板工程，彻底解决小区收费难和线路安全隐患问题，极大提升小区业主用电体验。全年公司完成世乒赛、北京冬季奥运会、全国两会、国家领导人调研和新冠疫情防控等重要保电工作84项。

（经济发展局）

交通运输

【概况】 成都高新区公园城市建设局履行交通运输行业主管部门职能，开展交通运输领域的行政审批和监督检查工作。通过组织公路、铁路、水路和航空等运输工具，高新区交通运输经营业户为客户提供仓储保管、分拣与包装、条形码处理、转运与配送、仓单质押、机动车维修等服务。截至2022年年底，辖区内有规模以上（10台车以上）普通货运企业21家，大件运输企业3家，危险品运输企业4家，一类机动车维修企业36家，服务高新区的公交线路347条（其中西区82条、南区265条）。

【交通规划建设】 2022年，成都高新区全面推进交通基础设施提升与建设，从建设践行新发展理念公园城市示范区与“三个做优做强”出发，编制《成都高新南区综合交通提升规划》。城市道路网络不断完善，完成江家互通立交提升改造、双简路高新段提升改造以及高朋西路下穿铁路隧道等6个路网贯通项目，建成市政道路共计约21千米，精准微改一批干道节点，实施“短、平、快”交通提升工程、道路安全隐患整治民生项目，提升车辆转换效率，策划形成新双大道北段、楠香山南侧地下停车场等项目，着力缓解动态和静态交通供需问题。

【运营车辆年审办证】 2022年，成都高新区公园城市建设局按照《中华人民共和国道路运输条例》《四川省道路运输管理条例》《交通行政许可实施程序规定》等法律法规办理营运车辆办证及年审。全年新增网约车7201台（累计19132台），年审车辆7361台；道路运输经营许可1054家（其中货运602家，机动车维修411家，网约车36家，客车租赁3家，驾培机构2家）；公共停车场备案619家。

【代表型企业】 成都蚂蚁物流有限公司　前身为成都蚂蚁搬运有限公司，注册资金1000万元，总部位于高新区创业路49号，产业基地位于高新区科园南二路6号。创业初期仅为一个铺面，一台“130型”跃进旧货车和6名员工，从事单一的搬家、搬运业务。截至2022年年底，公司有自营各型车千余辆，自建物流仓库6万多平方米，成为固定资产上亿元的综合型服务企业，有3000余名员工，700多名管理人员。公司在北京、上海、广州、深圳、成都、重庆、昆明、武汉、南京、西安、长沙、贵阳、济南、石家庄、南宁、杭州、福州、郑州、无锡、南昌、佛山、宁波、合肥、中山、株洲等全国30余个大中型城市开办直营子分公司，并在西昌、攀枝花、广安、乐山、绵阳、大理、临沂、临汾、普洱、德宏州等地加盟多家公司，专业从事搬家搬运、物流运输、配送仓储、起重吊装、冷气安装、汽修维保等多种服务项目的企业。公司秉承“勇于做小，微利是图”的经营理念，以客户为关注焦点，追求客户价值最大化的服务理念，成为西部地区具有相对实力和规模的、知名度较高的综合型物流服务企业。公司拥有自主知识产权的“蚂蚁物流管理系统”“蚂蚁物流官方网站及系统”“蚂蚁物流车身设计”。蚂蚁旗下品牌“熊猫搬、尚星星、合合租房、拜托拉、妈妈卡”多种服务供客户自主选择，客户可以通过相关所属的小程序、官网、电话、公众号获得优质的服务。公司获得3A物流证书，亚洲绿色货运组织，道路标准化运输三级管理企业。

拉货宝网络科技有限责任公司　2015年成立，注册资本5000万元，2022年，营业收入22.6

亿元。拉货宝是国内首批“无车承运人”即“网络货运平台”，业界领先的工业供应链智能物流服务商。公司致力于打造以服务B端制造业为核心的供应链物流解决方案服务平台，业务范围包括物流管理软件开发、供应链管理咨询（流程、制度、人力、运营管理等）、供应链信息化（业务系统、管理系统、服务系统等）整体解决方案等。公司获得“四川省服务型制造示范平台”“四川省诚信民营企业”“物流行业十佳服务平台企业”“成都市百强企业”“成都市新经济准独角兽企业”“成都市新经济平台龙头企业”“成都高新区瞪羚企业”“成都市示范平台企业”“成都市创新型电子商务企业”“成都电商标杆企业”等荣誉。公司申请发明专利近百件，授权发明专利4件，授权实用新型专利23件，登记计算机软件著作权23件，自主研发的产品技术经科技部认定的第三方机构鉴定处于国内领先。公司打造的具有自主知识产权的“拉货宝智能网络货运经营平台”，专注于公路干线整车运输，运用“物流＋互联网、大数据、AI”理念打造大数据智能车货需求匹配的网络货运交易平台，形成采购物流、生产物流、销售物流、物流园区管理、物流信息化整体解决方案等多个业务板块。截至2022年年底，拉货宝平台的累计销售额突破100亿元，注册用户超过40万人。

成都三和集团有限责任公司　成都三和集团是以汽车后市场为主营业务的综合性集团公司，创建于1996年5月，经营业务集中在成都和重庆。三和集团是国内第一批将国际先进的汽车4S店服务模式引入中国的汽车经销商，特约代理16个著名汽车品牌（涵盖顶级豪华品牌、豪华品牌、中高端品牌），同时拥有包括三和自动变速箱、三和老爷车博物馆、三和机动车上牌中心、时装护理品牌JEEVES等十余家自有品牌企业。成都三和集团作为中国西南部汽车经销商集团的代表，做到“客户信任、员工幸福、同业尊重、社会认可、基业长青”。

成都市蓉城出租汽车有限公司　成都公交集团下属全资子公司，成立于1991年，主营巡游出租车、政府租赁车业务，拥有红旗H7、考斯特、豪华大客、吉利EV450等各类经营车辆1800余台，从业驾驶员2400余人。截至2022年年底，公司承担着政府公务出行、重点出行、重要活动和大型会务交通保障用车，属成都市级机关公务用车入围的唯一一家国有企业。2022年，蓉城公司完成成都市第十四次党代会交通保障服务。

2022年成都高新区规模以上主要交通运输企业名录

拉货宝网络科技有限责任公司
成都蚂蚁物流有限公司
东方电气集团大件物流有限公司
四川莱帕德物流有限公司
成都市准时达供应链管理有限公司
成都高速公路股份有限公司
中外运物流西南有限公司
西南诚通物流有限公司
成都广日物流有限公司
成都建国弘丰汽车销售服务有限公司
成都公交集团星辰巴士有限公司
成都市蓉城出租汽车有限公司
成都竞通庆铃汽车维修服务有限公司
四川德奥博悦汽车销售服务有限公司
成都宝和汽车技术有限公司
成都三和自动波维修有限公司
四川车之翼联胜汽车服务有限公司
成都拓特汽车服务有限公司
成都德奥和平汽车服务有限公司
成都捷路汽车服务有限公司
成都马立可汽车服务连锁有限公司

（公园城市局）

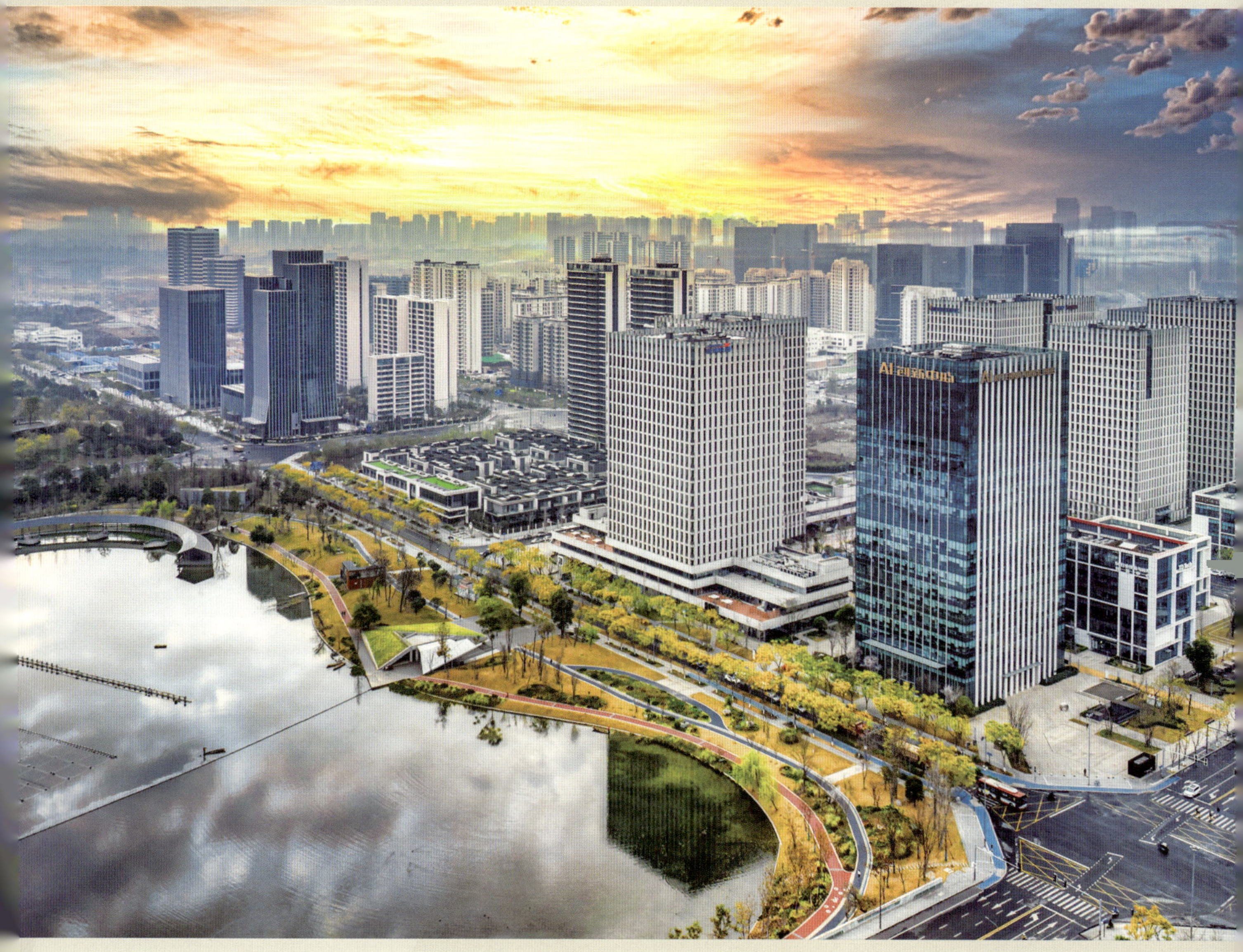

财政　税务　审计

GOVERNMENT FINANCE, TAXATION AND AUDITING

财 政

【概况】 2022年，成都高新区多向拓展统筹资源，强化财源建设，全力以赴稳增长；争取补短板定向补助资金3.22亿元，发行新增地方政府专项债券20.57亿元、一般债券3.7亿元，提升财政保障能力；推进公共服务配套PPP项目35个分项目完工，累计完成投资49.77亿元；安排重点建设资金57.36亿元，加大公共教育、医疗、环保等补短板领域投入，支撑城市高质量建设；以人民为中心着力惠民生暖民心，财政投入63.9亿元，优化公共服务结构和布局；推进惠民惠农财政补贴资金“一卡通”发放，惠及群众28.4万人次；提升财政投资评审时效，全力保障建设重点项目开工，完成评审项目358个，评审金额132.5亿元，综合审减率6.7%；健全预算绩效管理制度体系，财政重点绩效评价事项63个（项），覆盖财政资金83.9亿元，绩效评价规模居成都市第一。

【年度财政预算收支】 2022年，成都高新区一般公共预算收入实现265.2亿元，同口径增长15.3%；一般公共预算收入中，地方税收收入实现237.5亿元，同口径增长14.8%；一般公共预算支出完成282.7亿元，增长20.6%；政府性基金收入完成105.5亿元，下降7.4%；政府性基金支出完成121.6亿元，增长14.1%。

【财政改革】 2022年，成都高新区财政局完成创新改革要点工作4项，推进完成全面深化改革年度工作台账任务6项。强化行政事业单位可运营资产管理改革，印发实施《成都高新区强化行政事业单位可运营资产管理工作方案（试行）》，创新多模式运营国有资产，提升资产运营收益，采用“改造+租赁+监管”管理模式，进一步优化产业结构、提高资产运行效率、减轻财政资金压力，通过资产证券化等方式汇集更多的社会资金，实现国有资产的可持续运营。推进支出标准体系建设，建立重点部门整体支出重点履职绩效目标指标体系，印发实施《成都高新区财政局〈关于印发《部门整体支出重点履职绩效目标指标指引（试行）》项目绩效目标指标指引（试行）〉的通知》，实现资源要素高效配置。优化财源建设工作机制，建设财源建设大数据平台，提高财经信息时效与质量；建立动态分析更新制度，为制定针对性政策和科学决策提供依据；构建多元化应用场景，优化产业协调布局；建立多元化风险管控模型，运用系统管理开创预算管理新路径；对标先进园区管理模式，创新差异化思维建立财源建设目标管理体系；搭建涉税信息共享平台，健全信息流转机制，有效杜绝税源跑冒滴漏现象。探索建立公园城市建设项目投资评审机制，印发实施《2022年工程造价限额指标目录及附件》，推动成本控制关口前移，完善工程造价限额指标体系建设，提高评审工作精细化管理水平。完成重点建设资金全生命周期管理改革，打造一张网络，将总投资约220亿元的110个重点建设项目全部纳入系统在线监管，有效助推项目策划的精准性、科学性；创设一个平台，推动重点建设项目监管全覆盖，有效提升项目运行和管理效率；突出一个链条，构建“财政+部门+建设单位+银行+施工单位”资金监管链条，通过信息化手段实时监控项目，促进项目实物工作量转化为有效投资。推进政府专项债券全生命周期管理改革，印发实施《关于加强高新区地方政府债券全生命周期管理的通知》，优化专项债券项目审批机制，构建专项债券全过程管理体系；实行专项债券发行使用定期通报预警机制，充分发挥专项债券资金使用效益助力高新区高质量发展。

【产业扶持投入】 2022年，成都高新区产业扶持投入115亿元，同比增长42.5%支持优化支出结构，强化建圈强链、科技创新、产业基金等重大项目资金保障，推动创新驱动战略的实施和产业质效提升。其中，为企业兑现政策扶持资金70.95亿元，支持京东方等90余家重点企业和纳入扶持范围的数百家中小科技型企业；组织力量配合产业部门为上百家企业紧急拨付扶持资金8.11亿元，缓解企业现金流燃眉之急，进一步优化营商环境，提升企业获得感；给国企注资44.09亿元，同比增长55%，助力区属国有企业高质量发展。2022年，科技研发投入占区级一般公共预算支出比重达23.7%，比上年提高2.4个百分点，建立了国家精准医学产业创新中心、天府绛溪实验室等一批国家级和省级重点实验室、创新平台；在全国率先探索“揭榜挂帅”建设新型研发机构；新增上市企业8家，经国家认定的有效期高新技术企业净增1000家，总数达4320家，净增数创历年新高；新增授权发明专利6350件，有效发明专利拥有量达3万件。发挥财税政策的导向作用，支持各部门出台《成都高新技术产业开发区关于加快创建世界领先科技园区的若干政策》等多个产业和科技扶持政策，支撑高质量发展动力引擎和新的增长极。落实房租减免政策，为3069户市场主体减免房租共4.6亿元。社会保障领域着力落实助企纾困“降、缓、返、补、扩”政策举措，为企业降本减负2.9亿元。

【民生及社会保障投入】 2022年，成都高新区着力优化公共服务的结构和布局，持续加大教育、卫生等社会事业的经费投入，让城市发展更有质感、更有温度、更有内涵。财政投入36.1亿元，支持建设高质量教育体系，同比增加22.6%，新增公办幼儿园10所、公办中小学校8所，新增学位13110个，推动“向阳花开”三年攻坚行动，提高区域学前教育普及普惠水平。推进卫生健康体系建设，财政投入20.8亿元，优化医疗卫生资源配置，推动医疗资源扩容提质，做好应急和常态化疫情防控资金保障，全区新增各级各类医疗机构151家，新增床位60张，新增医师496名，护士976名；切实推进病有所医，提升社区卫生服务中心服务能力，筹建分中心7个，区级基本公共卫生服务经费保障标准提高到30元/人。健全社会保障体系，财政投入5亿元，织密扎牢社会保障网，发放失业保险金相关政策补贴3.1亿元，拨付就业创业补助资金0.7亿元，职业技能提升行动专账资金0.4亿元，推动就业优先政策提质加力。推进文体事业繁荣发展，财政投入2亿元，支持举办世界乒乓球团体锦标赛，构建“区—街道—社区”三级公共体育基础设施体系，人均体育设施面积达到2.4平方米，让赛事名城建设融入群众生活。

【政府采购监管】 2022年，成都高新区政府加大监督检查力度，开展政府采购百日攻坚行动，促进政府采购提质增效，促进政府采购市场公平，合同授予中小微型企业金额占采购合同总金额的85%。全年政府采购计划金额15.46亿元，实际采购合同金额14.94亿元，节约资金0.52亿元。推进优化高新区政府采购工程项目预算管理、采购方式、采购过程，持续发挥政府采购政策功能在巩固脱贫攻坚成果的作用，全区预算单位按照不低于10%的比例预留年度食堂食材采购份额，采购脱贫地区农副产品。年内收到投诉案件10件，举报案件2件；对政府采购发现的违法违规情形，责令整改6件，行政处罚2件，所有投诉案件均及时处理结案。

【政府投资管理】 2022年，成都高新区财政局按照“突出重点，量入为出”的原则，及时编制并安排2022年高新区政府投资重点建设项目，预算资金共计86.68亿元，安排征地拆迁预算资金51.8亿元，安排高新区旧城（棚户区、危旧房）改造项目预算资金6.09亿元。进一步规范重点支出管理，资金拨付严格按预算和支出进度拨款。2022年，累计拨付政府投资重点建设资金86.71亿元，征地拆迁资金51.8亿元，棚改项目资金6.06亿元。深入推进工程造价限额指标建设，提高评审工作科学化、规范化和精细化程度，新增“污水处理厂、水环境”两类限额指标覆盖90%政府投资建设项目；全面完成工程造价限额指标信息化建设，实现限额指标实时动态调整，更新出台《2022年限额指标目录》全年，纳入工程造价限额指标管理的建设项目共计113个，评审金额149.92亿元，在限额基础上再节约财政资金13.55亿元。

【地方财政监督】 2022年，成都高新区围绕国家“十四五”规划要求“强化预算约束和绩效管理”，试点以“监督＋绩效”的方式，开展相关工作，构建完善高新区现代化财政管理体系。全年选取公安分局、智慧城市局、生态环境局3家单位，同步开展财政监督和部门整体绩效评价，最大限度地发挥财政监督与绩效管理的作用，实现两者资源整合、职能融合，有效节约财政监督检查和绩效管理成本。

【地方国库管理】 2022年，成都高新区直达资金预算金额106815.91万元，支出金额106130.8万元，执行率99.36%，在保居民就业、保基本民生、保市场主体、保基层运转以及重大基础设施建设等方面发挥作用；统筹全区89家预算单位统一填报部门决算数据，真实准确反映2022年度收支情况。截至2022年9月26日，高新区内所有预算单位决算数据在成都高新区政务网站向社会公开；2021年度预算单位部门决算账表一致性核查面达到100%。

【财政绩效管理】 2022年，成都高新区坚持新发展理念，突出改革的整体性和系统性，印发《成都高新区财政局关于建立预算绩效管理跟踪问效“两书一函”制度的通知》，进一步强化全过程预算绩效管理跟踪问效；出台“1+9”绩效管理制度（办法），实现全过程绩效管理各环节制度化。开展“静脉家园”财政重点事前绩效评估，评估金额1863.28万元，评估后通过调整处理量、运行方式等，调减预算资金751.95万元。建立街道办“党建工作经费”和“群团工作经费”预算项目支出绩效目标体系，探索更加注重结果导向、强调成本效益、硬化责任约束的科学路径和方案。持续推进高新区预算单位部门整体支出重点履职绩效目标指标指引建设，制定公安分局、生态环境城管局、智慧城市运行局部门整体支出重点履职绩效目标指标指引。建立以单位自评为主，财政重评为辅相结合评价机制。2022年，单位自评实现部门整体评价和项目支出评价全覆盖，其中，项目支出评价1644个，自评金额394.92亿元。财政重点绩效评价围绕疫情防控、智慧城市建设等重点领域，率先开展试点楼宇综合评价、国有资本评价和行政事业性国有资产管理评价；先试行财政重点绩效管理结果应用责任人办法，以绩效评价结果应用为落脚点，探索贯穿于“全过程”的绩效管理实施路径。

表12　2022年成都高新区财政收支

项目	金额（亿元）
一般公共预算收入	265.2
税收收入	237.5
非税收入	27.7

续表 12

项目	金额(亿元)
基金收入	105.5
一般公共预算支出	282.7
一般公共服务支出	14.3
国防支出	0.05
公共安全支出	10.5
教育支出	34.7
科学技术支出	62.1
文化旅游体育与传媒支出	1.6
社会保障和就业支出	11
卫生健康支出	15.9
节能环保支出	1.9
城乡社区支出	50.4
农林水支出	0.5
交通运输支出	4.2
资源勘探信息等支出	65.6
商业服务业等支出	1.7
金融支出	1
援助其他地区支出	2.2
自然资源海洋气象等支出	0.1
住房保障支出	2.2
粮油物资储备支出	0.01
灾害防治及应急管理支出	1.2
其他支出	0.04
债务付息支出	1.4
债务发行费用支出	0.003
政府性基金预算支出	121.6

说明：本表数据取自2022年决算相关数据。

(财政局)

税　务

【概况】 国家税务总局成都高新技术产业开发区税务局(以下简称“成都高新区税务局”)，于2018年7月20日正式挂牌成立，主要负责成都高新区27.57万户纳税人增值税、企业所得税、土地增值税等14个税种、13项非税项目以及7项社会保险费的征收管理。2022年，成都高新区税务局全面履行税收职能，统筹推进疫情防控和服务经济社会发展，主动担当、积极作为，完成各项目标任务。全年累计组织各项收入1239.45亿元，占全市的16.84%，其中，组织税收收入647.62亿元，同比增长7.96%，占全市的20.7%；完成区级收入(财政口径)237.46亿元，同比增长13.93%；入库社保基金收入合计380.19亿元，同比增长20.79%；非税收入合计211.64亿元，同比增长550.87%，为区域经济发展提供了坚实的财力保障。

【税务基础管理】 2022年，面对疫情防控和经济发展的双重任务，成都高新区税务局推进税费征管、落实组合式税费支持政策等重点任务，征管质效不断提升。减税降费政策红利充分释放，全年累计落实新的组合式税费支持政策144.28亿元，占全市的16.95%，其中留抵退税74.04亿元(占全市的15.87%)、新增减税降费51.3亿元(占全市的19.93%)、缓税缓费18.94亿元(占全市的14.88%)。精准监管能力持续增强，将5C、5R和5E指标有机结合，建立常态化指标监控库，针对每季度考核指标，编制运行报告；做好“数电票”推广上线工作，完成13.67万户存量纳税人核定“数电票”，推广率100%；抓好土地增值税清算，制定《土地增值税清算管理指引2.0(试行)》，抽调29名业务骨干成立专项攻坚组，集中完成土增税清算项目161个，土增税清算净入库42.7亿元。社保非税收入齐抓共管格局逐步健全，年内阶段性缓缴社会保险费1.72亿元，并配合总局社会保险费司开展缓费政策调研；提升非税收入精细化分类管理水平，残保金同比增收1.17亿元；创新推出“土地出让金台账可视化平台”，在全市税务系统推广使用。数风办（税务数风是税务数据+风险管理）累计统筹下发工单698批次9.81万条，占税务机关发起任务的37.7%，其中直接由数风办首位应对2.27万条。工单统筹取得成效，得到成都市税务局推广应用，在市局税费任务统筹中心上线运行。全年风险应对查补税款4.99亿元。利用高新TI税务智慧平台建立以常态化数据扫描分析为基础的日常管理机制，完成64个指标的口径设置和理论验证，并完成46个指标建设。

【依法治税】 2022年，成都高新区税务局大力推进依法治税，贯彻落实“依法治税、应收尽收、坚决不收过头税，坚决防止和制止越权减免税”的组织收入原则，强化干部职工在税收征管服务工作中的依法治税意识，规范执法，公正执法，切实维护纳税人合法权益，着力提升法治化水平。创建机构推进柔性执法，在第一税务所建立税费争议咨询调解中心，建立争议调解工作流程和制度，被省税务局与省司法厅联合评为“枫桥式”税务分局。创新机制强化“两权”监督，在全市税务范围内率先引入对行政管理权和税收执法权的执法督察“闭环”理念，建立“10+1+N”督察事项库，推进“定期核查+不定期执法大督察”，构建日常疑点动态清理+综合督察查漏补缺的“双循环”格局。创新制度深化依法行政，建立法、检、税三方常态化涉税司法业务协作机制，推动破产程序税收债权等涉税实务问题有效解决；制定“无清单不提供”工作制度，出台10项工作指引，最大限度地降低执法随意性。创新举措细化执法督察，制发《“控督审”动态》4期，定期通报、提出建议、防范风险；开展退税减税风险防控和专项督导，核查应对10个批次6127条疑点数据；开展4期执法督察闭环工作，提出33条督审建议。

【税收服务】 2022年，成都高新区税务局对标“营商环境税收评价指标体系”，以纳税人需求为导向，并抓工作落实，促进纳税服务提质增效。率先上线“能问、能查、能约”的智能语音平台，将智能语音咨询与人工咨询有机结合，加快向“24小时智能咨询为主”转变，月均接听3.5万通，其中智能语音应答占比55%以上，应答率99.85%，准确率提升至80%。探索形成“数字税务员工+”新型税费服务模式，在全市率先探索“数字税务员工+退税审批”，留抵退税办理时间压缩至1个工作日，月均减少资料表单4000余份、节约时间3万余分钟；引入“税务数字员工+智能预检”预约办税，累计接受预约1700户次、发起预约2400余户次，帮助1700户纳税人“一次办成”；升级拓展“数字税务员工+问办结合”，实现19项高频业务的即问即办，累计办理涉税业务2.6万笔，月均办件量占大厅月办件的10%；创新推出“数字税务员工+智能外呼”提醒服务，为7.82万户首次接受、开具“数电票”的纳税人提供网格化自动辅导服务，月均辅导6516户。打造研发费用加计扣除“便捷享”项目，通过“明白享”“便捷享”“准确享”三方面举措充分发挥税收助力，全年优惠户数达4502户（其中高新技术企业2612户，占高新技术企业户数的78%），同比增长33.35%，优惠金额达220.66亿元，同比增长45.85%。优化纳税信用管理，引导纳税人申请信用复核，区局A级纳税人占比由预评阶段的4.42%提升至10.01%；开展“银税互动”，年内全区通过“银税互动”累计贷款3614户、金额54.98亿元。

表 13　2022 年成都高新区税收收入分行业完成情况

行业＼项目	累计收入				
	1—12 月累计数（万元）	同期数据（万元）	同比增减额（万元）	同比增幅（%）	税收占比（%）
合计	6476230	5998920	477310	7.96%	100.00%
信息传输、软件和信息技术服务业	1684704	1576024	108680	6.90%	26.01%
房地产业	995694	724053	271641	37.52%	15.37%
租赁和商务服务业	447568	545352	−97784	−17.93%	6.91%
制造业	947129	691883	255246	36.89%	14.62%
金融业	782464	854816	−72352	−8.46%	12.08%
批发和零售业	558554	532566	25989	4.88%	8.62%
科学研究和技术服务业	386750	349979	36771	10.51%	5.97%
建筑业	383124	411523	−28398	−6.90%	5.92%
电力、热力、燃气及水生产和供应业	41410	55839	−14430	−25.84%	0.64%
其他	248833	256886	−8053	−3.13%	3.84%

注：表中行业以企业税务登记的行业为准。

（税务局）

审　计

【概况】 2022 年，成都高新区审计局围绕中心、服务大局、细化落实党对审计工作领导的各项要求。通过制订年度审计项目计划、完成专项审计报告以及审计整改，做到高新区党工委、管委会的工作重点抓什么、审计就审什么，确保审计工作有序高效推进。

【审计监督】 2022 年，成都高新区推进审计对重大事项和重点工作的监督，及时会同相关单位深入调查研究，综合分析研判，形成审计研究成果，为审计委员会科学决策提供依据，有效发挥参谋助手作用。不断健全重要数据的应采尽采，积极探索“无项目数据分析”，通过数据的综合比对和关联分析，逐步实现从现场审计到后台数据分析和现场审计的结合，并重视审计数据安全，保障网络安全。在具体开展审计项目时，以大数据审计为手段，深化常态化审计监督，对分析发现疑点进行有针对性的审计。充分应用审计作业标准，全方位指导和规范审计人员行为。通过安排审计人员参加审计署、审计厅以及市局组织的各类培训，和在项目中以新老搭配的方式不断提高审计人员业务水平。通过增加项目组内部质量复核、强化审理工作、审计业务会集体讨论等方式多措并举，指导和规范审计人员行为，不断提高审计质量。

【项目审计】 2022 年，成都高新区审计局严格贯彻“把方向、谋大局、定政策、促改革”的要求，区工委审计委员会统筹安排年度审计项目计划，及时掌握党对审计工作的总体要求，履行好区党工委审计委员会办公室职责。聚焦主责主业，高质量开展审计工作。精心编制年度审计项目计划，经报批落实后，严格按计划开展审计工作。全年共完成工程审计项目21个，投资审计项目节约和挽回资金损失9422万元；完成老旧院落提升改造等重大政策跟踪审计项目，世乒赛高新区筹办经费专项审计，粮食购销存领域专项审计调查，国企国有房产运营情况专项审计调查，困难群众救助资金专项审计，高新区2021年度财政预算执行审计以及8位领导干部经济责任审计项目（含自然资源资产任期审计）。审计中发现专项债券使用不及时9455.62万元（另有一般债券使用不及时73313.03万元）、非税收入未及时收缴81.6万元、账外资产30986.02万元、街道重复支付清扫保洁费用106万元等各类管理不规范问题，提出审计建议89条，在审计中边审边改追回资金106.4万元；全年共移送纪检监察问题线索2条。审计关口前移，事前把关，助力项目建设、产业发展。全年对351份重大招商引资项目协议从法律法规、决策程序等方面提出审计建议，完成区级部门征求意见回复182份，促进和保障相关经济活动规范有序、政策制定合法合规。围绕中心，服务大局，会同相关业务部门，密切跟进上级审计延伸高新区项目。高新区多次接受上级审计机关的审计和整改跟进，如个税补贴问题整改、四川省生态环保资金、工程总承包（EPC）项目建设管理审计项目、与税收挂钩的财政支出审计、债务审计、新冠疫情防控集中隔离点建设项目审计等。审计局一方面全力推动上级审计机关审计发现问题的整改落实；另一方面做好对上和对内的协调工作，便于上级审计机关审计组的工作开展，尽量合规，降低对高新区的不利影响。并将审计情况提炼形成审计专报，获得高新区主要领导两次肯定性批示。

【发挥审计统筹协调职能】 2022年，成都高新区为全面贯彻落实党的二十大报告提出的“以党内监督为主导，促进各类监督贯通协调”的重大部署，坚定不移推进全面从严治党向纵深发展，审计监督积极推动各类监督贯通协同。发挥高新区党工委审计委员会统筹协调职能。推动审计监督、同纪检监察监督、巡察监督形成合力，强化监督全覆盖，高新区党工委审计委员会加强党对审计工作的领导，增强审计监督的权威性、震慑力和执行力。把经济责任审计和廉政监督两项职能贯通起来，将廉政监督要求纳入全部审计项目之中，在对党中央重大政策措施贯彻落实情况跟踪审计、重点民生资金和项目审计、经济责任和自然资源审计中，都重点关注纪检监察机关提出的重点领域和关键环节，并将有关情况在审计报告中予以体现。在粮食专项审计、经济责任审计、困难群众救助等政策落实跟踪审计中，推行巡审联动、纪审联动，做到成果互享、信息互通，发挥联动效应。完善问题线索移送机制。制定审计局向纪委监委移送问题线索的详细规定，明确线索移送标准，区分向主管部门、被审计部门、纪委监委移送问题线索的具体类型，做到应移尽移，防止随意移送，以整改代替移送。

（审计局）

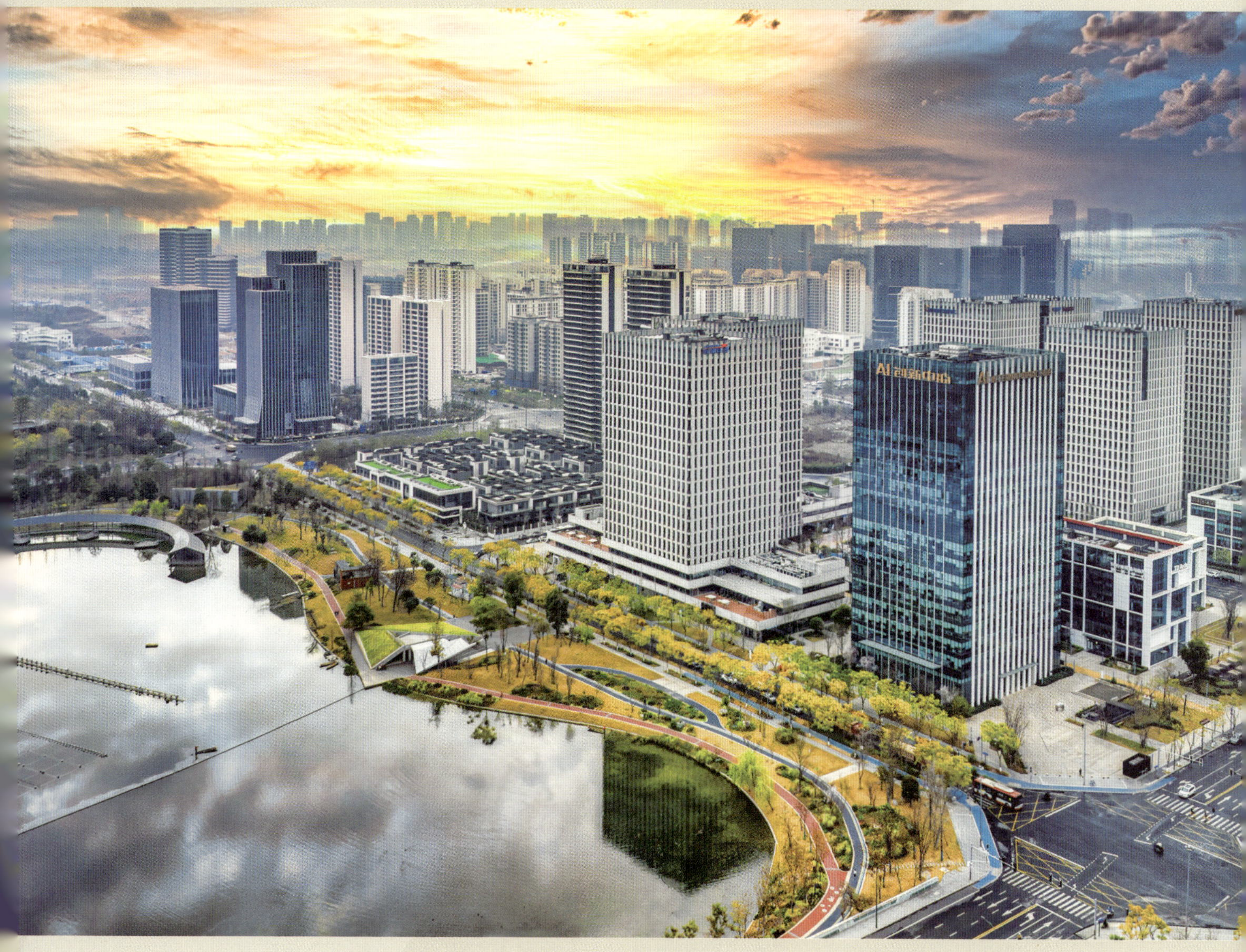

国资管理与市场监管

STATE-OWNED PROPERTY MANAGEMENT AND MARKET SUPERVISION

国有资产管理

【概况】 2022年，成都高新区国资国企系统落实中央、省委、市委和党工委决策部署要求，持续纵深推进国企改革。进一步优化国有资本布局，积极推动以产业建圈强链理念变革企业发展方式，把握“四链”深度融合主基调，为夯实城市功能“三个做优做强”提供强大产业支撑，加速形成高新区国企高质量发展的新局面。全年高新区国资监管效能有效改善，国企的核心竞争力和发展活力不断激发，国资监管部门深入推进机构职能转变，重点管好资本布局、规范资本运作、提高资本回报、维护资本安全。2020—2022年，区属国有企业总资产规模从1541亿元增长至2091亿元，增长36%；营业收入从107亿元增长至193亿元，增长80%；利润总额从13亿元增长至22亿元，增长69%。

（国资金融局）

【国企国有资产管理】 2022年，成都高新区开展国有资产产权管理监督检查，按照《四川省政府国有资产监督管理委员会关于开展2022年度企业国有产权管理工作监督检查的通知》工作要求，对区属国企国有资产交易、企业国有资产评估项目备案核准、上市公司国有股权管理信息变动、企业国有产权登记等工作开展全面自查。全年，成都高新区企业国有资产交易成交项目1030个，成交总金额为67.32亿元；国有资产评估项目（备案项目）9个；区属国企新增持有2家上市公司股权。

（国资金融局）

【行政事业单位国有资产管理】 2022年，纳入成都高新区2022年资产统计范围的行政事业单位机构共计91家，资产账面数613亿元，出租、出借房屋总价值32.3亿元。高新区健全行政事业性国有资产管理制度体系，修订并印发《成都高新区行政事业单位国有资产管理办法》，从制度上规范国有资产配置、租赁、移交等行为，避免国有资产流失。加大国有资产从“入口”到“出口”的监管力度，持续开展行政事业单位国有资产清查盘点、国有资产运营管理专项检查，对于发现国有资产管理的问题及时予以纠正。积极探索盘活国有资产的长效运行机制，制定相关工作方案，从源头上规范行政事业性国有资产投运管一体化建设，助力完善基层治理体系和治理能力现代化。数字赋能助力提高国有资产信息时效，在现有国有资产管理信息系统基础上，不断完善国有资产数据版块，以数据管理推动国有资产管理做实做活做优。

（财政局）

国有企业管理

【概况】 2022年，成都高新区对国有企业开展分类授权放权，加强事中事后监管，切实推进信息化与监管业务深度融合。国资监管效能有效改善，国企的核心竞争力和发展活力不断增强。国资监管部门深入推进机构职能转变，重点管好资本布局，规范资本运作，提高资本回报，维护资本安全。创新考核机制，根据企业特点制定“一企一策”考核目标，规范契约管理以市场化的薪酬吸引高素质人才，高投集团及4家下属一级企业高管配置基本到位。修订完善相关制度规范，聚焦放权赋能，最大限度为企业松绑减负，国有企业运行更加高效规范。成都高新区聚焦区属国有企业战略定位和发展目标，制定2022年区属国有企业考核指标，借助目标考核体系的外部正向激励作用，引领国有企业向科技型实体经济转型，探索链主企业引领发展、市场主体协同建圈、国有企业积极参与的新型发展模式。充分学习借鉴先进地区的国企考核指标体系。认真研究上海和深圳等地以效益为导向，对国有企业经营业绩的财务性指标进行全面系统考核方式，“因企制宜”对不同行业和承担不同功能的国企进行分类考核，将学习经验运用到区属国企指标考核设置。全面完成区属国企经理层成员任期制和契约化管理。在坚持党管干部的原则下，切实以任期制和契约化管理作为深化国企改革的重要抓手，将身份管理和岗位管理有机结合，全面推进完成区属国有企业经理层成员任期制和契约化管理。各区属国有企业董事会与经理层成员全部完成“两书一合同”签订，依法依规建立契约关系，明确了经理层任期要求，聚焦企业发展方向、科学设置任务目标，进一步优化经理层业绩考核体系。

（国资金融局）

【国企改革】 2022年，成都高新区全面实施国有企业改革：推动高新区国企改革三年行动计划顺利收官，完成高新区国企改革三年行动的36项改革事项。完成区属国有企业整合改革，制定出台《成都高新区区属国有企业改革整合方案》，指导督促各区属国有企业在建圈强链、放权赋能、优化整合等方面积极提升改革效能，扎实推进整合改革。形成高新区区属国企“1+4+4”新型发展架构，进一步提升国企专业化、市场化、技术化水平，区属国企引领创新要素加快聚集。优化国有资本布局，构建“四链”融合的支撑点，为加快向科技型实体经济转型，开展国企改革整合，将高投集团提升为成都高新区国有资本投资运营平台，下设产城集团、电子信息产业集团、策源资本、高新发展4家子集团，全面形成“产业孵化—战略投资—并购赋能—上市运作”的全链条产业培育体系，统筹子集团建立联动机制以及产业协同机制，重点在载体支撑、交叉持股、业务协同、资源共享方面建立发展共同体，形成联动“作战图”，打造高新区产业航空母舰“作战群”。同时，打造高科集团、社事投资公司作为专业化运营公司，打造科技城集团、生物城集团、交子公园投资公司作为园区开发公司，除承接园区建设开发的任务外，还深入产业链创新链，以市场化的方式参与产业发展。

（国资金融局）

【国企发展】 2022年，成都高新区国有经济布局优化和结构调整持续提升，资源配置效率不断提高。高投集团及4个子集团形成“1+4”国有资本投资集团体系，打造市场化专业化的子集团群。科技城集团、生物城集团等国企锚定产城融合和战略发展目标，集聚产业优质资源和主导产业，产业与企业发展同频共振效益持续提升。按照“向科技型实体经济转型”的指引方向和基本定位，产城集团加快推进高品质科创空间建设，主要经营指标翻倍增长。电子信息产业集团参与设立的公司2022年实现营收约40亿元，成为其生态位居榜首的公司。策源资本致力打造顶级投资机构的热土，完成紫光集团重整项目投资等重大产业项目投资，帮助多家区内企业实现上市和挂牌，资本招商助力产业发展锋芒初现。高新发展成功并购功率半导体设计公司森未科技，实现科技实业从0到1的突破。

（国资金融局）

【高投集团】 成都高新投资集团有限公司（以下简称“高投集团”），成立于1996年，秉承“发展高科技、实现产业化”的宗旨，经过20多年发展，已成为集城市开发运营、产业投资和资本运作、电子信息产业实业为一体的综合性国有资本投资运营公司。截至2022年，高投集团注册资本207亿元，资产总额1615亿元，营收175亿元，利润总额18亿元。拥有国内最高的3A主体信用评级和穆迪国际Baa2（稳定级）、惠誉BBB双国际评级。高投集团下设产城集团、电子信息产业集团、策源资本、高新发展等一级集团4家，参控股64家企业（含基金），员工2000余人。2022年2月，按照高新区党工委管委会关于区属国有企业改革整合部署，高投集团构建“1+4”国有资本投资集团专业布局，形成产城集团筑基，电子信息产业集团强链，策源资本赋能，高新发展成势的发展格局，产业生态日趋完善。产城集团筑基，构建一体化开发运营模式。承担高新区基础设施、公建配套、民生工程项目建设，助力高新区打造产城融合的国际化新城区；持有以天府软件园、天府生命科技园、AI创新中心为代表的产业园区，园区企业近1200家，通过全方位、专业化服务体系支持企业创新发展；持有并运营资产面积437万平方米，高水平运营铁像寺水街、交子大道等地标性商业项目，着力打造具有国际影响力的现代城市新中心，立足高新区建设开发平台公司定位，全面提升资源获取、策划规划、建设管理、运营服务、资产变现五大能力，成为“战略目标明确、管控模式高效、技术方法先进、员工素质一流”的新时代高品质产城融合综合运营商。电子信息产业集团强链，打造电子信息科技实业群。运营资产面积250万平方米，运营IC设计产业园、无线创智产业园等高品质科创空间，服务英特尔、京东方、华为等近400家企业；承接实施四川首个无人驾驶示范及数智综保、全域物联网等新基建项目，对外输出“蓉城·夔牛”“空天·灵眸”等全国领先的AI解决方案，构建以成都智算中心为算力底座，以数字技术研发、应用场景延展为核心驱动力的数字城市运营体系；投资华鲲振宇、华存智谷、明夷电子、芯进电子等电子信息前沿科技实体，创立四川省人工智能研究院、成都高新区通信测量技术研究院等6个高能级创新孵化平台，助力高新区打造产业原始创新策源高地，聚焦集成电路、OLED、信创、智慧城市等赛道，做大做强做实电子信息产业集群，成为在全国范围内具有核心竞争力的电子信息实业公司。策源资本赋能，产业资本促进产业高质量发展。围绕电子信息、生物医药和数字经济三大主导产业，构建涵盖现代服务业及未来产业的“3+2”现代化开放型产业体系，自主管理基金规模超200亿元，组建超过700亿元的产业基金群，基金招引项目504个；产业投资项目14个，投资金额24亿元，引入高新区明星项目7个；作为成都高新区重点打造的产业投资平台，策源资本围绕高新区三大主导产业，聚焦硬核科技和先进制造业，专业化培育产业基金、产业投资、产业研究、产业服务四大业务板块，着力创建一流专业化产业投资平台。高新发展成势，做大做强主业提升市值，作为高新区下属唯一国有上市企业，高新发展坚定高科技实体经济转型，以收购森未科技为契机，将功率半导体作为战略转型突破口，启动打造国内领先的高端功率半导体器件和组件生产线，逐步构建Fablite运营模式；成立倍智智能，作为智慧城市业务起点，以科技赋能，打造具备自主知识产权的城市级智慧城市底层技术产品矩阵，取得了高新技术企业“双软认证”，获得23项软件著作权、1项专利，并成功入选2022年四川省专精特新中小企业名单。高新发展持续嫁接高科技产业链新技术、新资源，夯实高科技实业发展基础，为成都高新区主导产业建圈强链和城市发展贡献力量。

（高投集团）

【产城集团】 成都高投产城建设集团有限公司（以下简称“产城集团”），成立于2022年4月16日，注册地址为成都高新区盛兴街55号，是高投集团下属一级子集团，负责高新区基础设施和产业载体的开发运营。公司直接管理的下属全资二级子公司9家，全资三级子公司4家，员工807人。截至2022年年底，产城集团注册资本60亿元，总资产规模581亿元，营业收入132亿元，同比增长108%；利润总额9.05亿元，同比增长121%。2022年，产城集团获取网易研究院、星耀高新·智谷（一期）等8宗土地共计25.2万平方米，在建科创空间项目12个，建筑面积260万平方米；在建人才公寓项目17个，共计1.35万套；新改建市政道路67.3千米，绿化提升443万平方米，新建幼儿园及中、小学15个。2022年，天府软件园和天府生命科技园新招引项目121个，培育上市公司、瞪羚企业、专精特新企业27家，总体租售率达90%以上。产城集团运营园区行业影响力和知名度不断扩大，天府软件园和天府生命科技园均获评国家科技企业孵化器最高等级优秀（A类）。产城集团在管资产面积达337万平方米，全年实现租赁收入11亿元。打造交子大道消费场景、朵云书院·交子店文化消费热点，铁像寺水街二期公园街区开放。推出成都市首批保障性租赁住房（南华佳苑），受到《人民日报》等媒体报道。管理各类租赁性住房6600余套。

（产城集团）

【电子信息产业集团】 成都高投电子信息产业集团有限公司（以下简称“电子信息产业集团”），成立于2022年3月，注册地址为成都高新区盛兴街55号8栋，是成都高投集团下属一级子集团，业务领域涵盖产业载体及配套设施开发运营、数字城市运营、产业投资、产业服务、产业创新孵化等方面。截至2022年12月底，电子信息产业集团注册资本30亿元，资产总额90.53亿元，营收金额14.3亿元，利润总额2.66亿元，净利润1.69亿元。下设成都高新区电子信息产业发展有限公司、成都高新愿景数字科技有限公司、成都积体半导体有限责任公司、成都芯火集成电路产业化基地有限公司4家全资、控股子公司，参股、控股企业26家，员工71人。2022年，在载体开发运营领域，电子信息产业集团致力成为最懂电子信息产业的综合开发运营商以及产业服务提供者，自持及代管的资产

AI创新中心一期园区风貌（产城集团/供）

面积超过250万平方米，其中管理产业配套公寓25000间，是成都市最大的产业公寓运营商，运营IC设计产业园、新显智造产业园、无线创智产业园等高品质科创空间以及合庆里商业社区、高新西区体育公园等产业配套项目，培育了润景家长租公寓、润景智慧物业等区域知名品牌以及成都芯火双创基地，服务英特尔、京东方、华为等近400家电子信息领域企业。在数字领域，电子信息产业集团构建起以成都智算中心为算力底座，以数字技术研发、应用场景延展为核心驱动力的数字城市运营体系，深度赋能社会治理及产业转型升级，承接实施四川省首个无人驾驶示范、数智综保、全域物联网等新基建项目，对外输出“蓉城·夔牛”“空天·灵眸”等全国领先的AI解决方案，形成“华景”牌摄像头等具备自主知识产权的智能硬件产品。在产业投资领域，电子信息产业集团持续围绕链主企业上下游建圈强链，先后投资了华鲲振宇、华存智谷、明夷电子、芯进电子等电子信息前沿科技实体，有力放大国有资本效能，引导社会资源向重点行业领域集中，并创立四川省人工智能研究院、成都高新区通信测量技术研究院等技术研发及项目孵化平台，助力高新区打造产业原始创新策源高地。

（电子信息产业集团）

【策源资本】 成都高新策源投资集团有限公司（以下简称“策源资本”），成立于2022年8月，注册地址为四川省成都市高新区天府大道966号天府国际金融中心南塔28F，是成都高投集团全资设立的一级子集团，注册资本100亿元。策源资本下设成都高新新经济创业投资有限公司，成立于2018年10月，注册资本金50亿元。2022年年末，策源资本合并总资产约77.5亿元，净资产约46.5亿元，员工（含下属公司）48人。策源资本作为成都高新区重点搭建的产业投资平台，承载着打造高新区未来五年3000亿元产业基金群的重要使命，坚持守正创新，贯彻制造业强市战略，以扎实推进产业建圈强链为导向，围绕电子信息、生物医药和新经济三大主导产业，聚焦硬核科技和先进制造业，构建涵盖现代服务业及未来产业的“3+2”现代化开放型产业体系，形成产业基金、产业投资、产业研究、产业服务四大业务板块，基金筑核、直投强基、投研赋智、产服固本，打造国有产业资本促进产业高质量发展的双循环模式。2022年，策源资本签约或完成基金管委会备案的基金规模704亿元，引荐项目504个，投资金额24亿元，完成16篇产业研究报告。

（策源资本）

【高新发展】 成都高新发展股份有限公司（以下简称“高新发展”），1992年由成都高新技术产业开发区管理委员会等4家单位共同发起以定向募集方式设立，是国家高新技术产业开发区中第一批股份制试点企业，也是国家科委、国家体改委在全国进行科技与经济相结合的首家股份制试点企业。1996年，公司股票在深圳证券交易所挂牌上市。作为高新区下属唯一国有上市企业，坚定高科技实体经济转型，着力构建功率半导体、智慧城市新型业务版块，致力于将公司打造成为世界一流高科技现代企业。2019年，高新发展抢抓新基建和智慧城市建设契机，吸收合并、自建团队成立倍智智能数据运营有限公司（以下简称“倍智智能”），作为智慧城市业务起点，以科技赋能，树立国内智慧城市建设标杆。倍智智能打造出具备自主知识产权的城市级智慧城市底层技术产品矩阵（包括数字孪生平台、物联网平台、大数据平台），取得“高新技术企业”“双软认证”，获得23项软件著作权、1项专利。2022年，高新发展以收购成都森未科技有限公司（以下简称“森未科技”）为契机，将功率半导体作为战略转型突破口。森未科技成立于2017年7月，是国家高新技术企业、四川省“专精特新”企业、成都高新区雏鹰企业和成都市集成电路设计企业，核心技术团队由清华大学和中国科学院博士组成，长期专注于功率半导体器件研发，深耕IGBT芯片技术和产业化10年以上，累计取得（包含正在注册中的专利数）相关技术专利30多项，开发不同电压等级和应用场景的芯片超过100款，并应用于工业变频、特种电源、感应加热、新能源发电以及新能源车等多个市场领域。截至2022年年底，高新发展注册资本3.52亿元，总资产规模136.78亿元，营业收入65.71亿元，利润总额2.61亿元，同比增长11.32%。

（高新发展）

【高科集团】 成都高新科技创新投资发展集团有限公司（以下简称“高科集团”）于2018年11月成立，为一级科技平台公司，以支持科技创新为主责，专注于引领高科技、助推产业发展。高科集团以科技孵化、科技投资、科技金融为三大核心主业，从支持科技创新前沿科技、未来科技开始，服务科学家和科技专才专注做前沿科技研发，开展知识产权服务（版权服务）、科技人才服务，实现科技成果转化；以硬科技智能制造孵化为主，升级打造科技创新孵化培育高品质新空间，搭建梯度孵化培育体系和科技人才培育体系，支持中小微企业成长；以天使投资、风险投资VC为主，设立和管理天使引导基金、科创基金，为中、早期高科技企业提供资金支持并打造“投资+孵化”模式帮助中小企业解决成长发展所需资金，实现从“PI—IP—IPO”全过程发展；以盈创动力为抓手全方位深度开展科技金融服务，上市服务打造一体化科创金融服务平台帮助科技型中小企业成长；帮助区内高科技企业对接市场，为科技应用场景提供解决方案；高端科技智库建设成型，深度研究科技创新和产业发展，为高新区高质量发展提供智力支撑。截至2022年12月底，公司资产总额56.8亿元，负债总额26.9亿元，净资产29.91亿元，资产负债率47.36%；实现收入1.74亿元，投资收益4330万元；利润总额0.49亿元，净利润0.3亿元，净资产收益率1.12%。

高科集团旗下有盈创动力、创投公司、岷山公司、融资担保公司、科贷公司、高新金控、新蓉公司、大数据研究院8家全资子公司以及联通大数据、新经济创投等11家参股公司，设立有天使基金、VC、PE等全链条产业基金，直投基金包含成都高新区创科投天使股权投资基金合伙企业（有限合伙）等4家，并推进9支子基金合作。打造G1、G5科创空间，入驻孵化企业135家，企业知识产权3790件。联合创新中心累计入驻企业65家（含过审未签协议），累计培育瞪羚企业2家，培育高新技术企业27家。入驻企业分布在人工智能、AR/VR、新金融、“互联网+”、新经济等领域，其中超过60%的企业面向海外市场开展业务，总计获得授权知识产权1154个，累计获得股权投资逾4.77亿元，企业总产值超5亿元，总体估值超过20亿元。2022年，高科集团引入工商注册及工商变更服务，为企业提供4次服务；引入法律服务机构2家、知识产权机构2家。入驻企业中含省级专精特新15家，省级瞪羚4家，省级科技型中小企业入库68家，规上企业15家，市级双百企业2家，市级种子企业14家，区级瞪羚企业14家，区级雏鹰企业20家，区级四派人才企业16家。截至2022年年底，高科集团共为2143家企业召开政策性产品“党建增信”融资项目评议或大数据融资信用评议，涉及贷款申请金额共计121.2亿元；政策性贷款产品的“党建增信”业务累计为区内943家企业提供超58.5亿元规模的债权融资。

（高科集团）

【交子公园投资公司】 前身为成都金融城公司，成立于2009年5月，2017年12月与交子金控集团合并后变更为交子金控集团下属子公司。2020年12月交子公园金融商务区挂牌，公司改革重组，更名为交子公园投资公司，承担交子公园金融商务区9.3平方千米的统筹运作和整体开发。截至2022年12月底，公司资产总额225.29亿元，净资产92.36亿元，资产负债率59%，年内实现营业收入3.39亿元，利润总额8636万元。2022年，公司首次通过"券商+银行"创新模式，注册首单私募公司债20亿元，8月首期发行5亿元，利率3.25%，创该品种国内同评级同期限最低利率；并完成超短期融资券（SCP）注册，注册金额20亿元。公司实现以国家发改委、交易商协会和交易所为主的国内直融渠道全覆盖，在全市重点片区中首批次取得百亿级（120亿元）开发融资。启动交子人行桥和锦尚大桥重点项目施工，建设H07小学、H09中学等高品质公服项目，为片区配套提档升级，开工建设20栋产业楼宇，建设规模130万平方米，总投资170亿元。将地标交子双塔南塔打造为"基金大厦"，入驻金融及金融科技类企业42户，招引基金20家，招商率达93%。交子双塔北塔打造为交子荟·国际公寓，荣获"年度臻至典范公寓"，入驻A类及产业高端人才20余人，被评为中国城市最佳地标公寓，公寓出租率90%。打造交子品牌——"交子J空间""交子咖啡"，滨河绿带被评为"天府新视界·城市观景台"。全年推进57个股权投资项目，包括27支基金和30个直投项目；出资路威凯腾、美团龙珠、同创伟业等5支基金，基金规模合计90亿元。与交子金融局、数字经济局等产业部门联动，招引优秀企业落地，落地项目包括新零售行业龙头零食有鸣总部、国家级专精特新小巨人长扬科技等。成都银行项目引入全市首个超大跨度基坑工程"防尘天幕"，完成商务区基础设施及固定资产数字化一期工程，实现9.3平方千米数字城市基础设施及双塔固定资产数字化。打造全国第三、西部地区首个高品质城市建设者社区，满足4家总包单位约2000人办公、生产生活使用。

（交子公园投资公司）

【生物城集团】 成都天府国际生物城发展集团有限公司（以下简称"生物城集团"）于2016年5月10日成立，由成都高新区管委会、双流区政府共同出资，合作共建，注册资本50亿元人民币，是高新区区属一级企业。集团主要负责成都天府国际生物城44平方千米的基础设施及配套建设、产业投资、科技服务、城市运营等工作。2022年，集团实现资产规模超250亿元、营业收入超16.3亿元、利润总额超2.9亿元；完成固定资产投资超58亿元，各项财务指标增幅超25%；人均资产超1.36亿元，人均利润超158万元；全年纳税2.5亿元，新增高企认定企业1家，规上企业2家。集团获得"AA+"主体信用评级，发行首单"AA+"主体创新创业公司债10亿元；完成集团化更名，并购专精特新龙头企业四川南格尔，建设公司取得房地产开发企业一级资质，永安湖城市森林公园获2022年世界建筑节最佳景观设计奖，国生资本获评"投中中国最具成长潜力创业投资机构TOP10""成都新经济创投突出贡献奖"。联合川航物流落地省内生物医药口岸服务基地，挂牌成都市产业功能区专精特新成长通服务站，挂牌市级知识产权交易中心，实现供应链服务货值突破10亿元，全省药械进口排名第一，揭牌生物城科技服务平台（Bio-Service），开业生物城四星级凯悦嘉轩酒店。全年获取产业载体项目1个，新开工11个，共计53万平方米，同比增长239%；新完工11个，共计52万平方米，同比增长158%；新获取人才公寓三期、四期用地10.1万平方米，人才公寓一期天府菁萃里完成交付1127套；新开工公服配套项目13个，同比增长185%，完工16个，同比增长177%；累计建成绿化景观187万平方米、公服配套34.3万平方米、市政道路50千米。全年新增投资项目37个，招引重大项目及人才团队2个，天府疫苗谷发展项目3个，落地医工百强链主项目1个，新增港交所上市企业1家，专精特新中小企业8家，独角兽企业3家；新设立子基金3支，新增基金规模16亿元，累计7支，基金群总规模超84亿元，母基金杠杆率超14倍；新增债权产品2个，新增授信2.4亿元、新增放款2.52亿元，累计落地“Bio贷”系列债权产品8个，为20余家园区企业提供贷款授信超6亿元；投运金融科技信息化服务平台3个，开展金融服务活动6场，服务企业总数超100家。全年引入国际、国内知名商家55个，开业36家，招商面积超2万平方米。永安湖森林公园全年入园超40万人次，累计入园突破100万人次。污水处理厂全年处理污水超550万吨，实现营收超1亿元。新增道路管护面积4万平方米，绿化管护面积6.2万平方米，累计超150万平方米。获取年最大售电量无上限售电牌照，全年拓展电力用户102家，交易总量超4500万度，投运首批新能源充电桩40个。签约企业49家，面积20万平方米，同比增长143%，招引专精特新企业2家，签约国内外一流人才团队2个，引进市外资金5.89亿元；Bio-Link孵化器一期引进高端人才团队1个、Ⅰ类生物药品种20个、Ⅲ类首仿化药品种3个，在孵企业11家，获得投融资超4.5亿元，总估值超22亿元；Bio-Link孵化器、赛默飞联合创新实验室服务企业21家；协同创新中心落地转化医疗器械产品3个；创新设备集采租赁新模式，试剂超市服务企业15家。

（生物城集团）

【未来科技城集团】 成都高新未来科技城发展集团有限公司（以下简称“未来科技城集团”），即原成都国际空港新城投资集团有限公司，成立于2017年1月，国有独资有限责任公司。集团于2020年7月2日更名，注册资本金50亿元（到位27.5亿元）。2022年，集团实现营业收入7.52亿元，利润总额约4800万元，完成固定资产投资36.3亿元。建成总里程约30千米的重点道路、总建筑面积约27万平方米的产业载体、总建筑面积约25万平方米的安置社区、总建筑面积约9万平方米的公服配套。运营管理5.9万平方米的科教及商业载体，接收约168万平方米的市政设施、绿化及道路管护。2022年，未来科技城集团累计实施建设项目123个，建成项目84个。构建“对内循环，对外畅通”的交通体系，新建成道路27.7千米，累计建成70.7千米，“五横四纵”骨干路网基本形成；建成东一线跨绛溪河大桥，实现国内首座空间网状弯曲拱桥通车，联通未来科技城南、北两大核心片区。18个月全面竣工玉成街邻社区工程、9个月全面封顶草池二期住宅工程，累计完成安置社区项目6个，安居群众2.2万人；承建幼儿园、中、小学6个，可提供学位4600个。完成福田社区工程、福田乡社区工程（二期）、三岔镇八角村社区工程，4700余户安置居民的交付和分房，达到“拎包入住”；建成未来城人才公寓22万平方米，面向高端人才供给1262套租售房源。自筹资金投资建设7号全地埋式再生水厂，每年为未来科技城提供400万吨再生水资源，保障民航飞院3万师生、民航二所等企事业单位及福田片区污水处理需求。未来科技城供水站开工建设，日均供水1万吨，保障智创产业空间等重大项目用水需求。国际教育园绿轴景观基本呈现，累计7.3万平方米生态景观对外开放，塑造公园城市形态。仅用8个月完成天府绛溪实验室10万平方米建设。储备项目16个，总建筑面积508余万平方米，预计总投资381亿元。以科创中心为核心打造复合型产业园区，储备265万平方米百亿项目未来智谷产业园标准厂房及基础设施。首批围绕“车载智能网联汽车”产业方向，计划打造约60万平方米未来科技城车载智能系统产业园。2022年，集团新增融资提款约31亿元，累计融资规模144.5亿元，融资余额31亿元。集团实现“AA+”主体续评，评级展望为稳定，完成上交所15亿元公司债券申报。对接银行采用贷款置换、培育子公司融资主体等方式实现流动资金提款约14.10亿元，保障流贷到期债务刚兑。申报发行政府专项债，包装策划专项债项目4个，获得审批发行额度14.65亿元，新增专项债到位资金6.89亿元。获得福田小学项目一般债资金0.5亿元，获取交通银行国际教育园项目前期贷款批复6亿元并根据工程进度提款约1.30亿元，提取交行、农行三岔二期人才公寓项目贷款3.23亿元。

（未来科技城集团）

【社事投资公司】 成都高新区社事投资发展有限公司（以下简称“社事投资公司”），成立于2019年7月24日，注册资本50000万元，为国资直管二级企业。公司聚焦国家发展战略、高新区发展方向及群众“急难愁盼”问题，重点围绕“文体医教农”民生领域，开展“投—融—建—管”一体化运营管理服务，高标准提供各项民生公共服务，全力助推成都高新区社会事业高质量发展。2022年，公司管理资产规模达50亿元、资产总额16亿元；实现营业收入2亿元、较2021年翻了3倍；利润总额实现0.22亿元、同比增长83%。2022年，公司完成成都高投体育管理有限公司、成都高新文创传媒有限公司2家子公司整合划转，现有全资子公司6家、控股公司1家、参股公司6家。年内公司完成世乒赛8大类58项后勤保障及1000余处氛围营造。在完成疫情期间3轮租金减免、保障高新区21个农贸市场和355间商铺有序经营的基础上，完成顺江农贸市场返迁和临时菜市场开业、大源152号院业态整治、西区农贸市场外围改造，同时引入社会资本2000余万元，完成10个老旧市场业态风貌提档升级。分步推进成自泸以东片区提升项目，守好耕地红线，完成77万平方米耕地保护种植及24万平方米耕地整治恢复。全年累计运营养老项目4个，运营床位380张；新增芳草、丰收、肖家河托育园3个，托位数突破300个，累计服务高新产业家庭逾2000组。佳医医疗开创国企设立综合门诊先例，新增投建新华南、天华医疗连锁门诊部2个。成都高新文化中心剧院于2022年12月16日举办开幕仪式暨2022开幕演出季发布会，并陆续上演《只此青绿》《人世间》《成都交响乐音乐会》等国内顶级剧目20余场。天府双塔在承接春节主题灯光、地球1小时、告白成都等公益广告基础上，获得“四川省十大城市地标广告媒体”“第七届金场景营销案例全场大奖”等多项殊荣。全年新增投运天华、丰收、新华南、晨风公服社区综合体4个，累计呈现各类特色服务业态15个。轻松驿站推动高新“厕所革命”供给侧结构性改革，全年落地20座。

（社事投资公司）

市场监督管理

【概况】 2022年，成都高新区市场监督管理局（以下简称“高新区市场监管局”）坚持以企业和办事群众需求为导向，以商事登记制度改革为抓手，积极作为，主动创新，推动企业登记注册便利化，助力建设国际化营商环境，全力服务市场主体，激发高质量发展新活力，全年促进126个重大项目落户。坚持以人民为中心的发展思想，切实保护消费者合法权益，发挥职能优势，积极推动营商环境建设；坚守“质量为民”初心，深入实施质量强区和标准引领战略，扎实开展产（商）品质量监督抽查，持续推进计量惠民民生工程；加强认证认可、检验检测等质量基础设施建设，全面履行综合管理和安全监察职能；严格贯彻落实中央、国务院，省委、省政府，市委、市政府食品安全决策部署，以食品安全党政同责为抓手，牢牢守住食品安全底线，实现高新区食品安全风险总体可控，确保人民群众身体健康；加大药品医疗器械化妆品监管力度，切实保障人民群众用药用械用妆安全；统筹做好疫情防控工作和促进经济社会发展，为推动经济高质量发展提供坚实保障；维护公平竞争的市场秩序、营造良好环境、保障饮食用药安全为宗旨，以全面推进行政执法规范化为依托，有效打击市场监管违法行为，全面维护市场秩序，持续优化区域营商环境。2022年，高新区市场监管局被四川省市场监督管理局评为“‘春雷行动’先进集体”（连续四年先进集体），获“省级重大活动特种设备安全保障工作先进单位”“省级重大活动食品安全保障工作先进集体”等称号；被成都市委、市政府评为“食品安全党政同责先进单位”，获成都市市场监督管理局“2022年度质量提升与监管工作先进单位”“2022年度商事登记及行政审批制度改革工作先进单位”等14项表扬通报。

【企业注册监管】 2022年，成都高新区新增各类型市场主体71738户，注册资本（出资额）3152.1亿元。其中，企业36310户，注册资本（出资额）3130.84亿元，个体工商户35428户，出资额21.26亿元。全年发出食品经营许可证685张，药品经营许可证586张，科研教学用毒性药品购用证明2份，药品、医疗器械互联网信息服务备案凭证37份，办结新装电梯备案49件。3月，在全省率先推出企业登记“零接触”服务清单，梳理38项高频登记注册事项，纳入“零接触”清单管理，覆盖企业从设立到注销的全周期，实现企业登记注册全程“不见面”，全年通过“零接触”办理登记注册事项6.9万件，占办件总量的80.93%。7月，立足职能职责，聚焦市场主体准入准营退出、质量技术服务、知识产权保护、信用修复、监管执法等领域，出台助企惠企“十条措施”，支持市场主体健康发展。引导具备一定规模和有转型意愿的个体工商户转型升级为企业，促进159户个体工商户转型升级为企业。8月，印发推行成都高新区“证照分离”改革全覆盖实施方案，按照直接取消审批、审批改为备案、实行告知承诺、优化审批服务等四种改革方式分类推进“证照分离”改革。全年共办理涉改事项业务4338件。11月，提升企业登记智慧化水平，将企业登记融入“智慧蓉城”建设，试行企业登记AI智慧辅助审批，运用大数据和人工智能技术，探索企业登记全流程智慧化。成都泽臻广告有限公司等企业通过AI智慧辅助登记即时领取营业执照。

【市场秩序监管】 2022年，高新区市场监管局开展校园周边、犬只管理等各类市场经营秩序专项整治，切实规范无证无照经营行为。全年累计排查5185户次，行政指导1103户次，整治后办证（照）708户，停业关闭43户，督促无证无照企业办证，规范企业经营行为。全年累计出动执法检查人员20余人次，排查涉嫌不公平不合理格式条款线索80条，约谈企业24户，开展指导42次，纠正涉嫌违法违规格式条款80条，处理合同纠纷3次。开展“守合同、重信用”创建活动，高新区市场监管局推荐的282家企业获得认定。其中，省级“守重”公示企业

54家，占全省的4.7%、全市的17.5%；市级“守重”公示企业228家，占全市的18.4%。高新区认证企业数均列全市、全省第一。全年完成5次菜市场常态测评并及时行文通报，表彰奖励2021年度优秀菜市场，其中府城市场等13个菜市场荣获测评考核优秀奖，肖家河综合市场等11个菜市场荣获市场专项奖，益民菜市清和店等2个菜市场荣获市场进步奖。全年对两类公司和小额贷款机构专项排查等开展专项检查，排查涉金融风险公司58家，发现风险企业26家，登记地址不符企业9家，全部责令整改。开展防范非法集资宣传，在29个菜市场的电子显示屏每日轮番播放2022年春节期间防范非法集资宣传标语，刊印DM宣传单2000份。先后组织开展国家市场监督管理总局第56号令《明码标价和禁止价格欺诈规定》的宣贯，全年累计调研、检查企业1021家次，处理价格投诉举报、人民网留言和信访2246件，回复率100%。网上检查网站、网店4766个次，检查商品372901件，检查网页620149页，发现并处置网络不公平不合理格式条款线索80条，电子商务价格行为线索6条，互联网广告行为线索58条，燃气器具监测线索380条，涉嫌假冒专利行为线索3条，网络平台经营者履行主体责任线索30条，涉嫌虚构原价线索3条，涉嫌虚假价格承诺2条，涉嫌虚假宣传线索6条，网络销售禁售商品行为738条，无公示医疗器械经营备案线索3条。全年巡查2000余条发布的各类广告，整改广告违法线索300条次，约谈3户广告活动主体。对企业信用信息进行公示。2022年，高新区市场监管局累计列入经营异常名录企业2791户，办理移出异常名录企业2890户；协助开展拟资助企业信用综合评价，涉及企业7039户，核查发现违法违规企业357户。

表14　2020—2021年度省级守合同重信用企业（高新区）

序号	类别	企业名称
1	年度复审	汉隆科技股份有限公司
2	年度复审	成都路行通信息技术有限公司
3	年度复审	成都传晟信息技术有限公司
4	年度复审	成都劳恩普斯科技有限公司
5	年度复审	成都大公博创信息技术有限公司
6	年度复审	四川元丰建设项目管理有限公司
7	年度复审	四川炜烨知识产权事务所有限公司
8	年度复审	成都智慧农夫科技有限公司
9	年度复审	成都数联铭品科技有限公司
10	年度复审	四川省锐能石油工程技术服务有限公司
11	年度复审	四川美大康佳乐药业有限公司
12	年度复审	成都高建环境卫生服务有限公司
13	年度复审	晨越建设项目管理集团股份有限公司
14	年度复审	国欣生态建设集团有限公司
15	年度复审	成都汉康信息产业有限公司
16	年度复审	四川天府消防工程有限公司
17	年度复审	厚普清洁能源（集团）股份有限公司
18	年度复审	成都迪康中科生物医学材料有限公司
19	年度复审	四川锦程综合能源有限公司
20	年度复审	四川准达信息技术股份有限公司
21	年度复审	四川京川公路工程（集团）有限公司
22	年度复审	四川华南信息产业股份有限公司
23	年度复审	四川省士越照明科技有限责任公司
24	年度复审	四川省首尔迪拍卖有限公司
25	年度复审	成都苑东生物制药股份有限公司
26	年度复审	成都鹏业软件股份有限公司
27	年度复审	地奥集团成都药业股份有限公司
28	年度复审	四川鼎易天成建设工程有限公司
29	年度复审	成都高新区景新市政设施维护有限公司
30	年度复审	成都超讯科技发展有限公司
31	年度复审	四川通信科研规划设计有限责任公司
32	年度复审	四川国鼎建筑设计有限公司
33	年度复审	四川海特高新技术股份有限公司
34	年度复审	四川久远银海软件股份有限公司
35	年度复审	四川省送变电建设有限责任公司
36	年度复审	四川公路桥梁建设集团有限公司

续表 14

序号	类别	企业名称
37	年度复审	超宇集团有限公司
38	年度复审	四川省川建勘察设计院有限公司
39	年度复审	华信众恒工程项目咨询有限公司
40	年度复审	佳缘科技股份有限公司
41	年度复审	成都衡泰工程管理有限责任公司
42	年度复审	桑瑞思医疗科技有限公司
43	年度复审	四川省建筑设计研究院有限公司
44	新申报	四川安迪科技实业有限公司
45	新申报	壹玖壹玖酒类平台科技股份有限公司
46	新申报	中诚智翔建设集团有限公司
47	新申报	中科经纬工程技术有限公司
48	新申报	中天建扬物流技术成都有限公司
49	新申报	四川省华盾建筑工程有限公司
50	新申报	成都众志天成科技有限公司
51	新申报	成都零点科技有限公司
52	新申报	力强宏博科技发展有限公司
53	新申报	中铁二十三局集团有限公司
54	新申报	开元数智工程咨询集团有限公司

表 15　2021 年度市级守合同重信用企业（高新区）

序号	类别	企业名称
1	新申报	四川益生建设有限公司
2	新申报	四川得朋电气科技有限公司
3	新申报	成都锐菲网络科技有限公司
4	新申报	成都天大餐饮管理有限公司
5	新申报	四川大医智慧科技有限公司
6	新申报	四川赛康智能科技股份有限公司
7	新申报	四川信联云航科技有限公司
8	新申报	成都鸿安华宇科技有限公司
9	新申报	四川能投金石重型装备租赁有限公司
10	新申报	四川中科川信科技有限公司
11	新申报	成都迈硕电气有限公司
12	新申报	成都炜烨科技有限公司
13	新申报	四川天启智源科技有限公司
14	新申报	四川中砝建设咨询有限公司
15	新申报	四川川润智能流体技术有限公司
16	新申报	四川中砝土地房地产评估有限公司
17	新申报	四川中砝会计师事务所有限责任公司
18	新申报	四川中洋建兴建设工程有限公司
19	新申报	四川昌正工程咨询有限公司
20	新申报	四川猋飞科技有限公司
21	新申报	中成弘业工程技术集团有限公司
22	新申报	成都雨云科技有限公司
23	新申报	成都新西旺自动化科技有限公司
24	新申报	成都风际网络科技股份有限公司
25	新申报	六合远教（成都）科技有限公司
26	新申报	四川科瑞远航信息技术有限公司
27	新申报	华兴源创（成都）科技有限公司
28	新申报	成都哈弗客科技有限公司
29	新申报	成都尚华电气有限公司
30	新申报	成都创信华通信息技术有限公司
31	新申报	中油奥博（成都）科技有限公司
32	新申报	四川省同瑞达建设工程有限公司
33	新申报	四川川投云链科技有限公司
34	新申报	四川丰垣升信息科技有限公司
35	新申报	成都优卡数信信息科技有限公司
36	新申报	成都朝发信息工程技术有限公司
37	新申报	成都卓拙科技有限公司
38	新申报	四川叁文策略文化创意股份有限公司
39	新申报	四川致真环境服务有限公司
40	新申报	远坤建筑劳务有限公司
41	新申报	四川野马科技有限公司
42	新申报	成都数道智联科技有限公司
43	新申报	四川晟实科技有限公司
44	新申报	人瑞人才科技集团有限公司
45	新申报	成都纵横大鹏无人机科技有限公司
46	新申报	成都纵横自动化技术股份有限公司
47	新申报	中虹源集团有限公司
48	新申报	成都科鸿智信科技有限公司

续表 15

序号	类别	企业名称
49	新申报	成都新希望金融信息有限公司
50	新申报	四川胜蓝科技工程有限责任公司
51	新申报	四川艾都科技有限公司
52	新申报	东方电气（成都）工程设计咨询有限公司
53	新申报	成都厚为专利代理事务所（普通合伙）
54	新申报	成都松虎科技有限公司
55	新申报	四川创惠卓越信息技术有限公司
56	新申报	四川星企点企业服务有限公司
57	新申报	成都掌云天下科技有限公司
58	新申报	四川鑫辉致远信息技术服务有限公司
59	新申报	瀚力科技（成都）有限公司
60	新申报	成都航创启辰信息技术有限公司
61	新申报	成都长城开发科技股份有限公司
62	新申报	四川金钱柜文化传播有限公司
63	新申报	成都贝尔通讯实业有限公司
64	新申报	成都硅宝好巴适密封材料有限责任公司
65	新申报	成都硅宝科技股份有限公司
66	新申报	成都万信安隆科技有限公司
67	新申报	成都四相致新科技有限公司
68	新申报	成都以手维生科技有限公司
69	新申报	成都菁蓉联创科技有限公司
70	新申报	优客里邻（成都）智慧科技有限公司
71	新申报	成都中航信虹科技股份有限公司
72	新申报	成都青山利康药业股份有限公司
73	新申报	四川华策智慧科技有限公司
74	新申报	四川卫宁软件有限公司
75	新申报	成都雨航创科科技有限公司
76	新申报	成都音悦创想科技有限公司
77	新申报	四川联畅信通科技有限公司
78	新申报	成都青软青之软件有限公司
79	新申报	四川迪思源科技有限公司
80	新申报	威特龙消防安全集团股份公司
81	年度申报	成都环美园林生态股份有限公司
82	年度申报	四川高地工程设计咨询有限公司
83	年度申报	成都兴昊物业服务有限公司
84	年度申报	成都通通印防伪票证标签有限公司
85	年度申报	四川皕途集创客空间有限公司
86	年度申报	四川泛茂科技股份有限公司
87	年度申报	四川君逸数码科技股份有限公司
88	年度申报	四川鑫森工程项目管理有限公司
89	年度申报	成都金控人力资源管理有限公司
90	年度申报	成都比斯特科技有限责任公司
91	年度申报	成都安可信电子股份有限公司
92	年度申报	成都时代星光科技有限公司
93	年度申报	中青宏发集团有限公司
94	年度申报	四川森辉建筑装饰有限公司
95	年度申报	成都华川进出口集团有限公司
96	年度申报	垒知科技集团四川有限公司
97	年度申报	成都希盟泰克科技发展有限公司
98	年度申报	成都通发众好物业有限责任公司
99	年度申报	四川环诚物业管理有限公司
100	年度申报	成都地奥九泓制药厂
101	年度申报	四川新环佳科技发展有限公司
102	年度申报	四川永昊环保科技有限公司
103	年度申报	成都迅强环境管理有限公司
104	年度申报	成都金厚德朴环保科技有限责任公司
105	年度申报	四川省欣雨科技有限责任公司
106	年度申报	四川金投科技股份有限公司
107	年度申报	多特瑞（上海）商贸有限公司成都分公司
108	年度申报	四川洁欣新高物业服务有限公司
109	年度申报	成都德福生节能科技有限公司
110	年度申报	四川融鑫信息科技有限公司
111	年度申报	成都依能科技股份有限公司
112	年度申报	四川汇源光通信有限公司
113	年度申报	成都时誉知识产权代理事务所（普通合伙）
114	年度申报	四川万峰建设工程项目管理有限公司
115	年度申报	成都中海医药有限公司
116	年度申报	四川易通天和招标代理有限公司
117	年度申报	四川西南企联人力资源管理有限公司
118	年度申报	四川省兴旺建设工程项目管理有限公司
119	年度申报	四川省创能工程勘察设计有限公司
120	年度申报	四川清尹网络科技有限公司
121	年度申报	成都伟航科技有限公司
122	年度申报	四川省天宇中程人才劳务服务有限公司

续表 15

序号	类别	企业名称
123	年度申报	中科院成都信息技术股份有限公司
124	年度申报	四川兴政信息技术有限公司
125	年度申报	四川天艺生态园林集团股份有限公司
126	年度申报	四川思帛建筑安装工程有限公司
127	年度申报	四川省锐宇保安服务有限公司
128	年度申报	成都五商供应链管理有限责任公司
129	年度申报	成都安美勤信息技术股份有限公司
130	年度申报	四川宏亿德建设工程有限公司
131	年度申报	四川虎马文化传媒有限公司
132	年度申报	四川通安实业有限公司
133	年度申报	四川航空蓝天人才劳务代理有限公司
134	年度申报	四川省天宇达人才劳务服务有限公司
135	年度申报	成都吉比特科技有限公司
136	年度申报	成都欧美克石油科技股份有限公司
137	年度申报	四川省天宇劳务服务有限公司
138	年度申报	四川大华生态园林工程有限公司
139	年度申报	四川省鑫宇石油技术服务有限公司
140	年度申报	四川天府兴诚建设工程项目管理有限公司
141	年度申报	四川穗港消防工程有限公司
142	年度申报	中城嘉翔建工集团有限公司
143	年度申报	四川和翔环保科技有限公司
144	年度申报	四川邦泰投资有限责任公司
145	年度申报	成都欧菲物业服务有限公司
146	年度申报	四川万利保洁服务有限责任公司
147	年度申报	成都广日物流有限公司
148	年度申报	成都索贝数码科技股份有限公司
149	年度申报	四川得圆岩土工程有限责任公司
150	年度申报	成都双扬科技有限责任公司
151	年度申报	四川省川嫂子物业管理有限公司
152	年度申报	四川中康科技有限公司
153	年度申报	成都千麦医学检验所有限公司
154	年度申报	四川双龙机场建设有限公司
155	年度申报	成都卫士通信息安全技术有限公司
156	年度申报	四川汘瑞翔科技有限责任公司
157	年度申报	四川新宇民信建筑工程有限公司
158	年度申报	四川宏瑞实业有限公司
159	年度申报	四川通威食品有限公司
160	年度申报	四川火炬物业管理有限公司
161	年度申报	四川仁信工程管理咨询有限公司
162	年度申报	上海上房物业服务股份有限公司成都分公司
163	年度申报	四川尚嘉源建设工程有限公司
164	年度申报	成都锦程宇扬科技有限公司
165	年度申报	四川省天宇盛通劳务有限公司
166	年度申报	四川良友建设咨询有限公司
167	年度申报	四川众森同越科技有限公司
168	年度申报	四川省天宇锐集团有限公司
169	年度申报	四川中喻环境治理有限公司
170	年度申报	四川信耀环境科技有限公司
171	年度申报	四川邦泰物业服务有限公司
172	年度申报	四川长河环境集团有限公司
173	年度申报	四川铭信工程招标咨询有限公司
174	年度申报	成都西部牛牛广告展览有限公司
175	年度申报	中旺建工集团有限公司
176	年度申报	成都硅宝防腐科技有限责任公司
177	年度申报	四川成鲜生态农业有限公司
178	年度申报	成都斯耐尔电子技术有限公司
179	年度申报	成都千一工程项目咨询有限公司
180	年度申报	四川鹦鹉螺工业设备运行管理有限公司
181	年度申报	中齐建设工程有限公司
182	年度申报	四川航天信息有限公司
183	年度申报	四川绿源诚科技有限公司
184	年度申报	成都中环科创科技有限公司
185	年度申报	四川联投招标代理有限公司
186	年度申报	成都大道经纬企业管理咨询有限公司
187	年度申报	四川中志招标代理有限公司
188	年度申报	锦城招标代理有限公司
189	年度申报	四川紫气节能科技有限公司
190	年度申报	鱼鳞图信息技术股份有限公司
191	年度申报	成都兰瑞勘测规划有限公司
192	年度申报	四川兴立园林环境工程有限公司
193	年度申报	四川益明电信工程总承包有限公司
194	年度申报	四川盛邦润达科技有限公司
195	年度申报	成都从众清洁服务有限公司
196	年度申报	四川益扬林业有限公司

续表 15

序号	类别	企业名称
197	年度申报	四川美康医药软件研究开发有限公司
198	年度申报	四川浩特通信有限公司
199	年度申报	成都图语信息技术有限公司
200	年度申报	成都蓉创智汇知识产权代理有限公司
201	年度申报	成都行之专利代理事务所（普通合伙）
202	年度申报	中地云智慧科技有限公司
203	年度申报	四川天翼网络股份有限公司
204	年度申报	成都行之智信知识产权代理有限公司
205	年度申报	四川联晟致远项目管理有限公司
206	年度申报	四川鸿进达卫生技术服务有限公司
207	年度申报	成都鸿钰网络科技有限公司
208	年度申报	成都西辰软件有限公司
209	年度申报	中锦冠达工程顾问集团有限公司
210	年度申报	四川省集胜网络工程有限责任公司
211	年度申报	中晟升博集团有限公司
212	年度申报	四川世纪互通机电工程有限责任公司
213	年度申报	四川西南交大铁路发展股份有限公司
214	年度申报	四川西南工程项目管理咨询有限责任公司
215	年度申报	成都汇洁保洁工程有限公司
216	年度申报	四川省达科特能源科技股份有限公司
217	年度申报	成都九洲电子信息系统股份有限公司
218	年度申报	四川骏逸富顿科技有限公司
219	年度申报	四川省河海工程咨询有限公司
220	年度申报	四川中恒建设工程有限公司
221	年度申报	四川美西动力科技有限公司
222	年度申报	成都百施特金刚石钻头有限公司
223	年度申报	成都新网电子系统工程有限公司
224	年度申报	四川三力通用设备工程有限公司
225	年度申报	祥昇建工有限公司
226	年度申报	四川福济生鸿医疗科技有限公司
227	年度申报	成都兆兴民泰商贸有限公司
228	年度申报	四川省华成远为建筑工程技术有限公司

【消费者权益保护】 2022年3月15日，高新区市场监管局开展主题为“共促消费公平”系列活动，向2021年度21家“建设放心舒心消费城市”示范单位、先进企业投诉站以及新设企业投诉站授牌并组织座谈会，发放消费维权知识宣传手册2000余份，现场解答、法律咨询接待125人次；高新检察院发放公益诉讼典型案例及宣传手册；高新公安分局发放防范非法集资和反诈骗小贴士等宣传手册和警示信息，增强群众消费安全意识。高新区市场监管局聘请四川谷雨律师事务所为高新区消协常年法律顾问单位，持续为消费者提供免费法律咨询，为辖区经营者提供消费维权专题培训。全年高新区市场监管局处理消费投诉77977件，按期办结率100%，调解成功率75%，为消费者挽回经济损失2381.81万元；收到来自消费者和经营者赠送的锦旗15面、表扬信17封；对90家严重侵害消费者合法权益的企业采取限制措施，其中22家企业因解决消费投诉较好，解除或部分解除限制。2022年，高新区市场监管局在政府门户网站、微信公众号、高新区各媒体、高新区各级政务服务中心、地铁沿线各站点、商业楼宇、综合体、住宅小区及社区广场等渠道公示消费投诉数量排行榜，每个季度定期公示，开展4次预付式消费、盲盒消费、美容行业、“6·18”网购的消费警示，公示企业120家。

【质量技术监管】 2022年，高新区市场监管局纵深推进国家基本公共服务标准化综合试点建设。3月，与成都市市场监督管理局签订《关于建设国际标准化人才培训基地（成都）合作协议》，西南地区首个国际标准化人才培训基地落户成都高新区。落实企业标准自我公开声明制度，指导186家企业向社会公开企业标准1001项，指导帮助39家被抽查企业对160项问题标准进行修订，并督促其完成整改。严格落实贸易结算、医疗卫生等4个重点领域强检计量器具免费检定政策，组织企业送检计量器具96087台（件），为企业减免费用782.62万元。检查农贸市场、大型商超粮食购销领域在用计量器具147家次，抽查粮食等定量包装商品净含量25个批次，合格率100%，免费为28家集贸市场更换公平秤58台。对辖区内机动车、生态环境、食品、建筑工程等重点领域检验检测机构和重点认证产品开展监督抽查，抽查机构和企业113户，发现问题126个，均督促企业或机构完成整改。开展低碳、绿色、有机等高端认证宣传，抽检流通领域有机产品13批次。指导帮扶科美迪检验检测有限公司、四川德测检测技术有限公司、成都勤民包装有限公司优质获取质量管理体系认证。全年监督抽查消防产品、燃气灶具、电线电缆、学生用品、有机产品等各类重点产（商）品共计106批次，抽检合格100批次，合格率94.3%，不合格产品处理处置率100%。开展重点产（商）品质量安全专项整治行动：燃气安全专项整治，全覆盖完成燃气器具生产企业监督检查4轮次，销售企业监督检查527户次，发现一般问题隐患55项，督促企业完成整改；电动两轮车安全专项整治，全覆盖完成电动两轮车销售企业监督检查102户次，严厉打击生产销售未获得3C认证的电动自行车和电动摩托车违法行为；开展成品油质量安全专项整治，对辖区内25家加油站的1217台燃油加油机开展强制检定，不合格占比0.74%，督促企业及时维修或更换；消防产品质量安全专项整治，完成消防产品生产销售企业监督检查5户次，抽查消防产品15批次。对全区10家工业产品生产许可证获证企业开展全覆盖检查，发现问题37项，经督促后均完成整改。

【质量发展】 2022年，高新区市场监管局牵头“质量强区”建设工作，印发《成都高新区2022年质量强区暨质量提升工作要点》，调整质量强区领导小组，完善工作规则，构建“党委领导、政府主导、部门联合、企业主责、社会参与”的大质量工作格局。创新推出“政府质量奖培育计划”，通过宣传发动和企业自愿申报，建立了包含18家重点企业的“政府质量奖企业培育库”，聘请质量专家团队深入15家企业开展“一对一、面对面”质量问诊和质量帮扶，精准帮助企业导入或改进卓越绩效管理模式，提升企业全面质量管理水平，其中6家企业和1名个人申报2022年度四川省天府质量奖。开展丰富多彩的“质量月”活动，包括2022年成都高新区“质量月”活动线上启动仪式、诚信教育宣传座谈会、国家金银珠宝饰品质量监督检验中心观摩等活动。举办企业首席质量官任职培训，47人获得企业首席质量官任职培训证书。

【特种设备安全监察】 2022年，成都高新区的特种设备保有量全省第三，全市第一，占比为全市保有量的10.1%，总数达到30646台（套）。2022年，高新区市场监管局获四川省市场监督管理系统“省级重大活动特种设备安全保障工作先进单位”称号。构建“智慧特安”平台，完成城运平台“电梯安全”版块，通过在电梯加装物联感知设备的方式，对电梯运行情况进行实时记录，让整个电梯监管形成闭环体系，实现问题可查、责任可追。在辖区自管院落、商业楼宇、公共场所、住宅小区进行试点，并鼓励引导生产厂家、科技公司、保险公司等社会力量研发智慧产品，参与智慧建设。全年，高新区有91个项目、931台电梯购买“健康保险”，1522台电梯安装物联感知系统；对高新区范围内420台15年以上老旧住宅电梯开展安全评估、重点监管，对发现的107个安全隐患实行清单整改、跟踪问效、复查验收，实现全过程记录和闭环式管理。2022年，检查人流密集重点场所、重点企业510家，设备2082台，发现并整改安全隐患102个；出动执法人员647人次，检查使用单位354家，设备650台，发现并整改安全隐患144个；全面完成年度“春雷行动”、危化品、燃气安全隐患排查等专项行动20余次；督促179家使用单位使用特种设备“双重预防”系统，风险辨识与隐患排查特种设备3759台。将监管关口前移，43家在建工地电梯安装备案476台。完成56届世乒赛、21届海科会、省市两会、“两考”等14次国内重大活动（会议）的特种设备安全保障，检验特种设备436台次。

【食品安全监管】 2022年，成都高新区建立完善食品安全信息共享、目标测评考核、风险研判会商、行刑衔接、应急建设与处置、督查通报等长效机制，每年开展食品安全目标测评、考核，按规定向公安、司法机关移送案件5件，处罚12人。构建食品安全突发事件、进口冷链食品疫情防控应急处置体系，开展应急演练2次，妥善处置各类型突发事件5起；印发工作简报9期、工作通报23期，督查通报各类问题130余个，全部督促整改到位。高新区食品安全委员会办公室（以下简称“区食安办”）每年开展食品安全目标测评3次，将食品安全党政同责、严守食品安全底线等作为重点工作，跟踪督办9次；配合市委巡察组对食品安全党政同责履职情况巡察，组织人大代表对全区食品安全工作视察。2022年，高新区市场监管局（区食安办）建立“属地管理、分级负责、全面覆盖、责任到人”的现代网格化监管体系，细化为115个食品安全监管网格，全面排查食品安全风险隐患；开展食品安全监管人员专业培训6场，专业化（食品、法律相关专业）人员44人，专业化占比48.53%。2022年，高新区市场监管局严控校园食品安全风险，督促学校全面落实食品安全管理职责，对辖区188所学校实施食品安全二方审核，对145所公立学校实施阳光智慧监管；对9家养老机构、4家机关、6家大型企业、1条餐饮示范街（17家中型及以上餐饮单位）实施智慧监管，对食品安全生产、流通、餐饮等全链条探索推进全覆盖、闭环式智慧监管。严格特殊食品监管，对特殊食品生产企业检查覆盖率达100%，督促特殊食品生产企业自查报告率达到100%。加强对注册和备案产品事后监管，稳步推进特殊食品规范经营行动，开展特殊食品“五进”科普宣传5场。全年，高新区市场监管局对299家生产企业、学校等高风险单位实施二方审核，开展区级食品抽检5502批次，辅助巡查和现场指导9000余次，对169家学校、养老机构等重点单位实施智慧监管。全年召开全区食品安全风险研判会议3次。2022年，依法立案查处食品违法案件197件，罚没金额381.93万元。年内完成世乒赛等30场重大活动餐饮服务食品安全监督管理，累计保障万余人次。

【食品安全现代化监管】 2022年，高新区市场监管局大力推进食品安全监管现代化，深化智慧监管，对全区169家学校、养老机构等重点单位实施智慧监管，推行食品安全阳光智慧工程，获评全国网络理政卓越案例（2021—2025年）。打造食品安全综合监管平台和大数据分析中心，将全部重点项目数据与日常监管数据纳入平台及中心进行智能分析，自2022年平台及中心建成，生成分析图表和决策建议周报21份、月报6份；会同网络理政部门，打通数据连接，打造食品安全智慧监管指挥和运行中心，以政务展示场景引导社会和群众积极参与食品安全治理，并通过赋能智慧蓉城建设方式助力形成城市治理“一网通办”工作格局。监管人员使用移动监管App对辖区进行日常监管，近20000条监管数据实时回传大数据分析中心。2022年，全区食品安全监管信息化覆盖率达到100%。对全区

28家城市综合体和31家农贸市场实施食品安全分级评定，评定结果上传至相应平台向社会公示。为监管对象赋予专属二维码，对6000余家餐饮单位实施“一店一码”数字化监管。初步构建企业信用体系并通过平台公示，推进全区31家食品生产企业在监管平台公示食品安全相关信息。

【食品产业营商环境优化】 2022年，成都高新区市场监管局推动成立高新区餐饮协会，组织餐饮企业发展沙龙会，引导行业自律，助力和引导餐饮业高质量发展。推动餐饮业提档升级，对硬件升级改造，对业态标准和管理制度进行探索升级，鼓励有实力的餐饮企业率先迈向数字化管理；支持餐饮企业积极通过HACCP、ISO 22000等管理体系认证，进一步提升企业管理水平；引入银行和保险公司，引导支持24家餐饮协会单位率先投保食品安全责任险。持续推进“送政策、帮企业、送服务、解难题”专项行动，通过组织召开餐饮行业沙龙等形式，协调解决企业疫苗接种、融资、宣传、招工等7大类共性问题；以稳增长为抓手，通过实地走访、线上问卷调查等形式，对48家限上餐饮企业开展全覆盖调研，收集分析企业在稳产满产、提质增效等方面的问题困难和发展诉求，并形成分析报告和企业问题诉求台账，助力餐饮业经济增长。深化成渝高新区市场监管合作一体化机制，探索两地高新区食品安全监管深度合作，不断优化行政审批和营商环境，联合深推食品经营许可“申请人承诺制”两地互认，有13家连锁企业在高新区以“申请人承诺制”方式办理327张许可证。

【药品医疗器械监管】 2022年，成都高新区市场监管局完成疫苗接种机构、疫苗配送企业多轮次全覆盖监管29家次、一类器械生产检查56家次、药械经营及使用单位检查9333家次。移交异常企业70家次，约谈企业34家次。全年累计完成药品经营许可现场检查101家次、医疗器械经营许可检查558家次，特殊药品申购现场核查11家次，累计发放药品经营许可证577张。开展“春雷行动2022”“HPV疫苗质量专项监督检查”“新冠抗原试剂盒质量安全检查”、化妆品“线上净网　线下清源”“未持有化妆品生产许可证的注册人备案人监督检查”等7个专项行动，开发智慧监管3.0版，打破市局系统、区平台数据壁垒，提升部门间数据流转效能，实现企业基础信息可视化、安全等级可视化、风险管控可视化、监管效能可视化，最大限度保障防疫安全和公众用药安全。组织开展药品、医疗器械、化妆品抽检156批次，其中完成药品抽检111批次、器械抽检7批次、化妆品抽检38批次，合格率100%。开展不良反应监测，完成药品不良反应报告1120份，新的和严重报告比例41.9%；器械不良事件累计报告400份，累计严重报告比例5.8%；化妆品不良反应报告147份；二级以上医疗机构药械化不良反应上报覆盖率100%。开展“药品经营企业法规及防疫培训”9场、“疫苗质量管理规范化培训及交流学习”3场、“医疗器械经营企业法规培训”“药品器械化妆品不良反应上报培训”等，覆盖全体监管人员及监管对象。举办安全用药、安全用械、安全用妆科普进社区、进小区、进企业等系列活动9场次。2022年，高新区市场监管局配合省局开展药品器械生产企业检查，累计开展药械注册核查5家、药品GMP符合性检查8家、器械体系核查6家。会同产业部门做好四川省第三批药品、医疗器械重点项目申报和关地协同工作，联合省药监局医疗器械注册处、省审评中心组建重点协同服务专班，赴迈克生物解决新冠病毒抗原上市注册难点。12月22日，国家药监局批准迈克生物新冠抗原试剂盒（省内首家）注册上市。帮助迈克、万众壹芯等4家企业申报新冠核酸及抗体检测试剂盒出口欧洲白名单。

【市场监管综合执法】 2022年，高新区市场监管局处理市场监管执法投诉举报43022件，同比增长90%，按时办结率43.6%；立案查处违法违规案件509件，罚没金额754.47万元。完成“行刑衔接”案件3件，处罚3人。处理“住改商”投诉举报366件，清吊企业3368户，发放投诉举报奖励21件12.6万元。查办的成都语沐电子商务有限公司经营互联网盲盒虚假宣传案，被评为四川省“春雷行动2022”行动典型案件和成都市“春雷行动2022”优秀案例。开展“2022春雷行动”“2022铁拳行动”等各类专项整治行动，围绕行业领域重点、难点，聚焦民生领域食用油掺杂掺假、减肥与壮阳等食品非法添加、油品质量违法和加油站计量作弊、“神医”“神药”等虚假违法广告、医疗美容领域虚假宣传、翻新“黑气瓶”、劣质燃气器具、超期未检电梯、面向未成年人开展“无底线营销”、侵犯名优白酒知识产权、教育、医疗、公用事业等民生领域乱收费等10类违法行为。查处的成都非凡豆服装有限公司生产质量不合格校服案、成都美尔贝科技股份有限公司夸大虚假宣传医疗器械，被评为四川省“铁拳”行动典型案例；查办的成都高新漾肤医疗美容诊所有限公司广告违法案，入选成都市“铁拳”行动典型案例。2022年，高新区市场监管局创新行政执法方式，通过全市首推的“三张卡”工作机制，向企业发放轻微违法告诫卡、法律宣传告知卡和违法跟踪回访卡，宣传法律法规，告知违法行为，提醒重点企业，并对三年内首次违反市场监管领域法律法规规章、危害后果轻微及时改正的特定违法行为予以容错。对重点违法企业进行行政约谈“回头看”，针对生产经营中存在的问题，采取说服教育、劝导示范，并给出具体行政建议，以此为契机，强化市场主体守法经营的自律意识，深入推行柔性执法；对主观无故意违法，客观危害后果轻微的违法行为实行包容审慎的柔性执法和“首违不罚”。

【普法及行政执法监督】 2022年，高新区市场监管局落实“谁执法、谁普法”责任制，围绕3·15消费者权益保护、5·20世界计量日、食品安全、药品安全等方面对辖区民众开展各类普法宣传活动；常态化开展会前学法活动10余次，围绕食品、药品、广告等领域典型案例举办线上“以案说法”活动6期，拍摄各类科普宣传片27期，举办行政执法典型案例评析、投诉与举报规范化处理专题培训会。全年办理行政复议99件，行政诉讼40件，行政处罚听证7件，制定行政复议、行政诉讼案件通报3次，出具书面风险提示函11次。

（市场监管局）

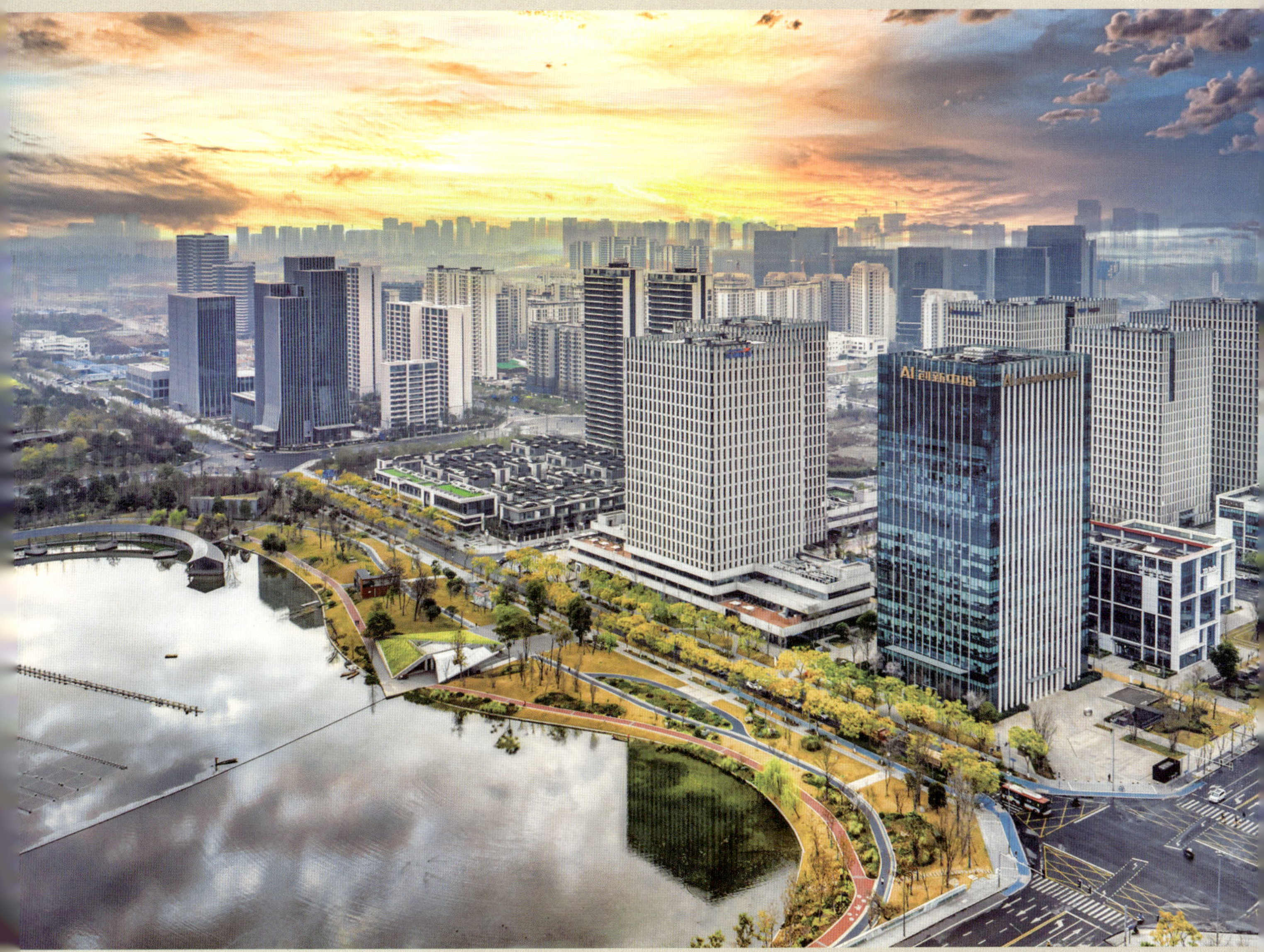

社会事业

SOCIAL UNDERTAKINGS

教　育

【概况】 2022年，成都高新区坚持把落实立德树人根本任务贯穿教育工作始终，围绕“加快创建世界领先科技园区”中心大局，加快构建高质量教育体系。学位供给持续提升，坚持教育优质均衡发展，以需求为导向加强学校规划建设，实施学前教育“向阳花开”、义务教育“急难愁盼”学位攻坚行动，保障优质学位供给。2022年，开办中小学、幼儿园18所，增加学位15090个。基础教育资源更加优质，新增省级示范性幼儿园3所、市一级幼儿园8所，区域优质学前教育资源覆盖率超过85%；新增省义务教育优质发展共同体领航学校3所、市义务教育新优质学校4所，2所高中创建省一级示范高中、1所高中创建省二级示范高中并通过成都市初评。推进学前普及普惠督导评估、成都高新区全国义务教育均衡发展评估及义务教育优质均衡先行创建区三项创建工作。公办教育主体更加夯实，严格民办学校招生计划管理，存量民办学校招生计划较2021年减少5%。完成“公参民”银都小学转公，有序推动中和3所民办九年义务教育学校关停工作。全区民办义务教育学生占比由2021年的14%降至8%，相关经验做法被教育部刊发推介。教育体系更加完善，强化社区教育三级网络体系和“社区教育家校社企共育指导中心”机构建设，提升花YOUNG高新终身教育品牌课程质量，2022年，获得市级社区教育评优奖项8个，“教子YOU方学堂”项目获“四川省终身学习品牌项目”，富森美术馆艺术研学之旅、桂溪街道“能者为师”智慧助老案例被教育部作为典型案例推介。教育改革成效显著，推进学区化治理，划分5个学区；实施集团化办学，筹建8大教育集团；深化“小升初”多校划片改革，试点“幼升小”多校划片改革，推进区域教育优质均衡发展。在全市率先试点党组织领导的校长负责制，试点项目被市委组织部确定为党建创新项目。教育影响力持续提升，2022年，新增国家、省、市名优教师56人，获国家、省、市教学成果奖18项，高新区学生在市青少年科技创新大赛上获最高奖，获奖数量高居全市区(市)县首位，教育文体局获“优秀组织奖”。承办“国际理解教育共同体”研讨会，区域推进国际理解教育经验在全国推广。

【学前教育】 2022年，成都高新区新开办公办幼儿园6所，新增公办学位2160个；民办园回收转制公办园4所，新增公办学位1170个。印发《“向阳花开”三年攻坚行动实施方案》，完成学前教育“学位补缺”“品质提升”“改革创新”三大攻坚任务，进一步推进学前教育普及普惠高质量发展。扩容增量，补齐学位供给缺口，在入园矛盾较大区域，梳理土地资源及既有建筑情况，分批次推进10所新增补建和改建幼儿园点位建设，确保如期投用。按照“适度超前”原则，持续扩大公办学前教育覆盖面，提质增效，促进办园品质提升。通过组建学前教育专家指导委员会和学前教育发展研究中心，启动“领航幼儿园”培育计划，形成“名园+新园”“公办园+普惠园”“优质园+薄弱园”等幼儿园发展集团、共同体或联盟，培育更多的“家门口的好幼儿园”。改革创新，优化学前管理效能，探索管理体制、运行机制创新，完善协调机制，将现有的公办幼儿园办园模式由“购买服务”调整为“委托管理”，健全教职工人事和办园经费管理，健全第三方专业机构参与公办幼儿园办园办法，共同破解学前教育发展难题。

【义务教育】 2022年，成都高新区持续扩大教育资源供给，新开办8所公办中小学，新增中小学学位11760个。实施学校“扬峰填谷”计划，深化集团办学，组建8个教育集团，新开办学校全部由存量优质学校领办。有序完成成都师范银都小学“民转公”以及中和3所民办九年义务教育校停招停办，各学区形成全学段优质教育资源链条。实施学位“优享计划”，稳步推进小升初多校划片、中和片区幼升小多校划片招生改革，在全省率先试点随迁子女就读优质学校“摇号录取”，以教育公平推动社会公平。2022年，成都高新区入围全国首批“义务教育优质均衡先行创建区”。全面推进特殊融合发展，开展残疾儿童少年入学转学评估，评估率100%。全区有在读残疾学生208人。着力规范招生秩序，4月，管委会分管领导、教育文体局分别组织召开从严规范中学招生入学工作安排部署会，并印发《关于从严规范公办普通高中招生工作的通知》《关于从严规范2022年公办中小学招生工作的意见》，明确了“严”的主基调和猛药去疴的决心。针对部分学校招生违规行为及个别教师招生诈骗行为，教育文体局举一反三，进一步梳理全区招生入学廉政风险，加强关键岗位、关键环节监督管理。进一步规范招生流程，严把招生入学资格审核、学位安排“两个关键环节”，区、校两级全面落实入学资格初审、复审制，学校全口径入学名单纳入局招生专题会议审议，确保程序规范、可追踪溯源。

【普通高中教育】 2022年，成都高新区实施高中学校办学提质晋位计划和多元化、特色化发展行动。石室天府中学、科大实验中学创建省一级示范高中、高新实验中学创建省二级示范高中并通过成都市初评。石室天府中学统招628分，市教科院附中统招627分，仅次于成都市四七九“三校七区”，分别位列全市第8位、第9位；科大实验统招分数线为607分，位列全市第18位；玉林中学统招分数线为603分，位列全市第22位；中和中学统招分数线为599分，位居全市第25位；高新实验中学统招分数线为571分，位列全市第41位。公办高中逐步扩容，生源质量逐年提升，2022年，普通高中计划招生3992人（公办2780人、民办1212人），同比增长16.4%。高考成绩取得历史性突破，2022年，全区一本率52.45%、本科率89.24%，较2021年分别提高2.75个、2.84个百分点。600分以上人数385人，较2021年增加118人。区域普通高中教育质量被市教育局评估为优秀，玉林中学、中和中学、高新实中、高新成外、教育发展中心获评高中教育（教研）优秀单位，玉林中学获评进步最快学校，29名教师获评高中教学优秀教师。2022年秋季，四川省开始实施“三新”（新课程、新教材、新高考），高新区对“三新”实施提前谋划、有序推进。通过高新区专题培训、周期性项目班和“高考试题解析与课堂教学改进”领航杯团队比赛等研修项目，提升教师课程理解力和教学胜任力。探索国家课程的区域性转化、校本化实施，区域层面研制14个《区域学科课程教学指南》，指导学校研制《学科课程实施规划》《学期/模块/课程纲要》《单元/课时教学设计》三级工具支架，实施区校联动转化实施教研项目，教研员进行系列化设计，一月一次主题研修，推进“三新”实施的主题化、系列化、常态化教研开展；利用国家级教学成果“事实和证据视野中的课堂教学诊断”的推广契机，构建以学科核心素养为核心的课堂观察与诊断模式，探索学科核心素养在课堂可界定、可测评、可调控、可培养的有效路径。

【职业教育】 2022年，成都高新区中等职业教育招生1481人，超额完成1200人的招生计划，招生质量稳步提升。9月，中和职中被四川省教育厅、人力资源和社会保障厅、财政厅联合授予“四川省首批中等职业教育名校名专业名实训基地立项建设单位”，成为全省仅有的七所、成都市唯一一所中职“五星”学校。编制完成《四川省中等职业教育名校名专业名实训基地建设任务书》，推进中和职中电子技术应用、高星级饭店运营与管理四川名专业建设和酒店实训基地建设。推进《中和职中提质培优行动计划》，通过提质培优行动计划承接任务的不断落实，进一步提高学校的办学水平，彰显学校的办学特色。稳步有序推进成都金海洋创意产业职业技术学校的终止办学。中和职中与省内7所双高院校探索“中高职一体3+3贯通培养模式”，每个专业对接一所双高院校。加强“双师型”教师队伍建设，开展在职教师的双师素质培训265人次。推动“1+X”证书制度教师培训，培养具备职业技能等级证书培训能力的教师25人。建立校企人员双向流动相互兼职常态运行机制，建立教师企业实践基地9个。

【社区（终身）教育】 2022年，成都高新区社区教育加强机构建设，完善家校社企共育工作机制，不断强化社区教育三级网络体系，持续提升花YOUNG高新终身教育品牌课程质量。开设15期教子YOU方学堂专家讲座，举办16场区级特色研学旅行路线活动，并举办2022年成都高新区社区教育研学线路发布会，共享研学线路研发成果。打造和拍摄“公园+社区+学校”学习圈课程9节、家校社企共育劳动课程5节、睦邻街坊微课5节，联合家校社企共育实践基地举办公益学习活动10次。增加线上成都高新社区教育“花YOUNG高新”小程序学习平台学习资源供给，上线15期教子YOU方学堂讲座及24节特色家庭教育课程，并被“学习强国”学习平台纳入微课资源库。完善家校社企协同育人服务体系，新创建家校社企共育实践基地7个，共建立45个“家校社企共育实践基地”，新打造特色研学旅行路线10条，研发研学高新系列路线26条，开发研学旅行课程达到40门，推送的富森美术馆艺术研学之旅，被教育部作为典型案例推介。2022年，“教子YOU方学堂”项目被评为“四川省终身学习品牌项目”，获市级社区教育评优奖项共18个，获评“能者为师”优质课程资源3个和优质典型案例2个；评选出区级社区教育“能者为师”“终身学习品牌项目”“百姓学习之星”等各类奖项68项。完善区老年开放大学分部、街道老年教育学校、社区老年教育教学点三级服务体系，完成创建区级社区老年教育学习点7个，社区学院推送的高新区桂溪街道“能者为师”智慧助老典型案，被教育部作为典型案例推介。

【德育教育】 2022年，成都高新区建立中小学劳动教育优秀案例素材库，开展中小学“劳动小能手”推选活动，推进中小学劳动教育课程体系建设和劳动教育示范校建设。以非物质文化遗产进校园和天府文化进校园活动为载体，厚植中小学生家国情怀。全面推进四川省基础教育优秀教学成果《小学生命教育核心主题课程开发与实践》推广活动，增强全区小学生生命教育的时代性、科学性和实效性。以“未成年人学校保护规定”主题宣讲，“青春期性健康”主题教育等落实《中华人民共和国未成年人保护法》《中华人民共和国家庭教育促进法》普法工作，收集优秀案例进行全区推广。指导泡桐树小学（天府校区）申报“四川省家庭教育指导示范校”。以赛代培开展第八届中小学班主任技能大赛，组队参加市级班主任大赛，促进班主任专业化发展。组织推选市区级优秀班主任、优秀德育工作者，区级先进班集体。为庆祝中国共产主义青年团成立100周年，开展高新区首届杰出青年推选工作，教科院附属中学老师漆星星被评为十大杰出青年。

【教育资助】 2022年，成都高新区认真贯彻执行各项教育资助政策，严格落实经费保障，切实做好教育资助工作，确保全区家庭经济困难学生享有均等接受教育权利。全区通过统一宣传、制定整体工作流程，指导各学校按照区级教育资助规范文件《成都高新区中小学幼儿园教育资助管理细则》开展教育资助宣传、申请、认定、评审、公示及上报工作。全年全区共资助学生25844人次，其中学前教育547人次，义务教育8723人次，普高2124人次，中职14547人次，大学生“滋蕙计划”11人次，共计发放资助资金1840万元。为加强对学校教育资助过程的监管、减少学校教育资助经办教师的数据收集、降低数据收集出错率，高新区教育文体局提高教育资助工作信息化水平，通过对接成都高新智慧教育云平台，实现学生信息与平台数据库接轨，建立高新区教育资助管理系统，该平台利用信息化手段对资助对象、资助项目、资助资金、身份证号码等信息进行逻辑判断，避免人为判断或录入数据出现错误，有效提升学校教育资助的效率和管理水平。

【民办教育】 2022年，成都高新区按照“提升一批、规范一批、整改一批、关停一批”的分类治理思路实施整治，严把市场准入，暂停所有义务教育阶段学科类培训机构的企业设立登记业务。加强投诉处理，全年共处理涉及校外培训机构的投诉900余件，协商退还消费者金额70余万元，对34家校外培训机构进行限制变更或注销处理。强化执法检查与风险防控，召开10次校外培训机构风险防控会议，对区内存在“跑路”风险的培训机构进行摸排，针对“美联英语”“艺鑫”“大象艺术美学”“麦吉可”等培训机构发出“跑路”风险预警信息16次。开展行政检查200余次，针对5家民办学校、49家校外培训机构开展年审、疫情防控、“双随机、一公开”检查，通过实地核查、书面检查相结合的形式对校外培训机构的亮证办学、招生宣传、财务管理、收费管理、安全管理、教育管理、学生管理等方面进行检查。对民办学校执行国家政策情况、举办者投入及注册资本金、资产负债、学校财务收支及上级资金使用等进行专项审计。规范民办义务教育发展，贯彻落实国家关于规范民办义务教育发展决策部署，周密部署、综合施策、创新作为，严格落实政府主体责任，控制民办教育增量，核减民办学校存量，稳慎推进民办义务教育规范发展，在全市率先推动区内唯一一所“公参民”学校改制为公办学校。依法有序关停因历史原因遗存的3所民办九年一贯制学校。制定高新区政府购买学位方案，切实规范民办教育发展。规范民办义务教育工作经验被教育部、市教育局刊文推广。

【特殊教育】 2022年，成都高新区有义务教育阶段残疾学生248人。其中区内就读237人，区外特教学校就读11人（双流区特教6人、郫都区特教4人、成华区特教1人）。区内残疾学生按学龄段，小学203人，初中34人。按教育安置方式，随班就读209人，送教上门28人。高新区教育文体局充分发挥残疾人教育专家委员会职能，从各高校、特校、医院中选聘出不少于20名教育、康复、心理、社会工作等方向的专家组成专委会专家库，为新入学的残疾学生进行教育安置评估，根据评估结果，以随班就读、送教上门及特殊教育学校就读三种方式安置残疾学生。随班就读的学生在就近的学校享有每周1～2次资源课程服务。17个学校设有资源教室，供就读学生上课和家长咨询使用。高新区特殊教育资源中心定期开展特殊教育教师培训，定期开展课程评比活动，为特教学生制定更适宜的教育。送教上门学生享有每月2次上门服务。

【智慧教育云】 2022年，成都高新区智慧教育云（教育数据中心）项目持续推进，智慧教育基础管理平台常规业务系统、大数据应用场景、师生数据库、学校数据库等功能模块持续优化，开展数据分析、决策辅助测试。全面接入成都市智慧教育云平台疫情防控系统，支撑系统数据库运维，保障系统高新区业务板块平稳运行。高新区加强教育城域网专网运维管理，持续优化网络架构，为全区教育信息化高质量发展奠定基础。

【名师论坛】 2022年12月8—9日，成都高新区教育文化体育局与《中国教育学刊》杂志社联合举办“校长思想荟·名师风格萃”——成都高新区第二届校长及名师论坛。该论坛着力打造高新区校长及名优教师学术交流品牌，导引校长凝练办学思想，生成实践智慧，导引名师建构教学思想，锤炼教学风格，采用现场会议与网络直播相结合，面向全国直播。北京、上海、广州、西安、武汉、南宁、成都等地教育同人相聚“云端”共赴盛会。区内6位校长围绕“构建学校教育高质量育人新生态”作主题交流，30位名优教师进行优课展示和教学特色风格表达，7位名优教师以“指向高质量育人的课程与教学实践”为主题进行现场分享。活动受《中国教育学刊》《教育导报》、神鸟知讯——成都广播电视台、四川广播电视台科教频道新媒体——川教观察等栏目报道。

【重点项目建设】 2022年，成都高新区投入约4.7亿元用于新学校项目建设，完成天府五街南侧一中、墨池小学扩建和天府四街南侧一幼等项目建设，中和三街小学、应龙北二路幼儿园以及高新西区中小学、幼儿园等项目均如期完成年度进度目标，高新区特殊教育学校、广都站东南侧学校等项目均在年底完成开工任务。此外，高新区投入约0.5亿元用于存量学校校舍维修改造，解决校舍日常使用过程中的问题，创造良好的校舍条件。

【艺术教育】 2022年，成都高新区在成都市“川腔蜀韵”地方性音乐资源优质课评选活动中，获一等奖2人、二等奖1人、三等奖2人。在成都市音乐精品课程微课及课后服务优课展评活动中，获奖10人次。在四川省音乐、美术微课大赛评选活动中，获一等奖5人、二等奖1人。全年组织开展高新区“喜迎二十大　奋进新征程——艺绘新时代”书画比赛，评选出一等奖58幅、二等奖64幅，推优参加成都市教科院组织的“喜迎二十大　奋进新征程”主题教师书画展，获特等奖1人、一等奖2人、二等奖3人、三等奖1人。参加2022年成都市基础教育美术精品课评选，获一等奖2人，二等奖2人；参加2022年教育部基础教育精品课（美术），获国家级一等奖1人，二等奖1人，省级一等奖1人，教育部部级精品课1节。在2022年四川省教育评估院组织开展的义务教育质量监测中，高新区四年级学生艺术成绩平均分为547.71分，高于全省47.71分，在样本县中位列第一，其中音乐总体得分率61.95%，高于全省5.87个百分点，美术总体得分率82.55%，高于全省15.09个百分点；八年级学生艺术成绩平均分为550.04分，高于全省50.04分，位列样本县第一，其中音乐得分率62.01%，高于全省8.47个百分点，美术得分率77.73%，高于全省12.30个百分点。

【体育教育】 2022年，成都高新区组织开展全区体育教师技能大赛，含课间评比、现场展评课、微课评比、论文评比等比赛内容；开展各类体育教育教学研讨活动，促推区域体育教育教学水平提升。推选2所学校参加成都市大课间评比，均获一等奖；推选2名教师参加省、市微课比赛，均获一等奖；推选3名教师参加省级论文比赛，分获一等奖、二等奖。省级重点课题“大数据支持的中小学生体质健康水平提升研究——以成都高新区‘运动处方’为例”阶段研究成果获得成都市一等奖、四川省二等奖。2022年，成都高新区“高新学子活力嘉年华”系列活动暨第十七届中小学生运动会召开，51所中小学，4000余名学生参与，其中24个项目，27人次打破区运会纪录。高新区七中附小、锦晖小学为成都市唯二网球高水平运动队，高新区代表队连续6年取得成都市青少年网球项目第一名。2022年，高新区8名运动员代表成都市参加四川省第十四届运动会，获6金4银4铜，其中篮球项目获1金1银，垒球项目获1金1银。

【国际交流合作】 2022年，成都市高新区精品课题“拓展全体中小学生国际视野的区域实践研究”获2022年度成都市教育科研课题阶段评审一等奖。发布《成都高新区中小幼国际理解课程教学指导意见》，引导教师科学、规范开展国际理解教育。遴选出第三批17所国际理解课程建设试点学校，51位种子教师。通过“1+N手拉手”的方式，在3个培训点分别联动4～6所课程试点成员学校、8所国际理解教育示范校、1所幼儿园共同试点，组织27次课程试点研讨活动，形成54个典型案例，完成18所学校（幼儿园）国际理解教育课程框架的制定。组织“2022年首届中小学国际理解教育优课评选”活动，评选出一等奖7项、二等奖13项，三等奖16项。向成都市报送20节优课，获成都市优课一等奖6节，二等奖6节，三等奖3节，在22个区、市、县中一等奖、二等奖获奖数量及获奖总数位居全市第一。一节课例在“成都市国际理解教育优质课例展评”教研活动上展示。承办成都市“国际理解教育区域教研模式的新探索”教学研讨会，区域以“教研培测四位联动，促区域国际理解教育高质量发展”为主题作分享，高新区3所学校分别作经验交流，2位教师作课例展示，发布2节数字学校课例、1节微课。高新区还分别在全国“‘双减’背景下高质量课程育人新样态”研讨会、成都市国际理解教育教研工作会、成都市第十届国际理解教育学术年会暨《从理念到实践：国际理解教育课程体系框架2021—2022》报告发布会、彭州市国际理解教育培训会等学术会议上，作“区域推进国际理解教育的成都高新探索”经验交流，多位教师作经验分享、课例展示、主旨发言。启动“中小学生全球胜任力监测”项目，推进国际理解教育纵深发展。

【科创教育】 2022年3月，成都高新区教育文体局启动第八届科技创新教育节，持续到12月，包括科技辅导员专项培训活动，成都高新区科技创新教育节会徽、会旗、会歌征集活动，成都高新区创新教育十佳学校、十佳学生、十佳教师评选活动，各学段比赛项目学校选拔活动等。12月16日，举行线上比赛，58所学校82支队伍256名学生参赛，近万名师生在线观摩。科技节营造区域良好的科创教育生态，充分展现成都高新学子的风采。

【“双减”政策落实】 2022年，成都高新区重点督查校外培训机构“双减”（减轻义务教育阶段学生过重作业负担和校外培训负担）政策落实情况等，按照国家政策要求引导学科类校外培训机构转型。全年累计约谈培训机构负责人20余次，学科类培训机构综合压减率达96%以上。强化日常监督，依托“微网实格”建立三级“网格化”体系，动态掌握校外培训治理工作底数，形成“黑白名单”“负面清单”“风险清单”三本台账。严格收费监督，通过“彩虹钥匙”在线支付及签订合同，逐步实现校外培训机构预收费“全额监管、一课一消”的风险管控。截至2022年年底，全区26家学科类机构全部通过四川教培管理平台审核，实现学科类机构100%全流程监管，加强宣传引导，通过门户网站、微信公众号等渠道发布20余篇宣传报道，组织学校向家长发放《致家长的一封信》，全面宣传“双减”政策。

【教育安全监管】 2022年，成都高新区健全完善学校安全责任体系，落实教育部门主管责任、学校主体责任，明确各部门监管责任，召开教育安全专业委员会会议2次，推动解决学校及校园周边安全工作。健全风险预防体系，强化预警提醒，下发、转发各类预警提醒信息22条，召开教育系统安全稳定工作会议6次。强化常态治理，突出学校宣传教育引导功能，加强安全教育、心理健康教育、队伍建设等常态工作，在重点时段开展食品、消防、危化品、燃气等专项检查整治共17次。强化联合治理，联合教育安全专委会各成员单位、相关部门、各街道办，全覆盖开展学校安全大排查大整治专项工作，共督导检查学校、校外培训机构273所，排查整治隐患537处。强化安防建设，健全包括食品安全指导员、食品安全总监、消防安全副校长、法治副校长、健康副校长、护学岗等的专业队伍，全年在物业管理、安全整改等方面投入专项经费1.33亿元，不断提升学校安全保障水平。健全应急处置体系和舆情引导体系，建立学校突发事件应急处置机制，健全安全制度、应急预案和处置方案，加强应急队伍建设、应急处置能力培训和应急演练，举办学校安全防范技能“以赛代练”活动1次，开展全区学校食品安全突发事件应急处置演练1次，组织学校开展应急疏散、反恐防暴、食品安全、消防安全等演练900余次，不断增强教育系统应急处突和风险应对能力。

【对外合作交流】 2022年，成都高新区与嘉祥教育集团合作举办云芯学校，与树德中学合作举办新川二中项目通过市教育局党组会审议，对外合作办学数达26所，占公办学校的1/3。选派第七批援藏工作队，高新区7名优秀教师赴德格县支教，对口帮扶德格县30所中小学、幼儿园。继续推动教育领域合作共享，通过“校校结对”、教师选派、送培送教等方式开展深度帮扶，开展“心连心”“手拉手”活动10场次，各类送培送教20场次，推动优质教育资源惠及师生4084名，促进当地教育教学质量提升。

【教育科研】 2022年，成都高新区18项成果获省政府教学成果奖，13项成果入围全国教学成果奖评选。4月8日，四川省人民政府公布2021年四川省教学成果奖名单，成都高新区各单位主持和参与的18项成果获奖（其中特等奖1项、一等奖6项、二等奖11项），获奖总数居四川省和成都市各区县前列，全区获奖教师达80人。高新区11个单位共10项教学成果（总数居全省183个区县第一）获得2022年基础教育国家级教学成果奖推荐申报资格，中和职中3项成果上榜2022年职业教育国家级教学成果奖推荐评审名单。教学成果奖每4年评选一次，是基础教育和职业教育领域由政府表彰的最高奖。高新区设立精品课题，通过资金支持、项目支撑、专家扶持等方式进行重点跟踪管理和专门指导。8月发布《成都高新区优秀教学成果重点培育项目实施方案》，启动区域教学成果重点培育项目，

20项成果经通识培训、分组培育、深研精磨三轮培育，深度研磨；凝聚优质资源，共襄成果培育，高新区发掘优质资源，整合教育研究力量，针对区域教育教学热点、难点问题，启动教育科研联合研究项目，跨校、跨学科开展联合研究。打造科研队伍，助力成果培育，优化常态研修，做实开题论证、阶段评审、成果推广等关键环节和点位。开设周期性科研骨干研修班，建立起“自主学习＋共同体互助＋导师引领”的项目式研修模式，推进科研素养培育，整体提升科研队伍研究水平。落实评价激励，点燃成果培育，重视教学成果奖评选，鼓励广大教育工作者从事教育教学研究，以研兴学，以研促教，提高教学水平和教育质量。

【课程建设】 2022年，成都高新区综合育人课程体系在全国推广。10月28日，由中国教育发展战略学会教育教学创新专业委员会和成都市教育科学研究院联合主办、成都高新区教育文化体育局承办的“‘双减’背景下高质量课程育人新样态”课题阶段成果总结汇报成都高新区专场活动举行，全国20多个课题承担地区和单位、成都市23个区（市）县教研员、中小学管理干部及教师等上万人线上线下参会，会议包含主题报告、论坛交流、特色课程展示、典型案例分享等环节，旨在总结分享区域学校课程建设中涌现出的可学习、可借鉴、可推广的典型经验和实践范例，探索“双减”背景下促进教育优质均衡发展的新路径。成都高新区教育发展中心副主任李建萍作“成都高新区区校协同构建‘一核两翼六群’综合育人课程体系”主题分享，成都高新区10所学校、13个团队作专题分享。截至2022年年底，成都高新区打造了成都市第七中学初中学校、成都市泡桐树小学（天府校区）、成都市中和中学等20所品质课程实验学校，开展品质课程建设成果专题展示活动6场。在2022年成都高新区首届“立德树人”创新案例征集评选中，评选出一、二、三等奖共计89项，其中一等奖22项，二等奖31项，三等奖36项。

【智能研修体系建设】 2022年，成都高新区依托中央电化教育馆智能研修平台，聚焦学生核心素养培育，以事实与证据视野的课堂教学诊断研究新范式，推动教师研修活动从基于经验走向基于实证，以数据驱动教师专业素养提升过程可视化，实现“研修”与“技术”的双向赋能与创新发展。9月，成都师范银都紫藤小学、四川省成都市第七中学初中学校等11所学校被评为区级智能研修平台试验学校。10月，高新区承办成都市国家级优秀教学成果推广应用活动。11月，教育部教育技术与资源发展中心处长、中央电化教育馆智能研修平台应用试点工作组组长率专家组一行调研智能研修平台应用试点，以“定位准确、视野广阔、体系完整、重点突出、特色鲜明”充分肯定高新区实践。12月，成都市重点课题“指向核心素养的课堂教学诊断与改进”获成都市阶段成果评选一等奖。高新区10个教师周期性项目班上线智能研修平台，开启智能研修平台新场景应用探索实践。截至2022年年底，智能教研平台用户总数4221人，访问量2445次，教研课例114课，形成优质资源533个。

【教学成果推广应用】 2022年4月28日，成都高新区教育成果推广应用会在成都高新大源学校举行，学校展示了基于成果推广创生的“指向问题解决的实证教研模式”，形成“主题引导—明晰目标—设计活动—采集证据—诊断改进—固化成果”的校本研修范式。5月26日，成果推广应用会在成都高新区西芯小学举行，学校以学科核心素养为导向，形成“亮观点—列证据—析原因—探模式”的校本研修模式。7月13日，成果推广应用会在石室天府中学（锦城湖校区）举行，学校探索出“基于大数据的课堂教学与评价”基本模式，研发11个学科诊断量表并进入平台进行使用。10月21—22日，成果推广应用会在成都高新新源学校举行，学校围绕“基于实证的教研培一体化教研模式建构”，以“分析与聚焦、规划与设计、实施与诊断、总结与反馈”四个环节的展示，呈现出一次完整的教研活动全貌，展示高新区教研培一体化实证教研的基本理念、实践框架构建、模式应用和研修平台建设，推进区域教研培一体化建设。2022年，高新区先后组织4场市级基础教育国家级优秀教学成果推广应用活动，累计分享课例7节，专家讲座4个，专题交流8个，微专题20个，全国四地线上线下近万人次观摩学习。高新区申报的成都市重点课题“基于学科核心素养培育的课堂教学诊断与改进研究”获2022年成都市阶段评审一等奖。

【综合实践活动】 2022年，成都高新区“整体推进综合实践活动的区域实践体系”获四川省第四届“立德树人”案例一等奖，区域综合实践活动成果及7所学校的综合实践活动课程成果在《中国德育》2022年第19期发表。组织全区中小学参加“第一届综合实践活动和劳动教育学术论文”评选活动，共征集79篇文章。举办高新区中小学综合实践活动教学设计比赛，评选出一等奖20项，二等奖20项，三等奖14项，推荐一等奖参评2022年成都市中小学综合实践活动设计比赛，获成都市一等奖7项、二等奖11项、三等奖2项，一等奖获奖数位列全市第一。举办高新区综合实践活动说课比赛，评选出一等奖6项、二等奖8项、三等奖6项。推荐2支代表队参加成都市中小学综合实践活动说课比赛，均获成都市一等奖。举办“趣学高新 乐行暑期”暑期综合实践活动，共评选出一等奖13项、二等奖20项。承办四川省、成都市综合实践教研活动，高新区3位教师代表、3所学校代表及区域教研员分别作课例分享、经验分享。牵头成都市综合实践活动第一片组教研活动，1所学校在综合实践活动国培项目中作经验交流，1名教师及9名学生代表参加由中国教育发展战略学会、成都市教育科学研究院主办的“‘双减’背景下高质量课程育人新样态”研讨会，作交流展示，向全市发布3节综合实践活动微师培课程。

（教育文体局）

文化　旅游　体育

【概况】 2022年，成都高新区坚持利民惠民，推进文体繁荣促发展。公共文化服务设施100%全覆盖，新建图书馆、文化馆分馆4个，新增社区运动角及天府绿道体育健身空间15处，打造“生活美学新场景”“新旅游·潮成都”主题旅游目的地等9处。中和街道双龙社区获评市运动健身主题社区，石羊街道综合文化活动中心获评四川省“金熊猫”先进集体。基层公共文化服务设施100%全覆盖，人均服务保障标准较2021年提高3元。公共文化服务水平持续领先，全年开展各类惠民活动5500余场次，惠及群众100万余人次，“高新文化周末”等文化品牌广受市民青睐，文图两馆公服绩效排名全市第一。赛事名城建设融入群众生活，完成第56届世界乒乓球团体锦标赛、成都马拉松等重大赛事保障工作。全年体育产业总规模145亿元，较2021年增长13亿元。广泛开展全民健身服务，完成国民体质监测样本5365个，培训社会体育指导员200名。常态化组织“社区运动节”，69个社区完成率达100%。体教融合迈上新高度，引入青少年体育竞训体系进校园示范项目4个，培训学校特色项目体育教师（教练员）710人，区内5所学校获评成都市“学校高水平运动项目预备队”建设重点支持单位。高新区垒球队在省运会中夺冠，成都高新区教育文化体育局被市委、市政府评为“突出贡献”先进集体。文化旅游产业基础更加稳固，推荐腾讯科技等4家公司成功认定全市文创业、旅游业建圈强链链主企业。全年完成旅游投资10亿元，实现旅游收入90.78亿元，同比增长1.05%。

【公共文化事业】 2022年，高新区文化中心剧院项目投用，开幕首演启动。吉龙路公建配套等13处社区文化中心基本完工，完成肖家河、芳草街特色文化示范院落3个，打造肖家河街道综合文体活动中心、桂溪街道三瓦窑社区2处基层综合性文化服务中心示范点。肖家河街道兴蓉社区被评为全市文化创意主题社区，石羊街道综合文化活动中心获评四川省“金熊猫”先进集体。构建多元化、多层次的总分馆网络体系，年内新增文化服务点2个，图书馆分馆2个。截至2022年年底，全区累计拥有文化分馆8个、服务点10个，图书馆分馆16个、服务点15个、阅览室8个。不断加强总分馆的公共文化服务联动，全年文化总馆为分馆和服务点配送文艺演出、展览、讲座等流动文化服务76场，联合开展文艺比赛、会演活动29场。图书总馆为各分馆分别配送期刊报纸224种，开通电子社保卡免注册借阅服务，公共文化服务效能排名全市第五。全年“文化高新”“高新图书馆”微信公众号及“文化高新”App共计发布信息3098条，合计关注人数72533人，文章浏览点击量741.9万次。

【全民阅读】 2022年，成都高新区有纸质藏书758777册，借还量112429册，新增读者1951名；有期刊和报纸1182种，电子图书86万种。持续开展全市图书通借通还工作，新建2个图书分馆，开展“图书漂流”活动40次，举办“发现朗诵力”朗诵比赛和“阅读马拉松”活动，开展“百年记忆　砥砺奋进”群众书画展，活动覆盖辖区7个街道，开展24场公益讲座，26场公益展览。

【文化队伍建设】 截至2022年12月底，成都高新区拥有专（兼）职文体骨干近1000人，区级文体类社会团体、民办非企业37家，各类文体队伍606支，其中区文化馆组建业余群众文艺队伍7支。全年开展优秀群众文艺队伍及原创作品比赛，推进群众文化自主创新，搭建以征集、编创、竞赛、打磨和展演五大板块为主要内容的展示平台，精心设置主题，广开征集渠道，建立上下联动的工作机制，不断推动原创文化品牌向基层延伸。加强馆办团队建设，参加省、市级各类群众文化交流和赛事活动，并通过专题指导、演出锻炼、总结交流等方式，提升群众文艺团队创作和表演水平。2022年，高新区创作群众文艺作品29个，获省级奖项17个，市级奖项39个，获优秀组织工作奖5次。

【文物文博保护利用】 2022年，成都高新区拥有市级文物保护单位1处、一般不可移动文物点26处、民营博物馆4家。协调方舱医院、成都高新区人民医院等辖区重点用地项目文勘及考古发掘，配合新华东产业园规划建设，推进园区内应龙湾崖墓群、黄家山坡崖墓群、海椒山崖墓群3处一般不可移动文物点的考古勘探。协调处理保利心语南侧小学工程等2处文勘历史遗留项目。配合市局完成286件辖区工程建设项目用地文物保护信息审批。组织毛主席视察红光社纪念馆保护修缮工程项目验收，并完成毛主席视察红光纪念址倾斜摄影三维建模，开展红色标语类革命文物调查。配合完成新川博物馆国际方案征集评审，指导成都立巢航空博物馆、成都三和老爷车博物馆争取成都市非国有博物馆文化产业项目补助资金102.7万元。年内高新区新增区级“非遗”项目1项。在2022年度成都“非遗”抖音作品征集评选推广中，由西园街道报送的《蜀缬》短视频在全市196个参选视频中脱颖而出，获优胜奖，高新区教育文化体育局获优秀组织工作奖。全年，高新区举办“非遗”主题活动12场，其中“文化和自然遗产日”展示展演活动1场，“戏曲进校园”活动5场，迎新春文化惠民活动非遗专场2场，公益讲座2场，公益展览2场。

【重大体育赛事】 2022年，成都高新区承办成都马拉松、中国成都·天府绿道运动生活嘉年华等体育赛事3项。9月30日，第56届世界乒乓球团体锦标赛（以下简称“世乒赛”）在成都高新区顺利举办。筹办期间，成都高新区迅速搭建世乒赛高新区筹委会“一办六部”组织架构，党工委管委会主要领导多次调度部署，形成“人员下沉、定期调度、清单管理、一体化运行”四项工作机制。全区累计调动各方力量1400余人参与筹办，组建10个“一对一”酒店服务专班驻点服务，全力支持组委会酒店专班和场馆中心工作，有力保障了“赛事侧”和“城市侧”各项工作运转。世乒赛筹办正值全市疫情吃紧阶段，高新区克服疫情影响，用时45天完成比赛场馆灯光、气膜馆新建、酒店群大闭环封闭打围和污水处理站等改造工程，保证酒店和场馆如期投用。落实明悦、安泰锦云等6家环外保障酒店，全面做好国内嘉宾、演职人员等不同客群入住服务，累计供餐4.9万份。在每日世乒赛酒店服务评比中，高新区酒店获评综合评价第一47次。

【青少年体育】 2022年，成都高新区做好成都市高水平运动项目631学校的布点、申报和构建工作，构建完善青少年竞训体系，引入网球、皮划艇、赛艇、艺术体操4个青少年体育竞训体系进校园示范项目。石室天府中学、玉林中学等区内5所学校获评成都市“学校高水平运动项目预备队”建设重点支持单位。培训学校特色项目体育教师（教练员）710人，考核优秀率达到98%。组织区级青少年竞赛及活动19项（次），完成成都市“希望之星”“奥运之星”“快乐之星”青少年参赛保障21项（次），参与学生805名。高新南区垒球队在省运会取得1金1银成绩，教育文体局被市委、市政府评为省运会“突出贡献”先进集体。

【全民健身】 2022年，成都高新区构建“区—街道—社区”三级公共体育基础设施体系，17处社区全民健身馆和4处户外运动场基本完工，完成3个社区级智能化室外健身设施示范项目、5处社区运动角打造、5处锦江绿道体育健身空间植入、10个“成都市运动促进健康服务站点”建设，人均体育设施面积达到2.4平方米。中和街道双龙社区获评成都市运动健身主题社区。完成国民体质监测样本5365个，培训社会体育指导员200名，持续提升“运动成都·活力高新”品牌影响力，构建全社会参与、多项目覆盖、多层级联动的全民健身赛事体系，常态化组织“社区运动节”，69个社区完成率达到100%。全年开展各类全民健身赛事500余场次。

【文化旅游产业】 2022年，成都高新区体育产业总规模达到145亿元，较2021年增长12亿元；完成旅游投资10亿元，全年接待游客897.79万人次，实现旅游总收入90.78亿元，同比增长1.05%。做好文旅经济复苏扶持，为文旅企业争取纾困及奖励补助资金约2887.84万元。腾讯科技、索贝数码、咪咕音乐、携程信息技术成功认定全市文创业、旅游业建圈强链主企业，成都浪速城市赛艇运动中心、模坑博物馆、富森美术馆、交子市集成功评选“生活美学新场景”，环球洲际、费尔蒙和皇冠假日酒店成功创建“绿色饭店”，朵云书店、文轩BOOKS成功创建“新旅游·潮成都”主题旅游目的地。

【重大文化旅游活动】 2022年，成都高新区举办全民阅读、文艺展演、讲座培训、全民健身等各类文体赛事活动5614场次，参与人群约103.49万人次，全区累计投入5306.63万元，人均文体事业经费达到41元。10—11月，开展2022年成都高新区第10届群众优秀文艺队伍及原创作品比赛展演，参赛作品围绕“喜迎二十大”“弘扬社会主义核心价值观”“传承巴蜀文明　发展天府文化”“幸福美好生活”等主题展开创作，包含舞蹈、声乐、器乐、曲艺等艺术门类共52支队伍参赛。2022年“高新文化周末”在6—11月举办，通过举办川潮文化节，打造符合高新区气质的潮流文化氛围，深层触达青年群体，凝聚共同地域文化，巩固年轻群体文化阵地。通过“话剧时刻”活动，以话剧《风筝2.0》《献给孩子的莎士比亚》《云触》《IU Big musicshow》为载体，利用生动活力的舞台表演艺术，培养少儿的思维能力、理解能力，进行美的感染，建立文化活动的正确引导。新增文化艺术季活动，通过举办“养一朵云”主题展、云上情绪舞剧、云上读诗班情绪体验活动、云朵工坊，缓解各年龄段人群精神压力，打造幸福、和谐、宜居的生活环境，进一步提升群众精神文化生活品质。

【文旅市场监管】 截至2022年年底，成都高新区内有民营博物馆4家，网吧133家，电玩10家，歌舞娱乐场所77家，广播节目制作单位334家，营业性演出场所8家；旅行社及其分支机构307家（其中，总社153家、分社90家、服务网点64家），旅馆酒店386家，民宿网约房421家。全区各类文旅行业监管对象达2531家。全年完成文化广电旅游体育审批（备案）事项174件。专项开展场地违规改造、自建房安全隐患排查等整治行动。成立高新区民宿（网约房）工作小组，联合公安分局重点推进民宿（网约房）川e宿系统安装及使用培训，指导经营主体做好重点地区来（返）蓉人员排查。压实文旅体市场疫情防控和安全生产责任主体，完善行业、属地、企业、个人闭环责任链；开展文旅体市场各类专项整治，常态化做好疫情防控、安全生产隐患排查相关工作，定期举办“今冬明春”安全生产暨疫情防控应急演练培训活动，做好重要节会、节假日期间市场管理和广电安全播出保障。全年累计各类投诉及咨询件10039件，办结率97.16%；开展文旅体行业经营单位专项整治行动17次，督查经营单位4003家次，发现并督促整改问题2594处。

【广播电视】 2022年，成都高新区有广电网络用户281617户，注册数字电视用户225324户，其中注册双向数字电视终端162215户，注册宽带用户80616户。完成2022年各项安全播出保障，着重做好传统节假日、两会及二十大期间等重点时间节点安全播出保障，安全播出重要保障期累计值班73天，网络巡查累计263次，参与人员累计186人次。累计开展安全生产检查和安全播出应急演练15次，预警屏接收相关信息86次；安全隐患系统性应急演练与安全生产知识学习每季度实施1次，机房应急维护29次，光缆故障处理166次，光缆抢修40次。全年完成文广旅、省市宣传部会议保障48次，保障人员120人次。

（教育文体局）

卫生健康

【概况】 2022年，高新区有各级各类医疗机构1052家，其中医院36家（三级医疗机构8家，三级甲等医疗机构3家；二级医疗机构7家，二级甲等医疗机构1家），基层医疗卫生机构21家（社区卫生服务中心11家，社区卫生服务站10家），第三方医学检验机构28家，门诊部、诊所等其他类别医疗机构共920余家。区属专业公共卫生机构1家（高新区疾控中心）。2022年，高新区医疗卫生机构床位数7530张，其中医院床位数7306张。全区卫生技术人员18000人，其中执业（助理）医师6932人，注册护士10589人。

【医疗卫生基础建设】 2022年，成都高新区持续推进优质医疗资源扩容和均衡布局，积极引进部省属高水平医疗机构落户，四川省中西医结合医院高新医院、成都高新区妇幼保健院完成主体施工、开展装饰装修，成都高新区人民医院（四川大学华西高新医院）完成合作框架协议签订、立项。加快建设“1+N”社区卫生服务体系；推动桂溪、西园2家社区卫生服务中心按照社区医院硬件标准提升筹建；试点国有平台公司参与基层卫生机构建设，筹备新华南、天华等社区医疗综合体。提升基层卫生服务“软实力”，推动“优质服务基层行”专项创建活动，成立专项工作小组，充实区级评审专家库，做好评价新标准解读，加强对各基层医疗机构的培训指导。新北社区卫生服务中心通过市级复核，合作社区卫生服务中心和永安社区卫生服务中心均通过“回头看”。持续开展基本公共卫生服务和家庭医生签约服务日常绩效考核，增加AI智能考核方式，同时，强化日常考核结果运用，对全区居民健康档案管理、老年人健康管理、慢病管理等重点项目实时数据测评、考核结果进行月度通报，提升管理质量和数据质量。健全基层公共卫生体系，在各社区卫生服务中心设置专、兼职工作人员，开展卫生监督协管信息系统线上培训。配合推进“首席健康官”专项工作，以辖区企业“首席健康官”为抓手，开展3次线上培训，普及疫情防控和卫生健康基本知识。同时，联动民政部门、各街道社区积极推进公共卫生委员会能力建设，开展专业培训，提升公共卫生委员会的专业素养。

【医联体建设】 2022年，成都高新区加快构建以医联体建设为支撑的“1+N+N”智慧家庭医生服务体系，将家庭医生签约服务与互联网医院、医联体、分级诊疗、双向转诊等深度融合，引入更多的上级优质医疗机构、专业的健康管理机构，深化家庭医生服务内涵、强化家庭医生精细化管理，打造健康管理服务闭环，形成“1+N+N”的智慧型家庭医生签约服务体系。以眼健康管理为抓手，深化网格化城市医联体建设。2022年，设计并启用眼健康家庭医生签约服务包35个，签约176人；完成2022年全区216家学校幼儿园，共计14.7万名学生筛查；搭建全区儿童青少年眼健康管理平台；形成区域首部《成都高新区儿童青少年眼健康白皮书》。同时，在中和社区卫生服务中心开展眼健康新技术6项、新业务17项，对高血压、糖尿病等慢病患者眼部疾病开展筛查达3000余人，首次在中和社区卫生服务中心开展近视专科门诊、干眼病门诊、高血压、糖尿病眼底病变筛查门诊，中心门诊量累计1000余人次，指导一级预防500余人次，中医治疗20余人次，矫正配镜31人次，实现眼健康管理向全人群、全生命周期延伸。打造基层呼吸慢病特色专科建设项目，肖家河社区卫生服务中心形成涵盖呼吸功能筛查、慢阻肺诊断和治疗、双向转诊和规范化管理等多方面的协同诊疗能力。制定呼吸疾病特色家庭医生签约服务包，签约服务622人；增补慢阻肺基础药物19种，配套肺功能仪等筛查和康复设备，累计完成40岁以上人群肺功能检查622例，筛查出慢阻肺患者35例并及时纳入目标人群管理。2022年，肖家河社区卫生服务中心获评全国基层医疗机构呼吸疾病规范化建设项目优秀单位。2022年，高新区试点在基层开展医学减重项目。

【妇女保健】 2022年，成都高新区有开展妇幼保健服务的医疗机构19家，其中助产机构2家，即成都市中西医结合医院、现代医院（高新院区）；计划生育机构（不含助产、基层）6家；基层医疗机构（即社区卫生服务中心）11家。妇幼保健服务人员307人。2022年，高新区有1家助产机构通过产前筛查机构评审；6家母婴保健技术服务机构进行年审，4家合格，合格率67%。完成基本公共卫生妇幼健康管理日常信息化质控4次，电话访谈2次，质量控制6次。年内新增为第一次到各社区卫生服务中心就诊的孕产妇，免费提供一次梅毒和乙肝检测的母婴服务，服务1382人。高新区首次开展妇女保健规范化门诊评审，肖家河社区卫生服务中心和中和社区卫生服务中心通过AA级和AAA级妇女保健规范化门诊评审。

【幼儿保健】 截至2022年年底，成都高新区有托育机构126家，其中30家托育机构完成备案。全年组织25家新办园机构进行开园前卫生评价，完成26家既往办园机构的卫生保健资格审核，发放卫生保健合格证51本。组织19家托育机构开展卫生评价复审，其中15家通过卫生评价复审。完成2022年普惠托育机构申报，走访申报2022年普惠托育的3家机构。组织托育机构卫生保健人员培训，开展卫生保健人员考试。制定并下发托育机构日常监督督查表，开展全区托育机构新冠疫情防控督导。高新区管理0～6岁户籍儿童数45554人，健康管理数43168人，健康管理率94.76%；辖区内居住0～6岁儿童数68255人，儿童健康管理数65392人，管理率95.18%。管理5岁以下户籍贫血儿童299人。高新区11家基层医疗机构，除2022年新开业的锦城社区卫生服务中心，其余10家基层医疗机构均通过AA级及以上儿童保健规范化门诊评审，其中AAAAA门诊1家（南新社区卫生服务中心）、AAAA门诊1家（肖家河社区卫生服务中心）、AAA门诊6家、AA门诊2家。

【婚前医学检查】 2022年，成都高新区加强对婚前医学检查、孕前优生健康检查医疗服务机构的日常监督，整合医疗卫生资源，探索“婚前医学检查—孕前优生健康检查—孕期保健—产后访视—儿童保健—计划免疫”卫计一体的“一条龙”服务模式，扩大检查覆盖率，发挥计生专干的宣传动员作用，强化宣传引导。为适婚人群1728对夫妇进行婚检，检查率达到86.01%；对符合生育政策、计划怀孕的夫妇1746人进行免费孕前优生健康检查，目标人群全覆盖率达174.6%。

【爱国卫生运动】 2022年，成都高新区结合国家卫生城市成果巩固工作，持续开展环境卫生整治和大扫除活动，全面梳理环境整治问题清单，特别是农贸集市周边、城中村、城郊接合部公共区域、老旧小区院落等城市薄弱区域的环境卫生问题。全面整治辖区“脏、乱、差”现象，进一步改善环境卫生面貌，巩固发展卫生城市成果，提高人民健康水平，通过整洁行动，达到治理一批、改善一批和巩固一批的良好效果。开展“星级院落”创建及复评活动，严格按星级院落评比标准，定期进行监督检查，进一步推动高新区院落治理水平。全区新评选星级院落12个，累计评选577个。高新区爱国卫生运动委员会办公室对各街道评选出的“星级院落”进行抽查，被抽查院落的总体环境卫生情况良好。

【控烟】 2022年，成都高新区创建省级无（吸）烟单位12个，范围涵盖社区居委会、学校、党政机关、企事业单位、医疗机构等。全区各级各类医疗机构、学校（含托幼机构）、7个街道办事处、高新区管委会所有党政部门全面实施禁烟。在芳草社区卫生服务中心、石羊社区卫生服务中心、桂溪社区卫生服务中心、南新社区卫生服务中心开设4家戒烟门诊。在高新区的7个街道分别开展以“烟草威胁环境”为主题的第35个世界无烟日宣传活动，在石羊街道通过悬挂禁烟宣传标语、播放控烟宣传短片、发放宣传资料、通过坝坝会等形式进行广泛宣传，向广大居民群众讲解烟草对吸烟者自身以及对身边人的危害，正确认识“电子烟”。在芳草街街道通过以张贴禁烟标志标识、发放健康手册以及“世界无烟日”宣传手提袋、扇子、抽纸等礼品的方式，呼吁群众远离烟草危害。在桂溪街道通过发动大型商场楼宇的物业共同宣传吸烟危害的形式，在企业中建立起“吸烟有害健康”的共识。并配合成都市机关事务管理局、成都市卫生健康委员会、成都市爱国卫生运动委员会办公室开展党政机关控烟宣传活动，在机关食堂摆放控烟桌牌、义诊问诊、地铁口张贴海报等多种形式进行宣传。全年高新区开展世界无烟日宣传活动累计62次，参与宣传5.19万人，发放宣传材料2.12万份。

【卫生单位创建】 2022年，成都高新区坚持创建质量第一的原则，严格按照《四川省卫生单位标准》《四川省无烟单位标准》的要求开展（省级卫生单位、省级无烟单位）验收。全区新创建省级卫生单位11个、省级无烟单位12个，累计创建省级卫生单位92个，省级无烟单位127个。

【国家卫生城市复审】 2022年，成都高新区结合国家卫生城市成果巩固和文明城市创建，集中人力、物力、精力，按照“统一领导、突出重点、集中整治、部分负责、属地管理”原则，通过实施农贸市场环境卫生、“六小”行业（经营性小餐饮店、小食品店、小浴室、小美容美发、小歌舞厅、小旅店等小食品生产经营单位和小公共场所的泛称）规范管理、老旧居民院落环境卫生、居民健康教育等五大专项整治攻坚行动，进一步完善基础设施，改善城市环境，凸显城市特色，提升城市品位。用生动卡通人物形象制定具有高新特色爱国卫生宣传海报，统一规范全区健康教育宣传栏设置；利用移动厕所LED屏幕、建筑工地围栏、环球中心等商业楼宇、火车南站等地方线上线下广泛宣传爱国卫生和文明城市创建标语，营造良好国家卫生城市成果和文明城市创建工作氛围；城区主次干道方面实行24小时保洁，环卫工人统一着装，定时清扫和实时保洁，确保无明显卫生死角，保持绿化美观。高新区爱国卫生运动委员会办公室坚持以督促改，以督促责，不断压实各部门、街道责任，持续发力。要求各单位和街道办事处一把手负总责，分管领导分片包干、下现场督导整改。全年召开国家卫生城市成果巩固和文明城市创建工作4次。

【病媒生物防制】 2022年，成都高新区集中开展病媒生物集中防制48次。经过市级专家组对高新区各街道春季灭鼠防制效果进行现场检查评估，7个街道灭鼠效果均符合《国家卫生城市标准（2014版）》病媒生物密度控制水平标准C级要求。开展成都市病媒生物防制示范点创建，新创建市级病媒生物防制示范社区1个、居民小区7个、农贸市场4个、餐饮店3个、酒店2个、医院4个。

【计划生育服务】 2022年，成都高新区开展“生育关怀”“幸福工程”帮扶工作。2022年年初，对各街道、乡镇进行摸底，推选25户“计划生育特殊家庭”和25名“贫困母亲、孤残留守儿童”，分别签订帮扶协议。截至2022年年底，高新区有免费药具发放网点162个，人工发放点99个，已婚育龄人群药具发放率98%以上。高度重视出生人口性别比综合治理，整合卫生执法资源，对辖区医疗机构开展超声波诊断情况进行全面检查，出生人口性别比正常。2022年，高新区卫生健康局全面完成2022年计划生育家庭奖励扶助、特别扶助、独生子女父母奖励金发放工作。确定奖励扶助对象356人，其中符合国家奖励扶助标准228人，符合四川省奖励扶助标准57人，符合成都市奖励扶助标准71人；特别扶助对象1161人，其中符合独生子女死亡家庭扶助标准671人，符合独生子女伤残家庭扶助标准490人；符合独生子女父母奖励金发放对象264人。

【红十字会】 2022年，成都高新区逐步完善高新区红十字会服务体系，持续推进“小天使基金”申报工作，组织7个街道开展“红十字会博爱送万家”活动，对辖区60户困难群众进行春节慰问，开展元旦、春节期间红十字会应急救护志愿服务活动，发放宣传材料780份。培训救护员1336人，普及培训惠及5000余人，培训覆盖企事业单位、社区居民、幼教系统，实现普及活动进社区、进企业、进公共场所、进幼儿园，有效提升社区居民群众应急救护知识的普及率和应急救护能力。围绕“5·8”世界红十字日、“世界献血者日”“世界急救日”“世界艾滋病日”等活动宣传日，大力弘扬红十字精神、加强红十字会群众基础，组织社区红十字工作人员、医务工作志愿者通过普法文艺演出、普法课堂、现场教授应急救护技能等形式，开展主题宣传活动。全年发展红十字个人会员130余人，会员团体10个。

【主要医院简介】 **成都市中西医结合医院** 始建于1942年，是首批“全国重点中西医结合医院”。于1995年经国家中医药管理局评审批准，成为三级甲等中西医结合医院，是成都市中医药工作的牵头单位。医院占地面积83.34万平方米，挂3块牌子（成都市中西医结合医院、成都市第一人民医院、成都市中医医院），由南、北两个院区组成。医院编制床位2400张，开放床位2413张；一级科室26个，二级科室81个，其中国家级中医重点专科1个（呼吸内科）和建设项目3个（康复科、内分泌科、心血管内科）、国家级中医区域诊疗中心建设单位1个（儿科）和培育单位3个（呼吸内科、血液病科、心血管内科），国家级中医药科研实验室3个，省级重点学（专）科16个，“全国名中医传承工作室”4个，“四川省名中医工作室”8个，“成都市名中医工作室”2个，建有院士工作站1个，院士领衔的中西医结合研究院1个；是国家中、西医住培双基地（全国仅4家医院为双基地）、国家和省级全科医学临床培训基地，是5所大学的教学实习医院及临床医学院。全院职工2856人（不含劳务派遣、返聘），其中高级职称456人，博士和博士后116人，硕士518人，省、市名中医52人，研究生导师50人；享受政府津贴专家16人，全国中医临床优秀人才3人，省突出贡献优秀专家2人，省、市学术技术带头人及后备人才44人；四川省卫生健康领军人才1人，四川省卫生健康突出贡献中青年专家1人，获评四川省首届“新时代健康卫士”称号21人，中药师承人才10人。

成都上锦南府医院　四川大学华西医院上锦南府医院位于成都市高新西区（郫都红光）尚锦路253号，建筑面积10万余平方米，为四川省成都市医保、工伤定点单位，是一所由华西医院全面托管的三级甲等综合教学医院。医院拥有医疗卫生技术人员1500余人。医院实行医疗、教学、科研与华西医院实行一体化运行管理，制度、标准、规范、流程均与华西医院保持一致，并全面实施双向转诊。华西医院、华西二院部分知名专家、教授轮流到医院坐诊、查房、手术，保证医院医疗、管理水平与华西医院本部完全一致。医院设急诊、门诊和住院部，开放床位近1200张，手术室16间。提供包括CT、MRI、DR、造影、彩超、病理、检验、神经功能检查、心脏检查、内镜中心、输血、临床营养等医技检查检验治疗项目。开设有重症医学科、胸外科、心血管内科、心血管外科、骨科、小儿内科、妇科、泌尿外科、神经外科、神经内科、普外科、甲状腺/乳腺外科、血管外科、耳鼻咽喉/头颈外科、康复医学科、中西医结合科、中医科、消化内科、呼吸内科、血液内科、肿瘤科、疼痛科、介入诊疗科、眼科日间病房等临床科室；另开设胸痛中心、卒中中心、创伤中心、痔瘘中心、肝胆胰微创中心、足踝外科中心等特色中心。

四川现代医院（高新院区）　四川现代医院的前身为成都现代医院，创办于2003年，是一家原创的民营医院，位于成都高新区中和街道仁和路713号。2020年5月，四川现代医院高新院区开业，2021年4月，医院被评为国家三级甲等综合医院并获得四川省卫生健康委员会“三级甲等医院”授牌。医院建筑面积约6.9万平方米，开放床位500张。手外科是成都市医学重点专科，骨科及康复医学科是成都市医学重点专科建设项目，显微外科是四川省医学重点专科建设项目。开设内科（呼吸内科、消化内科、神经内科、心血管内科、肾内科、血液透析室、内分泌科、老年病科）、外科（手外科与显微外科、骨科、普通外科、神经外科、泌尿外科、胸外科、烧伤科、整形外科）、妇产科、儿科、眼科、耳鼻咽喉科、口腔科、皮肤科、医学美容科、健康体检科、急诊医学科、康复医学科、麻醉科、疼痛科、重症医学科、检验科、输血科、放射科、超声功能科、营养科、中医科、中医骨伤科、肛肠科等50多个临床医技科室。四川现代医院（高新院区）为四川省（异地）医保及成都市医保定点医院、四川省保险行业协会定点医院、成都市120急救网络医院、成都市工伤劳动能力鉴定医学检查定点医院、成都市工伤康复定点医疗机构、成都市长期照护保险协议机构及护理员培训基地、成都市长期照护保险失智失能定点评估机构。2022年12月，医院入选艾力彼医院管理研究中心全国社会办医单体100强，位居第82位。

（卫健局）

卫生监督执法

【概况】 2022年，成都高新区在加强医疗机构疫情防控常态化监管的同时，不断创新监督执法模式，加大卫生监督执法、卫生抽检、行政处罚力度，开展公共场所卫生、生活饮用水卫生、放射卫生、学校卫生、医疗卫生监督和传染病防治监督等各项执法监督工作，维护全区人民群众身体健康和生命安全。同时，加强对街道卫生监督人员的日常业务培训，切实规范执法行为，严格执法程序，改进执法方式，查处吃、卡、拿、要等违反工作纪律的事件。

【医疗卫生监管】 2022年，成都高新区实施打击非法行医、医学检验实验室专项检查、医疗美容专项检查、依法执业等专项任务。全年对辖区内的药店及医疗机构开展2次打击非法行医专项行动、7次医学检验实验室专项检查、1轮全覆盖医疗美容专项检查、3次依法执业专项检查。同时，对1家使用非卫生技术人员开展诊疗活动的案件进行行政处罚。牵头制定区级医疗机构新冠疫情防控风险排查、“大体检”方案，承担医疗机构疫情防控、风险排查等工作，全区医疗机构疫情防控督查指导全覆盖。开展医疗质量暨卫生监督联合检查，针对第三方核酸实验室依法执业、质量控制，每月组织专家及执法人员进行实验室全覆盖专项督查。对有违法违规的机构直接移交执法处理，医疗机构自身质量和安全的责任意识进一步提高，执业行为进一步规范，医疗投诉纠纷率降低，医疗安全质量和群众身体健康得到进一步保障。组织开展执法大队“可视”“有感”腐败和作风问题专项治理，针对虚假宣传、“大处方泛耗材”、过度医疗、依法执业及投诉纠纷发现的线索对医疗机构开展专项督查。

【公共卫生监管】 2022年，成都高新区完成无证无照经营、量化分级监督管理、消毒产品、涉水产品、公共场所通风系统、游泳场所卫生等日常、专项整治目标任务。依托市、区信息化平台，建立完善执法检查人员名录库，按照执法人员专业类别进行区分，建立医疗机构、公共场所等全行业随机检查对象、随机选派执法检查人员的“双随机”抽查机制，制定“双随机”规则。投入专项经费30余万元，全面落实省、市、区随机监督抽检，年度监督抽查任务463户，完成率100%。推进部门联合抽查，联合公安分局、市场监管局、消防救援大队，按照统一进场、统一检查、统一记录、统一离场的方式实施现场检查，实现“进一次门，查多项事”，建立健全以“双随机、一公开”为基本手段的新型监管机制，减轻市场主体反复迎检的负担，激发市场主体发展活力，进一步优化营商环境。开展专项卫生监督保障，全年开展省市两会、公务员考试、第二届全国退役军人创新创业大赛、糖酒会等30余次大型会议、活动卫生保障工作，并组织第三方卫生检测技术服务机构对接待场所开展卫生指标检测。

【供水单位监管】 2022年，成都高新区有办理卫生许可证的二次供水单位324户，以高层居民住宅、写字楼为主。同时建立现制现售水监管台账70个、涉水产品生产企业3户、经营销售涉水产品监管台账25个。区、街、社区三级联动，以看现场、访用户、测水质的形式开展生活饮用水管理单位监督与法律法规宣贯，突出做好新冠疫情防控期间饮用水卫生监测。申请专项经费164.8万元开展城市供水水质第三方检测，对290个二次供水点位、12个城市管网水点位、70个现制现售水点位每季度覆盖检测1次，完成3次覆盖检测和第4季度检测，通过高新区官网公开公示抽检结果，接受社会监督，进一步加强监管信息的共享和开放，实现“制度+技术”的有效融合。

【学校卫生（含托育机构）监管】 2022年，成都高新区要求推进学校卫生（含托育机构），对149家托育机构进行全覆盖检查，并抽查56家幼儿园。同时，对64家中、小学校进行春、秋两季开学专项卫生监督检查，重点对饮用水卫生、传染病防控、教学生活环境卫生进行监督检查和指导。学校均按照新冠疫情防控要求，做好师生员工自我健康监测、学校环境卫生消杀、应急演练和应急物资储备等工作。有完善的传染病管理制度并落实到位，晨检、因病缺勤及病因追踪、场所消毒相关记录登记完整，有卫生管理档案和应急预案，从业人员持有效健康证上岗，公共用品基本符合卫生要求。

【职业健康监管】 2022年，成都高新区充分发挥“执法+”机制，组织专业技术指导机构，完成辖区450余户用人单位职业健康信息调查、风险评估、协同监管工作。开展职业卫生技术服务机构、放射卫生技术服务机构、重点领域职业卫生、职业病危害、粉尘和噪声、职业病和疑似职业病追踪督查等专项整治。同时，邀请省级职业健康专业专家完成3次监督执法人员培训，加强基层知识储备，确保基本满足基层职业卫生监督执法人员看得懂、学得会、做得来，实现基层工作的实用性和可操作性。

【行政处罚】 2022年，成都高新区严格落实依法行政、柔性执法、包容审慎监管等要求，做到规范执法、文明执法、严格依法办事，从法律的源头上不断增强依法行政的自觉性。全年公共卫生行政处罚案件25件，罚款3万元；办理消毒产品经营单位行政案件1件，处罚金额2000元；办理现制现售水行政处罚案件1件，处罚金额3500元。对2家未按新冠疫情防控要求进行实验室消毒的检测机构，罚款52000元。

（卫健局）

民 政

【概况】 2022年，成都高新区全面提升民政工作的总体功能，做好社会救助，有2600余人纳入低收入人口智慧化监测平台，推出“一键求助”小程序和线上月报告App，开展“地毯式”流浪乞讨人员日巡夜查，发放各类救助资金990万元。持续增进儿童福利，完成“1+7+69”的“区—街道—社区”未成年人保护工作点建设和12个儿童幸福友好场景打造，统筹调处15起儿童保障事件。全面维护残疾人权益，打造“有爱无碍·爱在高新”活动品牌，建成1个区级精神障碍社区康复服务中心、2个社区康复站点，实现街道级残疾人“融乐阳光家园”全覆盖。提升养老服务能级，试点完成空巢独居老人居家智能监护系统，加快推进6个养老机构和22个社区养老设施工程进度，完成3个社区养老服务综合体建设；优化社会服务格局，推动婚姻登记点位入驻西区政务中心，桂溪生态公园婚姻登记处开设涉外、港澳台及华侨婚姻登记窗口，年度婚姻登记量再次位居全省首位；基本殡葬项目补贴及节地生态安葬奖补全面落实，绿色殡葬新风不断彰显；持续推进不规范地名清理整治，高质量完成两轮国家地名信息库数据质量提升建设行动；开展社会组织孵化培育，健全社会组织综合监管体系，以社区微项目等形式推动社会组织广泛参与民生事业；创新社会工作体系建设，落实公共卫生特别服务岗·社工岗项目，招募一批优秀社工人才到基层一线工作；推进慈善事业有序发展，优化调整高新区慈善会，深化“慈善+互联网”模式，开通公益网络募捐平台2个，成功申报市级慈善示范社区5个、慈善场景1个，申报成功率居全市第一。

【社会救助】 2022年，成都高新区立足“大民政”“大救助”服务理念，搭建完成“低收入人口智慧化监测信息平台”，将动态监测范围扩大到政策兜底保障范围之外的其他低收入群体，突破部门间数据壁垒，整合多方资源，将社工三级服务体系与社会组织、志愿服务、慈善机构无缝衔接，实现全区困难人群、特殊儿童、残疾人等低收入群体巡访动态实时监测、精准服务有迹可循。同时，推出“一键求助”智能小程序，打造智慧小程序线上月报告App，进一步完善全区困难群众基本生活保障工作协调机制，细化临时救助“一事一议”工作指南，发挥临时救助“救急难”作用；开展困难群众“心理关爱”专项行动及开通求助热线，提升困难群众心理建设能力，常态化扎实开展“寒冬送温暖”活动，确保困难群众、民政服务对象安全温暖过冬，逐步形成“物资＋服务＋心理”工作服务模式。进一步做好区域内流浪乞讨人员实时发现、实时救助服务，初步建立起精准、动态、智能、温情的社会救助格局。全年，高新区有低保对象584人，发放救助资金624万元；精简职工18人，发放救助资金12.44万元；临时价格补贴617人，发放救助资金48万元；临时救助400人，发放救助资金220万元；全年发放救助资金共计904.44万元。

【婚姻登记】 2022年，成都高新区对南区、西区的婚姻登记处进行升级改造，完成婚姻登记点位入驻高新西区政务中心，并作为全省两个点位之一开设涉外、港澳台及华侨婚姻登记窗口。高新婚姻登记服务的品牌热度持续升温，成功举办“金秋韵·爱缤纷——缘定高新”结婚登记集体颁证仪式。2022年，成都高新区办理结婚登记14425对，离婚登记2676对；前台咨询、结婚颁证、婚姻家庭辅导、档案查询等辅助及拓展服务27360件；接待参观考察近400人次，媒体报道30次。

【收养登记】 2022年，成都高新区收养登记咨询142例，完成收养4例，登记合格率达到100%。

【儿童福利】 2022年，成都高新区保障孤儿（含艾滋病病毒感染儿童）、事实无人抚养儿童258人次，发放基本生活补贴44.9726万元；保障困境儿童45人次，发放基本生活补贴3.645万元。开展幼儿早教、志愿服务、心理关爱、亲子教育、微心愿、职业体验、职业发展课程培训等特殊群体儿童关爱活动10次，服务人数达340余人。对接爱心企业及志愿者完成特殊群体儿童一对一帮扶1人，“营养补给计划”2人，基金会助学激励金2人，连接12.1187万元的物资和服务。完成全区7个儿童督导员和69个儿童主任全覆盖能力提升培训3次，制作并发放《儿童福利保障指南》8000册。优化街道未成年人保护工作站功能，完成1个区级未成年人救助保护中心、69个社区未成年人保护工作点全覆盖建设和12个儿童幸福友好场景打造。发挥未成年人领导小组办公室职能，持续加强孤儿等困境儿童保障，统筹协调处理15起特殊情况事实无人抚养儿童认定、涉案人员未成年子女监护、无户籍儿童等各类涉及儿童保障事件。

【残疾人补贴】 2022年，成都高新区保障困难残疾人和重度残疾人37360人次，发放两项补贴资金378.718万元，其中保障困难残疾人4692人次，发放困难残疾人生活补贴99.57万元；保障重度残疾人32668人次，发放重度残疾人护理补贴279.148万元。推进残疾人两项补贴资金发放专项治理，完善残疾人两项补贴精准发放机制，进一步规范高新区残疾人两项补贴发放流程，提升困难群众救助服务水平。

【社会组织发展】 2022年，成都高新区完善社会组织扶持政策，持续开展社会组织孵化培育，健全社会组织综合监管体系，不断畅通社会组织参与基层治理渠道，推动越来越多的社会组织广泛参与到民生事业中来。累计投入300万元，以民生微项目形式引导专业社会组织深入社区，在养老、救助、儿童保护、残疾人福利、心理咨询等民生保障服务方面更好发挥作用，实现社会组织和社区发展良性互动、协调治理。

【社工人才培育】 2022年，成都高新区推动社工人才建设，进行社工人才考前培训，提升专业社工人才数，高新区有持证社工1200余人。全面落实公共卫生特别服务岗·社工岗（新冠疫情社区排查防控社工岗）项目工作，促进毕业大学生就业，深入基层开展社会服务。积极宣传社工文化，开展2022年社工主题周活动，社工宣传片《萤火》被学习强国平台收录使用，在中国社会工作、人民网等平台上发布。开展星级志愿者评定、“抗疫先进社工和志愿者、先进社工站（室）和社工机构”评定等工作，被评出成都市一星级志愿者5名，成都市“抗疫先进社工”1名、“抗疫先进志愿者”1名、“抗疫先进社工站（室）”1个、“抗疫先进社工机构”1个。推动实现社工总站、街道社工站规范化率100%，突出社工站（室）资源整合功能，累计动员568家爱心企业和商家，996名社会不同职业人员、专业团队参与帮扶的爱心人士和29702位志愿者为困难群众募集资金和爱心服务，捐赠资金和物资价值共计300余万元，帮扶全区1万余户困境家庭。发挥社工力量参与疫情防控，招募疫情防控志愿者累计约1000人次、链接防疫物资和生活补给物资累计5万件以上，支持街道和社区开展防疫工作。

【慈善事业】 2022年，成都高新区申报市级慈善示范社区5个、慈善场景1个，申报成功率居全市第一。加强慈善与社工站（室）的联动，指导街道、社区落实专（兼）职慈善工作人员，依托社工站（室）设立慈善专干，促进社会工作专业人才与慈善人才的专业化互补。持续深化慈善会内部机制，加强“慈善+互联网”模式，开通公益网络募捐平台2个，全年实施项目19个，其中公开募捐项目3个，慈善会资助项目5个，企业资助项目3个；推出“联动抗疫　高新有你”“幺幺冬衣　助力温暖”“德格县助学”等慈善特色项目。高新区慈善会全年募集慈善款物227.66万元，支出慈善款物196.08万元，其中新冠疫情防控募集慈善款物65.70万元，“联动抗疫　高新有你”——成都高新区慈善会抗击新冠疫情项目9个，支持高新区街道、社区、养老机构、社工站（室）开展疫情防控。

【区划地名】 2022年，成都高新区全面完成芳草街、石羊和中和街道不规范地名清理整治，完成两轮国家地名信息库数据质量提升建设行动；完成23条道路命名，2条道路更名，3条道路名称注销。

【殡葬】 2022年，成都高新区强化殡葬工作组织领导，推进殡葬公共服务能力建设，加大殡葬领域突出问题专项整治，落实公墓机构安全管理，推进殡葬移风易俗，积极推动高新区社区集中治丧体系建立。完善制度设计，更新制定《成都高新区殡葬惠民补贴实施细则》，全面落实高新区基本殡葬项目补贴及节地生态安葬奖补发放，促进高新区殡葬事业健康发展。全年高新区发放惠民殡葬补贴196.1406万元。

【基层政权建设】 2022年，成都高新区进一步强化基层政权建设，重点推进社区党务、居务、财务公开，以监督检查、强化培训、加大宣传的手段，扎实推动“三务”（党务、村务、财务）公开落地落实。会同相关部门组成专项督察组，结合公开目录标准、公开栏设置要求，对“三务公开”要素进行不定期督查检查，对发现的问题及时通报，督促社区及时整改，并将社区“三务”公开工作纳入社区绩效考核，为做好基层治理奠定扎实基础。

【扶残助残】 2022年，成都高新区有持证残疾人7222名，其中视力残疾889名，听力残疾719名，言语残疾68名，肢体残疾3752名，智力残疾548名，精神残疾980名，多重残疾266名，其中重度残疾2793名。年内高新区为797名残疾人或残疾人子女提供自强助学金救助，为380名残疾人适配辅助器具503件，有需求的残疾人基本型辅助器具适配服务率达100%；为412名残疾儿童提供康复救助，符合政策的残疾儿童康复救助率达100%。全年高新区区级残疾人事业共计投入1917.9万元，其中发放各类补贴1835.7万元，直接受益的残疾人达7237人，残疾人救助和服务做到应救尽救、应助尽助。

【残疾人保障体系建设】 2022年，成都高新区在抓好疫情防控的同时，持续优化和完善残疾人救助和服务，优化多层次残疾人救助政策，提供高标准的助残服务。出台《成都高新区残疾人医疗救助实施方案》，对原高新区残疾人门诊和住院医疗救助政策进行全面整合和优化，完善救助标准，细化救助对象，规范服务流程，保障残疾人医疗救助申请审批更加便利，救助过程更加公开透明，救助结果更加公平公正。夯实基层助残服务软硬件环境建设，各街道均建成功能齐全设施完备的“残疾人融乐阳光家园”，并开始提供日间照料、辅助就业、康复服务、文体活动等基本公共服务。在为辖区残疾人提供基本助残服务的同时，各街道还结合自身实际开展心灵治疗、爱心义卖、公益绘画等特色服务，全年“阳光家园”为120余名残疾人提供服务，开展专场活动60余场，有需求的残疾人服务率达100%。大力开展“敲门”行动，疫情和夏季高温期间，依托街道、社区、助残机构和志愿者组织开展每日一巡的“敲门”行动，重点关注重度、独居和智力精神残疾人，建立重点关爱人员和探视探访台账，及时提供上门照料、送餐、送药、代买生活物品、发放防疫物资、清运生活垃圾以及心理疏导等工作。疫情期间累计探视探访1.7万人次，提供各项关爱服务3600余次，夏季高温期间为3000多名残疾人发放防暑药品。

【养老机构管理】 截至2022年12月底，成都高新区有运营的养老机构10家，入住老年人754人，工作人员361人。为应对新冠疫情，各机构均建立疫情防控应急预案，按要求在机构内（外）设置隔离观察室（区），并按照疫情防控指挥部相关要求对每个养老机构养老人员和从业人员进行核酸检测，共计93047人次。持续组织开展养老机构疫情防控督查，加强封闭管理期间对老年人和工作人员的关心关爱；开展养老服务领域“安全生产月启动仪式”，会同高新疾控、高新消防、市场监管局、燃气公司及属地街道办事处持续开展养老机构疫情防控和安全生产督导检查。推进养老服务设施建设，完成1个社区养老院建设并验收合格。

【养老服务体系建设】 2022年，成都高新区完成3个社区养老服务综合体建设并运营，提供居家、日托、全托、短期托养等“一站式”服务，满足中度、重度老年人集中养护的需求；完成3个老年助餐服务点建设，基本实现社区全覆盖，切实提升老年人的获得感、安全感、幸福感；完成100户家庭照护床位建设，将机构养老专业照护服务延伸至老年人家中，进一步丰富和扩大养老服务供给，促进居家养老和机构养老融合发展。持续推进中和吉龙二街及西区电子科大附小旁养老院建设，启动中和片区养老机构项目（地块一、地块二）。截至2022年年底，高新区建成社区养老服务综合体6个、社区日间照料中心43个、社区为老服务站16个、老年助餐服务点68个，社区养老服务设施全覆盖。2022年，高新区享受居家养老服务补贴老年人3043人，完成服务6.69余万次，政府投入居家养老服务补贴398.56万元；享受老年助餐服务补贴1046人，提供助餐服务23860人次，政府投入助餐服务补贴32万余元。完成高新区认知症友好社区试点，认知症筛查3172例，筛查高风险人群82例，认知症高风险占比2.59%。开展各类讲座19场、团队干预871人次、个案干预100人次、友好使者活动585人次。完成高新区居家安全监护试点，通过安装各类智能化监护设备，实现7×24小时全天候全态势动态监护；全年智慧监护系统处置风险预警142次。2022年，高新区为16294名高龄老人发放高龄长寿补贴2275.67万元。

（社治保障局）

劳动　就业

【概况】 2022年，成都高新区稳住市场主体，兑现各类就业政策资金4.3亿元，惠及企业7万余家100余万人。服务重点人群，高频次开展直播带岗、远程面试等新型招聘活动100场，组织毕业生赴知名企业开展感知活动，与德格人社局对接协助推送就业岗位700余个。开展技能培训，精准对接企业需求，打造项目制培训“区县品牌班”，初步形成“活力高新”“芯动高新”“数智高新”三大技能培训品牌，推出一批“高新工匠”。推动创新创业，靠前做好全生命周期创业服务，推荐优秀创业项目鱼泡网、佰思格在“中国创翼”创业大赛国赛中分别取得1银1铜好成绩，实现成都市在过往4届国赛中奖牌零的突破。全面规范重点企业用工管理，通过富士康劳动保障工作专班指导督促4万余名派遣工签订“劳务派遣告知承诺书”并落实“共管账户”直发工资制度，加强园区劳动保障服务中心工作，确保富士康园区员工关系整体平稳有序。不断提升劳动争议调解仲裁质效，通过优化“仲裁案件管理系统”和“仲裁语音庭审系统”丰富完善数字劳动·智慧仲裁系统建设，吸引16名社会力量兼职仲裁员参与仲裁办案、56余名法律服务专业人员参与纠纷调解，实行休息日仲裁庭审制度，全年受理各类仲裁案件12626件，同比增长60.7%。持续深化根治欠薪机制，按月对在建工程项目进行走访评估检查，针对疑难重大案件开展联合研判，确保欠薪问题妥善处置。2022年，成都高新区城镇新增就业人数49236人，完成目标任务的128.04%；失业人员再就业人数6618人，完成目标任务的191.83%；就业困难人员就业人数1966人，完成目标任务的106.85%；城镇登记失业率控制在4%以内；新增高校毕业生就业创业7601人，完成目标任务的105.6%；发放小额担保贷款2802.4万元，完成目标任务的100%；发放创业补贴150万元，完成目标任务的100%。全面兑现各类就业政策资金4.3亿元，帮助企业减负稳定就业岗位，助力重点群体就业创业，惠及企业7万余家118余万人。

【稳就业措施】 2022年，成都高新区出台《关于进一步稳定和扩大就业支持创业的若干政策》，对餐饮等22个困难行业企业，顶格落实失业保险稳岗返还、困难行业稳岗补贴、用工补贴等政策，优化“免申即享”“直补快办”等经办模式，确保就业惠企政策应享尽享、速享即享。向吸纳高校毕业生的企业，发放一次扩岗补贴，向2300户企业发放补助资金1188万元，涉及1.2万高校毕业生。以全区重点工业企业、重点商贸企业、重点外贸企业等103家重点企业为基础，持续完善重点企业用工需求台账和企业情况动态掌握。为重点企业匹配“一对一”企业服务专员，强化24小时工作调度机制。对1200余家“两规企业”设立就业服务专员，同贵州省岑巩县、资阳市乐至县、甘孜州德格县开展跨区域劳务协作，精准推送重点企业用工信息。成都高新区“稳就业”措施——共享用工6月20日被央视《焦点访谈》专题报道。

【就业促进活动】 2022年，成都高新区推进高校毕业生等青年就业工作，举办“百日千万”高校毕业生系列招聘、金秋招聘月、就业服务周活动，开展线上线下招聘活动共计100场。开展“乐业高新”高新区大学生百日赋能活动，组织区内见习基地、社区为高校毕业生提供1000个就业见习岗位。完善实名帮扶机制，做实做细就业服务，重点帮扶高校毕业生，实施“一人一档、一人一策”优先专项服务，截至2022年年底，全区2022年离校未就业高校毕业生就业率100%。各类重点群体就业统筹推进，开展就业促进暖民心行动，分类梳理面向困难人员等不同群体和市场主体的政策举措，开设政策宣传专栏，举办直播带岗、远程面试等新型招聘活动，累计开展100场。托底援助303人，累计援助1210人次。

【职业技能培训】 2022年，成都高新区深入实施职业技能培训计划，打造项目制培训“区县品牌班”，初步形成“活力高新”“芯动高新”“数智高新”三大技能培训品牌。扶持文旅企业脱困，对37户重点文旅企业，宣传指导开展文旅项目制培训，备案培训人数3882人。评选“高新工匠”117人。严格落实技能提升补贴政策，向4669人次参保职工发放技能提升补贴862万元。

【劳动保障监察】 2022年，成都高新区不断完善根治拖欠农民工工资工作机制，社治保障局牵头与区属国有平台公司建立起常态化工作联系机制，推进区内政府投资项目保障农民工工资核心制度落地落实，领导小组办公室牵头按月对辖区在建工程项目，落实保障农民工工资支付核心制定情况，开展走访评估检查，会同两委办目督处将根治拖欠农民工工资工作纳入管委会目标考核体系。区内劳动保障监察机构共计受理各类现场举报投诉案件398件，结案398件。处理全国根治欠薪线索平台转办案件7132件，结案6666件。

【劳动争议调解仲裁】 2022年，成都高新区不断丰富完善数字劳动·智慧仲裁系统建设，进一步优化“仲裁案件管理系统”和“仲裁语音庭审系统”的智慧仲裁体系功能，提高办案效率，增强群众满意度。通过社治保障局等四部门联合印发的《关于进一步加强劳动争议调解仲裁工作效能建设的实施意见》，落实社会力量兼职仲裁员的办案补贴，进一步吸引社会力量参与调解仲裁。2022年，区内劳动争议仲裁机构共计受理各类仲裁案件12626件，涉及用人单位6304家12626人，涉案金额4.2亿元，其中受疫情影响案件1000余件，开庭3901起，结案11584件。

【劳动纠纷处置】 2022年，成都高新区区街两级劳动纠纷“一站式”联动处置中心进一步发挥实效，实现劳动纠纷化解“一站式”管理、“一窗式”办理、“一条龙”处理，极大提高劳动纠纷化解的处置效率，缩短劳动者维权时间，降低维权成本。全年两级劳动纠纷“一站式”联动处置中心安排调解案件4826件，调解成功3384件，成功率为70.1%。

【劳动保障行政】 2022年，成都高新区按照成都市2022年工伤预防项目实施计划，结合高新区安全生产管理、尘肺病防治和工伤保险工作实际，针对辖区危险化学品、建筑施工、生产制造、交通运输、电子信息等行业开展工伤预防宣传培训，瞄准辖区工伤预防重点企业及行业开展工伤风险隐患排查及专项培训行动，实现工伤预防“两增两降”的目标。区内劳动保障行政机构共计受理工伤认定2418件，劳动能力鉴定1909件，审批新申请人力资源服务机构98家，人力资源服务备案30家、设立分支机构备案8家。审批申请民办职业培训机构2家，审批新申请劳务派遣企业141家、延续89家、变更90家、注销24家、设立分公司书面报告6家；特殊工时审批480件，企业年金备案32件；12333劳动保障咨询服务热线来电40.68万通，AI智能语音系统接听处理5.2万通，人工接听34.1万通，人工接听率96.26%。

（社治保障局）

社会保险

【概况】 2022年，成都高新区参保扩面再创新高，共计有参保企业9.27万户，养老保险参保人数222.03万人，其中，城镇职工基本养老保险参保人数220.95万人，城乡居民基本养老保险参保人数2464人，机关事业单位基本养老保险参保人数8358人，参保户数、人数均居全市第一。全年有7万名企业退休人员按月领取养老保险待遇，城镇职工基本养老保险抚养比为18：1；按时足额发放各项社会保险待遇7.86万笔，拨付金额5.62亿元。社保经办能力持续提高，平稳切换上线全省社会保险信息系统（共建版），实行综合柜员制“一窗式”分类受理办理，网上经办覆盖人数和业务占比均超九成，19个基层经办服务点位外进一步拓展24小时智能自助服务超市。服务产业功能凸显，减征9万余户参保企业单位失业、工伤保险缴费共计8.7亿元，近1500家企业申请阶段性缓缴社会保险费共计1.04亿元。

【城镇职工基本养老保险】 截至2022年12月，成都高新区城镇职工基本养老保险参保人数达220.95万人（含退休7.01万人）。

【城乡居民基本养老保险】 截至2022年12月，成都高新区城乡居民基本养老保险参保人数达2464人，为1.54万人次城乡居民拨付养老金1098万元。共为498名符合条件的人员完成城乡居民基本养老保险代缴，涉及资金45.69万元，代缴率达100%。确保建档立卡贫困人口、低保对象等困难群体“应保尽保”。

【失业保险】 截至2022年12月，成都高新区失业保险参保人数达124.65万人，其中新增扩面6.57万人，为14.07万人次失业人员按时足额发放失业救济金1.18亿元。

【工伤保险】 截至2022年12月，成都高新区工伤保险参保人数达129.15万人，其中新增扩面10.8万人，为0.5万人次伤残人员拨付工伤保险1.19亿元。

【落实惠企利民政策】 2022年，成都高新区按照国家部署，省、市统一安排，严格落实阶段性降低用人单位失业保险、工伤保险费率政策，全年减征9万余户参保企业单位缴费共计8.7亿元；严格落实阶段性缓缴社会保险费政策，共有1554家企业申请，缓缴金额1.72亿元，切实减轻企业负担。

【社保数字化转型】 2022年，成都高新区本着“零距离服务，优质化经办”原则，以参与全区优化营商环境十大攻坚计划——“一码办成事”计划为契机，持续推进数字化转型，通过“进企业、进园区”开展“送政策、送服务”走访调研，开展21期现场培训，900余户企业参加。搭建“线上+线下”服务渠道，推动网上经办覆盖面扩大、流畅性增强、兼容性提升。截至12月，全区共有8.7万户企业开通网上经办，其中5人以上企业（不含5人）开通3.54万户，开通率96%。

【风险防控】 2022年，成都高新区树立“底线思维”，推进“社保基金管理提升年”行动和“养老社保领域”专项整治，逐一对照检查养老社保领域专项整治发现的问题，时刻盯紧基金监管这一重点，确保自查整改横向到边、纵向到底，不漏“死角”，不留“盲区”，形成周报24期。对欺诈骗保、套保或挪用贪占各类养老社保领域资金的行为及时制止、纠正、打击，全面总结经验教训，举一反三，立行立改，提升社保基金管理质效。更新71项办事指南，完善55项业务表单，根据风险防控相关要求严格岗位权限管理，落实“初审—复审—终审”三级审核制度，按照“谁经办、谁负责”原则强化岗位责任。以扎实开展社保基金管理“警示教育月”活动为契机，通过“四个一”活动（召开一场专题会议、签订一份承诺书、分享一次心得体会、接受一次精神洗礼），培训近40人，签订承诺书150余份。

【社会保险经办服务】 2022年，成都高新区坚持以“基金安全和创新服务”为重，深化“1+2+3+N”经办服务模式，实行综合柜员制“一窗式”分类受理办理；强化“线上网办、线下自助”经办模式，网上经办覆盖人数和业务占比均超九成，配置80余台自助服务一体机，拓展24小时社保智能自助服务超市；优化基层公共服务平台支撑，不断完善“区—街道—社区”同步运行的三级经办服务体系，19个经办服务点位覆盖所有街道、社区，充分发挥基层前沿阵地作用；专业化助推经办服务，引进社会组织提供专业社会力量提升服务水平，形成“政府+市场”的有机结合。

（社治保障局）

医疗保障

【概况】 截至2022年12月，成都高新区有9.2万户参保企业，167.43万人参加基本医疗保险。其中，城镇医保138.35万人，城乡医保29.08万人，城职医保在职131.34万人，退休医保7.01万人，在职退休比为18.72%。2022年，成都高新区落实阶段性缓缴政策，2.4万户企业“免申即享”，缓缴医保费，免收滞纳金，不影响参保人员待遇，保障民生，减轻中小微企业负担。链接医保资源，充分发挥医保数据、价格、支付等功能，与产业部门一道推动产业项目落地高新。推荐阿斯利康、赛诺菲、微芯生物、盛迪医药的10种“高新造”药品纳入2022年“惠蓉保”补充报销目录，在全面提升民生保障能级的同时，助力医药产业发展。做好企业服务，深度融合“蓉城医保客厅”“医保网厅课堂”等品牌，探索“专场＋融合”“党建＋医保”企业服务模式，“想企业之所想、急企业之所急”主动服务，全年开展主题宣传、企业服务活动超过20场。

【医疗保险】 截至2022年12月，成都高新区城职、城乡基本医疗保险共计支付11.4亿元。其中城职医保个人账户支付5.59亿元，医保统筹基金支付2.5亿元，城职医保政策范围内住院报销比92.63%，城乡医保政策范围内住院报销比84.69%，保障功能进一步增强。

【生育和长期护理保险】 截至2022年12月，成都高新区生育保险基金支付2.98亿元。进一步深化长期护理保险改革，将城乡居民基本医疗保险参保人员纳入长期护理保险保障范围，全区长期护理保险基金支付0.17亿元。

【医疗救助】 截至2022年12月，成都高新区实施医疗救助1845人次，医疗救助资金拨付55万元，切实解决困难群众大病医疗救助难问题。

【医疗保障基金监管】 2022年，成都高新区医疗保障基金长效安全运行，建立并完善部门间相互配合、协同监管的综合监管制度，召开全区基金监管联席会议，联合公安、卫健、市场监管、纪检监察等部门，协同开展监管。持续引入商保机构、会计师事务所等第三方机构，切实增强监管质效；持续严厉打击欺诈骗保，聚焦医疗领域开展群众身边“可视”“有感”腐败和作风问题专项治理、飞行检查、抽查复查、行业突出问题系统治理、国家局疑点数据核查专项行动、医保领域“春风行动”“利剑行动”；组织全区定点医药机构自查自纠，实施综合监管，切实增强医保监管威慑力。切实维护医保基金安全，组织全区多维度开展“织密基金监管网，共筑医保防线”打击欺诈骗保主题宣传月活动，将宣传内容和精神落到实处。截至2022年12月，根据成德眉资医保服务协议，约谈违约医药机构48家，限期整改922家，中止医保服务协议7家，追回医保基金及违约金共计231.14万元。

【定点医药机构协议管理】 截至2022年12月，成都高新区协议管理定点医药机构947家，定点医疗机构391家（其中医院17家、社区卫生服务中心11家、门诊部363家），定点零售药店556家。严格把好定点医药机构准入关，将符合条件的医药机构纳入协议管理，新增定点医药机构48家。

【医疗保障经办管理】 2022年12月，成都高新区统筹推进参保登记、待遇保障和国家医保信息平台平稳、安全、高效运行工作。对新平台系统进行日常运维、数据管理、信息传递，多措并举预防、减少和处理医保信息平台上线后的隐患，进一步优化资源配置，有效化解政务服务供需矛盾。实现参保信息登记、医保关系转移接续、异地就医备案结算等公共服务事项网上办理。开展7期企业网上经办培训，加强企业网上经办功能宣传，强化医保信息系统和业务数据支撑。“智慧办”上线，办理业务不用亲自跑。引入区块链技术，解决参保人无法亲自到场办理的难题，通过该技术成功为身在理塘的藏族群众办理好了医保业务，获得群众好评。“智慧答”上线，咨询服务不断档，为满足群众日益增长的医保咨询需求，推动医保智能语音客服建设，上线后实现人机协同，为群众提供7×24小时在线服务，接听率大幅提升，进一步提高了响应速度和服务质量。“智慧审”上线，报销审核再提速，试点建设个人垫支住院医疗费智能审核系统，打破传统报销人工审核流转的方式，通过 OCR 技术，构建智审规则，形成“AI 初审—人工复审—专家终审—电子归档”的智能审核新格局，审核速度加快，实现管理和服务的双提升。

（卫健局）

退役军人服务

【概况】2022 年，成都高新区做好服务保障，确保抚恤优待转为实在获得感。加强数字赋能和社企融合，优化升级退役军人专属“荣耀佳园”App，平台访问量超 6 万次，68 个社区服务站“服务超市”与 123 家企业达成合作协议，提供多个领域优质服务 200 余项。加强移交安置和就业促进，组织开展“订单式”培训班，配合省市退役军人事务局组织开展第二届全国退役军人创业创新大赛，得到各界赞扬。强化荣誉激励，推动拥军爱军形成社会共识度，开展多样激励，常态化开展立功喜报送达、光荣牌悬挂等荣誉激励，稳步推进退役军人和其他优抚对象申领优待证；组织开展 2022 年度“最美退役军人”“最美拥军人物”等系列评选表彰活动，5 人 1 户获市级表彰，高新区获“最佳组织奖”。开展行动引领，将军休干部全部纳入组建的综合党委进行管理，开展组织生活，当好政治先锋，组建退役军人战旗红志愿服务队，让“退伍不褪色”的品格持续彰显。全年建成 1 个区退役军人服务中心、7 个街道退役军人服务站和 68 个社区退役军人服务站。

【退役军人接收安置】2022 年，成都高新区移交安置质量持续提升，严格落实省、市有关退役军人安置政策，完成离退休干部、逐月领取退役金退役军人、自主就业士兵的接收；计划分配转业军官接收安置，均落实行政编制，明确岗位和职级；组织由政府安排工作退役士兵开展线下、线上政策宣讲、适应性培训，其中市属事业单位安置 3 人、市属国有企业安置 1 人，选择灵活就业 1 人、央企安置 4 人，区属国有企业安置 11 人。

【退役军人创业就业】2022 年，成都高新区全面开展退役军人就业全生命周期管理项目实施，完成退役军人职业系统测评、职业规划、就业推荐、岗位竞争培训等多链条服务管理。组织开展线下招聘会和线上岗位会共 8 场，提供 100 多家企业超 5000 个优质就业岗位，累计扶持 20 余名退役军人新就业。审核通过 50 余名自主就业退役士兵学费减免申请，减免金额合计 57.6 万余元。配合成都开展第二届全国退役军人创

2023 年 6 月 9 日，合作街道中海社区服务站打造社区特色服务站（社治保障局 / 供）

业创新大赛，黄裕全获成都市退役军人“就业创业之星”荣誉称号，申佳林获首届四川省退役军人职业技能大赛成都选拔赛汽车维修组三等奖。

【走访慰问】 2022年，成都高新区登记在册退役军人和其他优抚对象，确定领取定期抚恤补助优抚对象。全面落实优待抚恤政策，切实提高优抚对象医疗保障水平，为优抚对象发放定期抚恤补助金，为病故军人发放一次性抚恤金；资助优抚对象购买医疗保障、支出参保经费，报销优抚对象医疗补助、支出医疗补助经费。广泛开展走访慰问活动，每逢春节、八一建军节等重大节假日，高新区退役军人事务系统结合常态化走访慰问，全覆盖走访慰问辖区退役军人和其他优抚对象。常态化开展立功喜报送达、光荣牌悬挂。稳步推进退役军人和其他优抚对象优待证申领，完成建档立卡、办理提交优待证。组织开展高新区2022年度“最美退役军人”“最美拥军人物”“最美军嫂”“情系国防好家庭”评选表彰活动，遴选出高新区2022年度“最美退役军人”10人、“最美拥军人物”8人、“最美军嫂”9人和“情系国防好家庭”10户。在成都市参评，获得市级“最美退役军人”2名、市级“最美拥军人物”2名、市级“最美军嫂”1名和市级“情系国防好家庭”1户，高新区获“最佳组织奖”。

【军休服务】 2022年，成都高新区建立10个军休干部综合党委，进一步落实军休干部政治待遇。依托综合党委组织军休干部进行政治学习4次，传达上级重要文件精神，组织老干部开展党建活动，收集老干部对军休工作的意见建议；编纂《高新军休》杂志共计12期。常态化开展走访慰问，解决老干部的困难和问题。全面落实军休干部生活待遇，配合移交部队，切实做好接收安置。多举措优化军休干部医疗服务模式，为军休干部提供免费家庭医生团队服务，同时与辖区内一医院、京东方医院合作，签订合作医疗机构协议，推出军休干部就医特色服务。结合疫情防控，组织开展多种形式文体活动，开展武舞、合唱、形体共计120课时，军休干部创作歌曲《永恒的军魂》。

（社治保障局）

街　道

SUB-DISTRICTS

肖家河街道

【概况】 肖家河街道办事处位于高新区南部园区，北起一环路，南至三环路，东起永丰路、创业路、紫瑞大道、成昆铁路联络线，西与武侯区浆洗街街道、红牌楼街道和华兴街道交界。辖区面积4.75平方千米，辖7个社区：正街社区、兴蓉社区、永丰社区、新北社区、新光社区、新盛社区及科园社区。157个居民院落和单位宿舍区（其中自管院落103个，物管院落27个，单位院落27个）。居住房屋总户数34251户（不包括门市等），居住在辖区户籍人口37803人，实有人口91391人，居民主要以农转非拆迁安置和城市拆迁人员为主，农转非拆迁居民约3.1万人，占户籍人口总数60%，城市拆迁居民约1.04万人，占户籍人口总数20%。截至2022年年底，辖区有幼儿园6所，中小学校5所，企业3450家（其中规上企业257家）。1990年7月，成都高新技术产业开发区武侯区建设指挥部成立，这是肖家河街道办事处的前身，属武侯区管辖。1995年4月1日，经武侯区政府批准，武侯区肖家河街道办事处正式成立，挂牌对外办公，位于肖家河沿街7号。1996年4月，经成都市政府批准，武侯区肖家河街道办事处划归成都高新技术产业开发区管委会管辖，更名为成都高新技术产业开发区肖家河街道办事处。2016年，肖家河辖区范围作重大调整，将石羊街道办事处新光、新盛、新北3个社区划归肖家河街道办事处管辖。2019年11月10日，成立科园社区。2019年12月28日起，肖家河街道办事处由原肖家河沿街7号搬迁至新乐中街79号。2020年5月20日，将联谊社区以肖家河街为界，以西划入正街社区，以东划入永丰社区。

【街道经济】 2022年，肖家河街道全年引进市外内资3亿元，新增注册资金19.06亿元，规上工业总产值194.37亿元，较2021年增长5.79%；限上社会消费品零售总额56.77亿元，较2021年下降0.35%。协助辖区14家企业完成上规入库申报。全面开展辖区楼宇经济信息化建设，配合高新区经济运行局开展区级楼宇信息监测平台建设，通过组织辖区楼宇联络员开展专题培训、统一组织线上问答等形式，建立楼宇联络员联系机制，完成辖区所有楼宇信息导入工作。深入楼宇企业，充分了解企业需求，扎根实际，以服务推动楼宇经济发展，形成本年度楼宇经济分析报告。鼓励楼宇强化自身品牌影响力，推动成都市“特色楼宇”复评工作，年内海特国际广场A区、B区参加“特色楼宇”评审均复评成功。

【党建工作】 2022年，肖家河街道党工委组织中心组学习12次，开展基层宣讲会、专家授课、专题讨论会31场，发放《习近平谈治国理政》（第四卷）等指定学习用书4819册，开展红色观影活动60余次。以新建、转化建方式完成123个网格党组织应建尽建，实现127个一般网格党组织全覆盖；打造“两新”、事业单位党组织党建阵地16个，天府生命科技园等新业态新就业群体活动阵地2个；修订完善《肖家河街道党建工作经费使用管理办法》等三项制度，开展12次党务工作专项清查，限期整改问题26个。组织首届“微党校”本土讲师公开选拔赛和“最美系列”评选活动，聘任街道级本土讲师10名，评选表彰“最美党支部”5个、“最美共产党员”10人、“最美院落”7个；2名党组织书记获评首批成都市“新时代担当作为好支书”，8个党组织和14名党员获上级疫情防控表彰。实施“书记圆桌派”党建创新项目，线下举办4期“肖+党建论坛”，线上开展10期“书记直播”，促进党组织互动交流、经验推广，构建齐头并进的党建工作格局。

【社区治理】 2022年，肖家河街道形成集“一廊、一站、一室、一厅”四位一体实体化“宣帮教助肖家河街道禁毒示范街区”，打造“KTV娱乐场所禁毒阵地”、新光小学“校园禁毒教育园地”，开展禁毒宣传“七进”活动83场次，宣传教育群众达20000人以上，新闻媒体进行正面宣传10次。在天府生命科技园区及凯乐国际打造安全文化VR沉浸式体验点，完成81个安全生产工作站（点）建设，新建微型消防站1个，做到安全生产单位细胞全覆盖。线上推送“以案说法”信息39条，线上法律知识有奖答题活动12期，参与人数5000余人；线下开展各类法治宣传活动共15场；全年线上受理咨询121件，线下咨询136件，社区律师接受电话咨询165件，共受理422件。10月，肖家河法律公园入选成都市首批“成都市公民法治素养观测点”。年内收到成都市信访信息系统交办信访事项267件，办理回复267件；人民网网件26件，办理回复26件；接待来访群众29人次；信访平台按期受理率100%，按期办结率100%，参评率99%，满意率99%。组织召开各类安全工作会议20余次，各类安全宣传教育50余次，发放安全宣传资料20000余份，覆盖率达98%。组织开展新《中华人民共和国安全生产法》宣传培训15场，印制新《中华人民共和国安全生产法》2000余本。常态化开展安全生产大检查大排查，检查单位场所2565家次，治理安全隐患1247余处。调处各类矛盾纠纷70件，调解成功率达100%。推进微网格划分，网格员报送信息15961条。对373名在册吸毒人员完成风险分类评估，对113名人户分离吸毒人员落实双向管控措施，吸毒人员管控率达100%。截至12月29日，肖家河辖区共登记录入标准地址63987条，实有人口信息91391条，实有人口流入居住类人口信息53430条，实有房屋信息42404条，实有单位信息4656条，从业人员信息66518条，在辖区居住户籍人口信息37841条，其他类人口信息120人。

【民生服务】 2022年，肖家河街道全面落实幼儿园资金保障，按时、足额拨付公办幼儿园资金2875.8万元；累计拨付民办普惠幼儿园各项补助资金290.38万元。8月，高新区贝诺尔幼儿园回收为公办幼儿园，办园规模21个班，接收教职工70名，提供学位500个。新北幼儿园（新建园区，与原贝诺尔幼儿园合址办园）开办，完成固定资产配置、环创、标识等软装改造，12月15日投运。崇德幼儿园校舍投入资金800余万元完成提档升级改造。4月20日至5月20日，审核随迁子女入学313人，保障外来务工人员子女入学需求。依托新北天府之家社区综合体，联合高新区社事投资公司，在全区率先完成“向阳花开”重点项目，创办“肖+咿薇托育婴幼儿之家”。以新光社区为活动阵地，先后开展社校联动活动16次，服务青少年儿童300余人次，“以小带大”联动600余名家长参与学校社区发展治理，构建起社区“家长学校”。组建180人包含舞龙、舞狮、腰鼓、秧歌等传统民俗文化队伍，原创节目《肖家河——不一样的烟火》获得2022年成都高新区第10届群众优秀文化队伍及原创作品比赛一等奖。全年开展各类文化、艺体类培训570场，参与群众1.5万余人次，组织“我们的节日”主题群众展演15场，参演人数达1000余人。

【就业创业】 2022年，肖家河街道城镇新增就业4727人，城镇失业人员再就业613人，就业困难人员就业126人，城镇登记失业率2.04%。

创业担保贷款发放380万元，创业实体补贴发放20万元，举办招聘会12场。新增技能人才1656人，新增高技能人才893人，劳务品牌培训89人，应届高校毕业生就业率100%。重点建设“肖＋社创谷”，累计入驻企业42家，其中12家为大学生创业企业。着力提升“肖＋社创驿站”，7个社创驿站共引入非遗竹编、法式刺绣、精工织补等25个社区创业项目，开展各类活动500余场，累计带动就业164人，辖区31名大学生参加见习。开展创业就业活动11场，招募培育社区创业合伙人——团购团长8人。联合成都萌想科技有限责任公司推进“就业肖＋帮”大学生就业力提升感知训练营项目，与高新区范围内产业园区、企业等资源进行多方联动，建立辖区高校毕业生信息库，前置高校毕业生就业创业服务。开展就业指导、企业参观感知等求职训练营活动15场，全程参与共2033人次，宣传曝光24.2万余次，应届高校毕业生就业率达100%。

【社保医保】 2022年，城乡基本养老保险参保率95%，5人以上用人单位社保业务“网上经办”覆盖率达95%，开展网上经办培训及政策宣讲会2次，社会保障卡持卡率96%；对辖区内全部申请医疗救助的困难群众进行救助，准确率为100%，与辖区55家定点医药机构签订2022年服务协议，加大巡查力度，各类医疗保障待遇审核结算准确率100%，处理社保医保信访件352件（含区转办件、市长热线等），处理率100%。推进全省社会保险信息系统（共建版）上线，新系统6月上线以来，3个点位总办件量36450件，其中社保类业务25600件，现场咨询类2450件，电话咨询类8400件。

【民政服务】 2022年，肖家河街道在春节、国庆中秋、助残日期间对残疾人发放慰问金55.33万元，报销残疾人门诊医疗费用492人次；为7家盲人按摩机构发放抗疫物资约1800件；为43名残疾儿童进行康复救助，为22名白内障患者进行申请救助，为85名残疾人及子女发放自强助学金15.16万元，为65名残疾人申请配置基本型辅助器具，为15名残疾人发放机动轮椅车燃油补贴0.5475万元；为139名自愿接受服务的重度残疾人提供康复理疗、助餐等助残服务8927人次，依托残疾人“融乐阳光家园”开展绘画、生活技能课等形式多样的融合活动共计21场。率先建成肖家河街道全龄友好支持中心，围绕“一老一小”开展爱国教育、国学传承、社工服务、劳动实践等活动10场，共计750余人参加活动。探索“物业＋养老”服务模式，开展助聊、助浴、助医、助急等为老服务专业技能培训6场，培训人次达180余人次；依托顾问团队专业化水平，为独居、失能和高龄老人分别量身定制“九九关爱”“暖阳医疗”“安逸晚年”等为老服务套餐，套餐使用100余人次。向低保、残疾人、困境儿童等困难群众发放各类生活救助、临时救助、医疗救助，资金涉及11712人次，受理租赁补贴、廉租公共租赁住房等共345户。肖家河街道社工站通过动员130家爱心企业、志愿者、爱心团队等为困难群众募集资金和爱心物资等共计18万余元，帮扶辖区154名困难家庭，服务人群3000余人次；新冠疫情捐赠口罩2000个，夏日送清凉发放药品2000份，发放牛奶强健关爱行动牛奶500件，发放爱心水果包600份，成立慈善微基金，规范化运营慈善整合活动，营造肖家河街道的公益慈善氛围，完善慈善关爱服务体系。

【卫生医疗】 2022年，肖家河街道卫生医疗业务收入2055万元，门急诊诊疗80001人次，护理治疗3578人次。各项基本公共卫生服务重要指标均完成，在成都高新区社区卫生服务中心

2022 年 8 月 23 日，肖家河街道开展 2022 年“就业肖 + 帮”大学生就业力感知训练营——求职主题培训活动（肖家河街道办事处 / 供）

绩效考核项目和基本公共卫生绩效项目均为第一名。开展失能老年人“健康敲门行动”服务，为 83 名失能老年人提供一次上门健康管理（体检）、两次健康指导、开通一条健康咨询热线的免费健康服务。开展早教服务以及从业人员体检服务，共体检 1189 人。全年完成 622 例 40 岁以上人群肺功能检查，筛查出 35 例慢阻肺患者，及时纳入目标人群管理，进行建档、随访、康复治疗等。10 月 22 日，社区卫生服务中心获评全国基层医疗机构呼吸疾病规范化建设项目优秀单位。与成都市第一人民医院、华西医院等续签医联体、双向转诊协议，向上级医院转诊 76 人次；在医联体内开展远程心电监测 367 例、远程血压监测 54 例。

（肖家河街道办事处）

芳草街街道

【概况】 芳草街街道辖区位于高新区南部园区北端，北起一环路南三段，南至南三环路四段，东起玉林北路、玉林南路、新光路、火车南站西路、益州大道北段，西至永丰路、创业路、紫瑞大道、成昆铁路联络线、火车南站西路、景明路。辖区面积 5.23 平方千米，有大、中、小街道 73 条，居民院落和单位宿舍 211 个。截至 2022 年年底，辖区登记居住实有人口近 14 万人，其中辖区户籍常住人口 5 万人左右，人口出生率 2.91‰，人口自然增长率 1.95‰，人口密度每平方千米约 2.68 万人。芳草街街道辖沙子堰、蓓蕾、神仙树、紫荆、紫竹、紫薇、盛泰 7 个社区，辖区内企业 9702 家，个体 7581 家，其中企业数据库在库企业 2800 余家（含分公司），中、小学校 5 所 9 校区，幼儿园 15 家，大型卖场及农贸市场 5 座，休闲绿地、游园 15 处，开放式公园 3 座。芳草街街道成为以居民居住生活为主的完全城市化区域，业态以商贸、服务业等为主，同时形成了“人文浓郁、活力时尚、老城新韵、宜业宜居”的文化环境。

【经济发展】 2022 年，芳草街街道新增注册的个体工商户 3773 户，变更 408 户；注销工商执照 1710 户。核发食品经营许可证 404 户，其中餐饮单位 293 户，食品流通 111 户，注销 236 户。完成市场主体培育 488 户，完成企业注册资本金 18.6 亿元。新增“个转企”企业 22 户。芳草街道辖区被高新区认定并纳入楼宇经济监测系统的写字楼8栋，建筑总面积为553127平方米，商务办公面积146415平方米，总商务空置面积19802平方米。楼内入住565家，入住率83.97%。截至12月，上报市外内资2.8亿元；上报招商引资信息10条，完成目标任务的100%。

【党建工作】 2022年，芳草街党工委召开党建专题工作会4次，工作推进会11次，开展调查研究23次。组织召开“以案促改”专题民主生活会、芳草街街道2022年度民主生活会。班子成员对照党章党规查摆问题6个方面，制定整改措施19条。各领导班子成员对照6个方面逐一梳理问题，并制定详细的整改措施。先后召开党工委会43次、组织中心组学习10次。开展“学习党代会精神，喜迎二十大召开”主题党日活动，举办2期能力提升培训班，举办以“喜迎二十大”为主题的书画、摄影、篆刻巡回展，开展“学习强国”党史答题竞赛活动，开展“践初心、亮身份、树形象”活动，持续开展“为民办实事”活动。推荐国网四川省电力公司成都市高新供电分公司、中国银行股份有限公司成都锦城支行为“高新区党建共建先进单位”，推荐19个党员为“疫情防控工作表现突出先进个人”、4个党组织为“疫情防控工作表现突出先进组织”；推荐赵建清、刘学真为“新时代基层治理担当作为好支书”。依托“司机之家”服务阵地，按照“一找二建三强四优”的模式，摸排出13名网约车司机党员并建立党支部。新建“两新”党支部10个，发展“两新”组织党员17名。全年开展两期入党积极分子培训，培养入党积极分子102人，其中新发展党员46名。调整党委成员7人、举办增补选举大会并选举党委委员4名。调整优化“微网实格”党组织，辖区基层党组织有7个社区党委，41个党总支，201个党支部；更名的党组织14个，新成立52个党组织。新建网格党组织选配52名书记（其中，社区两委成员兼任的有8名），选配党组织书记19人（其中有18名院落、小区党组织书记转化为网格党组织书记），有4名网格员进入网格党组织班子。

【企业服务】 2022年，芳草街街道通过线上平台和实地走访相结合模式，及时响应解决企业诉求，常态化走访辖区企业1000余家，举办企业沙龙及招聘会28场，覆盖企业1000余家。全年落实社补、岗补等各类补贴共计72.58万元，用人单位吸纳困难人员社补、岗补26.6万元，落实人力资源企业稳岗返还补贴20余万元。申请贴息贷款440万元，累计发放大学生创业实体补贴14万元；新增“个转企”企业19户。通过高新通企业服务平台，线上受理辖区企业外迁诉求受理线上迁出件共51件，成功挽留3户。全年累计协助企业完成政策宣传700余家次。成都侠客岛企业管理有限公司与四川三联新材料有限公司达成租赁协议，计划将原厂房改造为20000平方米左右的共享办公场地。引入元公社（成都）智慧科技有限公司，由其负责园区打造与运营；引进1家独角兽企业成立分支，1家瞪羚企业。

【营商环境建设】 2022年，芳草街街道用好企业服务站，定期发布楼宇数据、补贴政策、入驻条件等信息，保障招引企业落地，促进街道产业发展，全年有206家企业迁入集群地址。提升智能化应用及芳草“轻松办”平台功能，坚持以企业需求为导向，集纳更多通办事项和点位，简化网上受理办事流程，实现核发和查询电子证照材料一律免提交，配套免费取寄服务，让企业“零跑路”。统筹“一轴三片三核多点”区域发展，沿“美丽芳草产业发展轴”，实施差异化发展策略。一片区统筹推进一环路“市井生活圈”+玉林西路特色商业街区一体化运营，出台一环路及周边子街巷业态提档升级鼓励办法，发布区域业态正负面清单，合理布局休闲、文娱等生活配套设施，构建特色文创综合体验场景，营造浓厚的社区文化氛围，提升街区生活美学。二片区以重塑大世界商业格局为思路，打造集商业、文旅产业于一体，以特色国际美食餐饮为配套的全方位、全龄段、全天候的城市商业新中心，并联动紫竹广场进行片区综合开发。三片区加强与高新区新经济的联动发展，以医美特色街区建设为契机，打造成都顶尖医美服务集聚地，发展医疗美容、康体修身、“互联网+”智慧家居等新经济业态，打造产城一体城市公共空间。

【高新芳草生活节】 2022年，芳草街街道以“‘芳草碧连天’共创共享美好生活”为主题，以文旅和消费相生相融、同促共进为主线，以打造充满“成都味”的街巷消费场景和独具“芳草韵”的文娱体验场景为抓手，举办首届“高新芳草生活节”。参与活动的企业商户共200多家，联合“交子饭票”平台精准投放消费券100万元，核销100万元，累计10万多人次领取，拉动消费420多万元，点燃芳草“幸福生活之火”。

【社会治理】 2022年，芳草街街道推进街道法治文化品牌建设，开展普法宣传活动59场，参与群众6000余人。推进“一社区一律师”服务，社区律师值班500余次，接受群众现场法律咨询1300余人次，接受群众电话咨询100余次。社区值班律师为各社区审核各类合同协议资料300余份，参与社区人民调解工作11次。截至12月，共收到群众来信来访245件（信访系统201件，人民网留言42件，线下交办2件）；街道人民调解委员会共调解成功463件调解案件。开展防盗宣传活动6次，发放宣传资料5000余份，召开入室盗窃高发案小区专项整治工作会议6次、召开入室盗窃高发案小区物业约谈会6次。街道划分一般网格58个，专职网格员120人，微网格1053个，微网格员、微网格长1215人，专属网格79个。大联动平台累计录入人、事、地、物、组织等网格内各类基础数据共计111068条，网格员协助发现上报72494件，录入事件13248起，典型案例6件。开展社会调查评估12人次，见面谈话1000余人次，电话核查、交谈1000余次，法治教育70次，开展公益活动70余次。全年召开安全生产会议41次，约谈企业9次，上报安全信息42次，检查生产经营单位和重点点位1531处、复查391处，排查整改隐患384处；开展各类演练培训16场次，参演人数达700余人次，发放宣传画册4000余份。召开安全社区建设推进工作会议3次，邀请专家组织专题培训1次，通过安全社区建设复评。

【社区文体活动】 2022年7月8日，芳草街街道举办2022年“成都文化四季风·音乐消夏”高新区群众器乐专场音乐会；11月5日，举办“天涯·芳草”社区民谣音乐节；11月13—14日，举办2022年“成都文化四季风·欢歌庆秋”系列文化活动之“嗨！唱起来”芳草街群众歌咏会；12月12日，成都市第九届全民健身运动会之芳草街街道社区运动节暨“运动集市·芳草赶场天”全民健身系列活动之羽毛球比赛；12月11日，成都市第九届全民健身运动会之芳草街街道社区运动节暨“运动集市·芳草赶场天”全民健身系列活动之趣味运动会；12月19日，2022年成都市第九届全民健身运动会之芳草街街道社区运动节暨“运动集市·芳草赶场天”全民健身系列活动之桌上运动嘉年华活动。

【社会保障】 2022年，芳草街街道全辖区劳动力总数38919人，其中城镇就业38128人，城镇新增就业4122人，就业率为97.97%。为辖区49家规上服务业和工业配备就业服务专员，提供“保姆式”服务，全年落实社补、岗补等各类补贴共计72.58万；完成2022年青年创业就业情况调研，全面摸排辖区高校毕业生816人，重点服务127名离校未就业应届毕业生，对其开展岗位精准推送和政策送达，举办“就业帮扶，真情相助”“春风十里就等你”“筑梦青春‘就’在成都”等各类招聘会共计12场。全年社保办件量约1.8万件，医保办件量约2.8万件，5人以上企业社保网上经办开通2385户，开通率97.29%；开展“养老认证进院落服务”，手把手教老年居民学习使用手机认证，现场服务200人次；对辖区75家定点医药机构开展巡查，巡查整改率100%。持续推进街道劳动纠纷一站式联动处置中心案前调解，与10家律所签约并开展联动处置中心相关工作，劳动纠纷一站式联处中心芳草分中心安排调解212件，到场调解案件128件，调解成功113件，涉及金额221万余元，调解率100%。

【民政关爱救助】 2022年，芳草街街道累计发放低保金、临时救助金、重度残疾人护理补贴、高龄津贴等830.4万元（含上级发放资金），为残疾人提供助残服务9459人次，为老年人提供助老服务18259人次，服务经费共计131.1万元。截至12月，街道在册低保99户111人，低保累计保障1425人次。完善“街道—社区”两级社会工作服务网络，完成街道社工站及7个社区社工室的建设。居家智能安全监护支持系统于6月投入使用，同时接入街道“智慧蓉城”城运平台。建立232名困难群众的基础数据库，为186名困难群众制订个性化帮扶计划；协助重大病症困难群众申请线上轻松筹、为转介服务对象发布资源募集通知并链接到相关资料、为残疾儿童入户慰问爱心礼包，共募集资金、服务折合6万余元，用于辖区一老一小、残疾人和儿童等群体的定向关爱帮扶。开展包含慰问探访、邻里互助、爱心义诊等20余场活动、5场培训。新冠肺炎疫情期间巡访辖区低保及低保边缘群体、高龄独居老人等困难群体约1150人次，募集物资价值0.75万元，接收总站“中秋爱心月饼”价值1.2万元，发放辖区防疫一线人员和困难群众，对接属地社区解决出行、医药费报销、物资配送等问题。

【政务服务】 2022年，芳草街街道以芳草“轻松办”网上受理平台为依托，创新便民服务方式，将各类高频生存认证事项整合，推出“轻松办”智慧认证版块，可在“轻松办”平台完成所有认证流程，版块内事项均采取人脸识别生存认证技术，群众足不出户即可完成业务办理，实现“一网通办”零跑路，全年累计网办46892

2022年4月，芳草街街道卫生服务中心家庭医生到社区开展急救知识培训（芳草街街道办事处/供）

件。在区标准平台基础上，打造完成智慧蓉城芳草街街道城运中心三大领域（公共安全、公共管理、公共服务），15个体征版块，包含公共安全类6个（居家安全、燃气安全、城市内涝、院落消防安全、110警情、食药安全）；公共管理类4个（智慧城管、文明街区、疫情防控、网格治理）；公共服务类5个（芳草轻松办、12345热线回应、养老服务、企业服务、教育服务）。完成居家安全、文明街区、院落消防安全场景建设试点，并融入智慧蓉城芳草街街道城运中心平台。

表16　2022年芳草街街道先进集体统计

序号	获奖奖项	所在单位	授奖机关	文件名称	授奖时间
1	省级“示范便民服务中心”	芳草街街道办事处	四川省政务服务和公共资源交易服务中心	《关于确认首批省级“示范便民服务中心”的通报》	2022年1月
2	四川省无烟单位	芳草卫生服务中心	四川省爱国卫生运动委员会办公室	—	2022年1月
3	四川省卫生先进单位	芳草街街道蓓蕾社区	四川省爱国卫生运动委员会办公室	—	2022年2月
4	成都市病媒生物防制示范点	芳草街街道蓓蕾社区	成都市爱国卫生运动委员会办公室	—	2022年2月
5	四川省无烟先进单位	芳草街街道蓓蕾社区	四川省爱国卫生运动委员会办公室	—	2022年2月
6	2021年度成都高新区生态环境保护督察工作先进单位	芳草街街道办事处	成都高新区环境保护督察办公室	—	2022年2月
7	2021年度成都市党建引领城乡社区发展治理优秀创新案例	芳草街街道办事处	成都市城乡发展治理工作领导小组	—	2022年2月
8	2021年度党管武装工作先进单位	芳草街街道办事处	成都高新区党工委人民武装委员会	—	2022年2月
9	确认第二批小区（院落）民主协商提能增效创新试点	芳草街街道神仙树社区中海名城	成都市民政局	《成都市民政局关于确认第二批小区（院落）民主协商提能增效创新试点的通知》	2022年3月
10	2021年度“两拆一增”工作先进单位	芳草街街道办事处	成都市“两拆一增”工作办公室	《成都市“两拆一增”工作办公室关于表扬2021年度“两拆一增”工作先进单位、先进个人的通报》	2022年3月
11	命名为“四川省安全社区”	芳草街街道办事处	四川省安全生产委员会、平安四川建设领导小组	《四川省安全生产委员会　平安四川建设领导小组关于命名成都市大邑县西岭镇等273个建设单位为“四川省安全社区”的通报》	2022年4月
12	2022年成都高新区儿童友好社区建设点位	芳草街街道蓓蕾社区	成都高新区管委会妇女儿童工作委员会	《成都高新区管委会妇女儿童工作委员会关于印发〈2022年成都高新区儿童友好社区建设工作方案〉的通知》	2022年4月

续表 16

序号	获奖奖项	所在单位	授奖机关	文件名称	授奖时间
13	2022 年成都高新区儿童友好社区建设点位	芳草街街道盛泰社区	成都高新区管委会妇女儿童工作委员会	《成都高新区管委会妇女儿童工作委员会关于印发〈2022 年成都高新区儿童友好社区建设工作方案〉的通知》	2022 年 4 月
14	成都市老年友好社区	芳草街街道蓓蕾社区	成都市卫生健康委员会	《关于拟命名 2022 年成都市老年友好型社区名单的公示》	2022 年 5 月
15	党建引领住宅小区信义治理试点示范小区	芳草街街道紫竹社区紫竹北街 27 号院	中共成都市委城乡社区发展治理委员会	《中共成都市委城乡社区发展治理委员会关于公布 2021 年度党建引领信义治理试点示范小区名单的通知》	2022 年 6 月
16	2021 年度成都市信访基层工作示范街道	芳草街街道办事处	成都市信访工作联席会议办公室	—	2022 年 7 月
17	第七次全国人口普查先进集体	芳草街街道办事处	成都市第七次全国人口普查领导小组	—	2022 年 7 月
18	疫情防控工作先进集体	芳草街街道蓓蕾社区党委	市委办公厅市政府办公厅、高新区新冠疫情防控指挥部	《成都高新区新冠疫情防控指挥部关于表扬近期疫情防控工作先进集体和先进个人（第一批）的通报》	2022 年 7 月
19	党务知识竞赛二等奖	芳草街街道	成都高新区党群工作部	《以赛促学、以赛促练，成都高新区举行党务知识竞赛暨庆“七一”主题活动》	2022 年 7 月
20	疫情防控工作先进集体	芳草街街道紫薇社区党委	高新区新冠疫情防控指挥部	《成都高新区新冠疫情防控指挥部关于表扬近期疫情防控工作先进集体和先进个人（第三批）的通报》	2022 年 8 月
21	疫情防控工作先进集体	芳草街街道社区卫生服务中心	高新区新冠疫情防控指挥部	《成都高新区新冠疫情防控指挥部关于表扬近期疫情防控工作先进集体（第四批）的通报》	2022 年 8 月
22	疫情防控工作先进集体	芳草街街道紫竹社区党委	高新区新冠疫情防控指挥部	《成都高新区新冠疫情防控指挥部关于表扬近期疫情防控工作先进集体和先进个人（第七批）的通报》	2022 年 9 月
23	成都市未成年人保护十大优秀案例——妥善解决两名事实无人抚养儿童抚养问题的案例	芳草街街道办事处、神仙树社区	成都市民政局	《成都市民政局关于表扬“蓉城十佳儿童督导员”“蓉城十佳儿童主任”“蓉城十佳儿童护理工作者”“蓉城优秀未成年人保护区域督导”“成都市未成年人保护十大优秀案例”的通报》	2022 年 11 月
24	创城典范院落	芳草街街道蓓蕾社区蓓蕾东巷 5 号、沙子堰社区桂馨苑	成都高新区城乡社区发展治理工作领导小组办公室	—	2022 年 11 月

续表 16

序号	获奖奖项	所在单位	授奖机关	文件名称	授奖时间
25	AAAAA 级成都市模范劳动关系和谐单位	芳草街街道办事处	成都市人力资源和社会保障局、成都市总工会、成都企业联合会、成都市工商业联合会	《关于发布第三届成都市模范劳动关系和谐单位名单的通知》	2022 年 12 月
26	节电节能十佳社区	芳草街街道盛泰社区	中共成都市委城乡社区发展治理委员会	—	2022 年 12 月
27	优秀文旅志愿服务项目(成都高新区芳草街街道 2022 年情暖百家艺术团“巡演进万家·文化润人心”志愿服务项目)	芳草街街道	成都市文化广电旅游局	《成都市文化广电旅游局关于表扬 2022 年成都市文旅志愿服务工作先进典型的通报》	2022 年 12 月
28	2022 年成都高新区“新征程·YOUNG 时代”全民建设系列活动先进单位	芳草街街道	成都高新区教育文化体育局	《成都高新区教育文化体育局关于 2022 年成都高新区“新征程·YOUNG 时代”全民建设系列活动优秀单位表彰的通知》	2022 年 12 月
29	优秀组织单位	共青团高新区芳草街街道工作委员会	共青团成都市委办公室	《关于 2022 年成都市大中专学生暑期实践活动先进典型表扬通报的通知》	2023 年 1 月 3 日

表 17　2022 年芳草街街道先进个人统计

序号	获奖姓名	性别	所在单位	荣誉称号	授奖机关	文件名称	授奖时间
1	左莹莹	女	芳草街街道政务服务办公室	2022 年城乡居民基本医疗保险费集中筹资工作先进个人	成都市医疗保障局、国家税务总局成都市税务局	《成都市医疗保障局　国家税务总局成都市税务局关于 2022 年城乡居民医疗保险费集中筹资工作先进单位和先进个人的通报》	2022 年 1 月
2	王　琳	女	芳草街街道紫竹社区	疫情防控工作先进个人	高新区新冠疫情防控指挥部	《成都高新区新冠疫情防控指挥部关于表扬近期疫情防控工作先进个人(第二批)的通报》	2022 年 7 月
3	王　丽	女	芳草街街道社区卫生服务中心	2022 年成德眉资基层中医药技能比赛推拿技术项目二等奖	成都市卫生健康委员会	—	2022 年 7 月
4	王　丽	女	芳草街街道社区卫生服务中心	2022 年成德眉资基层中医药技能比赛针灸操作技术项目三等奖	成都市卫生健康委员会	—	2022 年 7 月

续表 17

序号	获奖姓名	性别	所在单位	荣誉称号	授奖机关	文件名称	授奖时间
5	李双庆	男	芳草街街道社区卫生服务中心	吴阶平全科医师奖	中华医学会	—	2022 年 7 月
6	张　玻	男	芳草街街道紫竹社区	第七次全国人口普查先进个人	成都市第七次全国人口普查领导小组	《成都市第七次全国人口普查领导小组关于表扬成都市第七次全国人口普查先进集体和先进个人的通知》	2022 年 7 月
7	赵建清	男	芳草街街道盛泰社区	第七次全国人口普查先进个人	成都市第七次全国人口普查领导小组	《成都市第七次全国人口普查领导小组关于表扬成都市第七次全国人口普查先进集体和先进个人的通知》	2022 年 7 月
8	赵建清	男	芳草街街道盛泰社区	“‘蓉城先锋’新时代基层治理担当作为好支书”称号	中共成都市委组织部	—	2022 年 7 月
9	向　丽	女	芳草街街道沙子堰社区	第七次全国人口普查先进个人	成都市第七次全国人口普查领导小组	《成都市第七次全国人口普查领导小组关于表扬成都市第七次全国人口普查先进集体和先进个人的通知》	2022 年 7 月
10	罗　惠	女	芳草街街道党群办公室	疫情防控工作先进个人	高新区新冠疫情防控指挥部	《成都高新区新冠疫情防控指挥部关于表扬近期疫情防控工作先进集体和先进个人（第三批）的通报》	2022 年 8 月
11	方　明	男	芳草街街道紫荆社区	疫情防控工作先进个人	高新区新冠疫情防控指挥部	《成都高新区新冠疫情防控指挥部关于表扬近期疫情防控工作先进集体和先进个人（第三批）的通报》	2022 年 8 月
12	何　伟	男	芳草街街道城市管理办公室	疫情防控工作先进个人	高新区新冠疫情防控指挥部	《成都高新区新冠疫情防控指挥部关于表扬近期疫情防控工作先进个人（第五批）的通报》	2022 年 8 月
13	杨海涛	男	芳草街街道民生服务办公室	疫情防控工作先进个人	高新区新冠疫情防控指挥部	《成都高新区新冠疫情防控指挥部关于表扬近期疫情防控工作先进个人（第五批）的通报》	2022 年 8 月
14	李巧莉	女	芳草街街道神仙树社区	疫情防控工作先进个人	高新区新冠疫情防控指挥部	《成都高新区新冠疫情防控指挥部关于表扬近期疫情防控工作先进个人（第六批）的通报》	2022 年 8 月
15	廖　帅	男	芳草街街道盛泰社区	疫情防控工作先进个人	高新区新冠疫情防控指挥部	《成都高新区新冠疫情防控指挥部关于表扬近期疫情防控工作先进个人（第六批）的通报》	2022 年 8 月
16	赵建清	男	芳草街街道盛泰社区	疫情防控工作先进个人	高新区新冠疫情防控指挥部	《成都高新区新冠疫情防控指挥部关于表扬近期疫情防控工作先进集体和先进个人（第七批）的通报》	2022 年 9 月

续表 17

序号	获奖姓名	性别	所在单位	荣誉称号	授奖机关	文件名称	授奖时间
17	李 川	男	芳草街街道盛泰社区	疫情防控工作先进个人	高新区新冠疫情防控指挥部	《成都高新区新冠疫情防控指挥部关于表扬近期疫情防控工作先进个人（第八批）的通报》	2022 年 9 月
18	叶拯楠	男	芳草街街道城市管理办公室	疫情防控工作先进个人	高新区新冠疫情防控指挥部	《成都高新区新冠疫情防控指挥部关于表扬近期疫情防控工作先进个人（第八批）的通报》	2022 年 9 月
19	梁 康	男	芳草街街道市场监督管理所	疫情防控工作先进个人	高新区新冠疫情防控指挥部	《成都高新区新冠疫情防控指挥部关于表扬近期疫情防控工作先进个人（第八批）的通报》	2022 年 9 月
20	王利军	男	芳草街街道城市管理综合执法中队	疫情防控工作先进个人	高新区新冠疫情防控指挥部	《成都高新区新冠疫情防控指挥部关于表扬近期疫情防控工作先进个人（第八批）的通报》	2022 年 9 月
21	罗 森	男	芳草街街道党群办公室	疫情防控工作先进个人	高新区新冠疫情防控指挥部	《成都高新区新冠疫情防控指挥部关于表扬近期疫情防控工作先进个人（第九批）的通报》	2022 年 9 月
22	黄成林	男	芳草街街道社区发展办公室	疫情防控工作先进个人	高新区新冠疫情防控指挥部	《成都高新区新冠疫情防控指挥部关于表扬近期疫情防控工作先进个人（第九批）的通报》	2022 年 9 月
23	秦媛媛	女	芳草街街道市场监督管理所	疫情防控工作先进个人	高新区新冠疫情防控指挥部	《成都高新区新冠疫情防控指挥部关于表扬近期疫情防控工作先进个人（第九批）的通报》	2022 年 9 月
24	陈仲秋	男	芳草街街道盛泰社区	疫情防控工作先进个人	高新区新冠疫情防控指挥部	《成都高新区新冠疫情防控指挥部关于表扬近期疫情防控工作先进个人（第九批）的通报》	2022 年 9 月
25	杜树勇	男	芳草街街道城市管理综合执法中队	疫情防控工作先进个人	高新区新冠疫情防控指挥部	《成都高新区新冠疫情防控指挥部关于表扬近期疫情防控工作先进个人（第九批）的通报》	2022 年 9 月
26	李红丽	女	芳草街街道社区卫生服务中心	疫情防控工作先进个人	高新区新冠疫情防控指挥部	《成都高新区新冠疫情防控指挥部关于表扬近期疫情防控工作先进个人（第九批）的通报》	2022 年 9 月
27	邓伶俐	女	芳草街街道办事处民生服务办公室	四川省乡村文化和旅游能人	四川省文化和旅游厅	—	2022 年 11 月
28	曾仁凡	男	芳草街街道社区卫生服务中心	2022 年成德眉资中医经典竞赛个人二等奖	成都市卫生健康委员会	—	2022 年 11 月

续表 17

序号	获奖姓名	性别	所在单位	荣誉称号	授奖机关	文件名称	授奖时间
29	曾仁凡	男	芳草街街道社区卫生服务中心	2022年成德眉资中医经典竞赛团体三等奖	成都市卫生健康委员会	—	2022年11月
30	李　鑫	女	芳草街街道社区卫生服务中心	成都市对口支援突出贡献者	成都市对口支援办公室	—	2022年11月
31	刘卫东	男	芳草街街道社区卫生服务中心	四川省基层中医药适宜技术标杆人才	四川省医院协会	—	2022年12月
32	王　丽	女	芳草街街道社区卫生服务中心	四川省基层中医药适宜技术标杆人才	四川省医院协会	—	2022年12月
33	方　明	男	芳草街街道紫荆社区	2022年度先进消防网格管理员	成都市消防救援大队	—	2022年12月

（芳草街街道办事处）

石羊街道

【概况】 石羊，因清康熙二十五年（1686年）出土一汉代羊形石雕而得名，距今330余年。区域地形北高南低，岷江水系之龙爪、楠杆支渠自北向南蜿蜒穿越全境，近慈寺、铁像寺、基督教光音堂、锦城湖公园、大源中央公园以及天府绿道锦城段分布其间，源远流长的历史传统与优雅时尚的天府文化交相辉映；铁像寺水街、瞪羚谷产业社区、交子金融商圈“文艺风、时尚潮、国际范、活力劲”的高新特色凸显。石羊街道辖区面积16.4平方千米（其中，涉农安置区5.1平方千米，新城新区11.3平方千米），东西最宽3.7千米，南北最长7.4千米。地处成都南部新区腹心地带，东、南与桂溪街道相邻，西与双流区白家镇和武侯区华兴街道接壤，北与芳草街、肖家河街道相连。石羊街道下辖14个社区，包括府城、府盛、锦城、锦晖、锦羊、益新、盛华、盛兴、盛乐9个新城社区，庆安、新街、三元、新园、新南5个涉农社区，小区院落98个（涉农19个）；建制待撤销的自治村12个，包括殷家林、新光、丰收、庆云、三元、石桥、双河、花荫、灯塔、裕民、清河、仁和村。截至2022年年底，辖区实有人口329875人（含60岁以上15893人，占比4.82%；14岁以下40506人，占比12.27%），从业人口147805人，服务人口477680人。

【经济发展】 2022年，石羊街道批发和零售业累计营业额达204亿元，同比增长4%；住宿和餐饮业累计营业额达4.1亿元，同比下降8%；建筑业总产值达12.14亿元，同比增长18%；限上社会消费品零售总量207.6亿元，同比下降1%；一般公共预算收入7.4亿元，同比增长20.02%。石

2022年12月6日，学习贯彻党的二十大精神成都高新区党工委宣讲团（第六分团）报告会在石羊街道举行（石羊街道办事处/供）

羊街道全年实现一般公共预算财政支出71100.49万元，完成预算的96.13%；经济总产值达650亿元。

【党建工作】 2022年，石羊街道党工委主持中心组学习12次，开展二十大学习30余场，讲党课1次，参加支部讨论2次。全力做好疫情防控工作，组织党员先锋队11支，1000余名党员干部下沉一线，累计接种新冠疫苗60余万剂次，多次被评为全市“疫情防控先进基层党组织”。探索新就业群体党建路径，复城国际综合党委通过发动企事业单位24家党员211名，认领和办理服务清单4类50余项，入选全市楼宇党建年度创新项目。新建“两新”党组织29家，新就业群体党组织1个；落实党建引领社区“微网实格”治理，建成“三建一管”网格党组织99个；完成177名入党积极分子培训，发展党员64名；创新“石羊直播间”等载体，开展宣讲20余场。全年召开工委会34次、党建专题会3次，专题民主生活会1次，与中层以上干部谈心谈话91人次。切实履行好党风廉政建设工作全面领导责任，把责任细化为8个方面，32项具体任务，各社区、各部门、直属单位结合2022年重点工作共计梳理制定主体责任清单43份。街道纪工委向街道党工委班子成员通报分管领域党风廉政建设情况2批次，发出情况通报21份，通报问题10个，提出意见建议12条，全年共组织各社区开展廉洁主题活动50余场次。探索纪检监察嵌入式监督新路径，试点4个月以来，该站点共开展政策宣传6次，收集企业诉求12条，协助企业纾困解难12件。同时，街道纪工委以盛华社区为蓝本，在“两新”党员、教师队伍中创新试点，开展“廉洁文化宣传员”聘请活动，推动“廉洁文化宣传员”到企业、学校宣讲，该经验做法获得省、市、区三级纪检机关肯定。全年立案审查13件13人，谈话345人次。建立完善廉政风险防控机制，督促各社区、各部门全面梳理关键岗位风险点约400个，制定防控措施近600条。有序开展“坝坝会”、流动接访日、“政务公开日”、廉情直通车等工作，共收集问题建议68件，解决合理诉求68件。

【社会综合治理】 2022，石羊街道接收办理信访案件320件，突出重复信访问题清单案件3件，调查回复人民网投诉69件，开展信访全程代理60条、征集人民建议30条，处置突发事件78件。探索开发石羊街道“微网实格”智控平台初见成效，在全区范围内进行推广运用，划分微网格2205个，建立2800余名微网格员队伍。建立安全单元细胞79个，开展安全文化品牌进家庭、进院落、进企业26场，街道主要领导带队检查安全生产15次，安全分管领导带队检查12次，检查各类生产经营单位和场所3231余家次，发现并完成整改630处，全年安全生产事故同比上年下降50%。

【民生服务】 截至2022年12月底，石羊街道有公办幼儿园21所、民办幼儿园12所，共计33所，可提供12660个学位，基本解决“入园难、入园贵”问题。全年创建省级示范幼儿园1所、一级幼儿园5所。辖区有证有照培训机构66家，其中学科类17家，艺术类49家；无证机构105家，其中学科类5家，艺术类100家。全年日常巡查累计568家次，发放“非法办学告诫书”54份，对各经营单位下达监督意见书473份，处理投诉68余次，主办行政处罚10件，罚款金额14000元。新办卫生许可证47张，专项整治医疗美容机构50家，年度校验个体诊所89家。创建1个省级无烟单位（府城社区）、1个省级卫生单位（三元社区）、3个星级院落复评（仁和街115号院、仁和街148号院、仁和南街36号）、1个健康细胞工程创建（盛乐社区）。完成红十字2022年高新区博爱送万家10户6000元，3户人道救助3000元；在红十字法宣传日、世界献血日、世界急救日等重要节点开展宣传7次，“5·8红十字博爱周”期间主办“生命教育防灾避险知识竞赛”，参加人数达2100余人。年内注册红十字志愿队伍1支。全年组织开展送春联、“文化四季风”、“全民K歌”、“摄影作品征集展览”、“街头音乐会”等较大型群众文化活动27场，承办高新区民俗闹春、第10届原创文艺作品比赛等群众文化活动2场，协办高新区“走基层”文化惠民演出、群众书画展、朗读比赛等活动14场，指导社区开展各类文化活动100余场，累计受益群众超6万人次。打造舞蹈、情景剧、小品、清音等特色原创文艺作品13个，街道综合文化活动中心获评2022年四川省人民政府颁发的“金熊猫”先进集体。原创文艺节目《望果耘耘》入围全省第九届少数民族艺术节展演，获2022“成都文化四季风欢歌庆秋”群众歌咏比赛三等奖。参加高新区朗读比赛、歌咏比赛、原创文艺作品比赛等，获一等奖10名、二等奖9名、三等奖10名。全年开展体育活动26场次（3项绿道赛事，14个社区运动节，运动成都活力高新活动9场），覆盖社区居民、各企事业单位、院校等5000余人，参加高新区体育赛事20余次并多次位居前三，承办区级体育赛事1场（国家体育锻炼达标运动会）。街道武术协会队在成都市体育局主办的“太极蓉城”成都市第十九届太极拳锦标赛暨成德眉资太极拳邀请赛暨四川省第十四届运动会群众体育项目传统武术比赛成都队太极项目选拔赛中荣获一等奖。石羊街道教师风采艺术团舞蹈队在国家体育总局体操运动管理中心主办的2022年“舞动中国—排舞联赛”（四川站）线上直播评选比赛中获青年组·大集体自选曲目街舞类特等奖。石羊街道风采艺术团舞蹈队代表高新区参加由成都市体育局主办的“大运有我”“运动成都”成都市第九届全民健身运动会暨成都市第二届社区运动会广场健身操（舞）总决赛，获一等奖。

【社会保障】 2022年，石羊街道新增社保开户企业3410余家；城镇职工医疗待遇拨付650人次，拨付金额约为350万元；城乡医疗待遇拨付150人次，拨付金额约34万元；生育待遇拨付2581人次；办理人员退保及一次性待遇支付397人次；失业申领4051人次；退休办理475人次。办理社会保险参保人员养老及医疗保险转移4710人次，办理单位社保信息拷盘、政策咨询等其他业务合计103140人次。

【劳动就业】 2022年，石羊街道走访用人单位1500余家次，为辖区623家用人单位进行劳动用工情况年审，指导用人单位规范用工行为。组织开展工伤预防培训宣传，依托社区、商业楼宇、网络直播等举办劳动保障法律规范室内培训会议，涉及用人单位2000余家次。加强劳动保障监察，现场受理劳动投诉举报案153件，处理市长热线转办案件2975件、国务院欠薪线索平台转办案件587件，处理率100%，处理成功率动态保持在70%以上，其中建筑行业14件，涉及农民工166人，涉及金额811万元。街道受理劳动仲裁案件1263件，结案1043件，结案率82.6%。劳动纠纷联调中心全年调解处理劳动争议纠纷496件，调解成功373件，调解率100%，调解成功率达75.20%。

【政务服务】 2022年，石羊街道综合便民服务中心7个窗口10名工作人员，累计办理各类政务服务事项99179件，评价满意率达99.7%，收到表扬信5件。统筹指导14个社区落实基层信息平台、公众信息网等政务信息公开，累计在基层信息平台共录入信息15662条，公众信息网录入信息4831条，同比增长47.5%。通过网络理政平台接转处理各类群众诉求17368件（含紧急、加急件161件），与上年同期13061件相比，增长32.98%，平均满意率达95.43%；平均回复周期3.12个工作日。及时回应群众急切诉求，通过网络理政舆情预警机制，向街道社治办和属地社区通报热点、维权等诉求累计57件；累计收到群众表扬件20件，与上年同期13件相比增长53.85%。推送工作动态、经验做法、典型案例等8条，被市网络理政办采用1篇，入围成都市网络理政典型案例评选1篇，入围成都市网络理政暖心人物评选1人。

【民政服务】 2022年，石羊街道网络理政工单受理量为30508件（其中紧急、加急工单共500件），与上年同期17368件相比增加13140件，同比增长75.7%；全年平均满意率为94.5%、平均回复周期3.78个工作日、解决率94.69%，网络理政工作在高新区7个街道中排名第一。向街道社治办和属地社区通报热点、维权等诉求累计31项，累计收到群众表扬件24件。“送封控区孕妇紧急就医，服务有速度有温度”成为高新区唯一一个被评为2021年省级“走好网上群众路线为民服务办实事”的优秀案例。

【综合执法】 2022年，石羊街道立案调查违法建设案件156件，送达法律文书887份，其中包括送达调查通知书156份、责令整改通知书153份、限期自行拆除违法建设预先告知书120份、限期自行拆除违法建设决定书122份、履行行政决定催告书269份、实施房产交易和流转限制行政措施的通知203份，“冻结”房屋产权88户。共计拆除违法建设60处，拆除违建面积17001平方米，其中拆除新增违法建设23处，拆除新增违建面积5588平方米。办理一般行政处罚案件236件，处罚总金额747384.94元；市容秩序类案件159件，处罚金额49900元；规划建设类案件42件，处罚金额681484.94元。

【融享城南——高新66消费节】 2022年“融享城南——高新66消费节”，作为石羊街道首创的大规模综合性消费节庆活动，以“构建无边界的消费场景”为理念，发动辖区20家大型商业综合体、商业街区、商超，以及2000余家商贸企业、6家科技公司，共同策划举办特色主题活动20余项、促销活动200余项，评选出交子饭票十佳餐饮品牌、抖音最受欢迎十佳本地生活品牌、趣跑团最热宝箱十佳品牌、TOP10榜单，累计投票400余万票，访问600万余人次。组织交子饭票消费券、趣跑团步步惊喜、抖音达人探店等活动，持续为商家引流超5万余人次。活动期间，联盟内商贸企业实现销售额约4.8亿元，同比5月同期增长19%。活动得到中华网、中国网、《人民日报》、四川新闻网、锦观新闻等主流媒体宣传报道50余次，浏览量超过100万；消费节启动仪式及金融数字科技赋能战略签约仪式被四川电视台、成都电视台等多家媒体播报。消费节期间，街道整合交子大道品牌活动“为成都而歌”，作为“融享城南——高新66消费节”重要演绎环节，辖区各大型商业综合体、街区、商超和社区，投入68块高清LED屏滚动宣传，街道发放消费节文化衫2000件、宣传海报7000张、消费指南10000份、购物袋20000个。

表18　2022年石羊街道荣誉

序号	奖励名称	发文单位	获奖单位	发文时间
1	关于表扬2021年成都“全国月度劳动力调查”街办（镇、乡）和社区（居委、村委）的通报	国家统计局成都调查队	石羊街道办事处	2022年1月2日
2	关于表扬2021年度成都市治理非法张贴书写广告工作先进单位、优秀单位和先进个人的通报	成都市治理非法张贴书写广告工作领导小组办公室	成都高新区石羊街道办事处	2022年1月4日
3	2021年“我为群众办实事”优秀案例（授予：高新区石羊街道创新智慧化管理模式）	四川日报报业集团	石羊街道	2022年2月
4	“送封控区孕妇紧急就医，服务有速度有温度”评为2021年省级“走好网上群众路线为民服务办实事”优秀案例	人民政府信息开办公室 省政府办公厅	石羊街道	2022年2月14日
5	2021年度党管武装工作先进单位	成都高新区党工委人民武装委员会	石羊街道	2022年2月28日
6	全市创建全国文明典范城市片区拉练（协助开展工作：石羊街道有1个点位，益民菜市南苑店）	成都市精神文明建设办公室	石羊街道	2022年5月7日
7	2022年“四川省最美工会户外劳动者服务站点”	四川省总工会办公室	石羊街道总工会	2022年8月1日
8	2021—2022年度人防警报管理先进设台单位	成都市人民防空办公室	石羊街道	2022年8月24日
9	2022“成都文化四季风”欢歌庆秋群众合唱比赛三等奖	成都市文化广电旅游局	成都高新区石羊街道风采艺术团合唱团	2022年10月3日
10	四川省“金熊猫”奖先进集体	四川省人民政府	成都高新区石羊街道综合文化活动中心	2022年11月10日
11	2022年成都市党员教育电视片观摩交流活动获奖作品	中共成都市委组织部办公室	作品为石羊街道选送	2022年11月29日
12	中华全国总工会2022年“最美工会户外劳动者服务站点”	中华全国总工会办公厅	石羊街道总工会	2022年11月30日
13	每日要情232期（市委刊物）	中共成都市委办公厅	石羊街道	2022年12月14日
14	关于表扬征兵工作先进单位和个人的通报	成都高新区管委会 成都市武侯区人民武装部	石羊街道办事处	2022年12月29日
15	关于表扬成都市2021年度应急管理、安全生产和消防安全工作担当作为先进集体的通报	成都市人民政府办公厅	石羊街道办事处	2022年12月30日

（石羊街道办事处）

桂溪街道

【概况】成都高新区桂溪街道地处成都市南大门，位于成都高新区东南部，北起火车南站，东依府河，西邻石羊街道，南与天府新区成都直管区接壤，处于中国（四川）自由贸易试验区、国家自主创新示范区、新经济中央活力区、交子公园金融商务区“四区叠加”的核心区域。辖区面积26.37平方千米，辖13个社区（和平社区、三瓦窑社区、南新社区、永安社区、益州社区、交子公园社区、月牙湖社区、天华社区、吉泰社区、昆华社区、大源社区、临江社区、科创社区），包含22个自管院落、266个物管项目、19个商超综合体，152个楼宇项目，入驻企业1.6万余家，户籍人口26.84万余人，辖区总人口超过78.95万人。辖区地域特点鲜明，新型产业集群发展，高端人才在此集聚，政治、经济、文化、商业氛围浓厚，涵盖了以成都市委、市政府，成都高新区党工委管委会为代表的行政办公区，以天府软件园、孵化园、中韩创新创业园为代表的高科技产业园区，以会展中心、新南商圈为代表的新兴商圈，以环球中心、银泰 in99、凯德天府为代表的商业综合体，以大魔方、云端天府音乐厅为代表的文化综合体，逐渐形成了宜居宜业宜商的良好环境。先后获得“全国百佳示范街道总工会”“省级文明单位”“市级平安街道”等荣誉称号。

【经济发展】2022年，桂溪街道财政收入8.3亿元，一般公共预算收入7.5亿元。全年上报市外到位内资企业累计资金2.38亿元，上报固定资产投资1.27亿元。55家在库工业企业营业收入176.41亿元，同比增长4.43%；76家在库建筑业营业收入616.81亿元，同比增长14.14%；501家在库服务业企业营业收入1638.24亿元，同比增长7.33%；133家在库批发零售企业商品销售额881.19亿元，同比下降1.5%，其中商品零售额105.05亿元，同比增长7.40%；33家在库住宿餐饮企业，营业额7.72亿元，同比下降13.84%。全年辖区规上企业840家、本土上市企业20家、独角兽企业4家；建成投运楼宇项目152个，其中超甲级楼宇7个、甲级楼宇10个、专业特色楼宇21个。659户企业办理迁出，成功挽留4户，税收共计626.9万元。

【党建工作】2022年，桂溪街道党工委完成微网实格党组织建设，全覆盖成立一般网格党组织166个，微网格党小组576个。全年新建“两新”党组织60家、小区院落党组织2家，5家规上“红名单”企业相继建立党组织，小区院落党组织和工作全覆盖。强化“四联三评”，统筹资源整合，组织实施157个社区党组织、497个“两新”党组织、33个综合党委、15家党建联盟成员单位“四方联动”共建，全覆盖推进13个社区“大党委”工作机制，选拔27名各类优秀党员代表兼任社区党委委员职务，常态推进党建联席会40余次。开展党建引领营商环境提质优服行动，举办“城市公园·向南而兴”桂溪2022党建引领项目资源对接会，在党建平台牵引下，用一碗“茶”为辖区党建联盟成员单位、“两新”党组织、社区党委搭建营商桥梁，活动共计发布79条供需清单，促成项目合作3家。结合高新区党工委关于“三提升两服务”相关要求，深化政企互动主题党日活动，开展“筑梦桂溪·创赢未来”系列沙龙活动7次。

【社区治理】2022年，桂溪街道共开展安全检查15987次，发现隐患3580个，督促整改隐患

3351个，整改229个，整改率93.4%。检查生产经营单位12655家，发现各类安全隐患1612处，开具隐患整改提醒敦促函22份，隐患整改率93.4%。开展打非治违专项行动38次，发送提醒敦促函22份、隐患限期整改通知书4份，约谈企业9次。实施电动车充电设施智能化改造，实现安置小区、“三无院落”智能充电设施全覆盖以及120多个商品住宅小区点位升级。4个安置小区186部电梯安装阻车器，75台电梯安装电瓶车识别报警系统，实现电瓶车风险源头管控。全年辖区110警情55222件，刑事案件3160件，与上年同期3327件比下降5%；治安案件3950件与上年同期4609件比下降14.3%。2022年，临江社区被授予“成都市‘七无’平安村（社区）”称号（无公共安全事故、无毒害、无群体事件、无违法上访、无刑事治安案件、无邪教、无黑恶势力）。街道评出辖区平安单位86个、平安院落13个、先进物业工作单位38个、矛盾纠纷调解先进单位3个、安全生产先进单位51个；授予“综治先进个人”称号40名、“矛盾纠纷调解能手”称号26名、“安全生产先进个人”称号35名。发动“红袖套”1.1万人次，排查上报治安隐患23起，举报有效线索10件。重新划分一般网格192个、微网格1074个，采集实有人口信息25.7万人、房屋信息12.5万套、标准地址信息5.6万条、企事业单位信息2万余家。通过智慧蓉城高新区综治平台累计上报事件26547件，蓉e报4件，智能预警67件，办结率达到98.51%。协助开展燃气安全检查436800户次，发现问题386处、整改386处；九小场所安全隐患排查7548次、消防安全排查14240次；参与各类宣传活动6946次；调解矛盾纠纷589起；受理信访系统、人民网投诉案件1184件；调解各类矛盾纠纷1661件，调解成功1545件，成功率93%；处置群体性事件794件。

【民生服务】 2022年，桂溪街道新开1所公办幼儿园，回收2所民办公益性幼儿园为公办幼儿园；1所幼儿园通过一级园评定，4所幼儿园通过二级园评定。开展2022年春季“最成都·市民课堂”，搭建线上教育服务平台，开发社区教育读本。巡查医疗机构245家次，医疗机构校验132家，日常巡查公共场所、二次供水、学校幼儿园及托育机构500余家次。开展各类普惠性文体活动20余场及培训991场次，配合完成“走基层”文化惠民活动7场、完成承办“劲舞暖冬”高新区舞蹈大赛任务。“稚龄节”“非遗进楼宇”“送春联进千企到万家”“文化四季风”系列活动等先后被《人民日报》、新华社、四川新闻网等媒体报道。开展“爱成都·迎大运”“社区运动节”等主题体育赛事50余场，全年在各类比赛中共计10项文艺节目获奖，6项体育活动取得名次，大源社区获成都市运动健身模范社区。巡查体育健身场所600余家次，完成街道国家卫生城市复审迎检。常态化开展救护员培训，年度培训163人；通过考核发证人数148人，取得急救员证书人数比例为90.8%。为6名特殊儿童发放生活补助11.67万元，对事实无人抚养儿童和孤儿开展巡访关爱服务98余次，打造儿童友好幸福场景2场。

【社会保障】 2022年，桂溪街道新增城镇就业12075人，城镇失业人员再就业1743人，就业困难人员就业395人。对高校在校生、离校未就业高校毕业生等青年群体开展线下就业创业指导3场，政策宣讲1场；为辖区成都职业技术学院学生开展线上就业创业指导2场；开展进楼宇政策宣传活动7场，其他政策宣传活动5场。全年办理稳岗返还、企业吸纳困难人员、小微企业吸纳高校毕业生社保补贴岗位补贴等企业类补贴2716.49万元。发放就业托底、大学生实体创业、创业吸纳就业、技能提升补贴、征地农转非就业奖励金等个人类补贴共7665.09万元。全年走访慰问辖区低保家庭、重病人员、老年人、残疾人等共76025人次，发放慰问金及慰问品价值559.39万元；发放各类帮扶补贴、医疗救助金、低保救助金、高龄津贴、残疾人两项补贴等共622.87万元，惠及43343人次。社保医保窗口受理108280人次，办理医疗保险待遇审核、平台录入及拨付832人次，生育保险待遇审批3171人次，公务员门诊报销861人次。两定医疗机构巡查197次，个人账户结算2765笔，新增两定医疗机构验收6家。全年高新区共受理仲裁案件14922件，桂溪街道受理仲裁案件4607件，桂溪辖区发案为8017件，占全区53%。劳动监察投诉举报全区共受理处置428件，桂溪街道受理处置267件，占全区62%。桂溪街道回复处置网络理政、信访、国务院欠薪平台17395件，全区33966件，占全区的51%。全年累计发放优抚定补资金5909次，合计543.25万元；发放企业军转干部困补金3703次，合计528.38万元；发放无军籍职工养老金220.97万元，完成退役军人及其他优抚对象的走访慰问5800余人次，使用经费116.82万元。完成5000余人次退役军人优待证申领。在辖区探索建立三支军休干部综合党委，建立“战旗红”退役军人志愿者服务队。开展退役军人就业座谈会2场，专场定向招聘3场，提供100多个岗位，达成就业意向30人，入驻退役军人就业创业孵化基地企业1家。

【“云上月牙”线上平台搭建】 2022年12月15日，桂溪街道月牙湖社区创新搭建“云上月牙”线上平台，创设健康关怀服务、爱心药箱、邻里互助等功能，实现居民需求和爱心捐赠的有效对接，为24个小区居民提供在线问诊、健康公告、应急互助、应急医疗、心理疏导等健康关怀服务；与此同时，月牙湖社区还发起社区志愿者招募活动，号召居民加入社区互助群，解决辖区内居民药品紧缺的问题，让社区成为温暖大家庭。两天时间招募社区志愿者近150人，累计配送药品128单。社区搭建宠物互助、医疗互助等社群，让居民的诉求得到针对性解决；居民有任何疑问或困难，也可通过社区社群或是社区政务小程序“云上月牙”问答板块获取帮助，15分钟内即可得到回复和响应。

【“大慈善”体系建设】 2022年，桂溪街道探索构建“大慈善”体系，完善“1+2”慈善服务功能布局，在高新区首创可视化慈善文创产品，实

2022年6月28日，桂溪街道举办“学法筑基　溪望有你——桂溪街道青少年法治素养提升行动”（桂溪街道办事处／供）

现辖区慈善资源内循环，并联动各方宣传推广，扩大慈善品牌知名度和影响力，实现全民慈善、弱有众扶。2022年，桂溪街道有因病致贫家庭200余户、残疾人1356人、低保及低保边缘49人、困境儿童32人、独居老人41人，困境群体个人及家庭均存在多层次帮扶需求。截至12月底，桂溪街道共募集慈善资源约31万元，服务困境群体1.32万人次。首创可视化慈善文创产品，实现辖区慈善资源内循环，开发设计以“小桂花”为名的慈善文创产品。21个企业楼宇服务站进行宣传覆盖，广泛搭建个人、商家、企业慈善参与、慈善求助平台，每季度开展1～3次慈善公益主题服务。搭建线上帮扶求助及慈善参与平台，线上开设“I need（我想寻求帮助）、I can（我想提供帮助）”平台，困境居民及企业通过扫描二维码提交自身寻求帮助或想参与慈善服务的相关信息，后台将有机整合困境居民帮扶需求及企业或个人服务资源，做好供需对接；同时，企业、居民可扫描腾讯公益二维码，随时查看善款使用情况。举办校园慈善主题活动，通过腾讯公益上线情暖桂溪·慈善口袋公益项目，鼓励青少年积极参与捐款或上传慈善作品。通过开展绘画征集、儿童义卖等主题活动，以儿童、青少年视角参与“大慈善”体系构建。

（桂溪街道办事处）

合作街道

【概况】 合作街道成立于2004年，辖区面积17.19平方千米，街道党工委、办事处驻地天宇路5号。街道位于成都市中心城区西北部，东与金牛区、青羊区接壤，南隔清水河与温江区永宁街道、郫都区德源街道相望，西隔天欣路、成灌高速南辅路、成都第一绕城高速与高新区西园街道毗邻，北与郫都区犀浦镇连接。辖区交通出行便捷，有地铁2号线、地铁6号线、有轨电车蓉2号线、成灌高速、第一绕城高速、西区大道和西源大道等快速通道，辐射成网、纵横交织。辖区有电子科技大学等3所高校、1所中专、7所中小学和16所幼儿园，有国腾科技园、汇都总部园、西区科技园等40个集科工贸和物流于一体的综合园区。街道辖5个社区，分布有36个院落。其中自管楼盘1个、商业楼盘25个。

【经济发展】 2022年，合作街道累计规上企业达204家，新增规模以上入库企业25家，入库金额6807.34万元，规模以上工业总产值219.4亿元，同比增长3.6%，实现限额以上社会消费品零售总额56亿元、同比增长14.1%；全年引进成都正扬博创电子技术有限公司投资项目，实际到位内资4800万。坚持多策并施、靶向发力，不断优化提升营商环境建设新能级，畅通“政企交流”互通平台，召开一系列企业服务活动18场，对接盘活闲置园区资源，推荐入驻企业20余家，达成合作6家。

【党建工作】 2022年，合作街道抓实组织基础建设，构建5个总网格、69个一般网格、573个微网格三级组织架构，建立微网格党支部（党小组）161个。重点摸排30人以上非公企业及新兴领域组织223家，推动成都美瑞通、奇力制药等18家“两新”组织单独建立党组织。不断深化“党建＋营商环境”建设，开展“五微”创新项目，结对共建党组织40个，认领项目127个，开展“五微”活动103场。全年共组织召开党建联席会议33次，参与“新形势下集成电路行业发展趋势”等区域性共建活动16次，实施共建项目37个，收集优质资源65项。以西区科技园、国腾科技园为支点，连接和美晨风社企联盟和中海生物制药行业联盟企业资源，探索构建“两新”党组织结对共建体系；升级区域党建联盟，探索推动“两新”组织参与发展治理新模式，在“双核”园区形成助企便企“十五分钟服务圈”。成立新就业群体党支部——平安骑士党支部，打造多功能合一的平安共建服务站点作为党建阵地，疫情期间开展防疫物资分拣、配送，累计配送达400余次，得到四川在线以“美团骑手战‘疫’线保障防疫补给链”为主题的宣传报道。携手“红色合伙人”凝聚共建合力，选好“领头雁”，充分发挥党组织通过社企联盟凝心聚力的桥梁和扩散作用。通过走访调研和每季度党建联席会主动收集优质资源和需求90余项，带动中光防雷等5个党支部引领企业利用优势服务资源和力量开展区内业务拓展和服务，促成签约项目4个。

【社区治理】 2022年，合作街道社区治理实施社治导师助力计划，聘请6位来自高校和实务领域的导师为辖区5个社区发展治理工作提供“一对一”专项助力。用活社区发展治理保障资金200余万元，落地实行服务项目71个，覆盖群众居民80%以上；用好工程建设项目资金2100余万元，完成晨风中心村电力改造及“两拆一增”基建项目15个。建成垃圾分类示范教育基地1个、达标社区5个、达标居民小区20个，开展的“垃圾分类进小区、节能低碳我先行”主题宣传活动被《人民日报》融媒体报道。依托清水河绿道生态环境优势，推进“公园里的家”落地运行，打造“融乐阳光家园”“养老服务综合体”等5大社会服务场景，联合社会力量推进“阅读+”融合体验，创办中海·几何文化空间、“合心书屋”品牌，增加图书1万册，服务群众上万人。解决群众急难愁盼问题500余件，更新院落“金边银角”等10处，面积达1000平方米。

【民生服务】 2022年，合作街道组成街道级普及普惠督导组，共计开展督导48次，电子科大附属幼儿园（梧桐园）代表高新区通过省级督导。全面落实“向阳花开”攻坚计划，新办普惠性幼儿园1所，增加普惠性学位180个，投入68万元改善提升7所公办幼儿园硬件设施，投入135万元为顺江、清江、天骄西路3所公办幼儿园购置办公设备。建成市级社区教育学习点1个、区级“家校社企”共育实践基地6个、社区教育学校1所、社区老年教育学习点3个。实施文化产品服务倍增行动，全年围绕“我们的节日”“全民健身”等主题开展各类群众文体活动501场，覆盖人群达6万人次。累计建成文体队伍65支，挖掘打造精品节目6个。联合社会力量推进“阅读+”融合服务，打造中海·几何文化空间体验馆及“合心书屋”首店品牌，两处书屋共计增设图

2022年11月9日，合作街道清江社区组织开展“第一堂”安全教育体验课（合作街道办事处/供）

书10000册。加强医疗卫生机构监督检查，全年出动检查人员490人次，检查医疗机构260家次，发现问题60处，全部整改完成。合作街道代表高新区通过市级健康细胞（街道）技术复评验收，新创健康社区1个、健康家庭10户、健康学校1所、省级卫生单位2家、省级无烟单位2家、病媒生物防制示范点3家。引进上级专科医生参与家庭医生签约服务，累计完成家庭医生签约60736人，完成重点人群签约25600人。完善救助体系，分级分类实施救助，全年新申请低保4户6人，开展临时救助8户12人次。街道社区养老服务综合体正式投入运营，为辖区老年人提供居家、日托、全托、短期托养等“一站式”服务。完善“社工站”“关爱救助中心”“怡心家园”“融乐阳光家园”等多个社会服务场景运营，实现全龄社会服务全覆盖。

【城市管理】 2022年，合作街道打造电子科大银杏小游园、迪康大道与百草路交会处绿地和百草路与天河路交会处街心花园等10处游园绿地，增加游园小广场面积达6.8万平方米，新增绿地覆盖面积达4.4万平方米，并在场地内增设彩色沥青、石坡造型、休闲座椅和花卉景观等风貌点缀，实现“一步一景、一步一品”的园林效果。开展800余家餐饮商家油烟排放日常巡查，重点指导易产生大气污染排放的14家工业企业编制“一厂一策”方案，在重污染天气预警期间分时、分业实施管控减排，同步推进12家工业企业改造挥发性有机物专项整治、6家突出问题企业按要求完成整改、18家企业完成绿色低碳要求参与产业统计，全面提升企业综合治理能力。坚持水环境治理，完成199户排水户普查，河长巡河达标率100%，问题处置率达95%以上。

【社会保障】 2022年，合作街道新增城镇就业11301人、困难再就业343人，受理技能提升补贴申报145件，补贴金额27.8万元，以“筑梦家园”灵活就业中心为载体，帮助30余名困难人员稳收增收。全年办理社保医保类业务33000余件，受理医保手工结算业务500余件，生育津贴申领业务472件，定点医药机构结算1158次，公务员门诊审核拨付2136人次。持续开展街道困难人员社保援助，援助347人次，金额85.65万元。加大对辖区低保户、孤儿、孤老、残疾人等服务对象开展走访慰问活动，全年走访慰问799户3370人次，发放慰问金74.7万元；开展临时救助、门诊医疗救助、残疾人住院补贴等政策兑现167人次61.4万元。全年发放退役军人、现役军人、困难退役军人家庭等重点帮扶对象慰问经费57.71万元，发放优抚人员优抚生活补助、住院医疗补助共计350余万元，发放义务兵优待金521万元。为退役军人协调落实创业担保贷款，开展退役军人就业创业座谈会2场、专场招聘和定向招聘6场，提供500多个岗位，达成就业意向40余人，入驻退役军人就业创业孵化基地企业3家。

【不动产权证办理】 2022年，合作街道针对辖区界外安置居民长期以来房屋产权长期未办理的问题，本着“尊重历史，无错优先”的原则，按照“梳理一个、推进一个、成熟一个、化解一个”的要求，分类分步推进处置，化解界外1900余名居民不动产权证办理难题。街道发挥牵头作用，协同公园城市建设局与郫都区相关职能部门主要领导多次召开协调推进会，梳理堵点难点，专题会商会办，制定解决方案。广泛调动社区和原村组积极性，详细了解居民诉求，做到社情民意早知道，重大事件早上报，矛盾问题早解决。通过入户发放告居民书和现场咨询的方式，广泛宣传不动产办理工作的程序和意义。街道成立“界外安置居民不动产分户产权办理”工作专班，协调郫都区不动产中心、税务、权籍等职能部门，研究解决方案；定期向公园城市建设局报送推进情况和重点难点，寻求区级层面政策、资金支持，协调解决税款、办证等问题；深入社区、村组和居民家中，细致开展摸底调查，全面梳理历史遗留问题形成原因，提前预判堵点难点；制定督察督办机制，街道主要领导每周听取专班工作汇报，提质增速推进产权办理。协调产权、公证、社区、村组等部门，精简办理流程，提供“受理、纳税、缮证、送证”的一条龙服务；因拆迁安置时间久远，去世人员需要办理继承公证，现场按序设置政策咨询组、村组调查组、社区证明开具组、公证组、现场收件组的闭环动线，实现居民“零跑腿”；制定个性化服务方案，对因高龄或疾病等原因无法现场提交申请的居民，提供政策解释、公证和收件的上门服务。

【“共享用工”协同服务】 2022年，成都高新区创新实施人力资源协同服务，合作街道试点推动“共享用工”模式，通过“线上＋线下”“纵向＋横向”的全方位社会保障精准服务，有效整合企业、高校等资源，化解辖区80余家人力资源紧缺问题。搭建合作桥梁，针对部分企业受新冠疫情影响，出现上下游配套产品流通不畅、“人等生产”等问题，由高新区合作街道牵头，创新组建以辖区企业为主体，高校资源、优质人力机构为助力的“企业共享联盟”，进一步提升资源配置效率，有效解决企业招工成本高、周期长等困难。关注辖区入驻企业实际诉求和电子信息产业配置要求，企业共享联盟通过上门走访、问卷调查等形式，摸清140余家企业人力资源服务需求，并梳理形成需求清单。召开校企合作双选会、人力资源保障对接交流会、社区现场招聘会等，采取“专题会诊”模式，为企业用工提供个性化和集成化服务。创新搭建企业用工“快速触发响应机制”，由企业提出用工需求、“共享联盟专管员”接单整合，再传导至街道实现供需对接，完成用工共享，截至2022年年底，共收集人力资源服务保障需求2000余人次。先后4次组织10余家优质人力资源机构、西区产教融合基地等，开展座谈交流会，深度剖析疫情新常态下产业定位、人才需求等重点难点，推出“专班工作制”解决方案，加强企业“一对一”对接。通过“线上”宣传和“线下”走访相结合的方式，组织政校企对接活动8场，推动企业之间、企业与高校之间互通资源优势，实现互惠共赢，全年共享用工联盟成员从最初39家企业增至200余家。连接高新区国家级人力资源服务产业园140余家专业服务机构资源优势、功能优势，探索“定向推荐”和“共享用工”互补模式，加快构建紧缺人才“资源库”，进一步壮大发展产业工人队伍，推动实现市场要素精准配置。设立全方位“共享站”服务平台，聚焦企业生产和技能人才需求，探索构建可视、有感的企业园区人力资源协同服务“共享站”，集就业人员求职服务、企业用工信息发布、人力资源保障沟通交流、企业HR能力水平提升、企业职工技能培训以及组织现场招聘等功能于一体的新型服务平台，全年“共享站”共发布500余条供求信息。通过“线上＋线下”“纵向＋横向”的全方位精准服务，以共享模式为企业匹配160余名余缺用工，精准推荐700余名急缺用工。

（合作街道办事处）

中和街道

【概况】 中和街道得名于《礼记·中庸》，“致中和，天地位焉，万物育焉”，始建于明代，自古就是成都平原重要的水码头，位处成都高新区南部园区。2010年5月，中和街道整体和华阳街道7个社区划转成都高新区，与高新区桂溪街道，锦江区三圣街道、柳江街道，天府新区华阳街道、万安街道、新兴街道毗邻。辖区总人口约50万人，就业率97.06%。有农迁小区17个，老旧院落78个，商业楼盘115个，中小学18所、幼儿园41所。下辖20个社区，有基层党组织233个，党员6294名。自划转以来，经过多年的大规模拆迁，集中安置拆迁人口3万余人，交房2.4万套，243万平方米，形成新城、老城、农村“三区并存”的区域形态。街道总面积35.2平方千米，新城区域17.9平方千米，主要为新川创新科技园及其周边高品质住宅小区，是高新区南区未来发展的重要承载区；旧城区域11.3平方千米，主要为老中和场镇区域，是落实拥江发展战略的重点提升区；城市规划区外面积6平方千米，主要为成自泸一线以东，是乡村振兴的着力攻坚区。

【经济发展】 2022年，中和街道一般公共预算收入83096.92万元，同比增长13.44%，率先完成区给街道下达到位内资目标任务3亿元，超额完成区给街道下达固定资产投入目标任务1.5亿元；辖区内2022年固定资产投资199.9亿元，同比增长18.4%，占比全区固投的28%，限额以上社会消费品零售总额3.2亿元，“四上”企业固定资产投资同比增长16%。

【党建工作】 2022年，中和街道学习宣传贯彻党的二十大和省市党代会精神，开展系列宣讲活动500余场，持续开展“我为群众办实事”主题活动，解决辖区企业、群众“急难愁盼”问题100余个。对接成都轨道集团党委签署陆肖TOD项目联建共治协议，引入西南首个“万象天地”项目。打造“新蜂侠·暖蜂驿站”党建阵地，创建心连“新”党建品牌，入围全市党建创新项目；姐儿堰“红星闪闪”老党员工作品牌入选市级老党员工作室十佳优秀案例；新川之心党建主题公园获评全市15个党建主题公园之一；朗基和今缘小区获评市级“最美阳台”二等奖，新会、五根松社区获评市级“公园城市·花惠万家”社区花园。党风廉政建设持续加强，开展政治生态研判2次，制定《全面从严治党、党风廉政建设和反腐败工作任务分工》《“执中致和·廉润万家”2023年行动计划》，出台抓早抓小等制度办法，推动责任落实到位；核查问题线索10条，立案10件10人，廉政谈话200余人次，约谈重点岗位20人次，不断巩固风清气正、干事创业良好氛围。

【社区治理】 2022年，中和街道着力完善社区“总网格——一般网格—微网格”的“微网实格”组织架构，新建网格党组织292个，“转化建”网格党组织29个，实现网格党组织100%覆盖，促进网格化管理向小区、楼栋延伸，实现社区治理一网统管，网格管理向网格治理转变。社区治理得到创新优化，通过打造公园社区示范同步完成城乡接合部新型社区突出问题整治。东寺社区入选成都市第二批小区（院落）基层民主协商提能增效创新试点。

【民生服务】 2022年，中和街道全面摸清辖区3.5万套农迁房屋基本情况，首批启动龙祥佳苑三期、龙腾苑等6个安置小区1.8万套房屋产权办证工作。开展央督、省督“回头查、回头看”42次，整改进度100%；完成1个省级绿色社区、6个区级绿色示范社区创建，获市春季“最美街道”和“水美乡村”示范村称号；完成35个垃圾分类示范小区、3个垃圾分类示范社区创建。对100条街道实行“街长制”管理，获市环卫精细化管理“十佳道路”称号；全量完成巡河指标，获市总河长办书面表扬；大气污染防治综合指数同比改善6.5%，优良天数283天。为4644名退役军人及其他优抚对象提供优待证申领服务。街道社工站、府河社区社工室获选成都市示范社工站、室。建成新华南养老综合体、成立精神障碍患者社区康复站、建设完成会龙社区“军人之家”；新开公办幼儿园3所，新增学位450个，辖区幼儿园新获评省级示范园、一级园各1所。

2022年4月21日，中和街道开展红十字救护员培训（中和街道办事处/供）

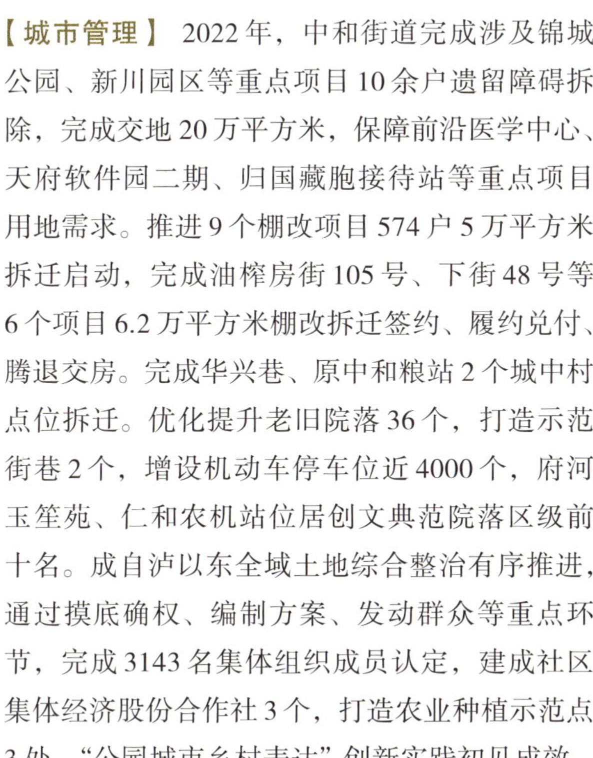

【城市管理】 2022年，中和街道完成涉及锦城公园、新川园区等重点项目10余户遗留障碍拆除，完成交地20万平方米，保障前沿医学中心、天府软件园二期、归国藏胞接待站等重点项目用地需求。推进9个棚改项目574户5万平方米拆迁启动，完成油榨房街105号、下街48号等6个项目6.2万平方米棚改拆迁签约、履约兑付、腾退交房。完成华兴巷、原中和粮站2个城中村点位拆迁。优化提升老旧院落36个，打造示范街巷2个，增设机动车停车位近4000个，府河玉笙苑、仁和农机站位居创文典范院落区级前十名。成自泸以东全域土地综合整治有序推进，通过摸底确权、编制方案、发动群众等重点环节，完成3143名集体组织成员认定，建成社区集体经济股份合作社3个，打造农业种植示范点3处，“公园城市乡村表达”创新实践初见成效。

【社会保障】 2022年，中和街道全力稳定经济与就业，率先完成到位内资3亿元目标任务，超额完成固定资产投入1.5亿元；发放疫情管控补贴512.9万元，占比全区体量最多、金额最大。“点线面”多维发力推进“迎峰度夏”，让电于民约180万千瓦时，被市委、市政府评为2022年应对极端灾害天气能源电力保供工作突出贡献集体。对190家未参保企业开展征缴扩面，对失地青年、“宝妈”开展专项就业指导和心理咨询辅导，辖区劳动纠纷案件调解成功率82.7%。打造物联感知应用场景2个，发挥城运中心调度监测作用，全年调度处理突发事件450余件。新增“跨区域通办”“扶残助困一件事”、不动产登记等14项便民服务，全年受理事项11.6万余件，妥善处理网络理政诉求3.5万余件，涨幅近1倍，综合满意率93.24%。办理信访件650件，同比下降4.55%；发生群体性事件12件，下降20%，化解重大矛盾风险12起。着力排查“三无院落”和城中村安全隐患，搬离高风险仓储29家，对锦华市场、劲松成仁路小区安全隐患实施整治与改造。

（中和街道办事处）

西园街道

【概况】 西园街道位于成都电子信息产业功能

区腹地，产业集中度高，汇聚各类企事业单位共计1438家，其中，规模以上企业165家，代表企业有富士康、京东方、英特尔、戴尔、中光电、华为、日立电梯、西门子、飞利浦、华气厚普、天马微电子等；规下企业1251家，机关事业单位及民办非企业单位22家。辖区总面积26余平方千米，常住人口21.5万。辖区有大专院校1所、中小学5所、幼儿园10所，卫生服务中心1所（下设卫生站1个），综合医院1所。

【经济发展】 2022年，西园街道一般公共预算收入2.7亿元；限额以上消费品零售总额1.29亿元，同比增长6.8%；规模以上工业企业总产值3812.8亿元，占全区的61.4%；电子信息行业固定资产投资36.77亿元。指导辖区929家规模以下企业和18家责任园区设立首席健康官或健康员。组织开展“高新沙龙·光电通信领域”“高新沙龙·人才服务”等活动5场，组织辖区京东方、华为、英特尔等22家重点企业参与外籍专家奖励人才申报项目，协助京东方、欧林生物等12家企业申报“天府青城计划”“天府峨眉计划”31人。通过“街道＋社区＋网格员”三级联动机制，对辖区1438家企业开展疫情防控及复工复产走访，确保企业复工率达100%。

【党建工作】 2022年，西园街道组织机关、社区和“两新”党组织开展专题学习220余次；组织广大党员参与“喜迎党代会·党徽在闪耀”随手拍短视频系列展播活动，申报学习宣传作品8个。尚雅社区党委与邛崃市天台山镇高兴村党委结对共建，助力红色美丽村庄建设。组织开展“庆祝中国共产党成立101周年暨毛主席视察红光纪念址重新开放活动”、庆“七一”主题活动，获得川观新闻、成都电视台等媒体专题报道。调整党支部组织体系7个，新建小区党组织2个。推进“微网实格”党建工作，调整、转化、新建网格党组织45个。发挥ECO党委枢纽作用，调整“两新”组织架构3个，新建“两新”党组织14个，推动戴尔、高真、安费诺、达尔4家外企建立党组织。组织开展“微党校”本土讲师遴选，选聘15名街道级本土讲师。开展“五微”创新项目，打造典型案例6个，实现结对共建94个，解决职工群众困难20个。推进社区疫情防控，发动党员志愿者1216人，组建党员突击队28支，设立党员示范岗29个。

【社区治理】 2022年，西园街道统筹梳理实施社治项目，开展天瑞泡泡书吧社区美空间营造、天瑞公寓架空层社区生活聚落营造等社区级项目7个；升级清水河无线创智产业社区，启动天瑞运动健康主题社区建设。开展“我为群众办实事”实践活动，完成合信路和西源大道部分路段安全标线、下水道井盖修复工程，完成天瑞路、合庆路沿线市容环境质量美化提升等工程。檬柏社区实施“檬柏·童乐园”儿童友好社区建设等项目32个、尚雅社区实施“初心启航　老兵不老”等项目13个、尚锦社区实施“锦行”居民素质提升等项目13个。

【民生服务】 2022年，西园街道建立税务、医保、社保、街道四方协调沟通和联动机制，确保各类缴费“疑难杂症”问题在第一时间得到反馈处理。完成便民服务中心省级示范点位申报及验收，建设智能化政务语音电话，实现常规问题“7×24小时”不间断服务，网上办件和自助办件3万余件，线上办件实现率达62%。受理包含“国务院小程序”“问政四川”“今日头条”“新浪微博”“百度贴吧”“12345市长热线”“市长信箱”“962000”等各类平台渠道案件共计1.1万件。建立自我服务、自我管理精品文化队伍56支，吸纳队员2000余人；提供义务教育学位523个；创建家校社区共育实践基地1

2022 年 3 月 24 日，西园街道举办“助企聚才　力促发展”企业沙龙（西园街道办事处 / 供）

个，开展“最成都·市民课堂”等社区教育活动 3 场次。完成毛主席视察红光纪念址保护修缮工程。督促富士康成都园区 5 万余名派遣工全部签订劳务派遣告知承诺书，累计签订 67 万余份；与 29 家派遣公司建立“共管账户”，累计直发工资 118 万余人次。全年受理涉富士康劳动纠纷投诉 1406 起，同比下降 77%；进一步发挥“联调中心”作用，受理劳动仲裁案件 374 件。申领技能提升补贴、高技能人才补贴 226 人，兑现金额 33.9 万元，其中新增高技能人才 80 人。开展“节能降耗”检查 4 次，开展电力环网改造 20 余千米，更换老旧高压闸站、变压器 20 余台（套）；开展电力应急抢修 5 次、燃气应急抢修 5 次；协调成都燃气公司为西门子设计燃气备用发电站，解决企业应急用电问题。

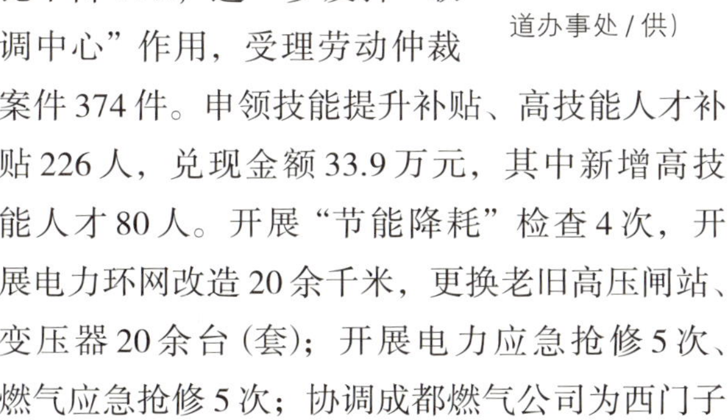

【城市管理】 2022 年，西园街道拆除违法建筑 12115.8 平方米，完成目标任务 101%。聘请驻队律师 1 名，组建专职办案组，全年共处置案件 229 件，累计罚款 81 万余元；承接高新区相关部门移交案件线索 7 起，立案查处 7 起，处罚 24 万余元。处置网络举报案件 970 起，违建 97 起、占道经营 140 起、油烟扰民 36 起、噪声污染 419 起、大气污染 22 起、其他类型 256 起。探索建立“学校 + 街道 + 社区”联控机制，形成“政府主导、学校落实主体责任、社区具体组织实施”的防控格局，合力筑牢学校食品安全防线；完成市场监管行政处罚案件 17 件，罚没 8.2 万余元，给予 8 家经营主体警告、责令整改处罚。建立“微网实格”治理体系，划分社区总网格 5 个、一般网格 54 个、微网格 392 个、专属网格 188 个，配置社区总网格长 5 名、专职网格员 85 名、微网格长（员）800 余名。开展交通安全“进社区、进校园、进工地、送安全”“三进一送”主题活动 7 场，整治非机动违法行为共计 2400 余起、机动车违法行为 1100 余起、行人闯红灯 2000 余起、酒后驾驶机动车 160 余起、乱停放车辆非现处理 1.6 万余起。

【社会保障】 2022 年，西园街道开展困难慰问帮扶 944 人，发放慰问金 21.61 万元；发放低保救助金 91 人次，涉及低保补助金 6.4 万元。推动双拥工作，全面推行“一人一档”，完成建档立卡和优待证申报 648 人；建立战旗红志愿服务队 3 支，发展战旗红志愿服务队员 27 人。全年完成新增城镇就业 7928 人，完成全年目标 105.7%；吸纳应届大学毕业生 700 余人，实现失业人员再就业 714 人，完成全年目标的 714%，辖区失业率控制在 2.81%。

【助老公益活动】 2022 年，西园街道累计为辖区困难家庭失能老人和 80 周岁以上老人提供居家养老服务 1360 人次，服务金额 14 万余元，服务满意率达 95% 以上。完成 10 位老人护理床位建设、2 位老人居家上门服务和上述老人的能力需求评估及后续服务，开展日间照料中心手工培训和防欺诈宣传12次。辖区有享受高龄津贴老年人451人（其中新增70人、注销53人），高龄津贴审核5151人次，涉及高龄津贴金额60万余元。全年定期巡访困难老年人85人672次。

【环境卫生治理】 2022年，西园街道督促处理绿化管护案件400余起，整治树池1080个，完成立体绿化8500平方米；完成“两拆一增”点位6个，先后被市级、区级等媒体宣传报道6次。规范店招45家。在2022年四川省生态环境保护例行督察迎检工作期间，自查整改问题14件，核查大气污染源清单数据涉及企业40家。建成垃圾分类示范教育基地1座，新建、改造标准化垃圾分类投放设施197组，5个社区和28个居民小区垃圾分类全部达标，覆盖常住居民26574户，建成小型静脉家园1座。

表19 2022年西园街道荣誉

受表彰单位	称号	表彰时间	表彰单位	发文字号
西园街道	2021年度全市“两拆一增”工作先进单位	2022年3月9日	成都市“两拆一增”工作办公室	成两拆一增办〔2022〕5号
西园街道智能终端产业社区项目	2021年度成都市百佳示范社区	2022年4月27日	成都市城乡社区发展治理工作领导小组	成社治领〔2022〕3号
西园街道天瑞社区	成都市“七无”平安村（社区）	2022年6月9日	平安成都建设领导小组办公室	平安成都办〔2022〕15号
西园街道	成都市三星级平安镇（街道）	2022年6月9日	平安成都建设领导小组办公室	平安成都办〔2022〕15号
西园街道天瑞社区	2022成都市“公园城市·花惠万家”社区花园创建活动二等奖	2022年11月11日	成都市公园城市建设管理局、中共成都市委城乡社区发展治理委员会	无
西园街道天全社区	2022成都市“公园城市·花惠万家”社区花园创建活动优秀奖	2022年11月11日	成都市公园城市建设管理局、中共成都市委城乡社区发展治理委员会	无

（西园街道办事处）

人　物

FIGURES

四川好人榜

晋薇 女，汉族，中共党员，1983年8月生，成都市公安局高新区分局石羊派出所社区警务队民警，荣登2022年第三季度“四川好人榜”。晋薇作为一名社区民警，始终牢记全心全意为人民服务的宗旨，扎根社区，了解辖区群众的需求，为民排忧解难，是辖区群众的知心人。

我的社区我守护

2022年8月中旬，晋薇在社区工作时不慎摔伤右手骨折，医生建议她全休一个月。“8·25”本土新冠疫情发生后，她向所党支部提出返岗申请，支部考虑到她的伤情未予批准。8月30日，在得知自己管辖的国防家苑小区出现确诊病例后，晋薇毅然回到工作岗位。8月30日一大早，晋薇就赶到了临时管控区，会同社区工作网格员梳理小区居民居住情况。上午11点，居民采购的食材陆续送到小区门口，晋薇又加入配送行列，用能正常活动的左手提着轻重不一的物资，挨家挨户送到门口。下午4点，临时管控区内开始搭建核酸检测点位，她自己给自己找“活儿”，从防疫装备袋中找出了“一米线”贴纸，蹲在划定区域一张一张把“一米线”贴纸贴好。到晚上临时管控区内的核酸检测工作结束，她已在临时管控区工作了15小时。她说：“这里是我的社区，就该由我来为社区居民贡献自己的力量！”

社区里的忙碌人

晋薇所管辖的高新区新南社区是一个业态情况较为复杂的区域，农迁房较多，居民多元，矛盾问题也较为突出。晋薇一次次深入社区进行调解，有效化解各类矛盾纠纷，保证了社区平安和谐。例如，新南社区四期小区内有大量家庭棋牌室，由此引发的噪声扰民、邻里纠纷等警情一直居高不下。为此，晋薇多次实地走访了解情况，通过社区坝坝会征求意见，组织家庭棋牌室经营者一起商定经营管理办法，制定管理章程，严格规定营业时间和经营的规模范围，并督促经营者对环境场所进行改建。在晋薇的多方奔走和努力之下，该小区的噪声扰民问题得到了有效解决。用她的话说：“邻里关系和谐，小区环境舒适、治安稳定就是社区民警最大的成就。”

是母亲更是警察

晋薇是双警家庭，丈夫也是民警，家中孩子一个9岁、一个6岁。按照成都市公安局“暖警爱警”措施，晋薇本可以居家照顾孩子，但她考虑到派出所疫情防控任务重、警力不足，为了能全身心投入工作，她将两个孩子送到母亲家中照顾。9月5日学校开学进行网络授课。小儿子是一年级新生，一时无法适应网课，晋薇只能在每天晚上工作结束以后通过视频对孩子进行辅导。中秋节，儿子想念妈妈，画了一幅画祝妈妈节日快乐，在收到儿子的中秋祝福后，这位曾经的“陀枪师姐”也不禁眼圈泛红。晋薇曾是成都市公安局的一名女特警，曾代表四川省公安厅、成都市公安局多次参加全国警察技能射击比赛，获得过不少优异的成绩。但工作原因疏于对两个孩子的照顾，一直让她很愧疚。“我是一名母亲，但我更是一名警察，对家人的亏欠我会想办法进行弥补，对待工作我必须全心付出。”晋薇是这么讲的，她也是这么做的。

成都好人榜

吴莉君 女，汉族，1973年2月生，中共党员，芳草街街道沙子堰社区居民，荣登2022年第一季度“成都好人榜”。吴莉君是一名党龄

25年的党员，是一名“爱管闲事”的热心人，也是一名资深爱老助老志愿者，志愿服务时长累计1000余小时。关心照顾两位空巢老人长达10余年。平凡的事，坚持10余年就不平凡了。

助老空巢老人的“好女儿”

2011年，吴莉君认识了魏叔叔、杨阿姨老两口，了解到他们唯一的女儿常年在外地工作，便开始帮忙照顾两位老人的生活。吴莉君几乎每周都会到老人家里转转。每次上门，她都大包小包地拎着老人喜欢吃的蔬菜瓜果。不定期去老人家打扫卫生，换洗床单被套、除螨，帮助老人完成生活所需。前几年，两位老人身体较好时，吴莉君还经常开车带他们到景区旅游，春节还会带他们一起去西昌过一个“闹热”年。近几年，魏叔叔每个月月底都需要去医院打针，吴莉君总是开车送他往返，帮助办理各类就医手续。2022年，魏叔叔81岁，杨阿姨84岁，两位老人因身体原因时常住院，吴莉君隔三岔五带着他们喜欢的食物到医院看望他们。老人看在眼里，记在心里，逢人便说：“这是我们的大女儿。”

热心帮助街坊邻居解难题

在沙子堰社区，提起吴莉君，街坊邻居都夸她是个热心人。作为党员，她一直热心助人，居民有什么诉求都喜欢找她帮忙。小区车棚漏水，她主动与小区业委会和物业沟通协调，解决了漏水的问题。平日里见谁家门口有垃圾没丢，顺手就帮忙带下楼扔了；看见楼道脏了就去打扫干净，楼梯扶手脏了就去擦干净。去年8月，小区里的变压器经常跳闸，也是吴莉君找来电力抢修员，解决了变压器跳闸问题。吴莉君一有空闲，还会积极参加所在社区、公益组织开展的志愿服务活动。无论哪里需要志愿者她都去，希望能帮到需要帮助的人。

传承言传身教弘扬传统美德

多年来，吴莉君坚持参与志愿服务活动，她一个人的善行，渐渐变成了一家人的习惯。吴莉君儿子天天和侄儿超超在她的言传身教下，周末空余时间，经常陪老人散步、聊天，搀扶老人外出游玩，或跟随吴莉君到新都区新繁中心敬老院看望孤寡老人，帮老人打扫卫生。“在妈妈身上我学会了很多，尤其是爱老敬老助老的传统美德。”天天说，他要像妈妈一样做一个善良的人。吴莉君的言行也感染着周围的亲朋好友。在她的带动下，表嫂周小方、同事王晓梅，空闲时就会跟着她一起去照顾老人，或者参加公益读书、让爱回家等公益活动。“做一件好事不难，难的是一直坚持做好事。这么多年，莉君一直关爱照顾两位老人，热心公益事业，我们也想跟着她做些有意义的事情。”周小方说。

杨秀梅 女，满族，1975年5月生，富士康（成都）科技集团工作人员，荣登2022年第一季度“成都好人榜”。杨秀梅先后加入西园街道“三长”队伍、助残志愿服务队、幸福驿站志愿服务队，也是“杨大姐缝纫坊”的发起人。多年来，杨秀梅利用周末、节假日等休息时间，累计志愿服务时长约1900小时，为4500多名居民提供过裁剪、缝纫的服务。她带头积极参加社区活动，开展社区互助和志愿服务，坚持“五心”服务居民，在社区里经常都能见到她的身影。

在磨砺中成长

杨秀梅出生在东北一个普通的家庭，有两个哥哥和两个姐姐。五个孩子中，杨秀梅有些特殊。她患有“矮小症”，身高只有1米3，并且右脚有损伤。由于身体原因，她干不了地里的活儿，就去工厂、小饭店打零工。当杨秀梅站在生活的十字路口，不知道该何去何从的时候，一次偶然的机会，一位在成都工作的朋友问她要不要去成都打工。“朋友说自己所在社区的企业正在招工，让我去试试。”杨秀梅说，“没想太多，跟父母沟通后，我就立马去了成都。”2015年，杨秀梅进入成都高新区西园街道天全社区的某家企业工作。起初，杨秀梅干生产线的操作工，负责插胶塞。后来，由于杨秀梅工作完成度高，外加身体原因，她成功转岗，主要为员工测血压、测血糖。转入新岗位后，杨秀梅干劲满满。相比插胶塞，测血压、测血糖算是个技术活儿。杨秀梅特意去网上查找资料做功课。公司八点半上班，杨秀梅一般都提前半小时到办公点，擦桌子、摆放仪器，用饱满的精神迎接每一位来测血压、测血糖的职工。每日最忙的时候要为150余名员工测血压、测血糖。

爱心缝补温暖人心

工作稳定后，杨秀梅在成都还有了一处固定居所——位于西园街道天全社区的青年公寓5号苑的一间三人宿舍。在青年公寓5号苑里有一个幸福驿站，杨秀梅常去那里借用洗衣机给衣服脱水。一次，她发现幸福驿站增设了一台缝纫机。“当时我就给那里的负责人说，我会使用缝纫机，他们就喊我过来当志愿者，给居民义务缝补衣服。”杨秀梅说。从此，每周日早上十点到晚上十点，她都在幸福驿站免费给居民缝补、裁剪衣服。最忙的时候，杨秀梅要从早上八点一直忙到晚上十点，饿了就啃几口面包。几年来，杨秀梅缝补、裁剪、制作的衣服有数千件。截至2022年3月，杨秀梅已累计为4500余名居民提供了裁剪缝纫的服务。邻居们还给缝纫坊起了个名字：“杨大姐缝纫坊。”杨秀梅说：“每次看着缝纫机针来回穿梭、听着踏板上下翻动的声音，我的心里就非常满足。”

帮助他人充实自己

杨秀梅还特别关心社区事务，积极宣传、带头参加社区活动，开展社区互助和志愿服务。但凡是社区开展的志愿服务活动，她都第一时间响应，积极参加。疫情期间，杨秀梅戴着红袖标，积极参与社区疫情防控工作：排查外地返蓉人员、发放消毒水、监测体温、温馨提示居民出门戴口罩……2021年，社区组织开展新冠疫苗接种工作以后，杨秀梅又加入排查疫苗接种情况的志愿服务队伍。杨秀梅还记得，为了尽快获取每位居民的疫苗接种情况，她曾一天打了100多个电话，直到手机停机。在单位，杨秀梅也是个热心人。看到别人手拎重物，她会主动帮忙；工友们衣服破了找她帮忙，她从不拒绝；工友情绪低落时，她会耐心劝导……近年来，杨秀梅还先后加入社区“三长”队伍、助残志愿服务队、幸福驿站志愿服务队。在她的带领下，一批会缝纫的居民也加入了社区志愿服务，“杨大姐缝纫坊”还开在了青年公寓6号苑党群服务站。2021年，杨秀梅获评“在社区·爱成都·做文明城市行动者”，2021年社区文明实践志愿服务“十大感动人物”。“尽己所能帮助大家，让我感觉自己被需要，感觉自己做的事非常有意义。”杨秀梅说。

孙继开 男，汉族，2000年6月生，共青团员，四川欣闻报刊发行有限公司员工，荣登2022年第二季度“成都好人榜”。孙继开是美团配送骑手，他爱岗敬业，主动承担社会责任，积极参加社区“群防群治”队伍，配合社区开展安全隐患排查，用实际行动在点滴之间传递城市温暖，被大家称为“平安骑士”。

“要想外卖送得快、送得多，除了靠腿，更要用心”

23岁的孙继开是四川省广元市旺苍县人，2020年6月他成为高新区龙湖时代天街片区的一名外卖小哥。自疫情发生，许多居民小区和办公楼实行了封闭式管理，快递行业也实施了“无接触配送”服务。每一天，孙继开都会戴好头盔和口罩，以最快的速度、最优质的服务将外卖送达客户手中。入行近两年，孙继开每天不仅配送的订单多，准时率、好评率也很高，得到了客户的肯定。他说：“要想外卖送得快、送得多，除了靠腿，更要用心。”

“我热爱这座城市，愿为城市的文明平安贡献一份力量”

2022年4月，孙继开主动加入合作街道天骄西路社区“平安骑士”队伍，在做外卖配送的同时，担任辖区社会治安联防联控的巡逻员，及时将发现的安全隐患、违法犯罪线索等上报到街道、社区或其他相关部门，助力基层社会治理。例如，2021年冬天的一个早上，孙继开在经过合作路时，见一棵树倒在非机动车道上，存在安全隐患，便立即向社区反映，听到工作人员说马上请相关部门安排人员来处理时，才放心离开。还有一个夜晚，在经过一个路口时，见非机动车道上一下水道井盖坏了，他当即从路边取来两辆共享单车摆放在下水道两侧，提醒来往车辆注意，并立即向社区反映。在确认马上会有工作人员来处理后他才安心离开现场。这样的例子还很多。孙继开戴着“平安骑士”专属红袖章标志，利用工作接触面广的特点，不仅在发现安全隐患时立即向相关部门反映，还在发现不文明行为时立即上前劝导，成为基层社会治理、平安建设、群防群治的特殊力量。孙继开说：“虽然我不是成都人，但这里是我工作的地方，我热爱这座城市，愿为城市的文明平安贡献一份力量。”

“天天在路上跑，遇到需要帮助的，能帮一把就帮一把”

孙继开是一个热心青年，在送餐途中遇到路人有困难也常常给予力所能及的帮助。例如，2021年5月的一天，在路过河滨南路时，孙继开见一位骑自行车的老人被一辆机动车撞倒在地，伤情严重。他立即拨打了120急救电话和122交通事故报警服务电话，并将自己骑行的电瓶车和路边的两个交通锥摆放在事故后撤20米的位置，提醒其他车辆绕行。10分钟后，120救护车赶到运走了伤者。孙继开对肇事车主说：“你快去医院看看老人伤情如何，我在这疏散后方来车、保护好现场，等交警来采集证据。”待交警到来后，他向交警作了交接才离开。孙继开天天送外卖，但凡在路上遇到需要帮助的人他都会主动搭把手。当身边的人夸赞他时，他总是谦虚地说：“天天在路上跑，遇到需要帮助的，能帮一把就帮一把。”

邓世奇 男，汉族，男，1982年11月生，中共党员，成都高新区石羊街道党工委委员、办事处副主任，荣登2022年第三季度“成都好人榜”。邓世奇是一名近20年党龄的军转干部，具有较强的事业心、责任感，组织协调能力强。他到街道工作后，热心于服务群众，执着于为群众办实事、解难题。在新冠疫情防控的重要时段，他奋战在一线，近1个月没有回过家，以强烈的责任感和使命担当，舍小家顾大家，为打赢新冠疫情防控阻击战做出了不懈努力。

抗击疫情战线上的“急先锋”

成都“7·15”本土新冠疫情发生后，邓世奇先后4次主动请缨担任社区防控办公室负责人，入驻高中风险区域，担任指挥长，一直奋战在一线。从7月17日南苑B区高中风险区域、8月24日棕榈湾中风险区域、9月1日国防家苑临时封控，最后到9月3日城南一号全域高风险，他第一时间带领防控专班，不间断转战一个又一个临时封控小区，指导社区、物业和志愿者严格按照《新型冠状病毒肺炎防控方案（第九版）》做好高、中风险区域内服务管理和核酸检测工作；成立小区疫情防控临时党委（党总支），号召院内党员主动报到，分工合作，做好防疫和群众生活保障。在风险管控区内，他组织协调开展全员核酸，优化调整上门配送物资力量，督促防护服穿脱区域、医废转运区域规范运行。对配合居家管控的居民所遇到的一件件必须解决的急事难事，他常常不分昼夜，跟各相关部门进行协调对接，直到一件一件解决“销号”。在抗疫最紧张的那段时间，邓世奇吃住在马路边临时搭建的集装箱内，每天休息不足4小时。每当同事让他休息一下时，他都会说，“我身体好、扛得住，居民还有急事需要尽快协调处理”。

高中风险区域内的“顶梁柱”

临时封控一个小区，让处于高中风险区域内的居民“足不出户或足不出区”，除了要面对居民本人基本生活需求外，还要防范停电、停水或自然地质灾害等突发情况，各种可预见与难以预见的问题交织在一起，给进驻高中风险区域内的工作人员造成极大工作和身心压力——既要做好个人防范，同时也要保障居民基本生活需求，还要协调开展核酸检测、医疗救治、医废处理等工作，确保短时间内尽快降低风险。在“8·24”棕榈湾中风险区域，物业人员近三分之二被判断为“密接”“次密接”，全部转运至酒店集中隔离，小区生活基本运转受到极大挑战。“指挥长，负一楼的垃圾已大面积爆桶，无人清运，味道极大，居民反映强烈，急需解决处理”，“指挥长，区域内已堆放一大堆外卖，未及时配送”……针对这些突发问题，邓世奇协调环卫公司派驻小区，同时，率先穿上防护装备，带领近20名工作专班人员，连续奋战近8小时，直到凌晨5点左右，才将5栋楼房共23个单元积压的垃圾全部转运。并安排8名工作专班人员负责外围物资转运，让物业人员负责上门配送，妥善解决了居民反映强烈的问题。“9·3”城南一号全域高风险，17栋、37个单元、1302户、4256人需要上门提供物资保障、上门核酸检测，疫情风险之高、保障难度之大，对指挥调度者是极大考验。进驻小区后，邓世奇及时整合街道社区、支援志愿者和物业队伍近200人保障力量，合理分工，包干到人，有效确保上门物资配送、核酸检测等工作有序开展；同时加大保障人员防护知识培训，规范防护穿脱区、医废转移通道，确保管理服务符合防疫要求。9月5日，甘孜泸定发生6.8级地震，该小区震感强烈，他第一时间在业主群内发布紧急应对处置消息，并安排工作人员尽快到各单元楼下，在引导下楼居民做好个人防护的前提下，安抚群众，稳定情绪，第一时间快速响应突发情况。

守护特殊群体上的“勤务兵”

针对高中风险区域内的独居老人、孕产妇、残疾人、行动不便人员、血透患者、癌症化疗患者等特殊人群，邓世奇发动小区内党员骨干分片包干，专人联系，畅通困难问题收集渠道，开通就医、服务保障绿色通道，用带有温度的服务让每名特殊人群感到暖心、放心、安心。一名患者需要定期到华西医院复查，面对患者的特殊需要，受限于当时的防疫政策，他对接高新区卫健部门，协调华西专家连线为患者答疑，最终妥善解决了难题。“指挥长，8-1-1202王女士快生了，需要紧急就医！”“抓紧联系对口医院派120接人，让小区赶紧打开大门，安排保安在门口带路。”从邓世奇接到紧急诉求电话，到患者到达医院，用时不超过15分钟，最终王女士顺利产下宝宝。“指挥长，刘女士父亲突然去世了，急需到医院见最后一面。”“王院长，能否在闭环转运、做好个人防护前提下，协调安排患者家属见父亲最后一面。”挂断电话后，邓世奇立即安排专人陪护刘女士，做好个人防护，前往医院指定地点见了其父亲最后一面。在新冠疫情防控的特殊时期，邓世奇通过微信群、电话联系等方式，关注并及时回应居民需求千余件，妥善处理独居老人、孕产妇、残疾人、行动不便人员、血透患者、癌症化疗患者等特殊人群各类情况200余件，展现了一名党员全心全意为人民服务的优秀风采。

缪元颖 男，汉族，1977年5月生，香港大学博士，中科院博士后，成都市公安局高新区分局辅警、高级研究员，荣登2022年第四季度“成都好人榜”。缪元颖凭借扎实的专业理论知识和丰富的检案经验、积极认真的工作态度和高度的责任感，通过DNA检验帮助破获多起大案、要案，在确保一方平安中发挥了重要作用，在他身上体现出了新时代高级警务技术人员甘于奉献的精神。在他的带动下，高新分局的法医物证检验能力得到显著提升。

困难挡不住 侦破十余年前命案积案

2006年，成都高新区发生一起抢劫杀人案。十多年来，一茬又一茬的刑侦人从未放弃该案的侦破工作，但受制于技术条件等因素，该案的侦破一直没有进展。缪元颖接手该案后，对当年留下的现场样本进行了认真的梳理，在死者的外衣袖上发现了一小滴极有可能是犯罪嫌疑人留下的血迹，但是要从该血迹中检出犯罪嫌疑人的DNA存在极大的难度：一方面，这一血迹样本量太小；另一方面，这个样本已经十多年了，存在腐败变质的情况。在困难面前，缪元颖没有气馁，他放弃休息时间查阅了大量的国内外文献资料，再结合刑事案件DNA检验经验，制定了检验策略并立即全身心投入紧张的检验工作。经过反复不断的试验，最终从该血迹中检出完整的犯罪嫌疑人DNA分型。然而，通过入库比对，并没有直接突出犯罪嫌疑人，这使得案件的侦破工作再次陷入僵局。就在大家一筹莫展的时候，缪元颖锲而不舍，通过查阅大量的案例，调整检验策略，从大量的数据中进行筛选、甄别，和同事一起多次赶赴外地取样，回到实验室后加班加点进行检验、分析，最终从海量的数据中比中锁定了犯罪嫌疑人，破获了这起案发十多年的命案积案，这也是公安部命案积案攻坚年成都市破获的第一起命案积案。

义不容辞 命案积案侦破能手名不虚传

自加入高新分局DNA室以来，缪元颖已累计独立完成案件检验上千起，检材3000多件。由于缪元颖在法医物证检验方面能力突出，全省乃至全国的兄弟公安机关都慕名前来，就一些复杂、疑难案件寻求帮助，缪元颖也认真对待收到的每一起案件。例如，雅安在2006年发生的一起杀人案，公安机关提取的现场物证经多次DNA检验，均未获得理想的检验结果。接到当地公安局的帮助请求后，缪元颖结合案情仔细分析了办案民警送来的检材，创新性地改进提取方法，优化提取步骤，经过数轮实验，成功获得了犯罪嫌疑人的DNA分型，帮助侦破了该起案件。缪元颖作为省厅专家组成员和市局专班成员，相继破获了数起十年以上的命案积案。由于在刑事技术破案会战中的突出成绩，缪元颖得到公安部刑侦局的通报表扬。中国中央电视台、中央人民广播电视台、四川电视台、成都商报等各级媒体对其事迹都进行了报道。

忘我工作 用实际行动守护平安稳定

在工作中，为了及时、准确地得到检验结果，缪元颖经常加班加点，加班到深夜是他工作的常态。有一次，为协助查清两名涉嫌扒窃且拒不交代真实姓名、住址妇女的真实情况，办案方将两人的血样送至分局DNA室。缪元颖中午接到样本后，放弃午休时间，加班加点对样本进行检验，及时得到了检验结果并入库比对，确定了两名嫌疑人的真实身份，为优质高效办案提供了有力支撑。除了自己身体力行，加班加点忘我工作外，缪元颖还把自己在法医物证检验领域多年的经验毫不保留地传授给DNA实验室的检验人员，完善了DNA实验室的规章制度，进一步规范了DNA实验室物证的提取、检验方法，使高新区分局的法医物证检验能力，特别是针对疑难检材的检验能力得到了显著提升。缪元颖作为法医物证专家，多次受邀在省、市级各类DNA检验人员培训班上授课，同时还牵头申请并获得了高新分局在法庭科学领域的第一个厅级科研课题，承担并完成了分局的科研课题任务。缪元颖作为高学历人才，怀着对公安工作的一腔热血，以及对法医物证专业的不懈追求，用自身的实际行动守护着社会的平安稳定。他先后获得四川省“最美辅警”、成都市公安局抗击新冠疫情一等奖等荣誉，体现出新时代高级警务技术人员甘于奉献的精神。

（党群部）

附　录

APPENDIXES

统计资料

说明：以下各表资料由成都高新区经济发展局统计处提供。

表 20　2022 年成都高新区主要经济指标统计

高新区主要经济指标	单位	总量
常住人口数	万人	130.39
地区生产总值	亿元	3015.8
二产业增加值	亿元	865.9
工业增加值	亿元	756.8
规模以上工业企业数	家	397
规模以上工业总产值	亿元	6212.5
三产业增加值	亿元	2149.9
电子信息产业规模以上工业企业营业收入	亿元	3743.8
生物产业规模以上工业企业营业收入	亿元	280.6
其他工业规模以上工业企业营业收入	亿元	2120.2
具有新经济特征的规上服务业企业营业收入	亿元	1667.4
全社会固定资产投资	亿元	713.6
城镇居民人均可支配收入	元	61277

表 21　2022 年成都高新区地区生产总值统计

指标名称	计量单位	本年	增减（%）
综合经济	—		
地区生产总值（当年价格）	亿元	3015.8	5.8%
第二产业增加值	亿元	865.9	1.9%
其中：工业增加值	亿元	756.8	1.4%
第三产业增加值	亿元	2149.9	3.5%
其中：交通运输仓储及邮政业	亿元	48.2	-0.1%
金融业	亿元	374.0	6.4%
房地产业	亿元	217.5	-5.0%
批发零售业	亿元	129.4	0.0%
住宿餐饮业	亿元	50.6	-8.7%
地区生产总值（2020 年价格）	亿元	2821.3	3.0%

注：各行业速度普遍使用可比价增速。

表 22　2022 年成都高新区工业统计

指标名称	计量单位	本年	增减（%）
工业	—		
规模以上工业企业数	个	397	8.2%
规模以上工业企业工业总产值（当年价）	万元	62124823	5.8%
规模以上工业企业营业收入	万元	61491351	4.2%
规模以上工业企业营业税金及附加	万元	264674	8.6%
规模以上工业企业本年应交增值税	万元	724743	6.2%
规模以上工业企业利润总额	万元	4631471	53.6%

表 23　2022 年成都高新区内外贸易统计

指标名称	计量单位	本年	增减（%）
内外贸易	—		
限额以上批发和零售业商品销售总额	亿元	1886.0	14.3%
社会消费品零售总额	亿元	937.9	0.1%
限额以上批发和零售企业数（法人数）	个	339	6.6%
其中：零售业	个	128	6.7%

表 24　2022 年成都高新区固定资产投资统计

指标名称	计量单位	本年	增减（%）
固定资产投资	—		
全社会固定资产投资总额	万元	7136294.2	8.5%
其中：城镇固定资产投资额	万元	7136294.2	8.5%
房地产开发投资额	万元	2102026.8	3.7%
住宅	万元	1143955.6	5.6%
商品房屋销售面积	万平方米	152.2	-3.4%
其中：住宅	万平方米	111.6	21.8%
商品房屋销售额	万元	3197309	0.8%
其中：住宅	万元	2706733	28.2%

表 25　2022 年限额以上批发企业

序号	企业名称	主要业务活动
1	四川汇智达供应链管理有限公司	化工原料批发
2	四川省川格化工有限公司	批发化工原料
3	四川小月丫科技有限公司	日杂用品互联网批发
4	成都正航贸易有限公司	钢材批发
5	成都塑立科技有限公司	石化产品批发

续表 25

序号	企业名称	主要业务活动
6	成都美瑞通供应链管理有限公司	卫生用品批发
7	成都十方青蓝科技有限公司	仪器仪表批发
8	四川新力光源股份有限公司	批发照明灯具
9	四川匹特欧医药贸易有限公司	批发中西药及器械
10	四川艾伯伦生物科技有限责任公司	医疗诊断试剂批发
11	成都华通加油站有限公司	汽柴油批发
12	四川迪康医药贸易有限公司	西药、中药批发
13	四川奥邦医药贸易有限公司	西药批发
14	东方电气集团（四川）物产有限公司	钢材批发
15	四川省天辰医药有限责任公司	西药批发
16	四川启盛机电设备有限公司	工程机械批发
17	四川阳光润禾药业有限公司	西药批发
18	成都逸宏通信科技有限公司	智能手机批发
19	四川省迈克实业有限公司	医疗器械批发
20	林德气体（成都）有限公司	批发氧、氮、氩等气体
21	四川沃文特生物工程股份有限公司	医疗药品及医疗器械批发
22	成都中医大华神药业有限责任公司	中成药批发
23	四川大家医疗仪器有限公司	医疗器械批发
24	成都亚恩科技实业有限公司	批发非金属矿及制品
25	四川新健康成医疗用品有限责任公司	医疗用品及器材批发
26	四川九洲通源物流有限公司	煤炭批发
27	四川戎威酒业有限公司	白酒批发
28	四川旭丰格力电器销售有限公司	空调批发
29	成都安德瑞贸易有限公司	批发化工原料
30	四川科伦瑞康医药有限公司	药品批发
31	成都巨新实业有限公司	批发化工原料
32	成都立白实业有限公司	批发洗化用品
33	成都中海医药有限公司	药品批发
34	成都思念食品有限责任公司	批发冷冻食品
35	成都巨力实业有限公司	电气设备批发
36	成都德坤医药有限公司	西药批发
37	四川美讯达通讯有限责任公司	智能手机批发
38	成都市圣信贸易有限公司	金属及金属矿批发
39	四川万达酒业有限公司	批发酒水
40	成都万达酒业营销有限公司	批发酒水
41	四川天福茗茶销售有限公司	茶叶批发
42	四川正隆润贸易有限公司	奶粉批发

续表 25

序号	企业名称	主要业务活动
43	四川飞蕾新创贸易有限公司	医疗器械批发
44	四川省天帝威商贸有限公司	洋酒批发
45	成都子午实业有限责任公司	鞋帽批发
46	四川省懿丰商贸有限公司	红酒批发
47	四川天和润丰商务服务有限公司	红酒批发
48	四川谋道科技有限公司	医疗耗材批发
49	成都千锦酒业有限责任公司	白酒红酒酒类批发
50	成都金百裕医药有限责任公司	批发西药
51	成都京和贸易有限公司	批发畜牧饲料原料
52	四川省新天丰商贸有限公司	批发兼零售预包装食品
53	成都马克医疗器械有限公司	医疗器械
54	四川省德雅丝绸进出口有限公司	纺织品批发、丝绸出口
55	成都新合记机械有限公司	消防器材批发
56	通威水产有限公司	水产批发
57	成都华森医疗用品有限公司	批发体外诊断产品
58	成都健卓科技有限公司	批发聚丙烯
59	成都贝施美医疗设备有限公司	批发植入材料和人工器官
60	四川华械医疗器械有限公司	批发医疗器械
61	成都天齐实业（集团）有限公司	批发硼矿类产品
62	成都天齐机械五矿进出口有限责任公司	钛合金粉批发
63	成都锦桦商贸有限公司	骨科耗材批发
64	成都天齐锂业有限公司	氯化锂批发
65	国药集团四川省医疗技术有限公司	销售、租赁、批发
66	四川圣诺华药业有限责任公司	药品批发
67	四川天药医药集团有限公司	批发中成药
68	四川海王医疗科技有限公司	医疗器械批发
69	成都通威鱼有限公司	水产品批发
70	四川源亨众生医药有限公司	西药批发
71	成都柯迈克机械设备有限公司	出口消防器材
72	重庆医药集团四川医疗器械有限公司	医疗器械批发
73	成都市海汇恒贸易有限公司	批发打印纸
74	维奥健康科技（成都）有限公司	保健品批发
75	四川恒泰医药有限公司	西药批发
76	四川天麒医药有限公司	批发零售药品
77	成都市康来兴药业有限公司	批发西药类
78	国药集团四川省医疗器械有限公司	医疗器械批发
79	四川省科通汇达通信设备有限公司	电子产品批发

续表 25

序号	企业名称	主要业务活动
80	四川宝酝印象酒业有限公司	白酒批发
81	成都三康国际贸易有限责任公司	模具零件
82	四川省迈可多医疗用品有限公司	批发与零售医疗用品器械
83	四川百加迪酒业有限公司	白酒批发
84	成都新宏基科技发展有限公司	批发销售通信设备
85	上药华西（四川）医药有限公司	药品批发
86	四川南格尔生物医学股份有限公司	医疗器械批发
87	四川新投能源开发有限责任公司	煤炭批发
88	成都克诺福科技有限公司	批发板材
89	七色纺商业连锁有限公司	服装销售
90	四川大力熙晟实业有限公司	批发沥青
91	四川顺天生物医药有限公司	药品批发
92	四川鑫一医药有限公司	批发西药
93	成都威智行新能源汽车销售服务有限公司	汽车及零配件批发
94	成都顺福铃汽车销售服务有限公司	汽车销售
95	成都远杉进出口贸易有限公司	医疗器械批发
96	成都绿金生物科技营销有限责任公司	批发农药
97	成都红岩重型汽车物资有限公司	批发零售汽车
98	成都安多多科技有限公司	建材批发
99	豫光（成都）科技有限公司	金属矿产品批发
100	四川中石油国际事业有限公司	沥青批发
101	四川众联医疗科技有限公司	医疗器械批发
102	四川汇睿科信息技术有限公司	批发计算机教学设备一体机
103	四川亨宜德汽车科技有限责任公司	批发汽车零部件
104	四川茶裕合瑞贸易有限公司	茶饮料批发
105	四川九叶科技有限公司	金属矿产品批发
106	四川同广贸易有限公司	煤炭批发
107	成都爱眼联盟健康咨询有限公司	角膜塑形镜及护理液批发
108	成都康美药业有限公司	批发中药饮片
109	成都方昇科技有限公司	电气设备批发
110	四川三盛创新科技有限公司	医疗用品及器械批发
111	成都聚隆德化工有限责任公司	批发化工产品
112	四川鑫瓯贸易有限公司	批发煤炭
113	四川慧恒贸易有限公司	塑料颗粒批发
114	成都明业化工有限公司	批发染料
115	成都市中成汇金商贸有限公司	批发焦炭
116	四川金色四季农业科技有限公司	批发化肥

续表 25

序号	企业名称	主要业务活动
117	成都九化燃气有限责任公司	液化天然气批发
118	四川能投坤成能源发展有限公司	钢材批发
119	成都万牛连环境科技有限公司	批发制冷、暖通材料
120	成都坤都企业管理有限公司	建材批发
121	成都高投物产有限公司	国际贸易
122	四川士达贸易有限公司	批发石墨电极
123	四川矿投新材料有限责任公司	非金属矿及制品批发
124	中仪医疗器械（四川）有限公司	医疗器械批发
125	四川港易行供应链有限责任公司	大米批发
126	四川省智汇物流供应链管理有限公司	钢材批发
127	四川润锦物流有限公司	钢材批发
128	成都喜鹊家居用品有限公司	建材批发
129	成都聚浪信息技术有限公司	服务器批发
130	成都聚兴诚科技有限公司	医疗用品及器材批发
131	成都五商供应链管理有限责任公司	五粮液相关产品经销
132	四川中美达塑胶有限公司	批发化工原料
133	四川五粮液新零售管理有限公司	酒类经营
134	成都毅广汇贸易有限公司	橙皮甙批发、枳实提取物批发
135	四川启辰贸易有限公司	批发白糖
136	四川美升装饰材料有限公司	批发洁具
137	四川国力达沥青有限公司	沥青批发
138	成都快鱼服饰有限公司	服装批发
139	成都中益升实业有限公司	生铁批发
140	四川盐湖化工销售有限公司	碳酸钾、氢氧化钾批发
141	壹玖壹玖酒类平台科技股份有限公司	酒类批发
142	四川汇川达塑胶有限公司	批发塑料制品
143	成都艾瑞智能科技发展有限责任公司	弱电工程
144	成都圣广科技有限公司	批发电子元器件
145	成都壹加玖供应链管理有限公司	批发酒水
146	成都起东科技发展有限公司	各类轴承出口、各类汽配出口、大型轴承内销
147	成都德格隆贸易有限公司	批发钢材
148	成都伟航科技有限公司	计算机及配件设备批发、实验室设备批发、网络教室设备批发
149	四川捷祥医疗器械有限公司	医疗器械批发
150	四川兴科蓉药业有限责任公司	西药批发
151	成都汇玖缘网络科技有限公司	酒类批发
152	四川中鹏石化有限公司	批发沥青
153	成都东信科创科技有限公司	批发通信设备

续表 25

序号	企业名称	主要业务活动
154	成都宝钢西部贸易有限公司	钢铁批发
155	四川五金龙信息技术有限公司	批发化工产品
156	四川玖厂到店供应链管理有限公司	酒水批发
157	四川瑞达宸信电子有限公司	通信设备批发
158	四川誉海融汇贸易有限公司	批发化肥化工产品
159	成都瀚睿达文化传播有限公司	珠宝首饰批发
160	三峡物资招标管理有限公司	商品贸易
161	四川新兴格力电器销售有限责任公司	批发和维修格力系列空调器
162	四川逐新电子有限公司	手机批发
163	四川省精瑞峰科技有限责任公司	医药化工原料批发
164	四川省天骏电子有限公司	智能手机通信设备批发
165	四川同辉正讯电子有限公司	手机批发
166	成都升创进出口贸易有限公司	批发光缆用原材料
167	成都炜烨进出口贸易有限公司	医疗设备批发
168	四川快乐酒保商贸有限公司	酒类批发
169	成都成粮蓉泰供应链管理有限公司	谷物批发
170	富通集团（成都）科技有限公司	批发光纤光缆原材料
171	成都华津时代科技股份有限公司	批发净水器
172	四川普思瑞新材料有限公司	化工材料批发
173	四川省朗曜贸易有限责任公司	化工原料批发
174	四川宸讯电子有限公司	手机批发
175	四川卓尔天讯电子有限公司	手机批发
176	四川冠普马立可汽车服务有限责任公司	批发汽车零配件
177	四川卓远天讯电子有限公司	批发手机
178	四川道盛商贸有限公司	医疗器械批发
179	成都中讯创新科技股份有限公司	批发计算机及辅助设备
180	中国烟草四川进出口有限责任公司	进口卷烟
181	四川省外贸集团成都进出口有限责任公司	自营和代理进出口汽配、自营和代理出口渔具、自营和代理进口木材
182	成都畅海商贸有限公司	水泥批发
183	四川国林万通贸易有限公司	批发木材
184	四川青益纯医药科技有限公司	植物提取物批发
185	成都米大科技有限公司	互联网批发
186	成都市妙可多商贸有限公司	批发牛奶
187	四川众鲲商贸有限公司	批发钢材
188	通威集团有限公司	饲料原料批发
189	四川西南水泥有限公司	水泥制品批发

续表 25

序号	企业名称	主要业务活动
190	四川天府雅都国际贸易有限公司	医疗设备的批发和进出口
191	四川华龙祥酒业有限公司	白酒零售
192	成都易初合正商贸有限公司	白酒批发
193	成都安久供应链有限公司	钢材批发
194	成都娇兰佳人商业连锁有限公司	化妆品批发
195	四川永创耀辉供应链管理有限公司	批发酒水
196	四川蒙牛优品乳业有限公司	批发乳制品
197	四川盛世元亨国际贸易有限公司	乙醇化工产品批发
198	四川观池实业集团有限公司	批发煤炭
199	四川新源华泽酒业有限公司	白酒批发
200	成都中欣盛石油技术开发有限公司	电气设备批发
201	四川省琨宇实业集团有限公司	建筑材料批发
202	成都天奥科技开发有限公司	浪潮服务器批发
203	四川嘉泓达纺织品有限公司	针纺织品及原料批发
204	成都天和云创科技有限公司	批发计算机软硬件零配件
205	四川奥家家居用品有限公司	家具批发
206	成都亚蔓科技有限公司	批发医疗器械
207	四川聚人云商科技有限公司	家电批发
208	成都兴宏永升矿产品有限公司	批发精金矿
209	四川智诚天逸科技有限公司	批发计算机网络安全产品
210	四川西南盐湖贸易有限公司	销售化肥（零售）
211	四川中地国际贸易有限公司	进出口贸易、代理

表 26　2022 年限额以上零售企业

序号	企业名称	主要业务活动
1	成都远大商业管理有限公司	超级市场零售
2	成都三里汽车技术有限公司	汽车维修
3	成都市高新区成通加油站	汽油零售、柴油零售
4	成都红旗连锁股份有限公司	食品零售
5	成都捷瑞汽车销售有限公司	新车零售
6	成都高新区红旗连锁有限公司	便利店零售
7	成都上典西区汽车销售有限公司	汽车新车零售
8	成都源采科技有限公司	互联网零售
9	四川港宏风神汽车销售有限公司	汽车零售
10	成都英跑汽车销售服务有限公司	汽车新车零售
11	四川港宏汽车销售有限责任公司	汽车零售

续表 26

序号	企业名称	主要业务活动
12	成都美威行汽车服务有限公司	零售凯迪拉克汽车
13	成都亨孚车业有限公司	零售汽车
14	安利捷（成都）丰田汽车销售服务有限公司	汽车售后服务
15	成都天帅车业有限公司	零售汽车、配件
16	东创建国汽车集团成都华宝汽车服务有限公司	汽车零售
17	成都维特大药房有限公司	西药零售
18	成都喜越汽车贸易有限公司	汽车零售服务
19	四川阿么鞋业有限公司	鞋帽零售
20	成都家乐福超市有限公司	零售粮油
21	上海三枪集团四川销售有限公司	零售针纺织品
22	四川省康润科技发展有限公司	零售机械设备
23	四川省城市车辆置业有限责任公司	汽车零售
24	四川城市车辆维修服务有限公司	汽车零售
25	成都启新汽车服务有限责任公司	汽车新车零售
26	成都罗森便利店管理有限公司	日用品批发及零售
27	成都通威全农惠电子商务有限公司	互联网零售
28	四川通威食品有限公司	鱼肉、猪肉、鲜鸭零售
29	成都仁孚汽车销售服务有限公司	零售奔驰轿车
30	四川省老邻居商贸连锁有限责任公司	商品零售
31	成都新亚通讯技术有限公司	通信设备零售
32	成都怡安汽车贸易有限公司	汽车零售
33	四川明友汽车服务有限公司	零售汽车
34	成都西物汽车有限公司	汽车零售
35	四川省惠利多商贸有限责任公司	批发零售
36	成都广龙汽车销售服务有限公司	汽车零售
37	成都智电锌势力极驰汽车销售服务有限公司	新能源汽车新车零售
38	四川三和汽车贸易有限责任公司	汽车零售
39	成都宝妈乐购电子商务有限公司	互联网零售
40	成都盛世和议汽车贸易有限公司	汽车新车零售
41	成都市觉飞电子商务有限公司	互联网零售内裤洗护机
42	成都众汇兴蓉汽车服务有限公司	汽车新车零售
43	四川川物美林汽车服务有限公司	汽车零售
44	四川仁博药房连锁有限公司	医药零售
45	成都兴三和汽车技术有限公司	零售传祺车
46	四川宏羽新迪汽车销售服务有限公司	汽车零售
47	成都高新埃安汽车销售服务有限公司	新能源汽车零售
48	成都百兴冠悦汽车服务有限公司	汽车新车零售

续表 26

序号	企业名称	主要业务活动
49	成都健力生药房有限责任公司	中药饮片零售
50	四川亨宜德汽车零部件有限责任公司	零售汽车易损件
51	成都七色纺电子商务有限公司	互联网零售针织品
52	理想智行汽车销售服务（成都）有限公司	汽车新车零售
53	成都百川新保汽车销售服务有限公司	汽车零售
54	成都三和兴悦汽车销售服务有限公司	汽车新车零售
55	成都马丁三和汽车服务有限公司	汽车新车零售
56	成都兴三和商贸有限公司	兰博基尼汽车零售
57	四川三和汽车服务有限公司	汽车零售
58	成都三和运通达商贸有限公司	零售汽车
59	四川先锋汽车有限责任公司	汽车零售
60	成都三和汽车技术有限公司	汽车零售
61	成都集大成汽车销售服务有限公司	汽车零售
62	四川省众诚实业有限责任公司	汽车零售
63	四川渝蓉庆玲汽车销售有限公司	汽车批发及零售
64	成都兴三和汽车服务有限公司	零售一汽大众奥迪品牌汽车
65	四川新元素鑫威汽车服务有限公司	汽车新车零售
66	拓速乐汽车销售服务（成都）有限公司	零售能源汽车
67	成都万友翔宇汽车销售服务有限公司	汽车零售
68	成都集大成汽车贸易有限公司	汽车零售
69	成都盛国皓萱新能源汽车销售服务有限公司	零售汽车及零配件
70	四川福顺汽车销售服务有限公司	汽车新车零售
71	四川福奔汽车贸易有限公司	零售汽车、零售汽车零配件、汽车维修、美容
72	成都高新区兴达加油站	成品油零售
73	成都建业车业有限公司	汽车零售
74	四川港宏西物时代汽车销售有限公司	汽车销售零售
75	成都三和新元素汽车服务有限公司	汽车零售
76	四川新元素汽车服务有限公司	汽车零售
77	成都国跃车业有限公司	零售和维修斯柯达轿车
78	东创建国汽车集团成都天弘车业有限公司	汽车零售
79	四川中达凌志汽车有限公司	汽车零售
80	四川中达成宝汽车销售有限公司	汽车零售
81	成都新宇恒纪元钟表有限公司	零售手表、眼镜
82	成都市高新区仁和百货有限公司	百货零售
83	四川蜜蛋网络科技有限公司	互联网化妆品零售
84	成都市东森汇鑫汽车销售服务有限公司	汽车零售
85	四川新双立汽车销售服务有限责任公司	汽车零售

续表 26

序号	企业名称	主要业务活动
86	成都市笑脸科技有限公司	洗护机网上零售
87	成都新港治元汽车销售服务有限公司	汽车新车零售
88	成都城市绿茵体育发展有限公司	互联网体育服装零售
89	成都市奥特乐商业管理有限公司	超市零售
90	四川聚马飞腾汽车销售服务有限公司	汽车零售
91	成都峨眉雪芽电子商务有限公司	茶叶互联网零售
92	成都趣生活网络科技有限公司	商品研发
93	四川快喝无人零售科技有限公司	互联网零售酒
94	四川易玖电子商务有限公司	互联网酒类零售
95	四川孩子王儿童用品有限公司	母婴童全渠道商品零售
96	成都邻好超市有限责任公司	超级市场零售
97	乐天百货（成都）有限公司	百货零售
98	成都新鲜氧气电子商务有限公司	互联网零售护肤品
99	四川浓五电子商务有限公司	互联网零售
100	成都本忆商务服务有限公司	互联网零售文具
101	成都快力文商务有限公司	办公用品互联网零售
102	四川省尚品优绩科技有限公司	互联网零售文具用品
103	廖记食品连锁股份有限公司	商品批发与零售
104	四川罗伦士汽车有限公司	零售汽车新车
105	成都宝源行汽车销售服务有限公司	汽车零售
106	迪卡侬（成都）体育用品有限公司	零售体育用品
107	四川先锋汽车维修服务有限公司	汽车维修
108	四川广博汽车有限公司	汽车零售
109	成都技嘉名车汽车销售服务有限公司	零售汽车
110	成都宜家家居有限公司	零售家具家居产品
111	成都奈绮儿商贸有限公司	女鞋网络零售
112	成都同光在线科技有限公司	批发手机
113	成都青杉汽车有限公司	汽车新车零售
114	成都纬图商业管理有限公司	手机零售
115	长江三峡（成都）电子商务有限公司	互联网零售
116	成都极米视界电子商务有限公司	零售智能投影仪
117	四川广电星空电视购物有限公司	综合零售
118	成都蔚然汽车销售服务有限公司	批发零售汽车
119	四川华夏万卷电子商务有限公司	网络零售字帖等出版物
120	四川钟书文化传播有限公司	图书零售
121	成都觅瑞科技有限公司	互联网零售智能家居产品
122	成都迈普国际信息技术有限公司	计算机、软件及辅助设备零售

续表 26

序号	企业名称	主要业务活动
123	成都伊藤洋华堂电子商务有限公司	网上零售百货
124	成都杂志铺信息技术有限公司	书刊零售
125	成都趣睡科技股份有限公司	互联网零售
126	成都邮征天下信息技术有限公司	书刊零售
127	成都安德鲁森食品有限公司	批发零售面包糕点
128	成都贝发信息技术有限公司	网上零售家居用品

表 27　2022 年限额以上住宿餐饮企业

序号	企业名称	主要业务活动
1	成都百科惠酒店管理有限责任公司	其他一般旅馆服务
2	成都高新九点酒店有限责任公司	宾馆服务
3	成都维也纳酒店管理有限公司	客房住宿
4	四川安泰锦云酒店有限责任公司	旅游饭店服务
5	四川世纪安泰实业有限公司	酒店住宿
6	成都尚诚酒店管理有限公司	酒店住宿
7	成都十八步岛酒店有限公司	住宿、餐饮
8	四川应龙湾澜岸酒店管理有限公司	餐饮服务
9	成都美怡酒店有限公司	酒店住宿和餐饮业
10	成都嘉祥瑞庭酒店投资管理有限公司	旅游饭店服务
11	成都田氏兄弟酒店管理有限公司	连锁酒店服务
12	成都锦行天下商务信息咨询有限公司	连锁酒店服务
13	成都优品家酒店管理有限公司	一般住宿服务
14	成都星瑞美丽华酒店有限公司	其他一般旅馆服务
15	成都天大餐饮管理有限公司	餐饮服务
16	成都桂祥酒店管理有限公司	住宿服务
17	成都市平吉餐饮管理有限公司	中式快餐
18	麦德广成都餐饮有限公司	正餐服务
19	四川合丰春餐饮管理有限公司	正餐服务
20	成都市誉祥富餐饮管理有限公司	正餐服务
21	成都红杏紫荆餐饮有限公司	正餐服务
22	成都万禾春天实业有限公司	正餐服务
23	新兰天地酒店管理有限公司	其他一般旅馆服务
24	成都咖喱泰泰餐饮有限公司	泰式正餐服务
25	成都银杏餐饮管理有限公司	中餐制售
26	四川雅乐大酒店有限公司	酒店服务
27	四川渝蓉典尚餐饮管理有限公司	正餐服务

续表 27

序号	企业名称	主要业务活动
28	成都映象莲花坊餐饮有限公司	餐饮服务
29	四川蜀府宴语餐饮有限公司	餐饮服务
30	成都市皇城老妈酒店管理有限公司	火锅制销
31	成都威斯凯尔酒店管理有限公司	酒店管理
32	成都映象餐饮有限公司	中餐制售（含凉菜果汁）
33	成都紫荆大蓉和餐饮有限公司	中餐服务
34	成都新蜀九香餐饮有限公司	中餐制售
35	成都新东方大酒店有限公司	酒店住宿
36	成都铂洋酒店管理有限责任公司	一般住宿服务
37	成都铂韵酒店管理有限公司	住宿服务
38	成都四季御庭餐饮有限公司	正餐服务
39	四川卞氏菜根香泡菜酒楼有限公司	餐饮服务
40	成都富升博爵酒店管理有限责任公司	连锁酒店服务
41	四川岷山拉萨大酒店管理有限公司	酒店管理
42	成都汤乐源酒店管理有限公司	餐饮服务
43	成都南三集粹餐饮有限公司	正餐服务
44	成都宜必思酒店有限公司	酒店住宿
45	成都味道三缺一餐饮有限责任公司	正餐服务
46	成都兴喆啡酒店管理有限公司	经济型连锁酒店服务
47	成都原岛酒店管理有限公司	其他一般旅馆服务
48	成都额尔敦必福牛匠餐饮管理有限公司	正餐服务
49	成都锦亦缘餐饮有限公司	中式正餐服务
50	成都老房子华粹餐饮有限公司	餐饮服务
51	成都华道钰善阁文化传播有限责任公司	餐饮服务
52	成都水街黉台酒店有限公司	正餐服务（特色餐饮）
53	四川格外餐饮有限责任公司	正餐服务
54	成都柴门荟商务服务有限责任公司	餐饮服务
55	成都一方瓦舍酒店有限公司	其他一般旅馆服务
56	成都尽膳餐饮有限公司	正餐服务
57	四川安宜达酒店管理有限公司	酒店住宿管理
58	成都翠玲珑餐饮有限公司	正餐服务
59	成都许家菜餐饮管理有限公司	正餐服务
60	成都沃顿酒店管理有限公司	连锁酒店服务
61	成都红杏荣华餐饮有限公司	正餐服务
62	成都新概念梓楠餐饮有限公司	正餐服务
63	成都好庭假日酒店管理有限公司	酒店管理
64	四川天府禾怡酒店管理有限公司	提供酒店管理业务

续表 27

序号	企业名称	主要业务活动
65	成都峰爵酒店管理有限公司	酒店住宿
66	成都悦弈艺朗酒店有限公司	酒店住宿
67	四川隐庐酒店管理有限公司	旅游饭店服务
68	成都安琪儿南区母婴护理服务有限公司	其他住宿业
69	成都子月餐饮管理有限公司	正餐服务
70	成都华商闽菜餐饮管理有限公司	正餐服务
71	成都味真餐饮有限责任公司	餐饮服务
72	成都俏江南酒店管理有限公司	酒店管理（不含住宿）
73	成都鼎逸酒店管理有限公司	其他一般酒店服务
74	成都虾佬鲜餐饮管理有限公司	正餐服务
75	成都大蓉和拉德方斯餐饮管理有限公司	中餐服务
76	成都市芭菲盛宴餐饮有限公司	餐饮服务
77	泉盛餐饮管理（成都）有限公司	快餐服务
78	成都布衣小厨餐饮有限公司	正餐服务
79	成都市高新区科华豪雅饭店有限公司	宾馆住宿
80	成都高新豪生大酒店有限公司	酒店住宿
81	成都兰桂餐饮管理有限公司	餐饮服务
82	成都市鼎盛合投资有限公司	中餐、茶座
83	成都玉盘餐饮管理有限责任公司	中餐制造
84	成都南城大蓉和餐饮管理有限公司	烹制中餐
85	成都首膳海鲜食府有限公司	中餐企业管理
86	成都绅泰大酒店有限公司	酒店住宿
87	成都凯南烤匠餐饮服务有限公司	正餐服务
88	成都大鼎世纪大酒店有限公司	酒店住宿
89	成都康普雷斯酒店管理有限公司	住宿服务
90	成都珈南美业餐饮有限公司	正餐服务
91	成都南堂馆餐饮管理有限公司	中餐服务
92	四川食秀餐饮服务有限公司	快餐服务
93	成都海洋莱普敦酒店有限公司	住宿服务
94	成都山水上酒店有限公司	酒店住宿
95	成都本原本味餐饮管理有限公司	酒吧服务
96	四川万蔚盛达餐饮服务有限责任公司	正餐服务
97	成都亚惠餐饮有限公司	食品经营
98	四川卞氏菜根香泡菜食肆餐饮有限责任公司	正餐服务
99	四川泰蒙斯酒店有限责任公司	旅游饭店管理
100	成都豪客来餐饮有限公司	快餐服务

表 28 2022 年成都高新区电子信息产业规模以上工业企业

序号	企业名称	主要业务活动
1	鸿富锦精密电子（成都）有限公司	生产制造平板电脑、MACBOOK
2	戴尔（成都）有限公司	制造计算机产品
3	业成科技（成都）有限公司	触摸显示屏生产
4	成都京东方光电科技有限公司	液晶显示器件
5	鸿富成精密电子（成都）有限公司	iwatch 智能手表制造
6	英特尔产品（成都）有限公司	集成电路制造
7	德州仪器半导体制造（成都）有限公司	半导体元器件制造
8	西门子工业自动化产品（成都）有限公司	生产工业自动化产品
9	TCL 王牌电器（成都）有限公司	生产彩色电视机
10	莫仕连接器（成都）有限公司	生产制造连接器
11	成都欧珀移动通信有限公司	智能手机生产
12	成都先进功率半导体股份有限公司	半导体分立器件
13	成都市联洲国际技术有限公司	生产交换机
14	成都长城开发科技有限公司	智能电表生产
15	达迩科技（成都）有限公司	集成电路封装
16	宇芯（成都）集成电路封装测试有限公司	生产 SLP
17	精电（成都）显示技术有限公司	生产车载显示屏
18	索尔思光电（成都）有限公司	光收发模块
19	成都芯源系统有限公司	生产半导体集成电路
20	业泓科技（成都）有限公司	触控模组生产
21	成都银河磁体股份有限公司	电子元件
22	安费诺商用电子产品（成都）有限公司	生产及经营新型电子器件
23	奇宏电子（成都）有限公司	生产散热产品
24	成都明夷电子科技有限公司	集成电路制造
25	成都雷电微力科技有限公司	集成电路软件制造
26	成都天马微电子有限公司	生产中小尺寸 TFT-LCD
27	成都前锋电子有限责任公司	燃气热水器生产
28	成都大唐线缆有限公司	制造同轴电缆
29	成都蓉博通信技术有限公司	光电子器件制造
30	成都新易盛通信技术股份有限公司	光模块生产
31	成都运达科技股份有限公司	轨道交通、机械
32	四川光恒通信技术有限公司	单纤双向组件
33	四川中光防雷科技股份有限公司	生产避雷器
34	成都泰格微波技术股份有限公司	功分器等
35	东方日立（成都）电控设备有限公司	高压变频器生产
36	成都振芯科技股份有限公司	北斗卫星导航应用产业链提供产品和服务
37	成都天奥信息科技有限公司	电子产品

续表28

序号	企业名称	主要业务活动
38	成都德源电缆有限公司	电线电缆生产
39	成都泰格微电子研究所有限责任公司	微波器件生产
40	依米康科技集团股份有限公司	生产空调机
41	成都万创科技股份有限公司	生产工业控制主板
42	富通光纤光缆(成都)有限公司	制造光缆
43	成都天奥集团有限公司	电子产品
44	四川汇源光通信有限公司	光缆制造
45	成都天奥测控技术有限公司	测试测控
46	成都天箭科技股份有限公司	光电子器件及其他电子器件制造
47	成都富通光通信技术有限公司	光纤光缆制造
48	成都赛来科技有限公司	生产工业自动控制系统
49	成都兴胜半导体材料有限公司	引线框架
50	爱发科东方真空(成都)有限公司	氦检充注设备制造
51	四川梅塞尔气体产品有限公司	工业及医用气体生产
52	成都交大光芒科技股份有限公司	电子控制设备制造
53	成都芯通软件有限公司	生产制造移动通信设备
54	成都九洲电子信息系统股份有限公司	其他电子设备制造
55	成都市极创光电科技有限公司	投影设备光机生产
56	成都盟升科技有限公司	导航接收机生产
57	成都国星通信有限公司	北斗导航定位终端生产
58	是德科技(成都)有限公司	频谱分析仪
59	成都九洲迪飞科技有限责任公司	接收机放大器耦合器制造
60	四川赛狄信息技术股份公司	研制生产电子产品
61	成都安可信电子股份有限公司	环境监测专用仪器仪表
62	成都路维光电有限公司	光刻掩膜版生产
63	成都国翼电子技术有限公司	生产航空航天配套产品
64	成都市克莱微波科技有限公司	生产功率放大器
65	成都吉锐时代触摸技术有限公司	生产计算机触摸屏、生产触摸显示器
66	华兴源创(成都)科技有限公司	自动化检测设备制造
67	成都坤恒顺维科技股份有限公司	无线电仿真产品生产制造
68	成都川美新技术股份有限公司	中小规模卫星通信监测系统生产
69	成都兴科达电器实业有限公司	配电开关控制设备制造
70	成都必控科技有限责任公司	研发滤波器及组件
71	成都中住光纤有限公司	光纤制造
72	成都中光电科技有限公司	液晶玻璃研发制造
73	成都交大许继电气有限责任公司	综合自动系统制造
74	成都兴胜新材料有限公司	引线框架半导体材料开发生产

续表28

序号	企业名称	主要业务活动
75	富泰华精密电子（成都）有限公司	生产模具
76	成都汉度科技有限公司	集中器通信模块生产
77	成都菲斯特科技有限公司	屏幕制造
78	普诚创智（成都）科技有限公司	LED 照明驱动 IC 研发生产
79	四川金网通电子科技有限公司	生产数字电视机顶盒
80	成都新西旺自动化科技有限公司	机器视觉产品制造
81	液化空气（成都）有限公司	液化空气制造
82	成都嘉晨科技有限公司	微波功率模块生产
83	成都芯进电子有限公司	集成电路制造
84	成都玖锦科技有限公司	制造电子测试仪器
85	四川西南交大铁路发展股份有限公司	铁路特种装备
86	成都东进世美肯科技有限公司	蚀刻剂、剥离剂、现象剂生产
87	成都亿佰特电子科技有限公司	生产通信设备
88	成都光创联科技有限公司	生产光电子器件
89	成都大西洋线缆有限公司	生产电缆
90	成都泰美克晶体技术有限公司	条形石英晶片
91	成都联星技术股份有限公司	生产电子产品
92	成都八达接插件有限公司	生产电线电缆
93	成都汇通西电电子有限公司	超声波传感器制造
94	成都大公博创信息技术有限公司	无线电监测设备的生产
95	成都沃特塞恩电子技术有限公司	生产固态微波源
96	成都普什信息自动化有限公司	RFID 生产
97	成都晶宝时频技术股份有限公司	石英晶体谐振器
98	成都华光瑞芯微电子股份有限公司	微波单片集成电路
99	成都中科华微电子有限公司	集成电路制造
100	成都阜特科技股份有限公司	生产变桨系统
101	成都锐新科技有限公司	微波系统生产、分机生产、组件生产
102	成都仕芯半导体有限公司	集成电路制造
103	成都瑞迪威科技有限公司	雷达及配套设备生产制造
104	成都普天电缆股份有限公司	智能电器
105	麦克奥迪（成都）仪器有限公司	生产显微镜
106	成都泓睿科技有限责任公司	生产全自动智能灯检机
107	博腾电子产品（成都）有限公司	生产测径测长仪
108	成都乐创自动化技术股份有限公司	工业自动控制系统
109	成都莱普科技股份有限公司	光电子生产
110	四川君逸数码科技股份有限公司	弱电安防产品生产
111	四川汇友电气有限公司	生产箱式分区所

续表28

序号	企业名称	主要业务活动
112	成都天锐星通科技有限公司	卫星通信终端制造
113	成都思越智能设备有限公司	自动化设备制造
114	成都合盛高科科技有限公司	触摸显示器生产、触摸一体机生产、数字标牌生产
115	四川中科微芯电子有限公司	生产微波产品
116	成都夸克光电技术有限公司	光电、通信产品：1553B 总线仿真与测试设备生产
117	成都锐芯盛通电子科技有限公司	制造微波毫米波相控阵产品
118	成都四为电子信息股份有限公司	电子工业专用设备制造
119	成都飞鱼星科技股份有限公司	路由器生产、交换机生产
120	四川电器集团股份有限公司	配电开关柜
121	成都国恒空间技术工程有限公司	卫星通信设备制造
122	成都众志天成科技有限公司	生产微波通信设备
123	成都国腾实业集团有限公司	第二代居民身份证验证机具
124	四川浩特通信有限公司	系统集成及信息系统运维服务
125	出光电子材料（中国）有限公司	光电子材料制造
126	成都华兴大地科技有限公司	雷达及配套设备制造
127	成都因纳伟盛科技股份有限公司	第二代居民身份证阅读器
128	成都交大川电科技有限公司	智能输变电高新技术产品生产
129	成都声立德克技术有限公司	生产超声水表
130	成都正扬博创电子技术有限公司	控制计算机及配套设备制造
131	成都兴仁科技有限公司	生产通信侦查系统及相关设备
132	成都曙光光纤网络有限责任公司	交通机电工程系统生产
133	成都晶九科技有限公司	固体激光晶体材料制造
134	成都府河电力自动化成套设备有限责任公司	故障录波器制造
135	四川齐航盈创科技有限公司	集成电路生产
136	成都金诺信高科技有限公司	其他电子设备制造
137	成都瀚德科技有限公司	电子专用设备仪器制造
138	成都锐达自动控制有限公司	信息系统集成服务
139	中电科柯林斯航空电子有限公司	生产通导设备
140	成都宇熙电子技术有限公司	电子元器件生产
141	成都红芯源电子科技有限公司	电源模块生产
142	成都网动光电子技术股份有限公司	光模块生产
143	电子科大科园股份有限公司	电子产品生产
144	四川九立微波有限公司	高频组件
145	成都市汉桐集成技术有限公司	集成电路加工
146	成都博宇利华科技有限公司	通信系统设备制造
147	四川阳辰信通科技有限公司	电工仪器仪表制造
148	四川嘉义雷科电子技术有限公司	电子整机、元器件生产

续表28

序号	企业名称	主要业务活动
149	中科汇安科技成都有限公司	滤波器生产
150	成都中科慧源科技有限公司	研发生产批发计量仪表
151	成都科普尔电缆有限公司	电线电缆
152	成都四方信息技术有限公司	人井管道集中管理监控系统
153	成都嘉泰华力科技有限责任公司	雷达目标模拟器生产
154	成都太科光电技术有限责任公司	激光干洁仪制造
155	成都中航信虹科技股份有限公司	数字同频同播产品生产
156	成都市精准时空科技有限公司	全球卫星导航系统中段制造
157	成都凌德科技有限公司	通信系统设备制造
158	成都雷通科技有限公司	雷达整机及雷达配套产品制造
159	联华精密气体（成都）有限公司	工业气体生产
160	四川思创激光科技有限公司	光纤激光器生产
161	成都中菱无线通信电缆有限公司	生产信息、通信系统网络用各类电缆
162	四川蜀杰通用电气有限公司	视频会议系统制造
163	四川观想科技股份有限公司	软件开发
164	四川杰诺创科技有限公司	生产回旋行波管
165	成都迪谱光电科技有限公司	光模块生产
166	成都科星电力电器有限公司	配电柜生产
167	成都星联芯通科技有限公司	通信终端设备制造
168	成都市晶林科技有限公司	集成电路制造
169	国蓉科技有限公司	电子产品生产
170	成都中安频谱科技有限公司	无线电频谱监测设备生产
171	成都欧飞凌通讯技术有限公司	通信产品生产
172	四川格纳斯光电科技股份有限公司	光电子器件生产、光学仪器生产
173	成都三零盛安信息系统有限公司	系统集成
174	成都先锋材料有限公司	生产半导体材料
175	成都中衡网络有限公司	弱电线缆

表29　2022年成都高新区生物产业规模以上工业企业

序号	企业名称	主要业务活动
1	成都倍特药业股份有限公司	生产西药
2	迈克生物股份有限公司	体外诊断试剂的生产批发
3	成都蓉生药业有限责任公司	人血清白蛋白
4	四川远大蜀阳药业有限责任公司	血液制品
5	成都盛迪医药有限公司	生产片剂、颗粒剂、硬胶囊剂、软胶囊剂、大容量注射剂
6	四川制药制剂有限公司	青霉素V钾胶囊

续表 29

序号	企业名称	主要业务活动
7	成都苑东生物制药股份有限公司	化学药品制剂制造
8	四川汇利实业有限公司	生产批发 PVC 医药包装硬片
9	成都地奥制药集团有限公司	中成药制造
10	成都青山利康药业有限公司	化学药品制剂制造
11	四川新荷花中药饮片股份有限公司	中药饮片
12	四川美大康佳乐药业有限公司	化学药品大容量注射剂
13	成都欧林生物科技股份有限公司	人用疫苗生产
14	四川普锐特药业有限公司	吸入用气雾剂生产
15	四川安可瑞新材料技术有限公司	抗原抗体生产
16	迈克医疗电子有限公司	生产医疗器械
17	成都瑞琦医疗科技有限责任公司	真空采血系统
18	成都华神科技集团股份有限公司	生产原料药
19	成都地奥九泓制药厂	生物药品制造
20	成都中核高通同位素股份有限公司	放射性同位素产品生产
21	地奥集团成都药业股份有限公司	化学药品制剂制造
22	成都恒瑞制药有限公司	罗格列酮片生产
23	四川沃文特生物技术有限公司	医疗设备制造
24	成都迪康药业股份有限公司	雷贝拉唑钠肠溶片
25	国药集团川抗制药有限公司	医药制造业
26	健进制药有限公司	西药注射剂生产
27	四川升和药业股份有限公司	生产中成药
28	成都普什制药有限公司	注射液化学药品制剂制造
29	四川太平洋药业有限责任公司	医药制造销售（批发）
30	成都康美药业生产有限公司	中药饮片
31	成都杨天万应制药有限公司	中成药生产
32	成都枫澜科技有限公司	饲料添加剂
33	四川新健康成生物股份有限公司	生化试剂
34	成都普什医药塑料包装有限公司	医疗器械生产、医疗塑料包装、医药耗材
35	成都威力生生物科技有限公司	血液透析机
36	成都普利泰生物科技有限公司	生产便携式分析试剂盘
37	吉泰安（四川）药业有限公司	心元胶囊
38	四川盈嘉合生科技有限公司	生产甜菊糖苷
39	成都泰和伟业生物科技有限公司	氨基酸生产
40	成都斯马特科技有限公司	医疗器械生产
41	成都迪康中科生物医学材料有限公司	可吸收骨折内固定螺钉
42	成都润兴消毒药业有限公司	研发、生产、批发消毒药品
43	成都睿智化学研究有限公司	化学药品制剂制造

续表 29

序号	企业名称	主要业务活动
44	四川携光生物技术有限公司	医疗器械生产
45	成都华昊中天药业有限公司	化学药品制剂生产
46	奥泰医疗系统有限责任公司	高场医用磁共振设备生产
47	成都瀚辰光翼生物工程有限公司	基因检测设备制造
48	成都华宇制药有限公司	成品原药
49	成都维信电子科大新技术有限公司	研发生产批发医疗器械
50	四川国康药业有限公司	黄芪片生产
51	安科锐加速器技术（成都）有限公司	生产肿瘤加速器产品，用于医疗设备
52	成都恩普生医疗科技有限公司	生化分析仪器生产
53	四川杨天生物药业股份有限公司	化学药品制剂制造
54	成都微芯药业有限公司	生产化学制剂
55	四川奇力制药有限公司	药品生产
56	四川华德生物工程有限公司	饲料添加剂生产
57	成都普川生物医用材料股份有限公司	医疗器械生产

表 30　2022 年成都高新区其他制造规模以上工业企业

序号	企业名称	主要业务活动
1	国网四川省电力公司	电力供应
2	中国石油化工股份有限公司西南油气分公司	油气开采勘探
3	三峡金沙江川云水电开发有限公司	水力发电
4	中国航发航空科技股份有限公司	民用航空发动机零部件制造
5	成都建工赛利混凝土有限公司	商品混凝土
6	通威股份有限公司	生产饲料
7	日立电梯（成都）有限公司	电梯制造
8	成都市排水有限责任公司	城市污水处理
9	成都精准混凝土有限公司	生产商品混凝土
10	成都世纪投资有限公司	预混合饲料
11	成都明旺乳业有限公司	含乳饮料和植物蛋白饮料制造
12	昕诺飞灯具（成都）有限公司	生产灯具
13	成都硅宝科技股份有限公司	998 硅酮密封胶
14	成都爱乐达航空制造股份有限公司	飞机零部件精密加工
15	成都熊谷加世电器有限公司	自动焊机
16	四川元祖食品有限公司	中西式糕点
17	厚普清洁能源股份有限公司	压缩天然气加气站设备
18	威特龙消防安全集团股份公司	低压 CO_2 灭火系统制造
19	成都航利航空科技有限责任公司	航空产品研发设计制造

续表 30

序号	企业名称	主要业务活动
20	中自环保科技股份有限公司	汽车零部件及配件制造
21	四川优机实业股份有限公司	通用机械设备制造
22	成都高赛尔股份有限公司	银、银制品生产、金、金制品生产、投资管理、咨询
23	国家能源集团四川发电有限公司	水力发电
24	成都立航科技股份有限公司	生产飞机地面辅助设备、飞机结构件加工、无人机机翼装配
25	成都百施特金刚石钻头有限公司	生产 POC 金刚石钻头
26	四川省桑瑞光辉标识系统股份有限公司	金属结构制造、标识系统制作
27	普惠艾特航空制造（成都）有限公司	航空航天器制造
28	宝利根（成都）精密工业有限公司	模具加工
29	四川亚美动力技术有限公司	航空发动机维修
30	成都锐思环保技术股份有限公司	环保成套设备
31	四川省品重钢构股份有限公司	钢结构加工
32	恒安（四川）生活用品有限公司	卫生生活用纸
33	成都航利装备科技有限公司	航空发动机专用设备制造
34	成都东盛包装材料有限公司	SP 合成纸
35	成都广日电气设备有限公司	生产电梯零部件
36	成都好主人宠物食品有限公司	宠物饲料
37	成都成发泰达航空科技股份有限公司	航空器部件维修
38	成都硅宝好巴适密封材料有限责任公司	密封胶生产
39	成都华太航空科技股份有限公司	航空机载电子部件维修
40	成都芮捷科技发展有限责任公司	其他输配电及控制设备制造
41	成都富凯飞机工程服务有限公司	飞机维修
42	四川省达科特能源科技股份有限公司	气体液体分离提纯设备制造
43	成都纵横大鹏无人机科技有限公司	生产无人机
44	成都邦普切削刀具股份有限公司	硬质合金刀片
45	成都威特电喷有限责任公司	柴油机电控燃油喷射
46	中电科航空电子有限公司	民用机载航电系统生产、航电设备生产
47	成都高新区华汇实业有限公司	汽车空调执行器生产
48	成都世纪新能源有限公司	热电联产、电力供应
49	成都欧美克石油科技股份有限公司	专项化学用品制造
50	中广核久源（成都）科技有限公司	核仪器仪表制造
51	成都交大运达电气有限公司	轨道交通电气自动化设备制造
52	四川航天电液控制有限公司	矿山机电生产
53	成都市兴蓉污泥处置有限责任公司	污泥处置
54	成都纵横自动化技术股份有限公司	无人机飞控生产
55	成都鼎胜科技有限公司	地下高压储气设备

续表 30

序号	企业名称	主要业务活动
56	希望深蓝空调制造有限公司	研制中央空调系统等
57	成都润博科技有限公司	金属制品制造
58	成都山富数码喷绘材料有限公司	生产加工喷绘广告材料
59	成都塞维拉电梯轨道系统有限公司	生产电梯导轨
60	岸宝环保科技（成都）有限公司	纸碗生产
61	四川高龙机械有限公司	高精密机电产品制造
62	铁姆肯（成都）航空及精密产品有限公司	航空轴承
63	成都奥格光学玻璃有限公司	光学玻璃制造
64	四川傲势科技有限公司	生产无人机
65	四川天采科技有限责任公司	其他专业技术服务
66	成都易态科技有限公司	金属材料及制品研发生产批发
67	四川亚联高科技股份有限公司	催化剂生产
68	成都中科唯实仪器有限责任公司	光电仪器设备
69	成都联科航空技术有限公司	制造航空专用部件
70	四川研宝科技有限公司	高新光源制作
71	赫比（成都）精密塑胶制品有限公司	开发生产精密模具及其软件
72	成都西格码精密部件有限公司	生产精密零部件加工
73	四川汇源钢建科技股份有限公司	钢架结构的生产
74	成都奥图科技有限责任公司	航空机箱制造
75	成都煜鼎特种加工技术有限公司	金属切削机床制造
76	四川联畅信通科技有限公司	漏缆卡具制造
77	四川瑞霆智汇科技有限公司	配电开关控制设备制造
78	成都瑞拓科技股份有限公司	卷烟滤棒综合测试台
79	成都市蜀科科技有限责任公司	脱硫废水处理
80	成都硅宝防腐科技有限责任公司	生产防腐保温材料、密封用填料批发并提供服务
81	成都前锋热交换器有限责任公司	热交换器生产
82	成都西部泰力智能设备股份有限公司	生产安装起重设备
83	四川富彩科技有限公司	有机硅压敏胶生产
84	四川博源科技有限责任公司	标识标牌制造、灯箱及广告机制造、ATM 机罩制造
85	成都恒成工具股份有限公司	制造木工铣刀
86	成都市鑫三叶科技有限公司	气体压缩机制造
87	成都旺旺食品有限公司	旺旺雪饼
88	成都微深科技有限公司	消防感温玻璃球
89	成都新成食品工业有限公司	康元系列饼干
90	盈泰精密模具（成都）有限公司	塑料制品生产
91	四川兴澳环境技术服务有限公司	污水处理
92	成都新大洋焊接材料有限责任公司	CO_2 气体保护焊丝

续表 30

序号	企业名称	主要业务活动
93	成都中科智成科技有限责任公司	民用智能气表阀门制造
94	四川鹦鹉螺工业设备运行管理有限公司	石油钻探设备制造
95	成都硅特自动化设备有限公司	胶黏剂自动化设备以及应用设备的研发、生产和经营
96	成都航利阀门成套设备有限公司	石油天然气专用阀门、元件组合装置的设计、安装
97	四川华神钢构有限责任公司	钢结构产品生产
98	四川金冠新材料股份有限公司	加工胶黏制品
99	成都泰宜能源科技开发有限公司	生产防爆灯
100	四川海特高新技术股份有限公司	飞机维修
101	成都浩孚科技有限公司	光电吊舱生产
102	成都彩星科技股份有限公司	各类工业涂料生产
103	弥荣（成都）实业有限公司	生产开发汽车检测设备
104	四川奥特附件维修有限责任公司	航空设备维修
105	四川华德深远石油机械有限公司	制造石油钻采专用设备
106	四川嘉博文生物科技有限公司	生产有机肥料
107	成都展望能源机械有限公司	天然气压缩机组成套生产
108	成都安迪生测量有限公司	仪表研发、生产及批发零售
109	成都新洲航空设备有限责任公司	机载产品
110	成都正升能源技术开发有限公司	压缩机维修
111	成都市雨田骏科技发展有限公司	高频开关电源制造
112	四川冶金设备开发有限公司	高炉煤粉喷枪生产
113	成都精工科技有限公司	生产金属制品
114	成都倍特厨柜制造有限公司	家具制造
115	成都墨钜电子科技有限公司	雷达及配套设备制造
116	四川图林科技有限责任公司	生产专用激光陀螺仪
117	四川泰兰德科技有限公司	气体分析仪器仪表生产
118	四川深远石油钻井工具股份有限公司	石油金刚石钻头
119	成都奔流标识制作有限责任公司	标识牌灯箱制作安装
120	四川迪威消防设备制造有限公司	消防设备制造
121	四川悦承环保节能科技有限公司	环保设备生产
122	四川优机精密机械制造有限公司	机械零部件加工
123	成都市晨业科技有限公司	机械设备及配件装置生产
124	成都五牛科技有限公司	空调设备制造
125	四川远航华诚机械有限公司	生产航天航空发动机零部件
126	成都时代星光科技有限公司	无人机系统
127	成都三航机电股份有限公司	航空电子产品生产
128	成都齐达水处理工程股份有限公司	水处理制剂生产
129	成都思鸿维科技有限责任公司	制造工业制动化系统装置

续表 30

序号	企业名称	主要业务活动
130	四川天中星航空科技有限公司	航空电子设备的地面检测设备制造
131	成都航利电气有限公司	输配电成套设备生产开发
132	成都优拓优联科技有限公司	生产高铁动车刹车组件
133	成都恒享科技有限公司	一体化监测测向设备制造
134	成都若克菲斯科技有限公司	石油钻采专用设备制造
135	成都宝利根自动化技术有限公司	电子连接器自动化设备制造
136	成都米柯精密机械有限公司	电气信号设备制造
137	四川海盾石油新技术开发有限公司	油田技术服务及相关产品生产批发
138	成都爱信智能技术有限责任公司	燃气发电机组产品生产
139	成都鑫艺高印务有限公司	书刊印刷
140	成都楷航科技有限公司	模具制造
141	四川汐汐科技有限公司	生产水处理设备
142	四川云路科技有限公司	隔声屏生产
143	成都普瑞逊电子有限公司	衡器制造
144	四川川石．克锐达金刚石钻头有限公司	金刚石钻头
145	四川久远新方向智能科技有限公司	轨道交通
146	成都天元模具技术有限责任公司	汽车焊接夹具制造
147	成都欧盛光电科技有限公司	生产 LED 灯透镜
148	成都传视科技有限公司	生产光学镜片
149	翰克偲诺水务集团有限公司	水处理设备制造
150	成都网讯新材料技术有限公司	钢塑复合带
151	成都英格瑞德电气有限公司	生产智能 UPS 系统
152	成都科鸿凌泰自动识别技术有限公司	铁路设备及器材配件制造
153	中铁岩锋成都科技有限公司	生产湿喷机
154	成都普瑞斯数控机床有限公司	金属切削机床
155	成都新和特科技有限公司	生产锁具
156	成都得道实业有限公司	钻井液用产品生产及批发
157	成都金阳光建材有限公司	塑钢门窗
158	成都市世成食品有限公司	软糖生产
159	成都天合宏业科技发展有限公司	涂料生产
160	四川深蓝环保科技有限公司	渗漏液处理工程服务
161	布鲁克（成都）工程有限公司	SNS 岩土防护系统及岩土体相关特殊防护工程
162	合一再生资源科技有限公司	防水建筑材料制造

表 31　2022 年成都高新区具有新经济特征的规模以上服务业企业

序号	企业名称	主要业务活动
1	腾讯科技（成都）有限公司	游戏开发
2	中国移动通信集团四川有限公司成都分公司	移动电信服务
3	成都快购科技有限公司	技术服务
4	成都巨量引擎信息技术有限公司	互联网广告服务
5	成都鼎桥通信技术有限公司	宽带多媒体数字集群解决方案
6	四川省通信产业服务有限公司	通信网络
7	成都滴滴优行科技有限公司	网约车服务
8	新华三云计算技术有限公司	云基础设施服务
9	中建凯德电子工程设计有限公司	工程图纸设计
10	阿里巴巴（成都）软件技术有限公司	大数据分析挖掘服务（俗称“外贸直通车”）
11	咪咕音乐有限公司	移动互联网信息服务
12	成都携程信息技术有限公司	订房服务、旅游信息咨询、票务咨询
13	成都书声科技有限公司	应用软件开发
14	成都西山居世游科技有限公司	软件开发、游戏设计
15	亚信科技（成都）有限公司	信息安全软件开发
16	成都全景智能科技有限公司	系统集成服务
17	成都欧珀通信科技有限公司	信息技术服务
18	成都新潮传媒集团有限公司	广告发布
19	成都三快科技有限公司	互联网生活服务平台
20	蚂蚁蓉信（成都）网络科技有限公司	网络安全服务
21	成都创人所爱科技股份有限公司	游戏软件开发
22	四川久远银海软件股份有限公司	软件开发
23	成都不亦说乎科技有限公司	互联网广告服务
24	成都极米科技股份有限公司	投影设备操作系统研发
25	成都完美天智游科技有限公司	游戏软件研发
26	成都乐狗科技有限公司	游戏软件开发
27	中移（成都）信息通信科技有限公司	信息系统集成服务
28	成都光合信号科技有限公司	互联网生活平台服务
29	阿里（四川）网络技术有限公司	网络数据处理
30	创意信息技术股份有限公司	信息系统集成服务
31	成都麦道兄弟广告有限公司	互联网广告服务
32	四川铁投信息技术产业投资有限公司	高速公路信息化建设
33	成都天府中软国际科技服务有限公司	应用软件开发
34	四川金熊猫新媒体有限公司	IPTV 集成播控
35	成都蓝色兄弟网络科技有限公司	互联网信息服务
36	成都星云智联科技有限公司	信息系统集成
37	成都金山数字娱乐科技有限公司	游戏相关软件开发

续表 31

序号	企业名称	主要业务活动
38	中通服创立信息科技有限责任公司	应用软件开发服务
39	鹏博士电信传媒集团股份有限公司	电信传媒
40	腾讯云智服科技（成都）有限公司	应用软件开发
41	四川准达信息技术股份有限公司	通信服务
42	成都金山互动娱乐科技有限公司	网络游戏开发
43	四川通信科研规划设计有限责任公司	科技项目的研究开发、通信网络和工程规划勘察、咨询、建筑工程咨询
44	成都博彦软件技术有限公司	软件研发、软件测试
45	马士基信息处理（成都）有限公司	业务流程外包服务
46	四川花音科技有限公司	互联网娱乐平台服务
47	思特沃克软件技术（成都）有限公司	研制开发软件
48	成都贝尔通讯实业有限公司	信息系统集成服务
49	成都钉子网信息技术有限公司	互联网其他信息服务
50	枫国宏利信息科技服务（成都）有限公司	软件开发
51	蚂蚁金服（成都）网络技术有限公司	软件开发
52	成都安易迅科技有限公司	信息技术服务
53	科来网络技术股份有限公司	应用软件开发
54	时时同云科技（成都）有限责任公司	客如云智能门店系统研发
55	成都四方伟业软件股份有限公司	可视化平台
56	成都优卡数信信息科技有限公司	金融行业软件开发
57	成都美尔贝科技股份有限公司	软件开发
58	成都乐超人科技有限公司	信息处理服务
59	成都维音信息技术有限公司	呼叫中心业务
60	工业云制造（四川）创新中心有限公司	信息系统集成服务
61	成都鱼泡科技有限公司	建筑工程行业招聘平台软件开发
62	丰巢互动媒体有限公司	物流末端派送、智能快件箱
63	成都卓杭网络科技股份有限公司	游戏软件研发、游戏软件运营
64	四川通发电信股份有限公司	通信工程
65	成都云智天下科技股份有限公司	基础软件开发
66	成都乐信圣文科技有限责任公司	应用软件开发
67	佳缘科技股份有限公司	信息化综合解决方案
68	成都中科创达软件有限公司	软件开发
69	四川天翼网络服务有限公司	应用软件开发
70	成都三叉戟科技有限公司	游戏软件开发
71	成都环宇知了科技有限公司	互联网生活平台服务
72	成都超有爱科技有限公司	教育平台研发
73	普华永道商务服务（成都）有限公司	数据处理等信息技术和业务流程外包服务

续表 31

序号	企业名称	主要业务活动
74	TCL 通讯科技(成都)有限公司	基础软件开发
75	成都三快在线科技有限公司	信息技术咨询服务
76	成都易我科技开发有限责任公司	数据恢复软件零售
77	成都臻识科技发展有限公司	人脸识别算法技术研发
78	成都聚思力信息技术有限公司	IT 研发及服务
79	成都幻想美人鱼科技有限公司	技术开发
80	四川速宝网络科技有限公司	研发软件迅游手游加速器
81	成都智元汇信息技术股份有限公司	信息系统集成服务
82	成都陌陌科技有限公司	信息技术服务
83	成都携程旅行社有限公司	国内旅游业务
84	神州绿盟成都科技有限公司	信息技术咨询服务
85	哈曼智联科技(成都)有限公司	研发测试
86	四川盛安通达科技有限公司	电梯广告屏技术服务
87	成都育迪科技有限公司	数字出版服务
88	成都完美时空网络技术有限公司	软件开发、游戏设计
89	成都中兴软件有限责任公司	应用软件开发
90	中通建技术有限公司	软件和信息技术服务
91	四川天翼呼叫科技有限公司	呼叫中心
92	成都育碧电脑软件有限公司	游戏开发
93	成都派沃特科技股份有限公司	计算机软硬件开发
94	维布络信息科技(成都)有限公司	计算机软件研发
95	成都路行通信息技术有限公司	信息技术服务
96	成都天勇数码科技有限公司	游戏软件研发
97	成都金慧融智数据服务有限公司	软件与信息技术服务
98	成都艺馨达科技有限公司	星塔综合服务平台研发、手机游戏开发运营、数字音乐相关业务
99	成都任我行软件股份有限公司	应用软件开发
100	成都华栖云科技有限公司	开发广电传媒应用软件
101	成都趣乐多科技有限公司	开发运营游戏、游戏设计
102	成都同程智行科技有限公司	同程旅游服务平台
103	万国数据(成都)实业有限公司	系统应用管理和维护
104	成都欢聚游科技有限公司	游戏代理
105	成都光厂创意科技有限公司	其他数字内容服务
106	成都开心音符科技有限公司	互联网娱乐平台服务
107	成都成电光信科技股份有限公司	机载 FC 网络数据仿真监控系统
108	成都天翼空间科技有限公司	增值电信业务
109	四川新闻网传媒(集团)股份有限公司	新媒体整合营销

续表 31

序号	企业名称	主要业务活动
110	成都中云天下科技有限公司	测试服务
111	同方赛威讯信息技术有限公司	软件开发
112	易安信信息技术研发（成都）有限公司	统一混合存储阵列软件开发
113	华雁智能科技（集团）股份有限公司	解决方案
114	成都火花思维教育科技有限公司	教育咨询服务
115	四川爱信诺航天信息有限公司	信息系统集成服务
116	成都运力科技有限公司	货运平台软件开发
117	成都市青柠微影科技有限公司	应用软件开发
118	成都天象互动网络游戏有限公司	手机游戏软件开发运行
119	四川倍智数能信息工程有限公司	信息系统集成服务
120	澳新银行营运服务（成都）有限公司	专业设计服务
121	新电信息科技（成都）有限公司	BPO 财务流程外包
122	四川云腾未来科技有限公司	基础软件开发
123	成都拟合未来科技有限公司	互联网体育健康平台研发
124	成都娄外科技有限公司	少儿编程软件开发
125	成都俊云科技有限公司	应用软件开发
126	成都中科合迅科技有限公司	软件开发
127	成都中科大旗软件股份有限公司	软件开发（文化和旅游）
128	成都索贝运维数码科技有限公司	软件系统运行维护
129	成都房联云码科技有限公司	应用软件开发
130	成都旺小宝科技有限公司	开发智慧来去电管理系统
131	成都安美勤信息技术股份有限公司	信息技术服务
132	成都鹏业软件股份有限公司	计算机软、硬件开发
133	成都卓星科技有限公司	游戏开发
134	四川瑞康创新科技有限公司	计算机信息系统集成服务、电力系统工程、自动化控制系统工程
135	成都安思科技有限公司	开发计算机硬件
136	成都品漆科技有限公司	互联网搜索服务
137	成都忆享科技有限公司	应用软件开发
138	成都盛世云图信息技术有限公司	IDDC 互联网数据服务
139	成都运达软件技术有限公司	应用软件开发
140	成都迈思信息技术有限公司	软件外包服务
141	成都新潮生活圈文化传媒有限公司	广告发布
142	四川赛康智能科技股份有限公司	X 射线检测服务
143	成都谦德科技有限公司	信息技术咨询服务
144	成都深报地铁传媒有限公司	广告发布
145	成都东软系统集成有限公司	电子计算机软硬件、计算零售

续表 31

序号	企业名称	主要业务活动
146	四川恒湾科技有限公司	开放式无线接口集成与验证服务
147	成都实时技术股份有限公司	设计开发航电总线接口板
148	成都聚星时代文化传播有限公司	主播经纪代理服务
149	成都星阅辰石文化发展有限公司	IP 运营和孵化
150	成都东方闻道科技发展有限公司	远程教学服务
151	成都益行天下信息技术有限公司	应用软件开发
152	成都思晗科技股份有限公司	软件开发
153	倍施特科技（集团）股份有限公司	票务代理、计算机软件开发
154	音泰思计算机技术（成都）有限公司	计算机软件开发
155	成都安恒信息技术有限公司	基础软件开发
156	成都华兴汇明科技有限公司	测试测量应用软件开发
157	成都同步新创科技股份有限公司	计算机软件开发
158	四川川大智胜系统集成有限公司	软件开发
159	成都网科巨力时代科技有限公司	软件开发
160	成都快途信息技术有限公司	信息技术咨询服务
161	成都三零普瑞科技有限公司	通信保密产品
162	四川省数字证书认证管理中心有限公司	电子认证产品
163	成都英黎科技有限公司	软件开发
164	成都章鱼侠科技股份有限公司	管家婆云 ERP 技术服务
165	四川生学教育科技有限公司	教育软件开发
166	成都峰潮信息技术有限公司	信息系统集成
167	四川迅游网络科技股份有限公司	软件开发、游戏设计
168	成都卓影科技股份有限公司	软件开发
169	成都市大数据股份有限公司	信息系统集成
170	四川薪动力科技有限公司	信息技术咨询服务
171	四川公用信息产业有限责任公司	互联网信息服务
172	成都睿码科技有限责任公司	人工智能技术开发服务
173	成都西加云杉科技有限公司	计算机软件的技术开发
174	闲徕互娱（成都）网络科技有限公司	游戏软件开发
175	四川知周科技有限责任公司	软件开发
176	阿波罗智行信息科技（成都）有限公司	智能车载设备零售
177	四川金信石信息技术有限公司	电力软件开发
178	成都蓉通微链科技有限公司	物联网技术服务
179	成都博智维讯信息技术股份有限公司	自主软件产品
180	成都知道创宇信息技术有限公司	互联网信息安全服务
181	成都美洽网络科技有限公司	网络智能客服服务解决方案
182	成都泛微网络科技有限公司	应用软件开发

续表 31

序号	企业名称	主要业务活动
183	成都龙渊网络科技有限公司	游戏软件开发
184	成都瑞小博科技有限公司	提供基于成都购房通平台的信息及技术服务
185	成都奇侠互娱科技有限公司	游戏软件开发
186	四川省数字产业有限责任公司	信息系统集成
187	四川旅投智慧游大数据科技有限公司	互联网科技创新平台研发
188	四川西盾科技有限公司	保密风险管控平台运营
189	成都亿阳信通信息技术有限公司	行业应用软件开发
190	成都零点科技有限公司	无线电监测
191	四川弘智远大科技有限公司	应用软件开发
192	成都市景鸿科技有限公司	应用软件开发
193	成都乐动信息技术有限公司	研发计算机软硬件
194	成都新致云服信息技术有限公司	应用软件开发
195	成都图语信息技术有限公司	地形测量
196	四川新源现代智能科技有限公司	软件开发
197	成都市掌上食材科技有限公司	基础软件服务
198	成都原力电脑动画制作有限公司	游戏制作
199	成都蓝瑟回音文化传媒有限公司	呼叫系统软件开发
200	成都川大科鸿新技术研究所	软硬件研发生产
201	成都优选仓科技有限公司	互联网生活服务平台
202	壹茗信风科技有限公司	行业应用软件开发
203	成都网阔信息技术股份有限公司	GPS 卫星定位系统
204	成都迅网电信工程技术咨询有限公司	电信工程技术服务
205	成都吉易付科技有限公司	应用软件开发
206	成都大禹伟业广告有限公司	广告业务
207	成都灵绘文化传播有限公司	美术设计
208	成都成视文化传播有限公司	策划组织文化演出活动
209	成都腾木科技有限公司	研发娱乐互动软件
210	成都爱瑞无线科技有限公司	软件开发
211	成都中嵌自动化工程有限公司	自动化控制技术开发
212	成都华迈通信技术有限公司	指挥调度系统集成服务
213	成都华诚信息产业有限公司	办公楼租赁
214	四川兴政信息技术有限公司	软件开发、计算机系统服务、电子政务
215	成都汉康信息产业有限公司	应用软件开发
216	新蛋科技（成都）有限公司	信息技术服务
217	成都天府软件园有限公司	园区管理
218	四川建设网有限责任公司	川建网电子投标系统软件
219	成都数字天空科技有限公司	开发软件

续表 31

序号	企业名称	主要业务活动
220	四川北方新宇科技有限公司	软件开发
221	成都瑞达科讯科技有限公司	定位管理软件开发
222	成都思维世纪科技有限责任公司	安全服务
223	上加下信息技术成都有限公司	应用软件开发
224	成都超星数图信息技术有限公司	信息技术服务
225	四川天翼佳音网络信息服务有限公司	提供呼叫中心业务和信息服务业务
226	成都先知者科技有限公司	手机游戏软件开发
227	成都携恩科技有限公司	计算机信息系统集成技术服务、巡视管理软件
228	成都天软信息技术有限公司	5G<E 终端产品、模块研发
229	成都爱奇艺智能创新科技有限公司	人工智能
230	成都科连自动化工程有限公司	工业自动化控制技术服务
231	成都数默科技有限公司	软件开发
232	成都千墨科技有限公司	游戏软件开发
233	成都旋极历通信息技术有限公司	通信与信息技术的技术开发
234	成都蜀诚通信技术有限公司	通信工程勘察设计
235	风河软件研发（成都）有限公司	提供嵌入式软件研发
236	成都品果科技有限公司	软件开发
237	成都戎星科技有限公司	应用软件开发
238	成都立德赛科技有限公司	信息系统集成
239	成都锐智信达信息技术有限公司	应用软件开发
240	成都时空视觉数字科技有限公司	游戏开发
241	成都沸彻科技有限公司	互联网体育健身平台
242	成都欢聚堂科技有限公司	信息技术服务
243	成都领沃网络技术有限公司	云更新平台技术服务
244	敦阳泰克科技（成都）有限公司	软件企业
245	成都思迈信通科技有限公司	信息系统集成服务、信息技术咨询服务、软件开发
246	成都白云互动科技有限公司	电子商务内容营销服务
247	四川三思德科技有限公司	智慧安防软件开发
248	成都万维图新信息技术有限公司	学校用品用具
249	成都管家婆云科技有限公司	提供云服务器租赁服务
250	成都佳明航电科技有限公司	GPS 相关研发
251	四川众鼎系统集成有限公司	软件开发
252	成都空间矩阵科技有限公司	信息系统集成服务
253	成都橙视传媒科技股份公司	其他数字内容服务
254	成都东方盛行电子有限责任公司	音视频设备
255	垒知科技集团四川有限公司	计算机软硬件开发、技术咨询、技术服务
256	成都拓尔思信息技术有限公司	基础软件服务、应用软件服务、计算机信息技术服务

续表 31

序号	企业名称	主要业务活动
257	成都柒玖游科技有限公司	游戏软件开发
258	成都市美幻科技有限公司	灾害预警类软件开发
259	成都四相致新科技有限公司	提供位置解决方案服务
260	四川信电联电子科技有限公司	软硬件研发
261	成都海普迪科技有限公司	应用软件开发
262	成都小唱科技有限公司	影音软件开发
263	安科思软件（成都）有限公司	计算机软件开发
264	成都华律网络服务有限公司	信息技术咨询服务
265	成都海得控制系统有限公司	软件开发、开关柜设计
266	成都思致科技有限公司	行业应用软件开发
267	成都宜泊信息科技有限公司	停车场系统研发和服务
268	成都星时代宇航科技有限公司	卫星互联网数据应用信息服务
269	成都悦游无限科技有限公司	游戏运营开发
270	成都云溯新起点科技有限公司	网络信息安全软件开发
271	成都无糖信息技术有限公司	应用软件开发
272	四川西行驿站文化传播有限公司	会展及营销策划服务
273	成都信必优信息技术有限公司	计算机软硬件开发生产及技术服务
274	四川万信数字科技有限公司	信息系统集成
275	四川雷得兴业信息科技有限公司	信息系统集成服务
276	成都哔哩哔哩科技有限公司	互联网信息服务
277	成都泰盟软件有限公司	应用软件开发
278	四川新途流体控制技术有限公司	工业设计服务
279	四川健康久远科技有限公司	医院端信息化软件开发
280	成都芯软科技股份公司	政务软件开发
281	成都通威文化传媒有限公司	广告业、会议、展览及相关服务
282	成都天府市民云服务有限公司	信息系统集成服务
283	成都泰瑞通信设备检测有限公司	通信产品质量检测
284	四川天府中科创达智能信息技术有限公司	车载操作系统软件开发
285	成都云盯科技有限公司	提供门店可视化管理
286	成都华安视讯科技有限公司	人脸识别测温整机
287	成都三泰智能科技有限公司	软件开发、第三方技术服务支持
288	成都锦天科技发展有限责任公司	研究开发网络科技产品
289	成都市思博睿科技有限公司	系统接口软件开发
290	成都市锐信安信息安全技术有限公司	系统等级保护测评
291	成都淞幸科技有限责任公司	软件开发、信息系统集成服务
292	两英里科技成都有限公司	智能手机游戏软件开发
293	四川知行志成科技有限公司	互联网数据服务

续表 31

序号	企业名称	主要业务活动
294	成都易瞳科技有限公司	摄像监控设备一体化研发服务
295	四川百誉科技集团有限公司	互联网搜索服务
296	成都嘉谊互娱科技有限公司	应用软件开发
297	成都锦天联华科技有限责任公司	大气探测类产品的服务
298	成都依能科技股份有限公司	计算机软件硬件研究
299	成都金控数据服务有限公司	提供系统软件开发及服务
300	四川省元通润达信息技术有限公司	信息系统集成服务
301	四川网联万家科技有限公司	互联网数据服务
302	成都远望科技有限责任公司	电子计算机软硬件
303	成都畅享文娱电子商务有限公司	应用软件开发
304	成都锐菲网络科技有限公司	信息系统集成服务
305	成都市思叠科技有限公司	温控软件开发
306	成都大眼怪科技有限公司	动画游戏设计
307	成都天衡仪器设备有限公司	电子测试实验室建设
308	成都洋葱新未来网络科技有限公司	发布制作广告
309	墨境天合成都数字图像科技有限公司	影视后期制作
310	成都德迈安科技有限公司	计算机软件硬件开发
311	四川鱼鳞图信息技术股份有限公司	计算机软件开发
312	成都睿云物联科技有限公司	应用软件开发
313	成都欧软科技有限公司	计算机软件开发
314	四川精创国芯科技有限公司	多芯集成及物联网类
315	成都睿信天和科技有限公司	银政类行业软件开发
316	成都大成均图科技有限公司	软件开发
317	成都艾尔平方文化传播有限公司	动画制作
318	成都小步创想慧联科技有限公司	大数据信息集成服务
319	华信塞姆（成都）科技有限公司	光通信应用软件开发
320	成都翌擎智能科技有限公司	其他软件技术开发
321	乐普通盈成都科技有限公司	互联网其他信息服务
322	成都可可豆动画影视有限公司	制作动漫电影
323	成都爱找我科技有限公司	婚礼策划服务
324	成都墨魂绘互娱科技有限公司	游戏软件开发
325	成都盛世普益科技有限公司	软件开发、数据接入、金融数据平台
326	成都趣乐柒科技有限公司	游戏软件开发
327	四川百纳科技有限责任公司	电控系统软件开发
328	四川交壹吧网络科技有限公司	应用软件开发
329	成都乐曼多科技有限公司	手机游戏软件开发
330	成都凌凯通信技术有限公司	开发 EUCP 通信设备

续表 31

序号	企业名称	主要业务活动
331	大数金科网络技术有限公司	低碳工业数字化平台
332	四川川投云链科技有限公司	应用软件开发
333	成都力比科技有限公司	游戏软件开发外包
334	成都德艺软件有限公司	软件开发
335	四川珩睿智能科技有限公司	提供信息系统集成服务
336	汇睿信通成都科技有限公司	平台软件开发
337	成都易网天下科技有限公司	应用软件开发
338	成都软交所信息服务有限公司	正版软件交易平台服务
339	四川有瑞科技有限公司	提供系统信息集成服务
340	成都艾视特信息技术有限公司	车牌识别算法软件开发
341	四川四凯发展科技集团有限公司	软件开发
342	成都恒星时代文化传媒有限公司	娱乐直播服务
343	成都曙创大能科技有限公司	光学测量研发与应用
344	成都火龙果科技有限公司	互联网游戏软件开发
345	成都鼎毅维元科技有限公司	信息系统集成服务
346	成都昕月互动科技有限公司	平台软件开发
347	四川融科智联科技有限公司	运行维护服务
348	成都智科通信技术股份有限公司	通信应用软件研发
349	成都多森科技有限公司	应用软件开发
350	埃瑞巴蒂成都科技有限公司	动漫游戏数字内容服务
351	成都思而科软件有限公司	行业软件定制开发
352	成都携程国际旅行社有限公司	入境旅游业务
353	成都金隧自动化工程有限责任公司	软件咨询、软件设计、软件开发
354	成都市福乐游网络科技有限公司	游戏软件开发
355	仟之游软件科技（成都）有限公司	游戏测试开发
356	成都卓元科技有限公司	软硬件研发
357	成都电科慧安科技有限公司	应用软件开发
358	成都麦尔克斯文化传播有限公司	游戏直播
359	成都迪真计算机科技有限公司	FPGA 测试技术咨询服务
360	成都映潮科技股份有限公司	计算机系统集成及技术推广
361	成都大汇物联科技有限公司	提供水电站运营平台服务
362	成都盛特石油装备模拟技术股份有限公司	嵌入式软件开发
363	四川浪潮信息技术有限公司	软件开发、服务器零售销售
364	成都合盛智联科技有限公司	信息系统集成服务
365	四川新科电子技术工程有限责任公司	轨道交通模拟驾驶仿真实训系统研发
366	成都大淘客科技有限公司	技术交易网络平台服务
367	成都利为网络科技有限公司	增值电信业务

续表 31

序号	企业名称	主要业务活动
368	成都跃光科技有限公司	游戏直播服务
369	成都信拓卓成科技有限公司	信息技术集成服务
370	成都鸿安华宇科技有限公司	应用软件开发
371	成都书声琅琅科技有限公司	儿童益智类软件开发
372	路图科技（成都）有限公司	软件开发和技术咨询软件生产及提供技术服务
373	成都希盟泰克科技发展有限公司	计算机软硬件开发、系统集成
374	四川峨影商贸有限公司	代理广告
375	成都百分百文化传播有限公司	互联网娱乐应用服务平台
376	成都元科东微信息技术有限公司	零售电子元器件
377	四川百旺金赋科技有限公司	信息技术咨询服务
378	四川中科川信科技有限公司	应用软件开发
379	成都引众数字设备有限公司	计算机软件研究
380	成都飞蝠科技有限公司	聊天软件开发
381	成都楷码信息技术有限公司	软件开发
382	成都精灵云科技有限公司	软件支持与运行平台服务
383	成都天纵世纪科技有限公司	电脑动画设计
384	成都大树互娱科技有限公司	应用软件开发
385	易创经云数字科技有限公司	互联网科技创新平台
386	成都星辰原力网络科技有限公司	动漫游戏开发
387	四川五樾科技有限公司	轨道交通信号系统集成服务
388	四川成享软件股份有限公司	软件开发
389	成都正帆科技有限公司	网络和信息安全软件开发
390	成都恩驰微波科技有限公司	信息系统集成服务
391	成都数联铭品科技有限公司	计算机软件研发
392	国信医控信息技术有限公司	应用软件开发
393	四川智博新创科技有限公司	投放广告（爱奇艺平台）
394	成都一帆新媒网络科技有限公司	互联网广告服务
395	成都西山居互动娱乐科技有限公司	游戏软件开发
396	成都智汇星云科技有限公司	网店运营软件开发及维护
397	成都宝瓜科技有限公司	应用软件开发
398	成都立思方信息技术有限公司	信息系统集成
399	成都好房通科技股份有限公司	软件开发
400	四川云恒数联科技有限公司	其他软件开发
401	成都海兰天澄科技股份有限公司	环境在线监测软硬件开发、零售
402	成都鼎安华智慧物联网股份有限公司	物联网相关软件开发
403	四川虎马文化传媒有限公司	广告服务
404	成都身边科技有限公司	云喇叭信息通知软件开发

续表 31

序号	企业名称	主要业务活动
405	成都律图科技有限公司	法律信息咨询服务
406	成都双倍游戏科技有限公司	游戏软件开发
407	四川华迪信息技术有限公司	软件产品开发与零售
408	成都蓝海优途网络科技有限公司	应用软件开发
409	成都信元网络技术有限公司	计算机软硬件开发
410	成都金铠甲科技有限公司	Live800 系统软件
411	成都方米科技有限公司	林业软件开发
412	成都唯创华盛科技有限公司	应用软件开发及零售
413	成都乐育信息技术有限公司	应用软件开发
414	成都卡德智能科技有限公司	软件开发
415	四川特伦特科技股份有限公司	信号采集处理存储板卡及系统研发
416	成都壹石新科信息技术有限公司	关键信息基础设施配套软件开发
417	成都天问互联科技有限公司	应用软件开发
418	四川乐为科技有限公司	定制软件开发
419	四川捷云信通信息技术有限公司	信息技术服务
420	成都西行兔科技有限公司	广告代理服务
421	成都银事达信息技术有限公司	系统集成
422	厚普智慧物联科技有限公司	软件开发
423	四川能投云天信息技术有限责任公司	信息系统集成
424	成都良师益友科技有限公司	专业设计服务
425	成都博阳大魔方演艺有限公司	艺术表演场馆租赁
426	四川新天杰文化传媒股份有限公司	户外广告
427	成都峰达科技有限公司	计算机网络系统集成服务
428	四川能信科技股份有限公司	应用软件开发、设计
429	成都凯威电子科技有限公司	系统集成服务
430	成都吉胜科技有限责任公司	万象网管
431	成都英华科技有限公司	信息系统集成
432	星潮信息技术（成都）有限公司	应用软件开发
433	成都西辰软件有限公司	软件开发
434	四川省峨眉电影发行放映院线有限责任公司	电影发行
435	成都福立盟环保大数据有限公司	砂石监管软件研发
436	成都宜行宜停科技有限公司	互联网网约车服务平台服务
437	四川峨眉电影频道管理有限公司	影视剧制作、播出、发行
438	中国联合网络通信集团有限公司四川省分公司	通信服务
439	四川广贤软件有限公司	应用软件开发
440	四川雄猫广告传媒有限公司	互联网广告服务
441	成都荣耀科技有限公司	工程现场人员管理系统技术服务

续表 31

序号	企业名称	主要业务活动
442	成都锐理数据处理技术股份有限公司	软件开发与零售
443	成都网泰文化传媒有限公司	广告代理发布服务
444	成都务本科技有限公司	污水处理厂运行监管信息化系统开发
445	四川乐奇互娱网络科技有限公司	信息技术咨询服务
446	成都艾普思商务信息咨询有限公司	舆情大数据服务
447	成都华亿万通科技有限公司	信息系统集成服务
448	成都瑞隆祥科技有限公司	应用系统规划设计开发
449	成都国恒信息安全技术有限责任公司	信息安全产品开发
450	成都雷兽互动科技有限公司	信息技术服务
451	成都优溢达科技有限公司	互联网生活平台服务
452	成都全积分网络科技有限公司	互联网积分兑换平台服务
453	成都云游天下科技有限公司	游戏软件开发
454	成都航维智芯科技有限公司	开发无人机机载设备
455	成都中广众易广告传媒有限公司	广告发布
456	成都龙渊盛世科技有限公司	游戏开发
457	四川新东网信息技术有限公司	软件开发
458	联通高新大数据人工智能科技（成都）有限公司	开发大数据赋能平台
459	成都沸尔广告策划有限责任公司	广告策划创意
460	四川安杰信科技股份有限公司	计算机软、硬件开发
461	成都星柒玩科技有限公司	游戏研发服务
462	成都广众科技有限公司	应用软件开发
463	四川智诚云天科技有限公司	信息系统集成服务
464	成都青春海秀文化传媒有限公司	影视创作
465	成都比格熊动漫科技有限公司	动漫设计
466	玖妈妈大数据服务成都有限公司	互联网数据服务
467	四川星盾科技股份有限公司	软件开发、计算机系统集成、技术服务
468	成都合盛天成科技有限公司	全自动网络课程录播系统研发
469	成都巴蜀图语科技有限公司	互联网数据服务
470	四川依米康龙控软件有限公司	嵌入式软件开发
471	成都中网易企秀科技有限公司	H5 页面技术软件开发
472	四川青霄信息科技有限公司	机场运控保障类管理软件开发
473	四川纵横测控技术股份有限公司	测控技术研发、系统集成、电气机械设计
474	成都启源合众信息技术有限公司	平台软件开发
475	成都斧王网络科技有限公司	游戏软件开发
476	四川蜂巢智造云科技有限公司	信息技术咨询服务
477	成都凡帕斯网络科技有限公司	游戏软件研发
478	成都国美大数据科技有限公司	计算机软硬件开发

续表 31

序号	企业名称	主要业务活动
479	成都卓天科技有限公司	游戏软件开发
480	成都市教育家网络科技有限公司	信息技术咨询服务
481	成都泛次元文化传播有限公司	小说版权信息服务
482	成都海星社文化传媒有限公司	文字编辑
483	成都赛翁科技有限公司	游戏软件开发
484	成都天地行旅行社有限公司	票务代理
485	成都鼎趣网络科技有限公司	游戏软件开发
486	成都毛球中合科技合伙企业（有限合伙）	算力服务器运行维护服务
487	倍智智能数据运营有限公司	政务软件开发
488	成都陌云科技有限公司	计算机软件开发
489	成都文思海辉信息技术有限公司	软件开发

（经济发展局）

表 32　2022 年成都高新区重点税源企业（纳税 500 万元以上）

序号	名称	序号	名称
1	腾讯科技（成都）有限公司	22	成都招商远康房地产开发有限公司
2	国家开发银行四川省分行	23	华西证券股份有限公司
3	四川公路桥梁建设集团有限公司	24	成都远大蜀阳房地产开发有限责任公司
4	戴尔（成都）有限公司	25	中海嘉泓（成都）房地产开发有限公司
5	成都华为技术有限公司	26	成都兴城人居地产投资集团股份有限公司
6	西门子工业自动化产品（成都）有限公司	27	成都华润置地和兴房地产开发有限公司
7	成都埃德凯森置业有限公司	28	成都樾美置业有限公司
8	英特尔产品（成都）有限公司	29	天府信用增进股份有限公司
9	成都天齐锂业有限公司	30	中国进出口银行四川省分行
10	成都高投置业有限公司	31	四川锦程消费金融有限责任公司
11	中国移动通信集团四川有限公司	32	成都雅驰置业有限公司
12	成都倍特药业股份有限公司	33	成都奥克斯财富广场投资有限公司
13	业成科技（成都）有限公司	34	成都凯光置业有限责任公司
14	成都中奥华实业有限公司	35	成都蓉生药业有限责任公司
15	成都快购科技有限公司	36	成都益航资产管理有限公司
16	四川新网银行股份有限公司	37	蚂蚁蓉信（成都）网络科技有限公司
17	成都海光集成电路设计有限公司	38	成都恒锦新程房地产有限公司
18	中国铁建昆仑投资集团有限公司	39	四川省公路规划勘察设计研究院有限公司
19	中海信和（成都）物业发展有限公司	40	成都地奥制药集团有限公司
20	中信银行股份有限公司成都分行	41	成都高投建设开发有限公司
21	鸿富锦精密电子（成都）有限公司	42	中铁房地产集团西南有限公司

续表 32

序号	名称
43	成都高新区陆肖轨道城市发展有限公司
44	泸州银行股份有限公司成都分行
45	传富置业（成都）有限公司
46	成都航天科创科技有限公司
47	四川发展（控股）有限责任公司
48	成都东方希望天祥置地有限公司
49	通威股份有限公司
50	电子科技大学
51	四川雅化锂业科技有限公司
52	成都富通置业有限公司
53	成都雷电微力科技股份有限公司
54	四川省生态环保产业集团有限责任公司
55	成都乐狗科技有限公司
56	四川中德世纪置业有限公司
57	蜀道投资集团有限责任公司
58	四川书亦智慧供应链管理有限公司
59	成都熊谷加世电器有限公司
60	中国农业银行股份有限公司四川省分行
61	中航（成都）无人机系统股份有限公司
62	四川三联新材料有限公司
63	成都乐家置业有限公司
64	四川省农村信用社联合社
65	成都欧珀通信科技有限公司
66	成都爱乐达航空制造股份有限公司
67	四川成绵高速公路有限公司
68	成都隆新房地产开发有限公司
69	四川省汇元达钾肥有限责任公司
70	成都京东方光电科技有限公司
71	四川省金玉融资担保有限公司
72	成都市排水有限责任公司
73	东方电气集团财务有限公司
74	三峡金沙江川云水电开发有限公司
75	华润雪花啤酒（四川）有限责任公司成都分公司
76	四川制药制剂有限公司
77	成都高投资产经营管理有限公司
78	国网四川省电力公司成都市高新供电分公司
79	成都龙湖锦川置业有限公司
80	成都高真科技有限公司
81	四川发展融资担保股份有限公司
82	四川智溢实业有限公司
83	阿里巴巴（成都）软件技术有限公司
84	成都倍特建筑安装工程有限公司
85	广发银行股份有限公司成都分行
86	爱齐（成都）医疗管理有限公司
87	成都金山互动娱乐科技有限公司
88	和谐健康保险股份有限公司
89	四川通发广进人力资源管理咨询有限公司
90	四川阳光大地建筑工程有限公司
91	成都东方投资控股有限公司
92	中国建筑第八工程局有限公司西南分公司
93	绵阳市商业银行股份有限公司成都分行
94	成都万科南城置业有限公司
95	四川远大蜀阳药业有限责任公司
96	中海振兴（成都）物业发展有限公司
97	成都重投九华实业有限公司
98	保利（成都）房地产开发有限公司
99	中国邮政储蓄银行股份有限公司成都市高新区支行
100	中国工商银行股份有限公司成都高新技术产业开发区支行
101	西南证券股份有限公司四川分公司
102	成都青山利康药业股份有限公司
103	阿斯利康医药（成都）有限公司
104	乐山市商业银行股份有限公司成都分行
105	中电建水电开发集团有限公司
106	华为数字技术（成都）有限公司
107	中国电子科技集团公司第三十研究所
108	成都振芯科技股份有限公司
109	四川产业振兴发展投资基金有限公司
110	上药华西（四川）医药有限公司
111	成都市联洲国际技术有限公司
112	四川五粮液新零售管理有限公司
113	Lyandy Investment Limited
114	成都锦融投资控股有限公司
115	四川铁投城乡投资建设集团有限责任公司

续表 32

序号	名称	序号	名称
116	成都银行股份有限公司高新支行	152	成都高新区电子信息产业发展有限公司
117	恒丰银行股份有限公司成都分行	153	四川元祖食品有限公司
118	四川新希望实业有限公司	154	四川万物本草健康科技有限公司
119	成都苑东生物制药股份有限公司	155	成都卫士通信息安全技术有限公司
120	成都明旺乳业有限公司	156	成都携程信息技术有限公司
121	康龙化成(北京)新药技术股份有限公司	157	中国邮政储蓄银行股份有限公司四川省分行
122	中建三局华苑成都置业有限公司	158	成都欧珀移动通信有限公司
123	四川安可瑞新材料技术有限公司	159	迈克生物股份有限公司
124	德州仪器半导体制造(成都)有限公司	160	中国农业银行股份有限公司成都天府新区分行
125	安费诺商用电子产品(成都)有限公司	161	成都房江湖信息科技有限公司
126	成都地奥九泓制药厂	162	中国建设银行股份有限公司成都高新支行
127	四川兴科蓉药业有限责任公司	163	地奥集团成都药业股份有限公司
128	新希望财务有限公司	164	展讯半导体(成都)有限公司
129	四川国酒茅台销售有限公司	165	中国农业银行股份有限公司成都高新技术产业开发区支行
130	成都松芝置业有限公司		
131	成都世纪投资有限公司	166	成都富森美家居投资有限公司
132	成都轨道交通集团有限公司	167	四川久远银海软件股份有限公司
133	中铁建昆仑地铁投资建设管理有限公司	168	四川鼎际投资有限公司
134	成都交投善成实业有限公司	169	成都光合信号科技有限公司
135	成都五商供应链管理有限责任公司	170	四川生物医药产业集团有限责任公司
136	莫仕连接器(成都)有限公司	171	阳光人寿保险股份有限公司
137	成都先进功率半导体股份有限公司	172	成都富森美家居实业有限公司
138	成都宝钢西部贸易有限公司	173	四川省建筑设计研究院有限公司
139	中国银行股份有限公司成都高新技术产业开发区支行	174	西南化工研究设计院有限公司
		175	中智四川经济技术合作有限公司
140	FU TUNG HOLDINGS LTD	176	成都市汉桐集成技术股份有限公司
141	成都华微电子科技股份有限公司	177	成都天府中软国际科技服务有限公司
142	中国石化集团西南石油局有限公司四川分公司	178	成都巨量引擎信息技术有限公司
143	四川清华坊置业有限公司	179	国能大渡河流域水电开发有限公司
144	中石油燃料油有限责任公司西南销售分公司	180	四川金熊猫新媒体有限公司
145	成都天齐实业(集团)有限公司	181	成都未来科技城发展服务局
146	四川路桥建设集团股份有限公司	182	中国水利水电第七工程局有限公司成都高新区分公司
147	成都三快科技有限公司	183	成都创新房地产开发有限公司
148	成都交子公园金融商务区投资开发有限责任公司	184	四川美大康佳乐药业有限公司
149	四川省安好房地产开发有限责任公司	185	成都世龙实业有限公司
150	人瑞人才科技集团有限公司	186	成都庆年房地产开发有限公司
151	成都恒瑞制药有限公司	187	成都嘉隆利地产有限公司

续表 32

序号	名称
188	成都远荟房地产开发有限公司
189	成都百川新保汽车销售服务有限公司
190	TCL 王牌电器（成都）有限公司
191	成都盛迪医药有限公司
192	成都两心科技有限公司
193	成都鼎桥通信技术有限公司
194	成都三和汽车技术有限公司
195	芯原微电子（成都）有限公司
196	成都交子金融控股集团有限公司
197	成都润其置业有限公司
198	太平人寿保险有限公司四川分公司
199	中晟升博集团有限公司
200	中国平安财产保险股份有限公司成都市锦城支公司
201	成都汇新置业有限公司
202	四川方胜人力资源服务有限公司
203	四川倍丰农资有限公司
204	成都银行股份有限公司天府新区分行
205	成都云克药业有限责任公司
206	国能大渡河检修安装有限公司
207	成都京和贸易有限公司
208	成都中德红谷投资有限公司
209	太平置业（成都）有限公司
210	成都银行股份有限公司高升桥支行
211	中国太平洋财产保险股份有限公司四川分公司
212	徽商银行股份有限公司成都分行
213	成都天箭科技股份有限公司
214	成都高投聚新置业有限公司
215	成都新易盛通信技术股份有限公司
216	成都兴洲数字电视传播有限公司
217	华电四川发电有限公司
218	中建成都轨道交通投资建设有限公司
219	四川省送变电建设有限责任公司
220	财付通支付科技有限公司四川分公司
221	四川玖源农资化工有限公司
222	成都腾讯新文创科技有限公司
223	新华三云计算技术有限公司
224	华为技术有限公司成都研究所

序号	名称
225	成都欧林生物科技股份有限公司
226	华为云计算技术有限公司成都分公司
227	成都完美天智游科技有限公司
228	中国航发航空科技股份有限公司
229	遂宁银行股份有限公司成都分行
230	四川新兴格力电器销售有限责任公司
231	联发芯软件设计（成都）有限公司
232	成都银河磁体股份有限公司
233	晨越建设项目管理集团股份有限公司
234	亚信科技（成都）有限公司
235	中国烟草四川进出口有限责任公司
236	成都盟升科技有限公司
237	中智四川经济技术合作有限公司高新区分公司
238	成都开飞高能化学工业有限公司
239	成都芯源系统有限公司
240	成都迪康药业股份有限公司
241	成都不亦说乎科技有限公司
242	成都创人所爱科技股份有限公司
243	拓速乐汽车销售服务（成都）有限公司
244	成都红旗连锁股份有限公司
245	四川三益通信服务有限公司
246	富通光纤光缆（成都）有限公司
247	蚂蚁智服（成都）信息技术有限公司
248	四川元丰建设项目管理有限公司
249	四川大家医学检测有限公司
250	中国铁塔股份有限公司成都市分公司
251	成都金怡源房地产开发有限公司
252	成都高新区红旗连锁有限公司
253	四川省信用再担保有限公司
254	四川全盛人才服务有限责任公司
255	北森云计算有限公司
256	中旅新川（成都）置业有限公司
257	成都蓉博通信技术有限公司
258	中国民生银行股份有限公司成都分行
259	隆兴投资有限公司
260	成都三零瑞通移动通信有限公司
261	四川能投金鼎产融控股集团有限公司

续表 32

序号	名称
262	成都汉裕物业管理发展有限公司
263	四川金石租赁股份有限公司
264	四川汇融世纪供应链管理有限公司
265	日立电梯（成都）有限公司
266	佳缘科技股份有限公司
267	成都建工赛利混凝土有限公司
268	四川锦熙隆建筑工程有限公司
269	四川准达信息技术股份有限公司
270	成都高新发展股份有限公司
271	四川普锐特药业有限公司
272	四川华夏万卷文化传媒股份有限公司
273	成都九洲迪飞科技有限责任公司
274	成都市公共资源交易服务中心
275	中移在线服务有限公司四川分公司
276	腾讯云智服科技（成都）有限公司
277	成都博彦软件技术有限公司
278	中信证券股份有限公司四川分公司
279	四川益明电信工程总承包有限公司
280	成都新希望金融信息有限公司
281	四川君逸数码科技股份有限公司
282	成都骏途房地产开发有限公司
283	成都高新枦林置业有限公司
284	成都优卡数信信息科技有限公司
285	敦豪全球货运（中国）有限公司成都分公司
286	成都西山居世游科技有限公司
287	四川省蜀通建设集团有限责任公司
288	四川成德绵高速公路开发有限公司
289	成都嘉煜投资有限公司
290	成都上锦南府医院
291	成都柏思置地有限公司
292	招银网络科技（深圳）有限公司成都分公司
293	成都银城置业有限公司
294	成都世纪城会展集团有限公司
295	成都彩彩就是虹信息科技有限公司
296	三峡物资招标管理有限公司
297	四川大爱劳务有限公司
298	四川中微芯成科技有限公司

序号	名称
299	国药集团四川省医疗器械有限公司
300	四川名著房地产开发有限公司
301	成都遂意文化传播有限公司
302	极米科技股份有限公司
303	成都崇德投资有限公司
304	成都孚美能源有限公司
305	四川海洋置地发展有限公司
306	四川惟景科技有限公司
307	成都农村商业银行股份有限公司高新支行
308	成都硅宝科技股份有限公司
309	英大泰和财产保险股份有限公司四川分公司
310	成都华为高新投资有限公司
311	四川中泽油田技术服务有限责任公司
312	四川西星电力科技咨询有限公司
313	东方电气集团国际合作有限公司
314	成都市银河湾房地产开发有限公司
315	成都科普尔房地产开发有限公司
316	四川港投云鸿置业有限公司
317	精电（成都）显示技术有限公司
318	成都四方伟业软件股份有限公司
319	四川大家医疗仪器有限公司
320	中国移动通信集团四川有限公司成都分公司
321	成都运达科技股份有限公司
322	中国联合网络通信有限公司四川省分公司
323	成都国星通信有限公司
324	腾讯瑞德铭（重庆）科技发展有限公司成都分公司
325	国药集团川抗制药有限公司
326	成都安可信电子股份有限公司
327	泰和泰律师事务所
328	成都拓晟置业有限公司
329	中国信达资产管理股份有限公司四川省分公司
330	四川西南水泥有限公司
331	成都高新投资集团有限公司
332	成都贝尔通讯实业有限公司
333	成都极米科技股份有限公司
334	四川埃德凯森科技有限公司
335	四川省迈克实业有限公司

续表 32

序号	名称
336	舜鸿地产（成都）有限公司
337	成都宜家家居有限公司
338	交通银行股份有限公司成都高新区支行
339	成都美尔贝科技股份有限公司
340	四川链家房地产经纪有限公司
341	成都环宇芯科技有限公司
342	成都卓杭网络科技股份有限公司
343	汇顶科技（成都）有限责任公司
344	中建凯德电子工程设计有限公司
345	四川中达成宝汽车销售有限公司
346	成都高投四季置业有限公司
347	四川誉海融汇贸易有限公司
348	思特沃克软件技术（成都）有限公司
349	四川新网公共网络信息管理有限公司
350	成都同程智行科技有限公司
351	上海外服（四川）人力资源服务有限公司
352	成都交子商业保理有限公司
353	成都瑞琦医疗科技有限责任公司
354	成都成发泰达航空科技股份有限公司
355	成都西部大学生科技创业园有限公司
356	通威集团有限公司
357	四川天府银行股份有限公司成都世纪城支行
358	迈普通信技术股份有限公司
359	成都中海物业管理有限公司
360	深圳市国微电子有限公司成都分公司
361	四川通信科研规划设计有限责任公司
362	赛诺菲（中国）投资有限公司四川分公司
363	易上集团有限责任公司
364	成都大有置业有限公司
365	成都衡泰工程管理有限责任公司
366	四川发展融资租赁有限公司
367	成都赛来科技有限公司
368	成都海光微电子技术有限公司
369	成都格兰西亚置业有限公司
370	成都天马微电子有限公司
371	东方电气集团（四川）物产有限公司
372	四川省兴旺建设工程项目管理有限公司
373	成都交子金控股权投资（集团）有限公司
374	成都鼎立资产经营管理有限公司
375	成都环宇知了科技有限公司
376	明州斯睿国际贸易（成都）有限公司
377	四川蓉城第二绕城高速公路开发有限责任公司
378	成都利安资本投资有限公司
379	咪咕音乐有限公司
380	成都中医大华神药业有限责任公司
381	中电金信软件（成都）有限公司
382	成都金控融资租赁有限公司
383	中建西南咨询顾问有限公司
384	成都明夷电子科技有限公司
385	川财证券有限责任公司
386	四川盛屯锂业有限公司
387	四川省地质调查研究院
388	成都精准混凝土有限公司
389	成都中铁建昆仑轨道工程有限公司
390	成都前锋电子有限责任公司
391	成都市高新区仁和百货有限公司
392	成都一蟹科技有限公司
393	成都亚宝置业有限公司
394	中国银行股份有限公司成都锦城支行
395	Carrefour Nederland B.V.
396	奇宏电子（成都）有限公司
397	成都朋锦仲阳投资管理中心（有限合伙）
398	成都鱼泡科技有限公司
399	成都中铁建投资有限公司
400	和谐健康保险股份有限公司四川分公司
401	成都劳恩普斯科技有限公司
402	成都富美实业有限公司
403	成都平安蓉城置业有限公司
404	四川广播电视台
405	招银金融信息服务（深圳）有限公司成都高新分公司
406	成都市重大产业化项目一期股权投资基金有限公司
407	四川弘芯股权投资基金管理有限公司
408	成都生物城股权投资有限公司
409	成都任我行软件股份有限公司

续表 32

序号	名称
410	成都骏意汽车销售服务有限公司高新分公司
411	信永中和会计师事务所（特殊普通合伙）成都分所
412	成都高芯产业投资有限公司
413	四川省明远电力集团有限公司
414	成都世纪新能源有限公司
415	成都兴三和汽车服务有限公司
416	四川迪康医药贸易有限公司
417	成都华翊龙房地产开发有限公司
418	四川三和汽车服务有限公司
419	健进制药有限公司
420	安捷伦科技（中国）有限公司成都分公司
421	威特龙消防安全集团股份公司
422	四川新荷花中药饮片股份有限公司
423	成都交大运达电气有限公司
424	是德科技（成都）有限公司
425	诺安资本管理有限公司
426	四川速宝网络科技有限公司
427	成都卫士通信息产业股份有限公司
428	成都兴三和商贸有限公司
429	成都宝利根创科电子有限公司
430	成都龙湖锦鸿置业有限公司
431	四川吉瑞祥能源技术服务有限责任公司
432	成都途腾暖通设备有限公司
433	超凡知识产权服务股份有限公司
434	四川华庭建设有限公司
435	成都金山数字娱乐科技有限公司
436	四川中达凌志汽车有限公司
437	三峡机电工程技术有限公司
438	成都华西海圻医药科技有限公司
439	普华永道商务服务（成都）有限公司
440	四川航天信息有限公司
441	成都四威高科技产业园有限公司
442	中国邮政储蓄银行股份有限公司成都市分行
443	重庆三峡融资担保集团股份有限公司成都分公司
444	成都大唐线缆有限公司
445	成都华律网络服务有限公司
446	成都天府绿道文化旅游发展集团股份有限公司

序号	名称
447	成都菲斯特科技有限公司
448	四川智易家网络科技有限公司成都分公司
449	成都润盈置业有限公司
450	思爱普（中国）有限公司成都分公司
451	成都智拓达云传媒有限公司
452	成都磁力引擎传媒有限公司
453	四川兴立园林环境工程有限公司
454	四川省川建勘察设计院有限公司
455	四川嘉博建设工程有限公司
456	成都世豪资产经营管理有限公司
457	成都航利航空科技有限责任公司
458	中国长城资产管理股份有限公司四川省分公司
459	四川沃文特生物工程股份有限公司
460	成都芯进电子有限公司
461	科来网络技术股份有限公司
462	蜀道（四川）保险经纪有限公司
463	四川蜀能电力有限公司电网运维分公司
464	中国移动通信集团终端有限公司四川分公司
465	四川发展国润水务投资有限公司
466	成都华韵江南房地产开发有限公司
467	成都普什制药有限公司
468	成都金隅京峰房地产开发有限公司
469	北京世纪卓越信息技术有限公司成都分公司
470	成都环美园林生态股份有限公司
471	华睿泰科技（成都）有限公司
472	东方电气集团大件物流有限公司
473	达迩科技（成都）有限公司
474	四川岷江港航电开发有限责任公司
475	西南联合产权交易所有限责任公司
476	成都宝盈贸易有限公司
477	成都锐思环保技术股份有限公司
478	中信建设有限责任公司四川分公司
479	四川优筑建设工程有限公司
480	四川公众项目咨询管理有限公司
481	四川广博汽车有限公司
482	四川省桑瑞光辉标识系统股份有限公司
483	成都特来电新能源有限公司

续表 32

序号	名称
484	四川国纳科技有限公司
485	国海证券股份有限公司四川分公司
486	四川梅塞尔气体产品有限公司
487	四川国恒建筑设计有限公司
488	枫国宏利信息科技服务（成都）有限公司
489	东方日立（成都）电控设备有限公司
490	成都万川置业有限公司
491	博世（成都）信息技术服务有限公司
492	成都国衡壹号投资合伙企业（有限合伙）
493	四川金融控股集团有限公司
494	成都曙光实业有限责任公司
495	成都市朗升房地产开发有限公司
496	成都索贝数码科技股份有限公司
497	成都交通信息港有限责任公司
498	爱发科东方真空（成都）有限公司
499	四川海王医疗科技有限公司
500	成都维音信息技术有限公司
501	成都绿满园园林工程有限公司
502	中国太平洋保险（集团）股份有限公司
503	四川华美紫馨医学美容医院有限公司
504	成都锦柏森企业管理有限公司
505	摩尔线程智能科技（成都）有限责任公司
506	成都通威置业有限公司
507	四川汇安融信息技术股份有限公司
508	联联周边游信息技术有限公司
509	中建一局集团建设发展有限公司西南分公司
510	成都银城置业有限公司银泰中心分公司
511	波科国际医疗贸易（上海）有限公司成都分公司
512	成都速高投资有限公司
513	成都鑫信合实业有限公司
514	成都方正远诚信息科技有限公司
515	成都景汇置业有限公司
516	中国光大银行股份有限公司成都世纪城支行
517	成都枫澜科技有限公司
518	成都复地置业有限公司
519	四川和为贵实业有限责任公司
520	成都立航科技股份有限公司

序号	名称
521	中国民用航空总局第二研究所
522	四川启睿克科技有限公司
523	四川仁博药房连锁有限公司
524	成都星汉投资有限公司
525	成都兴城人居营销咨询有限公司
526	四川天翼网络股份有限公司
527	成都天象互动实业有限公司
528	成都先进资本管理有限公司
529	四川虹微技术有限公司
530	成都长虹电子科技有限责任公司
531	四川志德岩土工程有限责任公司
532	成都银翎企业管理有限公司
533	成都天府国际生物城发展集团有限公司
534	成都高投世纪物业服务有限公司
535	成都爱博斯特科技有限公司
536	四川新景实业有限公司
537	四川美康医药软件研究开发股份有限公司
538	四川顶火汽车科技有限公司
539	成都派沃特科技股份有限公司
540	成都全景智能科技有限公司
541	成都趣睡科技股份有限公司
542	成都运达软件技术有限公司
543	海纳万商物业管理有限公司
544	吉泰安（四川）药业有限公司
545	恒安（四川）生活用品有限公司
546	成都新宇恒纪元钟表有限公司
547	四川华电电力投资有限公司
548	四川蜀电集团有限公司四川电力建设分公司
549	四川兴川重点项目股权投资基金管理有限公司
550	成都三香汇香料有限公司
551	四川省港航投资集团有限责任公司
552	成都华诚信息产业有限公司
553	成都天府软件园有限公司
554	四川卡森科技有限公司
555	四川天府雅都国际贸易有限公司
556	成都高投物产有限公司
557	空气化工产品（成都）有限公司

续表 32

序号	名称	序号	名称
558	成都德商置业有限公司	595	马士基信息处理（成都）有限公司
559	成都千麦医学检验所有限公司	596	英特尔（中国）有限公司成都分公司
560	成都成电光信科技股份有限公司	597	成都莱普科技股份有限公司
561	成都淇酷文化传媒有限公司	598	四川西南交大铁路发展股份有限公司
562	成都西南民航通信网络有限公司	599	成都乐超人科技有限公司
563	成都极米视界电子商务有限公司	600	四川云贸国际供应链有限公司
564	成都新潮传媒集团有限公司	601	成都新欣神风电子科技有限公司
565	四川金网通电子科技有限公司	602	富泰华精密电子（成都）有限公司
566	成都高新唯怡饮品销售有限公司	603	成都锐成芯微科技股份有限公司
567	成都百施特金刚石钻头有限公司	604	四川国际招标有限责任公司
568	成都旺旺食品有限公司	605	成都杨天万应制药有限公司
569	成都运力科技有限公司	606	四川省川投航信股权投资基金管理有限公司
570	多点生活（成都）科技有限公司	607	四川恒达电子科技有限公司
571	成都农村产权交易所有限责任公司	608	晶艺半导体有限公司
572	成都交通枢纽场站建设管理有限公司	609	TCL 通讯科技（成都）有限公司
573	成都金控金融服务有限公司	610	大家医学检验有限责任公司
574	成都嘉南置业有限公司	611	坦川集团有限责任公司
575	西门子（中国）有限公司成都分公司	612	成都煦予教育咨询有限公司
576	成都兴科达电器实业有限公司	613	成都旺旺食品有限公司成都分公司
577	四川宝航人力资源管理有限公司	614	四川汇源光通信有限公司
578	闲徕互娱（成都）网络科技有限公司	615	四川省迈可多医疗用品有限公司
579	维布络信息科技（成都）有限公司	616	四川沃文特生物技术有限公司
580	依米康科技集团股份有限公司	617	中国水电建设集团房地产（成都）有限公司
581	德勤咨询（成都）有限公司	618	易安信信息技术研发（成都）有限公司
582	福士瑞精密工业（成都）有限公司	619	成都滴滴优行科技有限公司
583	成都新西旺自动化科技有限公司	620	成都富凯飞机工程服务有限公司
584	成都智拓云达文化传播有限公司	621	成都环球世纪物业服务有限公司环球中心分公司
585	成都安美勤信息技术股份有限公司	622	中外运—敦豪国际航空快件有限公司四川分公司
586	四川奥邦医药贸易有限公司	623	中国东方电气集团有限公司
587	成都库珀创新科技有限公司	624	同方赛威讯信息技术有限公司
588	西南水泥有限公司	625	四川航空集团有限责任公司培训中心
589	四川省天宇盛通劳务有限公司	626	成都华夏军安物业管理有限公司
590	成都国为生物医药有限公司	627	成都房联云码科技有限公司
591	成都完美时空网络技术有限公司	628	山东高速集团四川乐宜公路有限公司
592	叠拓信息技术（北京）有限公司成都分公司	629	成都时尚星际文化传媒有限公司
593	成都欣捷高新技术开发股份有限公司	630	四川盐湖云智数字科技有限公司
594	四川宏业电力集团有限公司高新分公司	631	成都桂溪环卫服务有限公司

续表 32

序号	名称	序号	名称
632	四川银行股份有限公司成都高新支行	669	成都三零嘉微电子有限公司
633	中海物业管理有限公司成都中海振兴分公司	670	四川优机实业股份有限公司
634	成都交大光芒科技股份有限公司	671	成都宝源行汽车销售服务有限公司
635	成都中核高通同位素股份有限公司	672	华信众恒工程项目咨询有限公司
636	兴业银行股份有限公司成都高新区支行	673	成都润博科技有限公司
637	成都优筑华策房地产营销策划有限公司	674	成都中科创达软件有限公司
638	哈曼智联科技（成都）有限公司	675	中国石化销售股份有限公司四川石油分公司
639	成都天帅车业有限公司	676	日立电梯（中国）有限公司四川分公司
640	普华永道中天会计师事务所（特殊普通合伙）成都分所	677	成都金苹果教育投资（集团）有限责任公司
641	四川益生建设有限公司	678	四川力攀电子技术有限责任公司
642	成都坤恒顺维科技股份有限公司	679	遂宁银行股份有限公司
643	重庆房米多信息技术有限公司	680	成都金舵鑫合二期投资中心（有限合伙）
644	四川蓉城明月建筑劳务有限公司	681	长城华西银行股份有限公司成都分行营业部
645	成都泰格微电子研究所有限责任公司	682	四川聚信发展股权投资基金管理有限公司
646	四川交建材料科技有限公司	683	四川思特瑞科技有限公司
647	四川澳思锂业有限公司	684	成都交子新兴金融投资集团股份有限公司
648	四川新通瑞工程技术有限责任公司	685	四川中喻环境治理有限公司
649	成都奇航系统集成有限公司	686	中国建筑一局（集团）有限公司
650	太平人寿保险有限公司成都市高新支公司	687	四川华龙祥酒业有限公司
651	成都建工集团有限公司	688	时时同云科技（成都）有限责任公司
652	成都恒昊企业管理有限公司	689	四川良友建设咨询有限公司
653	华润雪花啤酒（中国）有限公司成都分公司	690	四川中光防雷科技股份有限公司
654	四川诚至诚电子商务有限公司	691	成都联想电子科技有限公司
655	成都华银医学检验所有限公司	692	中通服创立信息科技有限责任公司
656	四川安克力商贸有限公司	693	成都东方闻道科技发展有限公司
657	四川卫宁软件有限公司	694	成都创新达微波电子有限公司
658	成都百铭商业管理有限公司	695	浙江省浙商资产管理有限公司华西分公司
659	国际商业机器科技（深圳）有限公司成都分公司	696	成都臻品酒业有限公司
660	四川墨比品牌优创科技有限公司	697	领悦物业服务集团有限公司
661	成都技嘉名车汽车销售服务有限公司	698	成都城电电力工程设计有限公司
662	成都锦江电子系统工程有限公司	699	大连银行股份有限公司成都高新支行
663	成都复地明珠置业有限公司	700	广发证券股份有限公司成都新光路证券营业部
664	四川太平洋药业有限责任公司	701	成都科润实业有限公司
665	海通证券股份有限公司成都交子北二路证券营业部	702	宇芯（成都）集成电路封装测试有限公司
666	四川道盛商贸有限公司	703	全球物流（成都）有限公司
667	成都航利装备科技有限公司	704	成都国泰弘盛商业管理有限公司
668	四川中泰联合设计股份有限公司	705	安利（中国）日用品有限公司四川分公司

续表 32

序号	名称
706	四川锦城智信建设工程有限公司
707	四川化工集团有限责任公司
708	中飞赛维智能科技股份有限公司
709	四川盛世元亨国际贸易有限公司
710	成都华太航空科技股份有限公司
711	成都富森美商业保理有限公司
712	四川西南盐湖贸易有限公司
713	成都新大瀚人力资源管理有限公司
714	环球融创会展文旅集团有限公司
715	国家能源集团四川发电有限公司
716	成都仁孚汽车销售服务有限公司
717	成都三快在线科技有限公司
718	长江三峡（成都）电子商务有限公司
719	成都瑞华一九九商业管理有限公司
720	成都新谷投资集团有限公司
721	成都德商产投物业服务有限公司
722	深圳市腾娱互动科技有限公司成都分公司
723	成都生物城城市运营管理有限公司
724	成都世纪源通燃气有限责任公司
725	迈克医疗电子有限公司
726	广州市宁骏物业管理有限公司成都分公司
727	厚普清洁能源（集团）股份有限公司
728	中建三局集团有限公司
729	成都天奥集团有限公司
730	北京炜衡（成都）律师事务所
731	成都万创科技股份有限公司
732	成都高投凯悦置业有限公司
733	招商银行股份有限公司
734	成都天用唯勤科技股份有限公司
735	成都华栖云科技有限公司
736	蚂蚁金服（成都）网络技术有限公司
737	四川瑞豪建材有限责任公司
738	四川文化产业股权投资基金合伙企业（有限合伙）
739	四川省锐能石油工程技术服务有限公司
740	成都格力新晖医疗装备有限公司
741	成都创思立信信息技术有限公司
742	东方电气集团东方锅炉股份有限公司成都分公司
743	四川云腾未来科技有限公司
744	昕诺飞灯具（成都）有限公司
745	成都数默科技有限公司
746	中国人寿养老保险股份有限公司四川省分公司
747	四川金融资产交易所有限公司
748	成都中兴软件有限责任公司
749	成都红胜科技发展有限公司
750	四川能投物资产业集团有限公司金属材料分公司
751	中建一局集团建设发展有限公司
752	成都高投城市资源经营有限公司
753	成都天奥信息科技有限公司
754	四川省鑫宇石油技术服务有限公司
755	四川川投资本投资有限公司
756	四川正阳创想建筑设计有限公司
757	成都蕊源半导体科技股份有限公司
758	中国工商银行股份有限公司成都天府支行
759	汇源集团有限公司
760	成都川美新技术股份有限公司
761	成都世纪城新能源有限公司
762	中国国际金融股份有限公司西南分公司
763	成都伊藤洋华堂有限公司高新店
764	成都富美鼎建企业管理有限公司
765	新华三技术有限公司成都分公司
766	四川铭基伟业劳务有限公司
767	国网四川省电力公司人才交流服务中心
768	成都滴滴优行科技有限公司
769	四川省冶勘设计集团有限公司
770	四川烽源融资担保有限公司
771	成都索贝视频云计算有限公司
772	东方希望集团成都有限公司
773	四川鸿志天成装饰工程有限公司
774	四川西南工程项目管理咨询有限责任公司
775	成都星云智联科技有限公司
776	成都芮捷科技发展有限责任公司
777	四川通安实业有限公司
778	桑瑞思医疗科技有限公司
779	四川中恒建设工程有限公司

续表 32

序号	名称
780	四川省宜宾五粮液供销有限公司
781	成都南山和苑置业有限公司
782	四川建设网有限责任公司
783	成都步乐广告文化传播有限公司
784	四川省药品检验研究院（四川省医疗器械检测中心）
785	成都高曙教育科技有限公司
786	四川路桥矿业投资开发有限公司
787	四川华爱劳务有限公司
788	成渝融资租赁有限公司成都分公司
789	成都高新技术产业开发区创新创业服务中心
790	成都瑞升房地产开发（集团）有限公司
791	成都瑞小博科技有限公司
792	四川省国际医学交流促进会
793	成都聚威达贸易有限公司
794	成都市臻天怡商务服务有限公司
795	成都锐新科技有限公司
796	中国建设银行股份有限公司成都科技支行
797	成都高新金融控股集团有限公司
798	成都润富置业有限公司
799	成都睿沿芯创科技有限公司
800	四川生学教育科技有限公司
801	成都先导药物开发股份有限公司
802	成都马克医疗器械有限公司
803	成都交投华联商业管理有限公司
804	上海银行股份有限公司成都高新支行
805	四川赛康智能科技股份有限公司
806	成都俊云科技有限公司
807	三信建设咨询集团有限公司
808	四川双瑞能源有限公司
809	迪卡侬（成都）体育用品有限公司
810	成都易初合正商贸有限公司
811	四川省天宇劳务服务有限公司
812	成都马丁三和汽车服务有限公司
813	岚岫（成都）信息科技有限公司
814	成都安久供应链有限公司
815	四川省源和钰建设工程有限公司
816	成都迈思信息技术有限公司

序号	名称
817	成都晟丰创业投资有限责任公司
818	四川富润企业重组投资有限责任公司
819	成都产业资本控股集团有限公司
820	成都市星河跃动科技有限公司
821	成都淘宝科技有限公司
822	爱立信（中国）通信有限公司成都分公司
823	成都市汉桐集成技术有限公司
824	成都富润财富股权投资基金合伙企业（有限合伙）
825	四川数字资产交易中心股份有限公司
826	成都苏试广博环境可靠性技术有限公司
827	成都纬图商业管理有限公司
828	西门子医疗系统有限公司成都分公司
829	四川思达能环保科技有限公司
830	四川川物美林汽车服务有限公司
831	成都育碧电脑软件有限公司
832	成都华宇制药有限公司
833	四川川锅环保工程有限公司
834	成都威特电喷有限责任公司
835	四川邦泰投资集团有限责任公司
836	成都思科瑞微电子股份有限公司
837	成都通发众好物业有限责任公司
838	成都凯乐房地产开发有限公司
839	四川德源管道科技股份有限公司
840	四川观想科技股份有限公司
841	路图科技（成都）有限公司
842	成都三和新元素汽车服务有限公司
843	成都威斯克生物医药有限公司
844	锦泰财产保险股份有限公司成都分公司
845	成都爱旗科技有限公司
846	四川长河环境集团有限公司
847	成都联科航空技术有限公司
848	成都天奥测控技术有限公司
849	成都天勇数码科技有限公司
850	成都泛微网络科技有限公司
851	蜀道投资集团有限责任公司材料集采分公司
852	成都星合互娱科技有限公司
853	成都必控科技有限责任公司

续表 32

序号	名称	序号	名称
854	成都爱奇艺智能创新科技有限公司	891	成都倍特建设开发有限公司
855	四川美骏置业有限公司	892	四川渔光物联技术有限公司
856	铁姆肯（成都）航空及精密产品有限公司	893	平安银行股份有限公司成都分行
857	准时达国际供应链管理有限公司	894	成都章鱼侠科技股份有限公司
858	四川天药医药集团有限公司	895	成都拉扎斯信息科技有限公司
859	成都美威行汽车服务有限公司	896	重庆融创物业管理有限公司成都分公司
860	四川爱信诺航天信息有限公司	897	钦原科技有限公司
861	成都微深科技有限公司	898	四川高地工程设计咨询有限公司
862	维奥健康科技（成都）有限公司	899	成都中云天下科技有限公司
863	成都川大科鸿新技术研究所	900	成都市德工智动科技有限公司
864	成都蓉通微链科技有限公司	901	深圳市卓越物业管理有限责任公司成都分公司
865	四川港投致远资本控股有限公司	902	四川佳兆港投资有限公司
866	成都美团软件技术有限公司	903	成都纵横自动化技术股份有限公司
867	四川通信建设工程有限公司	904	新华三半导体技术有限公司
868	成都光厂创意科技有限公司	905	克罗心（北京）商贸有限公司成都分公司
869	成都市华测检测技术有限公司	906	飞利浦（中国）投资有限公司成都高新分公司
870	成都番茄数智科技有限公司	907	四川金通工程试验检测有限公司
871	成都幻想美人鱼科技有限公司	908	成都东盛包装材料有限公司
872	成都高投中油能源有限公司	909	成都大陆建筑设计有限公司
873	四川省裕霖丰化肥有限公司	910	成都微光集电科技有限公司
874	成都家乐福超市有限公司	911	四川省亚通工程咨询有限公司
875	国能大渡河大数据服务有限公司	912	四川省数字证书认证管理中心有限公司
876	四川天翼呼叫科技有限公司	913	四川省璟辉建筑劳务有限公司
877	四川盈耀发展资产管理有限公司	914	四川杰瑞恒日天然气工程有限公司
878	苹果电脑贸易（上海）有限公司成都高新分公司	915	中齐建设工程有限公司
879	成都世纪合信物业服务有限公司	916	成都高投乐创置业有限公司
880	成都瑞拓科技有限责任公司	917	成都交大许继电气有限责任公司
881	四川交运供应链管理有限公司	918	成都梵顺教育咨询有限公司
882	成都国恒空间技术工程股份有限公司	919	四川弘威股权投资基金管理有限责任公司
883	四川嘉睿杰建筑劳务有限公司	920	成都阳光泰和置业有限责任公司
884	成都游吉科技有限公司	921	中国建筑第八工程局有限公司
885	成都同步新创科技股份有限公司	922	成都金融梦工场投资管理有限公司
886	成都锐芯盛通电子科技有限公司	923	成都高投合越企业管理有限公司
887	国宝人寿保险股份有限公司	924	太平人寿保险有限公司成都中心支公司
888	四川惠丰投资发展有限责任公司	925	陕西建工第六建设集团有限公司
889	四川川商置业有限公司	926	四川语言桥信息技术有限公司
890	通威太阳能有限公司	927	四川普瑞新强人力资源管理有限公司

续表 32

序号	名称	序号	名称
928	成都高新区华西善建小额贷款有限公司	965	成都衡信英伦物业管理服务有限公司
929	先进科技（中国）有限公司	966	成都华高置业有限公司
930	成都市高新区金坤小额贷款有限公司	967	成都诠安贸易有限公司
931	四川省冶金地质勘查局测绘工程大队	968	东时置业成都有限公司
932	成都中益升实业有限公司	969	成都乐高时代实业有限公司
933	甲骨文（中国）软件系统有限公司成都分公司	970	中国民生银行股份有限公司成都高新支行
934	四川天艺生态园林集团股份有限公司	971	四川润恒发展股权投资基金管理有限公司
935	文轩投资有限公司	972	四川奥特附件维修有限责任公司
936	成都金慧融智数据服务有限公司	973	成都银行股份有限公司科技支行
937	珠海蓉万唯家房地产经纪有限公司成都分公司	974	成都华光瑞芯微电子股份有限公司
938	软安科技有限公司	975	四川省通信产业服务有限公司科技分公司
939	四川柒德集团有限公司	976	成都普利泰生物科技有限公司
940	四川赛狄信息技术股份公司	977	四川双龙机场建设有限公司
941	敦阳泰克科技（成都）有限公司	978	四川中利源建设工程有限公司
942	成都泰嘉投资服务有限公司	979	成都拓达聚思力信息技术有限公司
943	成都三叉戟科技有限公司	980	四川知周科技有限责任公司
944	英大长安保险经纪有限公司四川分公司	981	中国铁建电气化局集团有限公司第五分公司
945	迈威迩电子科技（成都）有限公司	982	成都金融城建设发展投资管理中心（有限合伙）
946	四川省恒瑞实业有限公司	983	成都优卡优投企业管理有限公司
947	四川锦辰佳兴房地产开发有限公司	984	西门子数字医疗科技（上海）有限公司成都分公司
948	成都辰鉴置业有限公司	985	中国中金财富证券有限公司四川分公司
949	成都金控产业引导股权投资基金管理有限公司	986	成都海宏建筑工程有限公司
950	广州市君兆物业经营有限公司成都分公司	987	中外运物流西南有限公司
951	中国石油化工股份有限公司勘探分公司	988	中国核动力研究设计院
952	国家能源集团物资有限公司西南配送中心	989	成都德源电缆有限公司
953	成都高新区学而思培训学校有限公司	990	成都乐创自动化技术股份有限公司
954	四川云控交通科技有限责任公司	991	四川新健康成生物股份有限公司
955	四川省集胜网络工程有限责任公司	992	晶晨芯半导体（成都）有限公司
956	成都益行天下信息技术有限公司	993	成都市皇庭商业管理有限公司
957	成都登临科技有限公司	994	成都兴胜半导体材料有限公司
958	中建八局西南建设工程有限公司	995	燧原智能科技（成都）有限公司
959	祥昇建工有限公司	996	诚泰财产保险股份有限公司四川分公司
960	成都新兴汽车城开发投资有限公司	997	成都新致云服信息技术有限公司
961	成都萌想科技有限责任公司	998	成都吉锐时代触摸技术有限公司
962	两英里科技成都有限公司	999	成都中星世通电子科技有限公司
963	四川省史利特工程技术有限公司	1000	中达建诚工程管理集团有限公司
964	成都鸿业置业有限公司苏宁广场购物分公司	1001	成都天奥技术发展有限公司

续表 32

序号	名称
1002	四川奇力制药有限公司
1003	四川捷祥医疗器械有限公司
1004	中油奥博（成都）科技有限公司
1005	成都汉度科技有限公司
1006	成都环融文旅有限公司成都第一分公司
1007	四川昌鸿建设工程有限公司
1008	西昌邦泰置业有限公司成都分公司
1009	巴斯夫（中国）有限公司成都分公司
1010	成都职业技术学院
1011	成都久伴住房租赁有限公司
1012	四川鼎誉建筑工程有限公司
1013	成都硅宝防腐科技有限责任公司
1014	成都泰盟软件有限公司
1015	四川新闻网传媒（集团）股份有限公司
1016	四川商投天成实业有限公司
1017	成都卓越华安信息技术服务有限公司
1018	四川省建业检验检测股份有限公司
1019	成都金百裕医药有限责任公司
1020	成都西物信安智能系统有限公司
1021	通用电气医疗系统贸易发展（上海）有限公司成都分公司
1022	成都神旺置业有限公司
1023	成都秋收谷生鲜食品配送有限公司
1024	是德科技（中国）有限公司成都分公司
1025	成都妙冠装饰有限公司
1026	澳新银行营运服务（成都）有限公司
1027	重庆中工建设有限公司成都分公司
1028	成都新亚通讯技术有限公司
1029	四川新源华泽酒业有限公司
1030	成都启新汽车服务有限责任公司
1031	四川锦程综合能源有限公司
1032	成都海祥装饰工程有限公司
1033	成都欧尚超市有限公司高新店
1034	成都高新技术产业开发区公园城市建设局
1035	成都安恒信息技术有限公司
1036	成都新基因格生物科技有限公司
1037	成都安德鲁森食品有限公司
1038	四川盛邦润达科技有限公司
1039	成都市产品质量监督检验研究院
1040	成都沃森思教育科技有限公司
1041	成都天河中西医科技保育有限公司
1042	四川宜隆志建筑工程有限公司
1043	成都欧美克石油科技股份有限公司
1044	成都怡家园物业管理有限公司
1045	中建深圳装饰有限公司
1046	云筑信息科技（成都）有限公司
1047	四川省众诚实业有限责任公司
1048	成都大鸿置业有限公司
1049	四川中航建开物业管理有限责任公司
1050	成都旺小宝科技有限公司
1051	四川省投资集团有限责任公司
1052	成都市南新经济开发有限公司
1053	四川海特投资有限公司
1054	金友信建筑劳务有限公司成都分公司
1055	四川蜀厦实业有限公司
1056	四川合兴科贸发展有限公司
1057	四川希宏电力工程有限公司
1058	成都四海岩土工程有限公司
1059	四川澳拓美信科技有限公司
1060	成都大公博创信息技术有限公司
1061	中建深圳装饰有限公司西南分公司
1062	安似科技（上海）有限公司成都分公司
1063	北京建工四建工程建设有限公司
1064	安诚财产保险股份有限公司成都中心支公司
1065	成都空港产城绿建建材有限公司
1066	四川缔信建设工程有限公司
1067	成都环球世纪物业服务有限公司
1068	成都高新区社事投资发展有限公司
1069	成都华西堂环保科技有限公司
1070	四川东祥工程项目管理有限责任公司
1071	成都智媒体城文化产业发展有限公司
1072	成都康美药业生产有限公司
1073	四川蓉城华创建设工程有限公司
1074	成都万友翔宇汽车销售服务有限公司
1075	成都市极创光电科技有限公司

续表 32

序号	名称
1076	北京中伦（成都）律师事务所
1077	成都索贝运维数码科技有限公司
1078	四川远成通达售电有限公司
1079	四川博诚创展建设工程有限公司
1080	成都三泰屋业有限公司
1081	成都星阅辰石文化发展有限公司
1082	成都广日物流有限公司
1083	招商银行股份有限公司成都益州大道支行
1084	成都大鸿置业有限公司首座万豪酒店分公司
1085	四川杰诺创科技有限公司
1086	四川省卓创科技有限公司
1087	成都国科微电子有限公司
1088	盈泰精密模具（成都）有限公司
1089	四川成名高速公路有限公司
1090	中国移动通信集团四川有限公司高新分公司
1091	四川科宏达集团有限责任公司
1092	成都鹏业软件股份有限公司
1093	四川清尹网络科技有限公司
1094	成都紫光科城智业科技服务有限公司
1095	成都万成天新置业有限公司
1096	四川发展产业引导股权投资基金管理有限责任公司
1097	成都金控金融发展股权投资基金有限公司
1098	成都市丽蓉锦盛企业管理有限公司
1099	四川藏领河谷贸易有限公司
1100	四川新希望房地产开发有限公司
1101	成都思维世纪科技有限责任公司
1102	四川省懿丰商贸有限公司
1103	成都和贵实业有限公司
1104	四川银行股份有限公司攀枝花分行
1105	华夏人寿保险股份有限公司
1106	成都乐舜项目管理有限责任公司
1107	四川鼎泰福建设工程有限公司
1108	四川中环康源卫生技术服务有限公司
1109	深圳市特发服务股份有限公司成都分公司
1110	大连银行股份有限公司成都天府支行
1111	重庆信盟科技发展有限公司成都分公司
1112	四川香曼丽科技有限公司
1113	四川中卓建筑劳务有限公司
1114	中国农业银行股份有限公司远程银行中心成都分中心
1115	成都锦天科技发展有限责任公司
1116	凯胜创科（成都）科技孵化有限责任公司
1117	联联永欣科技（成都）有限公司
1118	中旺建工集团有限公司
1119	成都西婵环球医疗美容医院有限公司
1120	中建新疆建工（集团）有限公司
1121	亿达数智科技（成都）有限公司
1122	易多销成都科技有限公司
1123	中锦冠达工程顾问集团有限公司
1124	德勤华永会计师事务所（特殊普通合伙）成都分所
1125	成都市南极房地产开发有限公司
1126	成都竹岛置地发展有限公司
1127	成都锦城学院
1128	艾特士信息咨询（成都）有限公司
1129	成都夸克光电技术有限公司
1130	中核中同蓝博（成都）医学检验有限公司
1131	南宁市迈越软件有限责任公司成都分公司
1132	四川金信石信息技术有限公司
1133	四川科道芯国智能技术股份有限公司
1134	成都葡萄腾科技有限公司
1135	四川万信数字科技有限公司
1136	成都榛樾电子科技有限公司
1137	中立道科技有限公司
1138	成都八万互动科技有限公司
1139	四川天采科技有限责任公司
1140	成都谦德科技有限公司
1141	普洛斯（成都）高新区工业物流园开发有限公司
1142	成都奕斯伟集成电路有限公司
1143	成都一碗烟火食品有限公司
1144	兴业数字金融服务（上海）股份有限公司成都分公司
1145	四川东欣城市园林工程有限公司
1146	成都睿铂科技有限责任公司
1147	成都京东方智慧科技有限公司
1148	四川新投能源开发有限责任公司
1149	成都仁可余酒类销售有限公司

续表 32

序号	名称	序号	名称
1150	成都美洽网络科技有限公司	1187	四川天府增进投资管理有限公司
1151	四川恒和信律师事务所	1188	四川大金源天鼎物业管理有限公司
1152	成都八大处医疗美容医院有限公司	1189	四川佰龙生物科技有限公司
1153	出光电子材料（中国）有限公司	1190	四川发展环境科学技术研究院有限公司
1154	恒丰银行股份有限公司成都天府大道支行	1191	四川至膳品牌管理有限公司
1155	山东高速四川产业发展有限公司	1192	四川瑞华合纵实业有限公司
1156	四川观池实业集团有限公司	1193	液化空气（成都）有限公司
1157	四川海特高新技术股份有限公司	1194	四川研宝科技有限公司
1158	北京威科亚太信息技术有限公司成都分公司	1195	成都联星技术股份有限公司
1159	成都三零普瑞科技有限公司	1196	四川瑞康创新科技有限公司
1160	成都新成食品工业有限公司	1197	成都弥荣科技发展有限公司
1161	福建恒安集团厦门商贸有限公司成都分公司	1198	四川致远信诚资产管理有限公司
1162	成都汇玖缘网络科技有限公司	1199	四川泥腿智慧建筑工程有限公司
1163	成都汇通西电电子有限公司	1200	中国民生银行股份有限公司成都永丰支行
1164	成都市力达装饰实业有限公司	1201	魔方灵工（成都）人力资源服务有限公司
1165	成都管家婆云科技有限公司	1202	成都领科智能科技有限公司
1166	成都峰潮信息技术有限公司	1203	深圳市鼎阳科技股份有限公司成都分公司
1167	成都若克菲斯科技有限公司	1204	成都奥林光学薄膜有限公司
1168	成都量子矩阵科技有限公司	1205	中海物业管理有限公司成都分公司
1169	成都能特科技发展有限公司	1206	华西证券股份有限公司四川互联网证券分公司
1170	成都高新锦泓科技小额贷款有限责任公司	1207	四川安泰恒建筑劳务有限公司
1171	四川盛安通达科技有限公司	1208	四川徕伯益自动化技术有限公司
1172	四川荣腾建筑工程有限公司	1209	中国联合网络通信有限公司成都市分公司
1173	长江智慧建设工程有限公司	1210	中匠民大国际工程设计有限公司
1174	四川富强旺生建设工程有限公司	1211	四川省通信产业服务有限公司成都市分公司
1175	四川美讯达通讯有限责任公司	1212	成都星宸投资有限公司
1176	四川旅投旅游创新开发有限责任公司	1213	四川宏德慧成建筑工程设计咨询有限公司
1177	四川高芯数康生物医药有限公司	1214	坚永机电工程（成都）有限公司
1178	成都零点科技有限公司	1215	华西证券股份有限公司成都天府二街证券营业部
1179	成都统建锦城投资发展有限公司	1216	天盛创建股份有限公司
1180	四川鼎浩发展股权投资基金管理有限公司	1217	成都国腾实业集团有限公司
1181	四川顶美装饰工程有限责任公司	1218	联想长风科技（北京）有限公司成都高新区分公司
1182	四川金极地建筑工程有限公司	1219	布鲁克（成都）工程有限公司
1183	成都集大成汽车销售服务有限公司	1220	四川省蜀都建设有限公司
1184	成都裕丰汇锦商业管理有限公司	1221	长城华西银行股份有限公司成都高新支行
1185	广聚德商务服务有限公司	1222	成都市智申物业管理有限公司
1186	成都腾木科技有限公司	1223	露露乐蒙贸易（上海）有限公司成都第三分公司

续表 32

序号	名称	序号	名称
1224	成都宝信恒富房地产置业有限公司	1236	成都迪康中科生物医学材料有限公司
1225	四川贝泰妮生物科技有限公司	1237	成都市康来兴药业有限公司
1226	成都知道创宇信息技术有限公司	1238	四川快手互联网信息有限公司
1227	北京德恒（成都）律师事务所	1239	四川金农集团有限公司
1228	成都安普顿科技有限公司	1240	成都星邦互娱网络科技有限公司
1229	立信会计师事务所（特殊普通合伙）四川分所	1241	四川瑞霆智汇科技有限公司
1230	四川威比特投资有限公司	1242	东方电气投资管理有限公司
1231	四川中航物业服务有限公司	1243	徽商银行股份有限公司成都高新支行
1232	北交金科企业孵化器（成都）有限公司	1244	四川金金樽酒业有限公司
1233	成都卓影科技股份有限公司	1245	成都华西公用医疗信息服务有限公司
1234	成都正升能源技术开发有限公司	1246	四川大华生态园林工程有限公司
1235	成都华通加油站有限公司	1247	上海天合智能科技股份有限公司成都分公司

领导名录

2022年成都高新区党工委、管委会领导名录

曹俊杰

四川省成都市委常委、成都高新区党工委书记

余　辉

成都高新区党工委副书记、管委会主任（2022.3任正厅级）

卢铁城

成都高新区党工委副书记（任职时间：2022.7）

刘贵恒

成都高新区党工委副书记、纪工委书记、成都市监察委派出成都高新区监察工委主任（任职时间：2019.3—2022.3）

成都高新区党工委副书记（任职时间：2022.3—2022.8）

成都高新区党工委副书记、政法委书记（任职时间：2022.8）

陈维峰

成都高新区党工委委员、纪工委书记、成都市监察委派出成都高新区监察工委主任提名人选（任职时间：2022.3—2022.4）

成都高新区党工委委员、纪工委书记、成都市监察委派出成都高新区监察工委主任（任职时间：2022.4）

陈洪涛

成都高新区党工委委员、管委会副主任

甘立军

成都高新区党工委委员、管委会副主任，成都高新区国有企业党工委书记（兼）（任职时间：2017.5—2022.11）

成都高新区党工委委员、管委会副主任（任职时间：2022.11）

陈卫东

成都高新区党工委委员、管委会副主任

曾　科

成都高新区党工委委员、管委会副主任

李江波

成都高新区党工委委员、管委会副主任

潘　勇

成都高新区党工委委员、党群工作部（组织部、宣传部、统战部、人力资源局、民族宗教事务局）部长（局长）（任职时间：2020.9—2022.2），中共成都高新区工委党校校长（兼）（任职时间：2021.7—2022.2）

成都高新区党工委委员、管委会副主任（任职时间：2022.2—2022.12）

成都高新区党工委委员、管委会副主任，成都东部新区党工委委员（任职时间：2022.12）

刘　寰

成都高新区党工委委员、管委会副主任，中共成都高新区新经济产业局党组书记、成都高新区新经济产业局（新经济活力区建设推进办公室、成都高新自贸试验区管理局办公室）局长（主任）（任职时间：2022.2—2022.7）

成都高新区党工委委员、管委会副主任，中共成都高新区新经济产业局党组书记、成都高新区新经济产业局（新经济活力区发展推进办公室）局长（主任）（任职时间：2022.7—2022.8）

成都高新区党工委委员、管委会副主任（任职时间：2022.8）

姜小龙

成都高新区党工委委员，成都高新区管委会总经济师提名人选，中共成都高新区国资金融局党组书记、成都高新区国资金融局局长，成都高新区国有企业党工委委员（兼）（任职时间：2022.9—2022.10）

成都高新区党工委委员、管委会总经济师，中共成都高新区国资金融局党组书记、成都高新区国资金融局局长，成都高新区国有企业党工委委员（兼）（任职时间：2022.10—2022.11）

成都高新区党工委委员、管委会总经济师，中共成都高新区国资金融局党组书记、成都高新区国资金融局局长，成都高新区国有企业党工委书记（兼）（任职时间：2022.11）

陶旭东

成都高新区党工委委员、成都市公安局高新区分局局长（任职时间：2021.8—2022.2）

成都高新区党工委委员、政法委副书记、成都市公安局高新区分局局长（任职时间：2022.2）

赵姝丹

成都高新区党工委委员、党群工作部（组织部、宣传部、统战部、人力资源局、民族宗教事务局）部长（局长），中共成都高新区工委党校校长（兼）（任职时间：2022.2）

（党群部）

2022年成都高新区各部门主要负责人

纪工委、监察工委

书记（主任）　刘贵恒（2022.3免职）
陈维峰（2022.3任纪工委书记，提名任监察工委主任；2022.4任监察工委主任）

副书记（副主任）　畅旭东（2022.8免职）
尹学东
严建平（2022.8任职）

巡察办

主　任　杨　俊

副主任　曾　珏（2022.11免职）

巡察组

第一巡察组组长　张　敏

第二巡察组组长　张　平

第三巡察组组长　权进民

纪工委、监察工委派驻（派出）纪检监察组

驻党工委管委会办公室纪检监察组组长
吴小青

驻党群工作部纪检监察组组长
王小梅（2022.11任职）

驻科技创新局纪检监察组组长
罗志猛（2022.11任职）

驻国资金融局纪检监察组组长
张剑飞（2022.11任职）

驻公园城市建设局纪检监察组组长
谭均录

驻教育文化体育局纪检监察组组长
王　蓉（2022.11任职）

驻生态环境和城市管理局纪检监察组组长
王　蓉（2022.11免职）
赵若雯（2022.11任职）

派出第一片区纪检监察组组长
杨绍洪

驻发展改革和规划管理局纪检监察组组长
赵若雯（2022.11免职）

驻教育文化和卫生健康局纪检监察组组长
张剑飞（2022.11免职）

驻法院纪检监察组组长
罗志猛（2022.11免职）

驻检察院纪检监察组组长
王小梅（2022.11免职）

两委办（审计局）

主　任　冉光俊（2022.8免职）

审计局局长　蒋　平

副主任　蔡华红
王祖明
曾　轲
蒋立华（2022.09任职）

党群部（组织部、宣传部、统战部、人资局、民宗局）

部长（局长）　潘　勇（2022.2免职）
赵姝丹（2022.2任职）

副部长（副局长）　张古哈（任职时间2020.11—2022.9）

常务副部长（副局长） 张古哈（2022.9 任职）
副部长（副局长） 冉启平

政法委

书　记 李　伟（2022.8 免职）
刘贵恒（2022.8 任职）
副书记 陶旭东（2022.2 任职）
专职副书记 樊晓峰

应急局

局　长 樊晓峰
副局长 陈长贵
潘华刚
李瑜鹏
林　雁（2022.11 任职）

市人大常委会高新区工作委员会

主　任 郑家荣（2022.4 免职）

政协成都高新区工作委员会

主　任 冷晓燕

法　院

院　长 何良彬
副院长 罗渝湘
王张引千
王加睿（2022.7 任党组成员、2022.8 提名任副院长；2022.10 任副院长）
政治部主任 王百春
执行工作局局长 党　军

检察院

检察长 黄维智
副检察长 阮　毅（2022.5 免职）
周　忠
贾　颖（2022.4 任党组成员；2022.5 提名任副检察长；2022.7 任副检察长）
杜立业（2022.4 任党组成员、提名任副检察长；2022.5 任副检察长）
政治部主任 刘毅严
检察委员会专职委员 罗为民
罗　洁（2022.5 任职）

经济发展局（投服局）

局　长 刘　唯（2022.7 任职）
副局长 张　毅（2022.10 任职）
勒文端（2022.7 任职）
陶宇翎（2022.7 任职，2022.7 免职）
吴　军（2022.12 任职）

国际合作局（自贸局）

副局长 于　洋（2022.7 任职）
张　艳（2022.7 任职）
游　晋（2022.9 任职）

科创局

局　长 宋大勇（2022.7 任职）
副局长 李　璐（2022.7 任职）
王小宁（2022.7 任职）

电子局（电子功能区推进办、高新综保局、西园综保局）

局　长（主任）
杨　刚（2022.7 任职）
副局长（副主任）
李　岗（2022.7 任职，2022.11 免职）
郭盛良（2022.7 任职，岗位聘用；2022.10 免职）
王　磊（2022.7 任职）
陶宇翎（2022.7 任电子信息产业局〈成都高新综合保税区管理局、成都高新西

园综合保税区管理局〉副局长；2022.8任电子信息产业功能区发展推进办公室副主任）

生物局（生物城推进办）

局　长（主任）　李　明（2022.7任职）
副局长（副主任）　邓　晖（2022.7任职）
李　奇（2022.7任职）

新经济局（新经济活力区推进办）

副局长　郭宫达（2022.9任职，主持工作）
副局长（副主任）　郑　玲（2022.7任职）
刘　强（2022.7任职，2022.10免职）
彭　卫（2022.7任职）
副局长　黄　柱（2022.12任职）

财政局

局　长　姜小龙（2022.7任职，2022.8免职）
冉光俊（2022.8任职）
副局长　马　凌（2022.7任职）
黄　明（2022.7任职）

国资金融局

局　长　姜小龙（2022.7任职）
副局长　罗先华（2022.7任职）
国有企业党工委专职副书记
朱宏寨

公园城市局（规自局、住房交通局）

局　长　官　旭（2022.7任职）
副局长　严　闯（2022.7任职）
张学文（2022.7任职）
刘　平（2022.7任职）
郭盛良（2022.10任职，岗位聘用）
孟　敏（2022.7任职）

社治保障局（民政局、退役军人局）

局　长　孙　波（2022.7任职）
副局长　张勇军（2022.7任职）
陶斯祥（2022.7任职）
夏　莉（2022.7任职）
李　婷（2022.9任职）

教育文体局

局　长　彭　涌（2022.7任职）
副局长　匡世联（2022.7任职，2022.11免职）
刘　强（2022.10任职）

卫健局（医保局）

局　长　彭　涌（2022.7任职，2022.8免职）
副局长　田　军（2022.7任职，2022.8主持工作）
张　静（2022.7任职，2022.11免职）
叶春云（2022.11任职）

生态环境城管局

局　长　林昌围
副局长　牛　波
吕建勇（2022.11免职）
陈远明

市场监管局

局　长　费　斌
副局长　冯晓静
高　健
李　俊

智慧城市局（网络理政办）

局　长（主任）　孙秀蓬（2022.7任职）
副局长（副主任）　陶路根（2022.7任职）
邹中正（2022.7任职）

交子金融商务局

党组书记　姜小龙（2022.8 免职）
　　　　　郭盛良（2022.8 任职）
局　长　　张海彤（岗位聘用）
副局长　　王　欣（岗位聘用）
　　　　　曹　亮（岗位聘用）

未来科技城发展局

局　长　冉光俊（2022.10 免职）
　　　　祖庆军（2022.10 兼聘）
副局长　李　锐（岗位聘用）
　　　　沈　锋（岗位聘用）
　　　　黄　柱（岗位聘用）
　　　　徐黎明（2022.12 岗位聘用）

高新西区发展建设指挥部

指挥长　　　　刘贵恒（2022.3 任职）
常务副指挥长　郭盛良（2022.3 任职）
副指挥长　　　沈　锋（2022.3 任职）
　　　　　　　冷在永（2022.3 任职）

税务局

市局党委委员，区局党委书记、局长
　　　　杨林林
区局党委委员、副局长
　　　　任　伟（2022.2 免职）
　　　　张　洁
　　　　刘凤琼（2022.2 免去纪检组组长职务，任职副局长）
　　　　柯　灵
　　　　金　玲
区局党委委员、总会计师
　　　　李　颖
区局党委委员、纪检组组长
　　　　陈　伟（2022.2 任职）
区局党委委员、总经济师
　　　　高小颖（2022.2 任职）

公安分局

分局长　　　陶旭东
政　委　　　叶　伟（2022.1 任职）
副分局长　　刘荣平
　　　　　　邓　罡
　　　　　　林　静
　　　　　　肖浩杰
政治处主任　钟　宇

消防救援大队

党委书记、政法委员　李志明
党委副书记、大队长　陈正刚

（党群部）

2022年成都高新区各街道主要负责人

肖家河街道

党工委书记　曾　轲（2022年10月免职）
　　　　　　罗　建（2022年10月任职）
办事处主任　罗　建（2022年10月免职）

芳草街街道

党工委书记　王怀光
办事处主任　伍文涛

石羊街道

党工委书记　刘　虹（2022年10月免职）
　　　　　　白　波（2022年10月任职）
办事处主任　刘　波（2022年2月任职）

桂溪街道

党工委书记　巫全根
办事处主任　周　智

合作街道

党工委书记　左　勇
办事处主任　汪　峰

中和街道

党工委书记　付真会
办事处主任　赵凯文（2022年10月免职）

西园街道

党工委书记　张　毅（2022年10月免职）
　　　　　　赵凯文（2022年10月任职）
办事处主任　杜玉亭（2022年2月任职）

（党群部）

2022年成都高新区区属（管）国有一级企业主要负责人

成都高新投资集团有限公司

党委书记、董事长　任　正

党委副书记、董事、总经理

郭宫达（2022年8月免职）

周　志（2022年8月任职）

成都高新未来科技城发展集团有限公司

党委书记、董事长　祖庆军

成都高新科技投资发展有限公司

党总支书记、董事长　许君如

董事、总经理　洪敬涛（2022年3月任职）

成都天府国际生物城投资开发有限公司

党总支书记、董事长　李欣洧

成都交子公园投资公司

党总支书记、董事长　张海彤

（党群部）

索　引

INDEX

编制说明

一、本索引为《成都高新技术产业开发区年鉴（2023）》的内容分析索引。通过本索引所选的主题词条，可以对具有独立检索意义的完整资料进行检索。

二、本索引按汉语拼音字母顺序排列。索引词条用宋体字标明。数字表示该词条内容所在页码，后面的英文字母（a、b）表示栏别（从左到右）。

三、内文中的“特载”“大事记”“人物”“附录”以及随文照片和彩色图片未做索引。

四、同一主题的内容在文中多处出现的，在其后用不同的页码标明。

A

B

C

D

E

F

G

L

M

N

P

Q

R

S

T

W

X

Y

Z